Eine »Bilanz der deutschen Literaturentwicklung« könnte man das vorliegende Buch nennen, das zu den überzeugendsten Versuchen gehört, allen denjenigen übersichtlich geordnete Informationen anzubieten, die sie im Beruf, beim Studium oder aus Interesse an literarischen Fragen suchen. In den ›Daten deutscher Dichtung‹ steht das oft vernachlässigte Einzelwerk bewußt im Mittelpunkt. Das erste Erscheinen, als selbständiges Buch oder in Zeitschriften, bei Schauspielen auch die Uraufführung, dazu Angaben über Inhalt, Form und Wirkung rekonstruieren im Zusammenhang mit den Einleitungen und Biographien die einzelnen literarischen Epochen. Mit philologischer Akribie schufen die Verfasser »ein vortreffliches Nachschlagewerk, das im Aufbau dem Wachstum der Literatur in der Zeitfolge nachgeht«. »Das Buch ist originell in der Anlage«, urteilt die Züricher ›Tat‹, »und wohlbewandert im Text. Es hat keinen Konkurrenten, schon gar nicht einen ebenbürtigen.« Einzelne Verbesserungen bei fast jeder Neuauflage und größere Bearbeitungen in regelmäßigen Zwischenräumen fügen beiden Bänden dieser Literaturgeschichte die relevanten Forschungsergebnisse und dem Band 2 die jeweils jüngsten Erscheinungen auf dem Gebiet deutschsprachiger Dichtung ein. Das historische Kapitel, das 1989–1990 begann, legte die Erweiterung der Daten deutscher Dichtung um ein entsprechendes Kapitel nahe.

Herbert A. und Elisabeth Frenzel:
Daten deutscher Dichtung

Chronologischer Abriß
der deutschen Literaturgeschichte

Band 1
Von den Anfängen bis zum Jungen Deutschland

Deutscher
Taschenbuch
Verlag

1. Auflage Februar 1962
27. Auflage März 1993: 593. bis 602. Tausend
Deutscher Taschenbuch Verlag GmbH & Co. KG,
München
© 1953 Verlag Kiepenheuer & Witsch, Köln
Umschlaggestaltung: Celestino Piatti
Gesamtherstellung: C. H. Beck'sche Buchdruckerei,
Nördlingen
Printed in Germany · ISBN 3-423-03003-8

Vorwort

Daten sind die Voraussetzung aller geschichtlichen Erkenntnis. Auch in
der Literaturgeschichte standen sie ein paar Jahrzehnte lang nicht hoch im
Kurs, als die Überzeugung von ihrem gewiß begrenzten Aussagewert und
die Bevorzugung anderer als chronologischer Methoden sie immer mehr
in den Hintergrund drängten. So ließen sich vielfach selbst aus sogenannten historischen Darstellungen nur noch ungenaue und widerspruchsvolle
Auskünfte über das Wann der Ereignisse holen.

Die ›Daten deutscher Dichtung‹ wollen demgegenüber in allen Fragen der
Chronologie vor allem der Einzelwerke ein handlicher Helfer sein, ob sie
nun gelegentlich oder als unterstützendes Lehr- und Lernmittel regelmäßiger zu Rate gezogen werden. Als maßgebliches Datum im Ablauf des
literarischen Geschehens gilt das der ersten Veröffentlichung, das des
ersten Druckes. Nur in Frühzeit und Mittelalter und in einigen Ausnah-
mefällen der neueren Zeit wurde statt dessen auf das der Entstehung
zurückgegriffen, das im übrigen auch sonst meist hinzugefügt worden ist.
Bei dramatischen Werken steht das Datum der ersten Aufführung gleichberechtigt neben der gedruckten Herausgabe; wo es nachweislich früher
liegt, erhielt es den Vorrang.

Mit solchen und anderen äußeren Angaben aber sollte der Begriff »Daten« nicht erschöpft sein. Vielmehr wurden bei jedem einzelnen Werk
nach Möglichkeit weitere »Gegebenheiten« verzeichnet, die für eine ein-
gehendere Beschäftigung mit ihm unerläßlich sind. Dabei erhielt zunächst
der reine Inhalt sein Recht. Dann aber ist versucht worden, durch knapp
formulierte Tatsachen das Werk zu charakterisieren und einzuordnen,
seine Verbindung zu vorangegangenen und seine Wirkung auf nachfolgende bewußt zu machen.

Um der größeren Zusammenhänge willen und um das dem Benutzer vertraute Bild des literarischen Gesamtablaufs nicht zu zerstören, sondern
eher zu stützen, wurde der Stoff nach der zur Zeit gebräuchlichsten Epo-
cheneinteilung aufgegliedert und so das Nacheinander in ein Auf und Ab
sich anbahnender, einem Höhepunkt zulaufender und verklingender Bewegungen verwandelt. Auf diese Weise belebt sich die reine Folge der
Zahlen in einem vertrauten, wenn auch sicherlich gelegentlich anfechtba-
ren Rhythmus. Zugleich aber ließ sich das vielen einzelnen Daten Gemeinsame jeweils an einer Stelle sagen und in gedrängten Einleitungen
der allgemeine geschichtliche, soziologische, philosophisch-religiöse Hintergrund, die Kunst- und Dichtungstheorie sowie das Geflecht der literarischen Kreise und ihrer Zeitschriften aufzeigen. Die daran angeschlosse-
nen Lebensabrisse für die Hauptgestalten der deutschen Literaturgeschichte erfüllen schließlich berechtigte Ansprüche an das Biographische.
Bei allen anderen Autoren ist jeweils in Klammern das Geburts- und
Sterbedatum und eine Reihe der für ihr Leben bezeichnendsten Aufent-

haltsorte angegeben, die mit den oft zufälligen Stätten der Geburt und des Todes nicht immer zusammenfallen.

Daß dem durch das annalistische Prinzip erzielten Gewinn an chronologischer Einprägsamkeit und an Eigengewicht der epochalen Einzelwerke möglicherweise ein Verlust an dem abrundenden Gerank beiläufiger und meist nur im Rahmen der schöpferischen Individualität bedeutsamer Nebenwerke gegenübersteht, ist den Verfassern bewußt. Aber es schien einer wirklichen Belehrung dienlicher, auf die bloße Nennung nur verwirrender weiterer Titel zu verzichten. Der Leser wird sich diese Entscheidung besonders für die neueren Jahrzehnte vor Augen halten müssen, in denen sich die »Literatur« mit der Summe alles Gedruckten zu decken scheint.

Geschichte entsteht, wenn das noch wenig erhabene Relief der Gegenwart im Laufe von Jahrzehnten größere Plastik erhält. Literaturgeschichte ist für Literaturhistoriker stets nur bis zu einem bestimmten Zeitpunkt faßbar. Was nach diesem kommt, bleibt ein nur in Einzelheiten erkennbares, unerforschtes Gelände, das sich jedem Blick anders darstellt und selbst dem gleichen Blick unversehens überraschende neue Bilder bietet. Wenn nun überdies die historische Darstellung in einem besonderen Maße nur möglichst gesicherte »Daten« zu bieten trachtet, wird sie um so notwendiger das jüngste Geschehen im Zustand der Skizze belassen müssen, die jeder Benutzer seiner eigenen Erfahrung und dem persönlichen Urteil gemäß ergänzen kann und ergänzen möge.

Es ist selbstverständlich, daß ein Buch wie das vorliegende zahlreichen anderen verpflichtet ist. Dies sei hier grundsätzlich und dankbar festgestellt. Die gelegentlichen Hinführungen auf Forschung und Forscher möchten auch dem Leser eine Ahnung von dem nie endenden Bemühen der Wissenschaft geben, der ihrem eigentlichen Betrieb etwas ferner steht.

Nachschlagewerke machen im allgemeinen ihre Hersteller schon im Stadium des Entstehens immer unzufriedener. Der fremde Beurteiler, der sich zunächst an das ihm besonders gut Bekannte hält, meint leicht, daß gerade hier zu wenig oder Unzulängliches geboten werde. Dennoch kann die Erprobung in der Praxis und die Abstellung der sich in ihr ergebenden Mängel einem solchen Buch nur nützen.

Die Zustimmung, die den bisher erschienenen Auflagen zuteil wurde, hat die Verfasser ermutigt, allen Anregungen nachzugehen und der neuen Ausgabe wieder ihre Kraft zu widmen.

Dr. H. A. Frenzel   Dr. E. Frenzel

Inhaltsverzeichnis

Denkmäler germanischer Zeit

Begrenzung des Zeitabschnitts 1
Die wichtigsten Dichtungsgattungen 1
Der »scof« 2
Daten der Dichtungen 2

750–1170 Frühes Mittelalter

Begrenzung und Einteilung des Zeitabschnitts 4
Geschichtlicher und geistiger Hintergrund 4
Der Anteil der deutschen Stämme an der Literatur 6
Lateinische Literatur 6
Entstehung des geistlichen Dramas 7
Gattungen und Formcharakter der deutschen Dichtung 8
Der »Spielmann« 8
Daten der Dichtungen 8

1170–1270 Hohes Mittelalter

Begrenzung und Benennung des Zeitabschnitts 24
Der geschichtlich-kulturelle Hintergrund 24
Die wichtigsten Literaturzentren 26
Allgemeine Charakterisierung des Epos und der lyrischen Gattungen 27
Die wichtigsten Dichter 28
Daten der Dichtungen 30

1270–1500 Spätes Mittelalter

Charakterisierung und Benennung des Zeitabschnitts 57
Der geschichtlich-soziologische Hintergrund 57
Scholastik und Mystik 58
Der Anteil der Stämme und Landschaften 59
Die charakteristischen Züge der Dichtung 60
Lyrik und Meistersang 60
Das didaktische Schrifttum und die Anfänge der deutschen Prosa . . . 62
Die Epik 62
Geistliches Drama und Fastnachtspiel 63
Die wichtigsten Autoren : 64
Daten der Dichtungen 66

1470–1600 Renaissance

Charakterisierung und Benennung des Zeitabschnitts 85
Der geschichtlich-kulturelle Hintergrund 85
Renaissance, Humanismus, Reformation 85

Die Träger der deutschen Renaissance-Dichtung 87
Sprache und Stil 88
Didaktische Literatur 88
Volksbuch, Novelle und Drama 89
Neulateinische Lyrik, Volkslied, Kirchenlied 91
Die wichtigsten Autoren 91
Daten der Dichtungen 93

1600–1720 Barock

Begrenzung und Benennung des Zeitabschnitts 116
Der politische und geistige Hintergrund 117
Die Weiterentwicklung der Mystik 118
Fürstliche Mäzene, musische Zentren 119
Alternative Strömungen 119
Sprachgesellschaften 120
Stilprinzipien 120
Die Lyrik 122
Das Barocktheater 122
Der Roman 124
Die Schäferdichtung 124
Die wichtigsten Dichter 125
Daten der Dichtungen 128

1720–1785 Aufklärung

Begrenzung und Benennung des Zeitabschnitts 153
Der philosophische Hintergrund 153
Die Theorie der Dichtung 155
Die lyrischen Gattungen 156
Die epischen Gattungen 157
Das Drama 158
Die Übersetzungsliteratur 159
Die moralischen Wochenschriften und die literarischen Zeitschriften 159
Die Hauptträger der Literatur 160
Die wichtigsten Autoren 161
Daten der Dichtungen 163

1740–1780 Empfindsamkeit

Charakterisierung des Zeitabschnitts 187
Der geistige Hintergrund 188
Der Einfluß des Auslands 189
Die Hauptgattungen 189
Die literarischen Kreise 192
Die wichtigsten Autoren 192
Daten der Dichtungen 193

1767–1785 Sturm und Drang

Begrenzung und Benennung des Zeitabschnitts 201
Allgemeine Charakterisierung 201
Die Theorie der Dichtung 202
Der Einfluß des Auslands 203
Das Drama 204
Die Lyrik 205
Die erzählende Dichtung 206
Die literarischen Gruppen und die wichtigsten Zeitschriften 206
Die wichtigsten Autoren 206
Daten der Dichtungen 208

1786–1832 Klassik

Begrenzung und Benennung des Zeitabschnitts 230
Der politische Hintergrund 231
Der philosophische Hintergrund 231
Das Kunstideal 233
Das Drama 233
Roman 234
Lyrik 235
Anfänge des modernen Literaturbetriebs 235
Trivialliteratur und Erfolgsautoren 235
Weimar als Kulturzentrum 236
Die wichtigsten Zeitschriften 237
Die wichtigsten Autoren der Klassik 237
Chronologie von Goethes Leben 238
Chronologie von Schillers Leben 245
Daten der Dichtungen 250

1798–1835 Romantik

Begrenzung, Einteilung und Benennung des Zeitabschnitts 295
Politischer und philosophisch-religiöser Hintergrund 296
Die Kunstanschauungen und die Dichtungstheorie 298
Hinwendung zur Volksdichtung 300
Die Rezeption von Weltliteratur 300
Die epischen Dichtungsarten 300
Die Lyrik 301
Das Drama 302
Die literarischen Kreise und die wichtigsten Zeitschriften 303
Die wichtigsten Autoren 303
Daten der Dichtungen 306

1820–1850 Biedermeier

Begrenzung und Benennung des Zeitabschnitts 347
Die geistigen und künstlerischen Tendenzen 348
Kleinkunst und Zweckformen 352
Roman und Novelle 352
Ballade und Lyrik 353
Tragödie, Schauspiel, Lustspiel, Lokalposse 353
Die wichtigsten Dichter 354
Daten der Dichtungen 356

1830–1850 Das Junge Deutschland und die politische Dichtung des Vormärz

Begrenzung und Benennung des Zeitabschnitts 380
Der politische und allgemein-geistige Hintergrund 380
Der Einfluß des Auslands 382
Die künstlerischen Ziele 383
Die Novelle 385
Der Roman 386
Das Drama 386
Die Lyrik 386
Zentren der Literatur, Verleger, Zeitschriften 387
Die wichtigsten Autoren 387
Daten der Dichtungen 389

Ein ausführliches Register befindet sich am Ende des zweiten Bandes.

Verzeichnis der Abkürzungen

a (in Zusammensetzungen) . . . alt
Abt. . . . . . . Abteilung
ags. . . . . . . angelsächsisch
ahd. . . . . . . althochdeutsch
alem. . . . . . alemannisch
amerikan. . . amerikanisch
as. . . . . altsächsisch
Auff. . . . . . Uraufführung
Aufl. . . . . . Auflage
Ausg. . . . . Ausgabe
Auslfg. . . . Auslieferung
bayr. . . . . . bayrisch
bearb. . . . . bearbeitet
Bearbg. . . . Bearbeitung
Bd. . . . . . . Band
Dg. . . . . . . Dichtung
Dld. . . . . . Deutschland
Dr. . . . . . . Drama
dram. . . . . dramatisch
dt. . . . . deutsch
engl. . . . . . englisch
entst. . . . . . entstanden
ersch. . . . . erschienen
Erz. . . . . . Erzählung
Forts. . . . . Fortsetzung
fr. . . . . fränkisch
frz. . . . . . . französisch
Fsp. . . . . . Fastnachtspiel
germ. . . . . germanisch
Gesch. . . . . Geschichte
got. . . . . . . gotisch
griech. . . . . griechisch
hdt. . . . . . . hochdeutsch
hgg. . . . . . herausgegeben von
hist. . . . . . historisch
Hörsp. . . . . Hörspiel
Hs. . . . . . . Handschrift
hs. . . . . . . handschriftlich
ind. . . . . . . indisch
ital. . . . . . . italienisch

Jg. . . . . . . Jahrgang
Jh. . . . . . . Jahrhundert
kelt. . . . . . keltisch
Kom. . . . . . Komödie
lat. . . . . . . lateinisch
Lit. . . . . . . Literatur
lit. . . . . . . literarisch
Lsp. . . . . . Lustspiel
m . . . . = mittel . . .
MA. . . . . . Mittelalter
ma. . . . . . . mittelalterlich
mdl. . . . . . mündlich
mdt. . . . . . mitteldeutsch
m. G. . . . . mit Gesang
mhd. . . . . . mittelhochdeutsch
mlat. . . . . . mittellateinisch
Ms. . . . . . . Manuskript
nd . . . . = nieder . . .
ndld. . . . . . niederländisch
nhd. . . . . . neuhochdeutsch
Nov. . . . . . Novelle
P. . . . . Posse
R. . . . . Roman
Red. . . . . . Redakteur
red. . . . . . . redigiert
russ. . . . . . russisch
Schsp. . . . . Schauspiel
Singsp. . . . . Singspiel
Slg. . . . . . . Sammlung
Sp. . . . . . . Spiel
span. . . . . . spanisch
Tr. . . . . . . Tragödie, Trauerspiel
Übs. . . . . . Übersetzung
Verf. . . . . . Verfasser
Verfn. . . . . Verfasserin
Vst. . . . . . . Volksstück
Wb. . . . . . Wörterbuch
Zs. . . . . . . Zeitschrift
Ztg. . . . . . Zeitung

Eine Ziffer hinter Dr., Tr. usw. bedeutet die Anzahl der Akte, Verdoppelung des letzten Buchstabens = Mehrzahl. Zwei durch einen Schrägstrich getrennte Erscheinungsdaten bedeuten für das Mittelalter die sog. termini post quem und ante quem.

Denkmäler germanischer Zeit

Aus der Zeit, die der Umgestaltung der germ. Kultur durch antik-christliche Bildungseinflüsse vorhergeht, ist keine lit. Überlieferung vorhanden. Erschlossen werden kann das, was vor dem 8. Jh. durch germ. Stämme hervorgebracht wurde, nur aus wenigen römischen Berichten und durch Erspürung der älteren, noch germ. Schichten späterer Dgg.

Dg.-Gattungen einfacherer Art, die z. T. mit alten Kultbräuchen zusammenhängen:

liod = Lied (carmen), vor allem in der Bedeutung wini-liod = Liebeslied,

leich = Lied (zu ags. lacan, got. laikan = springen, tanzen), Bewegungslied.

Bei Notker dem Deutschen stehen bereits liod und leich als Gattungen des gesungenen Liedes nebeneinander.

Sprichwörter, Rätsel, Zaubersprüche; aus sehr alten Schichten. Sprichwörter und Rätsel haben sich ihre Form unabhängig von der jeweiligen lit. Mode erhalten. Die Formelhaftigkeit, das geheime Weitergeben und Bewahren von magischer Weisheit haben auch die Zaubersprüche widerstandsfähig gemacht; sie waren unabhängig von der jeweiligen Religion ihrer Benutzer, gehörten dem allgemeinen Dämonen- und Zauberglauben an und sind nicht typisch germ. Der Zaubernde wollte Macht über Dämonen oder Götter gewinnen und sie zu bestimmten Handlungen zwingen. Die von ihm benutzte magische Beschwörung hatte Kraft nicht nur durch ihren Gehalt, sondern auch durch ihre Aufbauform. Auch die Zaubersprüche wurden ursprünglich gesungen, ihr Name wird durch lat. incantatio wiedergegeben.

Die eigentlich repräsentative und künstlerische Lit.-Gattung war das kurze balladeske Heldenlied. Es erwuchs aus der Lebensform der adligen Gefolgsgemeinschaft an den Fürstenhöfen der Völkerwanderungszeit. Schon Tacitus berichtet (*Annalen*, Schluß des 2. Buches), daß Arminius noch lange nach seinem Tode in Liedern gefeiert wurde. Zur Zeit der Völkerwanderung schrieb der byzantinische Gesandte Priscus, daß germ. Sänger am Hofe Attilas Lieder zu seinem Ruhm sangen und bei seiner Totenfeier Preislieder auf ihn vortrugen. Diese Preislieder sind eine Vorstufe zum Heldenlied, das vergangene Helden und ihre Taten besingt.

Die umfangreichste Slg. germ. Heldendg., von der die dt. einen Teil bildet, ist die *ältere oder Lieder-Edda (Edda des Sämund)*. Die Hs. ist um 1260 entstanden und trägt ihren Namen in Anlehnung an die sog. *jüngere oder Prosa-Edda (Edda des Snorri Sturluson)*, ein Lehrbuch der isländischen Dichtkunst. Sie enthält Götter- und Heldenlieder, z. T. in verschiedenen Fassungen, durch Prosa-Zwischenglieder verbunden. Die Sagenstoffe der *Edda* sind zum größten Teil südgerm. Herkunft und während der Völkerwanderungszeit entstanden. Die vier ältesten Stücke: *das Wielandlied* (burgundisch), *das alte Sigurdlied* (burgundisch) *das alte Atlilied*

(burgundisch), *das Lied von Ermanarich* (got.) setzen eine dt. Zwischen-
stufe voraus. Sie sind den Weg über Nddld. gegangen, wo *das Hildebrandslied* haltgemacht hat. Auch der ags. *Beowulf* (um 700), ein Heldenepos aus der Blütezeit aengl. Klosterkultur, bewahrt eine südgerm. Sage.
Die um 1250 in Bergen entstandene *Thidrekssaga,* eine Nacherzählung
der gesamten dt. Heldensage, dient gleichfalls der Erschließung germ.
Heldenlieder, jedoch ist hier vieles schon durch die mhd. höfische Entwicklungsstufe gegangen.
Die geschichtlichen Ereignisse, die Grundlagen für die Sagenstoffe (z.B.
die Kämpfe Theoderichs des Großen für die ursprünglich ostgot. Dietrich-
Sagen, der Untergang des Burgundenreiches für den burgundisch-fränkischen Nibelungenstoff), ergeben das 4.–8. Jh. als Blütezeit der Heldenlieder.
Die metrische Form des agerm. Verses war der Stabreim. Die rhythmisch
hervorgehobenen Silben der Langzeile wurden durch Gleichklang des An-
lautes (Alliteration) miteinander verbunden.
Schöpfer und Träger dieser und wohl auch anderer Gattungen von Dichtkunst war ein Berufsdichter und Sänger, der an den Höfen von germ.
Fürsten seine Lieder vortrug und nach dem Zeugnis des *Beowulf* scop und
der ahd. Glossen scof oder scopf genannt wurde. Der Begriff dürfte eine
in bezug auf lit. Niveau und soziale Zugehörigkeit weite Skala, vom adligen Hofsänger bis zum niederen Spaßmacher, umfaßt haben.
Die Kunst des scof hörte im 8. Jh. auf. Die außerdt. germ. Stämme waren
allmählich untergegangen, und das entstehende fränkische Großreich ver-
schlang die kleineren Fürstenhöfe. Zugleich mit der Veränderung des
sozialen Aufbaus wandelte sich auch das alte Ethos unter dem Einfluß der
christlichen Kirche und der Geistlichen. Die germ. Völker und Sprachen
wuchsen auseinander, wodurch das Wandern der Heldendg. innerhalb der
germ. Welt erschwert wurde.

Dennoch sind die alten heldischen Stoffe während der gesamten Entwicklung der dt.
Lit. erhalten geblieben und haben in jeder Zeit den ihr gemäßen Niederschlag gefunden. Die Stoffe übernahm zunächst der »Spielmann« zu mdl. Bewahrung. Dann
bemächtigten sich der Themen das Heldenepos des hohen MA., die Volksballaden
des ausgehenden MA. und die Volksbücher des 16. Jh. Seit Johann Jakob Bodmer
(1698–1783) und den Romantikern kam es zu einer wissenschaftlichen Beschäftigung mit ihnen, die wiederum neue dichterische (meist dram.) Verarbeitungen förderte.

vor 750   Merseburger Zaubersprüche

Die Sprüche wurden im 10. Jh. auf dem Vorsatzblatt einer geistlichen Hs. aufgezeichnet, die, wahrscheinlich aus Fulda stammend, sich später in Merseburg befand.
Dort wurde sie 1841 von Waitz gefunden; erstmalig hgg. Jakob Grimm 1842.

Einzige dt. Denkmäler rein heidnischen Gepräges. Zwei Sprüche verschiedenen Inhalts. Jeder mit epischem Eingang und anschließender Zau-

berformel: die Wirkung, die sich in dem erzählten Fall erwiesen hatte, soll erneut beschworen werden. Der erste Spruch soll der Lösung eines Gefangenen dienen. Die Einleitung überliefert das Motiv vom Eingreifen der Schlachtjungfrauen in die Schlacht. Der zweite Spruch erstrebt Heilung der Beinverrenkung eines Pferdes. In der Einleitung Namen verschiedener germ. Götter überliefert.

Eindringliche Sprache und Form: die Vorbildhandlung verläuft in drei gleich angelegten, den Vorgang wiederholenden Gliedern, von denen das dritte sprachlich hervorgehoben ist. Stabreim dient der Intensivierung.

Der zweite Spruch ist heidnische Variante eines Typus, in dem sonst Gestalten der christlichen Mythologie als Reiter und Heilende fungieren (vgl. *Trierer Spruch*, 9. Jh.). Möglichkeit eines Zusammenhangs dieser zweistöckigen Form des Zauberspruchs mit einer spätantiken Tradition.

Die Verschmelzung mit christlichem Gedankengut ist bei den ältesten der etwa zwei Dutzend erhaltenen ahd. Sprüche noch kaum vollzogen. Dem eingliedrigen *Wurmsegen* (9. Jh.), der unmittelbar mit der Beschwörung einsetzt, ist in der ahd. Version die Vorschrift angehängt, noch drei Vaterunser zu sprechen; in der nddt. Fassung heißt es statt dessen, der Herr möge das Erbetene gewähren. Bei den späteren Zaubersprüchen sind Form und Inhalt zersetzt. Der Spruch wirkte nicht mehr aus seiner formgebundenen Kraft heraus, sondern durch die Macht Gottes und der Heiligen, in deren Namen der Spruch gesagt wurde (*Lorscher Bienensegen*, 10. Jh.; *Trierer Blutsegen*, 10. Jh.; *Bamberger Blutsegen*, 12. Jh.).

810/20   Älteres Hildebrandslied

Ursprünglich langobardische Dg. aus dem 7. Jh., der Dietrich-Sage zugehörig. Gelangte nach Bayern und wurde dort 770/790 umgedichtet. Zu Beginn des 9. Jh. in Fulda für das nddt. Missionsgebiet unter mechanischer Umschreibung des Lautstandes nddt. eingefärbt. Dieses Lied wurde um 850 von zwei Mönchen des Klosters Fulda abwechselnd auf die inneren Deckblätter eines Gebetbuches abgeschrieben. Fragment. 68 stabende Langzeilen.

Dem heimkehrenden alten Hildebrand tritt der Sohn Hadubrand, das Land verteidigend, entgegen. Der Vater erkennt ihn und gibt sich zu erkennen. Der Sohn glaubt dem Vater nicht und zwingt ihn durch den Vorwurf der Feigheit zum Kampf. Mitten in diesem Kampf bricht die Hs. ab. Aus anderen Quellen ist erschließbar, daß der Vater den Sohn erschlägt. Tragische Verwicklung: Tapferkeit und Ehre, die der Sohn an seinem unbekannten Vater rühmt, zwingen diesen, auch dem Sohn gegenüber diese Vorzüge zu bewähren, den Sohn im Kampf zu töten, sein Geschlecht auszurotten.

Germ. heroischer Schicksalsglaube, wie er sich auch in den Liedern der *Edda* zeigt. Es werden jedoch nicht germ. Götter, sondern der »waltant got« angerufen; das Christentum ist erst oberflächlich erfaßt, hat den alten Glauben noch nicht umzuformen vermocht.

Im Gegensatz zur späteren Dietrich-Epik, dem *Buch von Bern* und der

Rabenschlacht, fungiert hier nicht Dietrichs Onkel Ermanarich, sondern der von dem hist. Theoderich besiegte Odoaker als Dietrichs Feind und Verdränger. Welche in den späteren Fassungen mitgeteilten Ereignisse (Rabenschlacht, Burgundenuntergang) für die im *Hildebrandslied* gegebene Situation vorauszusetzen sind, ist umstritten.

Erstmalig abgedruckt 1729 durch Georg v. Eckhart in *Commentarii de rebus Franciae orientalis et episcopatus Wirceburgensis* mit lat. Übs.; als Stück eines nddt. Prosaromans angesehen. 1812 hgg. Brüder Grimm. Von der 1945 abhanden gekommenen Hs. gelangte ein Blatt aus Amerika nach Kassel zurück.

Weiterleben des Stoffes: *Jüngeres Hildebrandslied.* Zwei Fassungen des 16. Jh., ins 13. Jh. zurückgehend. Im Hildebrandston, einer Abart der Nibelungenstrophe. Endet mit fröhlichem Wiedererkennen im Familienkreis. Beispiel für den unheroischen Geist des späten MA. und für die Schrumpfung des Heldenepos zur Volksballade.

750–1170   Frühes Mittelalter

Unter der Regierung Karls des Großen (768–814) wurde die Kirche zur Umerzieherin der germ. Stämme, der gesamte Kulturbereich ging an sie über; Sprache, Dg.-Formen und -Stoffe wurden von ihr bestimmt. Erst mit der Eingliederung in die römische Kirche und der Übernahme spätantiker Bildung und der lat. Schrift wurden die dt. Stämme »literarisch« produktiv. Die Verbindung zur vordt. germ. Dg. riß ab.

Das frühe MA. läßt sich in folgende drei Perioden gliedern: bis 900 Wirkung der karolingischen Renaissance (ahd. Lit.), bis 1025 ottonische Renaissance (Vorherrschen der mlat. Lit.), bis 1150 Wirkung der kluniazensischen Reform (frühmhd. Lit.).

Schon vor Karl, zur Zeit Pippins (751–768), begann man in Dld. im Kreise der Bischöfe Arn von Salzburg und Arbeo von Freising mit lit. und wissenschaftlichen Arbeiten.

Karl der Große versuchte die von ihm unterworfenen Völker auf der Basis antik-christlicher Bildung umzuformen, ohne die Verbindung zur heimischen Kultur ganz aufzugeben (Slg. der germ. Heldenlieder, die durch seinen Sohn, Ludwig den Frommen, vernichtet wurde). Den Bildungsabsichten Karls ging die Vermittlung gelehrter Bildung durch die ags.-irische Mission (Bonifatius 719–754) vorher. Zentrum der Bemühungen war der Hof: Gründung einer Hof-Akademie, Pflege lat. Hofpoesie, Anlage von Bibliotheken, Lektüre antiker Schriftsteller, Vervielfältigung von Hss., Abfassung von Kommentaren. Karl zog die geistige Elite der germ. Stämme zu sich, die damit dem Herkunftsland verlorenging: Alkuin (Angelsachse), Einhard (Franke), Petrus von Pisa (Langobarde), Paulus Diakonus (Langobarde), Angilbert (Franke), Theodulf (Gote). Stärkste Impulse übte Alkuin (735–804) aus, Vorsteher der Klosterschule in Tours, einer Pflanzstätte karolingischer Wissenschaft. Alkuins *Liber de catholica fide* ist das erste dogmatische System des MA. Sein Schüler Hrabanus Maurus (um 784–856) war später Leiter der Klosterschule Fulda, 848 Erzbischof von Mainz. Dessen Schüler Walahfrid Strabo wirkte in Reichenau und Hartmut in St. Gallen. Diese Konzentration der Wissenschaft wurde nicht nur durch den imperialistischen Charakter des Reiches Karls ermöglicht, sondern durch die übernationale Kraft der lat. Bildung. Es gab keine Kulturmacht, die Kräfte aus dem Wirkungskreis dieser Bildung hätte abziehen können. Die damals entstehende Lit. hatte Missions- und Bildungsziele. Die Weiterentwicklung der Bestrebungen Karls wurde durch den Verfall der karolingischen Dynastie unterbrochen. Erst Otto der Große (936–973) und seine Nachfolger, vor allem sein Enkel Otto III. (983–1002), erneuerten diese Bindung der dt. Kultur an die Antike. Die politische und kirchliche Sonderentwicklung der abendländischen Staaten verhinderte jedoch, daß die Konzentration wissenschaftlicher Kräfte am Hofe Karls sich wiederholte. Eifrigster Förderer der klassischen Studien war Ottos Bruder Bruno, Erzbischof von Köln, außerdem seit 953 Herzog von Lothringen. Einfluß auf die Wissenschaftspflege lothringischer Klöster, Heranziehung eines Stabes wissenschaftlich geschulter Geistlicher für die königliche Kanzlei, Ausbreitung lat. Bildung über die lothringischen Klöster hinaus. Führend blieb Kloster Fulda: Notker Balbulus (gest. 912), Schöpfer der Sequenzen, Tutilo (gest. 915), Schöpfer der Tropen. Auch Otto zog ausländische Gelehrte an den Hof; seine Familie nahm Anteil an der Bildungsarbeit: Ottos Gemahlin Adelheid, seine Nichte Gerberg, die als Äbtissin von Gandersheim Anregerin für die schriftstellerische Tätigkeit der Hrotsvit wurde, seine Nichte Hadwig, Herzogin von Schwaben, die von dem Mönch Ekkehard II. von St. Gallen Lat.-Unterricht erhielt. Zur Zeit der römischen Interessen der Ottonen war nur das Lat. lit.-fähig. Rückschlüsse aus Annalen und späterer Dg. ergeben das Vorhandensein einer dt.-sprachigen Epik und Lyrik, die aber nur in mdl. Überlieferung gepflegt wurde. Aus der ottonischen Epoche ist kein dt. Gedicht erhalten.

Mit Heinrich II. (1002–1024) begann der Einfluß der von dem frz. Kloster Cluny (gegr. 910) ausgehenden, auf Erneuerung und Vertiefung des religiösen Lebens abzielenden asketischen Richtung. Die Kirche reinigte sich von allem Weltlichen als von einer niederen Sphäre und erhob sich zugleich über den weltlichen Bereich. Die Lebensform des Geistlichen und des Mönchs wurde immer mehr zur reinsten Ausprägung des christlichen Menschen erklärt. Auch das Laientum wurde in den Strom der Weltverneinung hineingerissen. Auf der anderen Seite bediente sich die Kirche des Kaisers als des weltlichen Arms – Gregor VII. bot der religiösen Bewegung des Laientums in den Kreuzzügen das Ziel – und erzog sich dadurch im Kaisertum und in seinem Machtträger, dem Adel, den immer selbständiger werdenden Gegner.

Der Einfluß Frankreichs steigerte sich in der Scholastik durch Abälard (1079–1142) und Bernhard von Clairvaux (1091–1153) entscheidend. Beginnendes Übergewicht frz. Hochschulen über die dt. Die Scholastik verwertete die philosophischen Begriffe der Antike, um die Glaubenswahrheiten der Religion zugleich als notwendige Vernunftwahrheiten zu beweisen. Sowohl die rationalistische Richtung Abälards (Zweifel, Forschung, Wissenschaft führen zur Erkenntnis der Wahrheit und damit zu Gott) wie die konservative, von Cluny beeinflußte Mystik Bernhards von Clairvaux (nicht das Wissen, sondern mystische Kontemplation, die ein Geschenk Gottes ist, führt zur Wahrheit und zur Selbstaufgabe in Gott) beeinflußten das dt. Geistesleben.

Die asketische und selbstbesinnliche Lit. der Zeit zwischen 1070 und 1170 bewirkte eine Umgestaltung des gesamten Lebensgefühls, Auflockerung und Durchpflügung des Seelischen, das den Boden für eine künftige verfeinerte Kultur bilden konnte. Die Veredelung der ritterlichen Erotik ist u. a. das Verdienst der z. T. aus antiken Quellen gespeisten kirchlichen geistigen Durchbildung.

Der Anteil der dt. Stämme an der Lit. verschob sich in diesem langen Zeitraum wiederholt. Für das 8. Jh. ist auf bayr. Boden erste glossarische Tätigkeit festzustellen. Sie geschah unter Fühlungnahme mit Wissenschaft und Kultur der Langobarden, die in Italien das antike Erbe direkt übernahmen.

Zur Zeit Karls des Großen traten hervor: Rhein- und Ostfranken, Alemannen, Bayern (Klöster Reichenau, St. Gallen, Fulda). Im Zusammenhang mit dem ags. Kulturraum Niedersachsen und Westfalen (nur geringe schriftliche Überlieferung).

Im 11. Jh. war der alem. Raum (Kloster Hirsau, seit 1079) Einfallstor für kluniazensische Ideen. In Südostdld. erfolgte die Bearbeitung biblischer Stoffe (*Wiener Genesis* um 1070, *Wiener Exodus* um 1120, *Vorauer Slg.* Ende des 12. Jh.). Der Rhein wurde Pflegestätte der Legendendg. und des frühen Osterspiels sowie Aufnahmegebiet des von Frankreich kommenden vorhöfischen Epos. Von dort Verbreitung der epischen Stoffe nach Osten. Am Ausgang des frühen MA. wurde Bayern unter den Welfen Heinrich dem Stolzen (gest. 1139) und Heinrich dem Löwen (Herzog 1154 bis 1180) führend für das vorhöfische Epos.

Wo die geistliche Absicht überwog (in der Karolingerzeit und in der Salierzeit), war die Lit. populär, dt.-sprachig, sie vernachlässigte die Form. Im 8. und 9. Jh. war lit. Tätigkeit zunächst grammatische Tätigkeit: Glossen, Glossare, Interlinearversionen, Übss. Daran schloß sich geistliche Gebrauchslit.: katechetische Stücke, Gebete. Schaffung einer dt. Prosa ist Verdienst Karls. Schließlich gelangte man zu Dgg. über biblische Themen und Heiligenleben. Übernahme des lat. Endreims in die dt. Dg.

Die dt. Dgg. der ahd. Epoche waren ohne Nachwirkungen. Zwischen ihnen und dem Sichtbarwerden einer neuen dt.-sprachigen (mhd.) Lit. im 11. und 12. Jh. liegt eine Lücke, deren geistiger Gehalt durch Heranziehung lat. Dgg. erschlossen zu werden pflegt, während doch diese Werke der kontinuierlich neben der dt. Lit. bestehenden übernationalen mlat. Lit. angehören. Die endgültige Vorherrschaft des Klerus unter den Sachsenkaisern ließ das Lat. zur ausschließlichen Lit.-Sprache werden. Es hatte nun auch den neuen kirchlichen und Bereiche des dt. Wortschatzes in sich aufgenommen. In der lat. Dg., in der Epik wie in der Vagantenlyrik, machte sich die Diesseitsbewegung in der Geistlichkeit bemerkbar. Vaganten sind nicht »Spielleute« oder »Fahrende«, sondern von Universität zu Universität ziehende junge Geistliche und Gelehrte verschiedener Nationalität. Die Vagantenlyrik entstand aus der lat. Schulpoesie, die an Hand antiker Vorbilder auf den Hohen Schulen gelehrt wurde. Gelegentlich wurden Formen und Stoffe aus der volkstümlichen Lyrik der jeweiligen Muttersprache mit eingeflochten. Mlat. Lyrik ist gesammelt in der *Cambridger Liederhs.* (Ende 10./Anfang 11. Jh.; Sequenzen und Lieder, herkömmlicherweise geistlichen, mitunter auch weltlichen Inhalts), der Hauptbestand der eigentlichen Vagantenlyrik in den nach dem Fundort Benediktbeuren genannten *Carmina Burana* (Hs. entst. 1. Hälfte 13. Jh. in Tirol, über 300 Lieder).

In das 10. Jh. fallen auch die Anfänge des – zunächst lat. – geistlichen Dr. des MA. Es entwickelte sich aus dem in die Osterliturgie eingebauten Tropus, einer liturgischen Dg. aus Prosasätzen, die zum Gesang bestimmt waren. Die drei Frauen, die den begrabenen Christus besuchen wollen, und der wachthaltende Engel am Grabe des Auferstandenen sangen abwechselnd: »Quem quaeritis in sepulchro, o Christicolae? / Jesum Nazarenum crucifixum, o caelicolae . . .« Der in früher Zeit an verschiedenen Stellen des Ostergottesdienstes, vor allem im Introitus, verwendete Tropus gelangte zu dramatischer Ausgestaltung, nachdem er aus dem Zusammenhang der streng gebundenen Meßfeier gelöst und an eine andere Stelle des Officiums, vor das Te Deum, gesetzt worden war. Der Tropus der »Visitatio«, d. h. des Besuches der Frauen am Grabe, entstand zu Anfang des 10. Jh. und trat gleich in mehreren Varianten in Europa auf. Eine erste Angabe über die Stellung und Gestaltung der Visitatio innerhalb des Ostergottesdienstes findet sich in der *Concordia regularis* des Bischofs Äthelwold von Winchester (um 970). Neben der einszenigen Osterfeier bildete sich am Ende des 11. Jh. in Dld. ein zweiszeniger Typ mit dem Wettlauf der Jünger und gleichzeitig im normannischen Raum ein anderer zweiszeniger Typ heraus, welcher der einfachen Visitatio die Erscheinung Christi vor Maria Magdalena hinzufügte. Um 1130 entstand dann in Dld. noch ein dreiszeniger Typ durch Einschaltung der Maria-Magdalena-Szene vor den Jüngerwettlauf. Verschiedentlich wurde in den Ostertropus auch die Ostersequenz *Victimae paschali* des Hofkaplans Wipo (gest. 1050) aufgenommen. Die in Frankreich geschaffene Mercatorszene führte aus der Liturgie hinaus und zum vierszenigen lat. Osterspiel des rheinischen Raums und schließlich zum entsprechenden dt. Osterspiel.

Die Tropen waren schmückender Teil der Liturgie, zunächst in den Klöstern geschaffen und gepflegt. Sie wurden von zwei Halbchören, dann auch von Einzelstimmen gesungen und andeutend dargestellt. Die schon mit dem zweiten Typ des Ostertropus geforderte stärkere Charakterisierung und die mit dem dritten Typ durch neugeschaffene strophische Partien zunehmende Verselbständigung des Textes führten zu immer stärkerer Ausbildung des dramatisch-theatralischen Elements der Tropen, so daß eine Lösung nicht nur aus der Liturgie, sondern auch aus dem kirchlichen Raum nötig wurde. In Nachbildung des Ostertropus entstand ein

Weihnachtstropus und aus diesem ein Weihnachtsspiel, das im 11. Jh. durch die Verkündigung des Engels an die Hirten, die weisen drei Könige (Magier-Officium) und den bethlehemitischen Kindermord erweitert wurde. Die Hauptgattungen der dt. Dg. im frühmhd. Abschnitt seit der 2. Hälfte des 11. Jh.: Lehrgedicht, Predigt, Satire, Nacherzählung biblischer und legendärer Stoffe, religiöse Empfindungslyrik, Marienleben, Marienlyrik. Predigtton prägte diese Dg.; Mariendg. und Legende am Ausgang der Epoche bildeten mit ihren spannenden Stoffen den Übergang zu weltlichen Themen. Formale Verwilderung: Verse von sehr unterschiedlicher Länge, beliebige Füllung der Senkungen, Reimpaare zu ungleichen Abschnitten geordnet nach Art der lat. Sequenzen, auch regelmäßige Strophe. Denkmäler meist in Sammelhss. überliefert: *Wiener, Vorauer, Milstätter Hs.*

Die Dg. gewann erst Größe, als die geistliche Herrschaft auf dem Rückzug war und mit dem weltlichen Element paktieren mußte. Das vorhöfische Epos entstand im Konkurrenzkampf der Geistlichen mit den Spielleuten. Der Begriff »Spielmannsdg.« ist Sammelbegriff für nichthöfische und nichtgeistliche, nicht schriftlich fixierte Lit. Die Spielmannsepik nimmt eine Zwischenstellung zwischen Heldenepik und höfischer Epik ein. Ihren Trägern, die nicht genau faßbar sind und keinen Stand und keine geschlossene soziale Gruppe bildeten, wird die durch anpassende Umdichtung oder nur durch Vortrag erreichte Tradierung älterer volkstümlicher Dg., heroischer und hist. Balladen, Kurzepen und Spruchdg., zugeschrieben.

»Spielmännisch« gilt als Stilkennzeichen für eine Gruppe von Epen des ausgehenden frühen MA., deren Stoffe, Motive und z. T. Erzähltechnik der unliterarischen Spielmannsdg. entstammten. Die Verff. dieser Epen waren Geistliche, die dem alten Erzählgut durch Verschmelzung mit Legendenmotiven eine neue Bedeutung gaben. Sie bedienten sich des in der geistlichen Buchepik gebräuchlichen, nach dem Muster der frz. höfischen Rr. verfeinerten paarig reimenden Kurzverses.

vor 750   **Malbergische Glossen**

Andfr., eingesprengte volkssprachliche Rechtsausdrücke zur lat. *Lex Salica* aus der merowingischen Zeit. Die Zusätze »mall.«, »malb.« weisen auf Zusammenhang mit Malloberg = Gerichtshügel.

Erhalten in einer Hs. des 9. Jh.; Wörter durch Abschreiber leider völlig verderbt.

764/72   **Abrogans**

Dt. Bearbeitung einer lat. Synonymenslg., benannt nach dem ersten lat. Stichwort. Ältestes bekanntes Schriftwerk in dt. Sprache. Entstanden auf

Veranlassung des Bischofs Arbeo in Freising unter Einfluß langobardi-
scher wissenschaftlicher Schule.

Bayr. Urfassung verloren, erhalten drei alem. Umarbeitungen aus dem Bezirk
Reichenau-Murbach aus karlischer Zeit, darunter das sog. *Keronische Glossar* (um
790).

um 775   Vocabularius Sti. Galli

Lat.-dt. Abwandlung eines lat.-griech. Sachwörterbuchs der Spätantike.
Nach lat.-ags. Vorlage in Fulda entstanden.

Erhalten in einer Fassung aus karlischer Zeit um 790.

770/90   Wessobrunner Gebet

Bayr., Abfassungsort der nicht erhaltenen, rheinfr. Urfassung wahrscheinlich Fulda.
Erhalten in einer Hs. des bayr. Klosters Wessobrunn aus dem Anfang des 9. Jh.

Zusammenfügung zweier nicht zueinander gehöriger Teile. Für den ersten, epischen, fragmentarischen Teil wird eine ags. Vorlage angenommen. Er besteht aus neun stabreimenden Langzeilen, schildert die Erde
vor Erschaffung der Welt und die Existenz Gottes. Der zweite Teil, Prosa,
bringt das eigentliche Gebet, die Bitte um den rechten Glauben.

790/800   Isidors De fide catholica contra Judaeos, Übs.

Dialekt nicht feststellbar. Aus dem Kreis um Alkuin hervorgegangen, wahrscheinlich in Dt.-Lothringen entstanden. Zwei Hss., eine Pariser, die andere in den *Mon-
see-Wiener Fragmenten*, einer Sammelhs. aus dem 9. Jh.

Beste dt. Übs.-Prosa der Zeit. Bischof Isidor von Sevilla (gest. 636) verteidigte in der Schrift den christlichen Glauben, die Trinität, gegen die
Einwürfe der Juden.

um 830   Tatians Evangelienharmonie, Übs.

Ostfr., nur eine Fuldaer Hs. vorhanden.

Das griech. *Diatessaron* des Syrers Tatian (2. Jh.) ist eine Verschmelzung
der vier Evangelien zu einem fortlaufenden Werk. Eine lat. Übs. dieser
Evangelien-»Harmonie« war die Vorlage für die ahd. auf Anregung von
Hrabanus Maurus durch mehrere Mönche des Klosters Fulda gefertigte
Übs. und weitere Evangelien-Bearbeitungen des MA.
Erste, ziemlich wörtliche, unkünstlerische Verdeutschung einer umfassen-
den Darstellung des Lebens Christi; Anregung für den *Heliand*-Dichter
und Otfried.

um 830   Heliand

Titel durch den ersten Herausgeber Schmeller 1830. As. Zwei nahezu vollständige
Hss. und drei Bruchstücke. Etwa 6000 Langzeilen im Stabreim.

Poetische Erzählung des Lebens Jesu. Leseepos. Auf das Werk beziehen
sich wahrscheinlich eine von Matthias Flacius Illyricus entdeckte und
1562 publizierte lat.»Praefatio«, die Kaiser Ludwig (den Frommen oder
den Deutschen?) als Auftraggeber der Dg. nennt, sowie die »Versus de
poeta«, eine sagenhafte (ags. Caedmon-Sage) Erzählung über die Entstehung des Werkes: Ein Landmann wird durch göttliche Gnade zum Dichter erweckt.
Das Werk hat Missionscharakter. Herausarbeitung heldischer Züge, die
den unterworfenen Sachsen den Stoff schmackhaft machen sollten. Christus als hebancuning (Himmelskönig) und Gefolgsherr, die Jünger als
gesidos (Gefolgsleute, Gesinde). Nicht »Germanisierung«, sondern Veranschaulichung mit zeitgemäßen Stilmitteln. Der Stil knüpft an die Tradition der ags. Stabreimepik an. Entsprechend der Missionsaufgabe von
volkstümlichem, untheologischem Charakter. Keine Berufung auf schriftliche Quellen.
Entgegen älterer, auf die »Versus de poeta« gestützter Ansicht, der Verf.
sei ein ungelehrter Volkssänger gewesen, heute Annahme eines Geistlichen, der über gelehrte Bildung und wissenschaftliche Hilfsmittel verfügte
und wahrscheinlich aus der Fuldaer Schule kam. Tatian und lat. Kommen-
tare des Alkuin, Beda und Hrabanus Maurus nachweisbar benutzt.

um 830   Altsächsische Genesis

Bruchstücke der Schöpfungs- und Partriarchengesch. in einer Vatikani-
schen Hs. (V) des *Heliand*.
Obwohl die »Praefatio« des *Heliand* berichtet, daß sein Verf. auch das
Alte Testament behandelt habe, sprechen sprachliche und stilistische Unterschiede dagegen, daß *Genesis* und *Heliand* von gleicher Hand stammen. Sie dürften allerdings nach gemeinsamem Plan aus dem gleichen
Kreis hervorgegangen sein.

Schon vor Entdeckung der Hs. hatte Eduard Sievers etwa 600, nunmehr zum Teil
tatsächlich vorliegende Zeilen als Übs.-Grundlage für die ags. *Genesis* aus dieser
erschlossen.

863/71   Otfried von Weißenburg:
         Evangelienharmonie

Südrheinfr., in mehreren Hss., darunter einer von Otfried selbst durchkorrigierten
Reinschrift, erhalten.
Otfried war Mönch in Weißenburg, Schüler von Hrabanus Maurus. Vier Widmun-
gen: an Ludwig den Deutschen, an den Erzbischof Liutbert von Mainz in lat. Prosa

als Rechtfertigung gegenüber dem geistlichen Oberherrn, an den Bischof von Konstanz und an zwei befreundete Mönche in St. Gallen.

Poetische Darstellung des Lebens Jesu. Selbständige Auswahl aus den Evangelien unter Hinzuziehung von Kommentaren, Schriften der Kirchenväter, Predigtsammlungen. Betont wissenschaftliche Arbeit, die sich an geistliches Publikum und an den gebildeten Adel wendet. Bezugnahme auf »Bücher«, Quellen. Zu jedem Handlungsabschnitt Exegesen »mystice«, »spiritualiter«, »moraliter«.

Einführung des Endreims und – wenn auch nicht streng durchgeführt – des Alternierens von Hebung und Senkung. Vorbild die lat. ambrosianische Hymnenstrophe. In der Vorrede Rechtfertigung, warum das Werk in dt. Versen geschrieben sei: O. will den gelehrten Dgg. in den klassischen Sprachen etwas Ebenbürtiges an die Seite stellen. Geschult an lat. Schriftstellern, will er den Beweis führen, daß auch die dt. Sprache geeignet sei, die Verskunst der Lateiner nachzuahmen.

um 880   Muspilli

Bayr., Hs. auf dem Rand eines Ludwig dem Deutschen dedizierten lat. Kodex; Langzeilen, Anfang und Ende des Textes fehlen. Titel durch den ersten Herausgeber Schmeller: nicht geklärtes Textwort heidnischen Ursprungs, das auch in der Weltuntergangsschilderung der *Edda* und im *Heliand* auftaucht.

Kompilation von überkommenen Texten apokalyptischer Lit. mit dem Ziel, durch Darstellung des Schicksals nach dem Tode und des Jüngsten Gerichts zur Rechtschaffenheit aufzurufen. Einfluß sowohl ags. geistl. Stabreimdg. wie von Otfrieds Endreimlangzeile. Kontrastierender und kombinierender Einsatz von Stab- und Endreim.

881   Ludwigslied

Rheinfr.

Erstes dt. historisches Lied. Tradition des germ. Preisliedes. Feiert den Sieg des Westfranken Ludwig III. über die Normannen bei Saucourt (881). Die Franken als Gottes auserwähltes Volk, der König Beauftragter Gottes. Die Schlacht wird mit einem geistlichen Lied begonnen. Verf. Geistlicher.

In der von Otfried geschaffenen Langzeile, zu ungleichen Abschnitten zusammengefaßt.

Übs. Herder in *Volkslieder* (1778).

um 885   Petruslied

Bayr.

Anlehnung an die 3. Strophe der Hymne *Aurea luce et decore roseo* von Elpis, der Frau des Boethius.

Erstes erhaltenes geistliches Lied. Kurzer Bittgesang um die Gnade Gottes mit Refrain: Kyrie eleison, Christe eleison (daher »Leis« als Bezeichnung für kirchlichen Bittgesang); Prozessions- oder Wallfahrtslied. Bittende Hinwendung an Petrus als den Hüter der Himmelspforte. Otfried-Zeile.

896 Georgslied

Alem., im Zusammenhang mit der Gründung der Georgskirche auf der Reichenau entstanden. Im späten 10. Jh. in die Heidelberger Otfried-Hs. durch einen Abschreiber Wisolf eingetragen. Rätselhaft verschnörkelte Orthographie.

Älteste dt. Legendendg., Heiligenleben. Georg noch nicht der ritterliche Drachentöter des MA., sondern »Märtyrer vom unzerstörbaren Leben«, der mehrfach vom Tode aufersteht.
Otfried-Zeilen, durch refrainhafte Zeilen in Abschnitte von unterschiedlicher Länge gegliedert. Liturgisch-hymnischer Gemeinschaftsgesang.

Ende des 9. Jh.   Waltharius

Heldenepos in lat. ungereimten Hexametern, denen leoninisch gereimte untermischt sind.

Vorbilder für Form und Motive: Vergil, Prudentius, Ovid, Statius' *Thebais*.

Flucht Walthers von Aquitanien und seiner Verlobten Hildegund vom Hof Attilas, wohin sie als Geiseln gekommen waren. Gegen den Rat von Walthers Jugendfreund Hagen tritt ihnen König Gunther, dessen Land sie durchziehen, mit Waffengewalt entgegen. Am Wasichenstein findet der Kampf Walthers gegen elf Helden statt, der mit schwerer Verwundung der drei Haupthelden und dem Tod der übrigen endet. Versöhnung und Scherzreden bilden den Schluß.
Verf. und Datierung umstritten. These einer Verfasserschaft Ekkehards I., der nach den *Casus Sancti Galli* eine *Vita Waltharii manu fortis* schrieb, angezweifelt; neue Hypothesen: Gerald von Tours um 801/09 (Arthur Haug).
Da der Gehalt dem germ. heroischen Lied nicht voll entspricht, hat man in dem lat. Epos eine Originalschöpfung sehen wollen (Friedrich Panzer, Arthur Haug), von der spätere Bearbgg. des Stoffes (*Waldere,* aengl., 10. Jh.; *Thidrekssaga,* norw., 13. Jh.; geringe Reste eines mhd. *Waltherepos,* 13. Jh.) abhängig seien. Jedoch deuten sowohl sprachliche Indizien als auch die Abweichungen des *Waldere* und der Anspielungen im *Nibelungenlied* auf die Existenz einer weiteren Fassung. Wahrscheinlich daher als Vorlage des *Waltharius* ein germ. Heldenlied, das im westgotischen Raum unter spätantik-christlichem Einfluß entstanden sein könnte (de Boor) oder das mit tragischem Pflichtenkonflikt Hagens und Tod Walthers als Ausgang anzusetzen wäre (Hans Kuhn).

um 900   **Christus und die Samariterin**

Alem., abgefaßt im Kloster Reichenau, Fragment.

Kurzes episches Lied, Quelle *Vulgata,* in der Otfried-Zeile.

912   **Notker Balbulus von St. Gallen** gestorben

Notker, geb. um 840, war Schöpfer der lat. *Sequenzen,* d.i.: versus se-
quentes neumata. Der Modulation des Halleluja wurden lat. Prosa-Texte
unterlegt, die ebenso viele Silben zählten wie die Melodie Töne. Formbe-
stimmendes Element die Responsion, d.h. Verteilung auf zwei Halbchöre
mit gleicher Melodie und Silbenzahl. Etwa 40 Melodien und Texte erhalten.

Seit dem 12. Jh. auch dt., Verschmelzung mit dem Leich.

vor 959–972   **Hrotsvit von Gandersheim**
        (um 935–nach 973, wahrscheinlich adliger Herkunft, Ka-
        nonisse im Stift Gandersheim):
        Werke

Von der Verfn. chronologisch geordnet und nach Kriterien des Inhalts und der
Gattung in drei Büchern zusammengestellt. Einzige erhaltene Hs. in Gandersheim
geschrieben und wahrscheinlich nach St. Emmeram geschickt.

Liber Primus (entst. von vor 959–962) enthält: Vorwort, Widmung an die
Äbtissin Gerberg, acht lat. Legenden, davon sieben in leoninischen Hexametern, eine in Distichen. Am Anfang eine Marienlegende, durch die H.s
Zentralthema, die Jungfräulichkeit, angeschlagen wird.
Liber Secundus (begonnen nach 962) enthält: Brief an gelehrte Gönner,
sechs Legendendrr. in rhythmischer und gereimter Prosa. In Stoff, Motiven und geistiger Zielsetzung den Legenden-Erzz. gleich. Die Keuschheit
und Leidensfähigkeit der Heiligen wird der Unzucht der Frauen in den
Komm. des Terenz entgegengesetzt, dessen Drr. H. aus dem Klosterun-
terricht verbannen wollte. In der Darstellung der Vorgänge jedoch nicht
weniger deutlich als Terenz. Frauenrollen dominieren; Mischung von Tragischem und Groteskem.
Gallicanus behandelt die Bekehrung eines Feldherrn, der ein eheloses
Leben wählt, *Dulcitius* die Leiden heiliger Jungfrauen durch den Statthal-
ter Dulcitius. *Callimachus* zeigt, wie der in sündhafte Liebe verstrickte
Held zu neuem Leben in Christus erweckt wird, und *Abraham* den Irrweg
eines frommen Mädchens, das zur Dirne herabsinkt, aber durch den Einsiedler Abraham, der sie als vorgeblicher Liebhaber im Bordell aufsucht,
bekehrt wird. *Pafnutius* stellt die Bekehrung der Hetäre Thais dar, *Sa-
pientia* das Märtyrertum heiliger Jungfrauen.
Die Werke des Terenz und die eigenen als Lesedrr. aufgefaßt. Keine
Einteilung in Akte und Szenen, keine theaterpraktischen Hinweise; ge-

sprochene Dekoration. Dennoch erkennbarer Sinn für dram. Stoffe und szenische Wirkung.

Liber Tertius (entst. Ende der 960er Jahre bis etwa 972) enthält: *Gesta Oddonis I. imperatoris* (mit Praefatio und zwei Widmungen) in leoninischen Hexametern; *Primordia coenobii Gandeshemensis* (vor 973 abgeschlossen) in leoninischen Hexametern, behandelt die Gründung Gandersheims durch das sächsische Herzogspaar Ludolf und Oda.

H. wurde zu ihren Schriften durch ihre Äbtissin Gerberg, eine Nichte Ottos I., angeregt. Bestreben, ihr Talent zum Lobe Gottes einzusetzen. Poesie als Wissenschaft aufgefaßt, Moral der Ästhetik übergeordnet.

Im ganzen ohne Einfluß und Nachfolge; nur *Gallicanus* mehrfach abgeschrieben und in das *Magnum Legendarium Austriacum* aufgenommen. Die St. Emmeramer Hs. zur Zeit des Humanismus entdeckt, hgg. Celtis 1501. Würdigung H.s und Charakterisierung der Drr. durch Gottsched in *Nöthiger Vorrath* . . . I (1757).

um 1000   De Heinrico

Gedicht auf die Begegnung Heinrichs des Zänkers von Bayern mit seinem Neffen Otto III.; nach früherer Deutung: auf Heinrich, Bruder Ottos I. Strophen mit vierhebigen, abwechselnd lat. und dt. Versen. Überliefert in der *Cambridger Liederhs.*, Sammelhs. mlat. Gedichte. Dt. Verse durch Verbindung mit lat. Versen lit.-fähig gemacht. Aus dt. Formgefühl entstanden. Der geistliche Verf. übernahm die dt. Gattung des Preisliedes.

1022   Notker Labeo von St. Gallen gestorben
              (geb. um 950)

Übersetzte als Vorsteher der Klosterschule für den Unterricht: Boethius' *Von der Tröstung durch die Philosophie*, Aristoteles' *Kategorien* und *Hermeneutik*, Marcianus Capellas *Von der Heirat der Philologie*, den *Psalter* und einige kleinere Schriften. Außerdem gab er in einem Brief an den Bischof Hugo von Sitten (vor 1017) Übss. weiterer Werke an, die nicht erhalten sind: Vergils *Bucolica*, Terenz' *Andria*, *Disticha Catonis*, Gregors *Hiobkommentar*, *Prinzipien der Arithmetik* (Boethius?).

Unter den lat. Dichtenden der Zeit der einzige Übersetzer; versuchte, durch Übertragungen und dt. Erklärungen antike Texte den Schülern nahezubringen. Keine fortlaufende Übs., sondern lat.-dt. Mischtext, hinzugefügte Erläuterungen. Lautliche Differenzierung der dt. Wörter, Wiedergabe in eigener Orthographie (Notkersches Anlautgesetz).

N.s sprachwissenschaftliche und humanistische Studien ohne Einfluß und Nachfolge; nur Willirams *Paraphrase des Hohen Liedes* (um 1069) durch seine Übs.-Technik beeinflußt.

1043/46   Ecbasis Captivi

        (*Ecbasis cuiusdam captivi per tropologiam* = Die Flucht ei-
        nes Gefangenen, allegorisch dargestellt)

Lat., leoninische (gereimte) Hexameter.

Erste episch-satirische Tierdg. in Dld. Verf. ein Mönch aus dem Kloster
St. Aper (St. Evre) in Toul. Motive aus Äsops *Fabeln* und dem *Physiologus* (lat. Übs. einer fabulösen Tierkunde der Spätantike). Zahlreiche Zitate aus lat. Schriftstellern.
Schildert allegorisch die Bekehrung eines schlechten Klosterschülers zur
Einsicht in die Gefahren der Welt: ein Kalb entläuft, gerät in die Gefangenschaft des Wolfes, wird von anderen Tieren wieder befreit und kehrt
zur Mutter zurück. Satirisch gegen die Verweltlichung des Mönchtums. In
diesem Rahmen als Binnenerz. die Äsopische Fabel von Krankheit und
Heilung des Löwen; zeitgeschichtliche Anspielungen, Adelssatire.

Mitte 11. Jh.   Ruodlieb

Lat., leoninische Hexameter. Hs. in 18 Bruchstücken erhalten, vom Verf. selbst
geschrieben und redigiert; außerdem Bruchstück einer zweiten Hs.

Später Höhepunkt der lat. Lit. der Ottonenzeit. Verf. Tegernseer Mönch.
Einfluß von Motiven und Struktur des Märchens und des spätanti-
ken R.
Erster, frei erfundener, lehrhafter R. in Dld. Ausfahrt, Abenteuer und
Erfahrungen eines jungen Ritters. Ruodlieb bewährt sich in Befolgung
von Weisheitslehren, die ihm als königliches Abschiedsgeschenk für treue
Dienste zuteil werden; auf der Gegenseite Modellfälle bösen und töricht-
ten Verhaltens. Eine Art erster Ritterspiegel, Betonung des höfischen
Verhaltens. Weibliche Gestalten für die Handlung wichtig, aber noch
nicht im Sinne des Minneideals. Ruodlieb ein Held in der Art der Legen-
de: Miles christianus, Wahrer von Frieden und Gerechtigkeit.
Starkes Interesse am bäuerlichen Leben, der Bauernstand wird in dieser
Frühzeit noch zur Herrenschicht gerechnet. Realistik, Kleinmalerei, Kulturbild.

um 1060   Wiener Genesis

Versifizierung des *1. Buches Mose* in über 3000 Reimpaaren. Verf. österreichischer Geistlicher.
Lebendige Darstellung der Urgesch. und Patriarchenzeit, auch der weltlichen Tätigkeiten und Geschäfte des Menschen. Zugefügt religiös-morali-
sche Auslegungen. Als Heilsgesch. aufgefaßt, allegorisch-typologischer
Rahmen. Noch nicht durch Reformbewegung berührt. Geringes formales
Bestreben. Beispielhaft für die wenig strenge Struktur des frühmhd. Ver-

ses. Neben der sehr frei behandelten klanglichen Bindung auch die Rhythmik der Kadenz als reimbildendes Mittel benutzt.

Formale Bearbg. in der *Milstätter Genesis* (1120/30).

1063   Ezzos Lied

Ostfr. Ältestes Denkmal aus frühmhd. Sprachperiode. Eine erweiterte Vorauer Fassung um 1120. Reimpaare (binnengereimte Langzeilen?) in ungleichen Abschnitten.

Verf. ein Bamberger Domherr namens Ezzo: »Ezzo begunde scrîben, Wille vant die wîse . . .« Geschrieben anläßlich der Einweihung des Stiftes St. Gangolph in Bamberg, nicht für die Pilgerfahrt Gunthers von Bamberg nach dem Heiligen Land (1065), wahrscheinlich aber bei dieser Gelegenheit als Kreuzlied gesungen.
Schildert in einer Art kurzgefaßter christlicher Weltchronik die Geschichte von der Erschaffung des Menschen bis zum Heilstode Christi; Hymnus auf Gottes Weltheilsplan. Religiöse Haltung der Kirchenreform, noch nicht asketisch.

um 1070   Noker
(d. i. Notker, Mönch in Einsiedeln und Hirsau, seit 1090 Abt von Zwiefalten):
Memento mori

Bußaufruf zu Weltabkehr und Entsagung im Sinne der kluniazensischen Reform. Drohende Wirklichkeit des letzten Gerichts.
Lockere Reimpaarstrophen (binnengereimte Langzeilen?) in der Art Ezzos.

um 1080   Münchener Dreikönigsspiel,
auch: **Freisinger Magierspiel**

Lat. Verse. Spielort Freising. Hs. in München.

Frühester erhaltener Spieltext in Dld. Behandelt die Ereignisse von Christi Geburt bis zur Flucht nach Ägypten in etwa 100 Versen. Ohne szenische Ausgestaltung, Auff. noch innerhalb der Kirche.

1077/1105   Annolied

Frühmhd., Abfassungsort Siegburg. Ungleiche Abschnitte von sechs bis zwölf Reimpaaren (binnengereimte Langzeilen?). Quelle wahrscheinlich eine Vita, die zugleich auch der *Vita Annonis* von 1105 als Quelle gedient hat.

Erstes zeitgeschichtliches und zeitbiographisches Werk in dt. Sprache, über Erzbischof Anno von Köln, Erzieher Heinrichs IV. Einleitend Schöpfungs- und Weltgeschichte in augustinischer Geschichtsauffassung. Anno wird als Heiliger aufgefaßt, weniger als Staatsmann. Seine Taten werden den zerstörerischen Taten weltlicher Helden entgegengestellt, sein Wirken in den christlichen Heilsplan eingebaut. Am Ende die nach Annos Tode (1075) geschehenen Wunder, die ihn als Heiligen auswiesen (Heiligsprechung 1183). Weltverneinende Haltung der kluniazensischen Reform, weltlicher Herrschaftsanspruch der Kirche.

Hgg. Opitz 1639 und nur dadurch erhalten.

um 1125   Klausnerin Ava:
           Das Leben Jesu

Südostdt., in der *Vorauer Sammelhs.* enthalten, jüngere Bearbeitung in Görlitzer Hs.; die Verfn., die ihren Namen selbst nennt, identisch mit der durch mehrere Zeugnisse belegten Klausnerin Ava, gest. 1127.

Nacherzählung der Evangelien unter Hinzuziehung apokrypher Legenden. Avas »buoch« enthält außerdem Gedichte von Johannes dem Täufer, von den sieben Gaben des Heiligen Geistes, vom Antichrist und vom Jüngsten Gericht. Alle diese Werke als Einheit, als Heilsgeschichte aufgefaßt. Teile der Ostergesch. nach dem Grundriß der dreiszenigen Ostertropen aufgebaut.
Erste Dichterin in dt. Sprache: »Dizze buoch dihtôte zweier chinde muoter«. Avas beide Söhne, Geistliche, unterrichteten sie in der Auslegung der Texte. Ungelehrt und ungestaltet, von persönlich empfundenem religiösem Gefühl getragen, breite Erzählung. Kluniazensischer Geist.

1135/55   Kaiserchronik

17 000 Reimpaar-Verse. Verf. ein Geistlicher in Regensburg, vielleicht eine Arbeitsgemeinschaft Regensburger Geistlicher; Verfasserschaft des Pfaffen Konrad, dessen *Rolandslied* der Chronik nahesteht, bestritten. Quellen: Sagen, Anekdoten, Geschichtswerke, Legenden, in der Einleitung das *Annolied* verarbeitet. Kompilatorischer Charakter.
Geschichte des römisch-dt. Reiches von der Gründung Roms bis zum Jahre 1147. Einzelne Geschichten als Zeugnisse für das Walten Gottes. Ausgerichtet auf Vollendung des irdischen Gottesstaates im Sinne Augustins. Versuch einer Verbindung des Geistlichen mit dem Ritterlichen: Triumph des Christentums über das Heidentum.
Erste dt.-sprachige Dg. mit weltlichem Stoff nach dem *Hildebrandslied*. – Kritik der lügnerischen Unzuverlässigkeit der Spielmannsdg. am Beispiel der Geschichte Dietrichs von Bern. Ritterlich, aber noch nicht höfisch.

1140/50   Pfaffe Lamprecht:
            Alexanderlied

Rheinisch. Urfassung verloren. Drei voneinander abweichende Fassungen: die Vorauer Hs. von etwa 1160 (schließt wie die Urfassung mit dem Tode des Darius im Kampf gegen Alexander), die frühhöfische Straßburger Fassung von etwa 1170 (um

die weiteren Ereignisse, Zug nach Indien, Paradiesfahrt und Tod Alexanders ergänzt), die Basler Hs. des 15. Jh. (auf einer der Vorauer nahen Fassung beruhend,
im Umfang jedoch der Straßburger entsprechend). Quelle: frz. Gedicht des Alberich
von Besançon nach dem Lat. des Julius Valerius (300 n. Chr.) und nach Leos *Historia de preliis* (um 950), die auf den spätantiken Roman des Pseudo-Kallisthenes
zurückgehen.

Epos in Reimpaaren. Umstritten, ob der Schluß – Zweikampf Alexanders
mit Darius und dessen Tod – als solcher geplant war oder ob das Werk als
unvollendet anzusehen ist.
Beginn des frz. Einflusses auf das mhd. Epos. Erstes weltliches Epos in dt.
Sprache nach einer fremden Quelle. Wegbereitend für die beiden Einfluß-
sphären: heidnische Antike und Frankreich. Die Abweichungen von der
Quelle bezeugen den geistlichen Stand des Verf. Alexander dargestellt als
siegreicher Held und als Herrscher des vierten vorchristlichen Weltreiches, der mit seinen Siegeszügen ein Instrument Gottes ist. Der Vanitas-
Gedanke des Prologs will auf die Vergänglichkeit irdischer Größe, auf die
Gottferne weltlichen Glanzes hinweisen. Die Forts. (Vorauer und Basler
Fassung) hat diesen Gedanken in der Paradiesfahrt des Schlußteils wieder
aufgenommen. Kluniazensische Haltung des Verf. und antik-heroische
Vorstellungen der Quelle im Gegensatz. Orient im Stil des ethnographischen griech. Romans, Niederschlag des Orient-Interesses der Kreuzzugs-
zeit. Ritterlich, aber nicht höfisch.

Pfaffe Lamprecht war auch Verf. eines *Tobias*.

1140/50   St. Trudperter Hoheslied

Dt. Bearbg. und Auslegung des *Hohenliedes* auf Grund der um 1060 entstandenen
Paraphrase des Abtes Williram von Ebersberg. Von einem unbekannten Benediktiner für ein Frauenkloster verfaßter Zyklus von Klosterpredigten, in mehreren Hss.
im alem.-bayr. Wirkungsraum der Hirsauer Reformklöster verbreitet.

»Spiegel«, d. h. Lebenslehre des weiblichen geistlichen Standes. Der
Bräutigam des Bibeltextes wird gedeutet als der Heilige Geist, die Braut
als anima des Menschen, deren Vorbild Maria, die »sponsa« des Heiligen
Geistes, ist; als Marias jungfräuliche Nachfolgerinnen werden die Nonnen
angesprochen. Höhepunkt der dialogisch aufgebauten Exegese ist das
Einswerden mit Gott, das Ruhen in Gott, dem jedoch die Hinwendung
der minnenden Seele zur Gemeinschaft, die Weitergabe der Erfahrungen
an die Mitschwestern, folgt. Grundgedanken in einem hymnischen Prolog
zusammengefaßt.
Gotteserlebnis der frühen spekulativen Mystik. Neue persönliche Frömmigkeit, Einfühlung in die weibliche Psyche.
Gegenüber Willirams Paraphrase ist der Anteil des Latein im misch-
sprachlichen Teil stark verringert, lat. Begriffe fungieren als Leitworte.
Flüssige, stellenweise dichterisch gehobene Prosa, an Kunstformen der
liturgischen Poesie orientiert.

1141/53   **Hildegard von Bingen**
(1098–1179, Tochter Hildeberts von Bermersheim; Stift Disibodenberg, Gründerin und Äbtissin des Klosters Rupertsberg bei Bingen):
Liber Scivias (Wisse die Wege)

Entst. 1141–1153, in Teilen schon vor Abschluß verbreitet, vom Papst anerkannt.

Aufzeichnung von Visionen, Gesprächen mit Christus, des eigenen Weges zur Erleuchtung. Mystische Auslegung des christlichen Dogmas. Erhaben, prophetisch, ohne schwärmerische Ekstase. Sprachlich machtvoll, bilderreich. Beginn des dt. mystischen Schrifttums.

Verfn. von weiteren mystischen, hagiographischen und naturkundlichen Schriften, von 70 lat. geistlichen Liedern und einem oratorienartigen allegorischen Spiel *Ordo virtutum*. Briefwechsel mit führenden Persönlichkeiten.

nach 1152   König Rother

Vorhöfisches Epos. Quelle: langobardische Heldensage von König Authari. Übertragung auf die Brautwerbung Rogers von Sizilien um eine byzantinische Prinzessin (1143–1144).
Brautwerbung und -entführung, Treueverhältnis von Lehnsherr und Vasall. Die Werber werden vom Vater des Mädchens gefangengenommen, der König befreit seine Vasallen und entführt das Mädchen.
Spielmännischer Stoff, vom Rhein stammend, jedoch ist der Verf. der vorliegenden Fassung ein rheinischer Geistlicher, der sich an hohe adlige Kreise in Bayern wendete. Spiegelt ritterliche Gesellschaft um die Mitte des 12. Jh., Begriffe der Ehre und Zucht, auch Ansätze der höfischen Minne. Geistliche Tendenz: Rother wird zum Ahnherrn Karls des Großen und damit zum hist. Glied des göttlichen Heilsplanes; er und seine Frau gehen zum Schluß ins Kloster.

**im 12. Jh.   Benediktbeurer Weihnachtsspiel (Ludus
scenicus de nativitate Domini) und
Osterspiel (Ludus paschalis)**

In der Hs. der *Carmina burana* (13. Jh.), das Osterspiel Fragment.
Lat. geistliche Singspiele oder Oratorien, aus alten Prosa-Antiphonen und rhythmischen Strophen verschiedener Form zusammengesetzt.
Das Weihnachtsspiel, eingeleitet von einem Prophetenspiel, umfaßt die Ereignisse von der Verkündigung bis zur Flucht nach Ägypten, das Osterspiel die von Christi Einzug in Jerusalem bis zur Grablegung.

nach Mitte 12. Jh.   Heinrich (von Melk?):
Von des tôdes gehugde

Österreichisch. Melk als Heimatkloster des sich »Heinrich« nennenden Autors nicht eindeutig erwiesen, da fraglich, ob der als Auftraggeber bezeichnete Erkenfried mit dem Abt Erkenfried von Melk (1122–1163) identisch ist (möglich auch: Erchenfridus von Altenburg/NdÖsterreich, gest. 1196). Verf. Laie ritterlicher Abkunft.

Das Memento mori mit Satire gegen Rittertum und Geistlichkeit verbunden. Es beweist der adligen Frau an der Bahre des Mannes, dem Sohn am Grabe des Vaters die Nichtigkeit des Lebens. Superbia als Quelle aller Sünden. Machtvoll und farbig. Früheste Erwähnung ritterlicher Minnedg., in der eine Gefahr gesehen wird. Höhepunkt und zugleich Ausklang des asketischen Schrifttums.

Dem gleichen Verf. zugeschrieben wird oft das in der Hs. enthaltene anonyme *Priesterleben,* das thematische Ähnlichkeit mit H.s Gedicht hat, sich aber in Metrik, Reim, Wortschatz und theologischer Substanz von ihm unterscheidet.

1160   Ludus de Antichristo

Lat., Verf. Geistlicher in Tegernsee. Quelle: Adso von Toul *Liber de Antichristo.*

Eschatologisches Dr. von dem Ende des römisch-dt. Kaisertums und dem Sieg der Kirche über den Antichrist. National gefärbt (Zeitalter Barbarossas!): der dt. Kaiser unterwirft sich die Erde und gibt nach Erfüllung dieser Mission seine Macht an Gott zurück, legt Krone und Zepter auf dem Ölberg nieder.
Der Spieltext wurde gesungen.

1159/65   Archipoeta:
Gedichte

Zehn Gedichte, acht davon in einer Göttinger Hs. (um 1200) mit Überschrift *Archipoeta* (vielleicht ein vom Kanzler Reinald von Dassel verliehener Ehrenname oder Titel) überliefert. Der A., wahrscheinlich ein dt. Geistlicher ritterlicher Herkunft, gilt als hervorragendster Zeuge der Vagantendg. Schuf in der Umgebung Barbarossas und Reinalds von Dassel, zu dem alle Gedichte in Beziehung stehen. Bezeichnender Vertreter der Diesseitsstimmung in der zeitgenössischen Klerikerdg. Meist Preis der Gönner, verbunden mit Bitte um eine Gabe. Der Anspruch auf die Gabe beruht auf der poetischen Leistung, auf die A. mit Selbstbewußtsein hinweist.
Sein *Meum est propositum* faßte die Themen der gesamten Vagantenlyrik zusammen; gegen Gegner bei Hofe gerichtet. A.s Verhältnis zu seinem Gönner spiegelt sich in *Vision* und *Jonas-Beichte.* Wichtig die Ablehnung eines Auftrages für ein Epos über die Siege Friedrichs I. in Italien; statt dessen entstand der *Kaiserhymnus.*

Sicherheit und Klarheit der Sprache. Vier Gedichte, darunter der *Kaiser-hymnus,* in der Vagantenstrophe, die schon vor A. belegt ist, aber durch ihn berühmt wurde; Vagantenzeile dem vierhebigen Vers der mhd. Reim-paare verwandt. Zwei Gedichte in gereimten Hexametern, der *Preis Rei-nalds* in der Stabatmater-Strophe.

um 1160   Salman und Morolf

Spielmännisches Legendenepos.

Erstmalig Verwendung von Strophen (Morolf-Strophe) im Epos, wie sie für das ältere kurze Lied kennzeichnend ist. Zwei Hss., Anfang 15. Jh. und 1479, Druck 1499. Von der Forschung aus thematischen und stilistischen Gründen, jedoch ohne völlig sichere Indizien, ins späte 12. Jh. zurückdatiert. Quelle: Jüdische Legende in byzantinischer Überlieferung.

Zweimalige Entführung von Salomos ungetreuer Frau Salme und Rückge-winnung durch seinen Bruder Morolf. Im Mittelpunkt die sehr »spielmän-nische« Figur des listenreichen Morolf, der seine Wesenszüge von einem lat. Dialog *Salomon et Marcolfus* (dt. Bearbeitung im 14. Jh.) herleitet, in dem die Bauernschläue Markolfs über die Weisheit Salomos siegt.

Weiterleben des Stoffes im Volksbuch 1487, in dram. Bearbeitungen des Hans Folz (Ende 15. Jh.), des Hans Sachs (1550), einem Luzerner Fastnachtspiel (1564) und einer Schulkom. von Christian Weise (1685).

um 1170   Pfaffe Konrad:
Rolandslied

9094 Reimpaar-Verse. Auf Veranlassung Heinrichs des Löwen in Regensburg ge-schrieben. Quelle: afrz. Heldenepos *Chanson de Roland* (bald nach 1100), dessen historische Grundlage die Vernichtung der Nachhut des karolingischen Heeres mit dem Tod des Hruodlandus nach Abschluß der Kämpfe Karls in Spanien (778) ist.

Das Kreuzzugsthema, in der frz. Vorlage vor allem ein Kampf für »la douce France«, verstärkt, dem fortgeschrittenen Stadium der Kreuzzugs-idee angepaßt. Kreuzzugsbereitschaft als Kaisertugend, Karl (1165 kano-nisiert) und seine Paladine als Gottesstreiter, denen als Lohn die Märty-rerkrone winkt. Loyalitätskonflikt: der Verrat Geneluns. Im Gegensatz zu der *Kaiserchronik* (1135/1155), die der Verf. benutzte, betont hel-disch, aber Ablehnung des Höfischen in Form und Gehalt. Rittertum und Ritterliches noch nicht Eigenwert.

Um 1220 erweiternde Bearbeitung durch den Stricker.

um 1170   Sanct Oswald

Spielmännisches Legendenepos. In Reimpaaren.

Zwei getrennte Überlieferungsgruppen, der *Münchener* und der *Wiener Oswald,* beide in mehreren Hss. des 15. Jh. erhalten und auf gemeinsame Vorstufe zurückge-hend. Von der Forschung aus thematischen und stilistischen Gründen, jedoch ohne

völlig sichere Indizien, ins späte 12. Jh. zurückdatiert. Oswald-Verehrung hauptsächlich in Bayern; möglicher Ursprung des der Urform wahrscheinlich näheren
Münchener Oswald der bayerische Welfenhof. Der *Wiener Oswald* im Zusammenhang mit der Oswald-Kirche in Crummendorf/Schlesien. Stoff: Legende von St. Oswald, einem frühchristlichen König von Northumbrien (7. Jh.).

Oswald wirbt um die Tochter eines heidnischen Königs. Bote und Werber
ist ein sprechender Rabe, dessen Abenteuer im Mittelpunkt der Handlung, auch des sich anschließenden Kriegszuges Oswalds gegen den heidnischen König, stehen. Oswald schlägt die Heiden und bekehrt sie. Seine
Heiligkeit besteht vor allem in seiner Keuschheit: er will eine sündelose
Ehe schließen. Nach Oswalds Hochzeit erscheint Christus in Bettlergestalt, um Oswalds Gehorsam zu prüfen; Frau und Land, die ihm Oswald
willig abtritt, gibt er Oswald zurück, verlangt aber Keuschheit. »Spielmännische« Brautwerbungs-Erz. und Erzähltechnik mit Tendenzen der
Legende verbunden.

Druck 1471.

1172   Priester Wernher:
Driu liet von der maget

Entstehungsort Augsburg aus Anlaß der Einsetzung des Festes der Verkündigung
Mariae im Kloster St. Ulrich und Afra. In strophenähnliche Abschnitte gegliedert.
Quelle: Apokryphes Evangelium des Pseudo-Matthäus und *Neues Testament*.

Erstes erhaltenes dt.-sprachiges Marienleben. Dt. Mariendg. entstand im
Zusammenhang mit der seit Mitte des 12. Jh. aufkommenden Feier der
Unbefleckten Empfängnis.
Lebensgesch. Marias in drei Teilen: Darstellung der dreijährigen Maria
im Tempel – Heimsuchung – Heimkehr aus Ägypten, ferner Ausblick auf
Tod, Auferstehung, Jüngstes Gericht. Dogmatisch bedeutsame Szenen,
wie sie in der Liturgie des Kirchenjahres festgelegt sind. Im Mittelpunkt
der Gedanke der Jungfräulichkeit Marias, die die Schuld Evas wiedergut-
macht. Ihr Leben in den göttlichen Heilsplan eingeordnet. Persönlicher,
lyrischer Grundzug. Nähe der frühhöfischen Dg. deutlich.

um 1180   Herzog Ernst

Vorhöfisches Epos. Die vorliegende älteste erhaltene, fragmentarische Fassung des
spielmännischen Stoffes stammt von einem rheinischen Geistlichen, der für bayri-
sche adlige Kreise schrieb (vgl. *König Rother*).
Quellen: für den ersten Teil ein dt. historisches Lied von Herzog Ernst, für den
zweiten Teil lat. ethnographischer Reiseroman und orientalische Märchen von Sind-
bad dem Seefahrer. Historische Grundlage für das Lied von Herzog Ernst sind der
Aufstand Liudolfs von Schwaben gegen seinen Vater Otto I. und der Aufstand
Ernsts von Schwaben gegen seinen Stiefvater Konrad II.

Ernst nimmt mit seinem Freunde Werner das Kreuz, um dem Zorn seines
Vaters zu entgehen; seine Mutter vermittelt später die Versöhnung. Das

Werk spiegelt den zeitgenössischen Konflikt zwischen Barbarossa und Heinrich dem Löwen und die Hoffnung auf einen Ausgleich. Abenteuerliche Erlebnisse Ernsts im Morgenland tragen den Orientvorstellungen der Kreuzzugszeit Rechnung.

Zahlreiche spätere Bearbeitungen des Stoffes:
1206 Odo von Magdeburg: *Ernestus*, lat., Hexameter, Hs. E.
1210/20 *Herzog Ernst*, Hs. B, höfisch.
2. Hälfte 13. Jh. *Herzog Ernst* C, lat. Prosa, gelehrt.
um 1280 Ulrich von Etzenbach: *Herzog Ernst* D, höfisch.
Anfang 15. Jh. *Herzog Ernst* F, dt. Prosa nach C, daraus *Volksbuch von Herzog Ernst* entwickelt.
1472 zwei strophische Liedfassungen im *Dresdener Heldenbuch*.
1817 Ludwig Uhland: *Herzog Ernst von Schwaben*, Tr.
1955 Peter Hacks: *Das Volksbuch von Herzog Ernst oder der Held und sein Gefolge*, Dr.

um 1180   **Heinrich,** mit später beigefügtem Zunamen
             der Glichezaere (= der Heuchler):
             Reinhart Fuchs

Bruchstücke; das Ganze in einer Bearbeitung des 13. Jh. überliefert. Quelle: Vorform des frz. *Roman de Renart*, die schon in »branches«, Kapitel, eingeteilt war. Verf. ein rheinischer Geistlicher.

Tierepos. Herausarbeitung der Feindschaft Wolf – Fuchs; im Mittelpunkt die Geschichte von der Krankheit und Heilung des Löwen.
Volkstümlich, satirisch, lehrhaft.

1180/1200   Orendel

Spielmännisches Legendenepos. In Reimpaaren.

Hs. 15. Jh.; in Abschrift des 19. Jh. erhalten. Quelle: Legende vom Heiligen Rock und die spätantike *Apolloniusroman*. Entst. möglicherweise im Anschluß an die Translation des Hl. Rockes von Trier vom St. Nikolausaltar in den Hauptaltar (1196).

Orendel, der auf Brautwerbungsfahrt im Heiligen Land ist, gewinnt den Heiligen Rock aus dem Bauch eines Walfisches und bringt ihn und die Braut unter vielen Gefahren in seine Heimat Trier. In den Hauptgestalten Rest einer sehr alten, heroischen Dg. spürbar, die aber wegen der legendären und romanhaften späteren Schichten nicht mehr wiederzugewinnen ist.
Formelhafte und eklektische Erzählweise.

Zwei Drucke aus dem Jahr 1512, dem Jahr der ersten Ausstellung des Heiligen Rockes in Trier.

1170–1270   Hohes Mittelalter

Zur Zeit der Regierung Friedrich Barbarossas (1152–1190) befreite sich der ritterliche dt. Mensch von der Vorherrschaft durch die Kirche und schuf sich eine eigene weltliche Kultur. Die davor liegenden Bemühungen der Geistlichkeit, durch Aneignung der weltlichen Stoffe ihren lit. Einfluß zu behaupten, wurden aufgegeben, in der Spielmannsdg. wurde der rein fabulierende Charakter überwunden, sie gab sich dort, wo sie ernsthaft konkurrieren wollte, höfisches Gepräge. Die neue ritterliche Kultur war eine Formkultur, sie pflegte im Gegensatz zur Formlosigkeit der vorangegangenen Epoche Stil, Komposition und Metrik. Die Zeit empfand selbst den Einschnitt im Kulturablauf, die Werke der vorangegangenen Epoche gerieten in Vergessenheit. Inhaltliche wie formale Reform der Lit. ist gemeint, wenn Gottfried von Straßburg über Veldeke sagt: »er inphete daz êrste rîs in tiutescher zungen.«
Kultur und Lit. wurden von den Zeitgenossen als »hovelîch« oder »hövisch« bezeichnet. Das bedeutete zunächst »was zum Hof gehört«, in erweitertem Gebrauch: schön, vornehm, edel, reich, tugendhaft; »hövisch« wurde zum Programmwort eines neuen Gesellschaftsideals. Die Lit.-Gesch. nennt die Epoche auch ritterliche, höfische, staufische Epoche oder Blütezeit der ma. Dg.
Die Machtentfaltung des staufischen Kaisertums bildete die Grundlage für eine selbständige dt. Kultur. Träger dieser Kultur war der Adel. Die höfische Gesellschaft war Adelsgesellschaft, die höfische Lit. wurde vom oder zumindest für den Adel geschaffen. Mittelpunktfigur in Realität und Dg. war der höfische Ritter. »Ritter«, ursprünglich Bezeichnung für einen schwer gewappneten Reiter, gleichbedeutend mit »miles« und auch mit »ministerialis«, dem Stand der seit dem 11. Jh. aufgestiegenen, ursprünglich unfreien Lehensträger, verlor allmählich seine sozialgeschichtliche Bedeutung und wurde auch auf Mitglieder des hohen Adels und des Fürstenstandes angewendet. »Ritter« wurde zu einer überständischen, eher moralischen Qualität, verlor aber seinen Bezug zu kriegerischer Betätigung und zum Dienstgedanken nicht. Die Kreuzzüge, in denen sich der Stand der Ministerialen durch kriegerische Tüchtigkeit bewährte, öffneten den Blick über die nationalen Grenzen hinaus und hoben zugleich das Bewußtsein für Wert und Würde abendländischer Kultur. Der Ritterstand war international, erlebte sich als große Gemeinschaft in den Kreuzzügen. Diese, aus dem Geist der Askese entstanden, weiteten den Gesichtskreis der Teilnehmer und brachten – statt der von der Kirche erstrebten Unterordnung des Adels – einen Geist selbständiger Weltfreude. Tragende politische Idee war der Kaisergedanke.
Die höfische Epoche war die Loslösung einer zwar frommen, aber doch diesseitigen Weltanschauung von der Vorherrschaft der Kirche. Das höfische Ethos, das sich das Rittertum schuf, enthält eine Fülle von Lebensidealen und Tugendvorstellungen. Der älteren These, daß es sich um ein

auf antiker Moralphilosophie fußendes »Tugendsystem« handele (Gustav Ehrismann), ist die These von einer Verschmelzung germanischer, kirchlicher, antiker und spanisch-arabischer Elemente entgegengestellt worden (Ernst Robert Curtius). Die gesamte ma. Kultur lebte aus der Spannung von Diesseits – Jenseits, weltlich – geistlich, Schönheit – Sünde. Die höfische Epoche machte den Versuch einer Überbrückung durch die höfischen Ideale, die in ihrer reinsten Ausprägung einen sehr vergeistigten, manchmal asketischen Zug (Minnesang) trugen. Trotz größten seelischen und künstlerischen Ringens klaffte der Dualismus immer wieder auf (Hartmann, Walther), einzig in Wolframs Werk ist ein Weg gefunden, Gott und der Welt zu gefallen.

Die einzelnen Tugenden wurden durch verschiedene miteinander verwandte Begriffe umschrieben. Zentraltugend der höfischen Ethik war die »mâze«, die Tugend des Maßhaltenkönnens, wie sie ähnlich die antike Philosophie des Cicero, Seneca, Boethius geprägt hatte. »aller werdekeit ein füegerinne / daz sît ir zewâre, frouwe mâze« (Walther). Diese durch »zuht«, Erziehung ebenso wie Selbstzucht, erreichte harmonische Lebenshaltung war jedoch noch nicht alles; aus dem aristokratischen Grundzug dieser Ethik erwuchs noch die Forderung nach dem »hohen muot«, nicht Hochmut oder Tapferkeit, sondern seelisches Hochgestimmtsein. Noch deutlicher in dem Begriff »froide«, einer sich selbst und den Widerständen des Lebens abgewonnenen heiteren Lebenshaltung, Morungens »mit zühten gemeit«. Auf dem Gebiet des ritterlichen Kampfes wird »êre«, dem Waffengefährten gegenüber »triuwe« oder »staete«, dem Untergebenen gegenüber »milte« gefordert.

Die Begriffe »zuht«, »mâze« und »staete« auf das Verhältnis zwischen dem liebenden Mann und der begehrten, als verheiratet und sozial höher stehend dargestellten Frau übertragen, führen zur entsagenden, immerwahrenden Anbetung, das Hochgestimmtsein des »hohen muotes« zur ständigen seelischen Bewegtheit durch ein unerfüllbares »senen«. Minne wird zur gesellschaftlichen Form der Frauenverehrung, bei der die Frau eine erzieherische, veredelnde Aufgabe erhielt: »swer guotes wîbes minne hât / der schamt sich aller missetât« (Walther); diese Wirkung kann sich nur dann entfalten, wenn Minne unerfüllt bleibt.

Das höfische Minne- und Frauenideal ist ein utopischer Extrempunkt in einem auch sonst idealisierten, unrealistischen Gesellschaftsbild, das die höfische Lit. darbietet und in dem der Alltag mit seinen Nöten zugunsten einer dauernden Festlichkeit und Vollkommenheit ausgeklammert ist. Dieses Bild der Gesellschaft »ist offensichtlich als Gegenentwurf zur Realität konzipiert worden und muß so interpretiert werden.« (Joachim Bumke).

Dagegen hat die ältere Forschung die Darstellung des ma. Rittertums in der höfischen Dichtung als Realität aufgefaßt. Die auf Grund besserer sozialgeschichtlicher Erkenntnisse erfolgte Distanzierung von dieser Auffassung führte so weit, daß man aus einer Perspektive, in der Lit. als Sozialgeste und »Erkenntnisinstrument der

Gesch.« erscheint, die »Unwahrheit« des höfischen Weltbildes und die Funktion der
höfischen Dg. als Ironisierung und Entlarvung dieser Fiktion nachzuweisen suchte
(Karl Bertau). Dem wurde entgegnet, daß Wirklichkeit und Wirksamkeit eines Ideals nicht auch seine reine Verwirklichung bedeuten und daß Dichter und adlige
Auftraggeber sich wohl kaum ein halbes Jh. lang für ein glanzvolles Bild der höfischen Gesellschaft eingesetzt hätten, um diese zu ironisieren und zu brüskieren (de
Boor). Ein vorsichtiges Abwägen der gesellschaftlichen Realität gegenüber ihrem in
der Dg. fixierten Bild erbrachte die Einsicht, daß zwar der Gegensatz zwischen
Realität und Fiktion nicht zu übersehen ist, daß aber der Fiktion eine wenn auch
zögernde und nur teilweise Veränderung der Realität zuzusprechen ist. Die Dg.
habe »das gesellschaftliche Selbstbewußtsein des Laienadels beeinflußt«, die adlige
Gesellschaft des 12. und 13. Jh. habe sich »durch ihre Dichter auf ein Ideal ver-
pflichten lassen«, das die in der Realität herrschenden Härten und Rücksichtslosig-
keiten verdammte, der »Appellcharakter des höfischen Ritterideals« sei nicht zu
übersehen, »der höfische Ritter und die höfische Dame wurden gesellschaftliche
Leitbilder, die Jahrhunderte lang gültig geblieben sind« (Joachim Bumke).

Die Dichter selbst haben, um indirekt Kritik an der sozialen Wirklichkeit
zu üben, die Realisierung des erstrebten Ideals häufig in frühere Zeiten
verlegt; durch diesen Kunstgriff wurde der Abstand zwischen der Wirklichkeit und dem neuen Ideal deutlich. Die Wirkung der erzieherischen
Absichten der Lit. zeigt sich in der Namengebung nach lit. Figuren für
Söhne und Töchter, in der lit. Unterweisung der adligen Jugend, in der
Nachahmung lit. Vorbilder beim Turnierwesen (Tafelrundenturniere)
und in der autobiographischen Dg. Ulrichs von Liechtenstein, der seinen
Frauendienst Motiven aus der Lit. nachbaute. Zustimmung, auch Kritik,
und Mitspielen eines zuhörenden kunstempfänglichen Publikums ist aus
zahlreichen Situationen in Lyrik und Epik ersichtlich.

Der schon am Ausgang des frühen MA. einsetzende Einfluß Frankreichs
nahm zu. Die Ideale der neuen Formkultur wurden in Frankreich aufge-
stellt und gelangten über Mittel- und Niederrhein (Veldeke), dann über
den Oberrhein (Hausen) weiter bis ins östliche Dld.

Auch der Hof, der darin die Klöster und Bischofssitze ablöste, war als Zentrum der
Kultur in Frankreich vorgebildet. Neben die lit. Aktivität des Königshofes traten
zunehmend die Höfe der Territorialfürsten. Fürstliche, später auch städtische Gönner und Mäzene wurden wichtig als Auftraggeber, die frz. Vorlagen vermittelten und
dadurch die zu behandelnden Stoffe bestimmten. Besonders Verff. epischer Dg.
waren »auf Kontinuität der Arbeitsbedingungen angewiesen« (Joachin Bumke). Als
Gönner traten hervor:
Friedrich I. für den Archipoeta, Heinrich VI. für die Dichter der Hausenschule,
Heinrich VII. für Burkart von Hohenfels, Gottfried von Neifen, Ulrich von Winter-
stetten; Hermann von Thüringen für Veldeke, Herbort von Fritzlar, Albrecht von
Halberstadt, Wolfram, Walther;
Heinrich II. von Babenberg für Dietmar von Aist, Leopold VI., Friedrich I. und
Leopold VII. von Babenberg in Wien für Reinmar und Walther;
Dietrich von Meißen für Walther, Morungen;
Wolfger von Erla, 1191–1204 Bischof von Passau, dann Patriarch von Aquileja
(gest. 1208), für Walther, den Dichter des *Nibelungenliedes*, Thomasin von Zerclae-
re;

Walther dichtete außerdem im Auftrage der Staufen Philipp von Schwaben und Friedrich II. und des Welfen Otto IV. von Braunschweig.

Beteiligt an der Dg. waren in erster Linie die oberdt. Stämme, da Oberdld. in der Stauferzeit der kulturtragende Raum war und auch die kulturelle Bewegung von Frankreich her die dem Rhein zunächst liegenden Gebiete als erste ergriff und von dort nach Osten vorstieß. Alle nddt. und mdt. Dichter paßten sich an die oberdt. Lit.-Sprache an. Albrecht von Halberstadt (um 1190) entschuldigte sich, daß er »weder Swâp noch Beier / weder Dürinc noch Franke«, sondern nur ein Sachse sei.

Hauptkennzeichen der höfischen Dg.: idealisch wirklichkeitsfremd – exklusiv aristokratisch – streng formal durchgebildet. Erstrebt wurden Klarheit und kunstvolle Simplizität, die manchmal an Zierlichkeit streift. Die Zeitgenossen empfanden Hartmann von Aue als das große Vorbild; Gottfried rühmte »sîne kristallînen wortelîn«.

Hauptgattungen waren Epos und Lyrik, das Drama spielte keine wesentliche Rolle.

Die metrische Form des höfischen Epos waren vierhebige Reimpaare. Seine Stoffe waren frz., meist nach Sagen keltischen Ursprungs (Artus, Gral, Tristan), vereinzelt antik. Die Verff. der Zeit betonten die Quelle, das »buoch«. Das Publikum verlangte aus Gründen der »Wahrheit« Belegbarkeit, Geschichtlichkeit, und fast alle Epiker (Veldeke, Hartmann, Gottfried, Rudolf von Ems) fühlten sich zu Belesenheit, zu Bildung verpflichtet, hierin Erben ihrer geistlichen Vorgänger. Nur Wolfram lehnte Belesenheit ab und berief sich auf sein Schöpfertum.

Neben dem höfischen Epos steht das Helden- oder Volksepos. Seine Form war meist strophisch. Stoffe: die heimischen der Heldenlieder der Völkerwanderungszeit, die durch die Dg. der Spielleute mündlich bewahrt worden waren. Ihre Episierung setzte in der zweiten Hälfte des 12. Jh. ein. Im 13. Jh., angeregt vom *Nibelungenlied,* Blüte der Episierung und Höfisierung. Merkmale der Heldenepik waren jedoch ein vorhöfischer Wortschatz und Stil sowie die Anonymität der Autoren.

Sammelhss.: *Heldenbuch des Kaspar von der Rhön* (1472), *Straßburger Heldenbuch* (vor 1477), *Ambraser Heldenbuch* (1517).

Gattungen der Lyrik:
Lied; mehrere dreigeteilte Strophen: je zwei Stollen und Abgesang. Inhalt: Minnedg. Arten des Liedes: Liebesmonolog – Liebesbotschaft – Wechsel (Dialog zwischen Mann und Frau) – Tagelied (Trennung der Liebenden nach gemeinsam verbrachter Nacht).
Spruch (Sangspruch); Einzelstrophen. Inhalt: didaktisch, polemisch. Ursprünglich nicht höfische Gattung, Spruchdichter waren Berufsdichter, Fahrende, die »guot umb êre nemen«.
Leich; ungleiche Versgruppen, formale Verwandtschaft mit der Sequenz. Inhalt: religiöse oder Minnedg. hymnischen Charakters. Die Gattung des

Leichs taucht im Zuge der Übernahme provenzalischer Muster zuerst im Kreis der Hausen-Schule auf.

Der Minnesang ist Gesellschaftskunst, höfische Verpflichtung, nicht Erlebnisdg. Herkunftstheorien: arabische These (Konrad Burdach, Lawrence Ecker), antike These, mlat. These (Hennig Brinkmann). Fest steht, daß eine vorhöfische dt. Liebeslyrik später vom Einfluß provenzalischer Themen und Formen überdeckt wurde. Theodor Frings hat eine Verwandtschaft der Motive der frühen Liebeslyrik von Portugal bis China nachgewiesen und reduzierte die bisherigen Abstammungstheorien auf Einflußtheorien. Der Minnesang sei aufgestiegen aus »volkstümlicher Kleinkunst« – in Dld. in den 25 bis 30 ältesten Frauenstrophen belegt –, die entsprechend den gesellschaftlichen Verhältnissen zuerst in der Provence zur höfischen Minnedg. entwickelt wurde. Die Verff. von Minnesang gehörten häufig dem Hochadel an. Musikhist. Forschung hat einen Teil der Melodien des stets gesungen vorgetragenen Minnegesangs zugänglich gemacht.

Bei Walther und Hartmann tauchen zuerst Lieder der »niederen Minne«, »Mädchenlieder« auf. Die Termini »hoch« und »niedrig« in der Minnelyrik beziehen sich jedoch nicht auf den sozialen Rang der Frau, sondern auf deren emporziehende Funktion bzw. das Fehlen einer solchen, wenn Minne zur blinden Leidenschaft wird. Die Motive dieser Lieder wurden dann von der sog. höfischen Dorfpoesie aufgenommen und weiterentwikkelt. Einflüsse der vorhöfischen einheimischen Lyrik und der Vagantenlyrik sind anzunehmen. Auch diese »Liebes«-Lyrik ist keine Erlebnislyrik im modernen Sinne, sondern mehr eine lit. Gegenströmung.

Sammelhss.: Kleine Heidelberger Liederhs. (13. Jh.), Weingartner Liederhs. (14. Jh), Große Heidelberger oder Manessische Hs. (14. Jh.), Jenaer Liederhs. (Ende 14. Jh., enthält vor allem Spruchdg.).

Die ersten Gegner erwuchsen der ritterlichen Dg. aus ihren eigenen Reihen, als das nachstaufische Rittertum die höfische Geschmackskultur teils durch Übersteigerung, teils durch Kritik untergrub.

Mit dem Verfall des Rittertums begannen Bürgerliche in die lit. Produktion einzudringen, die zwar keine Kritik übten, sondern sich eher bewundernd bemühten, den vom Rittertum gesteckten Rahmen auszufüllen. Außerstande dazu, trugen sie dazu bei, daß die alten Ideale und Kunstformen von innen her zersetzt wurden.

Wichtigste Dichter des hohen MA.:

Gottfried von Straßburg, kein Adliger, wahrscheinlich im städtischen oder bischöflichen Dienst in Straßburg, vielleicht auch Geistlicher. Weiteres über sein Leben nicht bekannt.

Hartmann von Aue, geb. um 1168, Schwabe, wahrscheinlich Ministeriale der nicht eindeutig fixierbaren Herren von Aue. Besuch einer Klosterschule, vermutlich Reichenau. Einflußreicher Gönner wahrscheinlich der Zähringer Berthold V. von Burgund. 1195 starb H.s Dienstherr. Eine Bestimmung des Kreuzzuges, an dem H. teilnahm (1189 oder 1197, vgl. drei *Kreuzlieder*), ebenso umstritten wie die Datierung der drei ersten Epen. H. starb um 1210.

Heinrich von Veldeke, Mitte 12. Jh. bis Anf. 13. Jh., Ministeriale. Gelehrte Bildung. Um 1170 im Dienst der Herren von Loon in der Gegend von Maastricht. Um 1174 wurde ihm auf der Hochzeit der Gräfin von Kleve mit Ludwig III. von Thüringen die halbfertige Hs. der *Eneid* gestohlen, die ihm 1183 Hermann von Thüringen wiedergab, in dessen Auftrag er sie um 1190 vollendete.

Konrad von Würzburg, geb. um 1220/1230 in Würzburg, Bürgerlicher. Gründliche gelehrte Bildung. Dichterische Anfänge in Mainfranken bis etwa 1257/58. Beziehungen zu den Herren von Rieneck (*Schwanritter*). Dann bis nach 1260 wahrscheinlich »Fahrender« im nordwestdt. Raum, Verbindung zum Haus der Grafen von Kleve. Seit dem Ende der 60er oder Anfang der 70er Jahre in Basel seßhaft; seine Auftraggeber meist Patrizier und geistliche Würdenträger. Gest. 31. August 1287 in Basel.

Mechthild von Magdeburg, geb. um 1207 in Niedersachsen. Gute Bildung, mit weltlicher Dg. vertraut. Um 1230 freiwillig in ein Beginenhaus in Magdeburg. 1250–1265 schrieb M. ihre Visionen auf losen Blättern nieder und übergab sie ihrem geistlichen Berater Heinrich von Halle, Lektor der Dominikaner zu Ruppin. Um 1271 Eintritt in das Zisterzienserkloster Helfta im Mansfeldischen. Fügte dort nach dem Tode Heinrichs von Halle (um 1281) den sechs Teilen ihres Buches noch einen siebenten hinzu. Gest. um 1282 in Helfta.

Neidhart, geb. um 1180, fahrender Sänger. Am Hofe Ottos II. von Bayern, bis etwa 1230 im bayr. Raum tätig. Wahrscheinlich Teilnahme an der Kreuzfahrt Leopolds VII. von Österreich 1217–1219. Später wurde Friedrich der Streitbare von Österreich N.s Gönner und verlieh ihm ein Lehen in »Medelicke«, das als Melk, von anderen als Mödling bei Wien interpretiert wird. Teilnahme am Kreuzzug 1228–29. N. dichtete seit etwa 1210. Gest. um 1240.

Reinmar der Alte (R. von Hagenau), geb. um 1160/1170, Ministeriale, vielleicht aus dem Elsaß im Dienst des Geschlechtes von Hagenau, vielleicht auch aus Hagenau in Österreich. Begann vor 1190 zu dichten. Spätestens 1195 in Wien (*Witwenklage* auf den Tod Leopolds von Österreich). Gest. um 1210 in Wien.

Rudolf von Ems, geb. in Hohenems in Vorarlberg, wahrscheinlich aus dem Geschlecht der späteren Grafen von Hohenems, Ministeriale im Dienst der Herren von Montfort. Gelehrte Bildung. Dichtete zwischen 1215 und 1254. Starb auf einem Italienzug um 1254.

Walther von der Vogelweide, geb. um 1168 wahrscheinlich in Österreich. Berufsdichter unbekannter Herkunft (Ministeriale?). Anfänge um 1188 in Wien. 1198, nach dem Tode Friedrichs I. von Österreich, verließ W.

Wien und ging an den Hof Philipps von Schwaben. Um 1200 lernte er am Rhein die Dg. der Vaganten kennen. Von 1203 datiert die einzige erhaltene Urkunde über W.s Leben: Wolfger von Erla schenkte ihm Geld für einen Pelzrock. 1203–1205 löste W. sich von Philipp (gest. 1207). Etwa zwischen 1205 und 1211 war W. längere Zeit am Hofe Hermanns von Thüringen; Zusammentreffen mit Wolfram. 1210 starb Reinmar, den er in einem dichterischen Nachruf ehrte. 1212 war W. gleichzeitig mit Morungen am Hofe Dietrichs von Meißen. 1212–1213 stand W. im Dienste Ottos IV., schloß sich aber später Friedrich II. an, von dem er 1220 ein Lehen erhielt. 1225–1227 trat W. im Dienste Friedrichs II. gegen die dt. Politik von dessen Sohn Heinrich auf, er betrauerte 1225 in einem Spruch den ermordeten Reichsverweser Engelbert von Köln. Nach 1228 fehlen Zeugnisse über W.s Leben, 1228 wird als sein Todesjahr angesehen, begraben wurde er wahrscheinlich in Würzburg.

Wolfram von Eschenbach, geb. um 1170 im Fränkischen nahe Ansbach, Ministeriale. Beziehungen zu den Grafen Wertheim in Unterfranken. Umstritten ist die auf Grund einer im 5. Buch des *Parzival* stehenden Anspielung auf einen Ort Wildenberg mögliche Beziehung zu dem Adelsgeschlecht von Dürne. Seit etwa 1203 am Hofe Hermanns von Thüringen; Zusammentreffen mit Walther. Später war W. wieder in seiner Heimat. Gest. um 1220.

1150/70   Der von Kürenberg
            (niederösterreichischer Ritter):
            Lieder

Noch nicht vom westlichen Minnesang beeinflußte, oberdt. ritterliche Lyrik. Lieder von ein bis zwei Nibelungenstrophen; diese wahrscheinlich der frühen Lyrik ursprünglich zugehörig und altertümlicher als im *Nibelungenlied;* Assonanz.

Arten des Liedes wie im späteren Minnesang: Liebesmonolog, Liebesbotschaft, Wechsel (Dialog zwischen den Liebenden). Kennzeichnend: epische Einkleidung, die die Situation kurz angibt und es dem Hörer überläßt, den angedeuteten Konflikt zu Ende zu denken. Unreflektiert.

Minne noch nicht höfisch. Lieder wenden sich an ein »megetîn«, nicht an eine verheiratete »frouwe«; das Werben dringt auf Erfüllung; auch Strophen, in denen die Frau um den Mann wirbt: »er muoz mir rûmen diu lant, ald ich geniete mich sîn.«

um 1170   Dietmar von Aist
            (oberösterreichischer Ritter, am Wiener Hof):
            Lieder

Die unter D.s Namen laufenden Lieder sehr wahrscheinlich von verschiedenen Verff.

Kürenberg-Strophe neben der aus dem Westen kommenden Liedstrophe.

Auch bei D. noch keine reinen Reime, sondern Assonanz. Sorgfalt im Rhythmischen, Musikalität.
Volkstümlich vorhöfischer Gehalt wie beim Kürenberger. Erstmalig der »Natureingang« des Minnesangs: höfisch stilisierte Natur als Spiegelung des Gefühlserlebnisses. Erstes dt. Tagelied: »Slâfst du, friedel ziere . . .«, Naturszenerie, noch ohne die Figur des »Wächters«.

um 1170   Trierer Floyris

Frühhöfisches Epos. Ndrheinisch. Fragment. Quelle: der um 1160 entstandene frz. Vers.-R. *Floire et Blancheflor.*
Liebesgesch. zweier Kinder, die getrennt werden und deren Treue durch Wiedervereinigung belohnt wird. Floyris folgt der entführten Blantseflur und befreit sie im Orient aus dem Turm eines Emirs. Minne als Lebensmacht, höfisch. »Kinderliebe«, ein spätantik-orientalisches Motiv, das in der ma. Dg. sehr beliebt wurde (vgl. Sigune und Schionatulander in Wolframs *Titurel*).

Weiterbildung des Stoffes: Konrad Fleck: *Floire und Blanscheflur* (um 1220); *Volksbuch* (1499); Hans Sachs: *Florio, des Königs Sohn aus Hispania* . . . Kom. (1545).

um 1170   Eilhart von Oberge
         (aus braunschweigischem Ministerialengeschlecht):
         Tristrant und Isalde

Frühhöfisches Epos.

Quelle: frz. »*Estoire*« (um 1150), verloren, steht der erhaltenen Fassung des Bérol (um 1180) nahe. Keltischer Sagenstoff, anknüpfend an König Marc von Cornwall (6. Jh.). – Nddt., an mdt. und hdt. angelehnt. Bruchstücke, als Ganzes nur in einer Überarbeitung des 13. Jh. erhalten.

Erste dt. Bearbeitung des Tristan-Stoffes. Spielmännisch, volkstümlich, Motiv der tragischen Leidenschaft, das in der Quelle gestaltet war, nicht erfaßt. Der Minnetrank eine von außen wirkende Magie. Das »Waldleben« im Gegensatz zu der späteren Auffassung Gottfrieds von Straßburg ein Leben der Entbehrungen, aus dem die Liebenden gern in die höfische Gesellschaft zurückkehren. Als die Wirkung des Zaubertrankes erlischt, trennen sich die Liebenden, Isolde wird ihrem Ehemann wiedergegeben, und Tristan heiratet in der Verbannung Isolde Weißhand.
Formal noch Altertümliches neben modernen Stilmitteln. Zeitliches Verhältnis zu Heinrich von Veldeke umstritten.

um 1170   Herger oder **Kerling**
(Namensfrage ungeklärt; bürgerlicher, vielleicht auch dem
Ministerialenstande angehörender Fahrender, der an Höfen
tätig war):
Sangsprüche

28 Sprüche erhalten, früheste überlieferte mhd. Spruchdg. Autobiographische Sprüche, Sprüche an adlige Herren, Tierfabeln, religiöse Sprüche. Diese Arten auch für das »Repertoire« der späteren Spruchdichter
kennzeichnend.
H. auch »Anonymus Spervogel«, da seine Sprüche in den Hss. unter dem
Namen des Spruchdichters Spervogel (1. Hälfte 13. Jh.) stehen. Dieser
hat sich jedoch in einer gesellschaftlich höheren Schicht bewegt. Seine
Sprüche weniger subjektiv, geistiger, von moralisch-didaktischem Charakter.

1170/1185   Graf Rudolf

Frühhöfisches Epos.

Erhalten in 14 Fragmenten (etwa 1300 Verse) einer Hs. des späten 12. Jh., frz.
Quelle verloren. Zuweisung umstritten: Hessen/Thüringen? Niederrhein?

Kreuzzugs-Erz. Graf Rudolf Teilnehmer der Kämpfe um Askalon, dann
im Dienste des Sultans Halap, dessen Tochter er liebt und später aus
Konstantinopel entführt. Verlauf und Ende der Handlung ungewiß.
Orientmotivik und Brautwerbungsthema gemeinsam mit spielmännischer
und frühhöfischer Epik. Jedoch realistisches Orientbild, Kreuzzugserfah-
rung. Kritik am christlichen König von Jerusalem, unvoreingenommene
Darstellung der Heiden. Höfische Lebensform auf beiden Seiten; eingefügt ritterliche Erziehungslehre.

1170–1190   Heinrich von Veldeke
(Biogr. S. 29):
Minnelieder

Nddt., limburgischer Dialekt. Die hs. Überlieferung hatte die Texte dem oberdt.
Lautstand angeglichen, ursprünglicher Dialekt durch Theodor Frings wiederherge-
stellt.

Einfluß frz. Troubadourdg. auf Niederlothringen. Dreiteilung der Strophe: zwei Stollen, Abgesang. Thema der hohen Minne. Naturnah, unreflektiert. Die Mehrzahl im Limburgischen, ein Teil in Thüringen entstanden.

um 1170 bis   Heinrich von Veldeke
vor 1190   (Biogr. S. 29):
    Eneid

Höfisches Epos.

Schon in dem Frühwerk, der im Auftrag der Gräfin Agnes von Loon geschriebenen Verslegende *Servatius* (vor 1170), formale Neuerung spürbar; jedoch Verbreitung des Werks durch limburgischen Dialekt auf ndrheinisches Gebiet beschränkt. *Eneid* der hdt. Lit.-Entwicklung zuzurechnen, da Verbreitung des Werkes entweder auf einer noch zu Lebzeiten Veldekes entstandenen thüringischen Umschrift beruht oder dieser seinen Urtext schon weitgehend zumindest dem ndlothringischen Sprachgebrauch angepaßt hatte, so daß sich eine allmähliche Annäherung an die lit. Normalsprache durch mdt. und oberdt. Abschreiber vollziehen konnte.
13528 Verse. Quelle: *Le Roman d'Enéas* (1160), frz. Versepos nach Vergils *Äneis;* außerdem Kenntnis Vergils. Zeitliches Verhältnis zum *Straßburger Alexander* und zu Eilhart von Oberge umstritten.

Erste dt. Bearbeitung eines antiken Stoffes im ma. Sinne: völlige Übertragung der Handlung in ma. und dt. Zustände. Höfischer Geist: Selbstmord der Dido wird als Verstoß gegen die »mâze« getadelt; Dialog der naiven, männerscheuen Lavinia und der erfahrenen Mutter, die die Schwäche des Herzogs gegenüber der Gewalt der Minne kennt. Personifikation der Minne; Minnelehre unter Einfluß Ovids. Handlung weitgehend entmythologisiert. Äneas' national-römische Aufgabe in eine heilsgeschichtliche umgeandert.
Erste dt. Dg. in der neuen regelmäßigeren Form. Reiner Reim und alternierendes Prinzip. Das Ms. wurde dem Dichter 1174 entwendet und ihm neun Jahre später durch Hermann von Thüringen wiedergegeben, in dessen Auftrag er es auf der Neuenburg an der Unstrut vollendete. Nach Theodor Frings haben spätere Überarbeiter den Schluß der Dg. geändert und die sog. Stauferpartien eingefügt.
Beginn und Vorbild der höfischen Epik. Gottfried von Straßburg: »er inphete daz êrste rîs in tiutescher zungen.«

Rücktransponierung ins Limburgische durch Theodor Frings und Gabriele Schieb 1964.

1170–1190   Friedrich von Hausen
(geb. um 1150, aus elsässischem Hochadel, seit 1186/87 Vertrauter Barbarossas, 1190 in Kleinasien gefallen):
Minnelieder

Erster großer Vertreter des klassischen Minnesangs. Einfluß des provenzalischen Minnesangs auf Südwestdld., wahrscheinlich in Norditalien direkter Kontakt mit zeitgenössischen provenzalischen und frz. Dichtern; Übernahme ganzer Strophenschemen: Kontrafakturen. Formal gepflegt, Beherrschung der romanischen Formen. Aristokratisch, maßvoll, reflektiert. Gedankenspiele. Idee der sittlichen Vervollkommnung durch die Minne. Erstes dt. Kreuzlied, Zwiespalt zwischen Minnedienst und Kreuzfahrerpflicht: »Mîn herze und mîn lîp diu wellent scheiden . . .«

Einfluß auf eine ganze Generation von Minnesängern (Hausen-Schule): Ulrich von Gutenberg, Bligger von Steinach, Bernger von Horheim, die alle mit Angehörigen des staufischen Kaiserhauses in Verbindung standen.

seit etwa 1175   **Albrecht von Johannsdorf**
(Ritter aus Jahrsdorf/NdBayern, 1172 erstmals bezeugt, zwischen 1180 und 1209 im Dienste des Bistums Passau):
Minnelieder

Verschmelzung des provenzalischen Minnesangs mit der im Donauraum heimischen Tradition. Betonung des Dienstes und der sittlichen Erhöhung durch den Dienst. Die Frau jedoch nicht in hoheitsvoller Ferne, sondern seelisch beteiligt. A. bevorzugt Dialog zwischen Ritter und Dame (»Wechsel«); herzlich, gefühlsreich. Höhepunkt in den Kreuzliedern. Ohne den Konflikt Hausens und Hartmanns: kein Gegensatz zwischen Kreuzfahrt und Minne, Gott auf der Seite der Liebenden. Der Kreuzfahrer kann bei aller Schmerzlichkeit des Abschiedes an freudige Rückkehr denken, wenn er dann nur die Frau »an ir êren« findet.
Weiterentwicklung der heimischen Langzeile innerhalb des neuen Strophenbaus mit Stollen und Abgesang.

seit 1180   **Heinrich von Morungen**
(gest. 1222, Ritter aus der Gegend von Sangerhausen, später am Hofe Dietrichs von Meißen):
Minnelieder

Themenkreis sehr eng: Frauenpreis. Leidenschaftlich, sinnenstark, sehr optisch (Lichtmetaphorik). Subjektiver Gefühlsgehalt, der die Grenzen des entsagenden Minnesangs zu sprengen droht. Minne als magische, betörende, dem Tode verwandte Macht. Hochgestimmter, hymnischer Grundton; Übernahme von Formulierungen des Marienkultes. Enge Beziehung zur Minneauffassung der thüringischen frühhöfischen Epik.
Bedeutendster Minnesänger neben Reinmar und Walther. Bewußtsein von Notwendigkeit und Wert seines Dichtens: »wan ich durch sanc bin zer werlde geborn«.
Starker Einfluß der Troubadour-Dg., besonders Bernards von Ventadorn. Erstmals nach dem Vorbild der provenzalischen »alba« die Gattung des »Tageliedes«. Vielgestaltige Vers- und Strophenformen; Verwendung von Daktylen und Reimdurchflechtung nach westlichem Vorbild. Formaler Höhepunkt des Minnesangs.

seit etwa 1180   **Hartmann von Aue**
bis 1189   (Biogr. S. 28/29):
Minnelieder

16 Lieder in 14 Tönen erhalten.
Entwicklung ablesbar. Zunächst Übernahme der im rheinischen Raum durch Friedrich von Hausen eingeführten provenzalischen Lyrik. Ausübung des gleichzeitig in H.s *Büchlein* (besser: *Die Klage;* Streitgespräch

zwischen dem Leib und dem Herzen) beschriebenen Minnedienstes. Die Vergeblichkeit des Werbens führt dann zur Kritik am Minnedienst. Darauf vollzieht sich unter Absage an die hohe Minne (*Unmutslied*) die Wendung zur »ebenen Minne«, die H. bei »armen wîben« findet. Schließlich wird die Ungnade der Frau bedeutungslos gegenüber dem Schmerz um den Tod des Lehnsherrn. Dieser Tod veranlaßt H., das Kreuz zu nehmen. In seinen drei Kreuzliedern sagt er der Welt und der Minne ab; statt der irdischen hat er die himmlische Liebe gewählt.

Sachlich-vernünftig, schlicht und von großem Lebensernst.

1180/85   Hartmann von Aue
　　　　　　　(Biogr. S. 28/29):
　　　　　　　Erec

Höfisches Epos. Erster dt. Artus-R.

Quelle: Chrétiens von Troyes höfischer R. *Erec* (um 1160). Artussage keltischen Ursprungs auf dem historischen Hintergrund der Kämpfe zwischen Kelten und sächsischen Eroberern. Die Ritter der Tafelrunde des Königs Artus (historisch ein keltischer König aus dem Anfang des 6. Jh.) ziehen auf Abenteuerfahrten um den Preis der Ehre und Minne. Artus wird oberste Instanz für die Anerkennung ritterlicher Tugend.

Problem des Ritters, der über dem ehelichen Glück die ritterliche Ehre vergißt, der »sich verliget« und durch die Liebe und Treue seiner Frau Enite wieder zum Ausgleich, zur »mâze« zurückgeführt wird. Der Ritter gerät, als er nur seinem individuellen Lebensgefühl folgt, in Konflikt mit der Gesellschaft, deren Billigung der Maßstab für den Wert eines Menschen ist.

Zwei Reihen von Abenteuern des zur Rehabilitierung ausgezogenen Erec. Nach der ersten Reihe kurzer Aufenthalt am Artushof: Erec ist wieder hoffähig geworden. Aber seine Ehe hat ihren Sinn noch nicht gefunden; erst auf die zweite Abenteuerreihe folgt der Sieg in Joie de la curt über den in selbstsüchtiger Minne befangenen Mabonagrin: in ihm erlöst Erec wissend sich selbst.

Chrétiens Text um ein Drittel Verse vermehrt: detaillierte Beschreibungen, Belehrung, Kommentierung.

1180/90   Moriz von Craôn

Versnovelle.

Verf. ein unbekannter rheinpfälzischer Dichter. Verlorene frz. Quelle: Liebesabenteuer des frz. Troubadours Moriz II., Graf v. Craôn (gest. 1196).

Die angebetete Gräfin von Baumont verspricht dem Helden Erhörung, wenn er zu ihren Ehren ein Turnier veranstaltet, das auch mit großer Pracht in Szene gesetzt wird und in dem M. v. C. den Preis erhält. Aber der Held schläft, müde von den Anstrengungen des Kampfes, in Erwartung der Gräfin ein und wird darauf von dieser abgewiesen. Zornig dringt er in das eheliche Schlafgemach ein, der Ehemann springt auf und verletzt sich, so daß er in Ohnmacht sinkt, M. v. C. raubt sich den verheißenen Lohn und verläßt die Dame auf Nimmerwiedersehen.

Minnekasuistik: Wie verhält sich die Dame, wenn sie den Verehrer beim Stelldichein schlafend findet? Das Recht zur Abweisung wird der Frau abgesprochen, sie wird durch den Verlust des Anbeters bestraft. In der Einleitung eine Gesch. des Rittertums. Der Schluß mit der trauernden Frau auf der Zinne erinnert an Strophen des Kürenbergers.

Außergewöhnliche Stoffwahl. Anspielungen auf zeitgenössische lit. Werke. Stilistisch schwerfällig, Anzeichen eines überholten lit. Geschmacks, jedoch Reinheit des Reims.

seit 1185   Reinmar der Alte
         (Biogr. S. 29):
         Minnelieder

82 Lieder schrieb die Überlieferung R. zu, deren Trennung in echte und unechte problematisch ist. Man hat in R. den »Scholastiker der unglücklichen Liebe« (Uhland) gesehen, dessen Charakteristikum in den Variationen und Reflexionen über senen, trûren und klagen liege, da er selbst sich rühmt, »daz nieman sîniu leit also schône kan getragen«. Die Einbeziehung eines Teils der bisher als unecht ausgeschiedenen Lieder ergäbe eine weit größere Spannweite.

Die höfische Gesellschaft im Mittelpunkt. Naturgefühl ist R. fremd. Reflexion sogar in Situationsliedern wie Boten- und Frauenstrophen.

Kompliziert stollig gegliederte Strophenformen. Die einzelnen Strophen bilden in sich ein Ganzes, nur durch Stimmungszusammenhang miteinander verbunden. Kein pointierter Anfang oder Schluß.

Anpassung von Elementen der donauländischen Lyrik (Wechsel, Falken-, Jahreszeiten-, Boten-Motiv) an ein verfeinertes Minneideal; von R.s Schüler Walther von der Vogelweide als Übersteigerung kritisiert.

1187/89   Hartmann von Aue
         (Biogr. S. 28/29):
         Gregorius

Höfische Legende.

Quelle: sagenhafte frz. *Vie du Pape Grégoire* (um 1190), die das Ödipus-Motiv des Mutter-Sohn-Inzests dem *Roman de Thèbes* (Mitte 12. Jh.) entlehnt hatte.

Gregor büßt die Schuld seiner Eltern, eines Geschwisterpaares, und seine eigene – er heiratet unwissentlich seine Mutter – durch freiwillige Verbannung auf einen Felsen am See. Gott selbst beruft den »guoten sündaere« auf den Papststuhl: nicht Buße und Askese, sondern tätiges Leben im Dienste Gottes ist die Aufgabe des Mannes. Versöhnlich: die Mutter wird für den Rest ihres Lebens mit ihm vereint. Schlichtheit in Sprache und Stil. Realistisches Detail. H.s in der Vorrede ausgesprochene Abkehr von weltlichen Stoffen ist Folge einer religiösen Besinnung, die der Tod von H.s Dienstherrn auslöste; sie ist jedoch zugleich als gattungsgebundene, auf das Thema hinleitende Einführung zu werten. Die Erz. verwirft Minne sowie Aventiure und scheint an die weltfeindlichen Ideale vorhöfischer Zeit anzuknüpfen. H. kehrt in seinem letzten Werk, dem *Iwein,* zum rein höfischen Thema zurück.

Weiterleben des Stoffes: lat. Übss. im 13. und 14. Jh.; erster Druck der Prosa-Auflösung 1471 in *Der Heiligen Leben;* Thomas Mann: *Der Erwählte,* R. (1951).

um 1190   **Herbort von Fritzlar**
           (aus Hessen):
           Das Lied von Troja

Höfisches Epos.

Im Auftrage Hermanns von Thüringen. Quelle: Benoît de Sainte-Maure: *Roman de Troie* (1175–1180) nach der spätantiken Überlieferung des Dictys und Dares.

Erste Bearbeitung homerischer Dg. in dt. Sprache. Verf. zeigt gelehrte Bildung, distanziert sich als »gelarter schulere« von höfischem Wesen, ist ritterlichem Denken fern. Realistisch, derb, trocken. Die frz. Vorlage auf die Hälfte gekürzt, Änderungen in Komposition, Darstellungsform und Konzeption. Entgegen der Quelle und der an Dares anschließenden ma. Tradition stellt H. die Größe Achills über die Hektors.

1190   **Albrecht von Halberstadt**
           (Geistlicher im Kloster Jechaburg):
           Ovids Metamorphosen

Übs., zwei Bruchstücke erhalten. Die Bearbg. Jörg Wickrams (1545), der das lat. Original wegen mangelnder Sprachkenntnis nicht benutzen konnte, läßt A.s Werk erschließen, das direkt auf Ovid zurückging. Auftraggeber war Hermann von Thüringen.

Einordnung der Geschehnisse in die Zeit zwischen Adam und Abraham. Stofflich getreue Wiedergabe. Naive Eindeutschung der Nymphen, Satyrn usw. als Waldfrauen, Zwerge.
In der Vorrede betont A. das Bemühen um Vermeidung des nddt. Dialekts. Dadurch bedingte Einfachheit des Stils und der Sprache; Einfluß von Veldekes Versreform.

um 1195   **Hartmann von Aue**
           (Biogr. S. 28/29):
           Der arme Heinrich

Höfische Legende.

Quelle: lat. Gedicht, wahrscheinlich aus dem Besitz der Herren von Aue.

Geschichte des weltfreudigen Ritters, den der Aussatz befällt und den nur der freiwillige Opfertod eines unschuldigen Mädchens heilen kann. Das Töchterchen des Bauern, bei dem er wohnt, will ihm das Opfer bringen. Im letzten Augenblick erkennt er, daß er damit nichts gewinnen und viel verlieren würde und daß es ihm beschieden ist, sein Kreuz auf sich zu nehmen. Diese gegenseitige Opferbereitschaft erfährt Gottes Gnade: Heinrich wird gesund und das Bauerntöchterchen seine Frau.

Die Weltfreude Heinrichs und die Todessehnsucht der Jungfrau sind beispielhaft für den augustinischen Dualismus zwischen civis dei und civis diaboli. H. sieht in Selbstzucht, Demut und Treue die höchsten menschlichen Werte. Das Werk wirkt durch Kürze, Geradlinigkeit und Schlichtheit. Nicht abenteuerlich, wenig Personen.

Weiterleben des Stoffes: Gerhart Hauptmann: *Der arme Heinrich,* Dr. (1902).

1195/1215   Ulrich von Zatzikhoven
            (aus Zätzikon/Schweiz):
            Lanzelet

Höfisches Epos, alem.

Quelle: verlorenes frz. Epos, auf keltische Totenreichfabel zurückgehend; das »buoch« gehörte einem als Geisel am Hof Heinrichs VI. lebenden engl. Adligen.

Zur Artus-Dg. gehörig. Gesch. eines fern vom Hofe in einem Feenreich erzogenen Ritters, der erst auf seinen Ritterfahrten Namen und Herkunft erfährt (Ähnlichkeit mit Jugend-Gesch. Parzivals). Lanzelet ist der strahlende, »wîpsaelege« Held, der aber schließlich zu seiner Gattin Iblis zurückfindet und bis an sein seliges Ende sein Reich regiert. Das für die späteren frz. und dt. Lanzelot-Epen zentrale Motiv, Lanzelets ehebrecherische Liebe zu Artus' Frau Ginover, fehlt.

Kenntnis von Hartmanns *Erec.* Stoffbefangen, unbeholfen.

Ein auf einer mndld. Vorlage beruhender, Ende 13. Jh. entst. *Prosa-Lancelot,* erhalten in einem nddt. und einem oberdt. Fragment aus dieser Zeit und einer Hs. des 15. Jh., ist der älteste dt. Prosa-R. Auf ihm beruhen die Prosa- und die Versbearbg. des Ulrich Füetrer (15. Jh.).

seit 1197   Walther von der Vogelweide
            (Biogr. S. 29/30):
            Lieder gegen Reinmar den Alten

W. wandte sich unter dem Einfluß der Lyrik Morungens vom Wiener Minnesang ab und persiflierte Lieder seines Lehrers Reinmar. Seit seinem erneuten Aufenthalt in Wien überwand er dann (1203–1206) das Reinmarsche Minneverhältnis in einem eigenen Zyklus und stellte schließlich durch seine *Mädchenlieder* ein neues Ideal auf. Er wendete sich von den »überhêren« Damen der Gesellschaft und der hohen Minne ab und setzte an ihre Stelle die gegenseitige Minne. Einfluß der Vagantendg. und vor-

höfischer Liebeslyrik. Die Lieder der »niederen Minne« von entscheiden-
dem Einfluß auf die weitere Entwicklung der Lyrik.

1198–1227   Walther von der Vogelweide
(Biogr. S. 29/30):
Politische Spruchdichtung

W. dichtete unter drei Kronträgern bzw. Kronprätendenten für das Reich
gegen den Papst: seit 1198 für Philipp von Schwaben, 1212/13 für
Otto IV., seit etwa 1215 für Friedrich II.; auch für fürstliche Gönner.
Sangspruchdg., ursprünglich Domäne der Spielleute, durch die Weite des
politischen Blickes W.s wie durch seine formale Leistung »höfisiert«.
Größte Wirkung auf die Zeitgenossen bestätigt durch Thomasin von Zerclaere *Der welsche Gast* (1215): »er hât tûsent man betoeret, daz sie
habent überhoeret gotes und des bâbstes gebot.«

um 1200   Hartmann von Aue
(Biogr. S. 28/29):
Iwein

Höfisches Epos. Zweiter Artus-Roman Hartmanns.

Quelle: Chrétien von Troyes: *Yvain.*

Inhaltlich Gegenstück zum *Erec*. Iwein »verrîtet« sich, d. h. er vergißt
seine Frau Laudine über seinen Abenteuern. Als deren Zofe Lunete ihn
vor Artus' Tafelrunde verflucht, verfällt er in Wahnsinn und lebt, der
Gesellschaft und sich selber entfremdet, in der Wildnis. Die Taten und
Abenteuer, durch die er zu sühnen und Treue zu beweisen sucht, sind
Akte der Nächstenhilfe, durch die er unter anderem die Kameradschaft
eines Löwen gewinnt. Hinweis auf die Gesellschaftsferne und zugleich auf
die beschämende Erfahrung, daß selbst das Tier treu zu sein vermag. Wie
Erec gewinnt Iwein zunächst die Anerkennung des Artushofes, erst später
das Vertrauen Laudines, die mehr Minneherrin als Ehefrau ist, zurück.
Im Gegensatz zu dem Realisten Chrétien starke symbolische Züge. Im
Mittelpunkt steht Iweins Verstoß gegen die Minnedoktrin, die erst durch
schwere Buße gesühnt werden kann. H. arbeitete besonders die Erziehung Iweins heraus. Große Verfeinerung der Technik des Erzählens und
des Versbaus.

um 1200   Nibelungenlied

Heldenepos.

Erhalten 10 vollständige, 22 unvollständige Hss. in den Gruppen A (Hohenems-
Münchener Hs.), B (St. Galler Hs.), C (Hohenems-Laßbergische Hs.). B der Urfassung am nächsten stehend.
Historische Grundlagen: für die Siegfried-Handlung vermutlich Einheirat eines Me-
rowingers in das burgundische Königshaus und sein Tod; für den Burgundenunter-

gang: die Eroberung von Worms durch die Burgunden (407), der Sieg der Hunnen über die Burgunden (436), der Tod Attilas in der Hochzeitsnacht mit einem germanischen Mädchen namens Hildiko (453), die Vernichtung des Burgundenreiches durch die Franken (538).

Im 5./6. Jh. entstanden burgundisch-fränkische *Heldenlieder* über die Gewinnung Brünhilds durch Siegfried und Gunther und über den Untergang der Burgunden und die Rache ihrer Schwester an dem Mörder Attila. Diesen Urfassungen des Nibelungenstoffes stehen am nächsten die nordischen in der *Älteren Edda* überlieferten Fassungen des 9. Jh.: das *alte Sigurdlied* und das *alte Atlilied*. Im 8.–11. Jh. wanderten die burgundisch-fränkischen Lieder aus dem rheinischen in den bayrisch-österreichischen Raum und wurden zu größeren Liedern ausgeweitet. Der Charakter Etzels nahm die aus der dort heimischen *Dietrich-Sage* vertrauten sympathischen Züge an. Statt seiner übernahm Kriemhild als Rächerin ihres ersten Gatten den Mord an den Burgunden. Dieses neue Motiv der Gattenrache brachte die ursprünglich selbständigen Lieder der Siegfried-Handlung und des Burgundenunterganges in eine sie verbindende Beziehung. In der 2. Hälfte des 12. Jh. entstand in Österreich ein – nicht erhaltenes – nur den Untergang der Burgunden behandelndes Epos in der sog. Nibelungenstrophe: die *Ältere Not*. Diese *Ältere Not* und die für die gleiche Zeit zu erschließenden Lieder der Siegfried-Handlung spiegeln sich – nach Andreas Heusler und Hermann Schneider – bis zu einem gewissen Grade in der Wiedergabe des gesamten Nibelungenstoffes durch die nordische *Thidrekssaga* (um 1250 in Bergen), die allerdings – von Friedrich Panzer – auch für eine durch nordische Bestandteile veränderte Nacherzählung des späteren *Nibelungenliedes* gehalten worden ist.

Die Episierung der Siegfried-Handlung, die innere und äußere Angleichung dieses ersten Teiles des Nibelungenstoffes an den zweiten und die innere Verknüpfung beider Teile durch das Grundmotiv der Gattenliebe und -rache ist die Leistung des unbekannten Dichters, der unter dem Mäzenat Wolfgers von Erla das mhd. Gesamtepos von den Nibelungen schuf. Kriemhild und Hagen wurden zu Hauptpersonen, Siegfried und Brünhild traten zurück. Der heldische Stoff wurde den Ansprüchen des höfischen Epos angeglichen.

Nibelungenstrophe: vier achttaktige Langzeilen mit klingender Zäsur, paarweise gereimt. In den ersten drei Zeilen fällt der letzte Takt in die Pause.

Grenzstellung zwischen der Mündlichkeit der Überlieferung, charakterisiert durch Metrik und Stileigentümlichkeiten, und der neuen Schriftlichkeit, die in der Kompositionsform und dem künstlerischen Anspruch zum Ausdruck kommt.

Dem eigentlichen Lied angehängt findet sich die *Klage,* eine Totenklage der Überlebenden um die gefallenen Helden; Reimpaare.

1757 Erstausg. von *Kriemhilds Rache* durch Johann Jacob Bodmer, 1782–1785 erste Gesamtausg. durch Christian Heinrich Müller, 1826 kritische Ausg. des *Nibe-*

lungenliedes nach Hs. A durch Karl Lachmann; 1827 nhd. Übs. durch Karl Simrock; 1866 kritische Ausg. nach Hs. B durch Karl Bartsch.

Weiterleben des Stoffes:

16. Jh. volkstümliches kürzeres *Lied vom hürnen Seyfried*. Siegfried als Drachentöter.

1557 Hans Sachs: *Tragedi des hürnen Sewfried*.

um 1700 *Volksbuch vom gehörnten Sigfrid*. Auf das Seyfriedslied zurückgehend.

1808–1810 Friedrich de la Motte Fouqué: *Der Held des Nordens*. Dram. Trilogie.

1834 Ernst Raupach: *Der Nibelungen Hort*. Tr., in enger Anlehnung an das *Nibelungenlied*.

1846 Emanuel Geibel: *König Sigurds Brautfahrt*. Epos in Nibelungenstrophen.

1862 Friedrich Hebbel: *Die Nibelungen*. Dram. Trilogie.

1863 Richard Wagner: *Der Ring des Nibelungen*. Musikdr. in 4 Teilen: *Rheingold, Die Walküre, Siegfried, Götterdämmerung*. Vorwiegend auf der *Edda* fußend. Götter und Halbgötter in die Tr. vom Fluch des Goldes einbezogen. Einfluß des Schopenhauerschen Pessimismus.

1869 Wilhelm Jordan: *Nibelunge*. Epos in alliterierenden Langzeilen.

1909 Paul Ernst: *Brunhild*. Tr.

1918 Paul Ernst: *Kriemhild*. Tr.

1943 Max Mell: *Die Nibelungen*. Dr., nach dem *Nibelungenlied*. Im Vordergrund Brünhild, die Nachfahrin der Riesen. Nicht ihr, sondern der menschlicheren Kriemhild gehört die Neigung des Göttersohnes Siegfried. *Der Nibelunge Not*. Tr. (1951).

1200/05   **Wolfram von Eschenbach**
         (Biogr. S. 30):
         Minnelieder

Sieben Gedichte, davon fünf Tagelieder.
Nach dem Vorbild der provenzalischen Alba geschaffene Tagelieder, meist mit den drei herkömmlichen Personen Frau, Mann und Wächter. Einzige Gattung des Minnesangs mit epischen Elementen, zugleich einzige Gattung, die Erfüllung der Liebe zeigen durfte. Daher in Struktur und Thematik Wolfram gemäß. Realistisch, bildhaft, sinnenfreudig. Die Rolle des Wächters tritt vor der Gewalt des Erlebnisses zurück und wird schließlich aufgegeben *(Ez ist nu tac . . .)*. Schließlich wird die Gattung selbst und mit ihr die Konstellation der hohen Minne überwunden, wenn die Partnerin der Liebesnacht die Ehefrau ist.

1200/10   **Wolfram von Eschenbach**
         (Biogr. S. 30):
         Parzival

Höfisches Epos.

16 Bücher, 24840 Verse. Arbeit nach dem 6. (?), 8. und 14. Buch unterbrochen. Hauptquelle: Chrétien von Troyes: *Li Contes del Graal* (vor 1190, unvollendet), bei W. Inhalt der Bücher 3 bis Ende 13. Ob der von W. als Quelle angegebene Troubadour Kyot eine Fiktion ist, ist umstritten. W. wollte damit vielleicht vor dem »Wahrheit« verlangenden Publikum seine eigene schöpferische Leistung verbergen. Eine

Anzahl von Namen lassen jedenfalls auf eine andere Quelle als Chrétien schließen.

Der Gral, verknüpft mit der Legende von Joseph von Arimathia, ist der Tradition nach ein christlich-eucharistisches Kultgefäß, bei W. ein lebenspendender, himmelverbundener Stein. Die Jugendgeschichte Parzivals ist ein keltisches Dümmlingsmärchen.

Entfaltung eines Menschen zu seiner vorbestimmten Form. In drei Stufen wächst Parzival, der Sohn Gahmurets und Herzeloydes, zum Vorbild des christlichen Ritters und zum Gralskönig empor. Im Zustand der »tumbheit«, die auch durch die höfischen Lehren des Ritters Gurnemanz nur äußerlich behoben wird, richtet er durch wörtliches, aber gedankenloses Befolgen der ihm von seiner Mutter und Gurnemanz gegebenen Lehren Unheil an: er stürzt durch einen Kuß Jeschute ins Unglück, er erschlägt seinen Verwandten Ither, er fragt nicht nach den Ursachen der geheimnisvollen traurigen Dinge, die er auf der Gralsburg Munsalvaesche zu sehen bekommt, und versündigt sich so gegen das Caritas-Gebot. Von der Höhe äußeren Glanzes an Artus' Tafelrunde stürzt ihn der Fluch der Gralsbotin in den Zustand der »zwîfel«. Er grollt mit Gott, der ihm seine Dienste so schlecht lohnt: »ich diende einem, der heizet got« (Auffassung der Beziehung zu Gott als Vasallenverhältnis). Er zieht aus, den Gral aus eigener Kraft zu gewinnen. Die Haupthandlung dieses Abschnittes wird durch die Nebenhandlung der rein weltlichen Abenteuer seines Verwandten Gawan verdeckt. Parzivals Oheim Trevrizent weist Parzival auf den Weg der Reue und Gnade, und nachdem sich der Unbesiegbare vor der Kraft und Ritterlichkeit seines heidnischen Halbbruders Feirefiz hat beugen müssen, ist er reif, sich den Gral und seine geliebte Frau Condwiramurs und in ihnen beiden die »saelde« zu gewinnen. Parzivals Lebensweg ist analog zur Heilsgeschichte geführt: paradiesische Unschuld, Sündenfall, Erlösung. Parzival ist nicht Individuum im Sinne des modernen Entwicklungsromans, sondern ist jeweils Repräsentant einer Entwicklungsstufe der Menschheit, wird nach theologischem Plan bewegt. Die Vorbildlichkeit der Artusritter (Gawan) ist durch das Gralsrittertum überwunden. Das überhöhte, geistliche Rittertum ist nicht mönchisch, weltverneinend, sondern heilig und weltlich zugleich: die treue Gattenliebe der Condwiramurs ist in die »saelde« des Grals mit einbegriffen.

Das Werk ist ein Familienroman, die Hauptpersonen erscheinen am Ende als untereinander verwandt, sie bilden die Gralsdynastie, deren Geschichte W. im *Titurel* gestalten wollte. Gliederung des Stoffes durch Einschaltung des Erzähler-Ichs am Anfang oder Ende einer Handlungsphase; die Wendungen an das Publikum lenken den Hörer und verwischen die Grenze zwischen ihm und dem Erzählten.

Neigung zu gesuchten Wortverbindungen (Vorbild für den »geblümten« Stil), auch Verwendung von Wörtern aus dem Sprachschatz der Heldenepik.

Starke Nachwirkung. Die meisten Hss. stammen aus dem 14. und 15. Jh.; erster Druck 1477; 1336 durch Claus Wisse und Philipp Colin bearbeitet und erweitert; Weiterleben des Stoffes: Richard Wagner: *Parsifal*, Musikdr. (1877); Albrecht Schaeffer: *Parzival*, Epos (1922).

1202/05   Wirnt von Grafenberg
**   (ostfr. Ritter):**
**   Wigalois**

Höfisches Epos, etwa 12000 Verse.

Quelle: frz., verloren.

Gawan verläßt aus Furcht vor dem »verligen« seine Frau und findet nicht mehr zu ihr zurück. An Artus' Hof trifft er auf einen Unbekannten, den er zum Ritter erzieht. In diesem Ritter mit dem Rade, wie er nach dem Glücksrad im Wappen heißt, erkennt er später seinen Sohn Wigalois.

Zeigt deutlich im ersten Teil den Einfluß Hartmanns, im zweiten Teil den Einfluß der Bücher 1–6 von Wolframs *Parzival*. – 1483 Prosa-Auflösung.

seit etwa 1210   Walther von der Vogelweide
**   (Biogr. S. 29/30):**
**   Lieder der »ebenen« Minne**

Reife Liebeslyrik des Dichters. Der Erlebnisgehalt der »niederen« Minne in die hohe Gesellschaft zurückgetragen. Gegenseitige Beglückung: »er saelic man, sie saelic wîp, / der herze ein ander sint mit triuwen bî.«

um 1210   Gottfried von Straßburg
**   (Biogr. S. 28):**
**   Tristan und Isolt**

Höfisches Epos.

Alemannisch. Nicht vollendet. 11 Hss. und 12 Bruchstücke erhalten. Quelle: Thomas von Britanje (vor 1200); ursprünglich keltische Sage (vgl. Eilhart von Oberge).

G. wendete sich nicht an ein betont ritterliches, heldisch empfindendes Publikum, sondern an das »edele herze«, die empfindsame, schöne Seele, die, wie der Dichter selbst, bereit ist, um der Gewalt ihrer Liebe willen Tristan und Isolde alle Ränke zu verzeihen, die sie an Isoldes Gatten, dem König Marke, begehen. Diese Liebe wird nicht modern psychologisch vorbereitet, sondern bricht wie eine Naturgewalt herein, symbolisiert im Zaubertrank. Die Liebenden sind schuldig-unschuldig der Gewalt der Leidenschaft anheimgegeben, und selbst Gott ist so »hövesch«, daß er in einem betrügerischen Gottesurteil sich auf ihre Seite stellt (Ironisierung des Glaubens an Gottesurteile). Der Begriff der Ehre ist zu einem rein äußerlichen Begriff des guten Rufes geworden, an ihm findet die Macht der Leidenschaft ihre Grenze, denn auch in diesem realistischen und tragi-

schen Werk wagen die Menschen nicht aus dem Rahmen der Gesellschaft zu treten. Mit der Gefühlsverwirrung Tristans gegenüber einer zweiten Isolde, Isolde Weißhand, der später der in die Fremde Verstoßene begegnet, bricht das Epos ab.
Einziges höfisches Epos mit tragischem Ausgang (gemäß der Quelle). Ganz diesseitig, unreligiös. Minneleidenschaft als Mittelpunkt des menschlichen Lebens, ihre Konflikte mit den Pflichten der Ehre und Treue. Unerlöstheit der in Leidenschaft Verstrickten. Minne ist nicht einseitiges Werben, sondern gegenseitige Hingabe.
Einfluß frz. und lat. Dgg.; Stil: graziös, musikalisch, maßvoll; Spiel mit Wortwiederholungen und Begriffspaaren: Tristan – Isôt, froide – leide, triuwe – riuwe. Formal Höhepunkt des ma. Epos. G.s Bilder stammen oft aus der handwerklichen Sphäre (Gegensatz zu Wolfram); daran wird deutlich, daß er städtischer Lebensform nahestand. In die Erzählebene Exkurse eingelassen, anläßlich der Schwertleite Tristans ein Überblick über G.s dichtende Zeitgenossen: Lob Hartmanns, Ablehnung Wolframs.

Die Fortsetzer G.s gehen auf Eilhart von Oberge zurück: Ulrich von Türheim (1240), Heinrich von Freiberg (1285).
Weiterleben des Stoffes: Karl Immermann: *Tristan und Isolde,* Epos (1841, unvollendet); Richard Wagner: *Tristan und Isolde,* Musikdr. (1859).

seit 1210   Neidhart
             (Biogr. S. 29):
             Lieder

Der Name des Dichters ist bei ma. Autoren nur als »Nithart«, Neidhart, belegt. Der Zusatz »von Reuental« wurde erst von der Forschung des 19. Jahrhunderts zugefügt. »Riuwental« (Jammertal) ist ein auf Ärmlichkeit deutender Ortsname in N.s Werk, der sowohl als Benennung des lyrischen Ichs als auch einer fiktiven Ritterfigur dient.

Unter N.s Namen sind fast 150 Lieder überliefert, nach eigenem Zeugnis hat er über 100 Lieder verfaßt. Einfluß durch provenzalische Pastourellen und Vagantenlyrik. Entsprechend dem Natureingang Einteilung in Sommer- und Winterlieder. Die Sommerlieder sind meist Liebes- und Tanzlieder, oft in Form eines Dialogs zwischen Mutter und Tochter, zwischen Gespielinnen, zwischen Mädchen und Sänger. Die Winterlieder arbeiten mit dem Gegenspiel der »Dörper«, einem fiktiven unhöfischen Typus, der nur gelegentlich mit »bûre« (Bauer) gleichzusetzen ist.
Aus konservativer Sicht gerichtete Satire, die einer postulierten Norm die Wirklichkeit des Verfalls höfischen Verhaltens entgegenhält.

Die Trennung der Lieder Neidharts von Nachahmungen, den *unechten Neidharten,* ist problematisch. Auslöser der »höfischen Dorfpoesie«. In Epik und Drama wurde N. zum Bauernfeind umstilisiert und so dem Selbstverständnis des Adels angepaßt; Schwankslg. *Neidhart Fuchs* (um 1490); *Neidhart-Spiele;* Heinrich Wittenweiler: *Der Ring* (um 1400); Philipp Frankfurter: *Der Pfaffe vom Kalenberg* (1473); Hans Sachs: *Neidhart mit dem Feihel,* Fsp. (1557).

1215   **Thomasin von Zerclaere**
(ital. Geistlicher adliger Herkunft, Vasall Wolfgers von Erla,
Patriarchs von Aquileja):
Der welsche Gast

Lehrbuch der höfischen Tugenden; zehn Bücher mit rund 15000 Versen.
Über die geeignete Lektüre der höfischen Jugend. Dg. als Erziehungsin-
strument. »staete« und »unstaete« als Grundlage aller guten und schlechten Eigenschaften. Über »reht« und »milte«. Wahrung der ständischen
Schranken. Ermahnung zum Frieden zwischen Kaiser und Papst, Kritik
an Walthers politischer Stellungnahme.
Maßvolle, kultivierte, etwas nüchterne Haltung. Ablehnung von weltlichem Ruhm und Minnedienst.

Das dt. geschriebene Werk eines Italieners kennzeichnet den Rang der dt. Dg. zu
diesem Zeitpunkt.

um 1215   **Wolfram von Eschenbach**
(Biogr. S. 30):
Willehalm

Höfisches Epos.

Fragment; Julius Schwietering u. a. empfanden dagegen die humane Behandlung der
gefallenen Heiden als sinngemäßen Abschluß der Dg.
Quelle: frz. Chanson de geste *Bataille d' Aliscans,* anknüpfend an den Sarazenenbe-
sieger Wilhelm von Toulouse. Anregung durch Hermann von Thüringen.

Behandelt die Kämpfe frz. Ritter gegen die Sarazenen. Im Mittelpunkt
der Handlung die Frau des Ritters Willehalm, eine getaufte Sarazenin, die
die Burg für ihren Mann verteidigt. Preis der Gattenliebe und Gatten-
treue. Bezeichnend für W., daß er sich von seiner Vorlage vor allem in der
Behandlung der Heiden unterscheidet: die ritterlichen Tugenden der Heiden werden hervorgehoben und die Besiegten menschlich behandelt. Idee
der Humanität (vgl. auch Feirefiz im *Parzival*).

Eine Art Fortsetzung schrieb Ulrich von Türheim (1247/50), die Vorgeschichte
ergänzt von Ulrich von dem Türlin (1261–1269).

nach 1215   **Wolfram von Eschenbach**
(Biogr. S. 30):
Titurel

Höfisches Epos. Von W. nicht vollendet. Zwei Bruchstücke erhalten.
Stoff frei erfunden. Titelgebung rein äußerlich nach dem Namen des
Gralskönigs Titurel, der in der ersten Strophe des einen der beiden Bruch-
stücke erwähnt wird.
Familiengeschichte Parzivals, nach rückwärts erweitert: Geschichte des
Gralskönigtums, geknüpft an die Liebesgeschichte Sigunes und Schiona-

tulanders, die am Hofe von Parzivals Eltern Gahmuret und Herzeloyde aufwachsen. Der tragische Ausgang von Sigunes Schicksal im *Parzival* enthalten. Kritik am Minnedienst: Sigunes kindisches Verlangen, das Brackenseil zurückzuerhalten, führt zum Tode des dienstfertigen Geliebten. Einziges höfisches Epos in Strophen: Titurelstrophe; der Nibelungenstrophe verwandt, vier Langzeilen. Kunstvoller, feierlicher Stil.

Forts. *Der jüngere Titurel* (um 1270).

1215/20   Heinrich von dem Türlin
　　　　　　(aus Kärnten):
　　　　　　Der âventiure krône

Höfisches Epos.

Österreichisch. Über 30000 Verse. Quellen: frz. und dt. höfische Epen.

Sammlung von Abenteuergeschichten mit Gawan im Mittelpunkt. Einfluß von Wolfram und Gottfried. Häufung des Abenteuerlichen und Kunstlosigkeit des Stils zeigen bereits die spätere Entwicklung der ma. Epik an.

1215/25   Rudolf von Ems
　　　　　　(Biogr. S. 29):
　　　　　　Der Gute Gerhard

Höfisches Epos.

Quelle: Unbekannte lat. Exempelgesch., vielleicht Kölner Herkunft. Im Auftrag des bischöflich-konstanzer Ministerialen Rudolf von Steinach.

Rahmenerz.: Kaiser Otto, der um den Lohn seiner Frömmigkeit besorgt ist, wird von einem Engel auf die Demut eines Kölner Kaufmanns verwiesen, der der Gute Gerhard genannt wird. Hauptinhalt ist dann die Lebensgeschichte des Guten Gerhard, die der Kaufmann selbst dem Kaiser erzählt: Er befreite durch Hingabe seines Besitzes die Braut des engl. Königs Wilhelm und nahm sie in sein Haus auf. Nach vergeblichem Warten auf eine Nachricht von Wilhelm verlobte er sie seinem Sohn, gab sie aber am Hochzeitstag an den plötzlich erscheinenden König zurück, dem er bei der Wiedereroberung seines Landes half. Die Belohnung mit einem Herzogtum wies er als seinem Stand unangemessen ab, sein Sohn aber wurde Ministeriale des Bischofs.

Höfisch: Der Kaufmann stellt seinen Reichtum in den Dienst des Adels. Das Exemplum lehrt Umkehrung üblichen Verhaltens: Ein Kaufmann wird für den Kaiser Vorbild adliger Haltung.

Formal Einfluß Gottfrieds von Straßburg; Stilvirtuosität.

seit etwa 1218   **Walther von der Vogelweide**
(Biogr. S. 29/30):
Kulturkritische Gedichte

Auseinandersetzung des alternden Dichters mit dem Verfall der höfischen
Kultur und des Minnesangs (Neidhart von Reuental). »Die tuont sam die
frösche in eime sê, / den ir schrîen alsô wol behaget, / daz diu nahtegal dâ
von verzaget, / sô si gerne sunge mê.«

um 1220   **Konrad Fleck**
(aus der Gegend von Basel):
Floire und Blanscheflur

Höfisches Epos.

Quelle: nach K.s Angabe ein frz. Gedicht des Rupert von Orlent, das verloren ist,
aber der *Version aristocratique* (1160/70) des Stoffes nahestand.

Der in Dld. erstmalig im *Trierer Floyris* um 1170 bearbeitete Stoff, dessen
geistiger Nährboden die Kreuzzüge waren, erhielt durch Konrad Fleck
seine höfische Form. Zart, anmutig, Einfluß Hartmanns.

um 1225   **Rudolf von Ems**
(Biogr. S. 29):
Barlaam und Josaphat

Legende.

Bei der Abfassung Beratung durch den Abt Wide des Zisterzienserklosters Kappel
bei Zürich, der den Stoff in einer lat. Fassung nach dem Griech. des Johannes von
Damaskus aus dem Ausland mitbrachte. Stoff: ursprünglich indische Buddha-Legen-
de, die im 7. Jh. christlich umgeprägt wurde.

Der christenfeindliche König Avenier hat seinen Sohn in der Einsamkeit
erziehen lassen und erfährt, daß Josaphat durch den Einfluß des Einsied-
lers Barlaam Christ wurde. Vater und Sohn versuchen einander zu bekehren. Josaphat erreicht das erst, nachdem er sich als Herrscher in einem
Teil des Reichs, den ihm sein Vater überläßt, bewährt hat. Er verzichtet
nun auf die Königswürde, lebt in Armut und Demut bei Barlaam in der
Wüste und wird mit der himmlischen Herrlichkeit belohnt.
Weltliche und geistliche Bewährung. Tugenden der Treue, Beharrlichkeit
und Geduld. In der Thematik auf vorhöfische Geistlichen-Dg. zurückwei-
send. Vorrede ähnliche Absage an die Jugend-Dg. wie in Hartmanns
Gregorius. Dem Entsagungsthema entspricht Einfachheit des Stils.

Im »Dichterkatalog« seines *Alexander* nennt R. v. E. als weiteres Werk legendären
Charakters *Eustachius*.

1227/28   Walther von der Vogelweide
(Biogr. S. 29/30):
Kreuzlieder und **Elegie**

W. warb für den Kreuzzug Friedrichs II., der dann im Frühjahr 1228 durchgeführt wurde. Vier Sprüche und zwei Lieder, mehr dogmatisch als persönlich gehalten. Die Elegie »owê war sint verswunden alliu mîniu jâr...«, zugleich eine Klage über den kulturellen Verfall der Zeit, mündet in einen Aufruf an die österreichische Ritterschaft zum Kreuzzug; in der einheimischen Langzeile (vgl. Kürenberger und *Nibelungenlied*) unter Benutzung von Termini der Heldenepik.

um 1230   Freidanks Bescheidenheit
(Verf. bürgerlicher, gebildeter Fahrender aus Schwaben)

Slg. religiöser und moralischer Erkenntnisse in Sprüchen. Bescheidenheit = Urteilsfindung, Entscheidung zwischen gut und schlecht.

Meist gereimte Zweizeiler, rund 4700 Verse.
Quelle: *Bibel,* Äsop, lat. und dt. Spruchslgg.

Trotz aller Anpassung an das Höfische im Grunde popularisierte geistliche Moral. Schlicht, einprägsam. Daher Einfluß auf spätes MA., Hugo von Trimberg, Ulrich Boner, Oswald von Wolkenstein.

Später verschiedene Slgg. von Freidank-Sprüchen. Bearbeitung von Sebastian Brant 1513 in Straßburg gedruckt. Lat.-dt. Slg. des 14. Jh. 1500 in Leipzig gedruckt.

1230/40   Kudrun

Heldenepos.

Nordisch-wikingisches Lied, dessen erste dt. Fassung im Gebiet der Scheldemündung entstand und in Österreich zum Epos erweitert wurde. Vorliegt eine Fassung aus dem bayerisch-österreichischen Raum im *Ambraser Heldenbuch.* 32 Aventiuren, 1705 Strophen, leicht abgewandelte Nibelungenstrophe. Zeugnisse der Hildesage schon beim Pfaffen Lamprecht, bei Saxo Grammaticus, in der *Prosa-Edda.* Ein Lied *Dukus Hôrant* von der Werbung Horants um Hilde in einer jiddischen Umschrift von 1382 erhalten. Neuere Thesen: 1. *Kudrun*-Dg., entst. im westgot. Nordspanien, von Wikingern nach Norden gebracht; Ort der Seefahrten: das Mittelmeer; 2. entst. bei germ. Stämmen am Schwarzen Meer, mit ihnen nach Bayern gewandert.

Drei Teile. Vorgeschichte: Hagen, Hildes Vater, wird als Knabe von einem Greifen geraubt (orientalische Greifensage). Zweiter Teil: *Hilde*-Dg., dritter Teil: *Kudrun*-Dg.; das Motiv der Mädchenentführung durch zwei Generationen wiederholt, jedesmal mit versöhnlichem Ausgang. Die Kudrun-Dg. entfaltete sich auf Kosten der ursprünglich tragischen Hilde-Dg. Thema der *Kudrun* ist die Frauentreue. Kudrun hält ihrem Verlobten die Treue und muß 13 Jahre Magddienste leisten, ehe sie befreit wird. Spielmännisch. Ragt zwar über den Durchschnitt der spielmännischen Heldenepik hinaus, erreicht aber das *Nibelungenlied* künstlerisch nicht.

Kulturgeschichtliche Quelle für Wikingerzeit; Meeresszenerie und See-
fahreratmosphäre.

1230/50   Ortnit und Wolfdietrich

Heldenepos.

Zwei ursprünglich selbständige Epen, vom (bayerischen oder ostfränkischen) Verf.
vereinigt; fragmentarische Fassung im *Ambraser Heldenbuch*. *Ortnit* Stoff aus der
russ. Epik, durch ndt. Dg. vermittelt. *Wolfdietrich* Stoff aus der Gesch. der Mero-
winger. Inhalt aus späteren Fassungen zu ergänzen.

Ortnit gewinnt mit Hilfe seines Vaters, des Zwergen Alberich, im Orient
eine Frau, kommt jedoch durch eine List ihres Vaters um; Wolfdietrich,
von dem ungetreuen Sabene aus seinem Reich vertrieben, rächt Ortnit an
dem Drachen und gewinnt Ortnits Witwe und Reich.
Spielmännische Motive, Aventiure als Selbstzweck, ohne ideelle Zielsetzung. Verwilderung der Komposition, Erzählung jedoch einprägsam, realistisch. Auf spätma. Abenteuer-Rr. vorausweisend.

Der *Große Wolfdietrich* (Anf. 14. Jh.), um zahlreiche Abenteuer Wolfdietrichs erweiterte Fassung des späten MA.

1230/50   Reinmar von Zweter
(um 1200 bis um 1250, rheinländischer ritterlicher Fahrender in Österreich, Böhmen, am Hof Wenzels I.):
Sangsprüche

Rund 230 Sprüche, die meisten im Frau-Ehren-Ton, und ein geistlicher
Leich überliefert. Politische Sprüche erst für, dann gegen Friedrich II.;
später didaktische und religiöse Sprüche.
Unlyrisch, lehrhaft; volkstümlich, den bürgerlichen Fahrenden naheste-
hend.

1230/50   Gottfried von Neifen
(Schwabe, Parteigänger Heinrichs VII., bis 1255 nachweis-
bar):
Minnelieder

Stereotype Thematik: Minnewerben und Minneklage. Kombination traditioneller Motive. Helle Sinnenfreude bei der Darstellung weiblicher
Schönheit. Spätstaufische Haltung. Echtheit von Liedern niederer Minne
umstritten.
Große Virtuosität der Form. Leichtigkeit, Beschwingtheit. Raffinierte
Klang- und Reimspiele; darin vorbildlich, z. B. für Ulrich von Winterstetten und Konrad von Würzburg.

1230/1300   Dietrich-Epik

Vorwiegend bayrisch-österreichische, formal sehr unterschiedliche kürze-
re und längere Erzz. um die Gestalt Dietrichs von Bern. Vorstufe: *Diet-*
rich-Lieder, anknüpfend an die Persönlichkeit Theoderichs des Großen.
Spezifischer Wesenszug Dietrichs, der ihn vom Typ des höfischen Helden
unterscheidet: sein Zaudern vor dem Kampf, das fast wie Feigheit aus-
sieht, bis es schließlich in zornwütige Heldenkraft umschlägt.
Der Stoffkomplex teilt sich in drei Kreise:
Die hist.-heroischen Epen, aus der Keimzelle der *Rabenschlacht* entwik-
kelt, der Schlacht des aus dem Exil bei Etzel heimkehrenden Dietrich
gegen seinen Oheim Ermanarich, den Usurpator seines Throns; mit ihr
kausal verbunden die Erklärung von Dietrichs Flucht aus seinem Reich:
Dietrich verläßt kampflos sein Land, um das Leben von sieben seiner
Helden, die in Ermanarichs Gefangenschaft geraten sind, zu retten. *Diet-*
richs Flucht oder *Buch von Bern* (Reimpaare) und *Rabenschlacht* (Strophen) wurden Ende 13. Jh. von Heinrich dem Vogler zu einem Doppel-
epos vereinigt; die Gestalten typisiert, durch den Gegensatz von Treue
und Untreue geprägt. Dazu sind zu stellen die sehr späten Fassungen des
Jüngeren Hildebrandsliedes und des ndt. Liedes von *Koninc Ermenrikes*
Dot sowie das balladeske ritterliche Lied von *Alpharts Tod* (um 1250).
Die Aventiuren-Erzz. um Jung-Dietrich, wahrscheinlich aus einem spät-
heroischen Gedicht um Dietrichs Riesenkämpfe, seine Gefangenschaft
bei den Riesen und seine Befreiung durch seine Getreuen entwickelt.
Meist dem österreichischen Alpenraum inhaltlich verbunden. Haltung
und Erzähltechnik spielmännisch; vorwiegend in höfisierten Fassungen
des 13. Jh. und noch späteren Ausweitungen überliefert. Am ältesten
wahrscheinlich der *Goldemar* des Albrecht von Kemnaten (1230/40). Im
Thema des Riesenkampfes mit ihm verwandt und in der Strophenform
(sog. Bernerton) von ihm abhängig das *Eckenlied* (ursprünglich österreichisch, rheinische Überarbg. 2. Hälfte des 13. Jh.) und als Vorgeschichte
dazu *Sigenot* (um 1250, Bernerton). Häufung der Riesen- und Zwergen-
kämpfe in der *Virginal* (nach 1260, Bernerton); Angleichung an den höfischen Abenteurer-R. Gleichfalls am höfischen Epos orientiert ist *Laurin*
(um 1250, Reimpaare), die Gesch. von Dietrichs Eindringen in den Rosengarten des Zwergkönigs.
Späte Neuschöpfung sind zwei Epen, die eine Gegenüberstellung mit dem
burgundischen Sagenkreis beabsichtigten. Der *Rosengarten* (Mitte
13. Jh., Hildebrandston; Neufassung 1270/80) läßt die Helden der Diet-
richsage sich im Kampf mit denen der Nibelungensage messen; Ort ist
Kriemhilds Rosengarten in Worms. Spielmännische Haltung. *Biterolf und*
Dietleib (1260/70, Reimpaare) erzählt von Biterolf und seinem jungen
Sohn Dietleib, die, einander unbekannt, an Etzels Hof dienen; ein Zweikampf wird glücklich beendet (Hildebrand-Motiv). Dietleib führt um einer persönlichen Rache willen die Helden Dietrichs gegen die Helden von
Worms. Dem Stil des höfischen Epos angepaßt.

nach 1235   Rudolf von Ems
(Biogr. S. 29):
Wilhelm von Orlens

Höfisches Epos.

Frz. Quelle, die ein Johann von Ravensburg zum Zwecke einer dt. Bearbg. nach
Dld. schickte; Vermittlung des Auftrages durch Konrad von Winterstetten.

Pseudo-zeitgeschichtlicher Minne-R.
Wilhelm, Adoptivsohn Jofrits von Bouillon, ist Minneritter der jungen
Amelie von England und wird nach einem mißglückten Versuch, sie zu
entführen, außer Landes verwiesen. Er muß geloben, kein Wort zu spre-
chen, bis Amelie sein Gelübde löst. Das Paar bewahrt sich Treue – Wil-
helm im Dienst des norwegischen Königs – und wird schließlich vereint.
Exemplarische Haltung im Geist staufischen Rittertums. Funktion eines
Fürstenspiegels, wahrscheinlich als Lektüre für Heinrich VII. gedacht.
Wichtig der nach dem Vorbild Gottfrieds von Straßburg eingeschobene
»Literaturkatalog«.

nach 1240   Der Stricker
(südrheinfr. Fahrender in Österreich, gest. um 1250):
Die Schwänke des Pfaffen Amîs

Erste dt. Schwankslg.; enthält zwölf Verserzz. in gepflegtem, schlichtem
Stil. Amîs, ein engl. Geistlicher, den böse Erfahrungen zum Lügner und
Betrüger machen, prellt die Toren in aller Welt, kehrt zurück und wird
schließlich Mönch und Abt.

Einzelne Schwänke lebten bis zum *Eulenspiegel* (1510/11) fort.

Der Stricker versuchte sich zunächst – ohne ausreichende stilistische Kraft
und ohne wirklich höfische Haltung – auf dem Gebiet des höfischen Epos
(*Daniel vom blühenden Tal,* um 1215), womit er auf die Kritik des konservativen Pleier stieß. Zu seinem echten Talent fand der St., dem 164
Gedichte zugeschrieben werden, erst in der lehrhaften Kurzerz.: Stoffe
häufig aus der Tierwelt, Fabeln; oft in Form des »bîspels«, einer aus einer
Morallehre entwickelten Erz. Unter St.s Namen viel Unechtes überliefert.
Nüchtern, praktisch, höfischem Idealdenken fern.

um 1245   Rudolf von Ems
(Biogr. S. 29):
Alexander

Höfisches Epos, Fragment.

Entst. wahrscheinlich vor und nach der Arbeit an *Wilhelm von Orlens*. Möglicherweise den Königen Heinrich (VII.) und Konrad IV. zugedacht. Quelle: dt. Bearbgg.
des Alexanderstoffes, Leos *Historia de preliis* und, wie die erweiterte Quellenangabe
im Prolog des 4. Buches angibt, Quintus Curtius Rufus. Aus Anagramm Plan von
zehn Büchern ersichtlich, im 6. Buch abgebrochen.

Alexander als ritterlicher Feldherr und Eroberer, Maßstab höfischer Gesellschafts- und Ritterlehre. Seine überlieferten Fehler abgeschwächt; heilsgeschichtliche Perspektive tritt zurück. Jedoch ist Rudolfs Auffassung des Superbia- und Weltvergänglichkeits-Motivs nicht erkennbar, da der Indienzug und Alexanders Tod fehlen.
Gesch. als Anschauungsunterricht; nicht als R. aufgefaßt.
Eingeschobener Literaturkatalog, der das eigene Werk einordnet.

1247/67   Der Marner
(gelehrter bürgerlicher Fahrender, früher wohl Kleriker, aus Schwaben):
Sangsprüche und **Lieder**

M. begann um 1230 als lat. Dichter im Dienst eines geistlichen Herrn; auch lat. Gedichte erhalten.
Hauptleistung Sangspruchdg. Weite Themenskala: Lebensweisheit, religiös-theologische Betrachtung, Moral, Politik, Ständekritik, Preis und Tadel von Personen, Minne, Rätsel. Lit. Fehden, unter anderem gegen Reinmar von Zweter. Klage über den allgemeinen Verfall während des Interregnums; Parteigänger der Staufer, letzter datierbarer Spruch an Konradin vor dessen Italienzug 1267.
Acht Lieder nur Nebenwerk, repertoirebedingt. Formales Vorbild: Gottfried von Neifen und Ulrich von Winterstetten.

um 1250   Osterspiel von Muri

Hochalem. Fragmente, erhalten in Teilen einer Soufflierrolle.

Ältestes dt.-sprachiges Spiel. Szenar umfaßt, entsprechend den lat. Osterspielen, die Osterhandlung bis zur Auferstehung. In Verskunst und Vorstellungswelt von höfischer Epik beeinflußt, jedoch schon realistische Züge.

1250/54   Rudolf von Ems
(Biogr. S. 29):
Weltchronik

Fragment. Abbruch im 5. Buch mit dem Tod Salomons.

Entst. im Auftrag König Konrads nach 1250, jedenfalls ist der Preis Konrads als König von Jerusalem nach 1250 geschrieben. R.s Tod verhinderte die Vollendung. Quellen: *Bibel, Historia scholastica* des Petrus Comestor (gest. 1178) u. a.

Historisches Interesse kennzeichnete schon in zunehmendem Maß R.s Epen. Menschheitsgesch. seit der Schöpfung, eingeteilt in sechs Weltalter. Gesch. des AT und der vier vorchristlichen Weltreiche als Vorgesch. angesehen; erst das 6. Buch sollte das Erscheinen Christi bringen, daran anschließend die Gesch. der christlichen Herrscher bis zu den Staufern. Reihe von Biographien großer Herrscher als Beispiele der Bewährung.

Gelehrsamkeit; Sachlichkeit des Berichtstiles im Gegensatz zur Stilvirtuosität des *Guten Gerhard,* des *Wilhelm von Orlens* und des 1. Buches des *Alexander;* dessen späteren Teilen nahe.

Eines der meistgelesenen Bücher des MA., für Laien Ersatz für die nicht zugängliche *Bibel.* Zahlreiche Bearbeitungen, Verschmelzung mit der *Christ-Herre-Chronik.*

1250/60   Der Sängerkrieg auf der Wartburg

Spruchdichtung in epischer Einkleidung.

Entst. in Thüringen. Zwei thematisch verwandte Gedichte verschiedener Autoren, sekundär verbunden und um fünf weitere Gedichte vermehrt.

Verherrlichung der kulturellen Glanzzeit Thüringens. Die am Hof Landgraf Hermanns versammelten Dichter, Walther, Wolfram, Reinmar von Zweter, Biterolf und der sogenannte Schreiber, werden von dem (sagenhaften) Heinrich von Ofterdingen durch das Lob des Herzogs von Österreich als des besten Fürsten herausgefordert. Ofterdingen unterliegt Walther und hat seinen Kopf verwirkt, darf aber auf Fürbitte der Landgräfin Klingsor von Ungarland zu Hilfe holen.
Der zweite Teil zeigt Klingsor im Rätselstreit mit Wolfram, der alle Rätsel löst und den von Klingsor zu Hilfe gerufenen Teufel Nasion durch das Zeichen des Kreuzes besiegt.
Nach Gehalt und Form der Kunst berufsmäßiger »Meister« zuzurechnen; die höfischen Dichter »Meister« genannt. Wolfram-Nachfolge. Kunstvolle Spruchstrophen, manierierter Stil. Gelehrsamkeit.

1250/70   Der Pleier
(Österreicher unsicherer Herkunft):
Garel vom blühenden Tal

Artusr., als »Anti-*Daniel*« an die stoffliche Vorlage des Stricker angelehnt und diese nach dem Ethos der klassischen Artus-Dg. Hartmanns und Wolframs umgestaltend: Siege werden nicht durch List, sondern durch ritterliche Taten errungen.
Integration von Held und Handlung in die werkübergreifende Erzählwelt der Artussage. Kombination übernommener Motive.

Weitere Artusrr. des P.: *Tandareiz und Flordibel* sowie *Meleranz.*

1250/80   Wernher der Gärtner
(wahrscheinlich Ritter aus dem Innviertel):
Meier Helmbrecht

Entst. wahrscheinlich in Burghausen am Inn für Herzog Heinrich XIII. von Bayern.

Verserz. von einem Bauernburschen, der das 4. Gebot verachtet, sich über seinen Stand erhebt, ein Strauchritter wird und, vom Vater verstoßen, umkommt. Ort der Handlung ist das Innviertel.

Gesellschaftskritisches Zeitbild: Verfall des Rittertums, Anmaßung des Bauerntums (Einfluß Neidharts); Problem der superbia: »dîn ordenunge ist der pfluoc«, sagt der alte Bauer zu dem jungen. Auflösung der Ständeordnung.

1250/82   Mechthild von Magdeburg
            (Biogr. S. 29):
            Das fließende Licht der Gottheit

Mystische visionäre Schrift in sieben Büchern.

Urfassung verloren. Überliefert in einer redigierten alem. Umschrift (Einsiedler Hs., 1343/45), deren Vorlage auf Heinrich von Nördlingen zurückgeht, und einer bald nach M.s Tode im Dominikanerkloster in Halle entstandenen lat. Übs. der Bücher I–VI, die die Visionen völlig umgruppierte und dämpfend in den Text, besonders die leidenschaftliche Minnesprache, eingriff.

M. schickte ihr auf lose Blätter geschriebenes Ms. an ihren Seelsorger Heinrich von Halle, der ihm wohl ohne Eingriff in den Wortlaut die Form eines sechsteiligen Buches gab, zu dem M. nach Heinrichs Tode (um 1281) noch ein siebentes Buch hinzufügte (entst. 1281/82). Eine erste Fassung von nur fünf Büchern ist anzunehmen, die M. 1257/58 ergänzend durchsah; das fünfte enthält Auseinandersetzung mit Heinrich von Halle. Der noch zu M.s Lebzeiten entstandene lat. Vorbericht über M. bezieht sich nur auf die ersten fünf Bücher.
Mystisches Tagebuch einer Gott suchenden und Gott minnenden Seele. Visionen und Prophezeiungen. Verlangen nach der mystischen Vereinigung mit Christus. Auch Kritik an kirchlichen und weltlichen Mißständen.
Prosa, die sich zu freien Rhythmen steigert. Einfluß der höfischen Minnedg., Bändigung von Gefühl und Wort durch die »mâze«. M., die gerade vor dem höfischen Leben ins Kloster geflohen war, blieb dem Ritterlichen wesensmäßig verhaftet. Stärkste dichterische Leistung der dt. Frauenmystik.

1255   Ulrich von Lichtenstein
         (um 1200–1275, steiermärkischer Ministeriale im Dienste Friedrichs des Streitbaren):
         Frauendienst

Geschichte von U.s Minnedienst. Erzählung in Strophen von acht gleichen Zeilen, dazwischen Lieder eingestreut. Übersteigerung der Idee der hohen Minne bis zur – ungewollten – Karikatur, sein Selbstporträt erhält Don-Quijote-Züge. Doch sind die in einen hist. Rahmen eingefügten Minneerlebnisse nicht biographische Fakten, sondern fiktive, Motiven aus Epik und Minnesang nachgebaute Szenen. U.s *Frauendienst* und sein didaktisches *Frauenbuch,* ein Zwiegespräch zwischen Ritter und Dame, ste-

hen am Ende des ritterlichen Minnesanges. Nacheiferer Reinmars, formal
gewandt.

Übs. Ludwig Tieck 1812; Weiterleben des Stoffes: Gerhart Hauptmann: *Ulrich von
Lichtenstein*, Kom. (1939).

1255/57   **Konrad von Würzburg**
          (Biogr. S. 29):
          Herzmaere und **Der Schwanritter**

Frühe höfische Verserzz. K.s, der für diese Gattung maßgeblich wurde
und in ihr künstlerisch Gültigeres leistete als im Epos. Vorbild Gottfried
von Straßburg. Die Erzz. münden in einer Lehre.
Das *Herzmaere*, Bearbg. des im MA. auf mehrere Dichterpersönlichkei-
ten fixierten Stoffes vom gegessenen Herzen, gehört mit der Vorrangstel-
lung der Minne vor der Ehe und der Vereinigung der Liebenden im Tode
in die Nachbarschaft des *Tristan.*
Der Schwanritter, im Auftrage Ludwigs III. von Rieneck geschrieben,
behandelt die Schwanritter- oder Lohengrinsage, die in die Zeit Karls des
Großen verlegt ist.

Das *Turnier von Nantheiz* (1257/58) ist kein isolierter Bestandteil eines höfischen
R., sondern ein aus Anlaß der Königswahl von 1257 entstandener Fürstenpreis,
dessen Turnierschilderung K. selbst in späteren Werken benutzte und ausbaute und
mit dem er Vorbild der Heroldsdg. des 14. und 15. Jh. wurde.

um 1260   **Konrad von Würzburg**
          (Biogr. S. 29):
          Engelhard

6500 Verse. Stoff: Freundschaftsgesch. von Amis und Amiles, nach lat. Quelle
bearbeitet. Entst. im Umkreis des gräflichen Hauses Kleve.

Akzent auf dem Minne-R. zwischen Engelhard und Engeltrud, hinter
dem der zweite, legendäre Teil, Engelhards Opferung der eigenen Kinder
für die Heilung des aussätzigen Freundes Dietrich, blaß bleibt. Eines der
letzten Epen, in denen höfischer Gehalt und höfische Form aufrechterhalten wurde.
Frühestes episches Werk des Dichters, das von dem Feen-R. *Partonopier
und Meliur* (um 1275) lediglich an Glanz und Umfang übertroffen wird,
während der durch K.s Tod abgebrochene *Trojanerkrieg* (1277/81, 40000
Verse; Quelle: Benoît de Sainte-Maure) in seiner redseligen Breite ein
Nachlassen der Kraft zeigt.

um 1267   **Konrad von Würzburg**
          (Biogr. S. 29):
          Der Welt Lohn und **Heinrich von Kempten**
Verserzz.
Der Welt Lohn behandelt die Bekehrung des Dichters Wirnt von Grafen-

berg zu Buße und Kreuzzug durch die Erscheinung der Frau Welt und den Anblick ihres von Gewürm zerfressenen Rückens. Möglicherweise als Kreuzzugsaufruf zu verstehen.

Heinrich von Kempten, entst. im Auftrag des Straßburger Bischofs Berthold von Tiersberg. Anekdotische Gesch. von einem Ritter, der nur dadurch dem Jähzorn Kaiser Ottos entkommt, daß er ihm das Messer an die Kehle setzt, aber später seine Kaisertreue dadurch unter Beweis stellt, daß er den Herrscher vor einem Attentat rettet. Preis ritterlicher Tapferkeit.

Auch für die Erz. mit geistlichem Stoff wurde K. durch seine drei in Basel entstandenen Verslegenden *Silvester, Alexius, Pantaleon* vorbildlich.

um 1270   Der jüngere Titurel

Höfisches Epos, Herzog Ludwig II. von Bayern gewidmet.

6207 Titurelstrophen mit Zäsurreim. Identität des Verf. Albrecht mit dem von Ulrich Füetrer gepriesenen Albrecht von Scharfenberg (2. Hälfte 13. Jh.) steht nicht fest.

Verf. ahmte Wolframs Stil und seine Titurel-Strophe nach, gab das Epos für dessen Werk aus. Behandelte unter Verwendung von Wolframs Fragment die Geschichte des Gralskönigtums. In welthistorische Zusammenhänge eingebautes Bild des Rittertums und seiner Ethik, um die tragische Minne Schionatulanders und Sigunes komponiert. Tugendlehre. Das Epos galt bei den Wiederentdeckern des 18. Jh. als Werk Wolframs.

Erster Druck 1477.

um 1275   Konrad von Würzburg
(Biogr. S. 29):
Die goldene Schmiede

Religiöser Leich.

2000 Verse. Auftraggeber wahrscheinlich der Straßburger Bischof Konrad von Lichtenberg, auf den K. einen Preisspruch dichtete.

Marienpreis aus scholastisch-spekulativem Geist. Keine erzählerischen Elemente. Das Herz des Dichtenden mit einer Goldschmiedewerkstatt verglichen.
Höhepunkt der bilderreichen Lyrik K.s, an Gottfried von Neifen geschult. Virtuose Klang- und Reimspiele.

1277   Konrad von Würzburg
(Biogr. S. 29):
Partonopier und Meliur

Versroman, entst. im Auftrag des Basler Stadtrichters Peter Schaler. Frz. Quelle: *Partonopeus de Blois* des Denis Piramus. K. brauchte für die Arbeit einen Dolmetscher.

Aventiurengesch.: Der Held gewinnt die Liebe einer Fee, die er nur so lange besitzen darf, wie er nicht verlangt, sie zu sehen. Er erliegt seiner Neugier und gewinnt die Geliebte erst nach langer Trennung wieder. Enger Anschluß an das frz. Original.

bis 1287 **Konrad von Würzburg**
(Biogr. S. 29):
Trojanerkrieg

40424 Reimpaarverse, Torso. Entst. im Auftrage des Basler Domkantors Dietrich an dem Orte.

Umfängliche und ausgewogene Kompilation der Ereignisse um Troja nach den verfügbaren Quellen, besonders dem *Roman de Troie* von Benoît de Sainte-Maure. Beginn mit der Geburt des Paris, Abbruch kurz vor Hektors Tod.
Virtuose Beherrschung der Form. Genauigkeit im Detail. Prunkvolle Reden der Figuren. Großer Einfluß; in zahlreichen Hss. überliefert.

1270–1500 **Spätes Mittelalter**

Mit dem Verfall des Rittertums nach dem Ende der Staufer ging die politische, wirtschaftliche und kulturelle Führung an das aufstrebende Bürgertum über. Das absinkende höfische Kulturerbe verschmolz mit dem aus den neuen Schichten aufsteigenden Gut. Während zweier Jhh. flossen in ein großes Sammelbecken mannigfaltige, meist nicht entschlackte Formen und Gattungen, denen ein einheitliches Kennzeichen fehlt.
Je nach der Sehweise betont man an dieser Epoche mehr das ausgehende MA., den »Herbst des MA.« (Johan Huizinga) oder die Geburtswehen einer neuen Zeit; so hat man die humanistischen Anfänge am Prager Hof Karls IV. (1347–1378) als »Vorspiel« des dt. Humanismus bezeichnet (Konrad Burdach).
Das späte, schon stark bürgerliche MA. war rückwärtsgewandt, sah das höfische MA. als Vorbild, Auctoritas. Verlust des Höfischen, nicht Abkehr von ihm. Die Lit. des späten MA. hatte kein Programm und keine Kunsttheorie. Erst gegen Ende wuchs ein Selbstbewußtsein der neuen Schicht und der neuen Kunstübung.
Das Wesen des 14. und 15. Jh. ist Umschichtung. Die Macht des Kaisertums ging seit dem Interregnum zurück, die der Territorialfürsten wuchs. Dem Rittertum fehlten der ideelle Wert des Kaisergedankens, es geriet vielfach in Abhängigkeit von den Fürsten. Zersplitterung in kleinen Fehden, Aufkommen von Fußvolk und Feuerwaffen. Das Gleichgewicht von oberster geistlicher und oberster weltlicher Macht änderte sich zugunsten der letzteren; bezeichnend dafür ist die Abhängigkeit des von 1309 bis 1377 in Avignon amtierenden Papstes vom frz. König und das Schisma der Kirche, als zwei Päpste und nach 1409 sogar drei Päpste gleichzeitig

regierten. Die Städte, zunächst noch in die Feudalherrschaft integriert, erstarkten langsam politisch und wirtschaftlich. Sie waren jetzt Bildungszentren neben den Höfen. Im 14. Jh. kam es zum Kampf zwischen dem Patriziat und den Zünften; Eindringen der Zünfte in den Rat der Städte, stärkere Demokratisierung. Demokratisierung erfuhr auch die Lit. Waren in der höfischen Zeit der Verbreitung der Bildung schon innerhalb des Adels durch mangelnde Lesefähigkeit enge Grenzen gesetzt, so kam jetzt das Bürgertum als bildungstragend, zunächst mehr als Konsument und Mäzen, hinzu. Das Papier, billiger als Pergament, später die Erfindung der Buchdruckerkunst (um 1440) ermöglichten auch vom Technischen her Vermehrung des Lit.-Gutes. Der stofflichen Anreicherung kamen die neuen Vervielfältigungsmittel entgegen.

Das Bürgertum als Kulturträger war in sich gestaffelt; entscheidend für das Zustandekommen und die heutige Beurteilung der Lit.-Denkmäler ist das Verhältnis der Anteile einzelner Schichten an ihnen. An die Stelle der Fahrenden des 13. Jh. traten die bürgerlichen Fahrenden des 14. Jh., wandernde Literaten nichtadliger Herkunft, die jedoch auch nicht das Bürgertum repräsentierten, sondern die soziale Ordnung verlassen hatten; sie betrieben die Kunst noch als Erwerb, während die handwerkenden Meistersinger des 15. Jh. die Kunst nebenberuflich und unentgeltlich ausübten. – Breite bürgerliche Laienschichten trugen auch die Mystik. Die ersten Mystiker jedoch waren Adlige. Die Mystik zeigte die lit. Mündigkeit der Frau. Ritterliche, aber nicht höfische Kultur erlebte eine Spätblüte in dem vom Deutschen Orden kolonisierten Preußen (1230–1283 unterworfen, 1309 Hochmeistersitz von Venedig nach Marienburg verlegt). Ausgesprochener Kolonialstil, von Erobererschicht getragen. Ordenslit. ohne Minne und Frauenkultur; biblische, geistliche und historische Themen, Missionsauftrag, ritterlicher Charakter kennzeichnend.

Im späten MA. schwand der Geist hochgemuter Weltfreude, der dem höfischen MA. eignete. Untergangsstimmung und Schwermut beherrschten die Gemüter, Hungersnöte, Städtebrände, Pest wurden als Strafen Gottes angesehen, das Weltende wurde erwartet. Eine vertiefte Frömmigkeit wie in vorhöfischer Zeit brach sich Bahn. Statt contemptus mundi nun aber Einfügung in die Welt; ein Teil der religiösen Lehre handelt vom Verhalten in der Welt. So sind z.B. die bildlich-literarischen Darstellungen des Totentanzes, in denen der Tod Vertreter der Stände zu sich in den Reigen ruft, auf das Leben gerichtet: In den strophischen Texten ermahnt der Tod sie zu einer gottwohlgefälligen Lebensführung.

Die »Summe« des theologischen Systems der Scholastik zog Thomas von Aquino (1225–1274). Während die Kirche in bisher unbekannten Schriften des Aristoteles eine Gefahr sah, verwertete er aristotelische Begriffe zur Dogmenstützung und konstatierte im Gegensatz zu Augustin die Eigenständigkeit der Erfahrung, auch der Sinne, sowie der Welt als Welt. Unbefriedigt von der wissenschaftlichen Scholastik, der kirchlichen Schulphilosophie, in der die Religion »Gegenstand einer begrifflichen und erkenntnistheoretischen Bestimmung und Zerfaserung« (Josef Quint) geworden war, wandten sich weite Kreise einer Bewegung der Laienfrömmigkeit zu, die ihren höchsten Ausdruck in der Mystik fand (griech. myein = die Augen schließen). Die Mystik gab dem Menschen die Gewißheit von der Immanenz des Göttlichen, von der Existenz eines göttlichen Funkens im eigenen Innern. Ziel mystischer Frömmigkeit war die unio mystica, nach Pseudo-Dionysius Areopagita (um 500 n. Chr.), dem Vater der europäischen Mystik, das Resultat des Abscheidens des Menschen von allem Irdischen. Das Hindernis der erstrebten Vereinigung mit Gott ist der Leib, der durch Askese abgetötet werden muß: imitatio Christi im Leiden. Die Gedanken des Areopagiten wirkten über Hugo von St. Victor (gest. 1141), der dessen Schriften kommentierte, auf Bernhard von Clairvaux. Ein weiterer Anstoß mystischer Religiosität erfolgte im 13. Jh. durch Franz von Assisi (gest. 1226) und den Franziskaner Bonaventura (1221–1274).

Nach der – noch vereinzelten – Frauenmystik im 12. und 13. Jh. setzte zu Beginn des späten MA. die Breitenwirkung der Mystik mit derjenigen der Meister, der spekulativen Mystik der Dominikaner Eckhart, Tauler, Seuse ein. Zur geistigen Macht wurde sie in der zweiten Hälfte des 14. Jh. durch die Konventikel, deren individuelle Frömmigkeit aus der Kirche hinausstrebte; besonders stark in Holland durch die 1381 in Deventer gegründete Gesellschaft der »Brüder vom gemeinsamen Leben« (devotio moderna). Aus den Kreisen dieser Gesellschaft stammte Nikolaus von Kues (1401–1464). Religiös Vertreter der mystischen Frömmigkeit (docta ignorantia), baute der geschulte Humanist sie zum System aus und kämpfte als Kirchenpolitiker für die Erneuerung des geistlichen Lebens und gegen das drohende Schisma.

Neben der spekulativen, philosophischen Mystik stand die Gefühlsmystik, eine zugleich sehr praktische Mystik, Frömmigkeitsbewegung der breiten Masse, vor allem der Frauen. Diese Art erfuhr im späten MA. eine förmlich epidemische Ausbreitung, die die Kirche einzudämmen suchte. Religiöse Dg. wurde unter mystischem Einfluß gefühlsbetont (Mariendg.) und persönlich.

Frz. Einfluß herrschte auch im bürgerlichen MA., jedoch nicht so stark wie zur höfischen Zeit. Im 14. und 15. Jh. traten in Frankreich die Chansons de geste in den Vordergrund: nationalfrz. Sagenstoffe, spielmännischer Charakter. Verglichen mit den Artusepen grob, roh, ungepflegt. Zunächst Verse, im 15. Jh. Prosa-Auflösungen. Diese frz. Unterhaltungsprosa wurde nach Dld. durch Übss. (Elisabeth von Nassau-Saarbrücken u. a.) eingeführt.

Im späten MA. traten die Stämme und Landschaften hervor (im Gegensatz zum Zusammenfassungsdrang der Ritterzeit), die Dialekte fanden wieder Eingang in die Lit., die mhd. Lit.-Sprache zerfiel.

Die nddt. Lit. blühte auf; enge Beziehungen zur nldl. Lit. zeigen *Karlmeinet, Reinke de Vos,* der Epiker Johann von Soest. Köln, Nürnberg und Prag wurden im 14. Jh.

die kulturell führenden Städte. »Im 14. und 15. Jh. springt die Kultur an die Peripherie des Reiches« (Konrad Burdach). Neben dem Oberrhein, wo sich besonders die Moralsatire entwickelte, war Böhmen das Gebiet des Frühhumanismus, von der dortigen Kanzlei ging die Sprachreform aus; Ausstrahlungen nach Meißen, Thüringen und Schlesien. Die Mischkultur auf dem Kolonialboden des Ordens wurde vorwiegend von nddt. Stämmen getragen, ihre Sprache war jedoch mdt. infolge des Einflusses der oberdt. und mdt. (vor allem thüringischen) Ordensmitglieder. In Oberdld. wurde hauptsächlich das Drama gepflegt.

Das 14. und 15. Jh. waren eine Zeit der Stilmischungen. Kennzeichen: Zug zum Realen, Nützlichen, Rationalen (die von der Mystik berührte Dg. ausgenommen). Er begünstigte Lehrdg., Zeit- und Gelegenheitsdg., politische Dg. (im engeren Sinne als bei Walther), Geschichts- und Reisebeschreibung, den Schwank und die Fspp.

Verfall des Formgefühls. In den Kreisen der neuen Bildung war zunächst wenig Kultur: Quantität an Stelle von Qualität. Die Stellung der Frau sank. »Die Zucht durch die Zote ersetzt« (Arthur Hübner). Kennzeichnend »der Verlust der mâze« (de Boor) in Gehalt und Form. Die Entwicklung des mhd. Reimverses führte zu Erstarrung oder Auflösung der Form; entweder starrer Silbenzähler (Meistersinger) oder beweglicher und ausdrucksvoller Vers im Volkslied bis hin zum Vers der Fspp., der kaum noch als solcher zu bezeichnen ist.

Die Dichter erstrebten keine Originalität. Die neue Lit. assimilierte sich die Lit. der Blütezeit, trug realistische Züge in sie hinein, ohne daß sie dadurch im Ganzen realistisch wurde. Ansätze zu Realismus finden sich nur in den neuen Gattungen. Die Gesch. der Lit. des späten MA. hat es weniger mit dichterischen Individualitäten als mit Gattungen und Typen zu tun.

Die Lyrik verfiel. Während das hohe MA. seine höfische Dg. nicht sammelte, setzte nun eine rege Herstellung von Sammelhss. ein: der ritterliche Minnesang wurde in den Städten als Vorbild rezipiert. Das Publikum der bürgerlich werdenden Lyrik blieb zunächst noch der Adel (Hadlaub), die Dg. drang aber langsam in andere Schichten vor. Die Lyrik des späten MA. ist inhaltlich an höfische Vorbilder gebunden, ihr Akzent liegt auf dem Formalen. Seit Ende des 13. Jh. »geblümter Stil«.

Der Minnesang löste sich einerseits im Volkslied auf, andererseits wurde er im Meistersang weiterentwickelt. Was die Romantik später als Schöpfung der »dichtenden Volksseele« ansah, beruhte auf Entlehnung und Assimilierung. Die mündliche Weitergabe hat die Lieder allmählich verändert, sie wurden »zersungen«.

Berichte über die in den einzelnen Jahren umlaufenden Volkslieder mit Angabe von Zitaten enthält die die Zeit von 1336 bis 1398 umfassende *Limburger Chronik* des Tileman Elhen von Wolfhagen. Neben echten Volksliedern enthalten vor allem städtische Gesellschaftslieder und Gedichte bekannter Verff. die Slgg. des 15. Jh.: *Lochheimer Liederbuch* (1452–1460), *Augsburger Liederbuch* (1454), *Liederbuch der Klara Hätzlerin* (1471), *Rostocker Liederbuch* (Ende 15. Jh.).

Das geistliche Volkslied ist im späten MA. hauptsächlich durch Kontrafaktur, Unterlegung geistlicher Texte unter eine bekannte weltliche Melodie, entstanden. Eine unlit. Gattung des geistlichen Volksliedes sind die
Leise: Pilger-, Kreuz- und Geißlerlieder. Geißlerfahrten gab es in Dld.
seit dem Pestjahr 1349; die Geißlung war eine Art Liturgie, die Leise
deren musikalischer Teil (Arthur Hübner).

Im Meistersang floß der ritterliche Minnesang mit der Sangspruchdg. der
Fahrenden zusammen. Beide Gattungen trafen sich bereits im Werk Walthers von der Vogelweide, und diese Mischung ging über Reinmar von
Zweter an die Meister über. Dem mangelnden Verständnis für den Formcharakter der lit. Gattungen entsprach die Zersetzung des einzelnen Gedichts in ein Nebeneinander von Stoff, syntaktischem, metrischem und
musikalischem Aufbau; das Formschema wurde durch mechanische Silbenzählung gefüllt. »Meister« nannten sich bürgerliche Fahrende, um ihr
formales Können und ihre Gelehrsamkeit zu betonen. Sie verdienten ihr
Geld mit Singen, veranstalteten auch Wettsingen vor einem zahlenden
Publikum. Meisterliche Lieddichtung ist in der *Colmarer Liederhs.* (1546)
gesammelt. Als die Sänger mit ihrer Kunst nicht mehr genug verdienen
konnten, trieben sie außerdem ein Handwerk, und allmählich wurde das
Singen zum Nebenberuf, zur Liebhaberei, für die sie sich zu Meistersin-
gergesellschaften zusammenschlossen und sich nach dem Muster der
Zünfte Institutionen und Regeln gaben.

Älteste städtische Singschule in Augsburg bald nach 1450, älteste Tabulatur – Vorschriften über Sprachbehandlung, Reimgebrauch und religiöse Haltung – in Straßburg 1493. Der Schüler erhielt fest geregelten, unentgeltlichen Unterricht, für den
Aufstieg zum Schulfreund war die Beherrschung der Tabulatur erforderlich, der
Sänger mußte fremde Meistertöne vortragen, der Dichter einen Text zu einer vorhandenen Melodie herstellen können, für die Erlangung der Meisterwürde war die
Schaffung einer neuen Strophe (Bar) und der dazugehörigen Melodie (Weise) not-
wendig. Die öffentliche feierliche Kunstübung der Meister war das Hauptsingen,
kontrolliert von den Merkern. Die Lieder waren Eigentum der Singschule.

Während die Dg. im 14. Jh. zersetzt wurde, gewann das didaktische
Schrifttum (Spruch und Lehrgedicht) im Zuge der Rationalisierung an
Bedeutung. Mangel an Gestaltungskraft und Rationalisierung führten zu
allegorischer Einkleidung. Allegorie, eine Denkform, entsprach einem
Zug des MA. zu plastischem Denken. Sie wurde gestützt durch die Auffassung des Kosmos als eines beziehungsreichen, auf die Erlösung gerichteten Ganzen, in dem die Dinge nur Symbole für Begriffe sind.

Beliebte Gattungen allegorischer Dg. knüpfen an das Schachspiel, an Wappen, Steine und die Tierwelt (Höhepunkt der Fabel im 14. Jh.) an. Die sog. Minne-Allegorien waren eine Flucht in eine idealisierte Vergangenheit; die Fiktion der Minne
wurde im bürgerlichen MA. von einem Teil der Schriftsteller aufrechterhalten, der
auch anspruchsvolle Formen beibehielt (geblümter Stil).

Allegorisch-didaktisches Schrifttum ging oft in Satire über.
Das didaktische Schrifttum wurde vor allem von den Reimrednern getra-

gen, berufsmäßigen Dichtern in Städten und an Höfen. Die Dg. der
Reimredner überschneidet sich oft mit jener der Meistersinger (Folz, Rosenplüt, Sachs waren beides). Sie ähnelte inhaltlich der Spruchdg. der
älteren Meister, ihr Spezialthema war Herolds- und Wappendg. Sie war
jedoch volkstümlicher, die gelehrte Note der Meister fehlte. Ihre Form
waren Reimpaare, nicht wie bei der Sangspruchdg. Strophen. Sie wurde
rezitiert, nicht gesungen.

Die didaktische Lit. ist trotz der auch für sie damals üblichen metrischen
Form oft nicht zur Dg. zu rechnen. Auch belehrende Lit., Geschichtsschreibung, Bibelübs. verwandte bis ins 15. Jh. hinein neben der allmählich aufkommenden Prosa den Vers, der bis zur Mitte des 14. Jh. für die
lit. Darbietung gültig gewesen war (Ausnahmen: Rechtsprosa; *Die sächsische Weltchronik* – etwa 1230 –; das Weltkunde-Lehrbuch *Lucidarius* –
etwa 1190 –, das auch in Verse umgearbeitet wurde, die dt. Bearbgg. des
naturkundlichen *Physiologus* des 11. und 12. Jh., neben denen auch eine
gereimte Fassung steht). Die Geschichtsschreibung war im Grunde noch
Geschichtsdg. Möglichkeit einer Beeinflussung der inneren Form durch
die äußere metrische. Dt. Reimchroniken gab es seit dem 12. Jh.; auf der
Höhe des MA. brachten sie Vergangenheitsgeschichte, im späten MA.
Gegenwartsgeschichte. Auch die historischen Volkslieder sind oft nur
kurze Chroniken jüngster Begebenheiten mit persönlicher politischer
Stellungnahme des Dichters; auf der anderen Seite nehmen die Chroniken
im 15. Jh. oft strophische Form an und nähern sich damit dem Volkslied
(Michael Beheim). Statt der Weltchronik der höfischen Zeit trat jetzt die
Territorial- und Lokalchronik in den Vordergrund (Nikolaus von Jero-
schin, *Kronike von Pruzinlant* 1330/40).

Aus dem Beginn wissenschaftlicher Lit. erwuchs am Ende der Epoche
eine dt. Prosa. Seit Mitte des 13. Jh. dt. Privaturkunden, Ende des 14. Jh.
Übertragung des lat. Kanzleiwesens auf ein dt. in Prag. Mit dem 14. Jh.
Beginn der Geschichtsschreibung in Prosa. Statt der gereimten Historien-
bibeln des MA. jetzt Bibelübss. Für die Entstehung einer dichterischen
Prosa war die Mystik (dt. Predigten) von Bedeutung. Mit Brief und
Selbstbiographie (Seuse) entstanden neue prosaische Gattungen. Sprachlich drängte die Mystik zu Neubildungen, sie prägte rein gefühlsmäßige,
abstrakte Ausdrücke; sie verdichtete bis zu rhythmischer Prosa.

Der dritte Faktor für die Entstehung einer lit. Prosa waren die Prosa-
Auflösungen der alten Versepen nach frz. Muster.

In der Epik traten zu den Artus-Rr. pseudozeitgeschichtliche Ritter- und
Minne-Rr. nach Art von Rudolfs von Ems *Wilhelm von Orlens*, die sich
thematisch mit dem frühhöfischen R. berührten. Der Verlust des Höfischen führte zu einer Weiterbildung bis zum Preziösen (geblümter Stil)
sowie naturalistisch Unwirklichen auf der einen, und zu gänzlicher Verro-
hung auf der anderen Seite. Stoffliche Aufschwemmung in jedem Fall.
Nach der Aufschwemmung erfolgte die Prosa-Auflösung der höfischen
Epen, als sich der Geschmack an Prosa durch die Übss. der frz. Romane

eingebürgert hatte. Die Prosa-Romane aus Frankreich und die Prosa-Auflösungen waren für das Publikum der früheren höfischen Epen bestimmt: für den Adel. Der romantische Begriff des »Volksbuches« als eines Sammelbeckens für Erzähltexte disparater Herkunft ist von neuerer Forschung aufgegeben worden.

Neben der Auflösung des Alten stand das rückschauende Sammeln des Alten: das 14. und 15. Jh. brachte die meisten *Parzival*-Hss. zustande.

Entstehung von Zyklen in allen epischen Gattungen.

Auch die Heldenepen wurden zu reinen Aventiure-Rr. umgewandelt und so den Nachfahren der höfischen Epik angenähert. Bei ihrer Weiterbildung zeigt sich jedoch im Gegensatz zur höfischen Epik häufig Tendenz zur Kompression: Rückbildung zu Liedern; Bänkelsang, z.T. in einfachster Schicht angesiedelt (vgl. *Herzog Ernst, Lied vom hürnen Seyfried, Jüngeres Hildebrandslied*). Die Heldenepik wurde in den sog. »Heldenbüchern« gesammelt. In den Fassungen des späten MA. sind die späthöfischen Erstfassungen verborgen, die nicht erhalten blieben und erschlossen werden müssen.

Novelle und Schwank, vom Stricker und von Konrad von Würzburg lit.-fähig gemacht, fanden weiteste Verbreitung. Die Autoren sind Fahrende. Die Novv. zeigen größeren Realismus als das Epos. Thema nicht Minne, sondern Erotik. Im 15. Jh. zyklische Zusammenfassung der Stoffe: *Diokletians Leben, Neidhart Fuchs, Pfaffe vom Kalenberg*.

Die Legende war eine der Leitformen der religiösen Lit. (de Boor). Sie kam dem Stoffhunger und der Neigung zum Fabulösen und Wunderbaren entgegen. Bis ins 13. Jh. bezog sich der Begriff Legende nur auf die Viten von Bekennern, nicht von Märtyrern, dann verwischte sich der Unterschied, und Legende wurde zur Bezeichnung für die dichterische Wiedergabe des irdischen Lebens heiliger Personen (Hellmut Rosenfeld). Bei den Fahrenden hat sie erbaulichen Charakter, bei den Meistersingern und in der Dg. des Dt. Ordens als historische Legende oft politische Tendenz. Slgg. in Zyklen: *Passional, Väterbuch, Märterbuch, Der Heiligen Leben*. Im 15. Jh. Prosa-Passionale.

Das geistliche Dr. wurde im 14. und 15. Jh. zu großen Volksfesten ausgeweitet. Die Verwendung von dt. Texten ist im 14. Jh. allgemein üblich. Das Spiel war aus der Kirche auf den Kirchplatz und später auf den Marktplatz verlegt worden. Die Darsteller waren Fahrende, später Bürger; Geistliche nahmen nur noch als Hauptdarsteller und als Regisseure teil.

Haupttyp des geistlichen Spiels wurde im 14. Jh. das Passionsspiel, das auf den heilsgeschichtlichen Zusammenhang zwischen Sündenfall und Erlösung deutet, das Leben Jesu einschließen und sich auch Ereignisse des Alten Testaments zuordnen kann. Die These des Anwachsens der Spiele von einfachen zu komplizierten gilt als überholt.

Die Passionsspiele lassen sich in landschaftliche Gruppen zusammenfassen. Im Mittelpunkt der bayrisch-österreichischen Gruppe stehen 12 auf eine gemeinsame Vorlage zurückgehende Tiroler Spiele; für ihre Entwicklung war die organisatorische Tätigkeit des Sterzinger Malers Vigil Raber (gest. 1552) entscheidend. Für die hessische Gruppe war das *Alte Frankfurter Spiel* von bedeutendem Einfluß, das bekannteste der alemannischen Gruppe ist das *Luzerner Spiel*.

Durch Szenenumgruppierungen der Passionsspiele entstanden zur Feier des 1264 geschaffenen Fronleichnamsfestes seit dem 14. Jh. in die Prozession eingebaute Fronleichnamsspiele, deren Texte aus Innsbruck, Eger, Freiburg, Künzelsau und Bozen erhalten sind.

Eine weitere Sonderform sind die Marienklagen, die als selbständige Karfreitagsspiele aufgeführt wurden.

Die Auff. der sog. Legendenspiele und der eschatologischen Spiele war nicht an bestimmte kirchliche Feiertage gebunden.

Das weltliche Fastnachtspiel wird im 15. Jh. lit. greifbar. Es ist entstanden durch Verschmelzung schauspielerischer Elemente mit solchen aus Tänzen und Festbräuchen, seine Funktion ist die »komisch-artistische Interpretation der Triebsphäre« (Eckehard Catholy). Ausgangszentren: der österreichisch-bayr. Alpenraum, vor allem Tirol, der alem. Raum, Nürnberg, Lübeck. Andere Spiele (Jahreszeitenspiele) sind im Fsp. aufgegangen, nur die Neidhartspiele erhielten sich z. T. in ursprünglicher Form.

Stoffe: internationales Erzählgut, besonders Schwankhaftes; häufige Gattung Gerichtsspiel. Die Form ist kurz, die Personenzahl viel geringer als im geistlichen Spiel, der szenische Apparat primitiv; nur die alem. Spiele sind aufwendiger. Die Aufführung fand meist in Privat- und Wirtshäusern, seltener auf freien Plätzen statt. Verff.: meist unbekannte Fahrende, auch bürgerliche Meistersinger.

Das Nürnberger Fastnachtspiel hatte die größte Bedeutung und beeinflußte die Sterzinger sowie die Lübecker Spiele. Es führt eine Vielfalt närrischer Figuren vor, ist derb und zotig. Die Struktur des Fsp. entwickelte sich aus seiner Funktion der Unterhaltung einer Fastnachtgesellschaft. Ihr diente am ehesten die wohl ältere, bei Rosenplüt vorherrschende Form des Reihenspiels, doch auch der von Folz bevorzugte Typ mit geschlossener Handlung verschränkte am Beginn und Schluß die Spielsphäre mit der realen Sphäre der Fastnachtgesellschaft. Folz führte dem Fsp. lit. Stoffe zu, bei Sachs verselbständigte sich die Spielsphäre vollständig.

Wichtigste Autoren des späten MA.:

Beheim, Michael, geb. 1416 in Sulzbach/Württ. Von Beruf Weber. Hielt sich an verschiedenen Höfen, darunter dem des Kaisers Sigismund und des Königs Ladislaus von Böhmen, aber auch in Kopenhagen und Drontheim auf. Zwischen 1459 und 1466 lebte er am Hofe Kaiser Friedrichs von Habsburg und kam 1467 an den Hof des Kurfürsten Friedrich von der Pfalz. Gest. nach 1474.

Meister Eckhart, geb. um 1260 in Hochheim bei Gotha. Ritterlicher Abkunft. Dominikaner in Erfurt. Ende des 13. Jh. Prior in Erfurt und Vikar in Thüringen. 1300 an das Studium generale St. Jacques, Universität Paris; 1302 Magister in Paris. 1303 Provinzial der Provinz Sachsen. 1307 außerdem Generalvikar der böhmischen Provinz. 1314 Ordenslehrer in Straßburg, später am Studium generale in Köln. 1326 Inquisitionsverfahren durch den Erzbischof von Köln, das 1329, nach E.s Tode (1327/29), mit der Verurteilung von 28 seiner Sätze endete; Bulle »In agro dominico«.

Folz, Hans, geb. 1435/40 in Worms, erwarb 1459 das Bürgerrecht in Nürnberg. Von Beruf Barbier (Wundarzt); besaß eine Druckerei, in der er 1479–1488 die eigenen Werke druckte. Gest. 1513.

Heinrich von Meißen gen. Frauenlob, geb. um 1250 in Meißen. 1278 am Hof Rudolfs von Habsburg, anwesend bei der Schlacht auf dem Marchfeld (1278). An mehreren Fürstenhöfen, bei dem Grafen von Tirol, bei Wenzel II. von Böhmen, bei Waldemar von Brandenburg u. a.; seit 1312 in Mainz. Gest. 1318 in Mainz.

Heinrich von Mügeln (Mügeln bei Oschatz), geb. um 1325. Vicarius des Meißner Kapitels. Schrieb 1358/59 zwei Ungarnchroniken im Auftrag Rudolfs IV. von Österreich, war um 1360 am Hof Karls IV. in Prag, später wohl auch in Wien. Gest. nach 1393.

Oswald von Wolkenstein, geb. um 1377 in Tirol. Aus altem Adel. Zog mit 10 Jahren zu kriegerischer Ausbildung in die Welt. 1400 Rückkehr, 1407 Erbteilung, dadurch Konflikt mit Ritter Martin Jäger. Seit 1415 im Dienst König Sigismunds, in dessen Auftrag an europäischen Höfen. Konspirierte gegen Friedrich IV. von Tirol; 1421 in Gefangenschaft Jägers, 1427 in der Friedrichs. 1431 bis 1434 erneut für Sigismund tätig. Gest. 1445 in Meran.

Rosenplüt, Hans, gen. Schnepperer, geb. Anfang 15. Jh. in Nürnberg. Von Beruf Rotschmied (Gelbgießer), nahm in seiner Eigenschaft als Büchsengießer wahrscheinlich zweimal an den Hussitenkriegen teil. 1444 städtischer Büchsenmeister von Nürnberg. 1449 Teilnahme an der Verteidigung der Stadt gegen Albrecht Achilles von Ansbach. R. gab vielleicht auf Grund seiner dichterischen Erfolge das Handwerk auf und war Wappendichter an Höfen. Letztes datierbares Gedicht: *Preis Ludwigs von Bayern,* um 1460.

Seuse, Heinrich, geb. um 1295 am Bodensee in der Nähe von Konstanz. Aus dem Geschlecht von Berg. Mit 13 Jahren Eintritt in das Dominikanerkloster zu Konstanz. Um 1326 Schüler Eckharts am Studium generale in Köln. Dann Leiter des Unterrichtswesens im Kloster Konstanz; wurde Prior. 1348 nach Ulm. Gest. 1366.

Tauler, Johannes, geb. um 1300 in Straßburg. Sohn eines wohlhabenden Bürgers. 1315 Eintritt in den Dominikanerorden in Straßburg. Etwa 1326 Schüler Eckharts am Studium generale in Köln. 1339 Prediger in Basel. 1347 wieder in Straßburg. Gest. 1361 ebd.

1280/90   Lohengrin

Höfisches Epos in 767 zehnzeiligen Strophen.

Bayr. Dichter, der sein Werk als das Wolframs erscheinen läßt, aus dessen *Parzival* er den Stoff entnahm. Einfluß des *Jüngeren Titurel,* ungeklärte Beziehung zum *Sängerkrieg auf der Wartburg* und zum stoffgleichen *Lorengel* (15. Jh.).

Schwanrittersage: Ein unbekannter Ritter erweist im Gottesgericht das Recht einer verleumdeten Frau, heiratet sie, verläßt sie aber, als sie das Verbot der Namensfrage übertritt.

1847 Richard Wagner: *Lohengrin,* Musikdr.

1275/95   Steinmar
               (Identität mit Berthold Steinmar von Klingnau unsicher):
               Minnelieder und Lieder niederer Minne

14 Lieder.
Minnelieder in der Art Gottfrieds von Neifen, der traditionelle Stil jedoch von kraftvollen, intensiven Bildern durchbrochen. Minne in reale Situationen (z. B. Kriegszug) gestellt.
St.s Ruhm beruht auf seinen den Minnesang kritisierenden und persiflierenden Liedern (Tagelied mit Knecht und Magd als Figuren) und den derben Liedern niederer Minne. Neue Gattung: das Herbstlied, ein Schlemmerlied, in dem St. den »armen minnerlîn« absagt.

nach 1276   Jans Jansen Enikel
                (= Jans, Enkel der Jansen; Wiener Bürger):
                Weltchronik

Quellen: Honorius Augustodinensis: *Imago mundi* und Petrus Comestor: *Historia scholastica* sowie umlaufendes Legenden-, Novellen- und Schwankgut.

Umfaßt die Zeit von der Schöpfung bis zu Friedrich II., der schon sagenhafte Züge trägt. Ohne hist. oder theologische Konzeption, an eigentlich politischer Gesch. uninteressiert. Erzähler von Anekdoten und Geschichten. Hist. Gestalten und Situationen im Stile der Ritter-Rr. eingefärbt. Stil und Form unbeholfen, Vers prosanah.

1283/1300   Seifried Helblinc
                 (fälschlich von einer Figur der Dg. auf den Verf. bezogener Name. Unbekannter niederösterreichischer Ritter, um 1240 bis bald nach 1300):
                 Gedichte

Erhalten in einer Hs. des 16. Jh.

Zyklus von 15 zeitkritischen Gedichten, von denen ein Teil sich zum *Kleinen Lucidarius,* einem Lehrgespräch zwischen kritisch fragendem

Knappen und abweisend antwortendem Ritter, zusammenschließt. Nach Trennung von dem Knappen monologische Betrachtungen über Tod und Vergänglichkeit.
Kritik an politischen und sozialen Zuständen in Österreich unter den »fremden« Habsburgern; die Babenberger-Epoche als gute, alte Zeit. Verfallsklage. Realistische Genrebilder.
Politische Dg. in der Nachfolge Walthers und Freidanks, jedoch elegisch, nicht aggressiv. Zeittypische Verwendung der Allegorese.

um 1290   **Ulrich von Etzenbach**
           (wahrscheinlich bürgerlicher Dichter aus Mitteldld., viel-
           leicht Nordböhmen):
           Wilhelm von Wenden

Höfisches Epos.

Quelle: unbekannte, wahrscheinlich frz. Vorlage. Für Wenzel II., als dessen Vorfahr der Held des R. zu gelten hat, und dessen Frau Guta.

Ein heidnisches Fürstenpaar geht auf Pilgerfahrt, um das Geheimnis des Christentums zu erfahren. Als die Frau Zwillinge gebiert, zieht Wilhelm allein ins Heilige Land, wo er sich taufen läßt. Bei der Rückkehr findet er seine Frau als Herzogin wieder und gewinnt auch seine zwei Söhne, die Räuber geworden sind, zurück.
Ritterlich-höfische Grundhaltung, mit erbaulichen Zügen eingefärbt. Stofflich vorhöfischer Epik verwandt.
Stilistisch und metrisch gewandt und maßvoll.

1295/1327   **Meister Eckhart**
             (Biogr. S. 64/65):
             Mystische Schriften

E.s Wirkungskreisen entsprechen zwei Gruppen von Werken. Zu dem scholastischen Gelehrten E. gehören die lat. Werke, deren wichtigste das der Spätzeit angehörende, fragmentarische *Opus tripartitum* und seine *Rechtfertigungsschrift* gegen die Anklage wegen Häresie sind. Zu dem mystischen Laienprediger E. gehören die dt. Schriften, vor allem die *Reden der Unterweisung* (Ende 13. Jh.), Tischlesungen für die Angehörigen seines Klosters in Erfurt, das *Büchlein der göttlichen Tröstung*, für die Königin Agnes von Ungarn (nach der Ermordung von deren Vater 1308) geschrieben, *Predigten*, die zum Teil nur sehr unzuverlässig in Nachschriften von E.s Hörern überliefert sind. E.s Ruhm beruht auf dem dt. Werk, von dem über 200 Hss. erhalten sind.
E. war das Haupt der spekulativen Mystik. Einfluß von Albertus Magnus (1193–1280). Scholastischer Denkapparat diente E. zur Ordnung seiner mystischen Ideen. Schöpfung ist ewig sich wiederholende Neugeburt Gottes; Geschöpfe sind Gott und werden immer wieder neu Gott. In der

Seele des Menschen ist das Fünklein Gottes; in der Seele wird das Wort geboren, und in dieser Geburt vollzieht sich die unio mystica. Rücklauf in Gott ist das Ziel der mystischen Sehnsucht. Wesensverwandtschaft von göttlichem und menschlichem Sein. Sittliche Aufgabe des Menschen ist »Abgeschiedenheit« von Selbstsucht und Kreatürlichem, Manifestation seines göttlichen Wesenskerns in Leben und Werk »sunder warumbe«, ohne Frage nach Erfolg und Lohn. – Die These von der Göttlichkeit des Menschen wurde von der Kirche als Häresie verdammt. E.s Predigten tragen subjektiven Charakter. Vergeistigung ohne Verzückung und Ekstase. E. ist Schöpfer einer dt. philosophischen Terminologie.

um 1300   Das Passional

Legendenslg., über 100000 Verse.

Verf. Angehöriger des Dt. Ordens. Quelle: *Legenda aurea* (um 1270) des Jacobus de Voragine.

Drei Abschnitte: Leben Christi und Mariä, Leben der Apostel und Evangelisten, Leben von weiteren 75 Heiligen in der Reihenfolge des Kalenderjahres.
Poetische, selbständige Wiedergabe der Quelle, an höfischer Dg. geschult. Starke Wirkung auf das Legendenschrifttum, vor allem auf die Ordenslit.

Vom wahrscheinlich gleichen Verf. stammt das in derselben Zeit entstandene *Väterbuch*. Nach den frühchristlichen *Vitae patrum* (des Hieronymus?) wird in dieser Slg. das Leben der Altväter, der ersten Einsiedler und Mönche, erzählt. 120 Legenden, 41540 Verse.

um 1300   Johannes Hadlaub
        (Bürger in Zürich, gest. vor 1340):
        Minnelieder

H.s Minnelieder haben biographischen Charakter: Gesch. seines Minnedienstes. Im 8. Lied Beschreibung der Manessischen Hs.
H. spielt das Spiel des Minnesangs als sozial Außenstehender vor einem vornehmen Publikum. Veräußerlichte Form; »mâze« bei H. ängstliches Festhalten am Wohlanständigen. Daneben grobe Realistik: niedere Minne sowie Herbst- und Erntelieder, abhängig von Walther, Neidhart, Steinmar; das Genre jedoch vermischt mit Motiven der hohen Minne.
Alle überlieferten Gattungen vertreten. Eigene Schöpfung: das Erzähllied. Formal schwerfällig, trocken.

um 1300   Heinrich von Neustadt
        (Arzt, 1312 in Wiener Neustadt urkundlich belegt):
        Apollonius von Tyrland

Epos der höfischen Tradition.

20640 Verse. Einfluß Hartmanns und Wolframs. Quelle: lat. Abenteuer-R. *Historia Apollonii regis Tyri,* auf hellenistische Vorlage zurückgehend.

Der Hauptreiz des R. sind die Abenteuer, die der Held während der 14jährigen Trennung von Frau und Tochter erlebt, worüber der antike R. kurz hinweggeht. Die Quellen für diesen Teil nicht endgültig geklärt: vieles aus der Artusepik und dem Alexanderroman eingeflossen. Reihende Technik wie im vorhöfischen R.

Bürgerliche Sehweise, ohne innere Beziehung zu Rittertum und Minne. Sinn für Realität: Milieuschilderung, geographische, naturwissenschaftliche Treue. H. verfaßte auch religiöse Dgg.

1300   **Hugo von Trimberg**
        (Schulrektor in Bamberg, um 1230 bis nach 1313):
        Der Renner

Entst. 1290–1300. Titel stammt aus einer etwas späteren Hs. des Michael de Leone. Über 24600 Verse. Verf. war Bürgerlicher, schrieb dt. und lat. Bücher, so das *Registrum multorum auctorum,* eine aus eigener Kenntnis der Werke zusammengestellte Lit.-Gesch. in Vagantenstrophen.

Lehrgedicht gegen die Sündhaftigkeit; Hauptsünde: Besitztrieb. Ständesatire. Illustrierende Verwendung von Predigtmärlein. Durch Einstreuungen aus allen Wissensgebieten eine Art Enzyklopädie. Einfluß Freidanks. Gegen ritterliche Kultur und Lit., Verf. einer der ersten Vertreter der rationalistischen bürgerlichen Geisteshaltung. Glaube an Erziehbarkeit des Menschen durch Lehre.

Der Renner eins der meistgelesenen Bücher des späten MA. 60. Hss. überliefert. Erster Druck 1549. Die Aufklärungszeit (Gottsched, Gellert, Lessing) schätzte das Werk.

um 1310   **Heinrich von Hesler**
        (thüring. Ritter aus der Nähe von Naumburg, um 1270 bis
        um 1340):
        Apokalypse und **Evangelium Nicodemi**

Nacherzählungen in Versen. Verf. ältester Ordensdichter im Ordensland; *Apokalypse* war noch für Laien in Thüringen bestimmt. Zeittypisches Interesse an apokryphen Evangelien und der Vorstellung vom Antichrist. Sündenfall und Erlösung unter dem Gesichtspunkt von Willensfreiheit oder Vorbestimmtheit.

Formales Vorbild: Gottfried von Straßburg.

In der *Apokalypse* entwickelte H. seine metrischen Grundsätze: Wechsel von Hebung und Senkung, Silbenzählung, reine Reime.

bis 1318   Heinrich von Meißen gen. Frauenlob
              (Biogr. S. 65):
              Sprüche, Lieder, Leiche

Aus der Fülle der H. früher zugeschriebenen Sprüche sind die des Meißner und des Jungen Meißner als selbständige Werke ausgesondert worden.

Höhepunkt mhd. Spruchkunst. Weitgespannter Themenkreis, gelehrt, sinnbeschwert, dunkel; Vorbild Wolfram. Extremer Stilmanierismus. H.s Beiname auf Grund des Sängerkampfes mit Bartel Regenboge um den Vorzug von frouwe oder wîp.

Mit den Minneliedern und seiner Minneauffassung Nachfolger Reinmars; religiös gegründeter Frauenpreis. Virtuos und prunkvoll die Leiche: *Minneleich, Marienleich, Kreuzleich.*

Hofdichter, elitär, ritterliche Ethik. Fern der Kunstauffassung der Meistersinger, denen H. als Vorbild und Gründer der ersten Meistersingerschule in Mainz (unbelegt) galt.

um 1320   Ottokar von Steiermark
              (d. i. Ottokar aus der Geul, um 1260 bis um 1320):
              Österreichische Reimchronik

Entst. 1301–1319, Forts. einer verlorenen Kaiserchronik O.s. Fast 100 000 Verse.

Setzt mit der Zeit Konrads IV. und Karls von Anjou ein. Wissenschaftliche Ansätze: Quellen, Exzerpte, geographisches Ordnungsprinzip. Darstellungs- und Stilmittel der klassischen mhd. Epik: Auftreten von Teufeln und allegorischen Figuren, Verwendung von Reden und Dialogen mit charakterisierender Funktion. Berufung auf Wolfram und Frauenlob. Nicht mehr höfisch, aber ritterlich; der Reichsgedanke und die Vorstellung einer waltenden Gerechtigkeit bestimmen das Geschichtsbild.

um 1320   Karlmeinet

Slg. von sechs Sagen um Karl den Großen aus der Gegend von Aachen. 36 000 Verse. *Karlmeinet* (aus Carolus magnitus = der kleine Charlemagne), *Morant und Galie, Karls Kriege, Karl und Elegast, Die Roncevalschlacht, Karls Tod.* Nach frz. und ndld. Vorlagen, die durch Zufügungen des Kompilators eine Vita Karls ergeben. Unhöfischer Stil der Chansons de geste. Beziehungen zum ndld. Epos.

1320/40   Das Märterbuch

Weitverbreitete oberdt. Slg. von Märtyrerlegenden. Im Gegensatz zu *Passional* und *Väterbuch* von zelotischem Charakter, ein Buch der schelte und zuht. Zweckdg. ohne künstlerischen Ehrgeiz.

Möglichkeit früherer Entstehungszeit auf Grund neuen Hs.-Fundes im Burgenland.

1322   **Spiel von den klugen und törichten Jungfrauen**

Auff. in Eisenach.

Quelle: Matthäus-Evangelium; Verf. wahrscheinlich Eisenacher Dominikaner.

Die törichten Jungfrauen versäumen über Ball- und Brettspiel die Vorbereitung zum Hochzeitsmahl und werden von Christus trotz Fürbitte Marias der Hölle überantwortet. Erschütternde Wirkung auf den Landgrafen Friedrich.

Dt. Reimpaare und lat. Hymnen, die Klage der Törichten in zwölf Nibelungenstrophen.

1327/34   **Heinrich Seuse**
             (Biogr. S. 65):
             Das Büchlein der ewigen Weisheit

Betrachtungen zu Passion und Nachfolge Christi. Dialog zwischen dem Menschen und der Weisheit. Der Gottsucher als geistlicher Minnediener, die ewige Weisheit seine Geliebte.

S. verband Mystik und höfische Dg. (Wilhelm Scherer). S. selbst spricht von geistlicher Ritterschaft. Bezeichnend für das Ritterliche hinsichtlich Abstammung und Kunstübung bei S. ist auch die Hochgestimmtheit, der frohe jubilierende Grundton. Bilderreich, lyrisch, gefühlvoll. Verbindung von Mariendienst und Minnedienst. S. die dichterisch bedeutendste Persönlichkeit der Mystik.

Um 1333 lat. Bearbg. als *Horologium Sapientiae.*

1332/50   **Heinrich von Nördlingen**
             (gest. nach 1351)
             und Margarete Ebner
             (gest. 1351):
             Briefwechsel

Erster erhaltener dt. Briefwechsel. Dokument einer geistlichen Freundschaft; bezeichnend für den Verkehr mystischer Kreise untereinander.

Heinrich von Nördlingen war Wanderprediger, Seelsorger in Frauenklöstern (Nördlingen, Basel). Süßliche, schwärmerische Mystik.

Margarete Ebner, schwäbische Nonne, bestimmende Persönlichkeit des Briefwechsels. Schrieb außerdem auf Wunsch Heinrichs eine Autobiographie ihres geistlichen Lebens: *Offenbarungen* (1345).

1335/40   **Hadamar von Laber**
             (um 1300–1360, aus bayrischem Adel):
             Die Jagd

Beste Dg. aus der Gattung der Minne-Allegorien. Jäger und Wild als Sinnbild des Liebeswerbens; staete, triuwe, liebe als Jagdhunde, feindli-

che Aufpasser als Wölfe. Angeregt durch die Geschichte von der Jagd nach dem Brackenseil in Wolframs *Titurel.*
Formal hochstehend, Titurelstrophe. Verbreitet und vielfach nachgeahmt.

1336   **Claus Wisse und Philipp Colin**
        (beide Straßburger Bürger):
        Der neue Parzefal

Im Auftrag eines adligen Herrn geschrieben. Wolframs Werk ergänzt durch Interpolationen aus den frz. Nachfolgern Chrétiens. Dreifacher Umfang des Originals. Völliger Verlust von Gehalt und Form des Höfischen; roher Versbau.

1337   **Konrad von Ammenhausen**
        (Geistlicher aus dem Thurgau):
        Schachzabelbuch

Vorlage: das Schachbuch des Franzosen Jacobus de Cessolis, lat. Prosa, Ende 13. Jh. Wichtigste der vier dt. Bearbgg.

Die Figuren des Schachspiels Verkörperungen der Stände. Stände-Didaxe. Bürgerlich, realistisch, Interesse für Gegenwart und soziale Fragen. Bedeutsam als kultureller Zeitspiegel. Novellistischer Einschlag machte den Erfolg des Werkes aus.

1339/71   **Johannes Tauler**
        (Biogr. S. 65):
        Predigten

Betont bürgerlich. T. war der Didaktiker und Ethiker unter den Mystikern. Missionar-Begabung, Volksredner, Stegreifsprecher. 80 Predigten erhalten, in Dominikanerklöstern und vor Laien gehalten. Sprache schlicht, ohne formale Kultur. Bei T. ist die unio mystica praktische Tat, der Wille dem Seelengrunde gleichzusetzen. Das Moralische Hauptgegenstand seiner Bemühungen. Entfernung vom Spekulativen, der bei Eckhart vorherrschenden vita contemplativa, zugunsten der vita activa. Oppositioneller Charakter der Mystik brach bei ihm durch, Auseinandersetzung mit der Kirche; Ausbreitung der von der Kirche verfemten Lehre Eckharts durch seine Predigten.
Wirkung auf Luther, Böhme. Druck der Predigten 1498.

1349/50   **Ulrich Boner**
        (Predigermönch, urkundl. 1324 bis 1349 in Bern):
        Der Edelstein

Quellen: lat. Bearbgg. des Phädrus und andere Fabelslgg.

100 Geschichten, bei denen der Fabelcharakter nicht immer gewahrt ist;
schwank- und nov.-artige Stücke darunter. Moral häufig in Sprichwort-
form; Fabel und Sprichwort: Vereinigung zweier volkstümlicher Formen.
Gegensatz zum florierten Stil.

19 Hss., 1461 als erstes dt. Buch gedruckt. 1757 hgg. Bodmer und Breitinger.
Lessing (*Zur Geschichte und Lit.*, 1773–1781) stellte den Verf. fest, versuchte Lösung der Quellenfrage und Datierung.

um 1350   Altes Frankfurter Passionsspiel

In einer – aus paläographischen Gründen nicht Baldemar von Peterweil
zuschreibbaren – Dirigierrolle erkennbar: lat. szenische Anweisungen mit
den Anfangsversen der jeweiligen Rolle. Zweitägiges Spiel, aufgeführt
auf dem sog. Samstagsberg.
Lebensgeschichte Christi. Vorspiel: Prophetenspiel; Disput zwischen einer Gruppe Juden und den durch Augustinus geführten Propheten, von
denen auf die Vorgänge des *Neuen Testaments* verwiesen wird, die dann
im Hauptspiel dargestellt werden. Nachspiel: Dialog zwischen Ecclesia
und Synagoge, in dem Ecclesia siegt. Verwendung von Partien aus dem
Epos *Die Erlösung* (Anf. 14. Jh.).

Weiterentwickelt im *Frankfurter Spiel* von 1493.

um 1350   Claus Cranc
(in Thorn urkundl. 1323–1335):
Propheten-Übs.

Dt.-Ordens-Lit. Auf Veranlassung des Königsberger Komturs Siegfried
von Tahenfeld (1347–1359).
Prosa erstmalig bei Bibelübs. verwendet. Vorrede in Versen. Eine der
bedeutendsten Vorstufen zu Luthers Bibelübs. C. wahrscheinlich auch
Verf. der in der gleichen Hs. überlieferten *Apostelgeschichte* in Prosa.

um 1350   St. Pauler Neidhartspiel, auch:
Neidhart mit dem Veilchen

Älteste Fassung des Neidhartspiels, überhaupt ältestes überliefertes dt.
weltliches Spiel. Unvollständig. Verf. österreichischer höfisch orientierter
Spielmann. Quelle: ein »unechter Neidhart«, Schwank um Neidhart von
Reuental. Neidhart meldet der Herzogin das erste Veilchen. Als er sie
und ihr Gefolge an die Stelle führt, haben Bauern es inzwischen mit Kot
vertauscht. Verwendung von szenischen Anweisungen.
Im 15. Jh. *Großes Tiroler Neidhartspiel* mit 68 Sprechrollen.

1350/77   Heinrich der Teichner
(um 1310 bis um 1377, österreichischer Fahrender, später
Bürger):
Reimreden

Über 700 Reimreden erhalten. H. gab seine Lehre in Form eines erzählten Gespräches. Rückwärts gewandtes, romantisches Verhältnis zum Rittertum. Selber unhöfisch, volkstümlich. Große Wirkung auf bürgerliche
Spruchdg.

1361   Heinrich von Mügeln
(Biogr. S. 65):
Der Meide Kranz (d. h. die Krone der Jungfrau Maria)

Allegorisch-philosophisches Gedicht über die zwölf Tugenden und die
zwölf Künste. Enthält H.s Philosophie und Theologie. Größtes Reimwerk
H.s, für Karl IV. geschrieben. Schwülstig, geblümter Stil.
Starke Neigung zur scholastischen Philosophie, Betonung der Gelehrsamkeit. Mischung von meistersingerischem Charakter und dem am Hofe
Karls IV. wirksamen dt. Frühhumanismus, auf den auch H.s umfangreiche Übss. aus dem Lat. hinweisen.

um 1362   Heinrich Seuse
(Biogr. S. 65):
Der Seuse

Autobiographie. Von S.s geistlicher Freundin Elsbeth Stagel begonnen,
von S. selbst um 1362 abgeschlossen. Der erste Teil bringt den Lebenslauf
S.s, der zweite Teil Unterweisungen an Elsbeth Stagel. Stellt ein Muster
mystischen Lebens auf.
Erste dt. Autobiographie. Stark weiblicher Einschlag. S. hatte die Seel-
sorge für Frauenklöster unter sich, Briefe meist für Frauen bestimmt.
Nachweisbarer Einfluß auf die Frauenmystik.
Elf Briefe an Nonnen, geistliche Unterweisungen enthaltend, von Elsbeth
Stagel gesammelt, gab S. als *Briefbüchlein* heraus, später erweitert als *Das
große Briefbuch.*

1367/82   Rulman Merswin
(geb. 1307 in Straßburg, gest. 1382; Beichtkind Taulers):
Mystische Schriften

R. M. erfand die geheimnisvolle Gestalt des Gottesfreundes aus dem
Oberland. Dieser lebt in der Einsamkeit, Boten vermitteln seinen Verkehr mit der Welt, er erläßt Sendschreiben, Mahnschriften und Briefe an
die Straßburger Johanniter und andere Gottesfreunde. Hinter dieser My-
stifikation steht in Wirklichkeit Rulman Merswin selber als Verf. und

Inszenator der mystischen Botschaften. Er wollte sich dadurch Einfluß bei den Johannitern und in mystischen Laienkreisen verschaffen. Kennzeichnend für populäre, absinkende Mystik.

1380/1423   Hugo von Montfort
              (1357–1423, Ritter aus Vorarlberg,
              seit 1415 Landeshauptmann von Steiermark):
              Gedichte

Traditioneller, ermüdend farbloser Minnesang. In drei Gattungen geteilt: Reden = Spruchdg., Briefe = Minnebriefe an die Ehefrau in vierzeiligen Strophen, Lieder = Minnelieder, Tagelieder. Geistige Zersetzung des höfischen Minnesangs: Einfluß der Didaxe, Minnethema auf die Ehe übertragen; Minnelyrik nicht mehr gesellschaftliche Form, sondern privatem Erlebnis entspringend. Schwermütig, ängstlich, weltabgewandt. Wendung zur Gottesminne, geistliche Tagelieder.

1389/1400   Wenzelbibel

Bibelübs. in Prosa, doch nur *Altes Testament*. Im Auftrag König Wenzels I. hergestellt, prächtige Bilderhs. – Vorlage: *Vulgata*. Mystischer Einfluß. Daneben vielleicht auch humanistischer (Böhmen!) Einfluß (Konrad Burdach).

um 1390   Peter Suchenwirt
              (um 1330 bis um 1400, österreichischer Fahrender):
              Reimreden

S. war Reimredner im höfischen Dienst, Ansager von Turnieren. Spezialgebiet Heraldik; Ehrenreden auf verstorbene adlige Persönlichkeiten. Überzeugt von Würde und Sendung auch des zeitgenössischen Rittertums. Historische Zeitgedichte, moralische und religiöse Sprüche; Einfluß Heinrichs des Teichners.

1392   Hans Mair von Nördlingen:
          Buch von Troja

Quelle: Guido de Columna: *Historia destructionis Trojae* (1287), lat. Prosa.

Erste dt. Prosabearbg. des Trojanerkrieges.

1397   Der Große Alexander

Epos in Reimpaaren.

Quelle: Alexander-Dg. des Quilichinus von Spoleto (1236), zurückgehend auf Leos *Historia de preliis*.

Alexander hat in der religiös gesehenen Weltgesch. des MA. seinen festen Platz. Legendengestalt. Thema der superbia, die gestraft wird. Der *Große*

Alexander läßt den Hang des späten MA. zum Wunderbaren besonders hervortreten. Reine Stoff- und Abenteuerfreude; kein formaler und stilistischer Ehrgeiz mehr.

Ende 14. Jh. Der Frankforter
            (Deutschherr aus Frankfurt):
            Theologia deutsch

Mystische Lebenslehre, betont praktisch gewandt: Liebe und geistliche Armut an Stelle von spekulativer Erkenntnis.

1516 teilweise, 1518 vollständig hgg. Martin Luther; 1681 als Anhang von Taulers Predigten hgg. Jakob Spener.

um 1400   Heinrich Wittenweiler
            (Verf. umstritten: Advokat in Konstanz oder Einwohner von
            Lichtensteig im Toggenburg; Adliger):
            Der Ring

Enzyklopädie der Lebensführung in Form eines satirischen Lehrgedichts.

9699 Verse. Quelle: der 680 Zeilen lange Schwank: *Von Metzen hôchzît.*

Die Morallehren werden durch eine farbige realistische Handlung schmackhaft gemacht. Werbung des Bauernburschen Bertschi Triefnas, Bauernhochzeit, aus der zwischen zwei Dörfern Krieg entsteht. Zwerge, Riesen, Helden der Dietrich-Sage greifen ein. Neidhart von Reuental tritt als eine mythifizierte Person auf. Das Dorf Lappenhausen wird vernichtet, Bertschi zieht sich als Einsiedler in den Schwarzwald zurück. Bauerngroteske aus dem Geist Neidharts, Parodie des höfischen Epos.
Die mit sichtbarer Freude am Derb-Sinnlichen gezeichnete Welt der Bauern steht im Gegensatz zu den beigefügten Morallehren, die auf bürgerliche »mässichait« und kontrollierende Vernunft gerichtet sind. Die triebhafte, vernunftlose Welt der Bauern sollte die Berechtigung der Lehren dokumentieren. Die lehrhaften und die schwankhaften Teile durch rote und grüne Randstreifen kenntlich gemacht. Eine der stärksten Leistungen des späten MA.
Ohne Wirkung, nur eine (Meininger) Hs.

um 1400   Heinrich Kaufringer
            (aus Landsberg am Lech):
            Schwänke

Meist erotische, burleske, derbe Themen der Fspp.: Frauenlist, Hintergehung des Mannes, Liebschaften, Ehebruch. Ganz unhöfisch, sinnenfroher Realismus. Formal an Konrad von Würzburg und Heinrich dem Teichner geschult.

K. war auch Reimsprecher. In den Reimsprüchen jedoch Moralist. Beispiel für das Doppelgesicht des spätma. Menschen.

um 1400   Der Heiligen Leben

Verf. Nürnberger Bürger. Prosa; auf der Grundlage des *Märterbuches*. Verbreitetstes Passional des späten MA.

Erster Druck 1471 in Augsburg, bis 1521 50 weitere Drucke.

1400/45   Oswald von Wolkenstein
(Biogr. S. 65):
Gedichte

In 3 Sammel-Hss. erhalten, davon 2 auf Veranlassung des Autors entst.: Wiener Hs., zunächst mit 42 Liedern 1425 abgeschlossen, 1427–1436 auf 107 erweitert; Innsbrucker Hs., 1432 abgeschlossen und mit Nachträgen über 1438 hinausgehend, enthält 18 weitere Lieder, 7 der Wiener Hs. fehlen. Beide Hss. enthalten die zugehörigen Melodien.

Die Lyrik des O. v. W. ist Erlebnisdg., poetische Selbstbiographie. Sie schildert sein von Reisen und Fehden stark bewegtes Leben sowie seine Liebe zu der Brixener Bürgerstochter Anna Hausmann, die ihn später verriet und an seiner Gefangennahme durch Ritter Jäger mitwirkte. Nicht traditionell, nicht rückwärtsgewandt, Ideale von zuht und mâze aufgegeben. Individualismus und Realismus sprengen überkommene Formen. Gelehrsamkeitskrämerei und Zurschaustellung von Sprachkenntnissen zeigen meistersingerischen Einfluß.
Die Stärke dieser Lyrik beruht auf persönlichem Temperament. Urwüchsige, eigenwillige Tanz- und Trinklieder. Blutvolle, spürbar erotische Liebeslyrik. O. v. W. schrieb die meisten Tagelieder von allen Dichtern des MA., auch Liebeslieder an die Ehefrau Margarethe von Schwangau; Einfluß Wolframs. In der Gefangenschaft entstanden außerdem geistliche Lieder.
»Eins der elementarsten poetischen Genies Deutschlands« (Arthur Hübner). O. v. W. steht auch musikgeschichtl. an einem Wendepunkt.

nach 1410   Johannes Rothe
(Priester, Stadtschreiber, Gelehrter in Eisenach):
Der Ritterspiegel

Lehrdg. in achtzeiligen Strophen.
Klage um die verschwundene ritterliche Zeit. Das echte Rittertum der Verfallszeit entgegengehalten. Rittertum mit bürgerlichem Maß gemessen, R. nahm die gedichtete Ethik der ritterlichen Dg. für historische Wirklichkeit. Betont das Militärische des Rittertums, nicht Ehre und Minne. Interesse für Heraldik, Ansätze zur Heroldsdg.
R.s im Grunde ganz bürgerliche Haltung wird deutlich in seiner Sittenleh-

re für Ratsleute *Von den Ämtern der Städte und den Ratgebern der Fürsten;* enthält im 1. Teil die ersten dt. leoninischen Hexameter.
Das im *Ritterspiegel* hervortretende historische Interesse kennzeichnend für die neue Zeit. R. vollzog nach Abfassung eines *Lebens der heiligen Elisabeth* in Reimpaaren (um 1420) schließlich sogar den Übergang zur Prosa in der *Thüringischen Chronik* (1421).

1412   Hans von Bühel
(Adliger aus der Gegend von Köln):
Diokletians Leben

Slg. von Novv. in Versen nach einer dt. Prosa-Vorlage *Von den sieben weisen Meistern.* Rahmenhandlung: ein Königssohn wird von seiner Stiefmutter zum Tode verurteilt. Seine sieben Lehrer erlangen Aufschub durch Erzählung von Geschichten. Ehebruchsgeschichten im Boccaccio-Stil, auf die Person Diokletians konzentriert. Bürgerliche Lebensauffassung.

Erster Druck 1473.

1415/33   Meister Muskatplüt
(richtiger Name unbekannt, aus Bayern):
Lieder und **Sangsprüche**

M. war an verschiedenen Höfen tätig; steht auf der Mitte zwischen Frauenlob und dem schulmäßigen Meistersang.
Etwa 100 Lieder, nur drei Töne. Mischung von Minne- und Marienlyrik. Nachlassen des geblümten Stils. Geistliche Lieder gelehrt, allegorisch.
Sangspruchdg.: politische Zeitkritik, an Fürsten gerichtet.
Verurteilung der eigenen Zeit nach dem Maßstabe der ritterlichen Zeit, rückwärtsgewandt.

vor 1420   Thomas von Kempen
(1380–1471, Niederländer):
De imitatione Christi

Andachtsbuch für Klosterbrüder, aus dem Geist der »devotio moderna« entstanden. Anweisung zu einem gottgefälligen Leben in der »Nachfolge Christi«.
Große Wirkung. Eines der meistgelesenen Erbauungsbücher.

1430/37   Elisabeth von Nassau-Saarbrücken
(1397–1456):
Loher und Maller; Hug Schapler; Herpin; Sibylle

Übss. von frz. Prosa-Rr.
Stoffe der in den frz. Chansons de geste behandelten Karlssage. *Loher und Maller* vielleicht nach erweiternder Prosafassung der Herzogin Mar-

garethe von Lothringen, der Mutter der Übersetzerin. *Hug Schapler* ist
die sagenhafte Geschichte des frz. Königs Hugo Capet. Stil und Haltung
der frz. Chansons de geste. Wandel des Heldenideals; aufdringliches,
zügelloses Draufgängertum. Ideal von Ehre und Minne aufgegeben, die
Frau Gegenstand der Verführung.
Anfänge eines dt. epischen Prosastils.

Loher und Maller 1805 erneuert durch Dorothea Schlegel.

1430/60   **Hans Rosenplüt gen. Schnepperer**
            (Biogr. S. 65):
            **Lieder, Historische Gedichte, Reimreden, Schwänke, Fast-
            nachtspiele**

R. bezeichnet sich selbst als höfischen Wappendichter. Noch kein Meistersinger, Meistersang wurde erst Ende 15. Jh. von Folz nach Nürnberg
gebracht. R.s Produktion reichte von der Zote bis zum geistlichen didaktischen Gedicht. In seinen Kneipliedern und Zoten nannte R. sich nicht,
dagegen bei Erzählungen und didaktischen, politischen Dgg., bei denen
sein lit. Ehrgeiz lag. Diese zeigen den Kleinbürger und Handwerker, der
sich betont unhöfisch gab, dem das Rittertum ein überwundener Standpunkt war. Spiegeln Selbsterlebtes: Türken- und Hussitenkriege. Berühmt der *Lobspruch auf Nürnberg* (1447). Ernste Gedichte gehören in
die Spätzeit; Einfluß des florierten Stils.
R.s spezielle Form didaktischer Dg. war die Priamel (von lat. praeambu-
lum): mehrere ähnliche Erscheinungen werden in gleichgebauten Sätzen
aufgezählt und durch einen auf alle passenden Schlußsatz zusammengefaßt.
Mit einer Priamel schließen auch einige der Fspp., als deren Verf. R.
meist nur zu vermuten ist. *Des Türken Fsp.* (1456), einziges politisches
Fsp. des 15. Jh., weist auf die Türkengefahr hin; sehr verbreitet. R. führte
dem Fsp. lit. Stoffe zu, auf dieser Linie arbeiteten Folz und Sachs weiter.

1434/60   **Heinrich von Laufenberg**
            (um 1390–1460, Geistlicher, später Mönch in Freiburg und
            Straßburg):
            Geistliche Lieder

Etwa 100 Lieder unter formaler Anlehnung an das weltliche Volkslied;
14 Kontrafakturen. Geistliche Tagelieder, Marienlieder. Auch Hymnen,
Sequenzen, Choräle ohne volkstümlichen Einschlag, zum Teil nach lat.
Vorlagen. Beeinflußt durch die Sprache der Mystik.

1443   Johannes Hartlieb
(Arzt in München, gest. 1468):
Buch vom großen Alexander

Erste Prosa-Bearbg. der ma. Sage um Alexander den Großen. Für Herzog Albrecht III. von Bayern und seine Gemahlin verfaßt.

Quelle: Des Archipresbyters Leo *Historia de preliis* (um 950).
Erster Druck 1472.

um 1450   Theophilus-Spiel

Legendenspiel, nddt.

In drei Fassungen erhalten; beste aus Trier, 824 Verse, fragmentarisch. Älteres Spiel als gemeinsame Vorlage für alle drei Hss. ist anzunehmen. Stoff geht auf lat. Legende zurück (vgl. Hrotsvit von Gandersheim).

Spiel vom Teufelsbündner; der dem Teufel Verfallene wird durch Maria gerettet; Faust-Motiv.
Spiel ist nicht mehr an die Feier eines bestimmten Tages geknüpft.

1453   Hermann von Sachsenheim
(1365–1458, schwäbischer Adliger):
Die Mörin

Minne-Allegorie: Prozeß vor Frau Venus, der treue Eckart als Verteidiger.
Zugleich Parodie der Minne-Allegorien, Eindringen zeitsatirischer Elemente. Die Aufnahme gattungsfremder Elemente bezeichnend für die Auflösung. Versuch, höfische Aufmachung zu wahren, viele Zitate aus der höfischen Epik. Prunken mit gelehrter Bildung, daneben volkstümliche Wendungen.

um 1456   Eleonore von Vorderösterreich
(1448–1480):
Pontus und Sidonia

Übs. eines frz. Prosa-R. Ritterlich-abenteuerliche Liebesgeschichte. Höfischer Ton gewahrt.
Anfänge eines dt. epischen Prosa-Stils.

Erster Druck 1483.

1456   Thüring von Ringoltingen
(gest. 1483, Schultheiß in Bern):
Melusine

Übs. einer frz. Verserz. von Couldrette in dt. Prosa. Ehe eines Grafen mit der Meerfee. Er bricht sein Gelübde, ihr nicht nachzuforschen, und verliert sie. Größter Erfolg der frz. Erzz. in Dld.
Erster Druck 1474.

1460   **Rheinisches Osterspiel**

Spiel aus der Gegend von Mainz. 2285 dt. Reimpaarverse mit lat. szenischen Anweisungen. Wechsel von Gesangs- und Sprechpartien. Beginnt mit einem Vorspruch der Engel und dem »Resurrexi« des Salvator, endet mit der Bekehrung des Thomas.
Erstes ma. Spiel, das einen wirklich dramatischen Aufbau zeigt.

1462   **Püterich von Reichertshausen**
           (1400–1469, bayr. Ritter):
           Ehrenbrief

An die Erzherzogin Mechthild; 148 Titurelstrophen.
Enthält ein Teilverzeichnis der 164 in P.s Besitz befindlichen Hss. von höfischen Epen. P. war leidenschaftlicher Sammler ritterlicher Epik des 12. und 13. Jh. Sammlertätigkeit typisch für rückwärtsgewandte Haltung der Zeit.

1462/65   **Michael Beheim**
           (Biogr. S. 64):
           Das Buch von den Wienern

Der Aufstand der Wiener Bevölkerung gegen Kaiser Friedrich III. (1462–1465) tagebuchartig aufgezeichnet. Rund 2000 Strophen in der »Angstweis«.
B., an verschiedenen Höfen als Berufsdichter tätig, nahm Stellung für die Fürsten gegen das Bürgertum. Gelehrt, wissenschaftlich. Einfluß des Frühhumanismus am Prager Hof und des Enea Silvio Piccolomini am Wiener Hof. Dabei volkstümlicher Ton gewahrt. B. Übergangserscheinung vom Meistersinger zum Humanisten.
Neuartig B.s Neigung zu politisch-historischer Dg.: *Chronik Friedrichs I. von der Pfalz* (um 1470); Hofdg., Panegyrikus in der »Osterweis«. Zahlreiche Gedichte zur böhmisch-österreichischen Gesch.

1464   **Redentiner Osterspiel**

Entst. in Lübeck, in einer Redentiner Abschrift erhalten.

Erhalten sind Auferstehungs- und Teufelsszene. Sieg über die irdischen und höllischen Widersacher Christi, Sieg des Priesters über den Teufel. Die Satire auf die Bürger, die bei dem Massensterben von Teufeln geholt werden, zeigt Beziehungen zum Totentanz in der Lübecker Marienkirche. Sehr selbständige Formung des Stoffes.

1466   **Mentel-Bibel**

Erste gedruckte dt. Bibel; Johann Mentel war Drucker in Straßburg. Grundlage: bayr. und böhmische Bibelübss. des 14. Jh., vor allem der

Codex Teplensis, eine sehr fehlerhafte Übs. aus dem Stift Tepl Ende des 14. Jh.

1471   Liederbuch der Klara Hätzlerin

Sammelhs. im Auftrage eines Augsburger Patriziers. Gesellschaftslieder, Kunstlieder, Sprüche. Vorwiegend Minnelieder, auch Geistliches und Didaktisches. Verff.: Suchenwirt, Muskatplüt, Oswald von Wolkenstein u. a.

1472   Das Dresdener Heldenbuch oder
Heldenbuch des Kaspar von der Rhön

Slg. von Epen, hauptsächlich von Heldenepen, im Auftrage des Herzogs Balthasar von Mecklenburg, von Kaspar von der Rhön und einem Anonymus aufgeschrieben.

1473   Philipp Frankfurter
(in Wien):
Der Pfaffe vom Kalenberg

Schwankslg.

Der erste Druck 1473 geht auf eine kurz vorher entstandene, aber verlorene Hs. zurück. Stoffliche Grundlage: historische Persönlichkeit am Hofe Ottos des Fröhlichen von Österreich Anfang 14. Jh.

Schwänke von dreierlei Herkunft: Bauern-, Pfaffen- und Hofschwänke, später an eine Person geknüpft. Umlaufendes Schwankgut dazugefügt und literarisiert. Satire auf die Sitten der Geistlichkeit. Den Eulenspiegeleien verwandt, Zeichen für den bereits in der nichtlit. Schicht vorhandenen Grobianismus.

Zur Reformationszeit viel gelesen.

Viele Drucke bis ins 17. Jh. Neue Bearbg. des Stoffes durch Anastasius Grün: *Der Pfaff vom Kalenberg* (1850).

seit 1473   Hans Folz
(Biogr. S. 65):
Meistersang, Reimreden, Fastnachtspiele

F. dürfte den Meistersang bereits in Worms kennengelernt haben, Reimrede und Fsp. wohl erst in Nürnberg. Vor F. sollten im Meistersang nur die Töne der zwölf alten Meister verwendet werden, F. forderte zur Erlangung der Meisterwürde die Schaffung eines neuen Tones. Wende von berufsmäßigem Meistersang zu nebenberuflicher Betätigung in der Singschule. Vorbild für Hans Sachs.

Florierter Stil, betonte Gelehrsamkeit, theologische Betrachtungen. Spezialität »Klopfan«, poetischer Neujahrsgruß. Stärke im Erzählerischen der Schwänke, die abschließende Moral in Form einer Allegorie gegeben. Als Reimredner zeigte F. ein völlig anderes Gesicht, derb und obszön. In den Fspp. fußt F. auf Rosenplüt, überragt ihn aber: *Kaiser Constantinus, Von der alten und neuen Ee, Von dem Kunig Salomo und Markolffo.* Revue-Charakter des Fsp. aufgegeben, mehr Lsp.-Charakter. Einfallsreich, witzig, realistisch; guter Dialog.

1473/83   Ulrich Füetrer
         (gest. vor 1502; aus Landshut, Maler in München):
         Das Buch der Abenteuer

Kompendium der beliebtesten Ritterepen, 41 500 Verse in Titurelstrophen. Im Auftrag Albrechts III. von Bayern geschrieben. 11 Epen, jedem liegt eine ma. Quelle zugrunde; zu einem Zyklus zusammengefaßt, den Rahmen bildet der *Jüngere Titurel.*

um 1475   Bordesholmer Marienklage

Von einem Mönch Reborch im Kloster Bordesholm bei Kiel nach ostfälischer Vorlage verfaßt.
Der Dialog ist auf fünf Rollen – Maria, Maria Magdalena, die Mutter des Johannes, Johannes und Christus – verteilt. Verherrlichung Mariä; lyrische Grundhaltung. Eingelegte lat. Hymnen; lat. szenische Anweisungen.

1480   Johannes von Soest
         (1448–1506, Musiker und Arzt, Heidelberg, Frankfurt/M.):
         Die Kinder von Limburg

Epos von rund 25 000 Versen.

Nach dem Ndld. des Hein van Aken (um 1300) entst. seit 1476 für Kurfürst Philipp.

Ritter- und Liebesgeschichte. Anhäufung von Stoff. Mischung von Elementen: Antike, Artusroman, Volkssage. Bürgerlich: Hervorhebung des Kaufmannsstandes. Beginn psychologischer Sehweise in der Schilderung der Liebe. Lehrhaft, Fürstenspiegel-Charakter.
Endstadium des höfischen Epos. Verf. wendete sich später dem Lehrschrifttum zu und schrieb eine Autobiographie (um 1505).

1483   Wigoleis vom Rade

Entst. seit 1472. Grundlage: *Wigalois* (1202/05) des Wirnt von Grafenberg. Vielleicht schon Kenntnis des *Wigoleis* in Füetrers *Buch der Abenteuer.*

Prosaauflösung eines dt. höfischen Epos.

Druck 1493.

um 1490   Dietrich Schernberg
             (Geistlicher in Mühlhausen/Thür.):
             Spiel von Frau Jutten

Dramatisierte Legende von der Päpstin Jutta; Reimpaare.
Eine Frau maßt sich an, es den Männern an Geist und Wissenschaft
gleichzutun. Erlangt Verzeihung durch Reue und Demut, Maria als Für-
sprecherin.
Spiel nicht mehr im Dienst kirchlicher Feiern; Ansätze zum modernen
Dr.

Erster Druck 1565.

um 1490   Neidhart Fuchs

Schwänke, anknüpfend an die Persönlichkeit des Bauernverspotters Neidhart von Reuental. Kompilation aus den sog. *unechten Neidharten;* biographisch angelegt.
Sehr derb. Strophische Form, rund 4000 Verse, echte Lieder Neidharts
mit aufgenommen.

1493   Großes Frankfurter Passionsspiel

Auf das *Alte Frankfurter Passionsspiel* (um 1350) zurückgehend.

Dreitägig, 280 Personen. Dt., mit lat. szenischen Bemerkungen. Als Einleitung ein Prophetenspiel.

Ein weiteres viertägiges Frankfurter Spiel ist für 1498 überliefert.

Von den Frankfurter Spielen abhängig: *Fritzlarer Spiel* (um 1460), *Fried-
berger Spiel* (Ende 15. Jh.), *Alsfelder Spiel* (1501), *Heidelberger Spiel*
(Hs. 1514). Das *Heidelberger Spiel* wirkte seinerseits auf das *Augsburger
Spiel,* das die Vorlage für den ältesten *Oberammergauer Spieltext* (1634;
ältester überlieferter Text von 1662) bildete.

1498   Reinke de Vos

Lübecker Druck. Nddt., etwa 6800 Verse.

Quelle: ndld. Fassung des Hinrek van Alkmar (1480).

Wichtigste Fassung des ma. Tierepos. Zeit- und Ständekritik. Wie in der
Vorlage Handlung mit moralischen Erläuterungen in Prosa durchsetzt.

Einfluß auf die Fabellit. des 16. Jh. (Luther, Rollenhagen). 1752 hgg. Gottsched
und nach der hdt. Fassung von 1544 in Prosa übertragen: Quelle für Goethe.

1517   Das Ambraser Heldenbuch

Im Auftrage Kaiser Maximilians von Hans Ried aus Bozen aufgeschrieben.

Enthält höfische Epik und Heldenepik in alten Fassungen (einzige Fassung der *Kudrun*).

1470–1600   Renaissance

Die Auslösung einer neuen geistigen Epoche in Dld., der sog. Renaissance, pflegte mit der Eroberung Konstantinopels durch die Türken (1453) und der durch sie hervorgerufenen Flucht griech. Gelehrter nach Italien, der Entdeckung Amerikas (1492), Luthers Reformation (1517) und der Entstehung eines neuen Prosastils in Verbindung mit den Übss. ital. Schriftsteller durch Wyle, Steinhöwel u. a. angesetzt zu werden. Nach Konrad Burdachs Forschungen beruht die Wende mehr auf einem Willen zu innerer Wiedergeburt, der zuerst in Italien sichtbar wurde und in Dld. in Luthers Reformation seinen stärksten Ausschlag fand. Die ersten stilistischen Einflüsse der Renaissance sind nach Burdach schon in dem »Vorspiel«, den klassizistischen Bestrebungen der Prager Kanzlei (Ende 14. Jh.), zu sehen. Dt. Kunstprosa hat im übrigen Wolfgang Liepe schon seit Elisabeth von Nassau-Saarbrücken (Mitte 15. Jh.) nachgewiesen.

Eine stilistische Einheit im Sinne der Renaissance-Lit. der übrigen europäischen Länder bietet die dt. Lit. des 16. Jh. nicht. Ihre Einheit liegt im Geistigen, etwa in der Forderung »ad fontes«.

Die Zeit selbst hat für ihre Kultur und Lit. den Begriff der Renaissance nicht gekannt. In Italien taucht »rinascita« zuerst auf bei Vasari (1511 bis 1574), dem ersten Geschichtsschreiber der ital. Kunst, dem Sinne nach lebte der Gedanke bereits in den Veröffentlichungen und Briefen des republikanischen Revolutionärs Cola di Rienzo (1313–1354). Für den Bedeutungsgehalt von »renasci« will neuere Forschung weniger das Wiedergeborenwerden als das Wiederwachsen betont wissen (Jost Trier). Im geistig-religiösen Bezirk sprach die Zeit von »reformatio«. Das Wort »Renaissance« wurde für die Epoche zuerst in der frz. Kunstgeschichtsschreibung des 19. Jh. von Jules Michelet (1798–1874) angewandt.

Renaissance, Humanismus, Reformation haben dieselbe Quelle und gingen ursprünglich ineinander über. Die Wurzeln der Renaissance und des Humanismus lagen nicht in gelehrter Forschung, sondern in der Sehnsucht des späten MA. nach geistlicher Erneuerung, nach Wiedergeburt des Menschen im Sinne der Mystik, im Sinne Franz von Assisis (1182 bis 1226). Diese Sehnsucht war bereits eine der Triebkräfte Dantes (1265 bis 1321). Er erhoffte ein neues Weltkaisertum des Friedens, das Italiens Leben in seiner Gesamtheit erneuern würde. Hier ist die Quelle des aufkommenden ital. Nationalgefühls, hier geht Dante der politischen Schöpfung Rienzos und dessen Sänger Petrarca (1304–1374) voran. Die ursprüngliche Einheit von reformatio und rinascita spaltete sich später in einen kirchlichen und einen weltlichen Zweig auf.

Auf der Suche nach der reinsten Ausprägung des ital. Menschen fiel der Blick auf die römische Antike, in der humanitas rein entwickelt schien. Es erfolgte eine politische und allgemein menschliche Ausrichtung nach der

Antike; die Rückeroberung antiker Kultur war in Italien nationale Selbstbesinnung. Mit Haß wandte man sich gegen die Fremdherrschaft der
Franzosen und Deutschen und erneuerte für sie den Begriff »Barbaren«:
Ungebildete. Die eben noch Herrscher in Italien waren, sahen sich veranlaßt, Nachahmer Italiens zu sein. So kam es über das Medium des Politischen und der Kunst zur Umwandlung eines ursprünglich weltabgewand-
ten Wiedergeburtsbedürfnisses in eine weltbejahende Wiedergeburtsfreu-
de, die die ganze Renaissance-Welt ergriff: O saeculum! O litterae! Juvat
vivere! (Ulrich von Hutten 1518).
In Dld. fehlte der politische Hintergrund, das Zusammenfassende der
Bewegung. Dt. Nationalgefühl, das im Zusammenhang mit der geistigen
Mündigwerdung durch die Reformation wach wurde und im Ritterauf-
stand (1522/23) wie in den Bauernkriegen (1524/25) spürbar ist, wurde
bald durch die politische und kirchliche Entwicklung in Dld. zurückge-
drängt. Der Humanismus blieb auf gelehrte Kreise beschränkt, in denen
allerdings gelegentlich ein dem ital. verwandtes Nationalgefühl auftaucht,
das oft durch wissenschaftliche Studien gestützt war.

Streit Wimpfeling *Germania* (1501) – Murner *Nova Germania* (1502), die beide die
Zugehörigkeit des Elsaß zu Dld. nachwiesen. Der gelehrte Nationalstolz entzündete
sich an der *Germania* des Tacitus, deren einzige Hs. 1455 im Kloster Hersfeld
entdeckt wurde und deren Lektüre in vielen Schriften der Zeit ihren Niederschlag
fand (Frischlin: *Julius redivivus*, Hutten: *Arminius-Dialog*). Herausgabe älteren dt.
Schrifttums (Celtis: Hrotsvit, Wickram: Albrecht von Halberstadt).

Entscheidend für die Erweckung eines neuen Lebensgefühls war in Dld.
nicht der Einfluß der ital. rinascita, sondern die eigene Reformation. Die
Renaissance war aus dem Erbe einer alten Kulturtradition erwachsen und
aristokratisch, Züge, die der dt. Reformation fehlten. Hier setzte sich die
religiöse Erregung in Schrifttum um. Eine ästhetische Filtrierung fand
selten statt. Die dt. Lit. des 16. Jh. weist drei auseinanderstrebende Elemente auf: das spätma.-volkstümliche, das humanistisch-gelehrte, das kir-
chenpolitisch-kämpferische. So treten die typischen Züge der ital. Renaissance-Lit. – das Freigeistige, die Heiterkeit und die Diesseitigkeit – in
Dld. nur gelegentlich in der neulat. Dg. auf (Celtis). Das humanistische
Ziel einer von der Vormundschaft der Kirche befreiten Wissenschaft und
Bildung gewann in gelehrten Kreisen Boden. Die klassischen Studien
wurden auf die antiken Quellen gegründet. Reuchlin (1455–1522) veröffentlichte 1506 eine Grammatik des Hebräischen mit Wörterbuch (*De
rudimentis hebraicis*), Erasmus (1469–1536) gab 1516 das griech. *Neue
Testament* mit lat. Übs. und Anmerkungen heraus. Wissenschaftliche Studien zeitigten auch erste naturwissenschaftliche Ergebnisse (Kopernikus,
Paracelsus).
Erasmus von Rotterdam, einer der größten Vertreter des vom Humanismus geformten Menschentyps, kam aus der religiösen Erneuerungsbewe-
gung, der ndld. mystischen Strömung der devotio moderna. Er war libe-
ral, tolerant, bedächtig, lehnte den totalen Anspruch des Protestantismus

ab. Renaissancehaft war sein Glaube an das Gute im Menschen und die Möglichkeit, es durch Bildung zu fördern. Er glaubte an die Rückführung der menschlichen Bildung zu Wahrheit und Natur und hielt Frömmigkeit für eine sinngemäße Eigenschaft des wahrhaft humanen Menschen (christlicher Humanismus).

Hauptwerke: *Handbüchlein eines christlichen Ritters* (1503); *Stultitiae laus* (1511); *Colloquia familiaria* (1518); *Antibarbari* (1520). E.' konservativem, harmonischem, durch mystische Einflüsse vertieftem Glaubensbekenntnis (*De libero arbitrio*, 1524) stellte Luther sein »Allein durch den Glauben« in *De servo arbitrio* (1525) gegenüber.

Aus dem pessimistischen Grundgefühl des ausgehenden MA. hatte Erasmus zwar für sich selbst und wenige Auserlesene einen Ausweg gefunden. Breitere Schichten ergriff das neue religiöse Gefühl Luthers. Auch Martin Luther (1483–1546) war Humanist, insoweit er unter Umgehung der Tradition auf die *Bibel* zurückgriff und sie nach dem griech. und hebräischen Urtext übersetzte. Seine Religion aber gründete L. im ma. Geiste auf Glauben und Offenbarung, nicht auf Erkenntnisdrang und Forschung (Abendmahlsstreit mit Zwingli). Ebenso erklärte er die menschliche Willensfreiheit durch die Erbsünde für aufgehoben (im Gegensatz zu Erasmus). Sein die Mittlerschaft der Kirche ausschaltendes Verhältnis zu Gott ist keine auf menschlicher Liebe oder contemplatio beruhende mystische unio, sondern ein Gnadenakt Gottes. Das Vertrauen in diesen Gnadenakt Gottes und in den Erlösertod Christi ist die Grundlage seines Glaubens. Dieser »Vertrauensglaube« rechtfertigt den Menschen, und aus der Rechtfertigung entspringt trotz Sündengefühl Weltbejahung und Optimismus (*Von der Freiheit eines Christenmenschen*, 1520).

Die eigentliche Renaissance-Dg. in Dld. war Gelehrtendg. ähnlich der Vagantendg. im frühen MA. (viele Humanisten führten ein Wanderleben). Kulturzentren neben den Höfen wurden die Universitäten.

Den stärksten Anteil an der dt. Lit. des 16. Jh. hat der dt. Südwesten: Basel, Heidelberg, Stuttgart, Straßburg, Schlettstadt, Tübingen waren die Zentren dieser Landschaft (Brant, Reuchlin, Birck, Manuel, Murner, Gengenbach, Frischlin, Fischart). Im weiten Abstand folgen der nddt.-ndld. Raum (Gnapheus, Macropedius, Erasmus, Bartholomäus Krüger, Rollenhagen, Knaust) und Mitteldld. mit den Universitäten Wittenberg, Leipzig und Erfurt (Luther, Melanchthon, Hessus). Daneben behauptete Nürnberg seinen Ruf als Kulturzentrum.

Die an Höfen und Universitäten gegründeten lit. Gesellschaften trugen wissenschaftlichen Charakter.

Der Kreis am Prager Hof Karls IV.: Rienzo, Petrarca, Johann von Neumarkt.
Der Kreis am Wiener Hof Friedrichs III.: Friedrichs Sekretär Enea Silvio Piccolomini, nachmaliger Papst Pius II., der 1443–1455 in Wien war und Steinhöwel, Wyle, Eyb, Johannes Hartlieb, Gregor Heimburg beeinflußte, die dort studierten.
Der Heidelberger Kreis (80er Jahre des 15. Jh.): Johann von Dalberg, Rudolf Agricola, Wimpfeling, Celtis, Reuchlin.
Der Mutianische Orden in Erfurt (Ende 15., Anfang 16. Jh.): Mutianus Rufus, Eobanus Hessus, Hutten, Crotus Rubeanus.

Sodalitas litteraria Rhenana in Heidelberg (seit 1496), deren Gründer Celtis war. Der Wittenberger Kreis: Melanchthon (1497–1560), Georg Sabinus, Georg Fabricius.

Der Stand der humanistisch Gebildeten stellte eine neue Schicht dar, war ähnlich wie der geistliche unabhängig von der sozialen Herkunft. Er erwuchs aus dem Ständeverfall des ausgehenden MA. Die Sprache der Gelehrten und zum großen Teil auch Sprache der Dg. war, nach dem Vorbild der neulat. Dg. Italiens, das Latein.

Von 1460 an erfolgten die Ausgaben antiker und neulat. Schriftsteller sowie deren Übss. Nur die ersten Übersetzer (Wyle, Steinhöwel, Eyb) legten Wert auf eine Übertragung des originalen Sprachstils, spätere Übss. entstanden nur aus Stoffinteresse; das Formgefühl war vernachlässigt.

Die neulat. Dg. suchte die fremden Muster zu kopieren und ihren Stil zu erfassen. Latein wurde den Gelehrten zur eigentlichen Muttersprache, seine Pflege wurde von Schülern und Studenten auch außerhalb des wissenschaftlichen Betriebes gefordert. Das Neulateinertum verzögerte die Entwicklung der nhd. Schriftsprache, vor allem der dichterischen Sprache, indem es starke Kräfte, hauptsächlich poetische, band. Aber es wuchs über das reine Gebrauchs- oder Lehrschrifttum des vorangehenden Zeit hinaus; es stellte den Begriff des Schriftstellers, des homo litteratus, und seines rein ästhetisch gesehenen Auftrages heraus.

Die Lit. des 16. Jh. in Dld. weist noch stark ma. Züge auf. Sie hat – vor allem, soweit sie dt.-sprachig war – mehr eine pädagogische als eine dichterische Aufgabe erfüllt. Der von der Zeit für signifikant gehaltene »Grobianismus« deckt sich nur mit einem Teil der Lit.

Wolfgang Liepe fand es unmöglich, für das 16. Jh. einen im strengen Sinne renaissancehaften Stil anzusetzen.

Friedrich Gundolf bezeichnete die Epoche als »unschöpferisch im Sprachlichen«.

Fritz Strich nannte als hervorragende Merkmale des Stils das »Wirken der Gemeinschaft und den Mangel an Bewegung«.

H. Gumbel stellte als stilpsychologische Grundlage »Ordnung und Genauigkeit« heraus.

Harold Jantz betonte die Einheit von alt und neu in dieser »rückwärtsgewandten« Epoche, deren Versprechungen sich aus Mangel an Genies nicht erfüllten.

Seit dem 14./15. Jh. war die didaktische Lit. die wichtigste zeitformende und zeitinterpretierende Kraft der Lit. In ihr strömten die verschiedensten geistigen Strömungen zusammen: die höfische Ethik, die allmählich von der bürgerlichen aufgesogen wurde, und vom Ende des 15. Jh. an die pädagogischen und wissenschaftlichen Ideale des ital. Humanismus, die eingedeutscht wurden. Das didaktische Schrifttum, besonders das mit satirischem und religiös-politischem Akzent, hatte im Anfang des 16. Jh. eine betont volkstümliche Note, diese verlor sich nach der Niederwerfung der Bauernaufstände (1525). Hauptvertreter der Satire sind: Brant, Murner, Naogeorg, Fischart, Rollenhagen. Sonderformen der Satire bilden die Narren-Lit. und die Teufelbücher. Weit verbreitet die Form des Streitgesprächs, das sich schon im MA. häufig fand und nun unter dem Einfluß der Dialoge des griech. Satirikers Lukian (2. Jh. n. Chr.) beliebt wird (Hutten, Sachs, Gengenbach). Neu ist die Briefform als Stilprinzip (*Dunkelmännerbriefe*). Für die dt. Schriftprosa, die sich im 16. Jh. endgültig als gleichberechtigt mit dem Vers in der Lit. durchsetzt, lagen aus der vorangegangenen Epoche drei Ansätze vor: die rohe Unterhaltungsprosa der an die frz. Chansons de geste angelehnten Unterhaltungs-Rr., die geist- und gefühlsschwere Prosa der Mystik und die wissenschaftliche Prosa, die, wenn auch am Latein orientiert, sich an den Universitäten und in den Kanzleien (Wyle) entwickelte. Luther nahm in seine *Bibel*-Übs. und die Flugschriften Elemente der Umgangssprache auf und erreichte dadurch Intensität und Lebensnähe. Ausgleichend wirkten die Buchdrucker. Die Verschmelzung der Sonderaprachen des Frühnhd. zur Hochsprache gelang noch nicht, Prosa als Kunstsprache, als Sprache der Dg., wurde erst möglich mit der sprachlichen Schulung durch das Neulateinertum, das den Sinn für die Schönheit der Prosa weckte.

Für die erzählerische Breite der Epik fehlte dieser bewegten Zeit der Atem. Größere Werke entstanden nur durch Slgg., durch Weitertragen des Alten. Die Prosaromane des 16. Jh. zeigen den Stil der im 15. Jh. populär gewordenen Chansons de geste. Sie waren zuerst für eine gebildete Leserschicht bestimmt, seit Mitte 16. Jh. erfolgte Massenproduktion, die nun wirklich breite Volksschichten erfaßte. Stoffe: Heldensage und höfisches Epos; Übss. aus dem Lat. und dem Frz.; ital. Renaissance-Novv. Im letzten Viertel des 16. Jh. wendete sich das adlige Publikum von den überkommenen Stoffen ab und einem neuen Typ des Unterhaltungs-R. zu: dem *Amadis-R.*, der seit 1569 aus dem Frz. übersetzt wurde und dessen großer Erfolg auch die selbständigen dt. Ansätze zu einem Kunst-R. bei Wickram ohne Nachfolge bleiben ließ.

Typisch für die Zeit ist die Kurzform der Novelle, des Schwankes, des »maere«. Schon im 15. Jh. wurden Schwankslgg. beliebt, denen nun die pikanten und witzigen Facetien neue Stoffe zuführten.

Schöpfer der Facetien ist der ital. Humanist Poggio Bracciolini (*Liber Facetiarum*, postum 1470). Ihm folgten in Dld. Steinhöwel, Bebel, Pauli, Wickram u. a.

In den Novv. kam internationales Erzählgut zur Verwendung, das in den Fspp. gleichzeitig zu dram. Formung gelangte.

Der revueartige Charakter der satirischen Lit. und die häufig angewandte Dialogform zeigen den dram. Grundzug der Lit. des 16. Jh. Es fehlte jedoch die Konzentration zur wirklich großen dram. Form. Gerade in den Jahren, in denen der Humanismus sich durchsetzte, erfuhren die ma. Spiele umfassendste Aufführungen. Das Bestreben, alles zu vergegenwärtigen und naturgetreu wiederzugeben, verlockte die realistische Zeit, die eigene bürgerliche Umgebung darzustellen. Man neigte zu Massenszenen, erstrebte Massenwirkung.

Daneben bedeutete das Humanistendr., das sich nach dem Muster der jetzt als Bühnenwerke erkannten Drr. des Terenz und Plautus entwickelte, einen Wandel in der gesamten Struktur des Dr.

Das Dr. wird nunmehr in Akte (seit Reuchlin) und Szenen (seit Wimpfeling) eingeteilt. Die Akteinteilung griff auch auf das Mysterienspiel (Luzern) und das Meistersingerdr. (Hans Sachs, Burkard Waldis) über. Die Akteinteilung geschah ohne Erfassung der inneren Gesetzlichkeit des Dr. Von Seneca, der seit Celtis' Edition von 1487 zugänglich war, übernahm man den Brauch, die Akteinschnitte durch Chöre zu kennzeichnen. Ein Prolog eröffnete das Stück, ein Epilog schloß es. Dazu kam ein Argument, das den Inhalt wiedergab und seit Gnapheus bei der Aufführung mitgesprochen wurde, bei lat. Schulaufführungen später meist in dt. Verse übertragen. Titel, Verfasserangabe, Personenverzeichnis wurden beim Druck üblich. In der Schweiz entwickelte sich die Sonderform einer Verschmelzung von ma. Theater und Humanistentheater (Pamphilus Gengenbach, Niklas Manuel, Jakob Ruof), bei Hans Sachs erwuchs aus der Verschmelzung von Fsp. und Humanistendr. das Meistersingerdr.

Dem neuen dramaturgischen Aufbau entsprach eine neue Bühnenform: Terenzbühne, Badezellenbühne.

Auch die innere Dramaturgie änderte sich. Das neue Dr. war nach dem Vorbild der Antike auf dem Prinzip des Kampfes aufgebaut: der Held kämpft, siegt oder unterliegt. Es arbeitete mit dem Moment der Spannung, das dem ma. Dr. fehlen mußte, da der Stoff bekannt war. Zu einer Erfassung des Wesens von Kom. und Tr. kam es noch nicht, die Gattungsbezeichnung wechselte, richtete sich meist nach dem guten oder unglücklichen Ausgang oder nach dem Stand der auftretenden Personen.

Das Humanistendr. verfolgte ein doppeltes Ziel: man wollte für die Ideen des Humanismus arbeiten, Humanität verbreiten und zugleich die spielenden Studenten und das Publikum an den Gebrauch des Lat. gewöhnen. Also keine unmittelbar theatralischen, sondern ethische, didaktische, repräsentative Zwecke. Die beiden ersten Zwecke verfolgte vor allem das Schultheater, das, angeregt und gefördert durch Celtis, Luther, Melanchthon, allmählich zu einer festen Einrichtung an den Gymnasien wurde. An die Stelle der Humanität trat im Schuldr. die Konfession. Öffentliche Wirkung des protestantischen Schultheaters und Einfluß auf die Entwicklung des Dr. besonders deutlich in Straßburg, in kleinerem Ausmaß an den Gymnasien des sächsisch-thüringischen Raumes. Seit 1567 im Zeichen der Gegenreformation Auff. an den Jesuitenkollegien, besonders in München.

Mit Rücksicht auf das nicht Lat. verstehende Publikum ging man bald zu dt. Prologen und zu dt. Aufführungen über.

In erster Linie biblische Stoffe: Joseph, Susanna, Tobias, verlorener Sohn, armer Lazarus, Themen, an denen das protestantische Ethos – in der Folge dann auch das katholische – erläutert werden konnte. Luther selbst schlug in dem Glauben, die alten Juden hätten gespielt, Judith und Tobias als brauchbare Stoffe vor.

Das Dr. des Humanismus brachte zum erstenmal die Wertschätzung des

Dichters und des Wortes. Im Theater des MA. waren der Autor und das Wort unwichtig neben Spielleiter, Schauspieler, Schau. Das Dr. des Humanismus ist szenisch arm, aber deklamatorisch. Es arbeitete zum erstenmal an einem inneren Gesetz des Dr., ohne jedoch auf die ma. und gerade in dem so formlosen 16. Jh. vorherrschende Methode der lockeren Reihung zu verzichten.

Von der Lyrik des Jh. ist die neulat. (Eobanus Hessus, Petrus Lotichius Secundus, Conrad Celtis) die bedeutendere. Verfeinernde Übernahme antiker Gattungen, Metren, Themen.

Der Meistersang hatte sein Schwergewicht in diesem Jh. nicht auf lyrischem Gebiet.

Weltliche und geistliche Volkslieder erfuhren eine starke Verbreitung.

Eine Neuschöpfung ist das von Luther ausgehende protestantische Kirchenlied, das vielfach durch Nachdg. und Kontrafaktur entstand.

Wichtigste Autoren der Renaissance:

Brant, Sebastian, geb. 1457 in Straßburg. Seit 1475 Studium der Juristerei in Basel, 1489 Doktor beider Rechte, 1492 Dekan der juristischen Fakultät, 1496 besoldeter Professor. 1500 Übersiedlung nach Straßburg, Stadtsyndikus, 1503 Stadtschreiber. Erhielt von Kaiser Maximilian den Titel eines Kaiserlichen Rates und comes palatinus. Schon in der Basler Zeit als Literat und Herausgeber tätig. Verf. juristischer Arbeiten, lat. und dt. didaktischer Gedichte sowie eines dt. Dr. über Herkules am Scheidewege. Gest. 1521 in Straßburg.

Celtis (eigentlich Pickel), **Conrad,** geb. 1459 in Wipfeld (zwischen Schweinfurt und Würzburg). Sohn eines Winzers. 1477 aus dem Elternhaus nach Köln geflohen, um zu studieren. 1479 über Leipzig nach Erfurt, 1484 Heidelberg, 1486 als Magister in Leipzig Vorlesungen über alte Sprachen und Dichtkunst, erste Schrift *Ars versificandi et carminum* (1486). 1487 Krönung zum poeta laureatus in Nürnberg. Wanderjahre: Italien, Krakau, Prag. 1493 von Mainz aus Stiftung der Sodalitas litteraria Rhenana. 1497 Berufung nach Wien als ordentlicher Professor für Dichtkunst und Beredsamkeit, Gründung der danubischen gelehrten Gesellschaft. Herausgabe der Komm. Hrotsvits von Gandersheim (1501). Gest. 1508 in Wien.

Fischart, Johann (mit Beinamen Mentzer), geb. um 1546 in Straßburg. Schulbesuch in Worms bei seinem Verwandten Kaspar Scheidt. Bildungsreisen. 1570 Beginn der schriftstellerischen Tätigkeit. 1574 Dr. jur. in Basel. 1576–1581 lit. Tätigkeit in Straßburg; in diese Zeit fallen F.s satirische Schriften gegen das Papsttum. 1581 Advokat am Reichskammergericht in Speyer. 1585 Amtmann in Forbach. Gest. ebd. 1590.

Frischlin, Nicodemus, geb. 1547 in Balingen. 1576 zum Dichter gekrönt, 1577 zum comes palatinus ernannt. Professor der freien Künste an der

Universität Tübingen, später Schulrektor (1582 Laibach, 1588 Braunschweig). Verf. von neun Schuldrr.; außerdem dt.-sprachige biblische Drr. und neulat. Lyrik. F. richtete Angriffe gegen Theologen und Adel, erhielt durch Herzog Ludwig von Württemberg Schreibverbot. Brach mit einem Pamphlet gegen des Herzogs Räte seinen Eid und wurde auf dem Hohen Urach gefangengesetzt. Fluchtversuch und Todessturz 1590.

Hutten, Ulrich von, geb. 1488 auf Burg Steckelberg bei Fulda. 1505 dem Kloster entlaufen, Studium in Köln und Erfurt, Umgang mit humanistischen Kreisen. Wanderleben in Dld. und Italien. 1517 von Kaiser Maximilian zum Dichter gekrönt. Nahm mit lat. und dt. Streit- und Flugschriften für die Reformation Stellung. 1522 nach dem Zusammenbruch des Sickingischen Unternehmens Flucht nach Basel, wurde von Erasmus abgewiesen und begab sich in den Schutz Zwinglis. Gest. 1523 auf Ufenau im Züricher See.

Johannes von Saaz oder **Johannes von Tepl,** geb. um 1350 in Schüttwa (Sitbor)/Westböhmen. Seit vor 1378 Notar und Schulvorsteher in Saaz, studierter Jurist. 1411 Notar und Stadtschreiber in Prag-Neustadt. Gest. ebd. um 1414.

Luther, Martin, geb. 1483 in Eisleben. 1501 Studium in Erfurt, 1505 Eintritt in das dortige Augustinerkloster, 1512 Dr. theol. und Universitätsprofessor in Wittenberg,. 1517 Anschlag der 95 Thesen. 1519 Leipziger Disputation mit Eck gegen Unfehlbarkeit des Papstes und der Konzilien. 1520 gebannt. 1520 die großen Flugschriften: *Von dem Papsttum zu Rom; An den christlichen Adel deutscher Nation; Die babylonische Gefangenschaft der Kirche; Von der Freiheit eines Christenmenschen.* 1521 Reichstag von Worms und Reichsacht, Schutzhaft auf der Wartburg. Übs. des *Neuen Testaments.* Bis 1525 Neuordnung des Kirchenwesens in Wittenberg. 1524/25 Auseinandersetzung in Flugschriften mit den »Schwärmern«, Erasmus von Rotterdam und mit den aufständischen Bauern. 1525 Heirat mit der ehemaligen Nonne Katharina von Bora. 1529 Religionsgespräch mit Zwingli in Marburg. 1530 Augsburger Konfession ohne Anwesenheit Luthers. Gest. 1546 in Eisleben.

Murner, Thomas, geb. um 1475 in Oberehnheim/Elsaß. 1490 Mitglied des Franziskanerordens, Prediger in Straßburg, Bern, Basel. Nahm in satirischen Schriften gegen die Reformation Stellung. Verließ 1525 bei Ausbruch des Bauernkrieges das Elsaß, ging nach der Schweiz, die er 1529 wegen seiner Schmähschriften gegen den Protestantismus wieder verlassen mußte. Zuletzt Pfarrer in Oberehnheim, gest. ebd. 1537.

Naogeorg (eigentlich Kirchmayer), **Thomas,** geb. um 1506 in Straubing. Wahrscheinlich Studium in Tübingen. 1535 Pfarrer in Sulza, weiterhin in Kahla, Kaufbeuren, Kempten, Basel, Stuttgart. Begeisterung für Luthers Person und Werk, obwohl im Dogmatischen abweichend und dem Zwinglianismus anhängend. Vertrat in lat. Schuldrr. und einem lat. satirischen Epos den protestantischen Standpunkt. Gest. 1563 als Pfarrer zu Wiesloch.

Reuchlin, Johann, geb. 1455 in Pforzheim. Anwalt am Stuttgarter Hof unter Eberhard im Bart. Tätigkeit in Basel, Tübingen, Heidelberg und Ingolstadt, Wirken für den Humanismus. Veranlaßte Ausgaben antiker Schriftsteller, verfaßte grammatische Schriften, schrieb Humanistendrr Seine Stellungnahme zur Frage der Verbrennung hebräischer Schriften löste den sog. Dunkelmännerstreit aus. Gest. 1522.

Sachs, Hans, geb. 1494 in Nürnberg. Sohn eines Schneidermeisters. Besuch der Lateinschule. 1509 Schuhmacherlehrling. 1511–1516 Wanderjahre. Erstes »Bar«: *Gloria patri, Lob und Ehr* (1513), erstes Fsp.: *Das Hofgesind Veneris* (1517). Ergriff in den *Dialogen* (1524) und dem Gedicht *Die wittembergisch Nachtigall* (1523) Partei für die Reformation. 1558 begann die Gesamtausgabe seiner Werke zu erscheinen. S. gab später das Handwerk auf. Gest. 1576 in Nürnberg.

Wickram, Jörg, geb. Anfang 16. Jh. in Colmar. Unehelicher Sohn eines Obristenmeisters (Ratsvorsitzender). Ohne gelehrten Unterricht, aber starkes Bemühen um Bildung. 1546 Bürger und Hausbesitzer in Colmar; Buchhändler, später Ratsdiener. Tätigkeit in der Singschule. 1554 Stadtschreiber in Burgheim im Elsaß. Gest. vor 1562.

seit 1364   Johann von Neumarkt
(um 1315–1380, Bischof von Olmütz, Kanzler Karls IV.):
Summa Cancellariae Caroli IV.

Slg. von Musterbriefen in der Prager Kanzleisprache, entst. für die nach päpstlich Avignoner Muster neuorganisierte kaiserliche Kanzlei. Durch briefliche und persönliche Beziehungen zu Cola di Rienzo (republikanischer Revolutionär und Volkstribun in Rom, 1313–1354), der 1350 bis 1352 als politischer Flüchtling am Prager Hof weilte, und zu dessen Anhänger Petrarca, der 1356 in Prag war, wurde J. v. N. mit der neuen lat. Rhetorik, dem ital. Renaissancestil, bekannt. Nach deren Stilprinzipien schuf er in den dt. Teilen der Formelslg. eine Prosa mit ostmdt. Grundbestand und bayerischen Elementen, die von hier aus Einfluß auf die meißnische und schlesische Kanzleisprache und die der Nürnberger Reichstagsakten ausübte. Entstehung des »gemeinen Dt.«, der Grundlage für Luthers Sprache. J. v. N. übersetzte in dem gleichen Stil lat. Schriften und verfaßte selbst geistliche Schriften.

kurz nach 1400   Johannes von Saaz oder **von Tepl**
(Biogr. S. 92):
Der Ackermann aus Böhmen

Verf. seit 1933 durch einen in einem Freiburger Kodex gefundenen, von ihm verfaßten lat. Begleitbrief zu seinem Werk als Johannes von Tepl identifiziert.

Streitgespräch zwischen dem Ackermann und dem Tod, der ihm seine Frau genommen hat. Der Tod vertritt die Augustinische Lehre von der Schlechtigkeit des Menschen und der Nichtigkeit des Lebens, der Mensch nur ein »Kotfaß«. Der Ackermann verteidigt das Recht des Menschen auf das Leben und die Schönheit des Lebens. Der Dualismus von Glücksverlangen und Sterblichkeit des Menschen findet in den beiden Streitenden Gestalt. Gott entscheidet: »Der klaget, was nicht sein ist, dieser rühmt sich einer Herrschaft, die er nicht von ihm selber hat. Aber ihr habt beide gut gefochten; darum, Kläger, habe Ehre, Tod, siege! Jeder Mensch dem Tode das Leben, den Leib der Erde, die Seele uns zu geben pflichtig ist.« Nach Konrad Burdach erstes großes Denkmal des Humanismus in Dld. nicht nur nach Form, sondern auch nach Gehalt. Diese These vom renaissancehaften Gehalt des Werkes nach Arthur Hübner jedoch nur in geringem Maße aufrechtzuerhalten: das Werk sei im wesentlichen aus geistigem Gut des dt. MA. gespeist; Streitgespräche mit ähnlichem Thema kannte schon das MA. Die antike Philosophie von Seneca, Boethius und Plato hat wahrscheinlich auch durch Vermittlung ma. Schrifttums ihren Niederschlag gefunden.

Stilistische Vorbilder: Petrarca und Cola di Rienzo. Dichterische Durchbildung des neuen Stils auf der Grundlage der von Johann von Neumarkt geschaffenen Kanzleisprache; das Schlußkapitel ist wörtlich nach dessen *Soliloquia animae ad Deum* (1354–1357) gearbeitet.

Stofflich außer von Petrarcas Dialog *De remediis utriusque fortunae* beeinflußt von des Engländers William Langland *Peter der Pflüger* (1362), ein Zeichen für geistige Beziehungen zwischen England (Wiclif) und Böhmen (Hus). 16 Hss., mehrere frühe Drucke und eine alttschechische Bearbg. *Tkadlec* erhalten.

um 1461   Heinrich Steinhöwel
(1412–1482, Arzt in Ulm):
Übs. von Petrarcas Nov. Griseldis

An der Markgräfin Griseldis wird weibliche Demut und Treue verherrlicht. Ital. Fassung von Boccaccio (1348), lat. Übs. von Petrarca (1373). Sinngemäße, volkstümlich erzählte Wiedergabe des lat. Textes.

Erster Druck 1471. Die Übs. wurde zum Volksbuch, Drucke bis ins 17. Jh.; dramatisiert von Hans Sachs (1546), Friedrich Halm (1837), Gerhart Hauptmann (1909).

1462   Niklas von Wyle
(um 1410–1478, Wien, Esslingen, württ. Kanzler):
Übs. von Enea Silvio Piccolominis Nov. Euriolus und Lucrezia

Übs. des 110. Briefes von Enea Silvio Piccolominis *Epistolae familiares* (1444); lat. Meisterwerk des ital. Humanismus.
Gesch. von der zerstörerischen Macht der Liebe zwischen einem Jüngling und einer verheirateten Frau; als belehrendes Beispiel gegen den Immoralismus gemeint. Übersetzungsprinzip: Wörtlichkeit.

Druck einer überarbeiteten Fassung 1478. Nacherz. von Achim v. Arnim 1809.

1472   **Albrecht von Eyb**
                (1420–1475):
                Guiscardus und Sigismunda

Übs. von Boccaccios Nov. *Tancredi.*
Neben anderen beispielhaften Erzz. eingefügt in A. v. E.s *Ehebuch,* in
dem er für die Ehe eintrat. Die Nov. ist Beispiel für die zum tragischen
Tode führende heimliche Liebe einer zur Ehelosigkeit gezwungenen
Frau.
Tancredi wurde auch von N. v. Wyle 1476/77 übersetzt.

1472   **Arigo**
                (Deckname für Heinrich Schlüsselfelder aus Nürnberg):
                Übs. von Boccaccios Decamerone

Nach dem ital. Original. Schwerfällig.
1. Druck geringe Wirkung, erst 20 Jahre später Neuauflage.

1473   **Heinrich Steinhöwel**
                (1412–1482, Arzt in Ulm):
                Von den sinnrychen erluchten Wyben

Übs. von Boccaccios *De claris mulieribus.*
Boccaccios Lebensläufe berühmter Frauen aus Mythos und Gesch.
(1356–1364) gekürzt wiedergegeben. Eleonore von Vorderösterreich gewidmet.

vor 1475   **Albrecht von Eyb**
                (1420–1475):
                Übs. der Menaechmi und Bacchides des Plautus

Ersch. als Anhang zu A. v. E.s Sittenlehre: *Spiegel der Sitten.*

Prosa, als Lesedr. gedacht; epische Situationsschilderungen eingeschoben. Tendenz: Eindeutschung in Stil und Stoff.

1476   **Heinrich Steinhöwel**
                (1412–1482, Arzt in Ulm):
                Buch und Leben des Fabeldichters Esopi

Übs. lat. Fabelslgg., erweitert durch Übss. einiger ital. Schwänke des
Poggio, sowie Lebensbeschreibung Äsops. Prosa-Übs. neben dem lat.
Text. Gewandtes, am Lat. geschultes Dt., freie charakteristische Wiedergabe des Textes erstrebt; deutliche Ablehnung der Wort-für-Wort-Über-
setzungen v. Wyles.

1478   **Niklas von Wyle**
(um 1410–1478, Wien, Esslingen, württ. Kanzler):
Translatzion oder Tütschungen

18 Übss. nach dem Lat. und Ital. des Enea Silvio Piccolomini, Petrarca, Boccaccio, Poggio, auf Anregung des Enea Silvio Piccolomini entstanden, schon vorher einzeln im Druck erschienen.
N. v. W. latinisierte das Dt., kopierte lat. Satzbau.

1480   **Jacob Wimpfeling**
(gest. 1528):
Stylpho

Erstes dt. Humanistendr. Lat. Prosa. W. ließ die »Fabel« im Rahmen einer Promotionsfeier der Heidelberger Universität – vermutlich im Wechselgespräch – vortragen.
Studentenmilieu; der Pfründenjäger wird durch den fleißigen Studenten ausgestochen. Gegen Sittenverfall und Unwissenheit des Klerus.
Stilistisches Vorbild: Terenz. In Szenen eingeteilt. Übergangsform vom Dialog zum Dr.

Erster Druck 1494. Auff. als Kom. 1505 belegt.

1486   **Hans Nythart**
(Ulm):
Übs. von Terenz' Eunuchus

Erste dt. Terenz-Übs. Als Lesedr. aufgefaßt. Lehrhaft, eingefügte Erläuterungen.

Wenig verändert in den *Straßburger Terenz* (1499, dt. Übs. der Komm. des Terenz nach der Straßburger lat. Terenzausgabe von 1470) aufgenommen.

1494   **Sebastian Brant**
(Biogr. S. 91):
Das Narrenschiff

Am meisten verbreitetes moralisch-satirisches Lehrgedicht der Zeit. Reimpaare. Satiren auf einzelne närrische Eigenschaften von Personen, Ständen und Zeiterscheinungen, wobei »Narrheiten« entsprechend einer weit zurückreichenden Tradition menschliche Schwächen und Fehler bedeuten. Der Begriff von B. im Sinne einer ethisch-religiösen Idee erhöht. Grundeinfall, alle Narren auf einem Schiff zu vereinigen. Gegenbild zum »Schiff der Kirche«.
Nüchtern, aufklärerisch, volkstümlich; Verwendung von Sprichwörtern. B. hat humanistische Studien getrieben, trat auch für eine kirchliche Erneuerung ein, war jedoch noch im Geiste des MA. von der Herrschaft der Kirche über die Wissenschaften überzeugt.

Gedankliches und Formales in Wechselbeziehung, Einheit der Konzeption. Kapitel mit planvollen rhetorischen Bauformen.

Der Prediger Geiler von Kaysersberg hielt 1498 im Straßburger Münster Predigten über das *Narrenschiff*. Bis ins 17. Jh. in vielen Aufll. verbreitet, 1497 von Jakob Locher ins Lat., später in mehrere europäische Sprachen übersetzt.

1497   Johann Reuchlin
**   (Biogr. S. 93):**
**   Henno**

»Scenica progymnasmata«. Auff. 31. 1. im Hause Johann von Dalbergs in Heidelberg vor Pfalzgraf Philipp durch Schüler und Freunde R.s. Lat. Jamben, bereits Verwendung des Trimeters. Zweiszenige Akte, Chorlieder an den Aktschlüssen. Die Hauptereignisse als verdeckte, durch Berichte referierte Handlung gestaltet.

Behandelt nach der frz. Farce *Maître Pierre Pathelin* die Geschichte vom klugen Knecht, der seinen Herrn und schließlich auch den Anwalt, der ihm geholfen hat, betrügt. Resignierende, aber zugleich humorvolle Behandlung menschlicher Schwäche. Die Verwicklung ist geschickt geführt, doch herrscht die Diskussion vor.

Vorbild für das lat. Schuldr. des 16. Jh.

Druck 1498.

1502   Conrad Celtis
**   (Biogr. S. 91):**
**   Quattuor libri amorum**

Vorbilder: die lat. Elegiker, Ovid, Horaz, doch weitgehend eigene Leistung.

Liebesgedichte in lat. Distichen. 1. Buch der Polin Hasilina (C.' Krakauer Aufenthalt 1488–1490), 2. Buch C.' Regensburger Hauswirtin Elsula, 3. Buch der Mainzerin Ursula, 4. Buch einer (fingierten) Lübecker Geliebten Barbara gewidmet. Jedes Buch nach dem Wesen des jeweiligen Liebesabenteuers abgestimmt. Rein sinnliche Liebe, aber auch Liebe als Weltallbeziehung im Sinne des Neuplatonismus.

1509   Fortunatus

Bürgerlicher R.

Entst. 2. Hälfte 15. Jh.; Herkunft umstritten; Verf. der vorliegenden Fassung wahrscheinlich Augsburger Bürger.

Aufstieg und Niedergang einer Kaufmannsfamilie in zwei Generationen. Fortunatus weiß durch weise Beschränkung die auf abenteuerlichen Reisen gewonnenen Glücksspender, den nie leeren Glückssäckel und das an jeden Ort tragende Glückshütlein, zur Gewinnung von Reichtum und

Ansehen zu nutzen. Die Söhne verlieren die Glücksgaben durch Leichtsinn und Ehrgeiz; sie enden im Elend.

1509/14   Heinrich Bebel
(1472–1518):
Facetiae

Lat. Schwankslg. Vorbild: die *Facetien* des Poggio. Volkstümliches Erzählgut, zum Teil sehr derb. Gewandter Stil.

1558 ins Dt. übersetzt.

1510/11   Hermann Bote
(1460–1520, Zollschreiber in Braunschweig):
Thyl Ulenspiegel

Entst. seit 1500. Druck in Straßburg, hochdt. mit nddt. Elementen. Als Forschungsgrundlage treten an die Stelle des bisher ältesten bekannten Druckes von 1515 das 1969 von Peter Honegger entdeckte Fragment und das 1975 von Bernd Ulrich Hucker gesicherte fast vollständige Exemplar des älteren Druckes.

Slg. von mündlich umlaufenden Schwänken um einen im 14. Jh. hervorgetretenen Bauernburschen aus Kneitlingen im Braunschweigischen, vermehrt um Erzz. aus dem *Pfaffen Amis* und dem *Pfaffen vom Kalenberg.*
Vom Verf. wohl als teuflischer Bösewicht gemeint, der die Sakramente verhöhnt und zu Buße unfähig ist (Hucker), wurde Eulenspiegel als Vertreter bäuerlichen Volkswitzes aufgefaßt, der das Stadtbürgertum narrt, indem er dessen Aufträge wörtlich nimmt.

Beliebtes Volksbuch. Übs. in fast alle europäischen Sprachen. Satirisch ausweitende Bearbg. in Reimen durch Johann Fischart: *Eulenspiegel Reimensweiss* (1572).

1502   Conrad Celtis
(Biogr. S. 91):
Libri odarum quattuor

Postum, unvollendet. Vorbild Horaz. In Aufbau und Gehalt ähnlich den *Libri amorum,* jedoch auch philosophische und politische Themen. Vorbild der neulat. Lyrik in Dld.

1514   Helius Eobanus Hessus
(d. i. Eoban Koch, 1488–1540, Erfurt):
Heroidum Christianarum epistolae

Vorbild: Ovids *Epistulae* oder *Heroides,* fingierte Briefe von Frauen der Heroenzeit an ihre entfernten Geliebten und Antworten der Liebhaber.

H. läßt heilige Frauen und ihre himmlischen und irdischen Geliebten in Korrespondenz treten. Darin christliche Frömmigkeit verschiedener Grade gezeigt. Trotz der antiken Kostümierung keine Vermischung heidnischer Mythologie mit christlichen Stoffen. Abschließend ein Brief H.' an

seine Geliebte, die launische Nachwelt; in ihn ist eine Autobiographie H.'
eingeflochten.

Das lat. Werk machte H. berühmt und brach dieser Dg.-Gattung Bahn.

1515   **Pamphilus Gengenbach**
(um 1470–1524, Buchdrucker und Meistersinger in Basel,
Protestant):
Spiel von den zehn Altern dieser Welt.

Zu Fastnacht in Basel von Bürgern aufgeführt. Druck im gleichen Jahr.
Auftreten der einzelnen Altersstufen des Menschen. Ein Einsiedler weist
sie auf ihre Fehler hin, aber jedes Alter bleibt bei seiner Art, und jedes
verfällt den Lockungen der Welt.
Revuestil des Fsp.

1515   **Epistolae obscurorum virorum**

Letztes Glied in der literarischen Fehde, die mit Reuchlins Einspruch
gegen die von dem getauften Juden Pfefferkorn geforderte Verbrennung
jüdischer Bücher anhob. R. schrieb zunächst gegen seine orthodoxen
Gegner den dt. *Augenspiegel* (1511), der 1520 vom Papst als ketzerisch
verurteilt wurde. Die gesammelten Zuschriften seiner humanistischen
Anhänger gab er sodann als *Epistolae clarorum virorum* 1514 heraus. Die
anonym erschienenen *Epistolae obscurorum virorum* schließlich fingierten
Briefe der theologischen Gegenpartei an R.s Kölner Gegner Ortvinus
Gratius und stellen mit ihrem nachgemachten schlechten Lat., ihrer Be-
schränktheit und Frömmelei eine geniale Satire dar. Sie sind aus dem
Erfurter Humanistenkreis hervorgegangen, der 1. Teil wurde vor allem
von Crotus Rubeanus, der 2. Teil (1517) von Ulrich von Hutten verfaßt.

1517   **Pamphilus Gengenbach**
(um 1470–1524, Buchdrucker und Meistersinger in Basel,
Protestant):
Der Nollhart

Fsp. Die Repräsentanten der einzelnen Stände treten auf, um nach der
Zukunft zu fragen und eine Weissagung als Antwort zu erhalten. Der
Frage nach der Zukunft entspricht ein kritisches Bild der jüngsten politi-
schen Vergangenheit.
Parallele zu G.s *Spiel von den zehn Altern dieser Welt.* Revueartiger Cha-
rakter.

1517   **Kaiser Maximilian**
(1459–1519):
Theuerdank

Allegorisierendes autobiographisches Epos in Reimpaaren.

Vorstufe: Die seit etwa 1492 in lat. Sprache diktierte Autobiographie, die mit dem
Schweizer Krieg von 1499 abbricht. Seit 1505 Projekt eines dreiteiligen biographischen Werkes in dt. Sprache. Idee und Planung von M., geschrieben von M.s Sekretär Marx Treitz-Sauerwein, Überarbeitung von Kaplan Melchior Pfinzing. Biblio-
philer Druck, nur für wenige bestimmt.

Minnefahrt M.s zu Maria von Burgund. Romantisch-ritterlich. Der hohen
Berufung das widrige Geschick entgegengestellt. Drei Feinde, Fürwittig,
Unfalo und Neidelhart, werden mit Gottes Hilfe besiegt. Biographisch,
daher dem Wesen nach zur humanistischen Lit. zu rechnen, obwohl die
Form durch M.s Vorliebe für ritterliche Dg. bestimmt war. Humanistisch
auch die universale Bildung, die M. an sich selbst hervorhebt.

Als heiteres Gegenstück sollte *Freydal* Ritterspiel und Mummerei behandeln; nur Entwurf.

Das dritte Werk, *Weißkunig,* ist eine Gesamtautobiographie in dt. Prosa
nach dem Vorbild des *Alexander-R.;* umfaßt die Zeit von 1450 bis 1513.
Drei Teile: Hochzeit der Eltern, M.s Jugend, M.s Kriegstaten.

Hs. des Marx Treitz-Sauerwein 1514 abgeschlossen; die auch hierfür vorgesehene
Überarbeitung Pfinzings unterblieb. Zu M.s Lebzeiten nicht veröffentlicht, 1. Druck
1775.

1521   Pamphilus Gengenbach
              (um 1470–1524, Buchdrucker und Meistersinger in Basel,
              Protestant):
              Die Gouchmat der Buhler

Fsp., Vorlage Murners Satire *Die Gäuchmatt* (1519).
Satirisches Spiel gegen die Liebesnarrheit der Männer, gegen Ehebruch
und Unkeuschheit. Vertreter aller Stände, mit Ausnahme des Bauern,
werden am Hof der Venus ausgeplündert.
Revuetechnik wie im *Nollhart* und im *Spiel von den zehn Altern dieser
Welt.*

1521   Ulrich von Hutten
              (Biogr. S. 92):
              Gesprächsbüchlein

Übs. von vier seiner lat. Dialoge: *Feber* (= Fieber) *das erst, Feber das ander* (gegen
Geistlichkeit und Hofleben), *Vadiscus oder die römische Dreifaltigkeit* (gegen die
Unterdrückung Dld.s durch die römische Kirche), *Die Anschauenden* (über den
Augsburger Reichstag von 1518).

Dialoge nach dem Muster Lukians. Zeitpolitische Themen, die Reformation und nationale Fragen betreffend. Nationalismus ständisch gebunden.
H. war eine Zeitlang neben Luther der populärste antirömische Schriftsteller. Die Vorrede zu dem *Gesprächsbüchlein* in Reimpaaren, volkstümlicher Ton; am Schluß H.s Wahlspruch: Ich hab's gewagt.

1521   **Johann Eberlin von Günzburg**
(um 1470–1531, aus Schwaben, in der Schweiz wirkender
Anhänger Luthers):
Die 15 Bundsgenossen

Slg. von 15 Flugschriften.
Ursprünglich einzeln in rascher Folge erschienen. Unter Berufung auf
Luther, Erasmus von Rotterdam und Hutten Stellungnahme für Reichs-
und Kirchenreform, gegen kirchliche Mißbräuche, besonders im Kloster-
wesen.
Volkstümlich, derb.

1521   **Karsthans**

Die Verfasserschaft des Joachim Vadianus (d.i. Joachim von Waadt, 1484–1551)
neuerdings bestritten.

Streitgespräch zwischen einem Bauern (»Karst« = Hacke), dessen Theologie studierendem Sohn, Murner, Luther und Mercurius. Der Bauer, der
die Lehre Luthers gegen alle Überredungskünste verteidigt, ist nicht, wie
in der zeitgenössischen Lit. üblich, als komische Figur, sondern als ehrba-
rer und aufrichtiger Vertreter eines von Gott eingesetzten Standes gesehen. Vorklang des Bauernkrieges.
Breite Wirkung; in der zeitgenössischen Flugblattlit. wurde der »Karsthans« zu einer beliebten Figur.

1521 *Neu-Karsthans*

1522   **Johannes Pauli**
(um 1455 bis um 1535, Franziskaner):
Schimpf und Ernst

Schwankslg. volkstümlicher Art. Vorbild: Poggios *Facetien*. Ma. Quellen.
Moralisierender Charakter schon am Untertitel ersichtlich: Historien zu
Besserung der Menschen. Geistliche Deutungen und moralische Nutzan-
wendungen der Erzz. Stil der »Predigtmärlein«, Einfluß der Predigten
Geilers von Kaysersberg.
Die Slg. wurde zum überkonfessionellen Unterhaltungsbuch. Viele verän-
derte und erweiterte Drucke.

1522   **Thomas Murner**
(Biogr. S. 92):
Von dem großen lutherischen Narren

M.s bekannteste satirische Dg. M., humanistischer Schüler Jakob Lo-
chers, war heftigster lit. Gegner Luthers. Er sah in ihm den Zerstörer des
Glaubens. Rücksichtslose Satire, endet mit Luthers Tod und Begräbnis;
Erbschaft ist eine Narrenkappe. Volkstümlich, Verwendung von Sprich-

wörtern. M., der schon mit den Verssatiren *Narrenbeschwörung, Schelmenzunft, Gäuchmatt* die von Sebastian Brant eingeführte Narrenlit. fortgesetzt hatte, erreichte hier epische Form. Im Gegensatz zu Brant erscheint bei M. das Närrische aus kämpferischem Geist diabolisiert. Ohne Wirkung, da vom Straßburger Rat verboten.

1522   Luthers Übs. des Neuen Testaments gedruckt

Erste dt. Übs. nach dem griech. Urtext, die mit der Übs. des *Alten Testaments* nach dem hebr. Urtext fortgesetzt wurde. Nach Teilveröffentlichungen der Übs. des *Alten Testaments* erschien 1534 die erste Gesamtausg. der *Bibel.*

Bei seiner Übs. stützte L. sich auf das »gemeine Deutsch« der sächsischen Kanzleisprache, deren Grammatik und Lautstand er mit dem Wortschatz und der Syntax der Umgangssprache verschmolz. Vor jeweiliger Drucklegung Überarbeitung des Ms. zus. mit dem Gräzisten Melanchthon sowie mit dem Hebraisten Matthäus Aurogallus. Prinzip seiner Übs.-Kunst niedergelegt im *Sendbrief vom Dolmetschen* (1530). Berühmt gewordene Stelle, man solle nicht den Buchstaben der lat. Sprache fragen (d. h. wörtlich übersetzen), sondern »den gemeinen Mann auf dem Markt drumb fragen«, »denn die lateinischen Buchstaben hindern aus der Massen sehr, gut deutsch zu reden«.

Ständige Verbesserungen bei den Neuauffl.
Wichtiger Beitrag zu einem volkstümlichen, zugleich künstlerischen und durchgeistigten dt. Prosastil.

1522   Niklas Manuel
              (1480–1530, Schweizer Protestant):
              Vom Papst und seiner Priesterschaft

Fsp. 7 Szenen. Von Bürgersöhnen zu Fastnacht in Bern öffentlich aufgeführt.
Nach einer Flugschrift Gengenbachs *Die Totenfresser.* Dialog-Charakter.
Gehört in die Gruppe der Schweizer Volksschauspiele, die die Tradition des Mysterienspiels und des Fsp. zu dem neuen Typ des Dr. verschmolzen.

Druck 1524.

1524   Achtliederbuch

Slg. geistlicher Lieder durch Luther, vier Lieder von Luther selbst verfaßt. 65 ständig erweiterte Aufll., 1545 *Babstsches Gesangbuch,* letzte von L. besorgte Ausg. mit 105 Liedern.
L.s 41 eigene Lieder haben Psalmen *(Ein feste Burg ist unser Gott,* 1528), Volkslieder (Kontrafakturen wie *Vom Himmel hoch, da komm ich her*), geistliche Volkslieder *(Gelobet seist du, Jesu Christ)* und Kirchenlieder *(Komm, Heilger Geist,* nach: *Veni, sancte spiritus)* zur Grundlage.

1524   **Hans Sachs**
             (Biogr. S. 93):
             Dialoge

Sieben Prosa-Dialoge, davon vier im Druck erschienen. Mit ihnen trat S.
propagandistisch für die Reformation ein. Bekanntester Dialog: *Disputa-*
tion zwischen einem Chorherrn und einem Schuhmacher.
Einfluß der humanistischen Form des Streitgesprächs. Außerdem gab S.
seine Sympathien für Luther vor allem in dem Gedicht *Die wittembergisch*
Nachtigall (1523) kund.

1525   **Niklas Manuel**
             (1480–1530, Schweizer Protestant):
             Der Ablaßkrämer

Fsp., ohne Akt- und Szeneneinteilung.
Der Ablaßprediger Rychardus Hinderlist kommt auf ein Dorf, dessen
Bewohner er früher durch hohe Bußforderungen geschröpft hat. Das inzwischen erwachte Bewußtsein für das Betrügerische des Ablaßhandels
führt dazu, daß ihn die Dörfler, vor allem die Frauen, nach seiner Weige-
rung, das Geld herauszugeben, niederschlagen und foltern, bis er seine
Betrügereien gesteht und das Geld zurückgibt, das sie unter sich verteilen
und dessen Rest sie einem Bettler geben.
Vom Verf. selbst mit einem Titelbild versehen.

M.s spätere Satiren gegen kirchliche Mißstände nähern sich der Form des Dialogs:
Barball (1526), *Testament der Messe* (1528), *Das Chorgericht* (1529).

1527   **Burkard Waldis**
             (1490–1556, aus Hessen, Franziskaner, später Protestant,
             Riga, Wittenberg, Abterode/Hessen):
             De Parabell vam verlorn Szohn

Fsp. 2, Auff. 17.2. in Riga durch Schüler und Bürger. Druck im gleichen
Jahr.
Stoff: das neutestamentliche Gleichnis vom verlorenen Sohn. Der verlore-
ne Sohn, der ohne sein Verdienst begnadigte Sünder (Dogma von der
Rechtfertigung durch den Glauben), sein werkgläubiger Bruder als Inbe-
griff des katholischen Typs. Unpolemisch, volkstümlich. W. wollte die
Derbheiten des Fsp. durch einen geistlichen Stoff zurückdrängen.
Akteinteilung und Chor nach dem Muster des Humanistendr.

1527   **Hans Sachs**
             (Biogr. S. 93):
             Lucretia

Tr. Erste dt. Dramatisierung eines antiken Stoffes. Nicht aufgeführter,
erst 1561 in der Gesamtausgabe gedruckter Versuch S.' auf dem Gebiet

des ernsten Dr. Anregung durch Livius. Erstmalig Verwendung der Bezeichnung Tragedia und Actus. Das Werk besteht nur aus einem einzigen kurzen Akt.

Die Drr. aus S.' Frühzeit behandeln häufig Themen aus der antiken Gesch. und Mythologie, stehen aber formal dem Fsp. noch sehr nahe.

1529   Guilhelmus Gnapheus
(d. i.   Willem van de Voldersgroft, 1493–1568, Den Haag,
Anhänger Luthers):
Acolastus, de filio prodigo comoedia

Lat. Schuldr.; Stoff: neutestamentliches Gleichnis vom verlorenen Sohn. Reiz und Wertlosigkeit der Gaben dieser Welt. Realistisches bürgerliches Charakterdr. ohne konfessionelle Tendenz.
Starke formale Anlehnung an Plautus und Terenz; Prolog, fünf Akte, Epilog, Übernahme stehender Figuren der römischen Kom. Chor in Anlehnung an das Humanistendr.
Erstes biblisches Dr. des Schultheaters, Muster für das katholische wie protestantische Schuldr. 1530 dt. Bearbg. durch Georg Binder, Zürich.

1530   Martin Luther
(Biogr. S. 92):
Etliche Fabeln aus dem Esopo verdeutscht

Quelle: Dt. Äsop, auf lat. Slgg. im Anschluß an Phädrus zurückgehend.

13 Fabeln mit einer Vorrede über den Nutzen der Fabel. Anregung für die protestantische Fabel- und Tier-Dg. des 16. Jh.

Druck erst 1557 in der Gesamtausg. der Werke. Aufnahme in spätere Fabelslgg.

1532   Sixt Birck
(1500–1554, Augsburg, Schweiz, Augsburg; Protestant):
Susanna

Dt. dram. »Historie«, Auff. in Klein-Basel durch junge Bürger.

Stoff: *Gesch. von der Susanna und Daniel* aus den *Apokryphen* der *Bibel.*

Susanna als Muster der treuen Ehefrau (protestantische Wertschätzung der Ehe), gegen die Ehelosigkeit der Geistlichen. Didaktische Haltung. Ausschmückung durch bürgerlich-idyllische Familienszenen. Breite Darstellung der Gerichtsverhandlungen.
Humanistisch-klassisch bei starken volkstümlichen Einflüssen; aktartig gliedernde Chöre in Form von sapphischen Oden.

Als Lehrer in Klein-Basel 1530–1536 schrieb B. dt. Drr., seit 1536 als Rektor in Augsburg lat. Dgg.; 1537 Umformung der *Susanna* zu einer 5aktigen lat. Comoedia tragica.

1534   **Joachim Greff**
(um 1510 bis um 1552, aus Zwickau, Lehrer und Pfarrer in
Magdeburg und Dessau):
Spiel von dem Patriarchen Jakob und seinen zwölf Söhnen

Dt. Schuldr. 5, in Reimpaaren. Auff. in Magdeburg.
Im Vordergrund der Handlung steht die Gesch. Josephs. Programmatische Verarbeitung eines alttestamentlichen Stoffes im formalen Anschluß
an Terenz. Begründung des dt. Schuldr. in Sachsen. Die Handlung dient
dem Beweis einer Morallehre bzw. eines Dogmas.
Geschickte und straffe Fassung des Stoffes. »Gesprochene« Dekorationen.

Nach Abfassung weiterer biblischer Drr. Überarbeitung des ersten Werkes 1540.

1535   **Paul Rebhun**
(1505–1546, Protestant aus NdÖsterreich, Lehrer in Kahla,
Zwickau, Plauen, Pfarrer in Oelsnitz):
Susanna

»Ein geistlich Spiel«. Dt. Schuldr. 5, Auff. am Sonntag Invocavit in
Kahla.

Stoff: *Gesch. von der Susanna und Daniel* aus den *Apokryphen* der *Bibel.*

Susanna als Tugendspiegel und als Beispiel unerschütterlichen Gottver-
trauens. Zahlreiche Familienszenen wie bei Birck. Figuren nicht Individualitäten, sondern Funktionsträger.
Akt- und Szeneneinteilung ohne dramaturgische Funktion. R. verwandte
als erster dt. Dramatiker drei- bis fünffüßige Jamben und Trochäen statt
der Knittelverse. An antike Vorbilder angelehntes Experiment, bei dem
auf den dt. Vers- und Satzakzent Rücksicht genommen werden sollte;
allerdings nur alternierende Versmaße, die R. durch verschiedene Zeilen-
länge variierte. Chöre in kunstvollen Strophenformen.
Realistisch, bürgerliches Zeitkolorit. Der im Grunde noch epischen
Struktur des Dr. entspricht die aus den Gängen von einem »Ort« zum
anderen erkennbare simultane Bühnenform.

Druck 1536.

1538   **Thomas Naogeorg**
(Biogr. S. 92):
Pammachius

Lat. Tr. 1, protestantisches Kampfdr. Widmung an Luther.
Dem unentschiedenen Herrscher steht Pammachius, Verkörperung des
anmaßenden herrschsüchtigen Pfaffentums, gegenüber, der mit dem Teufel im Bunde ist und durch ihn die Tiara erhält. Das Volk wird aufgewie-
gelt, der Kaiser muß sich demütigen. Allegorische Figuren, die Pamma-

chius prüfen sollen, werden von Christus, Petrus und Paulus gesandt. Am Schluß die Hoffnung, daß der Gottesstreiter Theophilus (Luther) alle Sünden sühnen wird.
Starke Farben, oft ungerechte Karikaturen, leidenschaftliches Pathos, ganz aus dem Kampfgeist der Zeit geboren. Einfluß der Antichristlegende: der Papst als Antichrist.

Erste belegte Auff. März 1545 Cambridge, Christ's College. Dt. Übs. 1539.
Forts.: *Incendia seu Pyrgopolinices*, Dr. (1541); Angriffe gegen Erzbischof Albrecht von Mainz und Herzog Heinrich von Braunschweig.

1538   **Georg Macropedius**
           (d. i. Georg von Langenfeld, 1475–1558, Katholik):
           Hecastus

Lat. Schuldr., Auff. in Utrecht.

Quelle: Christian Ischyrius' *Homulus* (1536), lat. Bearbg. des ndld. *Elckerlijk* (1495), dieser wieder auf engl. allegorisches Dr. *Everyman* (Ende 15. Jh.) zurückgehend.

M. entfernt sich in seiner Bearbg. des Jedermann-Stoffes von der ursprünglichen Form der Moralität, die nur theatralische Veranschaulichung einer erweiterten Predigt ist, und gibt ein moralisierendes realistisches Spiel aus dem bürgerlichen Leben. Hecastus ist nicht mehr Jedermann, sondern ein reicher Bürger, der unerwartet vor den Richterstuhl Gottes gerufen wird und den alle Menschen in seiner Todesnot verlassen. Allegorien weitgehend durch realistische Personen ersetzt. Das Ganze hat humanistisch-antikischen Anstrich; Hecastus wird durch Glauben und Reue erlöst, eine fast protestantische Auffassung, derentwegen M. auch angegriffen wurde.
Akteinteilung, Prolog, Epilog; Chöre am Schluß der Akte.

Druck 1539.
Übs. ins Dt. durch Hans Sachs: *Comedi von dem reichen sterbenden Menschen* (1549). Weiterleben des Stoffes in Hugo von Hofmannsthal: *Jedermann* (1911).

ab 1539   **Forsters frische teutsche Liedlein**

Volksliederslg. in 5 Bdd.: viele Gesellschaftslieder.

1540   **Jörg Wickram**
           (Biogr. S. 93):
           Der verlorene Sohn

Dr. 5, Auff. durch Colmarer Bürger unter W.s Leitung. Druck im gleichen Jahr.
Stoff: neutestamentliches Gleichnis vom verlorenen Sohn. Textlich enger Anschluß an Gnapheus/Binder, jedoch Ausweitung des Humanistendr.

im Sinne des schweizerischen Volksschauspiels; Einfluß Gengenbachs.
Volkstümlich, derb; großes Aufgebot an Personen.

1540   **Thiebolt Gart**
                (in Schlettstadt):
                Joseph

Dt. Schuldr. 5, Auff. 1.5. in Schlettstadt durch Bürger.
Beste Gestaltung des viel bearbeiteten Joseph-Stoffes aus dem *Alten Testament* (1. Mose 39). Christus mit Propheten und Aposteln kommentiert als eine Art Chorführer den Gang der Handlung. Ansätze zu psychologischer Gestaltung.

1540   **Thomas Naogeorg**
                (Biogr. S. 92):
                Mercator

Lat. Schuldr. 5.

Jedermann-Stoff. Anregung durch Macropedius' *Hecastus*.

Dem Kaufmann ist der Tod angesagt. Satan und Pfarrer streiten am Bett um die Seele des Kranken, dessen Gewissen schrill in den Streit hineinschreit. Christus schickt schließlich Paulus und den Himmelsarzt Cosmas: Erlösung nicht durch gute Werke, sondern durch Christi Gnade.
Starke Effekte. Einfluß von Motiven des Fsp.

1540/60   **Hans Sachs**
                (Biogr. S. 93):
                Wichtigste dramatische Werke

85 Fspp., beginnend mit *Das Hofgesind Veneris* (1517). Weiterentwicklung der Tradition Rosenplüts und Folz'. Motive der Schwanklit., theatralisch wirksam. Hauptfiguren: der dumme Bauer, die böse Ehefrau, der listige Scholar, der lüsterne Pfaffe. U. a.: *Das Narrenschneiden* (1536), *Der schwangere Bauer* (1544), *Der fahrende Schüler im Paradeis* (1550). Häufige Verwendung des Narrenmotivs.
Weiterentwicklung des seit Rosenplüt literarisierten Spieltyps zum Meistersingerdr., beginnend mit *Lucretia* (1527; vgl. dort). Einfluß des Humanistendr. Antike Stoffe, biblische Stoffe (*Die ungleichen Kinder Evae*, 1553), ma. Stoffe (*Tristrant und Isalden*, 1553; *Der hürnen Sewfried*, 1557), Bearbg. von zeitgenössischen Humanistendrr. (*Hecastus*, 1549) sowie von Terenz und Plautus. Tragödien (61) und Komödien (64) unterscheiden sich voneinander nur durch die Tatsache, ob eine Person stirbt oder nicht.

1548   Burkard Waldis
       (1490–1556, aus Hessen, Franziskaner, später Protestant,
       Riga, Wittenberg, Abterode/Hessen):
       Esopus

Slg. von 400 Fabeln in Reimpaaren.
Unter dem Einfluß des Tierepos breitere Ausführung der Handlung. Zeit-
bezüge, satirisch gefärbt.

1549   Friedrich Dedekind
       (1525–1598, Lüneburg, Protestant):
       Grobianus

Satire in lat. Distichen. Bekämpft die groben Sitten des Zeitalters, indem
diese scheinbar zur Nachahmung empfohlen werden. Die dabei von D.
herangezogene Anstandslit. (Tischzuchten) ist teilweise schon ironisch
gefaßt.
Großer Einfluß, gab der Stilrichtung des Zeitalters den Namen.

Von Kaspar Scheidt 1551 in dt. Reimpaare übertragen und um das Doppelte vermehrt.

1551   Jörg Wickram
       (Biogr. S. 93):
       Gabriotto und Reinhart

R. Originalstoff. Ständischer Konflikt: tragische Liebe zwischen bürgerlichen Jünglingen und zwei Damen des englischen Hochadels.
Bürgerlich, realistisch, lehrhaft.
Beginn einer dt. selbständigen R.-Lit. Anregung vom frz. Unterhaltungs-
R., den Elisabeth von Nassau-Saarbrücken zuerst einführte. W. hatte in
seinem Erstling *Ritter Galmy* (1539), der das weitverbreitete Motiv von
der unschuldig angeklagten Ehefrau behandelt, noch eine frz. Quelle benutzt.

1551   Petrus Lotichius Secundus
       (1528–1560):
       Elegiarum liber et carminum libellus

Schicksal eines Wittenberger Studenten in lat. Gedichten. Schlichte, bürgerliche Welt, wittenbergisches Kleinstadtmilieu in klassischem Gewand.
Dem Liebesglück macht die Niederlage der Protestanten bei Mühlberg
(1547) und der siegreiche Einzug Karls V. in Wittenberg ein Ende, hinter
poetischen Kriegsschilderungen steht die Sehnsucht nach der verlorenen
Idylle. In Südfrankreich findet der Dichter ein Mädchen, das der Witten-
bergerin gleicht, ihm aber durch den Tod entrissen wird. In seinen Klage-
liedern will er mit ihr die Reise zu den Schatten antreten. Lieder an eine
Italienerin bilden den Schluß.

In der Art von Catull und Horaz, die überlieferte Schablone jedoch abgestreift. L. empfindungswahrster Elegiker des dt. Späthumanismus.

1554   Jörg Wickram
          (Biogr. S. 93):
          Der jungen Knaben Spiegel

Erziehungs-R. in dem von W. angestrebten Stil eines neuen künstlerischen R.

Bauernsohn und Adliger gegenübergestellt. Die Einheirat in die Grafenfamilie als Lohn des fleißigen Studierens. Mit dem Schicksal des Grafensohnes zugleich das beliebte Thema vom verlorenen Sohn behandelt. Natürliches, einfaches Leben als Forderung. Bürgerlich, nüchtern, praktisch, realistisch statt höfischer Atmosphäre, fremder Länder, abenteuerlicher Erlebnisse, erotisch Galantem.

Im gleichen Jahre von W. selbst dramatisiert.

1555   Jörg Wickram
          (Biogr. S. 93):
          Rollwagen-Büchlein

Schwankslg.

Vorbild: Poggios *Facetien,* Paulis *Schimpf und Ernst.*

Als Reiselektüre gedacht, rein unterhaltend, pointiert, nicht moralisierend. Verhältnismäßig wenig unsaubere Geschichten, da auch für Frauen bestimmt. Auch einige traurige Geschichten sowie Selbstgehörtes aus Elsaß und Breisgau. Kurze, prägnante Erzählkunst, Streben nach naturalistischem Ausdruck.

Kennzeichnend für eine große Anzahl weiterer dt. Schwankslgg. wie:
1556 Jakob Frey: *Die Gartengesellschaft*
1557 Martin Montanus: *Wegkürzer*
1558 Michael Lindner: *Katzipori*
1558 Michael Lindner: *Rastbüchlein*
1559–1566 Martin Montanus: *Die Gartengesellschaft, 2. Teil*
1559 Valentin Schumann: *Nachtbüchlein*
1563–1603 Hans Wilhelm Kirchhoff: *Wendunmut,* 7 Bdd.

1556   Jörg Wickram
          (Biogr. S. 93):
          Von guten und bösen Nachbarn

Bürgerlicher R.

Gesch. einer bürgerlichen Familie durch drei Generationen. Das Schicksal des Menschen von seinen eigenen Entschlüssen und Handlungen abhängig. Idealbild friedlichen bürgerlichen Lebens.

1557   **Jörg Wickram**
(Biogr. S. 93):
Der Goldfaden

Bürgerlicher R. in dem von Wickram angestrebten neuen Stil, hier geschickt mit beliebten Elementen des höfisch-ritterlichen R. verschmolzen.

Entst. seit 1554.

Liebe zwischen Hirtensohn und Grafentochter, die zum glücklichen Ende führt. Leufried steigt von der Rolle eines Bedienten im gräflichen Hause über Abenteuer und kühne Taten zum Ritterschlag, zum Schwiegersohn des Grafen und zur Erhebung in den Grafenstand auf. Den Goldfaden, den er von Angliana erhalten hat, näht er sich als Liebespfand in eine Wunde auf seiner Brust ein. Schwergewicht auf Leistung und Bewährung des Menschen.

1809 Neuausg. des *Goldfaden* von Clemens Brentano.

1567   **Hans Sachs**
(Biogr. S. 93):
34 Bände seiner Werke

Eigenhändige handschriftliche Zusammenstellung.

4275 Meisterlieder, 73 volksmäßige Lieder, 1700 Reimpaardgg., davon 208 Spiele, 7 Prosa-Dialoge.

S. ist der bekannteste Vertreter der bürgerlichen, nicht gelehrten Lit. des 16. Jh. Er pflegte Meistersang, Reimrede und Dr. nach dem Vorbild des Rosenplüt und Folz. In Epik und Dr. ungeheurer Stoffreichtum: umgreift die ganze ältere und neuere Geschichte und Sage sowie die weitgespannte zeitgenössische Epik, internationale Schwank- und Erzählstoffe. Gute Kenntnis antiker historischer und schöngeistiger Schriftsteller. Oft derselbe Stoff in den drei von ihm beherrschten Gattungen bearbeitet. Ohne die Derbheiten von Folz und Rosenplüt; einfacher, gemütvoller, würdiger. S.' Stärke das Lehrhaft-Satirische in Spruch und Spiel, bei tragischen Gegenständen versagte er.

Im Meistersang benutzte S. den strengen Knittel, bei dem Vers- und Sinnakzent völlig auseinandergehen: weiteste Entfernung vom germ. Versrhythmus. In den Reimreden und Spielen freier Knittel, dort natürlicherer, volkstümlicherer Ton.

Wiederentdeckung durch Goethe; Einwirkung auf ihn in Metrik (Knittel), Stoff *(Legende vom Hufeisen)* und Auffassung von ma. Dg. *(Hans Sachsens poetische Sendung)*. S. und der Meistersang Thema von Richard Wagner: *Die Meistersinger,* musikal. Lsp. (1862).

1569/95   Übs. des frz. Amadis-Romans

24 Bdd., gedruckt bei Feyerabend in Frankfurt/Main. Bd. 6 Übs. von Fischart, die
drei letzten Bdd. frei erfundene dt. Nachbildungen, die ihrerseits wieder ins Frz.
(Ausg. 1615) rückübersetzt wurden.
Amadis, das Vorbild des galanten R., vielleicht in Portugal zu Beginn des 14. Jh.
entst.; der Spanier García Ordóñez de Montalvo schuf um 1490 die endgültige Form
in 4 Bdd., spanische Fortsetzungen erweiterten ihn auf 12, frz. zunächst auf 21
Bdd.

Ritter-R. in der Nachfolge des ma. höfischen R.; der Held sieht hinter
seinen Abenteuern jedoch kein Ziel mehr, er hat keinen Auftrag, und er
ist keiner Gesellschaft verpflichtet. Eigentliches Thema ist die höfische
Liebe. Durch feindlichen wie durch hilfreichen Zauber wird die Aventiure
märchenhaft. Als Zuflucht vor dem verfolgenden Zauberer Arcalaus
bleibt für Amadis und seine Dame Oriane schließlich nur die Insel Fir-
me.
Der gattungbildende *Amadis*-R. bereitete ein neues höfisches, nicht gro-
bianisches Zeitalter vor, schlug eine Brücke vom höfischen MA. zum
Barock. Unbürgerlich, letzter Abglanz ritterlicher Diesseitsfreude, frei-
lich ohne den Geist der mâze und zuht, zum galanten Abenteuer-R. her-
abgesunken.
Goethe mit Bezug auf das abschätzige Urteil des 18. Jh.: »Es ist doch eine
Schande, daß man so alt wird, ohne ein so vorzügliches Werk anders als
aus dem Munde der Parodisten gekannt zu haben« (Brief an Schiller
14. Januar 1805).

1571   Adam Puschmann
(1532–1600, Görlitz, Schüler von Hans Sachs):
Gründlicher Bericht des deutschen Meistergesangs

Poetische und musikalische Theorie sowie Gesch. des Meistersangs. P.
verfaßte außerdem ein handschriftliches Verzeichnis von 300 Meistertö-
nen.

1575   Johann Fischart
(Biogr. S. 91):
Affenteurliche und ungeheurliche Geschichtsschrift vom Le-
ben, Rhaten und Thaten der . . . Herrn Grandgusier, Gargan-
tua und Pantagruel . . .

R.

Quelle und stilistisches Vorbild: das 1. Buch (1534) von François Rabelais' (um
1494 bis 1553) fünfbändigem R. *Gargantua et Pantagruel* (1532–1564).

F. übersetzte Rabelais' Erz. von der Jugend eines Riesen-Königssohnes,
ohne den Gang der Handlung zu verändern. Die Zusätze, durch die F. das
Werk auf den dreifachen Umfang brachte, verlegen lediglich die mora-

lisch-satirischen Partien auf dt. Schauplätze und beziehen sie auf dt. Zustände. Während sich Rabelais' Satire hauptsächlich gegen den rück-
schrittlichen scholastischen Wissenschaftsbetrieb richtete, wandte sich F.
gegen den Sittenverfall, vor allem gegen den Grobianismus. Nach F.s
eigenen Worten ist der R. »ein verwirrtes, ungestaltes Muster der heut so
verwirrten ungestalten Welt«.
Besonderheit von F.s parodistischem Stil sind Wortspiele, Worthäufun-
gen und Wortverdrehungen. Seine schöpferische Sprachverwirrung bedeutete für die Entwicklung der dt. Kunstprosa Fortschritt und Hemmnis
zugleich.

Seit der zweiten Aufl. (1582) der bekanntere Titel: *Affentheurlich naupengeheurli-
che Geschichtsklitterung* . . .

1576   Johann Fischart
          (Biogr. S. 91):
          Das glückhaft Schiff von Zürich

Episches Gedicht über die Fahrt der Zürcher Bürger, die, um ihre Hilfs-
bereitschaft zu zeigen, in einem Tage von Zürich nach Straßburg ruderten
und einen in Zürich gekochten Hirsebrei dort noch warm überreichten.
Geschlossenste, populärste Dg. F.s.

1579   Nicodemus Frischlin
          (Biogr. S. 91/92):
          Frau Wendelgart

Dt. Schuldr. 5. Erstes Dr. F.s in dt. Sprache. Auff. am Stuttgarter Hof.
Stoff aus der heimatlichen Gesch.: Legende um eine Tochter Kaiser Hein-
richs I., die Klausnerin geworden ist und die unter den Bettlern, die sie
speist, den totgeglaubten Mann wiedererkennt.
Synthese aus lat. Schuldr. und dt. Volksschauspiel. Das zuvor im gleichen
Jahr aufgeführte lat. Dr. *Hildegardis* hatte bereits einen Stoff aus der dt.
Gesch., die Verstoßung und Rehabilitierung einer Gemahlin Karls des
Großen, behandelt.

Auch F.s lat. protestantisches Tendenzdr. *Phasma* (1580 aufgeführt, 1592 gedruckt)
enthält eine dt. Szene, dt. Chor und Epilog. Zwei weitere dt. Spiele F.s sind verloren.

1580   Bartholomäus Krüger
          (um 1540 bis nach 1587, Trebbin):
          Spiel vom Anfang und Ende der Welt

Ins Protestantische umgeschriebenes Fronleichnamsspiel, 5, in Knittelver-
sen; Prolog und Epilog.
Gott und Teufel kämpfen in Aktion und Gegenaktion um die Menschen.
Der 1. Akt setzt ein mit Aufstand und Sturz Lucifers, Gründung seines

irdischen Reichs durch Verführung des ersten Menschenpaares; Gottes Erlösungsplan. 2. Akt: Verkündigung der Geburt Christi durch Hirten und Könige; Taufe Christi und Gewinnung der ersten Jünger. 3. Akt: Tod Christi durch des Teufels Werkzeuge, die Pharisäer und Hohenpriester; Christi Höllenfahrt und Erlösung der Seelen, Aussendung der Jünger. 4. Akt: Vertreter des Mönchtums als Teufelsverbündete; der zum Luthertum bekehrte arme Mann Christophorus, der sich ihrer und der Teufel erwehrt. 5. Akt: das Jüngste Gericht.

Reiche Handlung, moralisierend. Selbständige Auffassung von Gott und Welt, kämpferischer, protestantischer Glaube, wie er in dieser Zeit seltener wurde.

Mischung aus Simultanbühne und Guckkastenbühne: Himmel, Hölle und irdischer Schauplatz bleiben nebeneinander bestehen, die Personen treten jedoch auf und verlassen die Szene. Am Ende des 1. Aktes ein grotesker Tanz der Teufel und Hexen; weitere Akt- und Szenenschlüsse oft in Musik, besonders Lieder Luthers, ausklingend.

K. auch Verf. des märkischen Eulenspiegels *Hans Clauert* (1587), Slg. der Schwänke um den Berliner Schlossergesellen H. C.

1580   Johann Fischart
(Biogr. S. 91):
Legende und Beschreibung des vierhörnigen Hütleins

Frz. Quelle.

Satire gegen den vierhörnigen Jesuitenhut, den der Teufel als Krönung seiner Schöpfungen – einhörnige Mönchskapuze, zweihörnige Bischofsmütze, dreihörnige Tiara – in die Welt geschickt habe.

Höhepunkt von F.s gereimten Satiren gegen den Katholizismus, mit denen er 1570 begann; u. a. *Bienenkorb des heiligen römischen Immenschwarms* (1579). Bissige, maßlose Schmähungen, vor allem gegen das Mönchswesen, aus Besorgnis um die Errungenschaften der Reformation. Skurrile Phantasie und Sprachgebung.

1582   Ambraser (auch: Frankfurter) Liederbuch

Früheste erhaltene Ausgabe des Frankfurter (Druckort) Liederbuchs, dessen erste Ausgabe von 1578 verloren ist; benannt nach dem Fundort Schloß Ambras/Tirol.

262 Lieder ohne Melodien. Volkslieder, wenig Gesellschaftslieder.

Weitere Ausgg. des *Frankfurter Liederbuches* aus den Jahren 1584 und 1599 erhalten.

Wichtige Quelle für Uhland: *Alte hoch- und niederdeutsche Volkslieder* (1844).

1582/83   Nicodemus Frischlin
(Biogr. S. 91/92):
Julius Redivivus

Lat. Schuldr. 5, Auff. in Tübingen.

Cäsar und Cicero kommen aus der Unterwelt nach Dld. zu Hermann, dem Enkel des Armin, und zu Eobanus Hessus; sie erheben dt. Politik und Wirtschaft, Wissenschaft und Dichtkunst über die Frankreichs und Italiens, die F. durch einen Savoyarden und einen ital. Kaminkehrer repräsentieren läßt. Die Trunksucht als dt. Nationallaster. Satirische Partien nach dem Muster des Aristophanes.
Merkur als Prolog, Pluto schließt das Dr.

Druck einer überarbeiteten Fassung 1585; Auff. 1585 in Stuttgart am Württembergischen Hof.

1583   Luzerner Passionsspiel

Kürzeres Ostersp. für Mitte 15. Jh. erschließbar, fragmentarisches Sp. von 1545 erhalten. Vorlage für das ältere Luzerner Passionsspiel war eine nicht überlieferte Fassung des sog. *Donaueschinger Passionsspiels*.

Höhepunkt der Entwicklung des Spiels, das in der Bearbg. von Renwart Cysat 10 914 Verse enthielt und dessen Auff. 2 Tage dauerte. C.s Pläne mit Skizzierung der Spielorte auf dem Weinmarkt in Luzern erhalten. Biblische Ereignisse von der Schöpfung bis zur Erscheinung Christi vor den Jüngern. Akteinteilung (im 16. Jh. eingeführt).

Letzte Auff. 1616; das Spiel wurde durch das Jesuitendr. verdrängt.

1587   Buch der Liebe

Slg. von Rr., bei Feyerabend in Frankfurt/M. erschienen.

Enthält: *Kaiser Oktavian, Die schöne Magelone, Ritter Galmy, Herr Tristam, Camillus und Emilia, Flor und Blancheflor, Theagenes und Chariklea, Gabriotto und Reinhard, Die edle Melusina, Der Ritter vom Thurn, Ritter Pontus, Herzog Herpin, Herr Wigalois vom Rade*.

Auflösungen alter Versepen, Übss. frz. Chansons de geste, Originalwerke. Die am meisten gelesenen Liebesgeschichten des 16. Jh.

1587   Historia von D. Johann Fausten

Anonym. Erschienen bei Spieß in Frankfurt/M.
Zurückgehend auf die Faust-Sage, die bereits zu Lebzeiten des hist. Faust entstand.

Georg Faust (um 1480 bis um 1540) hielt sich in Universitätsstädten wie Heidelberg, Wittenberg, Erfurt und Ingolstadt auf und trieb die Modewissenschaften seiner Zeit, Medizin, Astrologie, Alchimie, bis zur Scharlatanerie.

Das Volksbuch erzählt von Fausts Theologie- und Medizinstudium, der Beschäftigung mit Zauberei, dem Bündnis mit dem Teufel, der Faust seinen Geist Mephistopheles als Diener gibt. Es kennt bereits den Famulus Wagner, das Erscheinen Helenas als eines Buhlteufels (succubus), den gemeinsamen Sohn Justus. Faust wird nach Ablauf der Frist vom Teufel erdrosselt.

Unter lutherischem Gesichtspunkt geschrieben, läßt den Gegensatz von Renaissance und Reformation erkennen: Faust als warnendes Beispiel für den frevntlichen Wissensdurst des Humanismus und des renaissancehaften Genußmenschen gesehen; ein Gegenbild Luthers.

Weitere Fassungen des Volksbuches: von Georg Rudolf Widmann (1599), Johann Nikolaus Pfizer (1674) und dem »Christlich Meynenden« (1725).

In England wurde die Sage durch Christopher Marlowe dramatisiert (*Tragical History of Doctor Faustus*, 1588). Hier bereits wurde Faust zum titanischen Frevler, der in einem Monolog sich von der Wissenschaft der vier Fakultäten ab- und der Magie zuwendet. Helena als Urbild klassischer Schönheit.

Mit den engl. Komödianten wanderte das Dr. nach Dld. und wurde Volksschauspiel, aus dem im 17. Jh. ein Puppenspiel entstand.

In Lessings (bis auf Bruchstücke verlorenen) Plänen zu einem Faust-Dr. (1755 bis 1767) tauchte zum erstenmal die Idee einer Rettung Fausts auf.

1587   Jakob Gretser
(1562–1625, aus Markdorf, Jesuit in Innsbruck, Freiburg/Schweiz, Ingolstadt):
Dialogus de Udone Episcopo

Lat. Jesuiten-Dr.

Entst. für das Schultheater in Freiburg/Schweiz. Stoff: Legende aus dem 12. Jh. vom Aufstieg, lasterhaften Leben und Höllensturz des Erzbischofs Udo von Magdeburg.

Der Held verfällt allen Mahnungen zum Trotz dem Bösen. Ehrgeiz und weltliches Machtstreben sind sein Untergang. Kampf allegorischer Gestalten um seine Seele. Vorbild für Bidermanns *Cenodoxus*.

Dram. Frühform des »Dialogus«. Angleichung an schweizerische volkstümliche Theatertradition. Knapper Dialog (600 Verse).

1598 Umarbg. zum dreiaktigen Dr. für die Münchener Jesuitenbühne (kubische Simultanbühne) durch G. selbst oder den Rektor des Münchener Kollegiums, Mattäus Rader. Zügig fortschreitende Handlung, psychologische Motivierung. Wiederholt aufgeführt.

1595   Georg Rollenhagen
(1542–1609, Wittenberg und Magdeburg, Protestant):
Der Froschmäuseler

Politisch-satirisches Epos.

Anregung: die griech., fälschlich dem Homer zugeschriebene *Batrachomyomachia*, die die ernste Sprache der Heldenlieder auf einen Krieg zwischen Fröschen und

Mäusen überträgt. Stilistisches und stoffliches Vorbild das Tierepos in Versen *Reinke de Vos* (1498).

Etwa 20000 Reimverse. Lange Entstehungszeit seit 1571.
Der Froschkönig Bausback will dem Mäuseprinzen Bröseldieb sein Reich zeigen, schwimmt mit ihm auf dem Rücken durch einen Fluß, taucht vor einer Schlange unter, so daß der Mäuseprinz ertrinkt. Daraus entsteht ein Krieg, in dem die Mäuse unterliegen.
R. hat die Schilderung des Tierreiches zum Weltbild zu erweitern gesucht, eine allegorische Geschichte der Reformation eingebaut. Satire ohne Aggressivität und große Komposition, löst sich in Kritik einzelner Fehler und einzelne Tierfabeln auf. Die Tiere sind Menschen in Tiermasken. Gelehrt und lehrhaft.

R. war auch Verf. mehrerer Schuldrr.

1598   Die Schiltbürger

Schwankhafte Erz., anonym. Bearbg. einer ursprünglichen Fassung *Das Lalebuch* (1597, Straßburg), das von der Bearbg. verdrängt wurde; Verlegung der Handlung von Laleburg nach Schilda. Verfasserfrage für beide Fassungen ungeklärt.
Die Bürger von Schilda simulieren Torheit, um ihre Weisheit zu verbergen und sich dem Herrendienst zu entziehen, bis ihnen die Narrheit zur zweiten Natur wird und sie aus Sorge um ihre Stadt diese zerstören.

Weiterleben des Stoffes: J. v. Voss (R. 1823); F. Lienhard (Dr. 1900).

1602   Kurze Beschreibung und Erzählung von einem Juden mit Namen Ahasver

Quelle: eine wahrscheinlich weit zurückreichende Legende, zum erstenmal faßbar in *Chronica Maiora* des engl. Mönchs Matthäus Parisiensis (13. Jh.), von dem sie auf einen Türhüter des Pilatus bezogen wurde.

Gesch. des Juden Ahasver, der Christus beim Verhör des Kaiphas geschlagen hat und deshalb zu ewigem Wandern verdammt ist. Früh als Symbol des jüdischen Volkes gedeutet.

Weiterleben des Stoffes: Goethe: *Der ewige Jude,* Fragment (1774); Eugène Sue, R. in 10 Bdd. (1844–1845); Robert Hamerling: *Ahasver in Rom,* Epos in Versen (1866).

1600–1720   Barock

Um 1600 war die Überführung der humanistischen Kunstdg. in die dt. Sprache abgeschlossen. Nach dem stofflichen und stilistischen Durcheinander brachte Opitz' Reform ein Ordnung suchendes und Ordnung gebendes Prinzip in die dt. Lit. Im 16. Jh. standen die Ansätze zu moderner Kunst noch neben ma. Resten; diese wurden nunmehr ausgeschieden, die

Voraussetzungen zu einem verhältnismäßig geschlossenen Kunststil geschaffen. Damit war der entscheidende Schritt zur Überwindung der »lat. Tradition« getan, auf der die kulturelle Einheit des christlichen ma. Abendlandes beruht hatte.

Zum Wort »Barock« vgl. portug. barroco = schiefrunde Perle, den ital. Künstler Barocci, ital. baroco = Figur des Syllogismus. Es bezeichnete übertriebene, verzerrte Erscheinungen des Lebens und der Kunst und wurde erst im letzten Jahrzehnt des 18. Jh. in bezug auf die bildende Kunst des 17. Jh. gebraucht. Aus klassizistischer Sehweise hatte es einen abschätzigen Sinn. In die neuere Wissenschaft führte es als Stilbegriff Jacob Burckhardt ein.

Die Barocklit. wurde in den 20er Jahren des 20. Jh. im Zeichen des Expressionismus neu erschlossen. Die Betonung ihres expressiven und subjektiven Charakters schwächte sich in der Folgezeit ab, als man die artistischen Aspekte sowie den bestimmenden Faktor überpersönlicher Traditionen und Konventionen erkannte. Als Epochenbezeichnung wird der Begriff Barock für gültig angesehen, als Stilbegriff gilt er für zu weitschichtig und uneindeutig (Richard Alewyn).

Die ersten Jahrzehnte des 17. Jh., die Zeit Opitz', sind als »vorbarocker Klassizismus« (Richard Alewyn) abgeteilt worden. Sie bilden dann einen Auftakt, während der eigentliche Barock in den 40er Jahren beginnt. Die Reform und die Anregungen Opitz' andererseits haben die Folgezeit so stark geprägt, und die Dichter des Barock haben Opitz so sehr als ihren geistigen Vater empfunden, daß man auch von einem weiteren und einem engeren (nach 1640) Typus des Barock gesprochen hat (Herbert Cysarz). Barocke Züge finden sich schon im 16. Jh., vor allem unter den Neulateinern. Nicht alle lit. Erscheinungen des 17. Jh. fügen sich restlos dem dominierenden Stiltyp ein (Logau, Lauremberg, Grimmelshausen, Moscherosch). Zwischen dem weltanschaulich bestimmten Reformationszeitalter und der vom Philosophischen ausgehenden Aufklärungsepoche liegt die ästhetisch bestimmte Epoche von Opitz bis zu Weise und Günther, die einheitlich umschreibbar ist. Vom weltanschaulichen Gesichtspunkt her ist der Barock auch Kunst der Gegenreformation genannt worden. Schließlich hat man die Schaffung einer einheitlichen Schrift- und Dichtersprache als zentrale Leistung der Epoche, die ihren Endpunkt dann in Gottsched hat, angesehen (Richard Newald).

Das Zeitalter des Barock war politisch durch den Dreißigjährigen Krieg bestimmt. Pessimismus, Todesangst und Lebenshunger haben in diesem eine ihrer Wurzeln. Im allgemeinen trat das Gefühl der politischen Zusammengehörigkeit hinter dem der konfessionellen zurück: Überfremdung durch die zahlreichen ausländischen Truppen und Einflüsse; nur gelegentlich auch nationale Empfindungen (Moscherosch, Logau, Lauremberg, Rist). Die politische Form Dld.s war eine Mischung von Imperium und föderativem Staat, wobei die Föderation der einzelnen Glieder verschieden war. Der auf die Theorien Machiavellis (*Il Principe*, entst. 1513, Druck 1532) gestützte Absolutismus herrschte im Bereich des Staates wie der Kirche. Die patrizische Kultur des 16. Jh. wurde durch die der Höfe abgelöst, die Territorialstaaten etablierten sich und zogen Teile des Gelehrtenstandes wie des Adels als Hofbeamten an sich, die zu Hauptträgern einer aristokratisch-repräsentativen Kultur wurden. Als Leitfaden der Hofweisheit galt des span. Jesuiten Baltasar Gracián *Oraculo manual y arte de prudentia* (1647). Auch die Natur wurde in die höfische Konvention einbezogen (Schäferdekor, Eremitagen); sie bekam sinnbildliche Bedeutung und ergab einen Fundus der Metaphorik.

Ein besonderes Verhältnis zum Tode kennzeichnet den Barockmenschen. Er stand unter dem memento mori wie die Vertreter der von der kluniazensischen Reform beeinflußten Lit. des 11. Jh. Während aber dort der Todesgedanke einer völligen inneren Ausrichtung auf das Jenseits, einer aufrichtigen Askese und Verachtung des Diesseits entsprang, war im Barock der Todesgedanke aus dem Lebenshunger geboren; die Grauen des Krieges riefen die Vergänglichkeit des Irdischen ins Bewußtsein. Dem auffälligen antithetischen Grundzug der Zeit folgend, schuf man sich in christlichem Stoizismus ein Gegengewicht zu Lebensgenuß und Leidenschaft.

Das gesamte Zeitalter war stark religiös: Katholizismus und Protestantismus entwickelten religiöse Lit., die weniger tendenziös war als im 16. Jh. Aber auch das Religiöse unterlag weitgehend dichterischer Konvention: religiöse Gelegenheitsdg. Nur selten hat sich die Religiosität ihre eigenen Formen geschaffen (Spee, Scheffler). Durch die religiösen, individualistischen Kräfte wurde der Barock von innen her allmählich aufgelöst.

Die große mystische Linie des MA. wurde in dem Werk des Protestanten Jakob Böhme (1575–1624) fortgeführt. Der Begriff der unio mystica wurde erneut fruchtbar gemacht in einer durchaus kontemplativen Mystik: »Wer in diese Gelassenheit eingeht, der kommt in Christo zu göttlicher Beschaulichkeit, daß er Gott in ihm sieht und mit ihm redet und Gott mit ihm, und versteht, was Gottes Wort, Wille und Wesen ist.« (*Aurora oder Morgenröte im Aufgang*, 1612; *Schriften*, 1682). B.s Sprache ist fern von aller barocken Manier, wird Ausdruck für Empfindung und Erlebnis des Göttlichen. Popularisator der Böhmeschen Gedanken war Abraham von Franckenberg (1593–1632). In der Dg. des 17. Jh. ist diese ma. Mystik vertreten durch die Protestanten Daniel Czepko von Reigersfeld und Catharina Regina von Greiffenberg sowie durch den Katholiken Spee und den Konvertiten Scheffler, in denen der Katholizismus der Gegenreformation dichterische Kräfte besaß, die auch über den katholischen Bereich hinaus wirksam waren. Scheffler selbst fußte auf Böhme. Sein »wesentlich werden« heißt das Göttliche in sich pflegen, sich zum Göttlichen erweitern.

Die Gefühlsmystik wurde erst gegen Ende des Jh. im Pietismus August Hermann Franckes (1663–1727) und Philipp Jakob Speners (1635–1705) wiederbelebt. Der Pietismus war anfänglich in seinem Kampf gegen die Orthodoxie im Bunde mit der Aufklärung. Deren erster Vorkämpfer

Christian Thomasius (1655–1728) führte 1687 dt.-sprachige Vorlesungen an der Universität Leipzig ein und gab in den *Monatsgesprächen* 1688 f. die erste unterhaltende Zs. in dt. Sprache heraus. Die Franzosen waren ihm Muster dafür, wie man nationale Sprache und Lit. pflegt.

Von diesen beiden Strömungen, der individualistisch-pietistischen Frömmigkeit und den demokratisch-pädagogischen Gedanken der Aufklärung, wurde die Epoche des Barock abgelöst.

Der Schriftsteller des 17. Jh. brauchte die Stütze des fürstlichen Mäzenatentums, verlor aber dadurch einen Teil seiner geistigen Freiheit und objektiven Sicht. Der Auftraggeber wurde weltanschaulich bestimmend; Gesinnungswechsel entsprach häufig dem Dienstwechsel. Vielfach waren die Höfe jedoch echte musische Zentren und boten den Künstlern oft bessere Entfaltungsmöglichkeiten als die bürgerlich verwalteten Städte. Die aus Standespflicht und aus Neigung betriebene Kunstpflege auch der kleineren Fürsten führte zur Einrichtung von anderenorts nicht vorhandenen Etats für den Unterhalt von Künstlern. Betriebsamkeit, überterritoriale Beziehungen und ein gewisses Maß von Glanzentfaltung schufen eine Atmosphäre, die befruchtender wirkte als kleinstädtische Enge und dem Inhalt und Stil der barocken Kunst entgegenkam, indem sie ihr Beispiele an die Hand gab. Reinste Ausprägung der Hofkunst zeigte Wien. Habsburger Barock, von Spanien her beeinflußt, bestimmte nicht nur den österreichischen, sondern auch den schlesischen Barock. Dresden, München, Stuttgart, aber auch kleinere und kleinste Höfe vor allem Süd- und Mitteldeutschlands wirkten als Sammelpunkte und Umschlaghäfen der Lit. Außerdem haben Hamburg und Nürnberg und die – von Dresden nicht unabhängige – Messestadt Leipzig einen Bürgerbarock entwickelt.

Die Dg. erhielt durch ihre höfischen Zentren und Auftraggeber öffentlichen, repräsentativen Charakter. Auch ihre Inhalte, ihre Gestalten, ihr Milieu und ihre Sprache waren überwiegend der höfischen Sphäre entnommen. Oft waren, kaum verhüllt, Ereignisse und Gestalten zeitgenössischer Höfe Gegenstand der Dg., aber auch eine Szenerie, die der Antike oder dem Orient entnommen war, erschien höfisiert. Die mit wenigen Ausnahmen bürgerlichen Träger der Lit. stellten also eine Welt dar, von der sie zwar häufig gute Kenntnis besaßen, die aber nicht eigentlich die ihre war. Das mag den mitunter bis zur Blässe illusionären Charakter der höfischen Lit. verstärkt haben. Echte Nähe zur »Staatsaktion« dagegen ist am Werk Herzog Anton Ulrichs von Braunschweig spürbar.

Es gab jedoch auch eine un- oder gegenhöfische Lit.-Strömung. Sie setzte die moralisierende und satirische Lit. des 16. Jh. fort und leitete sie zu verwandten Erscheinungen des 18. Jh. hinüber. Nicht-à-la-mode-Lit. schrieben Moscherosch, Rist, Schottelius, Logau. Den picarische R. Grimmelshausens bedeutete zwar keinen antihöfischen Gegenschlag des auch auf dem Gebiet des höfischen R. tätigen Autors, aber Mobilisierung eines als lit. Unterströmung lebendigen volkstümlichen Erzählgutes.

Auch die von mystisch-pietistischem Gedankengut bewegten Autoren standen der höfischen Kunst fern.

Durch ihr humanistisches Element wurde die Dg. wie schon in der Renaissance auf eine kleine gebildete Schicht beschränkt. Gelehrtheit bildete noch immer die Grundlage des Dichterberufs (vgl. Opitz: *Poeterei*). Daher waren die lit. Gesellschaften in erster Linie wissenschaftliche und Sprachgesellschaften. Sie standen unter Führung meist fürstlicher Persönlichkeiten (Blut- und Geistesadel nebeneinander), sie machten sich die Pflege der Sprach- und Dichtkunst zur Aufgabe. Für ihre Mitglieder bestand der Zwang zum Gebrauch der dt. Sprache in der Dg., Grobianismus, Fremd- und Dialektworte wurden bekämpft. Auf diese Weise waren Lit. und Gelehrsamkeit Bindemittel über die ständischen, staatlichen und religiösen Spaltungen hinweg, ihre Träger formierten sich als exklusive, kosmopolitische und konfessionell verhältnismäßig tolerante Gruppe.

Vorbild für die Sprachgesellschaften des 17. Jh. war die 1583 in Florenz gegründete Accademia della Crusca, deren *Vocabulario* (1612) das erste einsprachige normative Lexikon einer lebenden Sprache war. Die wichtigsten Sprachgesellschaften in Dld.: Heidelberger Dichterkreis (Wende vom 16. zum 17. Jh.): Melissus Schede, Weckherlin, Zincgref, Opitz.

Fruchtbringende Gesellschaft oder Palmenorden (1617–1680, Sitz in Weimar, dann Köthen): Ludwig von Anhalt, Opitz, Harsdörffer, Moscherosch, Rist, Zesen, Logau, Gryphius. Die Mitglieder erhielten als Zeichen der Gleichrangigkeit Decknamen.

Königsberger Kreis (1630–1650): Dach, Albert.

Nürnberger Kreis »Pegnitzschäfer« oder »Pegnesischer Blumenorden« (seit 1644): Harsdörffer, Klaj, Birken, Rist, Schottelius.

Teutschgesinnte Genossenschaft (seit 1642, Hamburg): Zesen, Harsdörffer, Klaj, Moscherosch, Birken, Joost van den Vondel. Gliederung in »Zünfte«.

Elbschwanenorden (um 1658–1667, Lübeck): Rist, G. W. Sacer.

Aufrichtige Tannengesellschaft (seit 1630, Straßburg): Schneuber.

Die Lit. des Südens und Westens war katholisch, die des Nordostens protestantisch bestimmt. Im 17. Jh. war der Anteil der dt. Stämme an der Lit. ziemlich gleichmäßig, nur Schlesien trat mit einer Reihe wichtiger Vertreter besonders hervor.

Dem Verfall der äußeren Form im 16. Jh. setzte der Barock eine Überbetonung der Form entgegen. Sie begann bei Opitz mit einer »uniformen Gebärde, ohne individuelles Antlitz«, einem die Antike nachahmenden »vorbarocken Klassizismus« (Richard Alewyn). In den 40er Jahren wurde dieses Schema durchbrochen, um einer größeren inneren und äußeren Bewegtheit Platz zu machen.

Der Barock häufte, türmte, variierte die antiken Kunstformen und Bilder, übertrumpfte den klassischen und klassizistischen Stil. Er liebte das Gesuchte, Manierierte, die Allegorie, einen »Ausdruck der Konvention«, nicht eine »Konvention des Ausdrucks« (Walter Benjamin). Allegorische Parallelen dienten zur Ausdeutung der poetischen Bilder, die nicht subjektiv, sondern am Gegenständlichen orientiert waren. Die durch Parallelsetzung erstrebte gegenseitige Erhellung der geistigen und der sinnlichen Welt ist das Wesen der »Emblematik«, die als Stilmittel und Bedeutungsträger in allen Dichtungsgattungen verwendet wurde. Auch diese auf der Kenntnis eines traditionsreichen Systems von Beziehungen und Bedeutungen beruhende Kunst emblematischer Anspielung und Verweisung, die dem heutigen Leser abstrakt und hermetisch erscheint, zeigt die Gebundenheit der barocken Lit. an ältere Kunstauffassung.

Überzeugende Ausformung haben barocke Stilprinzipien in Musik- und Bildkunst sowie im Theater gefunden, hinter denen die Lit. zurücktrat. Im katholischen Süden herrschte das visuelle bildnerische Prinzip vor, während im Norden das Wort stärker zur Geltung kam; der sächsisch-thüringische Raum war auf musikalischem Gebiet besonders produktiv. Verschmelzung aller drei Künste in der Oper, die der Tendenz zum Gesamtkunstwerk entgegenkam. Eine Verschmelzung der Dg. mit Musik und Malerei strebten die Nürnberger für die Lyrik an. Das Bestimmende der Bildkunst wird auch im Grundsatz ut pictura poesis deutlich (von Lessing wurde die »malende Dichtkunst« im *Laokoon* abgewertet).

Das 17. Jh. verlangte vom Dichter die Beherrschung des technischen Könnens.

Die Poetiken der Renaissancezeit hatten sich nur auf die lat. Dg. bezogen. Auch für die Poetiken des Barock sind die sieben Bücher der Renaissance-Poetik Julius Caesar Scaligers (1484–1558) das Vorbild. Die Erkenntnis von der Notwendigkeit einer Poetik für die dt. Sprache ist Opitz' Verdienst. Ihm folgte Zesen *Dt. Helicon* (1640 bis 1641), Justus Georg Schottelius *Dt. Vers- und Reimkunst* (1645), Harsdörffer *Poetischer Trichter* (1647–1653), August Buchner *Anleitung zur dt. Poeterei* (1665), Birken *Dt. Rede-, Bind- und Dichtkunst* (1679).

Höhepunkt der barocken Stilentwicklung war der Manierismus, eine europäische rhetorische Methode der Überfeinerung und Gesuchtheit.

In Italien wurde der spätbarocke Stil nach seinem Schöpfer und Theoretiker Giambattista Marino (1569–1625; *Adonis* 1623, *Der bethlehemitische Kindermord* postum 1633) bezeichnet; Wirkung auf die dt. Barockdg. Manieristischen Stil vertraten in Spanien: Luis de Gongora (1561–1627; Gongorismus, Wirkung auf Calderon); in England: John Lyly: *Euphues, Die Anatomie des Witzes* (1578; Euphuismus, wirksam in Shakespeares Jugendwerken); in Frankreich: das Preziösentum (vgl. Molières Angriffe in dem Lsp. *Les précieuses ridicules,* 1659).

In Dld. läßt sich dem Manierismus der sog. Schwulst zuordnen, polemische Bezeichnung der Aufklärung, bes. Gottscheds, für die Pegnitzschäfer, die Zweite Schlesische Schule sowie H. A. v. Zigler und Kliphausen.

Im Barock schloß sich die dt. Lit. nach der Sonderentwicklung im 16. Jh. wieder an die gesamteuropäische Lit. an. Viele europäische Länder hatten – durch keine geistig-religiösen Spaltungen in ihrem Wachstum gehindert – eigensprachliche Renaissancedg. von starker künstlerischer Kraft entwickeln können. Jetzt wurde Dld. zum Sammelbecken europäischer Kultureinflüsse.

Allen drei Lit.-Gattungen gemeinsam sind die antiken Ornamente und Motive, verbunden mit christlichem Gehalt, der Dualismus zwischen ausschweifendem Leben und Askese.

Die Lyrik war Gesellschaftslyrik, nicht Erlebnislyrik; Gedichte sind »gemacht«. Man »machte« sie in Herz-, Dreiecks- oder anderer Form. Abseits stehen die religiöse Lyrik und das Kirchenlied. Sie zeigen eine Entwicklung zum Ich-Stil, der über den Barock hinausführte.

Die dt. und die lat. Lyrik des 16. Jh. hatten sich auf verschiedenen Ebenen bewegt. Die lat., durch die antike Dg. geistig vorgeprägt, wurde früher als die dt. durch Wiederholung und Überformung barock aufgebläht. Entscheidenden Einfluß auf die Barockisierung der dt. Lyrik hatten Ronsard (1524–1585) und die frz. Pléiade. Der erste dt. Dichter, bei dem sich der Einfluß dieser frz. Gruppe zeigte, war Paul Melissus Schede. Daneben waren ital. Vorbilder wichtig für die Einführung kunstvollerer Formen in die dt. Lyrik (Regnarts *Villanellen*, 1576). Durch Opitz wurde die formelhafte Stilrichtung des Petrarkismus herrschend.

Entsprechend der Anweisung von Opitz gab es zunächst nur jambische und trochäische Versmaße. Zesen führte dann mit *Frühlingslust* (1642) und *Dichterisches Rosen- und Liljenthal* (1670) praktisch und August Buchner in *Anleitung zur dt. Poeterei* (1665) theoretisch daktylische und jambisch-daktylisch gemischte Versmaße ein.

Zu den häufig verwendeten Formen der Lyrik gehört das Epigramm; das antike Vorbild war Martial (43–104), das zeitgenössische der Neulateiner John Owen (1560–1622). Zu antithetischem Charakter neigt auch das Sonett, das Opitz durchsetzte.

Das Barocktheater war in erster Linie Schau. Schauspieler und Inszenierung traten in den Vordergrund, gestützt von den technischen Mitteln der sich durchsetzenden Illusionsbühne. Besonders die Oper repräsentierte barocke Prachtentfaltung und die Verschmelzung der Künste. Antikes Vorbild des Barockdr. war Seneca (2–66). Das Dr. des Andreas Gryphius wurde hauptsächlich von religiösen Impulsen getragen, und häufig decken sich weltlich-politische und glaubensmäßige Pflichten. Für die Herrscherfiguren seiner Drr. fällt das Wohl des Staates, den sie von Gottes Gnaden regieren, mit dem Wohlverhalten gegenüber Gott zusammen: Katharina von Georgien und Karl Stuart sind zugleich Opfer ihrer Staatsauffassung und Märtyrer ihres Glaubens. Wie im höfischen R. ist Fortunas Gewalt, meist in höfischer Intrige verkörpert, das widergöttliche Prinzip. Allerdings fehlt der romangemäß illusionistische irdische Sieg der Tugend. Bei Lohenstein kündigte sich mit der Betonung der Vernunft als entscheidender Tugend die Säkularisierung des Herrscher- und Helden-Bildes an; bestimmende Macht bleibt das Verhängnis.

Der Masse der für den Schulgebrauch und für höfische Feste geschriebenen dt. Drr. stand eine mindestens ebenso große Fülle der besonders im

Süden Dld.s verbreiteten lat. Jesuitendrr. gegenüber, die im Zusammenhang mit der europäischen Jesuitendramatik gesehen werden müssen. Das
Jesuitendr. ging wie das protestantische Schuldr. vom Humanistendr. aus
und hatte parallele pädagogische Ziele. Stark dynamisch, der Höhepunkt
immer am Ende: Erlösung oder Verdammung durch Gott. Aus der großen Zahl der Autoren ragen Gretser, Bidermann, Avancini, Masen, Balde, der Benediktiner Simon Rettenpacher hervor.

Neben dem Sprechdr. spielte das durch Opitz' *Dafne* in den Kanon der lit.
Gattungen aufgenommene Operntextbuch eine von moderner Forschung
erst seit jüngster Zeit berücksichtigte Rolle. Nicht nur das rein quantitative Gewicht der Oper als der spezifisch höfischen Gattung theatralischer
Unterhaltung veranlaßte neben mehr handwerklich produzierenden Li-
brettisten auch Dichter zur Schaffung von Operntextbüchern, sondern
auch der lit. Reiz der Gattung. Die Anpassung an die Erfordernisse der
Musik eröffnete Möglichkeiten, die das Dr. nicht bot. Die frühe Lieder-
oper verlangte lyrisch-liedhafte Texte auch volkstümlicherer Art, und die
Rezitative sowie die in der voll entwickelten Barockoper zentralen Arien
gaben den Autoren die Möglichkeit, vielfältige, leichtere und effektvolle-
re Metren auszuprobieren, die aus der Alexandriner-Tr. ausgeschlossen
waren. Schon Opitz hatte für die Arien in der *Dafne* trochäische Kurzverse verwendet. Viele der bedeutenderen, auf dem Gebiet des Dr. tätigen
Autoren haben durch Textbücher Anteil an der Schaffung und Durchsetzung der neuen Kunstgattung der Oper (Beer, v. Birken, Buchner, Dach,
Hallmann, Harsdörffer, Anton Ulrich von Braunschweig, Klaj, v. König,
Reuter, Rist, Schottelius, v. Zigler und Kliphausen).

Die Werke einiger Dramatiker wie Ayrer, Heinrich Julius von Braun-
schweig, Gryphius zeigen den Einfluß der engl. Komödianten, die seit
dem letzten Viertel des 16. Jh. Dld. bereisten und in deren Aufführungen
Shakespeare barockisiert erschien. Gryphius stand außerdem unter dem
Einfluß des Theaters der Niederlande (Rederijkerbühne), den er nach
Dld. weitertrug.

Im Rederijkertheater war das einheimische Handwerkertheater mit Einflüssen der
engl. Komödianten verschmolzen; es hatte seinen stärksten Dramatiker in Joost van
den Vondel (1587–1679).

Der letzte Dramatiker des Barock, Christian Weise, griff auf Elemente
aus dem 16. Jh. zurück (Satire, Narrenmotiv) und leitete zu einer neuen
Epoche über. Er stand jedoch dem Fsp. näher als dem Dr. des 18. Jh.
Auch sein Zeitgenosse Christian Reuter verwendete Motive des humanistischen Zeitalters (Studentenleben).

Die Epik hatte ihre Hauptverbreitung auf protestantischem Gebiet. Die
kürzeren epischen Gattungen traten zurück, der umfangreiche, auf universale und moralische Bildung zielende R. herrschte vor (»toll gewordene Realenzyklopädien«, Eichendorff).

Das Häufen und Aufschwellen, das den barocken Stil kennzeichnet, war im R. bereits karikaturistisch bei Fischart Ende 16. Jh. verwendet worden.

Der höfische Barock-R. geht letzlich auf den frz. *Amadis*-R. zurück. Elemente dieses ritterlichen R. hatte Marin Le Roy de Gomberville in seinem *Polexandre* (1632–1637) mit den sentimentalen des Schäfer-R. verschmolzen; dabei verloren beide Gattungen den rückwärtsgewandten Charakter, das distanzierende Kostüm. Der so entstandene sog. heroisch-galante R. wurde durch La Calprenède in *Cassandre* (1642) und *Cléopâtre* (1648) und durch Madeleine de Scudérys *Cyrus* (1648 bis 1653) weiterentwickelt. In dem Werk der Scudéry verwuchs der heroisch-galante R. mit dem Staats-R., der ursprünglich rein politische Ziele hatte und dessen Vorbild der von Opitz 1626 übersetzte lat. R. *Argenis* von John Barclay war. Die maßgebende R.-Theorie schrieb Pierre-Daniel Huet (*Traité sur l'origine des romans,* 1670).

Die Stoffe der dt. Barock-Rr. waren fast durchweg historisch und haben Könige, Feldherren, Heroen und hohe politische Persönlichkeiten als Hauptpersonen. Die Gesch. bot dem Dichter, wie für das Dr., eine Exempelslg. schrecklicher Ereignisse, und je höher ein Mensch in der gesellschaftlichen Rangordnung stand, um so bemerkenswerter schien sein Schicksal, um so deutlicher wurde das unberechenbare Walten der Fortuna. Im Grunde aber sind die Rr. Spiegelung des zeitgenössischen Lebens und seiner Interessen wie die hist. Rr. des 19. Jh.: vergangene Zeiten und ferne Länder waren nur Kostümierung (Schlüssel-Rr.), bedeuteten nur eine Attraktion mehr. Nach dem Muster vor allem La Calprenèdes und der Scudéry bot der höfische R. eine vielsträngige Handlung miteinander verflochtener und unter Verteilung auf verschiedene Erzähler aus wechselnder Perspektive dargestellter Schicksale, deren Identität noch durch Verkleidungen und Annahme falscher Namen aufgespalten ist. Alle Handlungsfäden treffen und lösen sich schließlich in einer gemeinsamen Aktion oder Fügung, der rote Faden der göttlichen Vorsehung wird den stand- und tugendhaften Helden ebenso sichtbar wie dem Leser, die Illusion eines Sieges des Guten verwandelt sich in Wirklichkeit.

Eine Gegenströmung gegen den heroisch-galanten R. ging von Spanien aus, wo ein unbekannter Autor in *Lazarillo de Tormes* (1554) den picarischen oder Schelmen-R. geschaffen hatte. Der *Gil Blas* (1715 ff.) des Franzosen Lesage ist das bekannteste Werk dieser Gattung. Diese Rr. schilderten das Leben schlauer und skrupelloser Burschen aus den unteren Volksschichten, die auf ihre Art ihr Glück machten. Die Rr. waren ungalant, unhöfisch, nicht idealisierend, realistisch, sie gaben sich autobiographisch, erzählten reihend in der Ich-Form, folglich einsträngig. Am Ende steht die illusionslose Absage an eine den Launen Fortunas unterworfene, enttäuschende und wertleere Welt. In Dld. entwickelte Grimmelshausen mit dem *Simplicissimus* (1669 ff.) die gegebenen Motive selbständig weiter.

In allen Gattungen des Barock stößt man auf Schäferdg. Sie entsprang im Zeitalter der Etikette der Sehnsucht nach einer (modifizierten) Natürlichkeit, nach einer außerpolitischen Welt, einem goldenen Zeitalter und zugleich der Vorliebe für Maskerade.

Vorbild einer erträumten Integrität des Landlebens wurden die *Hirtengedichte* Theokrits (3. Jh. v. Chr.) und Vergils (71–19 v. Chr.) *Eklogen*. Bereits Petrarca (1304 bis 1374) nahm das Thema in seinen lat. *Bucolica* auf. Im 16. Jh. hat dann das Schäfermotiv die Litt. fast aller europäischen Länder ergriffen, und zwar
Italien: Sannazaro: *Arcadia* (1502), R.; Tasso: *Aminta* (1573), Dr.; Guarini: *Il pastor fido* (1590), Dr.
Spanien: Montemayor: *Diana* (1542), R.
England: Sidney: *Arcadia* (1590), R.
Frankreich: Ronsard: *Bergeries* (1565), Dr.; d'Urfé: *L'Astrée* (1607ff.), R.

In Dld. hat Opitz mit seiner Verdeutschung von Sidneys R. und seiner eigenen *Schäferei von der Nymphen Hercinie* die Thematik eingeführt. Die Nürnberger pflegten speziell Schäferlyrik und verwandten schäferliche Motive im Singsp. Geistliche Schäferdg. bei Spee, Scheffler und Birken. Das Genre reicht bis zu Goethes *Laune des Verliebten* (1767).
Die ersten Widersacher entstanden dem Barockstil bereits kurz nach seiner höchsten Entwicklung. Mit Nicolas Boileau (1636–1711) erfolgte in Frankreich der Durchbruch des Natur- und Vernunftkults, dessen Einflüsse in Dld. bei den sog. Hofpoeten v. Canitz (1654–1699), Neukirch (1665–1729), v. Besser (1654–1729) und v. König (1688–1744) spürbar wurden. Unabhängig davon brach sich das Prinzip des Natürlichen, Nützlichen, Pädagogischen auch bei Christian Weise Bahn. Seit den 90er Jahren des 17. Jh. erfolgte eine langsame Ablösung der alten Prinzipien durch die neue Stil- und Geisteshaltung.

Wichtigste Dichter des Barock:

Balde, Jakob, geb. 1604 in Ensisheim. 1614 Besuch des Jesuitengymnasiums ebd. 1620–1626 Studium der Juristerei, zuerst in Molsdorf, dann in Ingolstadt. 1626–1630 Lehrer an den Jesuitengymnasien in München und Innsbruck. 1630 Theologiestudium in Ingolstadt, 1633 Priesterweihe. Seit 1635 erneute Tätigkeit als Lehrender. 1638–1646 Hofprediger und Prinzenerzieher in München, 1646–1648 bayerischer Hofhistoriograph. 1650–1653 Prediger in Landshut, 1653–1654 in Amberg, seit 1654 pfalzgräflicher Hofprediger in Neuburg/Donau. Seit 1627 als neulat. Dichter, zunächst als Dramatiker, hervorgetreten. Gest. 1668 in Neuburg.
Bidermann, Jakob, geb. 1578 in Ehingen/Schwaben. 1594 Noviziat in Landsberg, 1597–1600 Studium der Philosophie in Ingolstadt; 1600 bis 1602 Lehrer in Augsburg, wo *Cenodoxus* entstand und aufgeführt wurde. 1603–1606 Studium der Theologie in Ingolstadt. 1606–1614 Professor der Rhetorik am Gymnasium in München, seit 1614 in Dillingen. In München und Dillingen entstanden sieben weitere Drr. 1624 nach Rom als Assistent seines Ordensgenerals. Gest. ebd. 1639.

Fleming, Paul, geb. 1609 in Hartenstein/Erzgebirge. Studium der Medizin in Leipzig. 1633–1639 als Hofjunker bei einer Gesandtschaft des Herzogs Friedrich von Holstein nach Rußland und Persien; bei der Abreise aus Hamburg 1633 entstand das geistliche Lied *In allen meinen Taten.* 1640 Dr. med. in Leiden. Gest. 1640 in Hamburg.

Grimmelshausen, Hans Jakob Christoffel von, geb. 1621 in Gelnhausen. Geriet nach der Verwüstung der Stadt (1634) unter die Soldaten. 1639 bis 1648 Soldat, später auch Schreiber beim Obersten von Schauenburg in Offenburg. 1649–1660 Schaffner auf dem Stammsitz Gaisbach der Schauenburgs. 1662–1665 Burgvogt auf der Ullenburg. Beziehung zu Straßburger Lit.-Kreisen; erwarb Grundbesitz in Gaisbach und war Gastwirt zum »Silbernen Sternen«. 1667 Schultheiß des Bischofs von Straßburg in Renchen. G. trat vom protestantischen zum katholischen Glauben über. Gest. 1676 in Renchen.

Gryphius (eigentlich Greif), **Andreas,** geb. 1616 in Groß-Glogau. Ließ schon als Fünfzehnjähriger ein Epos über den bethlehemitischen Kindermord drucken. 1638 Student in Leiden, später dort akademischer Lehrer. 1644 Reise nach Frankreich, Italien und Straßburg. 1647 nach Schlesien zurück; seit 1650 Syndikus der Stände des Fürstentums Glogau. Gest. 1664 in Glogau.

Hofmannswaldau, Christian Hofmann von, geb. 1617 in Breslau. Seit 1638 Studium der Juristerei in Leiden; Einfluß von Heinsius, Cats, Vondel. 1639 Bildungsreise nach England, Frankreich, Italien, dort Einfluß Marinos. 1641 Rückkehr nach Breslau. 1657 kaiserlicher Rat und 1677 Präsident des Breslauer Ratskollegiums. Gest. 1679 in Breslau.

Kuhlmann, Quirinus, geb. 1651 in Breslau, trat seit 1668 als Dichter hervor. 1670 Studium der Rechte in Jena. 1673 nach Leiden, hier Bekehrung durch Lektüre Jakob Böhmes. 1674 Sendschreiben *Neubegeisterter Böhme* gegen Scheinchristentum der Zeit, erste der etwa 40 religiösen Schriften in dt., lat., engl., ndld. Sprache. 1674 Amsterdam, Einfluß G. Arnolds und der Schwärmer, 1676 London. Verkündete Anbruch des Tausendjährigen Reiches, nannte sich selbst den Sohn des Sohnes Gottes, den »Kühlmonarch«. Programm einer Heiden-, Türken- und Judenmission. 1678/79 mißglückte Missionsreise in die Türkei, 1681 Missionsreise nach Palästina in Genf abgebrochen. 1682 *De Monarchia Jesuelitica* (Jesusstaat), utopische Staatstheorie. Chiliastische Unionspläne. Häufiger Ortswechsel (Niederlande, London, Paris). 1682–85 viele Kämpfe, als Schwärmer verfolgt. 1689 nach Moskau, Plan der Bekehrung der orthodoxen Kirche. Wegen Ketzerei angezeigt, durch den Plan der Konfessionsvereinigung umsturzverdächtig. Auf Gutachten dreier Konfessionen hin 1689 als Ketzer verbrannt.

Logau, Friedrich Freiherr von, geb. 1604 in Brockut bei Nimptsch/Niederschlesien. Studium der Rechte in Frankfurt. Verwaltung des Gutes Brockut. 1644 Rat des Herzogs von Brieg. Seit 1654 in Liegnitz. Gest. 1655 in Liegnitz.

Lohenstein, Daniel Casper von, geb. 1635 in Nimptsch/Schlesien. Als Gymnasiast in Breslau die erste Tr. *Ibrahim* (1650). Seit 1651 Studium der Rechte in Leipzig und Tübingen, 1655 Dr. jur. Reisen in die Niederlande, die Schweiz, nach Ungarn. 1657 durch Heirat im Besitz von drei Gütern. Kaiserlicher Rat. 1666 fürstlicher Regierungsrat in Oels, 1670 Syndikus des Breslauer Senats. Veröffentlichte 1672 eine Übs. von Graciáns *El politico Fernando*. Gest. 1683 in Breslau.

Opitz, Martin, geb. 1597 in Bunzlau/Bober, entstammte dem mittleren Bürgertum. Besuch des Elisabeth-Gymnasiums in Breslau und des Schönaichianums, einer reformiert-humanistischen Hochschule in Beuthen, wo O. eine Abhandlung über Poetik *Aristarchus* (1617) verfaßte. 1618 Beginn des Studiums in Heidelberg, Beziehungen zu Weckherlin und Zincgref. 1619–1621 Reisen nach Holland, wo O. das ndld. Dr. kennenlernte und von Daniel Heinsius beeinflußt wurde, und nach Dänemark. 1622 Professor am Gymnasium in Weißenburg/Siebenbürgen; Studium der Gesch. des Landes, Sammeln antiker Inschriften. 1623 Rückkehr nach Schlesien, 1625 Krönung mit dem Dichterlorbeer durch den Kaiser. 1626 Sekretär des katholischen Burggrafen Karl Hannibal v. Dohna in Schlesien, 1629 wurde ihm der Adel O. von Boberfeld verliehen. 1630 im Auftrage der Grafen Dohna in Paris. 1632 trat O. nach der Vertreibung der Dohnas aus Schlesien in den Dienst der protestantischen schlesischen Herzöge und ging als Mitglied einer Gesandtschaft nach Frankfurt/Main. 1634–1635 im Dienst der schlesischen Herzöge als Diplomat im polnischen und schwedischen Lager; schwedischer Agent. 1635 nach dem Frieden von Prag Flucht nach Thorn, dort seit 1636 polnischer Hofhistoriograph Wladislaws von Polen, aber weiter für Schweden tätig. 1639 Herausgabe des *Annoliedes* nach einer verlorengegangenen – wohl Breslauer – Hs. Gest. 1639 an der Pest in Danzig.

Scheffler, Johann (Angelus Silesius), geb. 1624 in Breslau. Seit 1643 Studium in Straßburg, Leiden, Padua, Dr. phil. und med. 1649–1652 herzogl. Leibarzt in Oels, Umgang mit Abraham v. Franckenberg. 1653 Übertritt zum Katholizismus. 1654 Hofarzt Ferdinands II. 1661 Priester. 1664–1666 fürstbischöflicher Rat und Hofmarschall. Seit 1667 im Stift St. Matthias in Breslau. Gest. ebd. 1677.

Spee von Langenfeld, Friedrich, geb. 1591 in Kaiserswörth. 1610 Eintritt in den Jesuitenorden. 1627 Professor in Würzburg, 1627–1628 dort als geistlicher Beistand der in Hexenprozessen Verurteilten eingesetzt. In der anonym erschienenen *Cautio criminalis* (1631) wandte er sich an die Obrigkeiten in Dld. und bat um Revision der Praxis der Hexenprozesse. Nach 1630 an der Durchführung der Gegenreformation in Westfalen beteiligt. Professor der Moraltheologie in Köln. Gest. 1635 an der Pest in Trier.

Weise, Christian, geb. 1642 in Zittau. Studium in Leipzig. 1670 Professor am Gymnasium in Weißenfels. Seit 1678 Rektor am Gymnasium in Zittau. Schrieb dort jährlich für den Schulgebrauch drei Stücke: ein Lsp., ein biblisches und ein hist. Stück, insgesamt 55 Stücke. Gest. 1708 in Zittau.

Zesen, Philipp von, geb. 1619 in Prirau bei Dessau. Studium in Halle, Wittenberg, Leiden, 1642 Magister. 1643 Gründung der Teutschgesinnten Genossenschaft in Hamburg. 1653 geadelt. Verfaßte mehrere Bdd. Lyrik, fünf Rr., viele Übss. und theoretische Abhandlungen über Dichtkunst. Reisen durch Dld., Holland, Frankreich, England. Seit 1683 in Hamburg. Gest. ebd. 1689.

1572   **Paul Melissus Schede**
        (1539–1602, Heidelberg; Protestant):
        Dt. Übs. von 50 Psalmen

Nach der frz. Übs. (1553) von Marot und Beza (d. i. Th. de Bèze). Nachbildung ihrer frühbarocken Versmaße. Mit Melodien.

Verdrängt durch die Psalmenübs. von Ambrosius Lobwasser (1573), die in das Gesangbuch aufgenommen wurde.

1576   **Jakob Regnart**
        (um 1540–1600, Niederländer; Wien, Augsburg, Innsbruck,
        Prag):
        Kurzweilige teutsche Lieder nach Art der neapolitanen oder
        welschen Villanellen

22 dreistimmige Lieder. Erneuerung des weltlichen Kunstliedes, gebunden an Melodien im Geschmack ital. höfischer Unterhaltungsmusik. Spielerisch, pointiert, kunstvolle metrische Formen.

In weiteren Slgg. fortgesetzt.

1588   **Paul Melissus Schede**
        (1539–1602, Heidelberg; Protestant):
        Odae Palatinae

Neulat. Hofdg. auf das Geschlecht der Pfalzgrafen bei Rhein. Erste Einflüsse der Pléiade, Anfänge barocker schwülstiger Formen.

1594   **Herzog Heinrich Julius von Braunschweig**
        (1564–1613):
        Vincentius Ladislaus

Kom. 6, in ungereimten, ungleichmäßigen Verszeilen, der Prosa nahe.

Vorbild: Plautus' *Miles gloriosus*.

Ansatz zur Charakter-Kom., schwankhafte Handlung um einen Prahlhans. Verwendung des nddt. Dialektes in den komischen Auftritten, pomphaftes Pathos in den ernsten. Einflüsse der Drr. der engl. Komödianten, Übernahme des Clowns in der Figur des Narren Jan Bouset.

Zusammenarbeit mit dem engl. Komödianten Thomas Sackville wahrscheinlich.

1595 ff.   **Jacob Ayrer**
(1540–1605, Nürnberg):
Dramatische Werke

69 Spiele erhalten. A. war letzter Vertreter des Nürnberger Fsp., Nachfolger von Hans Sachs. Gemeineuropäische Erzähl- und Schwankstoffe. Szenischer Aufbau unter dem Einfluß der engl. Komödianten, besonders der Truppe von Robert Brown, die seit 1592 in Dld. spielte. Knittelverse strophisch gegliedert mit Unterlegung bekannter Melodien: Anfänge des dt. Singsp. nach engl. Vorbild.

1601   **Theobald Höck**
(1573 bis um 1658, aus Zweibrücken/Pfalz):
Schönes Blumenfeld

Gedichte über Leben und Tod, Liebe und Mühsal des Daseins. Volkstümliches Sprachgut, mitunter vom Dialekt gefärbt. Persönlich Erlebtes an Stelle der üblichen allgemeinen Reflexionen. Zurückgreifen auf Metrik des Minnesangs.
Einzelgänger ohne Einfluß und Nachfolge.

Von Hoffmann von Fallersleben wiederentdeckt.

1602   **Jakob Bidermann**
(Biogr. S. 125):
Cenodoxus

Lat. Jesuitendr. 5, Auff. 3. 7. in Augsburg in B.s eigener Inszenierung.

Quelle: *Legende des Bruno von Köln.*

Geschichte des Doktors von Paris, des scheinbar frommen Gelehrten, der von geistiger Hoffart besessen und deshalb verloren ist. Seine Jünger feiern den Gestorbenen wie einen Heiligen, während seine Seele vor dem höchsten Richter zur Hölle verdammt wird. Verwandtschaft mit dem Faust-Stoff.
Stärkstes Werk der Jesuitendramatik, B. wichtigster Repräsentant des Jesuitendr. Bewegtheit, kontrastierende Szenen mit häufigem Wechsel, effektvoll. Psychologische Entwicklung des Charakters.

Auff. der letzten Fassung 1609 in München. 1635 dt. Übs. von Joachim Meichel.

1609   **Gabriel Rollenhagen**
(1583–1619, Sohn des Georg R., Magdeburg):
Amantes Amentes

Dt. Kom. 5, in Versen.

Handlungsgerüst und Namen der Hauptpersonen der Nov. *Euryalus und Lucretia* des Enea Silvio Piccolomini entnommen. Die reiche Bauerstochter Lucretia verschmäht zum Kummer ihrer Eltern den ansehnlichen alten Dr. Gratianus und setzt ihre Verlobung mit dem armen Studenten Euryalus durch. Die Paralleldurchführung an Knecht und Magd in nddt. Sprache persifliert mit derber Frivolität die sentimentale Haltung in Liebesdingen.

Ausbruch aus dem Schema des Schuldr.: kein pädagogischer oder erbaulicher Zweck. Einfluß der engl. Komödianten: der Knecht Hans repräsentiert den Spaßmacher. Vorläufer von Gryphius' *Die geliebte Dornrose*.

1616   Johann Valentin Andreae
(1586–1654, Calw, Stuttgart, Bebenhausen):
Die chymische Hochzeit des Andreas Rosenkreutz Anno 1459

Anonym. Mystisch-allegorischer R. gegen die falschen »Alchymisten«. Aufstellung des Idealbildes eines Pansophen, eines Weisen, der die Natur erkannt hat. Begriff der unio mystica unter dem Bilde der Hochzeit, mystische Gedanken und Symbole. Die Rosenkreuzer eine mystische Bewegung des 17. Jh. (vgl. Goethe: *Die Geheimnisse*).

Den Weg des irrenden Menschen zu Gott behandelt auch A.s lat. Dr. *Turbo* (1616).

1618/19   Georg Rudolf Weckherlin
(1584–1653, Stuttgart, London):
Oden und Gesänge

Lieder, für den geselligen Gesang bestimmt. Höfische, gebildete Gesellschaftskunst unter Wahrung volkstümlicher Elemente. Barock-Ode inhaltlich und formal bereits entwickelt, auch Gedichte in anakreontischem Stil; erstes Auftauchen der Sonett-Form.

Beginn einer nhd. lyrischen Kunstdg. Umsetzung der neulat. Lyrik nach dem Muster der engl. und frz. Renaissancedg. Versuch einer voropitzischen Reform des dt. Versstils; W. behielt jedoch die silbenzählende Methode des 16. Jh. bei. Durch Opitz überholt, der selbst in seiner Heidelberger Zeit durch W. Anregungen erfuhr.

In späteren Slgg. (*Geistliche und weltliche Gedichte,* 1641 u. 1648) paßte W. die Metrik den Forderungen von Opitz an.

1619   Johann Valentin Andreae
(1586–1654, Calw, Stuttgart, Bebenhausen):
Rei publicae christianopolitanae descriptio

Erster utopischer R. in Dld., lat.

Einfluß von Thomas Morus: *Utopia* (1516) und Tommaso Campanella: *Città del Sole* (entst. 1602, Druck 1623).

Beschreibung eines christlichen Musterstaates. Versuch, den absolutistischen Staatsgeist religiös zu überbauen und zu überwinden. Im Gegensatz zu dieser idealen Gottesstadt steht die reale Gegenwart, deren Schäden charakterisiert werden. Am Schluß Aufforderung zur Gründung einer Gesellschaft, die den geschilderten Zielen zustrebt.

1619/35   Erste dt. Übs. von Honoré d'Urfé: L'Astrée

Ersch. anonym in Mömpelgard.

Übersetzer umstritten; neuerdings wurden Friedrich Menius und J. B. B. v. Borstel diskutiert.

Der frz. Mode-R. um die in der Loire-Landschaft spielende Liebe zwischen Astrée und dem sie standhaft anbetenden Schäfer Celadon wurde zum Muster des Schäfer-R. mit Ansätzen zum heroisch-galanten Typ. Idyllisch, anmutig, sensibel, gesellig-galant.

Eine weitere dt. Übs. erschien 1624–1625 in Halle.

1620   Englische Comedien und Tragedien

Slg. von 15 Stücken, darunter 5 Singspp., aus dem Repertoire der engl. Komödianten; mit szenischen Bemerkungen.
Fortgesetzt in *Liebeskampf, oder ander Teil der englischen Comödien und Tragödien* ... (1630). Slg. von acht nach engl. Muster von einem thüringischen Autor verfaßten Stücken. Vorwiegend dramatisierte ital. Novv., stilistisch an ital. frühbarocke Lyrik angelehnt.

Einiges erneut in *Schaubühne engl. und frz. Comödianten* (1670).

1624   Martin Opitz
        (Biogr. S. 127):
        Teutsche Poemata

Hgg. Julius Wilhelm Zincgref (1591–1635). Enthält neben Gedichten des jungen Opitz eine lyrische Anthologie des frühbarocken Heidelberger Kreises, dt. Gedichte von Melissus Schede, Peter Denaisius, Zincgref, Weckherlin u. a. Vorbild die Pléiade. Annäherung an volkstümliche dt. Lyrik.
Opitz mißbilligte später Zincgrefs Slg. wegen ihrer volkstümlichen, ungelehrten Thematik und ihrer Formen, die nicht den Maßstäben seiner Reform entsprachen. Er gab daher seine Gedichte, nur um weniges vermehrt, aber formal im Sinne seiner Reform überarbeitet, erneut 1625 als *Acht Bücher Deutscher Poematum* heraus.

1624   Martin Opitz
        (Biogr. S. 127):
        Buch von der deutschen Poeterei

Maßgebende Poetik.

Quellen: Horaz' *Ars poetica,* die Renaissance-Poetiken der Italiener Vida und Scaliger, des Holländers Heinsius und der frz. Pléiade-Mitglieder Du Bellay und Ronsard.

Ziel: Eine den übrigen europäischen Litt. ebenbürtige dt.-sprachige Lit. Der Dichter bedarf der Bildung, vor allem einer Kenntnis des klassischen Altertums; angeborene Begabung wird vorausgesetzt. Dichten ist »Nachäffen der Natur«, der Dichter soll jedoch die Dinge weniger so beschreiben, wie sie sind, als wie sie sein sollten. Es ging O. um die Anerkennung der gesellschaftlichen Aufgabe des Dichters.

Über Wortwahl, Wortstellung und Redeschmuck handelt O. in dem Kapitel »Von Zubereitung und Zier der Wörter«. Hier wird zu Ausschmückung, mythologischen Bildern, Steigerung und Pointierung angeleitet, wodurch O. zugleich dem Schwulst die Bahn ebnete.

In der Metrik beseitigte O. das silbenzählende Prinzip und stellte die sinngemäße Hebung, den Zusammenfall von Wortton und Verston wieder her. O.' Empfehlung des alternierenden Prinzips (Jambus und Trochäus) machte die im Knittelvers noch übliche freie Senkung unmöglich und schloß den Daktylus aus. Maßgeblicher Vers ist – außer im Lied – der Alexandriner, das Sonett wird empfohlen.

Bei der Definition der poetischen Gattungen werden Tr. und Kom. durch den hohen oder niederen Stand der auftretenden Personen unterschieden.

O.' Regeln und sein Ideal einer gelehrten und höfischen Gesellschaftslit. bis ins 18. Jh. bestimmend.

1626/31   Martin Opitz
            (Biogr. S. 127):
            Übs. von Barclays R. Argenis

R., 2 Teile (1626 und 1631).

Der lat. R. des in Frankreich naturalisierten Schotten Barclay war 1621 erschienen.

Schlüssel-R. Schilderung der Mißstände in Frankreich unter den letzten Valois. Überwindung des *Amadis*-R. Nicht abenteuerlich-phantastisch-pikant, sondern politisch, historisch, sittlich. Gefordert wird die Bezwingung der Leidenschaften durch Einsicht und Willen. Muster des heroisch-galanten R. und des Staats-R.

1627   Martin Opitz
        (Biogr. S. 127):
        Dafne

Erster dt. Operntext. Musik von Schütz (verloren). Bahnbrechende Auff. auf Schloß Hartenfels in Torgau.

Übs. der ital. mythologischen Hirtenoper (1594) von Rinuccini, dem Urheber des dramma per musica.

Dürftige Handlung, Akte mit Schlußchören nach antikem Vorbild.

**1629   V. Th. v. Hirschberg:
Übs. von Sidneys R. Arcadia**

Der engl. R. des Sir Philip Sidney, dessen 2., fragmentarische Fassung zuerst 1590, dann, um die inhaltlich ergänzenden Bücher 3–5 der 1. Fassung vermehrt, 1593 erschien, kombiniert die Schäferwelt Arkadiens mit einer heroisch-galanten um die Liebesabenteuer zweier nach Arkadien verschlagener Prinzen. Eingebaute Erzz. sowie moralische und philosophische Erläuterungen.

Wirkung in Dld. erst durch die Bearbg. von Opitz (1638).

**1630   Martin Opitz
(Biogr. S. 127):
Schäferei von der Nymphen Hercinie**

Beschreibendes Gedicht über eine Wanderung des Dichters im Riesengebirge, während der er mit seinen Freunden von einer Quellnymphe in eine Höhle geführt und mit den Wundern des Berges bekannt gemacht wird. Gespräche über die Sage von Rübezahl. Der Dichter und seine Freunde als Schäfer dargestellt. Letztlich eine dichterische Verbeugung vor dem Geschlecht von Schaffgotsch, dem Besitzer des Landes.
Gelehrt, ohne das erotische und spielerische Element der späteren Schäferdg. Mischung von Erzählung, Lyrik und dram. Szenen.

**1633   Martin Opitz
(Biogr. S. 127):
Trostgedichte in Widerwärtigkeit des Kriegs**

Entst. schon 1621 auf Jütland.

Episch gehaltenes Mahngedicht an die Protestanten zum Ausharren im Glauben.

**1637   Jakob Balde
(Biogr. S. 125):
Jephtias**

Lat. Jesuitendr.; Auff. in Ingolstadt.
Das Schicksal der Tochter des Jephthah, die der siegreich heimkehrende Vater Gott zum Dank opfern muß (*Altes Testament, Buch der Richter* 11). Als Allegorie auf den Opfertod Christi aufgefaßt. Melodramatisch.

Druck 1654.

1637   Ännchen von Tharau

Hochzeitslied im ostpreußischen Dialekt. Veröffentlicht in den Arien von
Heinrich Albert (1642). Entgegen der Überlieferung nicht von Simon
Dach, vielleicht von Albert oder Robert Roberthin.

Hdt. Übertragung von Herder in: *Volkslieder* (1778). In der Melodie von Friedrich
Silcher seit dem 19. Jh. als Volkslied eingebürgert.

1639   Andreas Gryphius
(Biogr. S. 126):
Sonn- und Feiertagssonette

Slg. religiöser Sonette.

Entst. meist 1637.

Einteilung in 65 Sonntags- und 35 Festtagssonette; Bindung an die Peri-
kopen. In der Tradition der Gebets- und Erbauungslit., z. B. Übernahme
von Wendungen und Motiven aus den Gebeten in Johann Arndt: *Para-
diesgärtlein voller christlicher Tugenden* (1612).
Mühsal und Vergänglichkeit des irdischen Lebens; reflektierte, dogmatische Glaubensfestigkeit.

Überarbeitete Fassung mit 64 und 36 Sonetten im 3. und 4. Buch der *Sonette*
(1657)

1640 und 1643   Johann Michael Moscherosch
(1601–1669, Elsaß und Worms):
Wunderliche und wahrhaftige Gesichte Philanders von
Sittewald

Zum Teil Übs. von Quevedo (1580–1645): *Sueños* (1635).

Zeitsatire. In verschiedenen »Gesichten« bald humorvolle, bald bittere
Kritik vom nationalen, bürgerlichen Standpunkt: gegen die Liebestorheit,
das Treiben der Soldaten, Ausländerei, Roheit des Adels, Pedanterie der
Gelehrten. Das erste Gesicht des zweiten Bd. bildet die Versammlung der
alten dt. Helden Ariovist, Hermann, Witukind und Saro auf Burg Ge-
roldseck im Wasgau, bei der über den entarteten Nachfahren Philander zu
Gericht gesessen und über die gesamten dt. Kulturzustände ein hartes
Urteil gefällt wird.
Desillusionierung der höfisch-idealistischen Welt. In den Motiven Zusammenhang mit den volkstümlichen Zeitsatiren des 16. Jh. (Murner, Brant,
Fischart). Gesichte nur lose aneinandergeknüpft, das Ganze formlos, ohne Komposition.

1641/49   Georg Philipp Harsdörffer
(1607–1658, Nürnberg):
Frauenzimmer-Gesprächsspiele

Achtteilige Slg. von Erzählungen, Gedichten, Rätseln, Sprichwörtern, Aufzügen und Spielen zu einer Art Konversationslexikon für Frauen verarbeitet. Ital., span., frz. Quellen.
Vermittlung von Bildung auf »spielende«, unterhaltende Weise. Vielfalt und Wechsel der Themen und Formen sind pädagogische Absicht. Sie dienen aber auch der Vorstellung eines Gesamtkunstwerks, der gegenseitigen Ergänzung und Verschmelzung der Künste. Kennzeichnend für die (gegenüber dem 16. Jh.) neue, einflußreiche Stellung der Frau im Lit.-Betrieb des »galanten« Jh. H. Repräsentant und Verfechter barocker Gesellschaftskultur.
Im Mittelpunkt des vierten Teiles (1644) das *Geistliche Waldgedicht Seelewig,* ein Schäfersp., das früheste erhaltene opernähnliche Singsp. in Dld.

1642   Paul Fleming
(Biogr. S. 126):
Teutsche Poemata

Postum, hgg. Adam Olearius.

Liebeslieder, Trinklieder, Oden, Sonette, Epigramme in dt. Sprache. F. wurde nach lat. Anfängen bedeutend als dt. Petrarkist. Seine Gedichte gewandt, liebenswert, liedhaft sanglich und fast natürlich. Von der Beherrschung eines traditionsreichen Formel- und Motivschatzes Übergang zu persönlicher Formung. Bevorzugte Form die Ode. Zentralbegriff der Liebeslyrik die Treue.
Von den Zeitgenossen sehr anerkannt: »Mein Schall flog überweit, kein Landsmann sang mir gleich.«

1643   Jakob Balde
(Biogr. S. 125):
Lyricorum libri IV Epodon liber I und Silvae (7 Bücher)

1646 zwei weitere Bücher *Silvae.*

Lat. Gedichte, die wichtigsten in den *Vier Büchern Lyrik* (190 Oden), die zweiten Ranges in den *Silvae.* Moralische, patriotische, geistliche und Gelegenheitsgedichte. Vorbild Horaz, Vergil, Ovid, die lat. Elegiker, die neulat. Dg. des Matthias Casimir Sarbiewski.
Bildungsmäßig und politisch in der Tradition des römisch-katholischen Reichsdenkens. Repräsentant der Gegenreformation; enge Verbindung mit dem Haus Wittelsbach. Gedichte begleiten Zeitgesch., den Dreißigjährigen Krieg in Bayern. Dt.-patriotisch, gegen Türken und Schweden.

Dazu viel gesellige Gedichte, an Freunde und Gönner. Grundton: Nichtigkeit der Welt, das Leben ein Spiel, der Mensch als Schachfigur. Wirkliche Durchdringung der Gegenwart mit Antikischem. Einbau von klassischen Zitaten, klassischer Mythologie, Topographie und Gesch. Kanonische Metaphorik. Formale Zucht und Strenge der Sprache.

Den Gegenpol zu den Zeitgedichten und der moralischen Reflexionslyrik bildet B.s geistliche Lyrik. Mystisches Erlebnis des Todes als des Vereinigers mit Gott. Die Todesnacht als Brautnacht aufgefaßt, Todesüberwindung. Höhepunkt ein Zyklus von 48 Mariengedichten, beginnend mit dem Schluß des ersten Lyrik-Buches, in gleichmäßigen Abständen über die folgenden Bücher verteilt, beschlossen von einem Hymnus am Schluß des 9. Buches der *Silvae,* B.s gesamte Lyrik beendend.

1660 Gesamtausgabe von B.s Werken.

Ausgewählte Gedichte übersetzte Herder (*Terpsichore,* 3 Bdd., 1795/96); seine Übs. entkleidete B.s Dg. der barocken Elemente.

1644   Georg Philipp Harsdörffer
         (1607–1658, Nürnberg) und
         Johann Klaj
         (1616–1656, Nürnberg, Kitzingen):
         Pegnesisches Schäfergedicht

Ersch. unter den Pseudonymen Strefon und Clajus.

Gelegenheitsdg. anläßlich einer Doppelhochzeit. Schäferei in der Art Opitz': Mischung von Erzählung, Lyrik und Dialogen. Kunstvoll, zierlich, gesucht; anakreontischer Charakter.

Wurde Anlaß zur Gründung des »Pegnesischen Blumenordens« und 1645 fortgesetzt in einem zweiten Bd. durch Klaj und Sigmund von Birken (Pseudonym: Floridan; 1626–1681, Nürnberg), der noch mehrere ähnliche Gedichte folgen ließ.

Kennzeichnend für H.s Lyrik sind Klangmalerei und Klangspiel. Auch in seiner Poetik (*Poetischer Trichter,* 1647) ist die Fähigkeit der dt. Sprache zu Klangnachahmung hervorgehoben. Beeinflußt durch die neulat. Dg. Jakob Baldes und des Polen Matthias Casimir Sarbiewski.

2. Fassung in Birkens Sammelwerk *Pegnesis* (1673).

1645   Philipp von Zesen
         (Biogr. S. 128):
         Ritterholds von Blauen Adriatische Rosemund

Erster großer dt. Barock-R. Tragische Liebe zwischen einem dt. protestantischen Dichter und einer katholischen Venezianerin: Markholds religiöse Überzeugung hindert ihre Heirat, Rosemund siecht in Sehnsucht und Hoffnungslosigkeit dahin. Autobiographische Züge.

Einfluß von Sidneys *Arcadia:* schäferliche Motive.

Die heroische, politische Thematik der hochbarocken Rr. fehlt noch. Bürgerlich, privat, empfindsam, psychologisch, zeitnah. Detailschilderungen. Eingestreute Briefe, Gedichte und Erzählungen.

Z. ging in seinen späteren Rr. zu historischen, heroisch-galanten Stoffen über. *Assenat* (1670) erzählt das Leben Josephs in Ägypten, höfisch stilisiert.

1647   Johann Rist
1607–1667, Rostock, Wedel, Hamburg):
Das Friede wünschende Teutschland

Allegorisches Spiel. Die altdt. Helden Ariovist, Hermann und Witukind werden von Merkur auf die Erde geführt, um den Niedergang des »uralten Teutschland« durch die ausländischen Heere zu sehen. In einem Zwischenspiel wird ein kriegsbegeisterter Jüngling durch die Schrecken des Krieges von seiner Ansicht bekehrt. Motive nach Frischlins *Julius redivivus* und Moscheroschs *Gesichten*.

Auff. 1649 auf der Meistersingerbühne in Memmingen; auch von Wandertruppen gespielt.
1653 Forts.: *Das Friedejauchtzende Teutschland*. Singsp., enthält 17 Lieder mit Instrumentalmusik. Komische Zwischenspiele in nddt. Mundart. Einfluß auf die Hamburger Oper.
R. war im übrigen einer der fruchtbarsten Verf. weltlicher und geistlicher Lieder.

1649   Friedrich Spee von Langenfeld
(Biogr. S. 127):
Trutz-Nachtigall

Gedichtzyklus, entst. bereits um 1630, ersch. postum.
Geistliche Schäferdg. Das Brautschaftsmotiv aus dem *Hohenlied* ins Geistliche transponiert: Liebe zwischen der anima sponsa und dem sponsus Christus, der als arkadischer Schäfer Daphnis erscheint. Religiöse Kontrafaktur des Petrarkismus, die Liebesklage in mystischer unio endend. Gefühlvoll, naturnah. S. fühlte sich als Erneuerer der dt. Sprache und Dg.

1817 neu hgg. Clemens Brentano.

1650   Andreas Gryphius
(Biogr. S. 126):
Leo Armenius oder Fürstenmord

Tr. 5, in Alexandrinern. In *Teutsche Reim-Gedichte*.

Entst. 1646 nach byzantinischen Quellen. Stoff: Palastrevolution in Konstantinopel im Jahre 826. Zuvor bearbeitet von dem Jesuiten Josef Simon mit Leo Armenius als negativem Helden.

Kaiser Leo von Byzanz verliert durch eine Palastrevolution den unrechtmäßig erworbenen Thron und das Leben. Im Tode wird der Tyrann zum Märtyrer, er klammert sich an das Kreuz Christi. Tragisches Wissen des

Herrschers um die Unbeständigkeit Fortunas. Vorliebe G.' für das Grausige und grelle Effekte, für nächtliche Atmosphäre. Personen als Typen für Verhaltensweisen, keine Charaktere, ohne Entwicklung. Das Ganze bewegter, ursprünglicher als G.' spätere Drr.

Formal Einfluß Senecas, des Jesuitendr. und des ndld. Dramatikers Joost van den Vondel, dessen *Gysbrecht van Aemstel* (1637) neben Pieter Corneliszoons *Geeraerdt van Velsen* (1613) auch inhaltliche Anregung gab.

Am Schluß jeden Aktes »Reyen«, Nachahmung des antiken Chors. Die Akte bezeichnet G. als »Abhandlungen«.
Erstes Dr. G.', erstes dt. Werk im hochbarocken Sprachstil, der in G.' Werken zum Durchbruch kommt.

Auff. 1659/60 auf dem Schultheater des protestantischen Gymnasium poeticum in Regensburg, vorher wohl schon in Breslau.

1650   Daniel Casper von Lohenstein
          (Biogr. S. 127):
          Ibrahim

Tr. 5, in Alexandrinern. Wahrscheinliche Auff. in Breslau, Magdalenengymnasium.

Entst. 1649. Quelle: Zesens R. *Ibrahims ... und der Beständigen Isabellen Wunder-Geschichte* (1645), eine Übs. von Madeleine de Scudérys R. *Ibrahim ou l'illustre Bassa* (1641).

Staatsaktion in Konstantinopel zur Zeit des Sultans Ibrahim (um 1648). Unverdiente Hinrichtung des Feldherrn Ibrahim durch den Tyrannen Soliman. Blutrünstig. Einfluß des Marinismus.
C. v. L., der das Werk mit 15 Jahren schrieb, als Dramatiker bewußt Nachfolger von Gryphius, übernahm von ihm die »Reyen«. Dramatischer Aufbau noch unbeholfen.

Druck 1653. Auff. durch die Truppe des Carl Andreas Paulsen 25. 7. 1667 in Nürnberg, 5. 9. 1669 in Danzig.

1652   Johann Lauremberg
          (1590–1658, Rostock):
          Veer Schertz Gedichte

Nddt. Zeitsatire gegen das À-la-mode-Wesen, gegen die Sprachvermengung durch ausländische Einflüsse (Hinweis auf die lit. Möglichkeiten des Nddt.), gegen das modische Kleiderwesen, gegen Titelsucht. Populär, unbarocker Stil. Große Wirkung.

1654   **Friedrich von Logau**
                 (Biogr. S. 126):
                 Deutscher Sinn-Gedichte drey Tausend

Unter dem Pseudonym Salomon von Golau; enthält entgegen dem Titel 3530 Spruchgedichte. 1638 bereits eine erste Slg.: *Erstes Hundert Teutscher Reimensprüche.*

Zeitsatire in Form von Epigrammen. Anregung: Slg. lat. Epigramme des Engländers John Owen (1606). Nicht alles eigene Erfindung; viel Übernommenes, Übersetztes. Gegen sozialen Dünkel und Gewissenszwang. Hauptthema das À-la-mode-Wesen, besonders im Hinblick auf die Überfremdung der Sprache (L. war Mitglied der Fruchtbringenden Gesellschaft).
Knapp und treffend, nicht geistreichelnd, dem volkstümlichen Spruch nahe. L. hielt sich nicht streng an die Sprach- und Versregeln der Opitz-Schule.

Ohne größere Wirkung. Neu hgg. Lessing/Ramler (1759).
L.s Sinngedicht »Und willst du weiße Lilien zu roten Rosen machen, küß eine weiße Galathee; sie wird errötend lachen« wurde Ausgangspunkt für Gottfried Kellers Novv.-Zyklus *Das Sinngedicht* (1882).

1655   **Andreas Gryphius**
                 (Biogr. S. 126):
                 Catharina von Georgien oder Bewährte Beständigkeit

Tr. 5, in Alexandrinern. Auff., vielleicht nur Vorbereitung einer Auff., am Hofe Herzog Christians von Wohlau in Ohlau.

Entst. 1647 oder 1649/50; möglicherweise 1649/50 nur entscheidend überarbeitet. Zeitgeschichtlicher Stoff. Katharina starb 1624. Einfluß durch van den Vondels *De Maeghden* (1639) und *Maria Stuart* (1646).

Märtyrerdr.: die christliche Königin Katharina von Georgien wird von Schah Abbas von Persien gefangengenommen, da sie seine Hand und den Glaubenswechsel ablehnt, und nach achtjähriger, standhaft ertragener Haft grausam hingerichtet. Sinnlosigkeit des Lebens durch Glaubenskraft überwunden.
»Reyen« am Schluß der Akte.

Druck 1657 in *Deutscher Gedichte erster Teil.*

1655   **Daniel von Czepko**
                 (1605–1660, Schlesien, Protestant):
                 Sexcenta Monodisticha Sapient(i)um

Alexandrinerreimpaare.
Entst. 1640–1648.

Mystische Frömmigkeit in Nachfolge Taulers und Böhmes. Wiedergeburt des inneren Menschen durch Dichtkunst. Ursprüngliche Identität von Gott und Mensch. Wirkung auf Scheffler.

1657   Andreas Gryphius
                (Biogr. S. 126):
                Ermordete Majestät oder Carolus Stuardus

Tr. 5, in Alexandrinern. In: *Deutscher Gedichte erster Teil.*

Entst. 1649; wenige Tage nach Eintreffen der Nachricht von der Hinrichtung Karls I. begonnen. Vorher intensives Studium des engl. Bürgerkrieges; zahlreiche Quellen, Werke zur engl. Gesch. und aktuelle Berichte, in Anmerkungen zitiert. März 1650 Widmung und Übergabe eines Ms.-Exemplars an den Großen Kurfürsten.

Zeitgenössischer Stoff: Hinrichtung Karls I. von England 1649. Stilisierung des Königs zum Märtyrer. Sein Sturz zu Beginn des Tr. bereits erfolgt; am Morgen des Hinrichtungstages sieht Karl dem Tode entgegen und will um der Märtyrerkrone willen irdischem Leben entsagen. Hinrichtung auf offener Szene, so daß Karls Schlußmonolog zum Triumph wird, die Richter als Gerichtete erscheinen.
In der nach Rückkehr der Stuarts auf den engl. Thron entstandenen Fassung (1663) fügte G. eine visionäre Szene ein, in der Poleh, einer von des Königs Richtern, von schlechtem Gewissen geplagt, wahnsinnig auf die Szene stürzt und seine Gesichte vom schmählichen Ende der Königsmörder herausschreit, die als lebende Bilder auf der Hinterbühne erscheinen. Märtyrerzüge Karls und die Parallele zur Passion verstärkt, differenziertere Darstellung der Revolutionäre.

Druck der zweiten Fassung in *Freuden- und Trauer-Spiele* (1663).

1657   Andreas Gryphius
                (Biogr. S. 126):
                Cardenio und Celinde oder Unglücklich Verliebte

Tr. 5, in Alexandrinern. In *Deutscher Gedichte erster Teil.*

Entst. um 1649; Vorrede von 1654. – Quelle: ital. Übs. einer Nov. des Spaniers Juan Perez de Montalvan.

Bürgerliches Thema, wegen dessen sich G. in der Vorrede entschuldigt. Cardenio ist in die – verheiratete – Olympia, Celinde in Cardenio verliebt. Der zu großen und sündigen Leidenschaft wird die Vergänglichkeit entgegengehalten: Cardenio umarmt nicht Olympia, sondern ein Totengerippe; Celinde wird durch ein ähnliches Symbol vor verbrecherischem Tun gewarnt.

Auff. 1. 3. 1661 in Breslau durch die St. Elisabeth-Schule im Keltschen Haus.
Nachwirkung: Achim von Arnim: *Halle und Jerusalem,* Dr. (1811); Karl Immermann: *Cardenio und Celinde,* Dr. (1826).

1657   **Andreas Gryphius**
              (Biogr. S. 126):
              Kirchhofsgedanken

Gedicht. In *Deutscher Gedichte erster Teil.*

Entst. 1650/56. Unter der gleichen Überschrift außerdem Übss. zweier Gedichte
von Balde und eine von G.' Freund Christoph v. Schönborn stammende Übs. eines
Gedichts von Balde.

Gedicht von 50 achtzeiligen Strophen. Erlebnis einer großen Schau mo-
dernder Toter. Frage, wie er selbst am Jüngsten Tage bestehen und wie er
das Heer der Toten wiedersehen wird. Der ewige Richter wird zu unterscheiden wissen, was Menschen nicht unterscheiden können.

In der Neuausg. von 1663 um ein von Daniel von Czepko stammendes Gedicht
vermehrt.

1657   **Johann Scheffler gen. Angelus Silesius**
              (Biogr. S. 127):
              Geistreiche Sinn- und Schlußreime

Seit der zweiten, vermehrten Aufl. 1674 Obertitel: *Cherubinischer Wanders-
mann.*

Slg. von 1665 Sinnsprüchen in Alexandrinern, meist zweizeilig (Epigramme); am Anfang des 6. Buches 10 Sonette.
Gedanken über das Verhältnis von Seele und Gott. Mystische Religiosität
unter dem Einfluß Daniel v. Czepkos; Kenntnis von Tauler, Thomas von
Kempen, Böhme. Dualismus von Ich und Gott und ihre Zusammengehörigkeit, ihr Aufeinander-Angewiesensein: »Ich weiß, daß ohne mich Gott
nicht ein Nu kann leben, werd ich zu nicht, er muß für Not den Geist
aufgeben.« Das irdische Dasein wird von der Transzendenz, diese vom
irdischen Dasein bestimmt. Gott bleibt ruhend in sich und wohnt zugleich
in seinem Geschöpf; die Seele an sich ist nichts und kann doch Gott
schaffen und in Gott eingehen. Widerspruch von Transzendenz und Immanenz und Selbstaufhebung des Widerspruchs, der nur ein scheinbarer
ist: mystische coincidentia.
Das zweizeilige Alexandriner-Epigramm vollzieht die Entgegensetzung
und den Zusammenfall des Entgegengesetzten nach. Seine vier Glieder
vermögen Variationen, Kombinationen, Negationen und paradoxe Um-
kehrungen auszudrücken. Zuspitzung des Antithetischen bis zur Parado-
xie.

Wirkung bis in die Gegenwart (Expressionismus).

1657   **Johann Scheffler gen. Angelus Silesius**
(Biogr. S. 127):
Heilige Seelen-Lust oder geistliche Hirtenlieder der in ihren Jesum verliebten Psyche

Zu Beginn drei epische Bücher: Weg der Seele zum Erlöser. Die weiteren Bücher enthalten geistliche Lieder mit Melodien. Übertragung des Schäfermotivs auf die geistliche Dg. (vgl. Spee). Jesus als der gute Hirte, Sehnsucht der Schäferin Psyche nach dem Seelenbräutigam. Motive des *Hohenliedes*. Gefühlsmystik in der Nachfolge Bernhards von Clairvaux. Übersteigerung des Ausdrucks. Verarbeitung kirchlicher und volkstümlicher Lieder (Kontrafakturen).

Weiterwirken nicht nur in der katholischen, sondern auch in der pietistischen und herrnhutischen Dg.; Aufnahme von Liedern in das protestantische Gesangbuch, z.B. *Mir nach, spricht Christus, unser Held; Ich will dich lieben, meine Stärke.*

1658   **Andreas Gryphius**
(Biogr. S. 126):
Absurda Comica oder Herr Peter Squentz

Schimpfsp. 3.

Entst. zwischen 1647 und 1650.
G. wurde durch Daniel Schwenter (1585–1636) auf Shakespeares *Sommernachtstraum* oder einen entsprechenden Spieltext der engl. Komödianten hingewiesen.

Komödiantische Verspottung des Handwerkertheaters: Handwerker spielen ohne Verständnis für den antiken Stoff und für das Theater vor einer fürstlichen Person die Geschichte von Pyramus und Thisbe.

Von Schultheatern, bei höfischen Festen und von Wandertruppen häufig gespielt.

1659   **Nicolaus Avancini**
(1612–1686, Wien, Jesuit):
Pietas Victrix

Lat. Jesuitendr. 5, Auff. in Wien als ludus caesareus, höfisch repräsentative Festauff., die gegen die Oper gedacht war.

Neubearbg. eines 1484 im Vatikan gespielten Stückes.

Kampf Konstantins des Großen mit Maxentius um das Römische Reich. Sieg des rechtgläubigen Herrschers. Nicht tragisch, auf den Glanz des Triumphes am Schluß ausgerichtet. Ganz von der Bühnenwirksamkeit her gestaltet.

1659   **Andreas Gryphius**
(Biogr. S. 126):
Großmütiger Rechts-Gelehrter oder Sterbender Aemilius Paulus Papinianus

Tr. 5, in Alexandrinern.

Entst. 1657–1659. Antike Quellen. Papinianus wurde 212 n. Chr. hingerichtet.

Standhaftigkeit des römischen Rechtsgelehrten Papinian gegenüber der Tyrannei des Kaisers Caracalla, dessen Verbrechen gegenüber den Christen, an denen er keine Schuld erkennen kann, er nicht rechtfertigen will; seine Verurteilung und Tod. Die Gesinnungsstärke Papinians wird einer vierfachen Prüfung unterzogen, auch gegenüber Empörern vertritt er den Rechtsstandpunkt; christenähnliche Haltung. Mischung von christlichen mit stoischen Zügen.
Poetische Umkleidung eines zeitgenössischen Ereignisses: Hinrichtung des holländischen Großpensionärs Oldenbarneveld durch die Partei seiner religiösen Gegner unter Moritz von Oranien.

Auff. 9. 2. 1660 in Breslau, Elisabeth-Gymnasium. Das Dr. ging in das Repertoire der Wandertruppen ein und wurde auch auf dem Salzburger Benediktinertheater gespielt.

1659   Andreas Heinrich Buchholtz
(1607–1671, Superintendent in Hamburg):
Des... Großfürsten Herkules und des... Fräuleins Valiska Wundergeschichte

Heroisch-galanter R. Tendenz gegen den »unsittlichen« *Amadis*-R. Eine Inhaltsangabe und ein Personenverzeichnis sind beigegeben, damit der Leser sich durch die Wirren der Handlung und die Vielheit der Personen durchfinden konnte. Ballung von Intrigen und Kämpfen, Entführungen, Verkleidungen, Raub und Mord. Die alten Völker Asiens und Europas in Schlachten bunt durcheinandergemengt. Leitmotiv des Ganzen ist christliche Erbauung und Belehrung, teils in Gebeten und Bekehrungen der Personen dargestellt, teils als theologische Exkurse eingestreut.

Letzte Aufl. 1744. Noch von Susanna von Klettenberg als Lieblingslektüre erwähnt.
Forts.: *Herkuliskus und Herkuladisla* (1665).

1660   Andreas Gryphius
(Biogr. S. 126):
Das verliebte Gespenst; Die geliebte Dornrose

Misch-Sp. Auff. 10. 10. in Glogau. Druck von *Das verliebte Gespenst* im gleichen Jahr.
Das verliebte Gespenst, ein höfisches Gesangsp. in hdt. Alexandrinern nach Quinaults *Le Fantôme amoureux*, bildet das Rahmenstück. Es behandelt ein ähnliches Motiv wie *Cardenio und Celinde*, aber ins Komische gewendet.
Die geliebte Dornrose ist ein bäuerliches Scherzsp. in schlesischem Dialekt nach Joost van den Vondels *Leeuwendalers*. Streit zweier Familien, Liebe der Kinder. Eine Reihe realistischer dörflicher Typen. Durch dieses Stück wurde der Bauer zur stehenden Figur höfischer Festspp.

Die Akte beider Stücke wechseln miteinander ab und vereinigen sich im Schlußchor. An beiden soll die Kraft treuer Liebe gezeigt werden.

Zweitdruck beider Spiele 1661.

1660　　**Kaspar Stieler**
　　　　　　(1632–1707, aus Erfurt, Studium und Kriegsteilnahme, dann in fürstlichem Dienst in Rudolstadt, Eisenach, Jena, Weimar):
　　　　　　Die geharnschte Venus

Unter dem Pseudonym Filidor der Dorfferer.

Liebes- und Soldatengedichte eines im Kriegsdienst stehenden Königsberger Studenten. Erlebnisdg. Kräftiger, jugendlicher Ton. Tendenz: carpe diem. Formal gekonnt. Einfluß Flemings.

St. trat namentlich nur als Verf. von mehr gelehrten Werken und von zwei ernsten Drr. hervor, ist aber wahrscheinlich auch Verf. der unter dem Pseudonym Filidor erschienenen sechs *Rudolstädter Festspiele* (1665–1667).

1661　　**Daniel Casper von Lohenstein**
　　　　　　(Biogr. S. 127):
　　　　　　Cleopatra

Tr. 5, in Alexandrinern. Auff. 28. 2. in Breslau, Elisabethanum; Druck im gleichen Jahr.

Entst. seit 1656, nach *Agrippina* und *Epicharis*.

Liebesbeziehungen und Intrigenspiel zwischen Cleopatra, Antonius und Octavian, ein beliebter Stoff des Barock. Um der Staatsraison willen treibt Cleopatra mit beiden Männern ihr Spiel, findet aber in Octavian, dem Muster des beherrschten Mannes, ihren Meister und zieht dem schmachvollen Gang im Triumphzug den Selbstmord vor; sie läßt sich an der Seite des Antonius begraben. Die Frauenrolle in diesem und den folgenden Drr. des C. v. L. im Mittelpunkt.
Die dramaturgischen Mängel der früheren Drr. *Ibrahim, Agrippina, Epicharis* überwunden, strukturell ähnlich wie *Sophonisbe*. Tendenz zu zunehmender Länge der Sätze und des Gesamttextes.

Überarbeitete und erweiterte Fassung 1680.

1663　　**Andreas Gryphius**
　　　　　　(Biogr. S. 126):
　　　　　　Horribilicribrifax oder wählende Liebhaber

Scherzsp. 5.

Entst. 1647/50, für Schultheater geschrieben.

Variante des Miles-gloriosus-Stoffes. Zur Komik der Charakterzeichnung tritt die des typisierenden Sprachkauderwelschs. Überbetonung des Bra-

marbas-Motivs durch zwei Helden gleichen Charakters. Mehrere Liebes-
handlungen.

Auff. 8. 10. 1674 in Altenburg, Schultheater.

1664   Jakob Masen
(1606–1681, Köln, Jesuit):
Rusticus imperans

Lat. Lsp., Jesuitendr.

Ein im Jesuitendr. häufig verwendeter Stoff, besonders nach Jakob Bidermanns
Erzählfassung in *Utopia* (1640). Schon von Skakespeare zu *Der Widerspenstigen
Zähmung* (1594) benutzt.

Der betrunkene Bauer wird, als er vom Rausch erwacht, einen Tag lang
als König behandelt. Die Nichtigkeit und Vergänglichkeit weltlicher Freuden wird demonstriert.

1665   Daniel Casper von Lohenstein
(Biogr. S. 127):
Agrippina; Epicharis

2. Trr., je 5 Akte, in Alexandrinern.

Entst. während C. v. L.s Studienzeit. Hauptquelle: Tacitus' *Annalen*.

Zwei gegensätzliche Heldinnen in ihrer Beziehung zu dem Tyrannen Ne-
ro: seine machtbesessene Mutter Agrippina, die zur Wahrung ihres Einflusses den eigenen Sohn zum Inzest anreizt; die Republikanerin Epicharis, die ihm auch auf der Folter keinen der Mitverschworenen preisgibt.
Tyrannis als hinzunehmendes Naturereignis.

Auff. beider Trr. im Mai, wahrscheinlich 2. 5. und 3. 5., 1666 in Breslau, Elisabethanum.

1666–67   Paul Gerhardt
(1607–1676, Berlin, Lübben):
Geistliche Andachten

120 Kirchenlieder mit Vertonung, hgg. Johann Georg Ebeling. 55 Origi-
nalschöpfungen, sonst Um- und Nachdgg.
Stil nicht barock: ohne Schwulst, Süßlichkeit, Spielerei. Ausgleich von
Gefühl und zielbewußtem Verstand. Persönliche religiöse Lyrik (Ich-Stil)
im Gegensatz zu Luthers Gemeindegesang (Wir-Stil). Trost ausstrahlende
Bekenntnisse eines im Glauben Geborgenen. Höhepunkt der geistlichen
protestantischen Lyrik des Zeitalters.

Großenteils bereits seit 1647 ersch. in: *Praxis pietatis melica,* einem für Hausandach-
ten bestimmten Gesangbuch von Johann Crüger, Kantor von St. Nicolai in Berlin.

1669   **Hans Jakob Christoffel von Grimmelshausen**
(Biogr. S. 126):
Der abenteuerliche Simplicissimus Teutsch

Unter dem Pseudonym German Schleifheim von Sulsfort.
Begonnen wohl schon in der Offenburger Zeit. Einfluß der satirischen Erbauungslit.
und des span. picarischen R. Benutzung volkstümlicher wissenschaftlicher Lit. Das
»Teutsch« des Titels verrät eine weitere lit. Anregung und läßt Simplicius als Gegenfigur zu einer typisch frz. R.-Gestalt erscheinen, zu Charles Sorels *Histoire comique
de Francion* (1626ff.; dt. Übs. 1662).

Lebensgeschichte eines tumben Bauernjungen, der, durch Glanz, Abenteuer, Liebschaften und Reichtum verlockt, dem Reiz der Welt und dem
Lebenshunger in den Wirren des Dreißigjährigen Krieges zu erliegen
droht, aber zuletzt doch all dies abstreift, um demütig in der Einsamkeit
der Natur Gott als Einsiedler zu dienen. Das Leben der durch den Krieg
bedrückten Bauern, die Weltabgeschiedenheit des Einsiedlerlebens, die
wilde Skrupellosigkeit der Soldateska, höfischer Glanz, erotische Abenteuer in Paris, Krankheit und mißlungene Ehe sind Stadien auf diesem
Wege.
Planvoller Aufbau in fünf Büchern: das dritte Buch äußerer Höhe- und
innerer Tiefpunkt des Lebenswegs; Gleichstimmung des ersten und des
letzten Buches (die Einsiedelei als Ausgangs- und Endpunkt) sowie des
zweiten und vierten Buches (Verstrickung des Helden in die Wirrnis des
Lebens und Lösung daraus).
Welterfahrungs-R. mit autobiographischen Zügen, in dem, mitangeregt
von Moscherosch, die Darstellung des Krieges einen in der zeitgenössischen Lit. nicht vorhandenen Realismus erreichte. Beeinflußt durch Figuren und Technik des picarischen R., von einem lit. Autodidakten, jedoch
aus überlegener Distanz verfaßt, stofflich angesiedelt in den unteren
Volksschichten, erlebt, bekenntnishaft, realistisch, sprengt dieses Werk
den Rahmen des Barock.

Nach dem großen Erfolg des Buches schrieb G. schon 1669 eine *Continuatio,* die als
sechstes Buch angehängt wurde: Der Held pilgert ins Heilige Land und wird schiff-
brüchig auf eine Südseeinsel verschlagen, auf der er nun sein Einsiedlerleben fort-
setzt, seine Lebensgesch. schreibt und, nach dem Bericht eines Kapitäns an den
Herausgeber der Biographie, sein Leben fern von der Welt beschließen will.
Weitere »Simplizianische Schriften« G.s unter anderem: *Trutz Simplex; Oder ...
Lebensbeschreibung der ... Landstörtzerin Courage* (1670); *Der seltsame Springins-
feld* (1670); *Der erste Bärenhäuter* (1670); *Des abenteuerlichen Simplicissimi ewig
währender Kalender* (1670); *Das wunderbarliche Vogelnest* (1672); *Simplicissimi
Prahlerei und Gepräng mit seinem teutschen Michel* (1673).
Außerdem zahlreiche Simpliziaden anderer Verff.

1669   **Daniel Casper von Lohenstein**
                 (Biogr. S. 127):
                 Sophonisbe

Tr. 5, in Alexandrinern. Auff. im Mai in Breslau, Magdalenaeum.

Entst. bis 1666. Quelle: Zesens R. *Die afrikanische Sophonisbe* (1647), eine Übs. des frz. R. von F. de Gerzan du Sonoy.

Staatsaktion und Liebestragödie in Numidien zur Zeit Scipios. Darstellung der grausamen Verstrickung durch Leidenschaft, die zu Mord und Selbstmord führt, durch Ehrgeiz, der sogar die eigenen Kinder aufs Spiel setzt. Demgegenüber Vernunft als moralischer Wert betont; Scipio Typ des seine Leidenschaften bändigenden, vernunftgelenkten Mannes. Leidenschaft in grellen Affektausbrüchen dargestellt.

Druck 1680, zugleich mit der Zweitfassung von *Cleopatra.*

1669/73   **Herzog Anton Ulrich von Braunschweig**
                 (1633–1714, Protestant, später Katholik):
                 Die durchlauchtige Syrerin Aramena

Geschichts-R. Stoff: Teilung des babylonisch-assyrischen Reiches. Die Bereitschaft einer syrischen Prinzessin, ihr persönliches Wohl dem Staate zu opfern, wird belohnt, indem das Schicksal ihr schließlich doch den geliebten keltischen Fürsten zuführt. Der Staat als vollkommene Nachahmung des göttlichen Weltreiches. Glaube an die Kraft menschlicher Tugend.
Höfischer Charakter. Durchgefeiltes Wortkunstwerk. Schicksale von 34 Personen miteinander verwoben, außerdem Nebenpersonen. 17 fürstliche Hochzeiten beschließen den R.

1672   **Christian Weise**
                 (Biogr. S. 127/128):
                 Die drei ärgsten Erznarren in der ganzen Welt

Unter dem Pseudonym Catharinus Civilis.

Satirischer R. Rahmenhandlung: Eine Testamentsklausel verlangt die Beibringung der Bilder der drei größten Narren in der Welt. Die Suche nach ihnen ist der Inhalt des R. Anknüpfen an die Narrenlit. und Moralsatire des 16. Jh. Nüchtern, lebensklug, bürgerlich-politischen Erfahrungen und Problemen offen.

Forts.: *Die drei klügsten Leute in der ganzen Welt* (1675).

1673   **Daniel Casper von Lohenstein**
                 (Biogr. S. 127):
                 Ibrahim Sultan

Tr. 5, in Alexandrinern.

Entst. und ersch. zur Hochzeit Kaiser Leopolds I. im September.

Nach vier Trr. aus der römischen Gesch. (*Cleopatra* 1661, *Agrippina* 1665, *Epicharis* 1665, *Sophonisbe* 1669) Rückkehr zum orientalischen Stoff, an dem sich nach Auffassung der Zeit das Wesen der Tyrannei am besten zeigen ließ. Ibrahim verliert infolge seiner unbeherrschten Leidenschaftlichkeit und seiner Lüsternheit sein Reich und wird unter schrecklichen Ausblicken ins Jenseits erwürgt.

1673   Christian Hofmann von Hofmannswaldau
        (Biogr. S. 126):
        Helden-Briefe

Heroiden, in Alexandrinern. In *Deutsche Übersetzungen und Gedichte*. Möglicherweise hat die – heute nicht auffindbare – Ausg. von 1673 nie bestanden, so daß die von 1679/80 als erste anzusehen wäre.

Entst. 1663/64. Vorbild: Ovids *Epistulae* oder *Heroides,* fingierte Briefe von Frauen der Heroenzeit an ihre entfernten Geliebten und Antworten der Liebhaber. Die Gattung wurde durch Eobanus Hessus 1514 in Dld. eingeführt. Auch Michael Draytons *England's Heroical Epistles* (1630) dürften H. v. H. bekannt gewesen sein.

28 erfundene Briefe, mit Prosaeinleitungen, die mit dem jeweiligen Stoff bekannt machen. Jede Epistel umfaßt hundert Verszeilen. Absender sind berühmte Liebespaare der Geschichte, teils offen genannt (Abälard und Héloise), teils hinter Decknamen verborgen (siegreich = Karl V., Rosamunde = Barbara Blomberg). Das Erotische, Galante im Mittelpunkt: »was die Liebe vor ungeheure Spiele in der Welt anrichte.«

1677/1707   Herzog Anton Ulrich von Braunschweig
        (1633–1714, Protestant, später Katholik):
        Octavia, Römische Geschichte

Unvollständige Ausg., 3. Bde., 1677–1679, vollständige Ausg., 6 Bde., 1685 bis 1707.

Heroisch-galanter R. Geschichte der römischen Kaiserin Octavia, der Gattin Neros, und des armenischen Königs Tyridates, ihres Liebhabers. Die Heldin, die Christin wird, verkörpert das sittliche Prinzip, das in einer sinnvollen Weltordnung siegen muß. Schließliche Vereinigung der Liebenden. Absicht, die göttliche Providenz im Sinne von Leibniz an einer vielsträngigen Handlung sichtbar zu machen. Zahlreiche episodische Einzelerzählungen, viel Zeitgeschichtliches im hist. Kostüm.

1679   Christian Weise
        (Biogr. S. 127/128):
        Bäuerischer Machiavellus

Kom.; Auff. 15. 2. in Zittau, Schultheater.
Satirisch-allegorischer Gerichtsstreit, unter dem Einfluß von Boccalinis

Ragguagli di Parnaso. Machiavellismus auf dem Dorfe Querlequitsch, ohne daß dort jemand den *Principe* gelesen hat.

Druck 1681.

1682   Johann Beer
(1655–1700, Oberösterreich, Regensburg, Weißenfels):
Teutsche Winter-Nächte

Unter dem Pseudonym Zendorius a Zendoriis.

R., in Form einer Autobiographie.
Held ein fahrender Student, der durch eine Verwechslung in einen Kreis junger oberösterreichischer Landedelleute gerät, die ihn brüderlich aufnehmen und deren lustiges, wildes Leben, Streiche, Vermummungen, Gastereien ihm behagen. Er hat verschwiegen, daß er eines Schinders Sohn ist, aber auch dieser Makel stellt sich als Maskerade heraus, er kann in den Kreis seiner Freunde einheiraten.
Locker gereihte Episoden. Die Winterabende verkürzt man sich durch Geschichten, die ähnlich ineinander verhakt sind wie die Lebensläufe sämtlicher Personen. Das Picarische in eine andere soziale Schicht verlegt: nicht Vagabunden, sondern Angehörige des kleinen Landadels. Patriarchalische Lebensform, in die auch die Diener, Picaros wie die Herren, einbezogen sind. Ausklang in einem Gelage, das Zendorius seinem heiratenden Knecht ausrichtet.
Durchbruch des am Ende des Jh. hervortretenden bürgerlichen Realismus. Erzahlfreude, die nicht durch Regelzwang oder didaktische Absichten eingeengt ist. Einfluß der Volksbücher, des picarischen R. und Grimmelshausens.

Wiederholung von Milieu und Komposition mit geringen Abwandlungen in: *Kurtzweilige Sommer-Täge* (1683).

1682   Christian Weise
(Biogr. S. 127/128):
Trauerspiel von dem neapolitanischen Hauptrebellen Masaniello

Tr.; Auff. 11. 2. in Zittau, Schultheater.

Quelle: Dt. Übs. eines zeitgenössischen ital. Berichts.

Behandelt die von dem Fischer Tommaso Aniello geleitete Volksrevolte in Neapel gegen die Spanier 1647. Scharf gesehene Volksfiguren, geschickte Massenbehandlung. Verständnis gegenüber dieser wenig zurückliegenden Revolution von unten. Der ausbrechende Wahnsinn des tyrannischen Rebellen wird auf ein ihm von seinen Feinden eingegebenes Gift zurückgeführt.
Prosa, natürliche Sprache. Einfluß des Theaters der Wandertruppen.

Druck 1683. Spätere Stoff-Bearbgg., so Auber: *Die Stumme von Portici,* Oper (1828).

1684/86   Quirinus Kuhlmann
(Biogr. S. 126):
Der Kühlpsalter

Gedichtzyklus.

Titel anknüpfend an Ausdeutung des eigenen Namens nach *Apostelgesch.* III, 19/20: »tempora refrigerii« = Zeit der Kühlung; danach Vorstellung eines »Kühlreiches«, K. selbst als »Kühlheld«, »Kühlmonarch«, seine Gedichte als »Kühlpsalmen«. Den Auftakt bilden die 1677 vor der Reise in die Türkei veröffentlichten »Fünfzehn Gesänge«, ein lyrischer Rückblick bis in die Jenenser Zeit. 1679/80 von K. zehn Bücher zu je 15 Gesängen geplant, im 8. Buch mit dem 117. Gesang abgebrochen. Von Buch 9 und 10 Bruchstücke in Teildrucken vorhanden, handschriftliche Fertigstellung bis zum 150. Psalm ist möglich.

Bekenntnishafte und zugleich prophetische Gedichte, in denen der Schwärmer sich und seine Vita stilisiert: Selbstdeutung als Künder und Vollzieher eines Endreiches. Neben dem Bekenntnis lehrhaftes Ziel, eine Art Gesangbuch mit liturgischer Funktion. Subjektiv, expressiv. Hochfliegende Gewißheit und Niedergeschlagenheit wechseln. Letztes Gedicht (1685) Klage, ungeduldig fordernde Bitte an Gott um Vollendung des Werks.

Stil gehäuft, steigernd, antithetisch; Wortzusammensetzungen. Der wachsenden Schwierigkeit der geistigen Auseinandersetzung entspricht kunstvollere Form, stoßartiger Rhythmus. Zuerst gereimt, 1684 erstmalig und dann immer reimlos. 1685 teilweise freie Rhythmen, in den letzten Gedichten hymnische und verwandte Formen.

1689   Heinrich Anselm von Zigler und Kliphausen
(1663–1696, Görlitz, Frankfurt/Oder):
Die asiatische Banise oder das blutig- doch mutige Pegu

Heroisch-galanter R.

Stoff: Staatsstreich in Hinterindien im 16. Jh., dessen Einzelheiten auf hist. Darstellungen und Reisebeschreibungen zurückgehen; umfangreiches Quellenstudium.

Frei erfundene Haupthandlung. Der edle Herrscher wird durch den Usurpator Chaumigrem gestürzt und ermordet, sein Reich Pegu aber durch den Prinzen Balacin zurückerobert, der mit der von Chaumigrem gefangenen Prinzessin Banise in Liebe verbunden ist.

Glückliche Vereinigung des heroisch duldenden Liebespaares. Abenteuerreich bis zur Kraßheit. Straffere Durchführung als sonst im heroischgalanten R. Komische Figur des Knappen Scandor. Höhepunkt der Schwulstzeit.

Großer Erfolg, 10. Aufl. 1766. Oft nachgeahmt. Auf Grund des starken theatralischen Gehalts Opern- und Bühnenbearbgg., der Bösewicht Chaumigrem noch in

Goethes *Wilhelm Meisters Lehrjahre* als eine Figur auf Wilhelms Puppentheater erwähnt. A. v. Z. war selbst Verf. eines Operntextbuches *Die lybische Talestris* (1696).

1689/90 **Daniel Casper von Lohenstein**
(Biogr. S. 127):
Großmütiger Feldherr Arminius ... nebst seiner durchlauch-tigsten Thusnelda ...

Heroisch-galanter R., 2 Teile, 18 Bücher. Postum.
Geschichte Hermanns des Cheruskers, verbunden mit einer allegorisch überhöhten Darstellung der römischen und dt. Gesch. bis ins 17. Jh.; Schlüssel-R.: mit Armin ist Kaiser Leopold, mit Marbod Ludwig XIV., aber auch Gustav Adolf und Cromwell gemeint.
Verquickung der Handlung mit lehrhaft wissenschaftlichen Absichten, der Leser sollte in der attraktiven Form des R. Kenntnisse erhalten. Dennoch Bestreben, sich an eine klare Handlungslinie zu halten. Höhepunkt des heroisch-galanten R. Nationales Bewußtsein.

Von Wieland für sein Epos *Hermann* (1751) benutzt.

1695 **Christian Reuter**
(1665 bis um 1712, Leipzig, Berlin):
L'honnête femme oder Die ehrliche Frau zu Pliszine

Lsp. 3, in Prosa. Erschienen unter dem Pseudonym Hilarius und als »aus den Französischen übersetzet« bezeichnet.

Entst. Sommer 1695. Die Intrige-Handlung den *Précieuses ridicules* von Molière entlehnt. Titel mit Bezug auf Leipzig an der Pleiße.

Verhöhnung der Wirtin R.s und ihrer Töchter. Schilderung einer wohlha-benden Bürgerfamilie, die über ihren Stand hinauswill; Kontrast zwischen groben Manieren und erstrebter Vornehmheit. Die Frauen dadurch gede-mütigt, daß sie auf zwei als Adelige verkleidete Brezeljungen hereinfal-len. Nicht nur persönliche Satire, sondern Zeitsatire gegen Kleinbürger-tum. In dem bramarbasierenden Sohn bereits skizzenhaft der spätere Schelmuffsky.
Traditionelle Typen, durch erlebte Züge realistischer gestaltet und ent-barockisiert. Lockere Szenenreihung. Auf Bühnenverhältnisse in Leipzig zugeschnitten, jedoch zu R.s Lebzeiten nicht aufgeführt.

Fortss.: *Der ehrlichen Frau Schlampampe Krankheit und Tod* (1696), das die Hand-lung ausweitende Operntextbuch *Der anmutige Jüngling Schelmuffsky und die ehrli-che Frau Schlampampe* (1697, entst. 1696 zwischen der ersten und zweiten Fassung des R. *Schelmuffsky*) sowie die parodistische Gedächtnispredigt: *Letztes Denk- und Ehrenmal der weyland gewesenen ehrlichen Frau Schlampampe* (1697), wegen der R. 1697 auf sieben Jahre relegiert und aus Leipzig verwiesen wurde.

1695/1727   Herrn von Hofmannswaldau und anderer Deutschen auserlesene und bisher ungedruckte Gedichte

Siebenteilige Slg., deren erste Bdd. von Benjamin Neukirch, spätere auch von anderen herausgegeben wurden. Die beiden Bdd. von 1695 und 1697 enthalten Gedichte von Christian Hofmann v. Hofmannswaldau, die späteren auch verschiedene von Casper v. Lohenstein, Neukirch u. a. H.s Autorschaft nicht immer gesichert.

Enthält vor allem die in *Deutsche Übersetzungen und Gedichte* nicht veröffentlichte Liebeslyrik H.s, die wahrscheinlich in den 40er Jahren entstand. Über 50 Liebesoden und etwa 20 wohl zyklisch gedachte Sonette (entst. um 1643), die galante Genreszenen bieten. Höhepunkt der barocken Stilentwicklung in der Lyrik. Marinismus, »die liebliche Schreibart, welche nunmehr in Schlesien herrschet«, die Hofmannswaldau »am ersten eingeführet«. Methode der vergleichenden Beschreibung: »der Arme Elfenbein«, »der Zunge Honigseim«; häufig überspitzt. Auch geistliche Begriffe für die Darstellung des Erotischen verwandt.
Sinnliche Liebe, sehr offen behandelt. Erotische Visionen und Träume. Carpe-diem-Haltung, jedoch mit stetem Hinweis auf die Vergänglichkeit dieser Sinnenfreuden.

Nachwirkung auf Arno Holz: *Lieder auf einer alten Laute* (1903), erweitert unter dem Titel *Dafnis* (1904).

1696   Christian Reuter
        (1665 bis um 1712, Leipzig, Berlin):
        Schelmuffsky kuriose und sehr gefährliche Reisebeschreibung zu Wasser und Land

Lügen-, Reise- und Abenteuer-R.
An den Schlampampe-Stoffkreis des Verf. anknüpfend. Ältester Sohn der Schlampampe jetzt Zentralfigur. Ich-Erz. Tollkühne und galante Abenteuer, in Wirklichkeit Lügengeschichten eines aufschneiderischen Studenten. Großmannssucht des Kleinbürgertums, das die Kavaliersreise des Adels nachahmen will. Gegensatz zwischen den galanten Phrasen und den grobianischen Flüchen des Erzählers. Zugleich satirisch gegen Abenteuer- und Reise-Rr., auch gegen die Simpliziaden gerichtet, denen der R. in seiner Struktur verpflichtet ist.

Zweibändige völlig umgearbeitete Fassung 1696/97 mit dem Titel: *Schelmuffskys wahrhaftige kuriöse und sehr gefährliche Reisebeschreibung zu Wasser und zu Lande.* Einbeziehung von Szenen der inzwischen erschienenen Oper *Der anmutige Jüngling Schelmuffsky und die ehrliche Frau Schlampampe* (1697). Verlagerung des Akzentes von der lügenhaften Reisebeschreibung auf die Selbstentlarvung des ambivalenten Helden: die Reise war nur eine Zechtour ins nächste Dorf; er beschreibt die vornehme Welt, wie er sie sich vorstellt, und entlarvt seine Unkenntnis im Erzählen.

1700   **Friedrich Rudolf von Canitz**
(1654–1699, Berlin):
Nebenstunden unterschiedener Gedichte

Postum, zu Lebzeiten nur im Freundeskreis verbreitet.

Slg. von Satiren (Lit.-Kritik), geistlichen Gedichten, Gelegenheitsgedichten. Bukolische Dgg. vom Hof-, Stadt- und Landleben. Anknüpfung an Vergil.

Abstreifung des Schwulstes, Einfluß von Boileau. Undichterisch, korrekt und steif, ein erster Schritt in die Aufklärungslit., jedoch noch höfisch orientiert.

Vorbild für die übrigen Hofdichter. Friedrich II. fand C.' Gedichte supportable; Anerkennung durch Fontane in den *Wanderungen.*

1724   **Johann Christian Günther**
(1695–1723, Wittenberg, Leipzig, Breslau, Jena):
Deutsche und lateinische Gedichte

Postum. Schäfer- und Liebesgedichte, Studentenlieder, geistliche Lieder. Echte Erlebnislyrik. Überwindung des Marinismus nicht nur aus kritischer Theorie, sondern aus genialem, natürlichem Talent. Verbindung zur Volksdg. Ausklang des Barock, G. der »letzte Schlesier«.

1735 neue Ausgabe, bis 1764 sechsmal aufgelegt. Einwirken auf den Sturm und Drang, dessen Dichtertyp G. vorlebte. Goethe: »Er wußte sich nicht zu zählmen, und so zerrann ihm sein Leben wie sein Dichten.«

1720–1785   Aufklärung

Die Dg. der Aufklärung in der Epoche zwischen 1720 und 1785, in der die allgemeinen aufklärerischen Standpunkte auf die dt. poetische Lit. übertragen wurden, hat zwei Hauptphasen: bis 1740 im Zeichen Gottscheds und von 1755 bis 1770 im Zeichen Lessings. Sie kann auch als vorklassisch oder – im Hinblick auf die Anlehnung an Frankreich – als klassizistisch bezeichnet werden, wobei sich gegenüber dem vorbarocken Klassizismus um Opitz ein nachbarocker Klassizismus um Gottsched ergibt.

Während die dt. Kultur im 17. Jh. dreifach zersplittert war – konfessionell, sozial (Gegensatz Gelehrte – Volk) und national –, wirkte die Aufklärung durch die Idee der Toleranz, den Gedanken des Weltbürgertums und durch philosophische Allgemeinbildung einigend. Die Bildung verlagerte sich von den Höfen in die großen Handelsstädte Hamburg, Zürich, Leipzig.

Aufklärung als geistige Bewegung wirkte zuerst in England, wo sie auf der Verfassung, den bürgerlichen und kirchlichen Freiheiten und der Pressefreiheit (seit 1693) beruhte. Hauptvertreter des engl. Empirismus ist John Locke (1632–1704); Hauptwerk: *Essay concerning Human Understanding* (1690). Durch Beobachten wird die Seele mit Erfahrungen erfüllt, Empfindungen (sensations) werden in ihr hervorgerufen und Vorstellungen geweckt, an denen sich der Geist (reflection) übt. »Nihil est in intellectu, quod non antea fuerit in sensu.« David Hume (1711–1776) bildete die Erkenntnislehre Lockes weiter, vertrat in der Ethik den Standpunkt, der Zweck aller menschlichen Tätigkeit sei das Glück.

In Frankreich hatte schon René Descartes (1596–1650) gesagt: »Nichts Nützlicheres gibt es hier zu erforschen, als was die menschliche Erkenntnis sei und wie weit sie sich erstrecke.« Pierre Bayle (1647–1705) betonte den Widerspruch zwischen Offenbarung und Vernunft. Sein Hauptwerk ist das große *Dictionnaire historique et critique* (1695–1697), dessen dt. Ausgabe (1741) durch Gottsched veranlaßt wurde. Voltaire (1694–1778) und Montesquieu (1689–1755) sind die eigentlichen Vermittler der engl. aufklärerischen Ideen. Voltaire sah es als höchste Aufgabe des Menschen an, durch Verwirklichung der Idee der Gerechtigkeit die Unvollkommenheiten der Welt zu mildern. Montesquieu zeichnete in *Lettres persanes* (anonym 1721) ein satirisches Bild des zeitgenössischen Frankreich und legte in *L'Esprit des lois* (1748) seine Lehre von den drei Gewalten (gesetzgebende, ausführende, richterliche) nieder. Vorläufer der dt. Aufklärung war Gottfried Wilhelm Leibniz (1646–1716). Nach ihm ist die Monade der einzelne Kraftträger. Jede Monade ist selbständig und ein lebender Spiegel des Universums. Es besteht eine Stufenfolge der Monaden von den niedrigsten bis zur ultima ratio rerum, Gott. Leibniz erstrebte die Vereinigung der theologisch-teleologischen Auffassung der Welt mit der physikalisch-mechanischen; Körper und Seelen stehen in prästabilierter Harmonie zueinander. Der Aufbau von Leibniz' Weltanschauung hat einen schöpferischen Zug und enthält noch irrationale Elemente der Barockzeit. Der Künstler ist ihm ein Nachschöpfer Gottes. Christian Wolff (1679–1754) brachte leibnizisches Denken in systematische Form, wobei auch aristotelisches, stoisches, scholastisches und kartesisches Gedankengut eklektisch verarbeitet wurde. Wolff erstrebte praktische Brauchbarkeit der Philosophie. Sein Ideal war der gesunde Menschenverstand, sichere Quelle des Lebensglückes die Tugend. Wolff philosophierte nach Thomasius' Vorbild in dt. Sprache. Johann Christoph Gottsched (1700 bis 1766), dessen akademische Laufbahn zunächst der Verkündung Wolffscher Philosophie diente, stellte ihre Verbindung zur Lit. her.

Die Aufklärung vollendete alle Bemühungen seit dem Ende des MA., den Menschen aus jenseitigen Bindungen zu lösen. Ihr Ziel war die allseitige, selbständige Entwicklung des menschlichen Geistes. Der naturwissenschaftlich gebildete Geist tritt kritisch an die übernatürlichen Elemente im christlichen Dogma heran: Natürliche Religion. Der Deismus ist eine philosophische Religion von wesentlich moralischem Inhalt. Die Welt ist zwar von Gott erschaffen, aber ihr gesetzmäßiger Verlauf unabhängig von seinem Einwirken. Gott ist gütig und der Hüter des Sittlichen. Kant beantwortete 1784 die Frage: Was ist Aufklärung? mit »Ausgang des Menschen aus seiner selbstverschuldeten Unmündigkeit«. Der Wahlspruch der Aufklärung sei: »Sapere aude! Habe Mut, dich deines eigenen Verstandes zu bedienen!« Die Bestimmung des Menschen ist Vernunft verbreiten, die Geister aufklären, die Tugend befördern. Das Glück liegt in Humanität. »Die unglückseligen Zeiten sind eine Frucht des Lasters, die glückseligen eine Frucht der Tugend« (Wolff). Duldsamkeit gegenüber den verschiedenen Konfessionen. Als Kennzeichen des Zeitalters gelten Optimismus: Leibniz' Lehre von der »besten aller Welten«, Weltbürgertum: Überwindung nationaler Bestimmtheit als einer Fessel freien Denkens, Rationalismus: Glaube an die Erklärbarkeit auch problematischer Dinge sowie Zweifel am Offenbarungsglauben.

Mitten in der Aufklärungszeit gewannen Auflehnungen des Gefühls führenden Einfluß, z.B. der Pietismus und eine seelisch beschwingte Philosophie (vgl. den Abschnitt Empfindsamkeit).

In der Kunstlehre setzte die Aufklärung ethische und ästhetische Werte gleich. Die Kunst hat die Aufgabe zu nützen und zu ergötzen. Sie ist Nachahmung der Natur. Der Künstler lernt und richtet sich nach Regeln. Die Produktion war der theoretisch-kritischen Überlegung untergeordnet. Die Autonomie des »Genies« der Aufklärung ist auch bei Lessing noch eine beschränkte: es legt sich selbst die Regeln auf, die aus den genialen Kunstschöpfungen der Vergangenheit rational erschließbar sind. Nach Alexander Baumgartens *Aesthetica* (1750–1758) ist Schönheit das sinnlich angeschaute Vollkommene, Ästhetik ist als Anleitung zum richtigen Empfinden verstanden. Um die beginnende wissenschaftliche Ästhetik hat sich auch Moses Mendelssohn (1729–1786) besondere Verdienste erworben, der z.B. die künstlerische Wirkung mit einer Illusionstheorie erklärte. Er wandte sich gegen die enge Bindung des Ästhetischen an das Moralische *(Briefe über die Empfindungen,* 1755; *Über die Hauptgrundsätze der schönen Künste und Wissenschaften,* 1757; *Rhapsodie oder Zusätze zu den Briefen über die Empfindungen,* 1761).* Dagegen zeigen sich in Johann Georg Sulzers enzyklopädisch angelegtem Werk *Allgemeine Theorie der schönen Künste und Wissenschaften* (1771–1774) noch keinerlei Anzeichen der sich zu diesem Zeitpunkt schon formierenden Geniebewegung. Das prodesse hat Vorrang vor dem delectare, die Vernunft vor der Empfindung, die Künste dienen der sittlichen Erziehung des Menschen, Schönheit ist nur »Lockspeise des Guten«. Organ für die Rezeption erzieherischer Inhalte von Lit. ist der Geschmack.

Im Gegensatz zum Barock griff der Klassizismus des 18. Jh. auf die Einfachheit und Formenreinheit der Antike zurück. Der frz. Klassizismus hatte als Vorbild sogar noch Bedeutung für die Weimarer Hochklassik. Maßgebend wurde auch für Dld. Nicolas Boileaus *L'Art poétique* (1674): entscheidendes Element des dichterischen Schaffens ist die Vernunft, die das Wahre, Schöne und Gute in sich schließt. Reinliche Scheidung der

einzelnen Dg.-Gattungen, Ablehnung einer Vermengung von Tragik und
Komik. Erfordernis der drei Einheiten für die Tr., Klarheit, Allgemein-
gültigkeit, Einfachheit, Natürlichkeit als Leitbilder des Stils.
Gottsched verwarf die modernen Italiener und Spanier, empfahl neben
den klassizistischen Franzosen die Griechen und Römer, in beiden glaubte er »Vernunft« und »Natur« verwirklicht. Die gegen ihn einsetzende
Kritik der Schweizer und der späteren Bremer Beiträger betraf u. a. das
Recht des Überrationalen in der Dg. Lessing bemühte sich um die theoretische Trennung von bildender und Wortkunst und die Klärung ihrer spezifischen Mittel.
In der Dg. der Aufklärung stand der Mensch im Vordergrund des Blick-
feldes. Heldentypus war ein sich durch Willen und Vernunft vervoll-
kommnendes Wesen; Bändigung der Triebe, zweckbewußtes, vernünfti-
ges Handeln.

Noch 1780 hat Friedrich II. *(De la littérature allemande)* ohne Kenntnis der inzwischen aufgetauchten weiterweisenden dt. Dgg. eine späte, nicht unwidert gebliebe-
ne (Justus Möser u. a.) Kritik aus rationalistisch-klassizistischem Geist geübt.

In die Aufklärung eingebettet ist die Stilrichtung des Rokoko, die aus
Frankreich kam und unter dem Einfluß der Höfe um 1740 in Dld. ein-
drang. Sie ist ohne aufklärerische Geisteshaltung und Kunstübung nicht
zu denken, arbeitete ihnen aber in manchem entgegen und bildet »eine
Brücke zwischen Barock und Goethezeit« (Alfred Anger). Im Rokoko
lebten bestimmte Motive, Formen und Gattungen des 17. Jh. fort, sie sind
jedoch ins Anmutige, Graziöse, Tändelnde, Heiter-Ironische, Skeptisch-
Frivole abgewandelt. Die zärtlichen Züge verbinden das Rokoko mit der
Empfindsamkeit, sein Grazienideal fußte bereits auf der für die Klassik
wichtigen Ästhetik Shaftesburys. Anti-aufklärerisch ist die Tendenz zur
Auflösung der Gattungen und die Neigung zum Phantastisch-Märchen-
haften. Bevorzugt wurden die kleinen Formen und Gattungen: Lyrik,
Schäferspiel (Gleim, Gellert, Goethe *Die Laune des Verliebten,* 1767),
Schäferidylle (Geßner), Verserzählung (Wieland), Epyllion (Zachariae,
Wieland, v. Thümmel), z. T. auch Singspiel (Christian Felix Weiße) und
Lustspiel (Johann Elias Schlegel *Die stumme Schönheit*). Züge des Roko-
ko lebten im Biedermeier wieder auf.
In der Lyrik trat die Ode sowohl als weltliche wie als geistliche auf.
Während sie in der Empfindsamkeitsdg. von Samuel Gotthold Lange zum
Ausdruck erhabener Gesinnung benutzt wurde und von Klopstock eine
Wendung ins Enthusiastische erfuhr, wobei freie Rhythmen die nach anti-
ken Mustern gebaute Ode in den ungebundeneren Stil der Hymne auflö-
sten, ahmte Ramler autoritativ und vermeintlich präzise die antiken Me-
tren nach.
Die zum Rokoko gehörige anakreontische Lyrik (Hagedorn, Gleim, Uz,
Götz, Gellert, der junge Lessing, der junge Goethe) orientierte sich an
dem Vorbild des Horaz, der Elegiker und der pseudoanakreontischen

Gedichte; diese waren schon als Elemente der frz. poésie fugitive vorhanden, in Dld. seit Opitz übersetzt und nachgeahmt. Hauptthemen: Liebe, Wein, Geselligkeit. Elemente der antiken Mythologie und der Schäferpoesie. Epikuräischer Lebensgenuß, durch vernunftvolles Maß und Anmut gebändigt.

Dem philosophischen Zeitgeschmack kam das Lehrgedicht entgegen. Vorbild Alexander Popes (1688–1744) Gedichte *Essay on Criticism* (1711), eine Poetik, und die Theodizee *Essay on Man* (1733; dt. Übs. von Brockes 1740) sowie James Thomsons (1700–1748) *The Seasons* (1726–1730, dt. Übs. Brockes 1745). Haller unterbaute diese Reflexionspoesie mit den Lehren der Stoa und mit denen von Leibniz, Newton und Shaftesbury. Weitere Autoren: Hagedorn, Chr. E. von Kleist, Wieland (*Natur der Dinge,* nach Lukrez). Meist Alexandrinergedichte mit den vom Deismus und Wolffianismus aufgegebenen religiös-philosophischen Schulthemen, außerdem die sog. »physikalischen Gedichte«. Neue Form erst durch Schillers Ideenlyrik.

Die im 17. Jh. vernachlässigte Fabel trat erst wieder im 4. Jahrzehnt des 18. Jh. und in Folge der moralisierenden Tendenz der Aufklärung auf (Hagedorn, Haller, Gottsched, Gellert, Lichtwer, Pfeffel). Muster außer Äsop J. de La Fontaine (1621–1695) und Lamotte-Houdar (1672–1731). Die Fabel bietet unterhaltende, typische, nicht individuelle Belehrung. Nach Breitinger ahmt sie die Natur nach, ist aber auch wunderbar und von sittlichem Zweck und Nutzen. Lessing gab den drei Büchern seiner *Fabeln* (1759) fünf theoretische Abhandlungen bei; nach ihm hat die Fabel nur der Erkenntnis zu dienen; er verlangte Prosa und präzisen Stil.

Die Satire öffnete dem vom Dichter nicht wegzudenkenden »Witz« = bel esprit ein besonderes Betätigungsfeld. Gegen Ende des 17. Jh. war die Verssatire häufiger geworden; die »Hofdichter« pflegten die Alexandrinersatire. Unter dem Einfluß Swifts stand Christian Ludwig Liscow (1701–1760), der wie dieser in Prosa schrieb. Ramler kehrte allmählich wieder stärker zur typenhaften Menschendarstellung La Bruyères (1645 bis 1696) und der moralischen Wochenschriften zurück.

Nach Logaus Epigrammen (hgg. Ramler und Lessing, 1759) waren Christian Wernickes (1661–1725) *Überschriften und Epigrammata* (1697 bis 1701) schon gegen den Hochbarock gerichtet, aufklärerisch. Zur Theorie vgl. Lessing: *Zerstreute Anmerkungen über das Epigramm* (1771). Epigramme schrieb auch Abraham Gotthelf Kästner (1719–1800).

Das Versepos vertrat rokoko-klassizistisch Wieland sowohl komisch-travestierend in antikem Gewand als auch heiter-antikisch und ernst-romantisch. Popes *Lockenraub* (1712) beeinflußte das komische Heldengedicht der Autoren Friedrich Wilhelm Zachariae, Uz, Kortum, Blumauer.

Im Gewande der Verserz. trat auch oft das Märchen auf, das in der ersten Hälfte des 18. Jh. durch Übss. aus frz. und orientalischen Vorlagen rezipiert wurde und sich als Unterhaltungslektüre großer Beliebtheit erfreute. Einzige Gattung, in der das Wunderbare Raum haben durfte, häufig lehrhaft-moralisch umgebogen, später von Wieland ironisch relativiert und spielerisch ästhetisiert. Durch das Feenmärchen des 18. Jh. wurde eine stoffliche Grundlage für die Märchendg. der Romantik geschaffen.

Bis ins zweite Viertel des Jh. wurden noch die spätbarocken Romane gelesen, die schon eine gewisse psychologische Akzentuierung zeigten. Eine verwässerte Abart des heroisch-galanten R., der galante R., in dem das heroische und staatspolitische Element eliminiert war und die Welt zum Schauplatz frivoler erotischer Abenteuer verengt schien, wurde im wesentlichen durch reine Unterhaltungsschriftsteller repräsentiert (Christian Friedrich Hunold, 1680–1721, Johann Leonhard Rost, 1688–1727, und Johann Gottfried Schnabel mit *Der im Irrgarten der Liebe herumtaumelnde Kavalier*, 1738).

Auch Daniel Defoes *Robinson Crusoe* (1719/20) brachte den Verzicht auf den heroischen Helden von Rang. Die Einführung des Bürgertums als Thema der psychologischen Familien-Rr. geschah durch Samuel Richardson, der die Empfindsamkeit mit prägte. Den humoristisch-satirischen Sitten-R. förderte das Beispiel Henry Fieldings (1707–1754), dessen individualisierende Charakteristik von Hermes bis Jean Paul nachgeahmt wurde. Realistische, oft karikaturistische Typenzeichnung kam von Tobias Smollett (1721–1771), der eine Gegentendenz zu Richardson und eine Annäherung an den Abenteurer-R. einleitete. Steigender Beliebtheit erfreute sich Cervantes' *Don Quijote,* der direkte und (über Fielding) indirekte Einflüsse auf den dt. R. ausübte: Musäus' *Grandison der Zweite,* Wielands *Sieg über die Schwärmerei,* Hippels *Kreuz- und Querzüge,* J. G. Müllers *Siegfried von Lindenberg.* Die Helden dieser Donquijotiaden zeigten noch keine Entwicklung, am Schluß stand nur eine Desillusionierung, eine rein intellektuelle Heilung. Dagegen brachte Wielands *Agathon* Wandlung von der Zuständlichkeit in ein vom Erlebnis bestimmtes Werden.

Als Gefäß für Staatsphilosophie, als Fürstenspiegel, trat der Staats-R., zurückreichend bis auf Xenophon und Fénelon (*Télémaque,* 1699), bei Haller und Wieland auf. Mit pädagogischen Ideen, besonders nach dem Erscheinen von Rousseaus *Émile* (1762), füllten ihn Sintenis, Schummel, Pestalozzi, Campe. Stoffliche Erweiterung erhielt die R. durch Wieland und seine Nachfolger nach der Antike und dem Orient hin, aber auch das dt. MA. und die Renaissance wurden – ganz unhistorisch – behandelt.

Der Schwerpunkt der R.-Theorie verlagerte sich auf das Problem der psychologischen Wahrscheinlichkeit. Durch Richardsons Erfolge wurde die Gattung anerkannt, Gottsched räumte ihr in der 4. Aufl. (1751) seiner *Kritischen Dichtkunst* daher einen Platz ein. Friedrich v. Blanckenburgs *Versuch über den R.* (1774) ist mehr eine Abrechnung mit dem bis dahin Geleisteten (Familien-R. der Richardson-Nachfolge) als dessen Unterbauung und Bestätigung.

Die dram. Dg. wurde von Gottsched zunächst an die tragédie classique verwiesen, wobei er sich auf deren praktische Erprobung durch Anton

Ulrich von Braunschweig (seit 1690) und die am Braunschweig-Wolfen-bütteler Hof bereits in deren Darstellung geübte Neubersche Truppe stützen konnte. Gottscheds Ziel war die Ersetzung der possenhaften Harleki-naden, der ital. Ausstattungsopern und der Haupt- und Staatsaktionen durch »regelmäßige« Drr. Durch seine Zusammenarbeit mit dem Prinzipal Johann Neuber und vor allem dessen Frau Caroline verband er das dram. Schaffen der gelehrten Dichter wieder mit dem Volkstheater und reformierte er das Theater der Wandertruppen; 1737 Verbannung des Harlekins von der gereinigten Schaubühne. Johann Elias Schlegel zeigte theoretisch die Abhängigkeit des Dr. von der Eigenart und Kultur einer Nation und näherte es Shakespeare leicht an. Thematisch und formal war es noch immer mit dem Barockdr. verwachsen, seine Grundhaltung stoisch. Von Wieland (*Lady Johanna Gray*, Auff. 1758 in Winterthur), Simon Grynaeus (Übs. von *Romeo und Julia*, 1758) und Joachim Wilhelm von Brawe (*Brutus*, 1768) wurde der Alexandriner mit dem jambischen Fünftakter vertauscht, den Lessings *Nathan* durchsetzte. Chr. E. von Kleist verwandte bereits Prosa (*Seneca*, 1758). Lessing griff Gottscheds dt.-frz. Theater an, klärte theoretisch das Ziel der Tr. und dramaturgische Grundbegriffe im Anschluß an Aristoteles, verwies das dt. Dr. an Shakespeare und das ältere dt. volkstümliche Dr. Als Dichter begründete er mit *Miss Sara Sampson* (1755) das bürgerliche dt. Tr., dessen empfindsame Einseitigkeiten jedoch sein späteres Werk überwand, das in Gehalt und Form das Dr. der Aufklärung unmittelbar an das der Klassik heranführte.

Auch das Lsp. suchte Gottsched auf Grund der frz. Kom. zu reformieren. In die comédie sérieuse hatte bereits Destouches (1680–1754) eine belehrende Tendenz einbezogen. Das nachklassische frz. Lsp. wirkte als Charakter- oder Typenlsp. auf Gottsched (*Der Verschwender* u. a.) und seine Frau (*Die Pietisterei im Fischbeinrock*, 1736; *Die ungleiche Heirat*, 1745), Schlegel (*Der geschäftige Müßiggänger*, 1743) und Lessings Jugendwerke. Die Helden dieser Komm. erschienen am Schluß meist gewandelt, gebessert.

Der internationale Zeitgeist förderte die Übss.

Unter den Übss. antiker Schriftsteller ragen die Wielands hervor, Shakespeare fand in Wieland (22 Drr., 1762–1766) und seinem Fortsetzer Johann Joachim Eschenburg (1775–1782) die ersten namhaften Übersetzer; beide Übss. noch in Prosa. Des Dänen Holberg Komm. wurden seit 1743 übersetzt (*Holbergs dänische Schaubühne*, 5 Bdd., einzelne Stücke in Gottscheds *Deutscher Schaubühne*).

Wichtig für die Verbreitung der Aufklärung waren die zahlreichen moralischen Wochenschriften.

Muster die engl. von Joseph Addison (1672–1719) und Richard Steele (1671 bis 1729): *The Tatler* (1709–1711), *The Spectator* (1711–1712) und *The Guardian* (1713), die noch täglich erschienen. Erste dt. moralische Wochenschrift: *Der Vernünftler* (1713–1714, Hamburg, hgg. Mattheson). Weitere:

Bodmer/Breitinger: *Diskurse der Malern* (1721–1723, Zürich; die Mitarbeiter
                    zeichneten ihre Beiträge mit den Namen berühmter Maler)
Brockes: *Der Patriot* (1724–1726, Hamburg)
Gottsched: *Die vernünftigen Tadlerinnen* (mißverstanden, nach Tatler;
                    1725–1727, Leipzig)
Gottsched: *Der Biedermann* (1727–1729, Leipzig)

Die Wochenschriften behandelten in Form kleiner Erzz. und Sittenschilderungen,
sog. »Gemälden«, alle möglichen Fragen des täglichen geistigen und praktischen
Lebens. Sie arbeiteten der Reform des allgemeinen Erziehungswesens vor, traten für
Bildung und Anerkennung des weiblichen Geschlechtes ein, das zum Hauptkonsu-
menten der Belletristik wurde. Sie regten das Interesse weiter Kreise des Bürgertums für Kunst und Dg. an und schufen wieder eine Verbindung zwischen Lit. und
Leben. Mit der Entwicklung des Verlagswesens und des lit. Marktes verlor das
»Gelehrtentum« des Dichters an Gewicht, es entstand ein Autorentyp, der den
freien Schriftsteller mit dem beamteten Gelehrten verband.

Bedeutendste dt. kritische und lit. Zss.:

Beiträge zur kritischen Historie der dt. Sprache, Poesie und Beredsamkeit (1732 bis
1744), hgg. Gottsched. Kritisches Lit.-Blatt, zunächst im Dienste der Dt. Gesell-
schaft.
Göttingische gelehrte Anzeigen, gegr. 1739, 1747–1753 hgg. Albrecht von Haller.
Belustigungen des Verstandes und Witzes (1741–1745), hgg. Johann Jakob Schwabe;
vereinigte die Anhänger und Schüler Gottscheds.
Bremer Beiträge (= *Neue Beiträge zum Vergnügen des Verstandes und Witzes,* 1744
bis 1757, Erscheinungsort Bremen), hgg. Karl Christian Gärtner, Johann Adolf
Schlegel, Johann Andreas Cramer. Aus dem Gottsched-Kreis hervorgegangene
Gruppe, die zu den Schweizern neigte: Gellert, Rabener, Johann Elias Schlegel,
Kästner, Zachariae, Hagedorn. 1748 Abdruck der ersten Gesänge von Klopstocks
Messias.
Bibliothek der schönen Wissenschaften und freien Künste, 1757 gegr. von Friedrich
Nicolai, nach zwei Jahren unter der Leitung von Christian Felix Weiße, seit 1765:
Neue Bibliothek usw.
Briefe, die neueste Lit. betreffend (1759–1765), hgg. Nicolai. Mitarbeiter: Mendels-
sohn, Lessing, Abbt.
Allgemeine dt. Bibliothek (1765–1792), hgg. Nicolai. Mitarbeiter: Herder, Abbt,
Heyne, Campe, Mendelssohn, Zelter, Eschenburg. 1793 fortgeführt als: *Neue Allge-
meine dt. Bibliothek* (bis 1805; 1793–1800 nicht unter Nicolais Leitung; insgesamt
268 Bdd.). Gelehrt; Auszüge und Rezensionen.
Der Teutsche Merkur (1773–1789), hgg. Wieland, fortgeführt als: *Der Neue Teutsche Merkur* (1790–1810), hgg. Karl August Böttiger. Erste dt. schöngeistige Mo-
natsschrift nach dem Vorbild der frz. *Mercure galant* (1772ff., ab 1774 *Mercure de
France*). Starker Einfluß auf die Geschmacksbildung. Enthielt Erstveröffentlichun-
gen von Wielands Dgg. und seine kleinen Aufsätze zur Lit., Philosophie und Politik.

Die tragende Schicht der Aufklärung wurde der dritte Stand: die akade-
misch Gebildeten, vor allem Theologen und Philologen, Gelehrte, Schul-
männer.
Die lit. Führung ging an die protestantischen Landesteile, die Niedersachsen, die Alemannen und die Obersachsen, über. Zentren waren Städte

mit wirtschaftlich starkem Bürgertum: Hamburg, Zürich, Leipzig, Berlin,
die Universitäten Halle und Göttingen.

In Leipzig seit 1727 die Deutsche Gesellschaft, in der ihr Führer, Gottsched, eine
der Académie française ähnliche Institution schaffen wollte; aus Gottscheds Kreis
sonderten sich die sog. Bremer Beiträger (seit 1744) ab. In Halle der sog. ältere
Hallenser Kreis (1736ff.), pietistisch, und der jüngere anakreontische Kreis (ab
1740). In Berlin bildete sich ein philosophisch-lit. Kreis um Lessing, Mendelssohn,
Nicolai (seit etwa 1755), zu dem Ramler, Sulzer, Chr. E. von Kleist gehörten.

Wichtigste Autoren der Aufklärung:

Bodmer, Johann Jakob, geb. 1698 zu Greifensee. Wurde zunächst Kaufmann, entschloß sich aber 1718 zu lit. Leben. War 1725–1775 Prof. für
vaterländische Gesch. in Zürich. Bemerkenswerte Herausgabe von Lit.-
Denkmälern des dt. MA. Nach Goethe war B. eine »Henne für Talente«
oder »Hebamme des Genies«. Klopstock, Wieland, Christian Ewald von
Kleist, Geßner, Heinse, Goethe, die beiden Stolbergs haben ihn besucht.
Gest. 1783 in Zürich.

Gellert, Christian Fürchtegott, geb. 1715 in Hainichen. 1729 Fürsten-
schule zu Meißen, 1734–1738 stud. phil. und theol. in Leipzig; hier
Freundschaft mit Gärtner, Johann Elias Schlegel, Rabener u.a. Ab 1745
Dozent und später Prof. für Poesie, Eloquenz, Moral in Leipzig. Nach
Goethe »Gewissensrat für ganz Dld.«. Von Friedrich II. anerkannt als »le
plus raisonnable de tous les savants allemands«. Gest. 1769 in Leipzig.

Gleim, Johann Wilhelm Ludwig, geb. 1719 zu Ermsleben. Früh verwaist
und mittellos. 1738–1740 Stud. in Halle. 1747 Domsekretär in Halberstadt. Kanonikus des Stifts Walbeck. Großer Freundeskreis: die Hallenser
Dichter Johann Georg Jacobi, Michaelis, Heinse. Aufgesucht von Voß,
Herder (1775), Goethe (1783), Wieland, Heinrich von Kleist (1801).
Plan einer Dichterschule in Halberstadt. Am Ende seines Lebens erblin-
det. Gest. 1803 in Halberstadt.

Gottsched, Johann Christoph, geb. 1700 in Judittenkirchen/Ostpr. Seit
1714 Stud. in Königsberg: Theologie, Philosophie, Philologie. Floh 1724
vor den Werbern des Soldatenkönigs nach Leipzig. Habilitierte sich dort
1725 für Philosophie und Dichtkunst. Herausgeber mehrerer Zss. Zusammenarbeit mit der Neuberschen Schauspieltruppe, Reform des Dr. und
des Theaters. 1730 a.o. Prof., 1734 o. Prof., 1739 Rektor. Seit 1735
verheiratet mit Luise Adelgunde Kulmus aus Danzig (1713–1762). Gest.
1766 in Leipzig.

Haller, Albrecht von, geb. 1708 in Bern. Gelehrtes Wunderkind, schrieb
mit 11 Jahren sein erstes Gedicht. 1723–1726 stud. med. in Tübingen und
Leiden. 1727 in Londoner Hospitälern. 1729 Rückkehr nach Bern.
1736–1753 Prof. der Medizin und Botanik in Göttingen; gründete 1751
die *Societät der Wissenschaften*. 1753 Rückkehr in die Schweiz, Direktor
von Salzwerken im Rhônetal. Verfaßte große medizinische Werke. Gest.
1777 in Bern.

Lessing, Gotthold Ephraim, geb. 1729 in Kamenz/Oberlausitz, entstammte einer protestantischen Theologenfamilie. 1741–1746 Besuch der Fürstenschule St. Afra in Meißen. 1746–1748 stud. theol., später med. in Leipzig; Theaterbesuche bei der Neuberin, Anfänge übersetzerischer und schriftstellerischer Tätigkeit. 1748–1751 in Berlin. Freundschaft mit Friedrich Nicolai und Moses Mendelssohn. Ausgedehnte Redakteur- und Rezensententätigkeit. 1751–1752 in Wittenberg; Erwerbung des Magistertitels, Kritik der Horazübersetzung von Samuel Gotthold Lange. 1752–1755 zweiter Aufenthalt in Berlin, Bekanntschaft mit Sulzer und Ramler, Erscheinen von L.s *Schriften* (1753–1755). 1755–1758 in Leipzig; eine geplante Weltreise wurde durch den Ausbruch des Siebenjährigen Krieges in Amsterdam abgebrochen. 1758–1760 in Berlin; Freundschaft mit Christian Ewald von Kleist. 1760–1765 Sekretär des Generalgouverneurs von Schlesien, Tauentzien, in Breslau. 1765–1767 in Berlin; L.s Bewerbung um die Leitung der Kgl. Bibliothek durch Friedrich II. abgewiesen. 1767–1770 in Hamburg; Dramaturg der »Hamburger Entreprise« (1767–1768), Fehde mit dem Prof. Christian Adolf Klotz. 1770 bis 1781 Bibliothekar in Wolfenbüttel, 1775 Reise nach Leipzig, Berlin, Wien und – als Begleiter eines braunschweigischen Prinzen – nach Mailand, Venedig, Florenz und Rom. 1776–1778 Ehe mit Eva König. 1777 Beginn der Fehde mit dem Hauptpastor Goeze. Gest. 1781 bei einem Besuch in Braunschweig.

Schlegel, Johann Elias, geb. 1719 in Meißen. Schüler in Pforta, Stud. in Leipzig; hier Einfluß Gottscheds. 1743 Privatsekretär des sächsischen Gesandten in Kopenhagen, seit 1748 Prof. an der Ritterakademie in Sorö. Auch in Dänemark mit Theaterreformplänen beschäftigt (*Gedanken zur Aufnahme des dänischen Theaters,* 1747). Gest. 1749 in Sorö.

Wieland, Christoph Martin, geb. 1733 zu Oberholzheim bei Biberach. Nach pietistischer Schulerziehung 1749 Stud. in Erfurt, seit 1750 in Tübingen. Von Bodmer auf Grund seines Epos *Hermann* (1751) in die Schweiz eingeladen, von 1752 bis 1754 in dessen Zürcher Haus. Verkehr mit Breitinger, Geßner, Hirzel. Dann Hauslehrerzeit. 1760 Rückkehr nach Biberach, wurde dort Kanzleidirektor. Verkehr mit dem Kanzler Friedrich Graf Stadion, Abkehr von der »seraphischen« frühen Periode. 1769 als Prof. der Philosophie nach Erfurt berufen. Auf Grund seines Staats-R. *Der goldene Spiegel* von der Herzogin Anna Amalia 1772 als Erzieher ihrer beiden Söhne nach Weimar berufen. Von 1798 bis 1803 lebte W. mit seiner Familie auf Gut Oßmannstedt bei Weimar. 1803 besuchte ihn dort Heinrich von Kleist. Gest. 1813 in Weimar.

1721/48   **Barthold Heinrich Brockes**
(1680–1747, Hamburg):
Irdisches Vergnügen in Gott, bestehend in physikalisch- und moralischen Gedichten

Unter dem Einfluß von Alexander Pope (1688–1744) und James Thomson (1700 bis 1748), dessen *Jahreszeiten* B. übersetzte.

9 Teile. Schilderung der Natur durch alle ihre Reiche. Bewunderung für den »schönen Bau der Erde« und die kleinsten Naturerscheinungen bis zum »bewundernswerten Stäubchen«. Das Titelbild: »Wie glücklich, wer, wie wir, von Stadt und Hof entfernt, / den Schöpfer im Geschöpf vergnügt bewundern lernet.« Neben detailliert ausgeführten Miniaturen von einzelnen Blumen, Obstbaumblüten, Insekten großräumige Landschaftsbilder, in denen Atmosphärisches, Akustisches, besonders Farb- und Lichteffekte *(Ein neblichtes und schlackriges Wetter; Kirsch-Blühte bey der Nacht)* eingefangen sind.

Erster Einbruch in die kirchliche Offenbarungslehre. Teleologische Naturbetrachtung. B. will durch Naturbeobachtung Gottes Größe erkennen. Überall waltet göttliche Vernunft und zweckmäßig handelnde Vorsehung. Nach langer Verachtung der Natur Wiederentdeckung ihrer intimen Reize.

In den folgenden 23 Jahren 7 Aufll.

1729   **Friedrich von Hagedorn**
(1708–1754, Hamburg):
Versuch einiger Gedichte oder erlesene Proben poetischer Nebenstunden

Epikureische Lebensweisheit. Natursinn, verfeinerte Sinnlichkeit des frühen Rokoko. Horaz als großes Vorbild bezeichnet. Anstoß zur dt. Anakreontik.

Klopstock in der Ode *Wingolf*: H. »ein Muster im unsokratischen Jahrhundert«. Verehrung auch unter den Bremer Beiträgern.

1730   **Johann Christoph Gottsched**
(Biogr. S. 161):
Versuch einer critischen Dichtkunst vor die Deutschen

Führende, philosophisch fundierte Poetik der Aufklärung.

Grundlage: der Wolffsche Rationalismus und Boileaus *L'Art poétique* (1674). Unter den Vorbildern besonders auch Opitz hervorgehoben.

Antibarockes, klassizistisches Formideal. Dichtertum ist intellektuelle Fähigkeit; Phantasie durch »gesunde Vernunft« gemäßigt. »Guter Geschmack« Sache der Erziehung; Übereinstimmung des urteilenden Verstandes mit den Regeln der Vollkommenheit eines »schönen« Gegenstan-

des. Wesen der Dg. ist Naturnachahmung im Sinne von Batteux, der nur die »schöne Natur« nachgeahmt wissen wollte. Seele der Dichtkunst, auch in Epos und Dr., ist die Fabel, die »Erfindung«, in der eine nützliche moralische Wahrheit liegt. Das Wunderbare muß wahrscheinlich sein (gegen Homers Gottheiten). Der Stil hat klar, natürlich, hochsprachig zu sein.
Der 2. Teil behandelt nach Boileau die Gattungen Idylle, Epos, Dr. Auch die Tr. verlangt einen moralischen Satz, der an einem historischen Fall exemplifiziert wird. Wahrung der drei Einheiten der Handlung, der Zeit und des Ortes (= Standortes), sog. »regelmäßige« Tr. Verbannung des Monologs, Forderung der Kostümtreue, gegen Oper und Auftreten des Hanswurst. Die Kom. ist Nachahmung einer lasterhaften Handlung und spielt unter Bürgerlichen sowie Bedienten; das Lächerliche belehrt über das Laster.

Die 2. Aufl. (1737) enthielt eine scharfe Ablehnung von Miltons *Verlorenem Paradies* als schwülstig. Bruch mit den Schweizern Bodmer und Breitinger. Letzte Aufl. 1754.

1731   **Johann Christoph Gottsched**
          (Biogr. S. 161):
          Sterbender Cato

Tr. 5, Auff. in Leipzig durch die Neubersche Truppe.
Thema: Selbstmord des jüngeren Cato, eines politischen Gegners Cäsars. Catos stoische Tugend trägt den moralischen Sieg über Cäsars verwerfliche Tyrannengröße davon. Kompilation aus Addisons Dr. *Cato* (1713) und F.-M. Deschamps' Dr. *Caton d'Utique* (1715).
Erste regelrechte dt. gereimte Alexandriner-Tr., Typus des von G. angestrebten Dr. nach frz. Vorbild. Häufig aufgeführt.

Druck 1732.

1731/43   **Johann Gottfried Schnabel**
             (1692 bis nach 1750, Stolberg):
             Wunderliche Fata einiger See-Fahrer, absonderlich Alberti Julii, eines geborenen Sachsens, auf der Insel Felsenburg

4 Bdd., Bd. 1 erschien in Nordhausen, weitere 1732, 1736, 1743. Neu hgg., überarbeitet Ludwig Tieck unter dem Titel: *Die Insel Felsenburg* (1828).

Albert Julius gründet mit Hilfe anderer Schiffbrüchiger auf einer Südseeinsel einen Musterstaat. Auf der Insel kein Konfessionsstreit mehr, keine verschiedenen Stände, kein Reichtum, keine Armut. Idealleben in engem Zusammenhang mit der Natur: Vorklang des Rousseauismus, der Kulturverneinung. Der patriarchalische Idealstaat aus dem Geist des Pietismus als politisches Gegenbild zum Staat des Absolutismus. Entwicklung der Robinsonade zum Staats-R., zur Utopie (Thomas Morus: *Utopia*, 1516).

Der vielgelesene R. gründete sich auf Daniel Defoes (1660–1731) *Robinson Crusoe*
(3 Teile, London 1719/20, dt. im Frühjahr 1720). Unter dessen Einfluß 1720–1760
etwa 50 dt. Robinsonaden. Da alle dt. Landesteile ihren eigenen Robinson haben
wollten, entstanden der schwäbische, thüringische, sächsische, kurpfälzische, bran-
denburgische Robinson. Der belehrende Charakter entschwand allmählich zugunsten des Abenteuerlichen. Die Bearbg. des Pädagogen Joachim Heinrich Campe:
Robinson der Jüngere (1779) steht am Ende der moralisch-erzieherischen Umgestaltung des *Robinson Crusoe.*

1732   **Albrecht von Haller**
            (Biogr. S. 161):
            Versuch Schweizerischer Gedichten

Slg. aller Gedichte H.s.
Enthält auch den Erstdruck von H.s bekanntester Dg.: *Die Alpen,* ein
Gedicht in zehnzeiligen Alexandriner-Strophen. Sie war das Ergebnis einer botanischen Studienreise von Basel ins Hochgebirge Juli 1728, entst.
Herbst 1728 bis März 1729. Erste Darstellung der Schönheiten der Hoch-
gebirgslandschaft, vor allem aber begeisterte Schilderung unschuldigen
Naturlebens, der schlichten Älpler und ihrer Bräuche im Gegensatz zu
den städtischen Weltleuten. Die Berge sind für H. die Mauern, die sein
Land vor der verderbten Umwelt schützen sollen. Fromme Ehrfurcht vor
der Weisheit Gottes. Der Gegensatz Stadt–Land herkömmliches Motiv
der Hirtendg. Die Schweiz nach Art Theokrits geschildert und als antiki-
sches Idyll stilisiert. Vorbild klassizistischer Landschaftsschilderung.
Dazu treten Stilmittel, die H. selbst später als »Spuren des Lohensteini-
schen Geschmackes« bezeichnete: barocke metaphorische Umschrei-
bungstechnik verdrängt alles, was unmittelbar, selbsterlebt und charakteristisch wirken könnte.

H.s Sprache von Gottsched als dunkel und mystisch abgelehnt; H. nahm in anony-
men Kritiken der *Göttingischen gelehrten Anzeigen* gegen Gottsched Partei. *Die
Alpen* in Lessings *Laokoon* (XVII) als Muster beschreibender Dichtung kritisiert.

Außerdem Lehr-, Mahn- und Gelegenheitsgedichte, z. B. *Gedanken über
Vernunft, Aberglauben und Unglauben* (1729), *Falschheit menschlicher
Tugenden* (1730). Philosophische Lyrik. Großer Lebensernst, innere Er-
griffenheit durch die Probleme. Als Wesen seines Dichtens bezeichnete
H. »Empfindlichkeit, dieses starke Gefühl, das eine Folge von Temperament ist«. Empfindung jedoch nicht unmittelbar, sondern reflektiert wiedergegeben. Berührung mit der Sprache des Pietismus, von dort eine Art
Subjektivismus, die dem übernommenen barocken Sprachgut eine neue
Nuance verleiht. Kenntnis der Ästhetik Shaftesburys. In der Vorrede
seine Entwicklung von barocken Anfängen zu engl. Vorbildern (Pope)
betont.

Bis zu H.s Tod elf Auflagen, jeweils vermehrt und sorgfältig verbessert: *Über den
Ursprung des Übels* (1734), kritische Auseinandersetzung mit Leibniz' Lehre von
der besten aller Welten; *Trauerode beim Absterben seiner geliebten Mariane* (1736),

Ode über die Ewigkeit (1737–1742): Übergang vom Lehrgedicht zum lyrischen Monolog.
Wirkung von H.s Gedankenlyrik bis zu Schiller.

1738   Johann Gottfried Schnabel
(1692 bis nach 1750, Stolberg):
Der im Irrgarten der Liebe herumtaumelnde Kavalier

Liebesabenteuer eines frivolen Edelmannes, der sich vorübergehend zum
Besseren bekehrt, aber wieder rückfällig wird. Im 2. Teil des R. sind
bezeichnende amouröse Hofgeschichten der Zeit nacherzählt. Musterbei-
spiel des sog. galanten R. Mischung der galanten Elemente mit picares-
ken.

1738   Friedrich von Hagedorn
(1708–1754, Hamburg):
Versuch in poetischen Fabeln und Erzählungen

2. Teil 1750 in: *Moralische Gedichte.*
Vorbild: Jean de La Fontaine *Contes et Nouvelles en vers* (1665 ff.).

Tierfabeln und Dgg. um mythische oder historische Personen und allegorische Wesen; außerdem einige schwankhafte Erzz., Versnovv. *(Johan-*
nes, der Seifensieder). Formal bunt und anziehend; mehrstrophige neben
kurzen und Zweizeilern. Meist nicht mehr in Alexandrinern. Gesinnung
aufklärerisch, stoisch-epikureisch, erwachsen aus dem Lebensgefühl des
reichen Hamburger Handelsherrn. Witzig, voller Anspielungen.

Wegweisend für die Entwicklung der für das 18. Jh. so bezeichnenden Dg.-Gattung
der Fabel: Gottsched (Ausg. und Übs. des *Reinke de Vos,* 1752) – die Schweizer
(Fabeln aus den Zeiten der Minnesinger, 1757, nach Boners *Edelstein)* – Gellert
(1746) – Lichtwer (1748) – Lessing (1759).

1740   Johann Michael von Loën
(1694–1776, aus Frankfurt/Main, preußischer Regierungs-
präsident der Grafschaften Lingen und Teklenburg):
Der redliche Mann am Hofe oder die Begebenheiten
des Grafen von Rivera

R.

Vorbilder: Fénelon *Télémaque* (1699) und Prévost D'Exiles *Mémoires et aventures*
d'un homme de qualité (1728–1731).

Der lehrhafte Staats-R. beweist, wie die Tugend eines Mannes sich nicht
nur in höfischer Atmosphäre behauptet, sondern den Hof umgestaltet.
Der Graf von Rivera, der anfangs in seiner Liebe zu der Gräfin von
Monteras mit dem König konkurriert und von diesem aus Eifersucht gefangengesetzt und in den Krieg geschickt wird, erreicht nicht nur eine
körperliche und geistige Gesundung des Königs, er stiftet auch dessen

Ehe und veranlaßt ihn zu Reformen, zu deren Konzeption ihn eigene und fremde Erfahrungen in anderen Staaten veranlaßt haben.

Eingebaut zahlreiche andere beispielhafte Lebensläufe. Anhang: *Freie Gedanken von der Verbesserung eines Staates zur Ausfüllung und Erläuterung der im vorhergehenden Werk befindlichen Vorschläge.* v. L.s Großneffe Goethe sagte von dem R., daß er Beifall gefunden habe, weil er »von den Höfen, wo sonst nur Klugheit zu Hause ist, Sittlichkeit verlangte«.

1740   **Johann Jakob Bodmer**
         (Biogr. S. 161):
         Kritische Abhandlung von dem Wunderbaren in der Poesie

Unter dem Eindruck und als Verteidigung Miltons, dessen *Verlorenes Paradies* (1667) B. 1732 in Prosa übersetzt herausgegeben hatte, werden gewisse Fesseln rationalistischer Befangenheit erkannt. Kunst ist zwar Nachbildung der Natur, aber ihr Reich so groß wie Idee und Phantasie. Auch Überrationales hat ein Recht, vom großen Dichter gestaltet zu werden. »Diese freie Einbildungskraft ist nicht auf die sichtbare Welt beschränkt, auch nicht auf die unsichtbar-wirkliche, sondern sie kann sich auch mögliche Welten bilden; sie hat also das Wirkliche und Mögliche zum Schauplatz.« Die Grenze des Wahrscheinlichen ist jedoch nicht zu überschreiten. »Das Wunderbare braucht in der Poesie keine Wahrheit, sondern Wahrscheinlichkeit.« Gipfel der Poesie ist das religiöse Epos in reimlosen Versen (Milton). Erster Hinweis auf Shakespeare.

1742 antwortete Gottsched, der zunächst mit den Schweizern in freundschaftlichem Einverständnis stand, in seinen *Kritischen Beiträgen* mit Ausfällen gegen Shakespeare. Verteidigte die klassizistischen Regeln gegen den angeblichen Rückfall in Schwulst.

1740   **Johann Jakob Breitinger**
         (1701–1776, Zürich):
         Kritische Dichtkunst

2 Teile, Vorrede von Bodmer.

Zusammenfassung der Lehren, die sich gegen Gottscheds rationalistischen Klassizismus richteten. Beginnt mit dem alten Vergleich von Dg. und Malerei und schränkt dann den Begriff der Nachahmung und Wahrscheinlichkeit ein, über den sie die Begriffe des »Neuen« und des »Wunderbaren« stellt. Die Dg. habe eine ins Ideale gesteigerte Wirklichkeit darzustellen, ihre Phantasieschöpfungen sollen über das Alltägliche hinausragen. Die vornehmste Schönheit und Kraft der Poesie liege in der Verbindung des Wunderbaren mit dem Wahrscheinlichen, z.B. Beseelung lebloser Dinge und Rede der Tiere. Ablehnung des Reims, aber Eintreten für Mundartliches.

Die systematische Verarbeitung von Breitingers Grundsätzen erfolgte durch Johann Georg Sulzer (1720–1779) in *Allgemeine Theorie der schönen Künste* (1771–1774).

Lessing bekämpfte im *Laokoon* (XIVff.) B.s Vergleich der Malerei und der Dichtkunst.

1740/45   Johann Christoph Gottsched
                    (Biogr. S. 161):
                    **Deutsche Schaubühne nach den Regeln der alten Griechen
                    und Römer eingerichtet**

Von den 6 Bdd. der Drr.-Slg. erschienen zuerst Bd. 2 (1740) und 3 (1741), Bd. 1, der ursprünglich eine Übs. der *Poetik* des Aristoteles enthalten sollte, mit leicht geändertem Titel erst 1742.

Enthält neben 16 Übss. aus dem Frz. (Corneille, Racine, Voltaire, Molière) und Dänischen (Holberg) die ersten Originalstücke G.s, seiner Frau und seiner Schüler, darunter Johann Elias Schlegel.

Die dt. Drr. der Slg. sind nach dem Muster der frz. tragédie classique angelegt: lose Verbindung von Staats- und Liebeshandlung, die »noble« und die »belle passion«. Schauplatz in ideale Ferne, Antike oder Orient gerückt, der Dialog »geschraubt platt« (Goethe). Wahrung der drei Einheiten. Mit dem Barockdr. noch durch das Martyrium (statt tragischer Schuld) des Helden, die christlich-stoische Gelassenheit und Vorliebe für blutige Vorfälle verbunden.

Gedacht als Spielplanvorrat für reformwillige Bühnen.

1741   Hinrich Borkenstein
                    (1705–1777, Hamburg):
                    Der Bookesbeutel

(»Bookesbeutel«, Buchbeutel = umgangssprachl. Schlendrian).

Lsp. 3, anonym. Auff. 16. 8. in Hamburg durch die Schönemannsche Truppe.

Erste Hamburger Lokalposse; erster Niederschlag Holbergs im dt. Lsp. Gegensatz zwischen den ungeschliffenen Niedersachsen und den feingebildeten Obersachsen während der unerquicklichen Vorgänge in einer geldprotzigen Bürgerfamilie. Gegen das beharrliche Festhalten an überkommenen rohen Sitten.

Lehrhafter Grundzug, stark realistisch, die Personen noch typenhaft.

Buchausg. 1742.

1742   Friedrich von Hagedorn
1744   (1708–1754, Hamburg):
1752   Sammlung neuer Oden und Lieder

3 Teile. – Ins Bürgerliche verpflanztes dt. Gegenstück zur frz. poésie fugitive oder poésie légère, der tändelnden, galant-graziösen lyrischen Gedichte der Libertins unter Ludwig XIV. und in der Régence.

Hauptthemen die Liebe, aber ohne spirituelle Züge und Gefühlsschwere, der Wein, Lob der »Landlust« mit idealisiertem Bauernleben und häufiger Verwendung schäferlicher Einkleidung, aber in der Tendenz gelegentlich in Richtung auf Rousseau. »Vorzugsrecht« der Jugend an heiterem Lebensgenuß. Anakreontisch, Beginn des lit. Rokoko.

1743   Johann Elias Schlegel
         (Biogr. S. 161):
         Hermann

Tr. – In Gottscheds *Schaubühne,* Bd. 4.

Entst. 1740–1741.

Erstes Dr. mit Stoff aus der dt. Gesch.: »in der Geschichte des Vaterlandes wichtiges Sujet«. Gegensatz von römischer und germ. Kultur, der Cherusker Hermann als Verteidiger aufklärerischer Ideale, vor allem der Pflichttreue. Tragendes Motiv: Hermann und der im Römerheer kämpfende Flavius als feindliche Brüder. Einheit des Ortes: in einem Hain; die Schlacht als verdeckte Handlung. Pathetisch-rhetorisch.
Sch. wies in *Vergleichung Shakespeares und Andreas Gryphs* (1741) auf Shakespeares Menschenkenntnis und Charakterisierungskunst hin, verstand ihn aber noch klassizistisch. Forderte ein der dt. Sonderart gemäßes Theater, blieb selbst jedoch im rhetorischen Alexandrinerstil befangen.

1744   Justus Friedrich Wilhelm Zachariae
         (1726–1777, Leipzig, Göttingen, Braunschweig):
         Der Renommist

Komisches Heldengedicht nach dem Vorbild von Popes *The Rape of the Lock* (1712). Gereimte Alexandriner. In Schwabes *Belustigungen des Verstandes und Witzes.*
Gegensatz zwischen dem Renommisten, einem Raufbold aus Jena, und dem Leipziger Studenten, einem galanten Stutzer. Lieblingsgott des Renommisten Bacchus und Vulkan, des Leipzigers der Kaffeegott. Die Göttin Galanterie geht nach Jena, um die Stadt für sich zu gewinnen. Wertvolles Dokument aus dem Universitätsleben und Kulturbild der galanten sächsischen Verfeinerung. Rokoko.

Erstes Werk der Gattung, Vorbild zahlreicher weiterer komischer Epen, darunter Thümmels *Wilhelmine* (1764) und Kortums *Jobsiade* (1784).

1744   Johann Wilhelm Ludwig Gleim
1745   (Biogr. S. 161):
1758   Versuch in scherzhaften Liedern

3 Teile. – Anakreontisch und horazisch, u. a. ein erstes Gedicht auf Anakreon. Lebenslust der mürrischen Sittenrichterei entgegengestellt. Im wesentlichen unerlebt, verspielt. Antike Götter- und Märchenwelt, die Grazien als Staffage. Vermeidung des Reims.

1746   **Christian Fürchtegott Gellert**
1748   (Biogr. S. 161):
        Fabeln und Erzählungen

2 Bdd. – Versgeschichten.

Eine Begebenheit wird leicht plaudernd erzählt, zu ihr tritt die epigrammatisch kurze Lehre. Quintessenz der Lebensweisheit: Wunschlosigkeit, Selbstgenügsamkeit, Beherrschung. Gegen Freigeisterei, Modetorheiten und Charakterschwächen, zuweilen auch politisch-soziale Fragen. Die *Fabel von der Nachtigall* gegen Gottscheds Regelsystem: Geist und Natur Voraussetzung poetischen Schaffens.

Quellen und Vorbilder: Antike Dg., Swift, *The Spectator,* Jean de La Fontaine, Lamotte-Houdar.

Traf den Geschmack des Durchschnittslesers der Zeit und wurde zum moralischen Hausbuch des dt. Bürgers.

In fast alle europäischen Sprachen, auch ins Lat. und Hebräische übersetzt. G.s Leipziger Habilitationsschrift (1744) behandelte die Theorie der Fabel.

1747/48   **Christian Fürchtegott Gellert**
        (Biogr. S. 161):
        Das Leben der schwedischen Gräfin von G ...

Familien-R. 2 Bdd.

Vorbilder: Abbé Prévost: *Histoire de M. Cléveland,* Richardson: *Pamela.*

Ein totgeglaubter Gatte, Kriegsgefangener in Sibirien, kehrt zurück, nachdem sich die Heldin mit seinem besten Freund verheiratet hat. Dieser gibt sie entsagend wieder zurück. Nach dem wirklichen Tod des ersten Gatten will die Frau, dessen Wunsch entsprechend, die zweite Ehe fortsetzen, der Tod auch dieses Mannes verhindert es.

»Seltsamer lit. Wechselbalg« (Ferdinand Josef Schneider): empfindsame Ansätze (Briefeinlagen), Nachwirkungen von Schnabel, Darstellungsweise des alten Abenteuer-R. Krasse Motive, bunte Schauplätze.

Volkserzieherische Tendenz: Gelassenheit gegenüber der Schickung. Pietistisch gefärbte Aufklärung. Soziales Verständnis für alle Schichten und Klassen. Frauenehre und -tugend konventionell, psychologisch unbeholfen.

1748   **Johann Christoph Gottsched**
        (Biogr. S. 161):
        Grundlegung einer deutschen Sprachkunst

Nach den Mustern der besten Schriftsteller des vorigen und jetzigen Jahrhunderts abgefasset.

Behandelt die Grammatik. Tritt für antibarocken, einfach logisch-durchsichtigen Stil ein sowie für die sächsische Sprache als Hochsprache gegen-

über den Mundarten. Faßt – nach Konrad Burdach – 400jährige Bemühungen um die theoretische Regelung der dt. Gemeinsprache zusammen
und vollendet sie »zu einem Bau, der für die deutsche Prosa, wenigstens
in Fundament, Wänden und Dach, auch späteren Stürmen und Wandlungen standhielt«.

In die meisten europäischen Sprachen übersetzt.

1748   Gotthold Ephraim Lessing
         (Biogr. S. 162):
         Der junge Gelehrte

Lsp. 3, Prosa, Auff. im Januar in Leipzig durch die Neubersche Truppe.

Entst. 1747.

Darstellung jugendlicher schulmeisterlicher Pedanterie unter Verwertung
eigener Erfahrung des Zwiespalts zwischen Pedanterie des Gelehrten und
freier Menschlichkeit des Künstlers.
Klassizistisch, im Stil der frz. Typenkom.

Druck 1754.

1748   Johann Elias Schlegel
         (Biogr. S. 162):
         Der Triumph der guten Frauen

Lsp. 5, Prosa. In *Beiträge zum dänischen Theater*, zus. mit *Die stumme
Schönheit* und *Die Langeweile*.

Die *Beiträge zum dänischen Theater* sollten ins Dänische übersetzt und im neuen
Komödienhaus in Kopenhagen aufgeführt werden; dies geschah jedoch nur mit dem
allegorischen Vorsp. *Die Langeweile*.

Verkleidungs-Kom. Zwei kluge Ehefrauen gewinnen mit Hilfe eines ge-
witzten Kammermädchens die Anerkennung und Zuneigung ihrer charakterlich wenig einwandfreien Ehegatten zurück: die eine ihren tyrannisch-
egoistischen durch Duldsamkeit und Treue, die andere ihren flatterhaf-
ten, indem sie ihm in Männerkleidung folgt und bei seinen Abenteuern als
Nebenbuhler in den Weg tritt.
Zügiger, witziger Dialog nach frz. Muster. Galant, fast frivol, kaum Anzeichen der »rührenden« Geschmacksrichtung. Komik und Sittenschilde-
rung auch von Holberg beeinflußt. Von Lessing als eines der besten dt.
Original-Lspp. bezeichnet.

1748   Johann Elias Schlegel
         (Biogr. S. 162):
         Die stumme Schönheit

Lsp. 1, in Alexandrinern. In *Beiträge zum dänischen Theater*, zus. mit *Der
Triumph der guten Frauen* und *Die Langeweile*.

Die *Beiträge zum dänischen Theater* sollten ins Dänische übersetzt und im neuen Komödienhaus in Kopenhagen aufgeführt werden; dies geschah jedoch nur mit dem allegorischen Vorsp. *Die Langeweile.*

Statt des ihr anvertrauten fremden Mädchens, das ein nach langer Abwesenheit zurückkehrender Vater dem Bräutigam zuführen will, präsentiert eine Pflegemutter die eigene Tochter. Der Bräutigam, der eine Frau »mit Verstand«, aber nicht diese gezierte, gedanken- und wortarme Puppe heiraten möchte, tritt von der Verlobung zurück und verliebt sich in das ihm vorenthaltene gescheite Mädchen, das sich schließlich auch als die Tochter des erleichterten Vaters herausstellt.

Motivverwandt mit Gellerts *Betschwester.* Gewandter Dialog. »Kleines Schmuckstück des dt. Bürgerrokoko« (Günther Müller).

Sch. hatte seine positive Stellung zum Vers.- Lsp. gegenüber Gottsched, der für die Kom. Prosa vorschrieb, damit begründet, daß das Wahrscheinlichkeitsprinzip durch anderes mehr verletzt werde als durch den Vers *(Komödie in Versen,* 1740).

1749   **Christian Ewald von Kleist**
             (1715–1759, Königsberg, Berlin, bei Kunersdorf tödlich
             verwundet):
             Der Frühling

Lehrgedicht.

Erster Teil eines geplanten größeren Werkes: *Die Landlust.* Titel »*Der Frühling*« stammt von Gleim. Wichtigstes Werk unter den Nachahmungen von Thomsons *Seasons,* in der Art von Hallers *Alpen.*

Schildert in Form eines Spazierganges ein gefühlvoll verklärtes Landleben, ohne die Fülle von Einzelwahrnehmungen zu einem plastischen Bild abrunden zu können.

Erregte schon durch die damals noch als neu empfundenen Hexameter (mit Auftakt) allgemeine Aufmerksamkeit. Stilistisch zwischen Rationalismus und Empfindungstiefe, zwischen Rokoko und realistischen Genrezügen.

Zahlreiche Aufll. und Übss. Von Lessing (*Laokoon* XVII) als Beispiel der zu überwindenden beschreibenden Dg. angeführt, von Schiller *(Über naive und sentimentalische Dg.)* wurde K. neben Haller und Klopstock als Hauptvertreter der elegischen Dg. genannt.

1749   **Johann Peter Uz**
             (1720–1796, Ansbach, Halle):
             Lyrische Gedichte

1755 folgten *Lyrische und andere Gedichte.*

Heitere Gesellschaftsdg., Gipfel der dt. Anakreontik. Hauptthema die Liebe, von sinnlich-schäferlichem Getändel umspielt, gelegentlich auch frivol. Preis eines mäßigen Weingenusses. Außerdem einige vaterländi-

sche Gesänge, Gedenkverse auf Freunde sowie philosophische und religiöse Oden. Kulturphilosophische Ideen wie die der Erziehung des Naturmenschen durch die Dg. und die des Göttermythos als Spiegel der menschlichen Entwicklung *(Die Dichtkunst)* sowie der Freundschaftskult *(An die Freude)* zeigen U., auch in der rhythmischen und metrischen Formung, als Vorläufer Schillers.
Beibehalten des Reims.

1751/55   Gottlieb Wilhelm Rabener
(1714–1771, Leipzig, Dresden):
Sammlung satirischer Schriften

4 Bdd. – Bürgerlich, maßvoll, unpersönlich. Mannigfaltige Formen und Themen, bunte Einkleidungen: Rede, Bericht, Traum und vor allem auch satirische Briefe. Im 4. Teil Behandlung von Sprichwörtern wie: Kleider machen Leute, Die Ehen werden im Himmel geschlossen u. a. Satire als »Erbauung«; ihr Gegenstand Heiratsgeschichten, Modetorheiten, weibliche Schwächen.
Vorbericht: *Vom Mißbrauch der Satire.* Die Satire habe nur durch Witz, Spott, Ironie die Laster lächerlich oder verhaßt zu machen; sie habe es nicht mit den politischen, sondern mit dem sittlichen Menschen zu tun; die Klugheit fordere, daß man nicht alle Stände tadele.
Typische Modesatire des Rokoko.

1752   Christian Felix Weiße
(1726–1804, Leipzig):
Die verwandelten Weiber oder Der Teufel ist los

Sing- und Zauberposse. Auff. 6. 10. in Leipzig durch die Kochsche Truppe. Musik von Standfuß.

Nach Coffeys *The Devil to Pay* im Gefolge von Gays *Bettleroper.* In von Borcks Übs. bereits 1743 in Berlin durch die Schönemannsche Truppe aufgeführt.

Begründung des dt. Singsp. (Komische Oper, Operette) trotz Gottscheds Gegnerschaft. Urwüchsige Komik, drastische Wirkungen.
Große Zugkraft erst in einer erneuten Bearbg. W. s und mit der Komposition von Adam Hiller (1728–1804); Auff. 1766 in Leipzig durch die Kochsche Truppe.

Die übrigen Libretti W. s, der in seinen Anfängen auch Trr. geschrieben hatte (vgl. Lessing *Hamburgische Dramaturgie),* meist nach frz. Quellen: *Der Dorfbarbier* (1759), *Lottchen am Hofe* (1767). W. s Singspp. erschienen 1768 in 2, 1777 in 3 Teilen. Zwischen 1766 und 1772 Hauptbestandteil des dt. Bühnenrepertoires. Einfluß bis zu Goethe *(Erwin und Elmire, Claudine von Villa Bella).*

1755 **Gotthold Ephraim Lessing**
(Biogr. S. 162):
Miss Sara Sampson

Bürgerliches Tr. 5, Prosa. Auff. 10. 7. in Frankfurt/Oder durch die Ak-
kermannsche Truppe. Druck im gleichen Jahr.

Entst. in Potsdam. Vorbild George Lillo: *Der Kaufmann von London* (1731), unter
Verwendung von Richardsonscher Technik (Briefschreiben).

Der flatterhafte Mellefont steht zwischen der tugendhaften Sara, die er
entführt, und der lasterhaften Marwood, die er verlassen hat und die ihre
Nebenbuhlerin vergiftet. Die reuige Sara lernt das Vergeben des himmlischen Vaters an ihrem leiblichen Vater und vergibt der Mörderin; Mellefont endet durch Selbstmord. Wendung des Medea-Themas vom Heroischen und Stoischen ins Christlich-Bürgerliche. Stark rührselige Züge.
Nach Gryphius' *Cardenio und Celinde* erstes entscheidendes dt. bürgerliches Dr. Das bürgerliche Milieu jedoch mehr Kulisse. Komposition noch
in der Art der klassischen Tr. Gemischte Charaktere. Weiterleben des
Mellefont-Typs in Guastalla, Clavigo, Weislingen, Fernando. Prosa, aber
nicht Umgangssprache.

Die Auff. eröffnete nach zeitgenössischem Urteil eine »neue Ära realistischer
Schauspielkunst in Dld.«.

1758 **Johann Wilhelm Ludwig Gleim**
(Biogr. S. 161):
Preußische Kriegslieder in den Feldzügen 1756 und 1757,
von einem Grenadier

Anonym: 1757 schon auf einzelnen Blättern gedruckt erschienen.

Fiktion der Entstehung auf dem Schlachtfeld. Durchbrechung des Stils
der klassizistischen Ode. Realistische Details, lokale Bezeichnungen.
»Berlin sei Sparta«. Volkstümlicher Ton.
Form der Chevy-Chase-Strophe: 4 Kurzverse mit stumpfem Reim.

Von einem Berliner Advokaten komponiert und von Lessing mit einer Vorrede
versehen, eroberten sich die Gedichte rasch die Sympathien aller Stände. Nachfolger: Weiße, Gerstenberg, Lavater u. a.

1758 **Christoph Martin Wieland**
(Biogr. S. 162):
Prosaische und poetische Schriften

3 Bdd. – Enthalten die während des Aufenthaltes in der Schweiz entstandenen Werke der seraphischen, klopstockischen Periode. *Anti-Ovid*
(1752), *Zwölf moralische Briefe in Versen* (1752), *Empfindungen eines
Christen* (1757), *Cyrus* u. a. Versuchter Kampf gegen die Anakreontiker,
da sie unmoralisch seien.

1759   **Gotthold Ephraim Lessing**
           (Biogr. S. 162):
           17. Literaturbrief

Berühmtester der 55 von Lessing stammenden unter den insgesamt 333 *Briefen, die neueste Literatur betreffend,* hgg. Friedrich Nicolai.

Hinweis auf Shakespeare, der der antiken Kunst »in dem Wesentlichen« näherstehe als die Franzosen, die sie nur nachahmten. »Es wäre zu wünschen, daß sich Herr Gottsched niemals mit dem Theater vermengt hätte. Seine vermeinten Verbesserungen betreffen entweder entbehrliche Kleinigkeiten oder sind wahre Verschlimmerungen.« Scharfe Kritik am klassizistischen Dr. der Franzosen.

Als Beweis für die Artverwandtheit des engl. Dr. mit dem dt. teilte L. das Bruchstück eines *Doktor Faust* mit, das als altes Volksdr. ausgegeben wurde, in Wahrheit aber von L. selbst stammte. L. brach als erster mit der theologischen Verdammung Fausts als eines hoffärtigen Spekulierers. Keine eigentliche Schuld mehr. Fausts Wißbegierde der »edelste der Triebe«, den die Gottheit dem Menschen nicht gegeben habe, »um ihn ewig unglücklich zu machen«.

1759   **Gotthold Ephraim Lessing**
           (Biogr. S. 162):
           Philotas

Prosa-Tr. 1.

Antike, heroische Charaktere, patriotische Opferwilligkeit: der gefangene Königssohn gibt sich selbst den Tod, damit sein Vater nicht um die Frucht des Sieges kommt.

Unter dem Eindruck des Siebenjährigen Krieges gesehen. Wahrung der drei Einheiten.

Fontane: »Kalt berechnet und kalt lassend.«
Auff. 10. 1. 1780 in Hamburg durch Friedrich Ludwig Schröder.

1760/62   **Johann Karl August Musäus**
           (1735–1787, Jena, Weimar):
           Grandison der Zweite oder Geschichte des Herrn von N.

Parodistischer R. in Briefform, 3 Bdd., ohne eigentlichen Abschluß.

Nach der Art von Cervantes' *Don Quijote* angelegt, Einfluß Fieldings.

Ein von Richardsons *Sir Charles Grandison* beeindruckter dt. Adliger, dem ein in England lebender Neffe weisgemacht hat, die Personen des R. lebten wirklich, bemüht sich, ein zweiter Grandison zu werden. Die darüber berichtenden Briefe seiner Nichte an ihren Bruder in England werden von diesem gesammelt, um einen R. über einen zweiten Grandison zu ergeben.

Gegen Richardsons Tugendrr. und ihre empfindsamen dt. Nachfolger.

Neubearbg. als zusammenhängende, abgeschlossene Erz. unter gleichzeitiger Verspottung auch der Robinsonschwärmerei: *Der deutsche Grandison* (1781–1782).

1762   Christoph Martin Wieland
**   (Biogr. S. 162):**
**   Komische Erzählungen**

Vier Verstravestien: *Das Urteil des Paris, Juno und Ganymed, Diana und Endymion, Aurora und Cephalus.* Bezeugen W.s Abkehr von der seraphischen Schwärmerei und bevorzugen, französisch elegant, schlüpfrige Themen, wobei die Stoffe der griech. Mythologie, zum Teil nach Lukian, ironisierend übernommen werden.

Hauptanlaß für die Anfeindungen von seiten des Göttinger Hains.

1764   Moritz August von Thümmel
**   (1738–1817, Leipzig, Coburg):**
**   Wilhelmine oder Der vermählte Pedant**

»Ein prosaisches komisches Gedicht« im Stile Popes und Zachariaes, in ländliche Kreise verpflanzt und in Prosa.
Werbung und Trauung eines etwas linkischen Dorfpfarrers. Seine Braut, die durch ihre Schönheit das Wohlgefallen eines Hofmarschalls erregte und von ihm als Kammermädchen an den Hof gebracht wurde, besitzt die Gunst ihres Beschützers so sehr, daß er ihr die Hochzeit ausrichtet. Hinneigung zur Idylle, das ländliche Milieu jedoch rokokohaft spöttisch-frivol beschrieben.

Die Gesch. des verheirateten Paares spann Nicolai in *Das Leben und die Meinungen des Herrn Magister Sebaldus Nothanker* (1773–1776) fort.

1764   Christoph Martin Wieland
**   (Biogr. S. 162):**
**   Der Sieg der Natur über die Schwärmerei oder Die Abenteuer**
**   des Don Sylvio von Rosalva**

»Eine Gesch., worin alles Wunderbare natürlich zugeht.«

Entst. 1763. Erlebnishintergrund: W.s ab 1760 erfolgte Abkehr von der Schwärmerei der Schweizer Zeit zu verstandesmäßigerer Haltung.

Burlesker R. im Stil des *Don Quijote,* gegen die Zauberwelt der frz. Feenmärchen gerichtet. Anregungen durch Fieldings *Joseph Andrews.* Don Sylvio zieht aus, um Wunder zu erleben – er sucht seine in einen Schmetterling verwandelte Geliebte – und lernt die Wirklichkeit – vor allem in einer echten Liebe – kennen. Eingefügt: *Geschichte des Prinzen Biribinker,* parodistische Übersteigerung eines erotischen Feenmärchens.
Harmonie des Geistigen und Sinnlichen, spielerisch heitere Mischung von Märchen und Satire, Traum und Wirklichkeit. Breite Stimmungsskala.

Erzählerische Spannung zwischen Autor, Figuren der Handlung und Leser.

1766   **Gotthold Ephraim Lessing**
(Biogr. S. 162):
Laokoon oder Über die Grenzen der Malerei und Poesie

Nach Johann Joachim Winckelmann (1717–1768) bezeuge der zurückhaltende (spätgriech.) Bildhauer, der seinen Laokoon nur seufzen läßt, griech. Empfinden »der edlen Einfalt und stillen Größe«, während Vergil, der seinen Laokoon schreien läßt, bereits entartet sei. L. weist nach, daß sowohl der Bildhauer wie der Dichter grundsätzlich im Recht seien, und widerlegt damit die herrschende Lehre des Horaz (»ut pictura poesis«). Nach L. schreit Laokoon deshalb nicht, weil das Schreien einen transitorischen Moment festlegen würde, während der Bildhauer nur den »fruchtbaren« Moment, den der höchsten Spannung, wählen dürfe, und weil das Schreien zur Häßlichkeit führen würde, die der bildenden Kunst versagt sei, da sie dauernd vor unseren Augen bliebe.

Die andersartige Behandlung des gleichen Motivs durch den Dichter wird Ausgangspunkt für einen Nachweis der Abhängigkeit der Dg. und Malerei von den jeweiligen technischen Mitteln, mit denen sie wirken, und begründet ihre spezifische Verschiedenheit. Die Dg. sei nicht nur dazu da, moralisch schöne Charaktere vorzuführen und Schilderungen zu geben, ihr Anliegen sei Handlung. An der Beschreibung des Alpenleinkrauts in Hallers *Alpen* analysiert L. typische »malende Poesie«. Meister der Dg. wie Homer ersetzen die Beschreibung der Schönheit durch Handlung (Der Schild des Achill) oder geben ihre Wirkung auf andere, Zuschauende, wieder (Helenas Eindruck auf die trojanischen Greise).

Es ergibt sich für L. eine Reihe von Gegensatzpaaren, die er für grundsätzlich bindend hielt:

Malerei: Farben im Raum; Nebeneinander von Körpern; Wahl des fruchtbarsten Moments.

Poesie: Töne in der Zeit; Nacheinander der Handlung; Umsetzung von Beschreibung in Handlung.

2., vermehrte Aufl. 1788. Enthielt Pläne für einen zweiten Teil über Musik und Tanzkunst.

Goethe: »Man muß Jüngling sein, um sich zu vergegenwärtigen, welche Wirkung L.s *Laokoon* auf uns ausübte, indem dieses Werk uns aus der Region eines kümmerlichen Anschauens in die freien Gefilde der Gedanken hinriß.«

Der aus Opposition gegen das Ideal der barocken Bildkunst und das der klassizistischen Poetik aus einseitiger Sicht auf die Antike geschriebene *Laokoon* preßte unter Malerei alle Gattungen der bildenden Kunst. Romantik und Impressionismus haben die Grenzen der Wortkunst nach der Malerei und Musik hin verwischt.

1766/67   **Christoph Martin Wieland**
           (Biogr. S. 162):
           Die Geschichte des Agathon

R. 2 Bdd.

Begonnen 1761. Druckerlaubnis in Zürich verweigert, auf dem Titel daher Autor
und Verleger verschwiegen und als Druckort Frankfurt und Leipzig angegeben. Die
Idee Platos *Ion* entnommen. Agathon, ein athenischer Dramatiker zur Zeit Platos,
wird in der *Poetik* des Aristoteles erwähnt. Motto Horaz: Quid virtus et quid sapien-
tia possit.

Ein junger Mann entwickelt sich in einem wechselvollen Leben, das über
Delphi, Athen, Feldherrntum, Sturz, Verbannung, Seeräubertum, Skla-
verei in Smyrna und über Tarent führt, zu ästhetischer Moralität, gebildeter Sittlichkeit, humanitärer Haltung und geistiger Unabhängigkeit.

Einfluß von Richardson, Sterne, Fielding. Begründete den dt. Bildungs-R. und die
psychologische Erzählkunst, die in Goethes *Wilhelm Meister,* in Kellers *Grünem
Heinrich* u. a. weitergeführt wurde. Auch technische Mittel wie die Erzählung der
Jugendgeschichte vor der Hetäre Danae kehren bei Goethe und Keller wieder.
Mit seiner jahrzehntelangen Weiterarbeit an dem auch als Selbstsorge betriebenen
Agathon-Projekt reagierte W. auf wechselnde Problemkonstellationen der europäi-
schen Aufklärung.
Neue Fassung 1773 in 4 Bdd., 3., wieder umgearbeitete Ausg. 1794.
Lessing nannte 1767 *Agathon* den ersten und einzigen dt. R. für den denkenden
Kopf von klassischem Geschmack *(Hamburgische Dramaturgie,* 69. Stück), Fried-
rich von Blanckenburg *(Versuch über den R.,* 1774) hielt das dt. Publikum noch
nicht für reif für dessen Lektüre.

1767   **Karl Wilhelm Ramler**
           (1725–1798, Kolberg, Berlin):
           Oden

Klassizistisch-pathetisch, handwerklich angefertigt. Maßloser Gebrauch
von antiker Geschichte, Sage, Mythologie. Wahllose Anlässe. »Novanti-
ker Mischmasch« (Ferdinand Josef Schneider).

R. übte als Übersetzer römischer Dg. *(Oden aus dem Horaz,* 1761), Kenner antiker
Metrik und schulmeisterlicher Berater lange maßgebenden Einfluß aus.

1767   **Gotthold Ephraim Lessing**
           (Biogr. S. 162):
           Minna von Barnhelm oder Das Soldatenglück

Lsp. 5, Prosa. Auff. 30. 9. in Hamburg durch die »Entreprise«. Druck im
gleichen Jahr.

Plan 1763–1764 in Breslau, Ausarbeitung bis 1767.

»Wahrste Ausgeburt des Siebenjährigen Krieges«: Beitrag des in preußischen Diensten stehenden Sachsen zur Entspannung zwischen Preußen

und Sachsen. »Die Anmut und Liebenswürdigkeit der Sächsinnen überwindet den Wert, die Würde, den Starrsinn der Preußen« (Goethe, *Dichtung und Wahrheit*, 7. Buch).
Die Handlung, um eine Ring-Intrige gebaut, führt an die Grenze des
Tragischen: Major Tellheim droht durch Überspannung seiner Ehrauffas-
sung das eigene und Minnas Glück zu zerstören. Die Stärke des Stückes
liegt in den Charakteren (Nebenfiguren: Just, Tellheims treuer Bedienter,
der bärbeißige Wachtmeister Werner, Franziska, eine gehobene »Li-
sette«, die Chargenrolle des frz. Falschspielers Riccaut). Zeitnähe auch in
der Gestalt der Offizierswitwe, Lebensnähe in dem Berliner Wirt, dessen
Hotel »König von Spanien« den Schauplatz abgibt. Vermeiden des Rührseligen, Überwindung der klassizistischen Typisierung. Durchbruch zur
Charakterkom.

Sensationeller Erfolg durch die Auff. am 21. 3. 1768 in Berlin durch die Döbbelinsche Truppe.

1767/69   Gotthold Ephraim Lessing
(Biogr. S. 162):
Hamburgische Dramaturgie

52 Theaterkritiken, die L. als angestellter Kritiker des am 22. 4. 1767 neu
eröffneten Hamburger Nationaltheaters schrieb. Die reine Schauspieler-
kritik bald verärgert aufgegeben. Besondere Bewunderung für Konrad
Ekhof (1720–1778). Einzelne Bemerkungen zur Theorie der Schauspielkunst (Schauspielkunst = transitorische Malerei, die Behandlung von Ma-
ximen durch den Schauspieler u. a.). Aus der Betrachtung einzelner Drr.
wuchs das Ganze zu einer in lockerer polemischer Form vorliegenden
allgemeinen dt. Lehre vom Dr.
Hauptthemen:
1. Das Katharsis-Problem. Nach Aristoteles sei das Ziel der Tr. die Katharsis. L. übernimmt leicht ändernd die Deutung von Daniel Heinsius:
Reinigung der Leidenschaften; er übersetzt: »Die Tragödie ist die Nachahmung einer Handlung, die nicht vermittels der Erzählung, sondern vermittels des Mitleids und der Furcht die Reinigung dieser und dergleichen
Leidenschaften bewirkt.« Das griech. phobos, das über die Franzosen
unrichtigerweise mit Schrecken (terreur) wiedergegeben worden war, will
L. nicht als Furcht *vor* dem Helden, sondern *für* den Helden, und Furcht
als das auf uns selbst bezogene Mitleid verstanden wissen. Moralisierende
Auffassung der Katharsis, bessernde Funktion der Tr.: »Verwandlung der
Leidenschaften in tugendhafte Fertigkeiten.«
2. Die Frage der drei Einheiten. Aristoteles wird neu und richtiger interpretiert, indem L. die Äußerlichkeit der frz. Auslegung der drei Einheiten
aufzeigt und den Anspruch der Franzosen, Nachfolger der Griechen zu
sein, zurückweist. Es liege kein Grund mehr vor, an der seelenlos gewordenen Schale festzuhalten, die auch Corneille und Voltaire Verrenkungen

im Handlungsablauf kostete. Aufrechterhalten wird nur die Einheit der Handlung.

3. Shakespeare. Ausgehend von der Gespenstererscheinung in Voltaires *Sémiramis,* die er mit der im *Hamlet* vergleicht, wird die Unnatur der frz. tragédie und ihrer Helden an Shakespeare gemessen, Voltaires *Zaïre* gegen *Romeo und Julia* und Orosman in *Zaïre* gegen Othello abgehoben. Dennoch warnte L. vor zu engem Anschluß an Shakespeare (abweichend vom *17. Lit.-Brief).* Gegen Hamanns und Herders schrankenlose Verherrlichung des Naturgenies.

4. Verwerfung der christlichen Märtyrerdrr. Da weder ganz gute noch ganz schlechte Menschen unser Mitleid erregen könnten, fordert L., ausgehend von Christian Felix Weißes *Richard III.* (1759) und Johann Friedrich von Cronegks Märtyrerdr. *Olint und Sophronia* (1760), gemischte Charaktere.

5. Verhältnis des Dramatikers zur Gesch. Die Gesch. ist für den Dramatiker nur ein Repertorium von Namen; in Handlung und deren Aufbau ist er frei, dagegen sollen historische Charaktere dem Dichter unantastbar sein.

Die vorwärts weisenden, wenn auch noch aufklärerisch befangenen Theorien wurden vom Sturm und Drang und, hinsichtlich des Schuldbegriffs, von Schiller überwunden.

1768   **Christoph Martin Wieland**
             (Biogr. S. 162):
             Musarion oder Die Philosophie der Grazien
Verserz.

Anregung: Lukian.

Die Hetäre Musarion, eine »schöne Seele« im Sinne von Shaftesburys Lebenskunst, bekehrt Phanias zu einer ironisch-weisen, heiteren Lebensanschauung. Synthese aus Philosophie und Sinnlichkeit: »reizende Philosophie«, Philosophie der Grazien.

Lit.-Gattung, in der sich nach W.s Anschauung Elemente des Lehrgedichts, der Erz. und der Kom. vereinigen sollten. Didaktische Struktur herrscht noch vor.

1769/73 **Johann Timotheus Hermes**
             (1738–1821, Stargard, Breslau):
             Sophiens Reise von Memel nach Sachsen
R. 5 Bdd., 1774/76 vermehrte Ausg. 6 Bdd.
Ostpreußisches Zeitbild während des Siebenjährigen Krieges. Trotz breiter moralisierender Partien tiefe Einblicke in das bürgerliche Leben. Übertragung des meist in engl. Milieu spielenden Familien-R. in dt. und der adligen in bürgerliche Verhältnisse. Verwendung des Dialektes.

Eins der meistgelesenen Werke des ganzen Jh.

1772   Gotthold Ephraim Lessing
           (Biogr. S. 162):
           Emilia Galotti

Tr. 5, Prosa. Auff. 13. 3. in Braunschweig durch die Döbbelinsche Truppe. Druck im gleichen Jahr.

Seit 1757 daran gearbeitet, ursprünglich dreiaktig. Quelle Livius: der Dezemvir Appius Claudius will Virginia, die Braut des Icilius, seinen Wünschen gefügig machen, indem er ihren Vater, den greisen Virginius, zum Heere fortschickt. »Das Schicksal einer Tochter, die von ihrem Vater umgebracht wird, dem ihre Tugend werter ist als ihr Leben . . .« (L. an Nicolai 21. 1. 1758).

Das ursprünglich als heroisches Römerdr. und ganz antik gedachte Werk wurde für den Wettbewerb um den von Nicolai für das beste Tr. ausgesetzten Preis ins Bürgerlich-Menschliche umgegossen. Moralische Bloßstellung des absolutistischen Regimes, des Egoismus und der Ränke bei Hof und Adel. Zeitlich noch in einen Tag gespannt, aber größere dramaturgische Freiheit im Räumlichen durch Wechsel des Schauplatzes. Mittelcharaktere (vgl. *Hamburgische Dramaturgie*). Der Höfling Marinelli, eine neuartige Milieustudie. Die Mätresse Orsina als Typ prägend für die Lady Milford in Schillers *Kabale und Liebe*.

L.s Freund Ebert schrieb am Tage nach der Urauff.: »O Shakespeare-Lessing!« Goethe in hohem Alter: Die *Emilia Galotti* sei wie die Insel Delos aus der Gottsched-Gellert-Weißeschen Wasserflut emporgestiegen. Am Ende von Goethes *Werther* L.s *Emilia Galotti* aufgeschlagen auf dem Tische liegend, entsprechend dem wirklichen Vorgange beim Tode des Werther Vorbildes Jerusalem. Friedrich Schlegel nannte die technische Lösung des Konfliktes ein »gutes Exempel dramatischer Algebra«.

1772   Christoph Martin Wieland
           (Biogr. S. 162):
           Der goldene Spiegel oder Die Könige von Scheschian

Staats-R. in morgenländischem Kostüm, Fürstenspiegel in einer Rahmenhandlung. Schildert den Staat des aufgeklärten Despotismus im Hinblick auf Joseph II. Politisch-utopische Gedankengänge. Nach W. eine Art von summarischem Auszuge des Nützlichsten, was die Großen und Edlen einer gesitteten Nation aus der Geschichte der Menschheit zu lernen hätten.

Vorbild: Xenophons *Kyropädie;* Beziehungen zu Rousseaus Forderung naturgemäßen Lebens. Gegenstück zu Hallers Staats-R. *Usong* (1771).
Trug W. die Berufung durch Anna Amalia ein, als Erzieher des Erbprinzen Karl August nach Weimar zu kommen.

1773   **Christoph Martin Wieland**
            (Biogr. S. 162):
            Alkeste

Singsp. 5, in Versen. Auff. 28. 5. in Weimar, Schloßtheater, durch die
Seylersche Truppe, Musik von Anton Schweitzer. Druck im gleichen
Jahr.
Bearbg. des mythischen Stoffes in Anlehnung an den Handlungsgang bei
Euripides. Thema der den Tod überwindenden Gattenliebe, im Mittel-
punkt der edle Wettstreit zwischen Alkeste und Admet, füreinander ster-
ben zu dürfen. Sentimentale Erweichung; Umwandlung des rauhen Her-
kules in einen wohlerzogenen Höfling.
Versuch einer dichterischen Aufwertung des dt. Opernlibrettos im Zu-
sammenhang mit Glucks Opernreform. Rechtfertigung von Stoffwahl und
Charakter des Textbuches in *Briefe an einen Freund über das dt. Singspiel
Alkeste* (1774).

Von Goethe wegen seines ungriech. Geistes in *Götter, Helden und Wieland* verspottet (1774). Dennoch deutet *Alkeste* voraus auf Goethes *Iphigenie.*

1773/76   **Christoph Friedrich Wilhelm Nicolai**
            (1733–1811, Berlin):
            **Das Leben und die Meinungen des Herrn Magister
            Sebaldus Nothanker**

R. 3 Bdd.
Anknüpfend an Hauptfiguren aus Thümmels *Wilhelmine,* schildert N. die
Leiden eines in den geistigen Kämpfen der Zeit scheiternden aufgeklärten
Geistlichen. Ironisch-satirische Bloßstellung des pietistischen Sektenwe-
sens und des orthodoxen Fanatismus. Porträtähnliches Auftreten des
Hauptpastors Goeze, hinter Decknamen auch Lessing, Nicolai u. a.

Wirksame Waffe der Aufklärung. Schnelle und weite Verbreitung.

1774/80   **Christoph Martin Wieland**
            (Biogr. S. 162):
            Die Abderiten, eine sehr wahrscheinliche Geschichte

Komischer Prosa-R., im *Teutschen Merkur* 1774 (1. Teil) und 1779 bis
1780 (2. Teil).

Entst. seit 1773. Das antike Abdera in Thrakien, die Heimat des lachenden Philosophen Demokrit (geb. um 460), hatte einen ähnlichen Ruf wie in der Moderne
Schilda.

Die Handlung von W., ohne eigentlichen Plan und durchsetzt mit historischen und philologischen Exkursen, gruppiert um die mit eigenen Zügen
ausgestattete überlegene Philosophengestalt des Demokrit. Geschichten-
Reihung wie im *Volksbuch von den Schildbürgern;* einzelne, in sich geschlossene anekdotische Erzählteile.

Witzige Bloßstellung des Spießertums von Zürich, Bern, Biberach, aber auch Erfurt und Weimar, im griech. Gewande. Gegenfiguren die von humanitärem, aufgeklärtem Denken geleiteten Gestalten des Demokrit, Hippokrates und Euripides. Rasche Verarbeitung eigener Beobachtungen und von Lesefrüchten aus Lukian u. a. So verarbeitete das 3. Buch sofort W. s Erlebnis in Mannheim aus Anlaß der vorgesehenen Auff. seiner *Rosamunde* am dortigen Nationaltheater im Beginn des Jahres 1778 zu: Euripides unter den Abderiten. Bedeutsam und berühmt im 4. Buch, in das die Erfahrungen mit der Biberacher Stadtrepublik eingingen, der Prozeß um des Esels Schatten (die Onoskiamachia), ein antikes Abderiten-märchen: ein Eseltreiber verweigert dem Mieter seines Esels die Benutzung von dessen Schatten und begründet damit einen einschneidenden Rechtsfall, bei dem sich schließlich die Volkswut gegen den Esel selbst austobt. Das 5. Buch, das Erfurter Eindrücke verwertet, enthält den Kampf um die Frösche der Göttin Latona, in dem religiöser Fanatismus und Aberglaube über die Vernunft triumphieren und die Bürger zwingen, ihre Stadt den Fröschen preiszugeben und sich selbst in alle Welt zu zerstreuen, um dort bis in die Gegenwart weiterzuleben.

Höhepunkt des ironischen Erzählstils in W. s Schaffen. Stilistisch Einfluß von Sterne. Subjektive und zeitbedingte Erfahrungen zu gültiger Dimension erweitert, Dämpfung des kritisch-satirischen Elements zu heiterer Toleranz im Geist des Humanitätszeitalters. Mischung von »Närrischem« (im Sinne des 16. Jh.) und allgemein Menschlichem. Durch Lokalisierung in Griechenland zugleich Korrektur des zeitgenössischen Griechenideals; neben Athen die »entarteten Athener« gestellt. Nachsicht gegenüber menschlicher Schwäche, Skepsis in bezug auf die Erziehbarkeit des Menschen.

W.: »Es ist vielleicht keine Stadt in Dld., wo die *Abderiten* nicht Leser gefunden haben; und wo man sie las, da fand man die Originale zu meinen Bildern.«

1781 veränderte und neugegliederte Buchausg. in 2 Teilen. In der Nachfolge steht Gottfried Keller: *Die Leute von Seldwyla.*

1779   **Gotthold Ephraim Lessing**
              (Biogr. S. 162):
              Nathan der Weise

Dram. Gedicht 5, in Shakespeares Blankvers, reimlosen jambischen Fünffüßlern.

Der jambische Fünffüßler statt des Alexandriners später – verfeinert – gebräuchlichster Vers des dt. Dr.; Friedrich Schlegel: »der fünffüßige Jambus die beste Prosa Lessings«. L. s nicht vorbehaltlose Veröffentlichung *Von Duldung der Deisten (Fragment eines Ungenannten,* 1774) und späterer Nachträge in den *Beiträgen zur Gesch. und Lit. aus den Schätzen der Herzoglichen Bibliothek zu Wolfenbüttel,* die der Zensur nicht unterlagen, schließlich die Herausgabe des letzten *Fragmentes* als Buch – der wahre Autor Hermann Samuel Reimarus, der 1768 starb, erst 1814 eingestanden – war von den Theologen, besonders dem Hamburger Hauptpastor Melchior Goeze, aber auch von freisinnigen Vertretern der Kirche als Angriff auf den Offenbarungsglauben und die *Bibel* angesehen und zurückgewiesen worden. L. antwortete darauf u. a. mit *11 Anti-Goeze* (1778), der *Nötigen Antwort* und auch mit seiner *Erziehung des Menschengeschlechts* (1780), die er als Erziehung zur Sittlichkeit um ihrer selbst willen verstanden wissen wollte. Als der Herzog von Braunschweig sich dafür gewinnen ließ, L. die Zensurfreiheit zu entziehen, holte dieser im August 1778 seinen, bis 1750 zurückverfolgbaren Dr.-Entwurf hervor, um den Theologen auf der ihm eigenen Kanzel entgegenzutreten. Am 14. 11. 1778 begann L. das Stück in Verse zu bringen, das im April 1779 druckfertig war.

Humanitätsdg., Forderung entschiedener Toleranz und vorurteilsfreien Liebeswerks. Die bloße Zugehörigkeit zu einer der positiven Religionen gibt keinen Vorrang. Sie haben nur insoweit Geltung, als sich die Gesinnung ihrer Bekenner bewährt. Die wahre Religion ist sittliches Empfinden und Handeln, unabhängig von aller geoffenbarten Religion.

L. führt auf dem Boden des ma. Palästina Vertreter des Christentums, des Islams und des Judentums in einer verwickelten Handlung zusammen und gibt, nicht ohne Absicht, Nathan die Führung. Dessen jenseits der Konfessionen stehenden Religiosität schließen sich die besten Vertreter der anderen Religionen an.

Keimzelle und berühmtes Kernstück die um 1100 in Spanien von aufklärerischen Juden erfundene Parabel von dem Ring, dessen Besitz den Erben der wahren Religion kenntlich macht und zu dem ein Vater, der keinen seiner Söhne enterben will, noch zwei gleiche anfertigen läßt, so daß der echte nicht mehr erkannt werden kann. In L.s Quelle, Boccaccios *Decamerone* (Giornata I, Nov. 3), will Saladin mit der Frage nach der besten Religion dem Juden Melchisedech eine Falle stellen, der dieser jedoch durch seine Parabel geschickt entgeht. Bei L. ist der Ring nicht nur wundersamer Herkunft, sondern hat »...die geheime Kraft, vor Gott / und Menschen angenehm zu machen«. Nach L. liegt es an jedem einzelnen, seinen Ring zu dem echten zu machen. An der Echtheitsprobe, die in dem sittlichen Wettstreit liegt, sind alle aus der Urreligion hervorgegangenen Offenbarungsreligionen beteiligt. Das Werk näherte sich in Gehalt und Gestalt der Hochklassik.

Auff. 14. 4. 1783 in Berlin durch die Döbbelinsche Truppe.

1779   **Johann Gottwerth Müller**
            (1743–1828, Itzehoe):
            Siegfried von Lindenberg

Humoristischer R.
Der Titelheld ist ein pommerscher Krautjunker, dessen Großmannssucht verspottet wird. Neben ihm der unwissende, närrische, verschmitzte Ludimagister.
Eine der besten dt. Donquijotiaden. Verwendung plattdt. Mundart.
Erweiterte Fassung 1781–1782.

1780   **Christoph Martin Wieland**
               (Biogr. S. 162):
               Oberon

Romantisches Heldengedicht, 14 Gesänge in abgewandelten Stanzen
(ital. ottave rime). Im *Teutschen Merkur.*

Quelle: frz. Ritter-R. *Huon de Bordeaux;* Oberon entstammt Chaucers *Merchant's
Tale,* außerdem Einfluß der Oberon-Titania-Szene aus Shakespeares *Sommernachts-
traum;* die Gestalt der Rezia den Märchen aus *Tausendundeine Nacht* entnommen.
Formales Vorbild: Ariost.

W. s Verserz. verwebt die als Stoffe erprobten Geschichten um Huon –
Rezia und Oberon – Titania. Der Elfenkönig Oberon hilft Huon bei
seinen Abenteuern und findet durch die Treue Huons und Rezias wieder
zu seiner Gattin Titania zurück. Gehalt tief ethisch: die Aufopferung der
Liebenden füreinander und ihre Treue bis in den Tod versöhnen die zer-
strittenen Elfen.
Die Bewährung der Liebenden besteht jedoch nicht in der Erfüllung eines
stoischen Tugendbegriffs – sie werden entgegen Oberons Gebot zunächst
Opfer ihrer menschlichen Schwäche –, sondern in Handlungen, die den
Gesetzen eines reinen Herzens und dem Glauben an sich selbst folgen.
Oberon wird zum Diener eines göttlichen Willens und ist nicht mehr der
bloße Elementargeist seiner lit. Vorbilder. Die romantische, ma. höfische
Aventiure verwandelte sich bei W. in ein Bekenntnis zum Geist der Hu-
manität.

Goethe an Lavater: »*Oberon* wird, solange Poesie Poesie, Gold Gold und Kristall
Kristall bleiben, als ein Meisterstück poetischer Kunst geliebt und bewundert werden.«
Buchausg. 1796, 12 Gesänge. Schiller plante 1784 Dramatisierung. 1826 als Oper
von Carl Maria von Weber. Zahlreiche Nachahmungen und Übss.

1780   **Johann Karl Wezel**
               (1747–1819, aus Sondershausen):
               Hermann und Ulrike

Komischer R. 4 Bdd.

Einfluß der komischen Rr. Fieldings.

Liebe eines kleinbürgerlichen Einnehmersohnes zu einer Baronesse. Le-
gitime Vereinigung erst nach vielen Schwierigkeiten und Irrfahrten, als
der Held zum Staatsmann emporgestiegen ist.
Maßvoll kritisches soziales Interesse. Achtung der realistisch gesehenen
Bauern. Der zeitgenössischen dt. Wirklichkeit angenähert.

1782/86   Johann Karl August Musäus
            (1735–1787, Jena, Weimar):
            Volksmärchen der Deutschen

5 Bdd. – Nur zum Teil echte, aus mündl. Überlieferung geschöpfte Stoffe;
auch Sagen. Rationalistisch behandelt und der Nov. angenähert.

1784   Karl Arnold Kortum
          (1745–1824, Duisburg, Bochum):
          **Leben, Meinungen und Taten von Hieronimus Jobs
          dem Kandidaten**

Komisches Heldengedicht, 3 Teile.
Leben eines Pfarramtskandidaten und späteren beschränkten Philisters,
der als Nachtwächter endet. Vierzeilige Knittelversstrophen. Einfluß
Wielands.
Parodie des Bildungs-R., gegen die empfindsame Lit.

1799 erweitert als *Die Jobsiade.*

1791/1805   Moritz August von Thümmel
               (1738–1817, Leipzig, Coburg):
               **Reise in die mittäglichen Provinzen von Frankreich
               im Jahre 785–1786**

R. 10 Bdd.
Ein berufsloser großstädtischer Kavalier schildert in Tagebuchform eine
zur Vertreibung seiner Hypochondrie unternommene Reise von Berlin
nach Marseille und über Holland zurück.
Der im Jahre 1777 tatsächlich erlebte Stoff mit galanten Abenteuern, lit.
Erinnerungen und Tagesvorgängen verbrämt. Thema: sittliches Absinken
und Umkehr. Die Erkenntnis der Sittenverderbnis, aus der Niedergang
und innere Gefährdung eines ganzen Staates resultieren, führt zur
Forderung einer Erziehung des einzelnen »nach neuen Grundsätzen«, die
der Verbildung entgegenarbeiten.
Noch aufklärerisch, rokokohaft, wielandisch, aber schon mit empfindsamen kulturpessimistischen Elementen und klassischen Bildungsidealen
durchsetzt. Typisches Übergangswerk.

Eins der meistgelesenen Bücher der Zeit; Vorbild für die Unterhaltungslit.

1792   Anna Luise Karsch
          (1722–1791, Berlin):
          Gedichte

Offizielle »Heldengesänge«, weniger pedantisch und antik-überfrachtet
als die gelehrterer Verff., sowie private gereimte Poesie.
A. L. K. war Autodidaktin, vom Kirchenlied angeregt.

Gleim, Ramler u. a. schätzten diese »dt. Sappho«, der ihr Talent sogar ein Haus von Friedrich Wilhelm II. eintrug.

1793/94   Theodor Gottlieb von Hippel
(1741–1796, Königsberg):
Kreuz- und Querzüge des Ritters A bis Z

Humoristischer R., Donquijotiade. Witzige, wenn auch breite und weitschweifige Abfertigung der geheimen Gesellschaften und ihrer Zeremonien. Bloßstellung der die Aufklärung gefährdenden oppositionellen Mächte.

1795/96   Johann Jakob Engel
(1741–1802, Berlin):
Herr Lorenz Stark

R. In Schillers *Horen.*
Am Schluß versöhnlich gelöster Vater-Sohn-Konflikt im Kaufmannsmilieu auf dem Hintergrund eines kulturellen Generationswechsels. Straff gebaute Erzählung, maßvolle Empfindsamkeit, leiser Humor.

Buchausg. 1801.

1800/02   Christoph Martin Wieland
(Biogr. S. 162):
Aristipp und einige seiner Zeitgenossen

R. 4 Bdd., in Briefform, Fragment. W.s umfangreichstes Werk.
Den Inhalt bildet die Entwicklung der sokratischen Schulen und die Lebensatmosphäre des 4. Jh. v. Chr. Aristipp von Kyrene ist der wahre Sokratiker unter den verschiedenen Richtungen, ein »Weltbürger«, zugleich bis zu einem hohen Grade Vertreter von W.s eigener Weltanschauung: daseinsnah und doch über dem Sinnlichen, aufs Geistige gerichtet. Das romanhafte Element besonders durch die Gestalt der geistvollen Hetäre Lais und ihr bunt verworrenes Schicksal gegeben.

1740–1780   Empfindsamkeit

Eine gefühlsbetonte Dg. übernahm etwa von 1740–1755 im Rahmen der Aufklärung die Führung. Ihren Höhepunkt bildete 1748 Klopstocks *Messias.* Das Gefühl wurde nicht als Opposition zur Vernunft gesehen, sondern als dessen notwendige Ergänzung, ein Gleichgewicht von Kopf und Herz wurde erstrebt. Daher sind Empfindsamkeit und Aufklärung »Pole der gleichen seinsgeschichtlichen Stufe« (Friedrich Sengle). Empfindsame Tendenzen befruchteten auch Dichtwerke aus vorwiegend anderem geistigen Boden. Sie gingen auch in den Sturm und Drang ein. So ist Goethes *Werther* z.B. formal und geistig noch empfindsam, weist aber in der Unbedingtheit der Gefühle und in dem tragischen Verhältnis des Genies zur Wirklichkeit über die Empfindsamkeit hinaus.

Lessing beanspruchte irrtümlich für sich die Prägung des Wortes »empfindsam«, das er Joachim Bode 1768 zur Verdeutschung des engl. »sentimental« in Sternes *Sentimental Journey* empfahl. Es findet sich schon 1757 bei der Gottschedin.

Das aufstrebende, politisch und gesellschaftlich unterdrückte Bürgertum, das sich auf den rein geistigen, wissenschaftlichen und künstlerischen Bereich verwiesen sah, bildete ein Ideal der Zufriedenheit im engeren Kreis aus, das auf Werten wie einer maßvollen und tugendhaften Lebensführung, Zärtlichkeit, Freundschaft, Geselligkeit, praktischer Nächstenliebe beruhte. Damit verband sich gelegentlich eine auf ma. und germ. Vorzeit zurückschauende Vaterlandsbegeisterung. Gegen Leidenschaft, Schwärmerei, Melancholie und Entartung in »Empfindelei« grenzte man sich ab.

Eine, jedoch nicht die alleinige Grundlage für die Empfindsamkeit in Dld. war der sich bereits seit Ende des 17. Jh. auswirkende Pietismus, in dem Züge der Mystik wiedererstanden waren. Er teilte mit der Aufklärung den Kampf gegen allen Dogmatismus, für verstärkte Bibellektüre durch die Laien und für Überbrückung der religiösen, aber auch der sozialen Gegensätze. Gegenüber der intellektuellen Einseitigkeit der Aufklärung jedoch bedeutete er Steigerung des Gefühlslebens. Er gründete sich auf »innere Heilserfahrung«, wartete auf »Durchbruch der Gnade«, »innere Wiedergeburt«. Die ständige Vorbereitung darauf geschah durch Insichhineinlauschen, durch Ablehnung der »Lust-Mitteldinge« wie z. B. Theaterbesuch. Zur Aufmerksamkeit für die seelischen Vorgänge im eigenen Inneren kam die Teilnahme auch an den inneren Erfahrungen der Mitmenschen. Ein neues Zusammengehörigkeitsgefühl entstand. Die »Stillen im Lande«, eine vom Pietismus herkommende Strömung, haben die Entwicklung der Zeit wesentlich mitbestimmt. Begründer des Pietismus war Ph. J. Spener (1635–1705). Er suchte ab 1670 in Frankfurt durch Erbauungsstunden, collegia pietatis, die Herzen anzusprechen und ihnen mehr zu geben, als das erstarrte lutherische Dogma vermochte. Hauptwerk: *Pia desideria oder herzliches Verlangen nach gottseliger Besserung der evangelischen Kirche* (1675). Spener wirkte von 1691 ab in Berlin, war Mitbegründer der Universität Halle. Dort baute der als Theologe bedeutsame August Hermann Francke (1663–1727) Speners Bestrebungen lehrmäßig aus. Aus freiwilligen Spenden ging das Hallische Waisenhaus hervor: werktätige Liebe. *Die Unparteiische Kirchen- und Ketzerhistorie* (1699) von Gottfried Arnold (1660–1754) betonte Herzensfrömmigkeit und praktische Nachfolge Christi. Neuaufbau des Gemeindelebens und dessen Durchdringung mit der Erbauungslit. und Kirchenliedern gingen schon bei Spener Hand in Hand; Zinzendorf wurde Gründer und Leiter der Herrnhutischen »Brüdergemeine«. Der Pietismus reicht bis zu Susanna von Klettenberg (1723–1774) und dem empfindsamen Verf. der *Physio-*

gnomischen Fragmente (1775–1778), dem Zürcher Prediger Johann Kaspar Lavater (1741–1801), die beide auf den Goethe der Frankfurter Jahre wirkten.

»Sensibilité« und »Sensibility« waren in Frankreich bzw. in England eingeführte Begriffe, ehe »Empfindsamkeit« in Dld. populär wurde. Die von Shaftesbury betonte Vorstellung eines dem Menschen eingeborenen Moral sense und die von England ausgehenden Moralischen Wochenschriften förderten das Interesse an psychologischen Kenntnissen. Dazu kam in den 40er Jahren der Tugend- und Familien-R. Samuel Richardsons (1689 bis 1761). Hauptwerke: *Pamela,* in Briefform geschriebene Geschichte eines um seine Tugend kämpfenden armen, schönen Landmädchens (1740); *Clarissa Harlowe* (1747ff., 7 Bdd.), ein ähnliches Thema, breiter ausgeführt in Briefen der Heldin an ihre Freundin und des ihr nachstellenden Verführers an seinen Freund; *Sir Charles Grandison* (1753), Geschichte eines Tugendhelden, Handlung um eine Entführung gebaut. In diesen engl. Rr. waren die früheren prinzlichen Helden von Bürgerinnen abgelöst. Die Gefühle wurden ausführlich zergliedert; die Problemstellung war thesenhaft; die Handlung brachte keine Charakterwandlungen. In den 60er Jahren begann der Einfluß Laurence Sternes (1713–1768) mit *Tristram Shandy* (1760–1767) und *Sentimental Journey through France and Italy* (1768). Das Wesentliche der Reisebeschreibung und des dargestellten Weltbildes wurde mit ihm die Reaktion des Reisenden und Erlebenden auch auf die geringsten Abenteuer; inniges Mitleiden, durch das befreiender Humor bricht. Außerdem wirkte Oliver Goldsmith (1728 bis 1774), dessen *Vicar of Wakefield* (1766) als Wunschbild friedlicher Häuslichkeit und mildtätiger Frömmigkeit bewundert wurde. Ein Lieblingsbuch des 18. Jh. wurde Edward Youngs (1683–1765) *Night Thoughts on Life, Death and Immortality* (1742–1745), dt. von Johann Arnold Ebert (1751) als Vorbild weltschmerzlicher Empfindsamkeit.

Unter dem Einfluß der Neubewertung der Gemütskräfte setzte sich, angebahnt schon bei Bodmer und Breitinger, um die Mitte des Jh. eine neue Vorstellung vom Dichten und vom Dichter durch. Dichten war nun nicht nur ein mehr oder weniger an Vorbildern orientiertes und auf Begabung beruhendes Können, sondern eine besondere Daseinsweise auf der Grundlage einer spezifischen Gestimmtheit.

Die seelische Vertiefung durch den Pietismus äußerte sich auf lit. Gebiet zunächst in der geistlichen (Teerstegen, Zinzendorf), dann auch in der weltlichen Lyrik. Immanuel Jakob Pyra hatte 1737 in dem Gedicht *Tempel der wahren Dg.,* gestützt auf Dionysius Longinus' Traktat *Vom Erhabenen* (1. Jh. n. Chr.), einen priesterlichen, entflammten Dichtertyp verkündet und inhaltliche sowie formale Forderungen an den »Sänger« gestellt, die den jungen Klopstock beeindruckten. Klopstock führte der Lyrik große Gegenstände und eine vom Alltag geschiedene überhöhte Sprache zu. Die strenge, antikische Ode löste sich bei ihm in die freien Rhythmen der reimlosen Hymne auf. Die Dichter des Hainbunds pflegten neben dieser erhabenen Form auch die anspruchslosere des Liedes, das bis dahin Domäne der Anakreontiker gewesen war, nun aber erste schlichte, volksliednahe Züge bekam. Den empfindsamen Neigungen kam die Idylle entgegen, Voß gab ihr auch realistische Züge.

Mit Klopstocks monumentalem Epos *Der Messias* zeigte die Empfindungs- und Sprachgewalt eine Stärke, die auf die Zeitgenossen wie eine Offenbarung gewirkt hat.

Der empfindsame Roman, der von Ansätzen bei Gellert bis zu Sophie von La Roche und dem Unterhaltungsschriftsteller August Lafontaine (1758 bis 1831) führt, spiegelte besonders als Reise-R. gefühlvoll äußere Eindrücke und die sentimentale Teilnahme des Helden an unbedeutenden Gegenständen wider. Zum Teil hat er eine gesellschaftskritische Haltung. Der Hauptton auch des R. ist larmoyant, voller Seufzer. Der autobiographische R. in der Art Jung-Stillings gab der religiös unterbauten Selbstbetrachtung einen geeigneten lit. Ausdruck.

Die erste dt. R.-Theorie von hist. Gewicht, Friedrich von Blanckenburgs *Versuch über den R.* (1774), kann im Zusammenhang mit der Empfindsamkeit gesehen werden. Das Außenseitertum des preußischen Offiziers als Nicht-Literaten und Autodidakten, seine Stellung zwischen den Zeiten, die ihn den aufklärerischen R. – mit Ausnahme von Wielands *Agathon* – kaum mehr beachten, die Geniebewegung aber trotz mancher großzügigen Äußerung gegenüber der Freiheit des Genies nicht mehr erreichen ließ, haben einen Mangel an unmittelbarer Wirkung zur Folge gehabt, der sich auch darin ausdrückt, daß der *Versuch* über die erste Auflage nicht hinauskam. Die theoretische Orientierung an Henry Home, Edmund Burke und Shaftesbury, an Lessing, Moses Mendelssohn und Sulzer hat weniger Gewicht als die große Kenntnis von engl. zeitgenössischen Rr., aus der v. B. seine Theorie über einen zu schaffenden dt. R. herleitete. Dessen Gegenstand sollten »die im Innern des Menschen wohnenden Empfindungen« sein. Gegen Abenteuer-R. und hist. R. trat v. B. für den Charakter-R. ein, der die »innere Gesch.« von »möglichen Menschen der wirklichen Welt« darzustellen habe. Dieser Werdegang sei vollständig und in seinem kausalen Zusammenhang darzubieten: äußere Begebenheiten lösen Empfindungen, diese wieder Handlungen aus. Die Empfindungen seien in dram. Bildlichkeit anschaulich zu machen, daher wiederholte Anlehnung an die Dr.-Theorie der Zeit und der Hinweis auf Shakespeare als vorbildlichen Charaktergestalter. Ablehnung Richardsons wegen seiner Nichtbeachtung von Naturwahrheit, Kausalität und Anschaulichmachung des Gefühls. Ziel des R. sei Bildung, daher seien Empfindungen darzustellen, die »zu Vervollkommnung unseres Daseins das mehrste beitragen«. Die Freisprechung des Genies von der Pflicht der Regelbeachtung wird dadurch aufgewogen, daß v. B. den Bildungsgang des Helden auf vorgefaßte Richtungen und Ziele einschränkte. Diese noch aufklärerische Sicht verschloß v. B. die Wirkung auf die Sturm- und Drang-Generation, während seine vorausweisende Theorie des dt. Seelen- und Entwicklungs-R. ihm schon den Zugang zu Goethes *Werther* ermöglichte (Rezension in der *Bibliothek der schönen Wissenschaften* ... 1775).

Das spezifisch empfindsame Dr. entstand aus der Aufweichung der strengen Gattungsgrenzen zwischen Tr. und Kom. durch das Ferment des Rührenden. Das Typen-Lsp. der Aufklärung wurde allmählich durch die von Frankreich übernommene comédie larmoyante, die Rühr-Kom., verdrängt. Schon Destouches (*Le philosophe marié*, 1727) hatte in die Charakter- und Sittenkom. mit moralpädagogischen Absichten rührende Züge einbezogen. Voltaire (*L'Enfant prodigue*, 1736) erstrebte ein Gleichgewicht der rührenden und komischen Elemente, doch näherte sich seit Marivaux, in dessen Prosa-Kom. die Liebe vom episodischen zum wesentlichen Element aufstieg, und bei Nivelle de la Chaussée, dessen sentimentalischer Vers-Kom. sich Voltaire mit *Nanine* (1749) anschloß, die Kom. mit ihrem seelischen Konfliktstoff, Situationsunheil, menschlichen Edelmut der Tr. Den 1738 geprägten Begriff »comédie larmoyante« hat Lessing 1753 durch »weinerliches Lsp.« wiedergegeben. In Dld. setzten sich die rührenden Züge von der sächsischen Kom. her durch (Gottschedin: *Das Testament*, 1745, Gellert: *Die Betschwester*, 1745 und *Die zärtlichen Schwestern*, 1745, Johann Elias Schlegel: *Der Triumph der guten Frauen*, 1748). Gellert verteidigte die Gattung (Leipziger Antrittsrede *Pro comoedia commovente*, 1751), die sich im Rahmen der klassischen Gattungsgesetze hielt. Lessing rügte in der *Vorrede* zu seiner dt. Übs. von Gellerts Antrittsrede (1754) die Überanstrengung der Kom. durch rührend-ernste Elemente.

Der gleichzeitige Wandel der klassizistischen hohen »tragédie« zum »bürgerlichen« Dr. äußerte sich im Verzicht auf die erst spätantike Ständeklausel, den hohen Stand des tragischen Helden, sowie in der Aufhebung des Verszwanges. Der Vers im Munde bürgerlicher Personen widersprach den neuen realistischen Anforderungen an die Wahrscheinlichkeit des Dargestellten. Trotz der auch in der frz. Dr.-Theorie sich abzeichnenden allmählichen Lösung von den klassizistischen Regeln folgten frz. Dramatiker nur langsam dem engl. Vorbild, *The London Merchant* (1731) von George Lillo. Im Zusammenhang mit Nivelle de la Chaussées *L'École des amis* fiel 1737 erstmals die Bezeichnung »tragédies bourgeoises«. Bekannteste Beispiele der Gattung wurden in Frankreich Landois' *Sylvie* (1741), Mme Françoise de Graffignys *Cénie* (1751), Diderots *Le Fils naturel* (1757) und *Le Père de famille* (1758) sowie Schauspiele von Mercier und Beaumarchais. Lessing verwandte 1750 in der Vorrede zur dt. Übs. von Voltaires *Nanine* (1749) die Bezeichnung »bürgerliches Trauerspiel«, und *The London Merchant* wurde 1752 mit diesem Zusatz von Henning Adam v. Bassewitz ins Dt. übersetzt. Schon vor Lessings *Miss Sara Sampson* (1755) entstand das erste dt. bürgerliche Tr., Christian Leberecht Martinis *Rhynsolt und Saphira*, das wahrscheinlich schon im gleichen Jahr 1753 in Schwerin gespielt worden ist (Richard Daunicht).

Wichtige lit. Kreise der Empfindsamkeit:
Der ältere Hallenser Kreis um die Pietisten Lange und Pyra.
In Anlehnung an Klopstocks Ode *Der Hügel und der Hain* nannte sich nach dem Ort seiner ersten feierlichen Zusammenkunft »Hain« der lit. Freundschaftsbund junger Akademiker aus Nord- und Süddld., die sich in Göttingen zusammenfanden (1772 bis 1774). Auch nur »Bund« genannt. Als späterer Name Hainbund 1804 von Voß gebraucht. Mitglieder: Boie, Voß, die Brüder Stolberg, Miller, Hölty; dem Kreise nahe standen Claudius und auch Bürger. Lit. Organ des Hainbundes war der seit 1770 bestehende *Göttinger Musenalmanach,* hgg. Heinrich Christian Boie (1744 bis 1806), 1775 Johann Heinrich Voß, später andere, der Vorbild für viele weitere Musenalmanache und Taschenbücher wurde.
Mittelpunkt des im Anschluß an Gleim und Klopstock Gefühls- und Freundschaftskult treibenden Darmstädter Kreises (Anfang der 70er Jahre) waren Johann Heinrich Merck (1741–1791), Karoline Flachsland spätere Herder, Herder und Goethe. Vgl. Goethe: *Dichtung und Wahrheit,* 12. und 13. Buch.
Die seit der Mitte des Jh. einsetzende »Leserevolte«, die vom bisherigen intensiven zum extensiven Lesen führte, und neue Leserschichten, vor allem unter den Frauen, begünstigten die Produktion von unterhaltender Lit., besonders von Rr. und Erzz.

Unter den Ablehnern der Empfindsamkeit stehen an erster Stelle die ausgesprochenen Aufklärer, unter den Vertretern der nächsten Generation Goethe, der sich nach anfänglichem Zusammengehen in Werken wie *Der Triumph der Empfindsamkeit* (entst. 1777, Umarbg. 1786) und *Fastnachtsspiel vom Pater Brey* (entst. 1773–1774, Druck 1774) von der empfindsamen Richtung löste. Schiller ließ Geßner als deutschen Theokrit ebensowenig gelten wie Klopstock als dt. Homer. Gegen Geßner richtete sich auch Tieck in der Nov. *Der Mondsüchtige.*

Wichtigste Autoren der Empfindsamkeit:

Claudius, Matthias, geb. 1740 in Reinfeld/Holstein. Sohn eines Pfarrers. Stud. theol. und jur. Wurde bei einem Aufenthalt in Kopenhagen Anhänger Klopstocks. Schriftsteller und Bankrevisor in Wandsbek. 1771–1775 Herausgeber des *Wandsbecker Boten.* 1813 durch den Krieg aus Wandsbek vertrieben. Gest. 1815 in Hamburg.
Klopstock, Friedrich Gottlieb, geb. 1724 in Quedlinburg. Interesse für Antike in Schulpforta geweckt; Kenntnis Homers und Vergils, der Theorien der Schweizer. 1745–1748 stud. theol. in Jena und Leipzig. 1748 bis 1750 Hauslehrer in Langensalza; vergebliches Werben um Fanny (= Sophie Schmidt). 1750–1751 auf Einladung Bodmers in Zürich; Bruch mit Bodmer. Februar 1751 von Friedrich V. nach Kopenhagen berufen, Ehrensold. Ohne »Brotberuf«, Mittelpunkt einer dt. ausgerichteten Gruppe von Dichtern und Schriftstellern, darunter Gerstenberg u. a. 1759 Herausgabe der Schriften seiner 1758 verstorbenen ersten Frau Margarethe, geb. Moller, die er 1754 geheiratet hatte und die als Cidli und Meta von ihm bedichtet wurde. 1759–1763 in Halberstadt, Braunschweig, Quedlin-

burg. Seit 1770 meist in Hamburg. Gest. 1803 in Hamburg; fürstliches Begräbnis in Ottensen.

Voß, Johann Heinrich, geb. 1751 in Sommersdorf/Mecklenburg. Sohn eines armen Lehrers. Durch Vermittlung Boies 1772 Stud. in Göttingen, zuerst Theologie, dann Altertumswissenschaften. Übernahm 1775 die Herausgabe des *Göttinger Musenalmanachs.* Rektor zu Otterndorf, seit 1782 Rektor in Eutin. 1802 nach Jena. 1805 Prof in Heidelberg. Gest. 1826 in Heidelberg.

1725   **Nikolaus Ludwig Graf von Zinzendorf**
          (1700–1760, Halle, Wittenberg, Dresden, Herrnhut):
          Sammlung geistlicher und lieblicher Lieder

Geistliche Lieder für die Andachten und Gottesdienste der von Z. 1722 gegründeten Herrnhuter Brüdergemeine. Pietistische, inbrünstige Frömmigkeit. Oft weich, verspielt, süßlich, noch der geistlichen Schäferdg. des 17. Jh. verwandt. Im Vordergrund die im Zusammenhang mit der herrnhutischen mystischen Auffassung des Ehesakraments stehenden Hochzeitslieder und die Gedichte für den herrnhutischen Blut- und Wunden-Kult. Die meisten Lieder wurden von Z. beim Gottesdienst improvisiert. Bekannteste der rund 2000 Lieder, von denen einige in die protestantischen Gesangbücher Aufnahme fanden: *Jesu, geh voran; Herz und Herz vereint zusammen.*

3., vermehrte Aufl. 1731. – Z. gab außerdem zahlreiche weitere Slgg. heraus.

1729   **Gerhard Tersteegen**
          (1697–1769, Mülheim):
          Geistliches Blumengärtlein inniger Seelen

Kurze Schlußreime, daneben eine Abteilung eigentlicher geistlicher Lieder (in späteren Ausgg. das 3. Büchlein), die in der letzten Ausg. 111 Nrr. umfassen.
Die Lieder sollen »zur Erweckung, Stärkung und Erquickung in dem verborgenen Leben mit Christo in Gott« dienen; subjektiver Charakter, ein Teil eignet sich nur für die private Erbauung. Die schlichteren gehören zum echten Gemeindegesang: *Gott ist gegenwärtig; Ich bete an die Macht der Liebe.* Fanden Eingang in die protestantischen Gesangbücher.

Von T. selbst 7 Ausgg., die letzte 1768. 15. Aufl. 1855.

1745   **Immanuel Jakob Pyra**
          (1715–1744, Kottbus, Halle) und
          Samuel Gotthold Lange
          (1711–1781, Halle):
          Thirsis' und Damons freundschaftliche Lieder

Gedichtslg., hgg. Bodmer.

In der Hauptsache reimlose, von religiöser Gestimmtheit getragene Lieder zur Feier der Freundschaft, die die beiden Studiengenossen in Halle und als Mitglieder der dortigen Lit.-Vereinigung zusammenführte (Pyra = Thirsis, Lange = Damon). Neue erhabene Auffassung von der Dichtkunst und dem Dichter. Erlebnislyrik. Trotz bukolischer Einkleidung in typischer Rokokolandschaft auch ganz realistische Züge. Mit großem Beifall aufgenommen.

Pyras Lehrgedicht *Der Tempel der wahren Dichtkunst* (1737) beeindruckte mit seinen formalen und inhaltlichen Reformforderungen einer religiös geprägten Dg. den jungen Klopstock in Schulpforta.
Langes *Horazische Oden* (1747) sind teils religiös-pietistisch, teils anakreontisch-graziös; reimlos, aber unbeholfen in der Nachbildung horazischer Versmaße.

1745   Christian Fürchtegott Gellert
       (Biogr. S. 161):
       Die Betschwester

Lsp. 3, Prosa. Auff. in Leipzig durch die Neubersche Truppe. Druck in *Bremer Beiträge,* Buchausg. im gleichen Jahr.
Der Bräutigam Simon, der von der mangelnden geselligen Bildung seines Christianchen und dem heuchlerischen Wesen seiner zukünftigen Schwiegermutter, der »Betschwester« Frau Richardinn, enttäuscht ist, wendet sein Herz Christianchens Freundin Lorchen zu. Diese verzichtet jedoch, als sie Christianchens Neigung erkennt, aus Freundschaft zugunsten der vorbestimmten Braut.
Rührstück nach Art der comédie larmoyante, moralisch-didaktisch. Als solches und auf Grund seiner naturnäheren Charakterisierungskunst gattungbildend.
Das Satirische, das der Selbsterziehung des Bürgertums dienen soll, überwiegt jedoch noch das einfühlend Charakterisierende. Spott über die Scheinheiligkeit nach dem Muster von Frau Gottscheds Typen-Kom.

1745   Christian Fürchtegott Gellert
       (Biogr. S. 161):
       Die zärtlichen Schwestern

Lsp. 3, Prosa. Auff. in Leipzig durch die Neubersche Truppe.
Rühr-Kom. Von den Schwestern Lottchen und Julchen erhält das hübsche Julchen zu ihrem reichen Verehrer noch durch Erbschaft ein Rittergut. Siegmund, Lottchens unbemittelter Liebhaber, entdeckt plötzlich Julchens Reize, sucht ihre Verlobung zu hintertreiben und wirbt selbst um sie. Da aber das edelmütige Lottchen sich als die wirkliche Erbin und Julchen sich als ihrem Damis treu herausstellt, wechselt er erneut zu Lottchen über, die sich jedoch, als sie von seiner Untreue erfährt, von ihm abwendet.
Überwindung der Typen-Kom., Nähe zum bürgerlichen Tr. Die ernsten,

rührseligen Züge überwiegen. Ausleuchtung der psychologischen und gesellschaftlichen Zusammenhänge; »Familiengemälde«. Seelische Gelassenheit in Freuden und Leiden als bürgerliche Tugend. Vorbilder: Marivaux und Destouches.

Druck 1747 in dem Sammelbd. *Lustspiele.*

1748/73   **Friedrich Gottlieb Klopstock**
          (Biogr. S. 192/193):
          Der Messias

Biblisches Epos in Hexametern. 20 Gesänge.

Erste drei Gesänge im 4. und 5. Stück der *Bremer Beiträge.* Mit 16 Jahren begonnen,
mit 49 vollendet. In Jena zuerst in Prosa; in Leipzig Hexameter gewählt trotz Alex-
andriner-Mode. Gegenüber dem antiken mechanischen dynamisches Versprinzip.
Gegensatz zum Homerübersetzer Voß. Hauptquelle: *Evangelium Johannis* und *Offenbarung.*

Stoff dieses ersten großen dt. Epos nach dem MA. das Martyrium Jesu.
Das Stoffliche übergossen von pietistischen Empfindungen und Visionen
übersinnlicher Welten. Die Struktur setzt sich gemäß der Tradition des
biblischen Epos seit Otfried von Weißenburg aus episch-horizontalen und
erbaulich-vertikalen Elementen zusammen; die betrachtenden Partien
sind in die Seele von »teilnehmenden Zeugen« (Reinhold Grimm) verlegt. Die Erniedrigung Christi ist mit Rücksicht auf Stil und Thema unter-
drückt und ins Gegenteil gewendet. Ziel: Homer und Milton zu überbie-
ten.
Stil rhapsodisch, enthusiastisch, unplastisch. Die unalltägliche Stilebene
durch kühne Neuprägungen abgegriffener Wörter (»Maria, heiliges Mädchen«, »Flammenwort«, »einem die Seele überströmen«), Vernachlässi-
gung nur logischer Wortarten (Artikel, Partikel, Konjunktionen, Präposi-
tionen), neuen Gebrauch des Partizipiums, überraschende Personifikationen, ungewöhnlichen Satzbau. Trennung der Dichtersprache, die symbolischen Wert hat, von der Gebrauchssprache. Dadurch und durch die
Auffassung vom Amt des Dichters epochemachend.

Begeisterte Aufnahme der Proben (Bodmer: »Miltons Geist ruht auf dem Dichter«)
und der ersten Gesänge (Christian Ewald von Kleist, Wieland). Herder: das erste
klassische Buch dt. Sprache nach Luthers *Bibel.* Leidenschaftlicher Angriff auf Klopstocks Dichtersprache dagegen durch den Gottschedianer Christoph Otto von
Schönaich in *Die ganze Ästhetik in einer Nuß oder Neologisches Wörterbuch* (1754);
verspottende Zusammenstellung neuer Kraftwörter, z. B. »Junghintern« zu Klopstocks »Altvordern« usw. Bereits bei Lessing die symptomatisch gewordene distan-
zierte Bewunderung: »Wer wird nicht einen Klopstock loben? / doch wird ihn jeder
lesen? Nein!«

1756   **Salomon Geßner**
(1730–1788, Zürich):
Idyllen

Anonym, *»von dem Verfasser des Daphnis«*.
G., eigentlich Landschaftsmaler und vorzüglicher Kupferstecher, hat auch
seine Idyllen als »Bildchen« aufgefaßt und gelegentlich so genannt. Vorher hatte er sich zunächst an die lyrisch-idyllischen Stellen in Klopstocks
Messias angelehnt.
Die bis ins kleinste dargestellten Landschaften enthalten Rokokoelemen-
te, Schäfer und Schäferinnen verkünden Natursehnsucht in der Art Theokrits. Ethische Ziele: menschliches Glück durch Tugend und Zufriedenheit; Seelenruhe. Die Rokoko-Kunsttendenzen schon stark empfindsam
unterbaut; häufigste Beiwörter »sanft« und »süß«, keine gewaltsamen
Erschütterungen. Rhythmisch abgetönte Prosa.

1757   **Christian Fürchtegott Gellert**
(Biogr. S. 161):
Geistliche Oden und Lieder

Will, laut Vorrede, die Erbauung der Leser befördern und die Herzen in
fromme Empfindungen setzen. Ton gefühlvoll und zuweilen didaktisch.
Stil sowohl an die Lutherbibel wie an den rationalistischen Sprachgebrauch angelehnt. Leibnizscher Optimismus neben orthodoxem und pieti-
stischem Pessimismus.

Vertonung von Philipp Emanuel Bach, Johann Adam Hiller, Beethoven (6 Lieder,
darunter *Die Himmel rühmen des Ewigen Ehre*).

1769   **Friedrich Gottlieb Klopstock**
(Biogr. S. 192/193):
Hermanns Schlacht

Erstes »Bardiet für die Schaubühne«, weitere: *Hermann und die Fürsten*
(1784), *Hermanns Tod* (1787).
Festlich-lyrische Verherrlichung heldischen Freiheitssinnes und sittlicher
Größe bei den Germanen. Die musikdramatische Form, Prosa mit lyrischen Einlagen, entstammt einer falschen Auffassung des Wortes barditus
(Tacitus, *Germania,* Kap. 3 »Schlachtgeschrei«) im Zusammenhang mit
dem irischen Wort bard = Sänger, das jene altkeltischen Sänger und
Dichter von unter Harfenbegleitung vorgetragenen Götter- und Helden-
liedern meint.

Die für das neuerwachte Interesse an anord. Überlieferung und Symbolik kennzeich-
nenden Schöpfungen sind mit Heinrich Wilhelm von Gerstenbergs *Gedicht eines
Skalden* (1766) und mit den von Gerstenberg und Klopstock ausgehenden sog.
Bardenpoeten (Karl Friedrich Kretschmann: *Gesang Rhingulphs des Barden,* 1768;
Michael Denis: *Lieder Sineds des Barden,* 1772) verbindbar. Von den Gegnern als

Bardengebrüll verspottet, auch von Goethe abgelehnt, Jakob Grimm: »ungedeihlicher Bardenunfug«.

1771   Friedrich Gottlieb Klopstock
(Biogr. S. 192/193):
Oden

1. Gesamtausg. der seit 1748 einzeln veröffentlichten Lyrik.
Freundschafts- und Liebesoden, religiöse Oden und Hymnen, vaterländische Oden, Bardendg. und Revolutionsoden. Unter dem Einfluß von Horaz und Pindar, Milton und Young. Behandeln nur erhabene Gegenstände: Gott, Unsterblichkeit, Natur, Tugend, Freundschaft, Freiheit, Geliebte und Frau (Fanny und Cidli).
Begründung der neuen Erlebnisdg. an Stelle der galanten Poesie. Starke Phantasie, kosmisches Lebensgefühl. Zunächst in antiken Versmaßen, ab 1754 in den folgenreich gewordenen freien Rhythmen. Durchbruch einer neuen unalltäglichen Sprachhandhabung. Nachwirkung auf Hölderlin und die Moderne. Bekannteste: *Die Frühlingsfeier, Das Wiedersehn, Der Eislauf, Die frühen Gräber, An meine Freunde* (später: *Wingolf;* auf den »Hain«), *Der Zürchersee.*

1771   Sophie von La Roche
(1731–1807, aus Kaufbeuren):
Geschichte des Fräuleins von Sternheim

R. 2 Bdd. Hgg. Wieland mit Anmerkungen.
Beschreibt die Geschichte eines jungen Mädchens, das sich zur Rettung ihrer Ehre einem Ungeliebten vermählt. Nach schweren Schicksalen wird sie mit dem Geliebten doch noch vereint. Einfluß von Goldsmith. Überwiegen des pietistischen Grundelements über den Rationalismus: grenzenloses Mitgefühl, Wohltätigkeitstrieb, quietistische Gelassenheit.

S. v. L. gab auch Monatsschriften heraus. Nach weiteren Frauen-Rr. (*Rosaliens Briefe an ihre Freundin* 1779ff.) erregte sie mit den unter frz. Emigranten in der amerikan. Wildnis spielenden *Erscheinungen am See Oneida* (1798) Aufsehen.

1771/75   Matthias Claudius
(Biogr. S. 192):
Der Wandsbecker Bote

Wöchentlich viermal erscheinende Ztg., die durch C. Berühmtheit erlangte. C. veröffentlichte in ihr seine volkstümlichen Gedichte, Übss., Briefe, Abhandlungen. Er stand den Hainbündlern durch Klopstockverehrung, religiöse und politische Anschauung nahe. Vorliebe für das Einfache und Ländliche. Verf. schlichter, liedhafter, klarer, tief empfundener Verse *(Das Abendlied; Der Mond ist aufgegangen; An den Tod; Der Tod und das Mädchen).* Auch fröhliche Töne *(An den Frühling am ersten Maimorgen; Bekränzt mit Laub den lieben vollen Becher).*

1775–1812: *Asmus omnia sua secum portans oder sämtliche Werke des Wandsbecker Boten,* 8 Teile.

**1776   Johann Martin Miller
          (1750–1814, Ulm):
          Siegwart, eine Klostergeschichte**

Wertheriade. M., Angehöriger des »Hains«, war zunächst mit Gedichten im Stil der Minnesänger hervorgetreten. Seine Mittel als rührseliger Erzähler waren reißerisch.

**1777   Heinrich Jung-Stilling
          (1740–1817, aus Grund in Nassau, Straßburg, Heidelberg,
          Marburg):
          Heinrich Stillings Jugend**

Erster Teil einer Autobiographie. Von Goethe zum Druck befördert.

Weitere Teile: *Jünglingsjahre* (1778), *Wanderschaft* (1778), *Häusliches Leben* (1789), *Lehrjahre, Rückblick* (1804) und *Alter* (mit einem Bericht über Jung-Stillings Lebensende hgg. von seinem Enkel W. Schwarz 1817).

Aus pietistischer Sicht gegebene, leicht poetisierte Darstellung seines Lebens: in der Jugend Dorfschullehrer, Schneidergeselle, dann Hauslehrer, Medizinstudent in Straßburg, Arzt, Dozent und Professor für Kameralwissenschaft, schließlich freier Publizist und Berater des Markgrafen von Baden. Der Beiname Stilling weist auf die »Stillen«, die Pietisten, hin. Schilderung eines bescheidenen, nach innen gewandten, von Gott geführten Daseins. Naturstimmung und -schilderung. Leicht sentimental. Vorliebe für dt. Vergangenheit schon auf Romantik hindeutend. Seit langem zum erstenmal eine positiv gesehene Bauerngestalt: der alte Stilling. In der Selbstanalyse Mischung von Demut und Selbstbewußtsein, hypochondrischer Niedergeschlagenheit und Wille zur Aktivität. Das Leben als Kette gottgewollter Fügungen. Darstellung seit *Häusliches Leben* zunehmend annalistisch unter Aufgabe der künstlerischen Gestaltung.

**1778/81   Theodor Gottlieb von Hippel
            (1741–1796, Königsberg):
            Lebensläufe nach aufsteigender Linie**

R. – Unter dem Einfluß Sternes. Anschauliche Schilderung Kurlands mit dem Gegensatz von dt. Herren- und Predigerstand und dem unterdrückten Landvolk. Populäre Verbreitung kantischer Ideen. Vorläufer Jean Pauls.

1779   **Christian Graf zu Stolberg**
(1748–1821) und
Friedrich Leopold Graf zu Stolberg
(1750–1819, in dänischem diplomatischen Dienst in Kopenhagen, Eutin, Berlin, Petersburg):
Gedichte

Oden, Hymnen, Balladen, Romanzen, Lyrisches (*Des Lebens Tag ist
schwer und schwül*). Einfluß Klopstocks. In Abwandlung der Bardenmoti-
ve Preis adt. Tugend und Tapferkeit. Empfindsame Betrachtung der dt.
Vergangenheit; bereits romantische Töne *(Lied eines alten schwäbischen
Ritters an seinen Sohn; Das Rüsthaus in Bern)*. Volkstümlich; manchmal
Balladenhaftes in der Art Bürgers.

Die Brüder St. setzten auch in den späteren Revolutions- und Befreiungsoden Klopstock fort.
Gesammelte Werke beider Brüder 1820–1825, 20 Bdd.

1781   **Johann Heinrich Voß**
(Biogr. S. 193):
Der siebzigste Geburtstag

Hexameter-Idylle. Im *Hamburger Musenalmanach*. Bekannteste der Idyl-
len Voß'. Die Welt des Dorfschulmeisters, genrebildartig, behaglicher
Ton.
Ähnlich: *Die Bleicherin; Die Kirschpflückerin; De Winterawend*. Das
Schäferliche der Idyllendg. ist bei V. in die Realität des Dorf- und Klein-
stadtlebens übersetzt. Verwendung von nddt. Dialekt.
V.' erste Idyllen hatten bereits sozialkritische Themen: *Die Leibeigenen,
Die Freigelassenen*. In ihnen wurde dem rein lit. Tyrannenhaß des
»Hains« eine echte Erlebnisgrundlage gegeben (V. war Enkel eines Leib-
eigenen).

1781/93   **Johann Heinrich Voß**
(Biogr. S. 193):
Übs. von Homers Odyssee und Ilias

Durchbruch der Hexameterform. Schnelle Verdrängung der Vorgänger.
Lang anhaltender Einfluß auf die dt. Dg. im Guten und im Negativen.

1782/83   **Ludwig Christoph Heinrich Hölty**
(1748–1776, Göttingen):
Gedichte

Postum, zuerst hgg. Adam Friedrich Geisler, dann – 1783 – Friedrich Leopold Graf
zu Stolberg und Johann Heinrich Voß. Von Voß stark geändert; erste Originalausgabe 1869.

Idyllen, Lieder *(Rosen auf den Weg gestreut; Üb immer Treu und Redlichkeit),* Oden und Hymnen *(Auftrag; Die Liebe; Hymnus auf den Mond).* Einfluß Klopstocks, aber durchaus selbständig weiterentwickelt, schlichter, Verwendung kurzer Formen. Vom Bewußtsein frühen Todes überschattet, elegischer Grundton. Sehnsucht nach den verwehrten Schönheiten des Lebens. Natur-Innigkeit. In den Liebesliedern Einfluß des Minnesangs *(Minnelied).*

Einfluß auf Hölderlin, Lenau und die österreichische Lyrik.

1783/84   Johann Heinrich Voß
(Biogr. S. 193):
Luise

Ländliches Gedicht in drei Idyllen. Hexameter. Die einzelnen Teile erschienen im *Hamburger Musenalmanach* und im *Teutschen Merkur.* Schilderung des ländlichen Pfarrerdaseins um Brautzeit und Vermählung. Breite bürgerliche Behaglichkeit. Landschaftsbeschreibung.

In Form und Gehalt Einfluß auf Goethes *Hermann und Dorothea.* Geänderte und erweiterte Gesamtausg. 1795.

1800/06   Georg Christoph Lichtenberg
(1742–1799, Oberramstadt bei Darmstadt, Göttingen, England, Göttingen):
Vermischte Schriften

9 Bdd., postum. Für die Lit.-Gesch. wichtigster Teil *Bemerkungen vermischten Inhalts,* Auszüge aus den in Tagebücher (»Sudelbücher«) eingetragenen Aphorismen über Politik, Gesellschaft, Pädagogik, Lit.

Von den elf Tagebüchern, die seit 1765 entstanden, ist eines unvollständig. In der Erstausg. auch Teile aus zwei Büchern, die später verlorengingen.

Aus pietistischen Ursprüngen stammende Selbstbeobachtung und Selbstprüfung sowie an diesen geschulte, krankhaft scharfe Beobachtung des Alltäglichen und der Mitmenschen, ihrer Mängel, Fehler, Narrheiten. Von starker Beeindruckbarkeit und unbefriedigtem Erkenntnisdrang gekennzeichnete Feststellungen eines unsystematisch vorgehenden, sich auf Erfahrungen stützenden Moralisten, Skeptikers und Hypochonders. Stimmungsreligiosität. Einfluß von Swift, Fielding, Sterne, dem letzteren verwandt. Über die Aufklärung hinausweisend die Bewertung des Unbewußten, die Vorliebe für Traum und Ahnung, das Grübeln über das Todesproblem, jedoch Ablehnung von Pathos und genialischem Wesen, von Klopstock, Goethes *Werther* und Shakespeare-Kult. Auf Grund der pietistischen Ausgangsposition und der Hinwendung zu innerseelischen Vorgängen der Empfindsamkeit zuzurechnen.

Formal unabhängig von der frz. Aphoristik, Anschluß an Bacon.

Wirkung auf Kierkegaard, Schopenhauer, Nietzsche.

Außerdem: *Briefe aus England* (1776–1778, vor allem über den engl. Schauspieler Garrick); *Ausführliche Erklärung der Hogarthischen Kupferstiche* (5 Heftchen, 1794–1798).

1767–1785   Sturm und Drang

Als Sturm und Drang wird im allgemeinen die Zeit vom Erscheinen der Herderschen *Fragmente* (1767) bis zur Wandlung Goethes und Schillers (1785) angesehen. Höhepunkt der Zeitraum zwischen Goethes *Götz* und Schillers *Kabale und Liebe* (1773–1784). Bezeichnung nach Maximilian Klingers gleichnamigem Schsp., dessen ursprünglicher Titel *Wirrwarr* von dem Genieapostel Christoph Kaufmann durch *Sturm und Drang* ersetzt wurde.

Der Name »Geniezeit«, der zeitgenössischen Bezeichnung »Genieperiode« nachgebildet, ist von der Dg.-Deutung hergenommen: die hervorstechendste Programmforderung war die Überordnung des Genies über den kritischen Kopf. Sie wurde verfochten von der antiaufklärerischen Welle der »Originalgenies«. Der Begriff »Genie« von Lavater als »Aussprecher unaussprechlicher Dinge« und als »Licht der Welt«, von Herder als »Urkraft«, »Erfinder«, »Original« und von Kant als »eigentümlicher Geist« gedeutet. Nach Hermann August Korff bilden Sturm und Drang – Klassik – Romantik, also die Jahre 1770–1830, eine große, in sich zusammenhängende geistesgesch. Einheit, zeigen den »Geist der Goethezeit«.

Die anschaulichste Schilderung des Sturm und Drang gab schon Goethe (*Dichtung und Wahrheit*, besonders 7., 10., 13., 14. Buch).

Der Sturm und Drang erstrebte die natürliche Gesellschaftsordnung für den natürlichen Menschen. Da eine Befriedigung des Tatendranges im wirklichen Leben unter dem Despotismus nicht möglich war, schuf man sich meist den Ausweg einer wenigstens schriftstellerischen Betätigung und theoretischer Bemühungen um die Lösung der wesentlich moralisch gesehenen Aufgaben der Politik, während zugleich die wirklich kraftvollen Charaktere ihr »tintenklecksendes Säkulum« zu hassen begannen.

Obwohl der Sturm und Drang in vieler Hinsicht als die radikalere Fortführung der Aufklärung zu betrachten ist, stand er im ganzen jedoch in Widerspruch zu ihrem Geist. Besonders stark wurde die Verkennung der irrationalen Bezirke empfunden und dem Verstand daher Herz, Gefühl, Ahnung und Trieb gegenübergestellt. Mit dem Glauben an den Kulturfortschritt und mit der Tradition wurde gebrochen. Das neue Weltgefühl vergöttlichte die Natur, während die Aufklärung sie naturwissenschaftlich entgöttert hatte. Der Kulturpessimismus fand seine Entsprechung in einem positiven Ideal, dem Naturoptimismus und Naturidealismus. Dem gebildeten Kulturmenschen wurde der Naturmensch als etwas Höheres entgegengestellt: der Dichter des Sturm und Drang sympathisierte mit unschuldigen Kindern, naiven Frauen, der Landbevölkerung, Handwerkern, Kleinbürgern, mit den ersten Menschen, den Griechen Homers, den alten Germanen und mit urwüchsigen Kraftgestalten. Der Gegensatz zwischen Endlichkeit und Unendlichkeit bildet das »faustische Lebensgefühl«. Typisch wurde gesteigertes Sinnenleben, Selbstbewußtsein des einzelnen, Hervorkehrung der Individualität. Das Wesen des Lebens erschien als ein ruheloser Wandel der Formen. Neu wurde auch das Verhältnis zur Gesch. und zu gesch. Urkunden. In der *Bibel* vernahm Hamann die Sprache Gottes, der nicht nur durch Worte, sondern auch durch die ganze Gesch. des jüdischen Volkes und durch ihre Gestalten zu uns rede: Gleichnis für das Schicksal der gesamten Menschheit. Für Herder war die *Bibel* nicht mehr der einzige authentische Kommentar des in der Welt versteckten Gottes, H. brach mit dem christlichen Dogmatismus. Auch die *Bibel* ist nur Poesie, aber auch die Poesie ist *Bibel*. H.s gesch.-philosophische Werke versuchten den Verlauf der Menschheitskultur zu umreißen. Das Verhältnis von Kultur und Religion sei gleich dem Verhältnis von Religion und Dg.: beide haben die Bestimmung, die Menschheit zur reinen Humanität zu führen. Die Menschheitsgesch. ist der Verwirklichung eines göttlichen Plans, das Göttliche und das Wirkliche in der Gesch. eine Einheit, das Göttliche ist keine unberechenbar eingreifende Person, sondern die höchste Ursache von allem (dynamischer Pantheismus).

Die Kunst war für den Sturm und Drang nicht mehr Mittel zu einem Zweck, sondern Offenbarung. Schon 1759 erklärte Hamann, die dichterische Sprache sei Naturlaut, das ahnende Gemüt und die bilderschaffende Phantasie seien ursprüngliche göttliche Kräfte. Wie die Natur sich in ihren Schöpfungen ausdrückt, so drückt der Dichter sich in seinen Schöpfungen aus. Die neue Kunstauffassung war »symbolisch«, »genialisch«: nicht mehr der Genußwert war entscheidend, sondern der Symbolwert, nicht die Zweckhaftigkeit, sondern die Ursprünglichkeit.

Der Kunstschaffende, das Genie, wurde zur Norm des Kunstwerkes. Aus seiner Perspektive, nicht mehr aus der des Kunstauffassenden, erfolgte die Wertung der Kunst. Geniale Dg. war Erlebnisdg. Hatte sich der Geniebegriff schon vorher, bei Mendelssohn, Lessing, Nicolai u. a. angebahnt, so wurde das Genie-Erlebnis im Sturm und Drang neu. Das Genie ist der Begnadete Gottes und zugleich Nacheiferer, nicht Nachahmer Gottes: Symbol Prometheus. Während schon einzelne Theoretiker des Rationalismus die Unabdingbarkeit der Regeln bezweifelt hatten, wurde das Genie jetzt zur gesetzgebenden Instanz, vor der sogar die Gattungsgrenzen fragwürdig wurden. Geniedg. (Shakespeare) galt als Naturdg.

Schon Mendelssohn hatte 1755 die psychologische Lehre von den »gemischten« Empfindungen vorgetragen, die für den Sturm und Drang wichtig wurde. Trotz seiner Befangenheit in der Aufklärungsphilosophie hatte er seine Ästhetik bei ihrer praktischen Anwendung aus der Verstandesstarre zu lösen und der konkreten Lebendigkeit des Kunstschaffens anzupassen gesucht: »Das Genie kann den Mangel der Exempel ersetzen, aber der Mangel des Genies ist unersetzlich.« Young erklärte: »Regeln sind wie Krücken, eine notwendige Hilfe für den Lahmen, aber ein Hindernis für den Gesunden. Ein Homer wirft sie von sich«, und bei Gerstenberg heißt es: »Das Genie geht nach der Ordnung der Natur vor dem Geschmack her.« Klopstocks in den Anbruch der Geniezeit fallende *Deutsche Gelehrtenrepublik* (1774) sah den Künstler als Schöpfer und lehnte Dichterschulen ab.

Im ganzen hatte der Sturm und Drang einen nationalen Zug. Es gab für ihn keine klassischen Muster mehr. Latinisierung der dt. Sprache etwa zerstöre deren zeugende Eigenart. »Je entschiedener unsere Werke dt. und modern sind, um so verwandter werden sie den Griechen sein. Was uns ihnen gleich machen kann, ist allein die gleiche, unbefangene, geniale Schöpferkraft« (Herder, *Fragmente*). 1781 verteidigte Justus Möser (1720–1794) die Rechte der dt. Lit. in *Über die dt. Sprache und Lit.*, seiner Entgegnung auf Friedrichs II. *De la littérature allemande* (1780): es gehe um die Überwindung des frz. Einflusses. Wahrheit sei mehr als Gefälligkeit, Lebensfülle mehr als Klarheit, Kraft und Rhythmus mehr als glatte Gliederung.

Daher wirkte das Ausland weniger als nachzuahmendes Muster denn als gedanklicher und formaler Anreger.

Zu den begeistert übernommenen Anregungen gehörten die Jean-Jacques Rousseaus (1712–1778). Nach ihm geht der Verfall der Sitten mit dem Fortschritt der Kultur Hand in Hand. Die Gesch. ist ein unaufhaltsamer Entartungsprozeß. Alles ist gut, wenn es aus den Händen des Schöpfers kommt, während es unter den Händen des Menschen verdirbt. Daher sein Ruf: »Zurück zur Natur!« Eine grundlegende Rolle in Rousseaus Schriften spielen der Naturzustand und die Gesellschaft; der Gemeinwille des Volkes sei der wahre Souveran des Staates. Hauptschriften. die gesellschaftskritische Abhandlung *Du Contrat social* (1762); der Erziehungs-R. *Émile ou de l'Éducation* (1762); *Julie ou la Nouvelle Héloïse* (1761), die mit der Schilderung von Liebe und idyllischer Ehe den Durchbruch von Gefühl und Naturempfindung im R. bedeutete (erste dt. Übs. 1761 bis 1766); schließlich die autobiographischen *Confessions* (1782ff., dt. Übs. Adolf v. Knigge 1786–1790). Den gesch.-philosophischen Pessimismus Rousseaus hob Herders Kulturphilosophie in einer neuen Form des Optimismus wieder auf.

Aus England brachten Edward Youngs (1681?–1765) *Conjectures on Original Composition* (1759) und Robert Woods *Essay on the Original Genius and Writings of Homer* (1769) Anregungen zu der neuen Lehre vom Genie. Nach Young schafft das Genie nicht aus der theoretischen Einsicht in die Kunstgesetze, sondern aus instinktiven Eingebungen. Befruchtenden Einfluß auf die dt. Kunstlyrik nahm über Herder und Goethe die aus England herüberdringende Volksliedbewegung. Der Schotte James Macpherson (1736–1796) veröffentlichte *Fragments of Ancient Poetry, collected in the Highlands* (1760–1763; endgültige, vermehrte Fassung 1773).

Macphersons Veröffentlichung enthielt zunächst 15, später 22 Stücke aus dem irisch-schottischen Sagenkreis um den Helden Finn (Fingal) und seinen Sohn Oisin

(Ossian). Frei bearbeitete, ausgeweitete und willkürlich zusammengesetzte Dgg. einer neuen, bisher unerhörten Empfindungswelt. Einbruch in den klassizistischen Stil. Kampfszenen und Liebesklagen, das düstere Meer, weite, einsame Hochlande, ein ewig grauer Himmel. Rhythmische Prosa. Erste dt. Übs. 1768–1769 durch Michael Denis (1729–1800) in Hexametern; Herder tadelte 1769 die verfehlte Wahl des Versmaßes. Herders eigene *Ossian*-Verdeutschungen wurden in die *Volkslieder*, die Goethes in den *Werther* aufgenommen.

Der sog. *Ossian* versah die Dg. mit Elementen nordischer Überlieferung, die an die Stelle der für unentbehrlich geltenden Namen der antiken Mythologie traten. Eine originalgetreue und vielseitigere Wiedergabe alter Balladen bot Thomas Percys *Reliques of Ancient English Poetry* (1765).

Die Dg. des Sturm und Drang gehört überwiegend dem Drama an, das am meisten über den ästhetischen Selbstzweck hinausstreben und Aufruf zur Änderung der sittlichen und sozialen Zustände sein konnte. Wirkungsmöglichkeit und Aufgabenbereiche des Theaters erscheinen trotz der teilweise noch aufklärerischen Terminologie wesentlich erweitert. Die große Bedeutung, die der Sturm und Drang dem Theater zuerkannte, ist an den zahlreichen theoretischen Schriften abzulesen: Helferich Peter Sturz, *Brief über das dt. Theater* (1767); Lenz, *Anmerkungen über das Theater* (1774); Heinrich Leopold Wagner, *Neuer Versuch über die Schauspielkunst* (1776, dt. Übs. von des Rousseau-Schülers S. Mercier Schrift *Du Théâtre ou Nouvel essai sur l'art dramatique*, 1773) und *Briefe, die Seylersche Schauspielergesellschaft betreffend* (1779); Schiller, *Die Schaubühne als moralische Anstalt betrachtet* (1784). Hierher sind auch die das Theater betreffenden Partien in Goethes *Wilhelm Meisters theatralische Sendung* (entst. seit 1776) und in Karl Philipp Moritz' *Anton Reiser* (1785 bis 1790) zu rechnen.

Das Hauptthema der Drr. ist der Konflikt zwischen dem Naturmenschen und der bestehenden Kultur. Der Konflikt tritt vorwiegend auf als Kampf um die politische Freiheit (Schiller, *Kabale und Liebe, Fiesko*); Freiheitskampf gegen die Gesellschaft (Goethe, *Götz;* Schiller, *Die Räuber;* Klinger, *Die Zwillinge;* Leisewitz, *Julius von Tarent);* Kampf um die Freiheit der Liebe gegen ihre Beschränkung durch den Standesunterschied (Schiller, *Kabale und Liebe*); als Darstellung der Problematik gesellschaftlicher Geschlechtsmoral (Lenz, *Soldaten;* das Kindsmörderin-Motiv bei Goethe, Wagner, Maler Müller); als Freigeisterei der Leidenschaft und der Ehe (Goethe, *Stella, Clavigo;* Klinger, *Das leidende Weib* und *Simsone Grisaldo);* Kampf um die metaphysische Freiheit gegen die christliche Kirche *(Faust)* für eine natürliche Religion und sittliche Weltordnung (Karl Moor in den *Räubern).*

Vorbild des Dr. wurde im Sturm und Drang statt der Franzosen endgültig Shakespeare. Die Technik der Fetzenszenen, der Bruch mit den sog. Einheiten, die Verherrlichung der Kraft und der Kraftkerle, der Leidenschaft als solcher, das Schaurige und Krasse glaubten die Stürmer und Dränger bei ihm vorbildlich zu finden.

Charakteristisch sind die Unberechenbarkeit der Menschentypen, die »schwachen« Charaktere neben den Übermenschen, die auch direktionslose, haltlose Menschen sind, die Besinnungslosigkeit der Leidenschaft, das innere Schwanken und die Unbestimmbarkeit der Sehnsucht. Den Handlungszusammenhang stellt die Kette von »symbolischen Zufällen« her, die Episode ist Material zu einem Lebensgemälde. Vorliebe für Volksszenen und Milieuschilderung. Mischung komischer und tragischer Wirkungen (Lenz).

Die Sprache, fast ohne Ausnahme in Prosa, sonst in neuen Versformen (Knittel, freie Rhythmen), wollte der Sturm und Drang endgültig aus dem Schriftdt. erlösen. In ihrem Übernaturalismus entartete sie gelegentlich zu neuem Schwulst. Der forcierte Kraftstil verschmäht vollständige Sätze, häuft Ausrufe und überlädt sich mit Exaltation: Explosivstil.

Die Lyrik wurde im Gegensatz zur rein lit. Lyrik der vorangegangenen Zeit endgültig Erlebnis-Dg., Bruchstück einer großen Konfession. Nach Goethe war poetischer Gehalt Gehalt des eigenen Lebens. Das Lied löste seit Goethes Sesenheimer Liedern die rationale Chanson ab. Friedrich Leopold Graf zu Stolberg unterschied in einem Gedicht zwischen Chansonette und dem »herzlichen deutschen Lied«. Es bekommt eigenes rhythmisches Profil und individuelles Tempo. Das Volkslied, das seit Macpherson, Percy und Herder gleichberechtigt neben die Kunstdg. trat, ist für das Kunstlied nur bei Goethe und gelegentlich bei Maler Müller *(Heute scheid ich, morgen wandr ich)* fruchtbar geworden.

Die Ode, Hymne streifte den gedanklichen Ballast ab, schwang sich bei Goethe und Schiller über logische Bezirke hinaus. In den politischen Oden Schubarts trat an die Stelle theoretischer Betrachtungen und anempfundenen Tyrannenhasses echter Zorn und erlebtes Rachegefühl.

Die Ballade, deren Wurzeln im ausgehenden MA. liegen und die im 17. Jh. ausgestorben war, tauchte im 18. Jh. zunächst nur parodistisch auf. Gleim und Johann Friedrich Löwen kopierten in der »künstlich naiven« (Emil Staiger) Romanze den Bänkelsang der Jahrmärkte mit seinen grotesk-komischen und frivolen Elementen. Erst seit Macpherson und Percy erfuhr die Ballade eine echte Wiederbelebung. Bei Bürger und Goethe war sie Erzählung einer außerordentlichen Begebenheit in außerordentlichem Ton, hatte die Magie der alten Volksballade. Romanze und Ballade behandelten mit unterschiedlicher Pointierung ähnliche soziale Themen wie das Dr.

Die Sprache der Sturm-und-Drang-Lyrik bevorzugte die gesprochene Naturform, abgesehen von gelegentlichen archaisierenden Versuchen (Hans-Sachs-Ton, Minnesängerton). Sie wählte die übertragene statt der logischen Bedeutung der Begriffe.

Die Form der Sturm-und-Drang-Lyrik war nicht mehr äußerlich regelmäßig, sondern organisch gewachsen, individuell, unregelmäßig. Der Inhalt bestimmt das Klangbild. Klassische Vorbilder sowie kunstvolle metrische und strophische Formen traten zurück.

Die erzählende Dg., soweit sie nicht die traditionelle fortsetzte, ist in der Lit. des Sturm und Drang seltener vertreten. Hier richtete sich das Interesse unter dem Einfluß Rousseaus und seines Verteidigers Hamann auf die innere Entwicklung des Menschen, den Charakter-R., den auch v. Blanckenburgs *Versuch über den R.* (1774) anstrebte.

Der Roman erlebte in Goethes *Werther* äußerste Subjektivierung. Mit dem Sturm der Leidenschaft, Gesellschaftskritik und Natursehnsucht verband sich hier eine neue Welle der Empfindsamkeit, die ganz der Zeitströmung entsprach und dem Buch eine sensationelle Wirkung verschaffte, die nicht nur Deutschland, sondern ganz Europa ergriff (frz. »Werthérisme«). Auch bei Karl Philipp Moritz steht das Ich im Zentrum der Handlung, die Autobiographie geht in den psychologischen R. über. Bei Friedrich Heinrich Jacobi, dessen Rr. mehr in R.-Form gekleidete philosophische Abhandlungen sind, setzt sich das eigene Ich mit dem Wesen des Freundes Goethe auseinander. Den Themen der Sturm-und-Drang-Dramatik steht Heinse mit seiner revolutionären Forderung des Rechtes auf Leidenschaft und Sinnenfreude am nächsten.

Die Zentren des Sturm und Drang lagen in Südwestdld.

Die ältere Gruppe sammelte sich um den jungen Goethe in Straßburg und Frankfurt und bestand größtenteils aus Süddeutschen: Klinger, aus Frankfurter Kleinbürgertum stammend, Lenz, Livländer, in Straßburg mit Goethe lebend, Heinrich Leopold Wagner aus Straßburg, Friedrich Müller aus der Pfalz. Eine eigene Zs. hatte die Gruppe nicht. Nur die kritischen *Frankfurter gelehrten Anzeigen* (1772–1790) vertraten das lit. Programm der jungen Generation. Redakteur: Johann Heinrich Merck (1741–1791), Mitarbeiter: Goethe, Herder, Goethes Schwager Johann Georg Schlosser (1739–1799). Außerdem war Sturm-und-Drang-Lit. auch vertreten in der von Johann Georg Jacobi herausgegebenen Frauenzs. *Iris* (1774–1776); Mitarbeiter: Goethe, Gleim, Heinse, Lenz.

Die jüngere Gruppe sammelte sich in Schwaben um Schubart, Wilhelm Ludwig Wekherlin, den jungen Schiller. Schubart war Herausgeber der politisch-lit. Zs. *Deutsche Chronik* (ab 1774 in Augsburg, seit 1775 in Ulm), die nach Schubarts Gefangensetzung 1777 Johann Martin Miller übernahm (bis 1781). Schillers eigener erster Versuch einer Zs.-Gründung *Württembergisches Repertorium der Lit.* (1782), in der die Selbstrezensionen seiner ersten Werke erschienen, ging bald ein.

Für Verbreitung und Rezeption der Lit. wurden die Lesegesellschaften und Lesekabinette wichtig, die zwischen 1770 und 1800 den größten Zulauf hatten und in denen Lektüre als gesellschaftliches Ereignis gepflegt wurde.

Wichtigste Autoren des Sturm und Drang:

Bürger, Gottfried August, geb. 1747 zu Molmerswende am Harz. Seit 1764 stud. theol. in Halle, seit 1768 stud. jur. in Göttingen. Freundschaft mit Boie und Beziehungen zum Hain, besonders zu Voß, Hölty, den Stolbergs. 1772 Amtmann in Altengleichen. Zwiespältige Ehe mit Dorette Leonhart, deren Schwester »Molly« er liebte. 1784 Dozent in Göttingen. Nach Dorettes Tod Heirat mit Molly 1785, die bereits 1786 starb. 1789 Prof., doch ohne Gehalt. Unglückliche dritte Ehe mit Elise Hahn 1790–1792. Starb völlig gebrochen 1794 in Göttingen.

Gerstenberg, Heinrich Wilhelm von, geb. 1737 in Tondern. Stud. in Jena. 1760 dänische Militärdienste, seit 1763 in Kopenhagen ansässig. Nahm 1771 als Rittmeister den Abschied und wurde dänischer Zivilbeamter. 1775 dänischer Resident in Lübeck. Seit 1786 Direktor des Lottojustizwesens in Altona. Lebte in großen finanziellen Sorgen. Gest. 1823 in Altona.

Goethe, Johann Wolfgang (vgl. S. 238–245).

Hamann, Johann Georg, geb. 1730 in Königsberg. Stud. theol., dann phil. Hofmeister und Kaufmann. Reise nach London. 1767 Sekretär bei der preußischen Zollverwaltung, 1777 Packhofverwalter, 1787 pensioniert. Gest. 1788 bei Münster.

Heinse, Johann Jakob Wilhelm, geb. 1746 in Langewiesen in Thüringen. Seit 1764 stud. jur. in Jena, zog später nach Erfurt, wo Wieland sein Gönner wurde. Gleim verschaffte ihm 1772 eine Hauslehrerstelle in Quedlinburg, nahm ihn dann in Halberstadt auf. 1774 mit Johann Georg Jacobi nach Düsseldorf. 1780–1784 in Italien. 1786 Vorleser des Erzbischofs von Mainz, 1794 Hofrat und Bibliothekar in Aschaffenburg. Gest. 1803 in Aschaffenburg.

Herder, Johann Gottfried, geb. 1744 in Mohrungen/Ostpr. Seit 1762 stud. med., dann theol. in Königsberg. Trat hier zu Kant und Hamann in Beziehung. Seit 1764 in Riga als Lehrer und Geistlicher tätig. Im Juni 1769 Reise nach Nantes und Paris. Einfluß auf Goethe in Straßburg 1770. 1771 Hofprediger in Bückeburg. 1773 Heirat mit Karoline Flachsland. 1776 nach Weimar, Generalsuperintendent, Oberkonsistorialrat. Die Freundschaft mit Goethe wurde 1789 schwer erschüttert und erlitt 1795 einen erst später wieder geheilten Bruch. 1788–1789 in Italien. Gest. 1803 in Weimar.

Klinger, Friedrich Maximilian, geb. 1752 in Frankfurt/Main. 1774 bis 1776 Stud. in Gießen. 1776 in Weimar Unstimmigkeiten mit Goethe. 1777–1778 Theaterdichter der Seylerschen Truppe; verbrannte 1778 seine Manuskripte. Wurde 1779 durch Vermittlung von Goethes Schwager Johann Georg Schlosser Offizier und trat 1780 in russische Dienste. 1801 Generalmajor, 1802 Leiter des Pagenkorps, außerdem 1803 Kurator der Universität Dorpat (bis 1817). Gest. 1831 in Dorpat.

Lenz, Jakob Michael Reinhold, geb. 1751 als Pfarrerssohn in Livland. 1768 Theologie-Stud. in Königsberg, 1771 abgebrochen. Reisebegleiter von Friedrich Georg und Ernst Nikolaus v. Kleist nach Straßburg. 1772 bis 1776 in Straßburg; Kontakt mit Salzmann, Herder, Goethe, dessen Verhältnis zu Friederike er fortzusetzen suchte. Erhielt sich notdürftig von Privatunterricht. März 1776 nach Weimar. Eine »Eselei« (Goethe in seinem Tagebuch) führte zur Ausweisung von dort. Anschließend am Oberrhein, hauptsächlich in Emmendingen bei Cornelia Schlosser, Goethes Schwester. 1777 Ausbrüche geistiger Störung (Schizophrenie). 1778 Aufenthalt bei Pfarrer Oberlin im Steintal. Schließlich 1779 nach Livland zurückgeholt, vom Vater abweisend behandelt. Versuche, in Petersburg, seit 1780 in Moskau eine Position zu finden. Anschluß an die russ. Freimaurerbewegung und N. I. Novikov. Lehr- und Übs.-Tätigkeit, Veröffentlichung von märchenhaften Erzähl- und Dramenversuchen. 1792 tot auf der Straße gefunden.

Schiller, Friedrich (vgl. S. 245–250).

1759   **Johann Georg Hamann**
            (Biogr. S. 207):
            Sokratische Denkwürdigkeiten für die lange Weile
            des Publikums zusammengetragen von einem Liebhaber der
            langen Weile

Kritische Abhandlung, entst. aus der Auseinandersetzung H. s mit seinen Freunden Kant (Aufklärungs-Optimismus) und Christoph Berens (ökonomische Philanthropie). H. stellte diesen sich selbst als einen sokratisch existierenden Menschen gegenüber. Sokrates nicht als der erste antike Aufklärer, sondern als Bewahrer religiöser Tiefe und sittlicher Unbedingtheit, als Gegner des antiken Sophismus gesehen. In seinem Namen fordert H. mehr Sein als Bewußtsein, mehr Wesentlichkeit als Wissen, mehr Glauben als Erkenntnis. Verteidigung des Christentums. Herausstellung des Genies. »Das Genie muß sich herablassen, Regeln zu erschüttern, sonst bleiben sie Wasser.« Originalgedanken machen das Wesen der Dg.

Stil: sokratisch, ironisch, nicht beschreibend-historisierend.

Goethe: »Man ahnte hier einen tiefdenkenden gründlichen Mann, der, mit der offenbaren Welt und Lit. bekannt, doch auch noch etwas Geheimes, Unerforschliches gelten ließ und sich darüber auf eine ganz eigene Weise aussprach.«
Wolken. Ein Nachspiel sokratischer Denkwürdigkeiten (1761) war die Antwort auf Besprechungen von Mendelssohn, Bode (lobend) und Ziegra (abweisend); H. fühlte sich von beiden unverstanden.

1762   **Johann Georg Hamann**
            (Biogr. S. 207):
            Kreuzzüge des Philologen

Slg. kleinerer Bruchstücke.
Hauptstück: *Aesthetica in nuce;* Titel Schönaich nachgebildet. H. s einzige ästhetische Schrift prinzipieller, wenn auch nicht systematischer Art. Fülle von Gedanken, Einfällen, Anspielungen, Gleichnissen. Ausgehend von einer Polemik gegen den rationalistischen Göttinger Theologen Johann David Michaelis und dessen nicht poetische Auffassung der *Bibel* und ihrer Sprache. »Poesie ist die Muttersprache des Menschengeschlechts«, die natürliche Sprache des glaubenserfüllten Menschen der Vorzeit. Sinne

und Leidenschaften reden in Bildern. Wendet sich gegen die sog. »Verschönerung« der Natur in der Dg. der Aufklärung. Da Mythologie Symbolisierung geglaubter Wahrheit ist, entfällt die Möglichkeit, mit griech. Elementen zu dichten. Für die dt. Dg. liege Moses näher als Homer.

Gesamtausg. der *Schriften* in 8 Teilen 1821–1843.

1766   Heinrich Wilhelm von Gerstenberg
        (Biogr. S. 207):
        Gedicht eines Skalden

Fünf Gesänge in gereimten, ungleich langen Verszeilen.
Der Geist eines Skalden schwebt über seinem Grabhügel in Dänemark, erinnert sich der Heldenzeit und ahnt die vorgegangene Wandlung. Wirkung *Ossians*. Anregung für Klopstocks bardische Dgg.

1766/67   Heinrich Wilhelm von Gerstenberg
        (Biogr. S. 207):
        Briefe über Merkwürdigkeiten der Literatur

Nach ihrem Erscheinungsort *Schleswigsche Lit.-Briefe* genannt.

Scharfe Verurteilung Wielands als Shakespeare-Übersetzer. Glühendes Bekenntnis zu Shakespeare; Ablehnung herkömmlicher Begriffe für dessen Werke: »Weg mit der Klassifikation des Drama! ... ich nenne sie (die plays) lebendige Bilder der sittlichen Natur.« Vor Lessings *Hamburgischer Dramaturgie* in der Erkenntnis Shakespeares bereits über Lessing hinausgehend. Abgrenzung des Schöngeists gegen den echten Dichter. Hinweis auf Ariost und Cervantes.

Ein Nachtrag erschien 1770.

1767/68   Johann Gottfried Herder
        (Biogr. S. 207):
        **Über die neuere deutsche Literatur.
        Sammlung von Fragmenten**

Anonym, 1. und 2. Slg. ohne Ortsangabe, 3. Slg. in Riga erschienen.

»Beilage« zu Nicolais *Briefen, die neueste Lit. betreffend,* sich mit Lessings Anteil an ihnen beschäftigend.
Alles Denken hat eine sinnliche Wurzel, die Sprache ist gleichsam »Gesang der Natur«. Fordert Rückkehr zur natürlichen Sprache. Gegen Nachahmung fremder Dgg. Keine »schiefen Römer«, sondern original sein auf Grund der eigenen Religion, Gesch., Sitte, Klimalage. Hinweis auf die Griechen, Homer und Pindar. »Je entschiedener unsere Werke deutsch und modern sind, um so verwandter werden sie den Griechen sein.« Begründung psychologisch-genetischer Lit.-Betrachtung: statt Zweckästhetik Beurteilung nach Regeln. Einfühlung in die besonderen persönlichen und sachlichen Bedingungen des jeweiligen Werks.

1768   **Heinrich Wilhelm von Gerstenberg**
(Biogr. S. 207):
Ugolino

Tr. 5, Prosa. Anonym ersch.

Quelle: Dante, Hölle, Gesang 33. Entst. 1767.

Darstellung der Kerkerqualen und des Hungertodes des ehemaligen Herrschers von Pisa, des Grafen Ugolino Gherardesca, der sich zum Stoizismus durchringt. Wenig Personen und äußere Handlung. Einheit des Ortes
und der Zeit mit dem Stoff gegeben und als Stimmung schaffendes Mittel
eingesetzt. Natürliche bis krasse Wiedergabe der Leidenschaft; Einfluß
Shakespeares. Vorläufer der Sturm-und-Drang-Dramatik.

Lessing kritisierte brieflich, daß sich der Stoff dramatischer Behandlung entziehe;
das dargestellte Leiden entspreche nicht der Schuld und rufe ein Mitleid hervor, das
zu einer lästigen, schmerzhaften Empfindung werde.
Auff. 22. 6. 1769 in Berlin durch die Döbbelinsche Truppe.

1769   **Johann Gottfried Herder**
(Biogr. S. 207):
**Kritische Wälder oder Betrachtungen, die Wissenschaft
und Kunst des Schönen betreffend, nach Maßgabe
neuerer Schriften**

Begonnen Sommer 1768. 1.–3. Wäldchen erschien 1769, 4. erst 1846.

Das erste Wäldchen Lessings *Laokoon* gewidmet. Ausgangspunkt für H. s
Äußerung zur bildenden Kunst. Zerstreute Anmerkungen zu *Laokoon,*
Erweiterung von Lessings Ansichten über die Dichtkunst. Eintreten für
Homer, den man aus seiner Zeit heraus verstehen müsse.
Das 2. und 3. Wäldchen eine Abrechnung mit Klotz.

1769   **Johann Gottfried Herder**
(Biogr. S. 207):
Journal meiner Reise im Jahre 1769

Erst nach dem Tode H. s veröffentlicht.

Kein »Tagebuch« mit Reiseerlebnissen, vielmehr Niederschlag einer inneren Wandlung vom Bildungstod zum natürlichen Leben; beginnt mit An-
klagen gegen die Bücherwelt und klingt aus mit neuen Buchprojekten.
Enthält H. s hochfliegende – wieder rationale, buchmäßige! – Pläne und
Entwürfe, Wünsche und Phantasien im Anblick des Meeres, der Natur
und die Keime zu fast sämtlichen Werken und späteren Anschauungen.
Das große Thema und Ziel H. s, Universalgeschichte der Bildung der
Welt, bereits angeschlagen. Die Welt als Gesch. und der Mensch als
geschichtliches Wesen begriffen. »Jüngling, das alles schläft in dir, aber
unausgeführt und verwahrlost.« Regeln für seinen Beruf als Befreier und

Beglücker der Kunst, Wissenschaft, Schulen, Kirchen, des Staates. Die möglicherweise geplante Veröffentlichung war überholt, als die Hauptideen in anderen Werken ausgeführt worden waren. »Präfiguration des Gesamtwerkes« (Klaus Günther Just).
Faustische Stimmung, schwankend zwischen Resignation und höchster Erwartung. Bezeichnendes Dokument der Genialität der damaligen Jugend, für den Durchbruch des Rousseauismus.

1770   **Johann Gottfried Herder**
             (Biogr. S. 207):
             Abhandlung über den Ursprung der Sprache

Beantwortung einer Preisaufgabe der Berliner Akademie von 1769, mit der Herder auch den Preis gewann (1771). Plan dazu seit 1764.

Inhalt ist »Sprachphilosophie«. Die Intelligenz des Menschen ist unterscheidendes Bewußtsein: »Besonnenheit«. Der Mensch hat eine viel theoretischere Haltung als das Tier; sie bewirkt, daß er auch andere Reize apperzipiert als solche, die er sofort mit Handlung beantwortet; er beantwortet sie mit Sprache. Sie ist der Ausdruck der Unterscheidung eines neuen Erlebnisinhalts und zugleich Fixierungsmittel, um das einmal Unterschiedene dauernd festzuhalten. Worte sind Merkworte, die den wechselnden Bewußtseinsinhalten Dauer verleihen. In jedem Wort ist ein tiefes Urerlebnis der Menschheit fixiert. Die erste Sprache enthielt die Elemente der Dg., war eine Art Gesang. Die Sprache ändert sich unter dem Einfluß von Klima und Lebensweise. Die Entwicklung der Sprache und mit ihr der Bildung geht in der Entwicklung des Menschengeschlechtes vor sich.
Druck 1772.

Hamann schrieb, obgleich viele von H.s Gedanken nicht ohne innere Beziehung zu ihm sind, 1772 eine spöttisch-ablehnende Kritik.
Einfluß auf Wilhelm von Humboldt: *Über die Verschiedenheit des menschlichen Sprachbaues und ihren Einfluß auf die geistige Entwicklung des Menschengeschlechts* (1836–1840) und Jakob Grimm: *Über den Ursprung der Sprache* (1851).

1773   **Johann Gottfried Herder**
             (Biogr. S. 207):
             Von deutscher Art und Kunst, einige fliegende Blätter

5 Abhandlungen: 1. *Auszug aus einem Briefwechsel über Ossian und die Lieder alter Völker* (entst. Mai–Juni 1771). 2. *Shakespeare* (entst. September 1771). Beide von Herder. Der Shakespeare-Aufsatz schließt mit der Vorankündigung von Goethes *Götz*. 3. *Von deutscher Baukunst* (entst. August 1772, ersch. einzeln schon 1772). Von Goethe. Erkenntnis der Art und Bedeutung der dt. Gotik am Straßburger Münster. 4. *Versuch über die gotische Baukunst* (Übs. eines ital. Aufsatzes von Frisi,

entst. Oktober 1772). 5. *Deutsche Geschichte* (entst. Oktober 1772).
Von Justus Möser.
Bedeutsam wurde vor allen Dingen die von Herder vorgetragene Dg.-
Philosophie: Jeder Kunst liegt die allgemeine Naturgesetzlichkeit ihrer
räumlich-zeitlichen Bedingtheit zugrunde. Diese verleiht ihr ihren Form-
charakter. Die rationalistische Kunstauffassung übersieht diese Naturge-
bundenheit der Kunst und nimmt für Ausdruck rationeller Absicht, was in
Wirklichkeit irrationaler Ausdruck kultureller Bedingtheit ist. So ist das
Gesetz der drei Einheiten nicht ein Kunstgesetz der griech. Tr., sondern
ihr Naturgesetz; auch Shakespeares ganz entgegengesetzte Form ist nichts
anderes als der natürliche Ausdruck seiner historischen Bedingtheiten.
Seine Behandlung von Ort und Zeit gehört zur organischen Einheit.
»Shakespeare ist des Sophokles Bruder«, beide stellen Menschen entspre-
chend ihrem Volks- und Vaterlandscharakter dar.

1773   Johann Wolfgang von Goethe
           (Biogr. S. 238–245):
           Götz von Berlichingen mit der eisernen Hand

»Ein Schauspiel« 5, Prosa.

Im Selbstverlag. Erste Fassung *Geschichte Gottfriedens von Berlichingen mit der
eisernen Hand, dramatisiert* (1771) aus G.s Nachlaß 1832 veröffentlicht.
Quelle: *Lebensbeschreibung Herrn Goezens von Berlichingen, zugenannt mit der
eisernen Hand* (Nürnberg 1731), Autobiographie, von G. v. B. (1480–1572) in seinen letzten Lebensjahren aufgezeichnet. Zusammenhang mit G.s Beschäftigung mit
dem späten MA. (Faust-Stoff, Hans Sachs) sowie mit Staats- und Rechtsgeschich-
te.

Eine urwüchsige Persönlichkeit, ein »ganzer Kerl«, wird der unkräftigen
Gegenwart als Muster vor Augen gestellt. Götz sucht vergebens, sein
Naturrecht auf Freiheit im Denken und Handeln zu behaupten. Er unter-
liegt einer unaufhaltsamen neuen gesetzlichen und sozialen Ordnung.
Sein Gegenspieler Weislingen, der Treulose, der zwischen Götzens
Schwester und Adelheid schwankende, zwiespältige Charakter, von Les-
sings Mellefont und aus G.s Selbstkritik geprägt; Adelheid, dämonische
Kraftnatur weiblicher Spielart, ohne moralische Hemmungen.
Luther- und Hans-Sachs-Sprache. Bruch mit dem klassizistischen Dr.-
Schema. Neue, an Shakespeare entwickelte Form: episch lockere Bilderfolge aus allen Schichten und Lebensräumen des 16. Jh., viel äußeres
Geschehen. Die Umschmelzung in die 1773 veröffentlichte Fassung hervorgerufen durch Herders Urteil, daß bei Shakespeare nur »das Ganze
eines Ereignisses, einer Begebenheit«, bei den Griechen nur »das Eine
einer Handlung herrscht«.

Auff. 12. 4. 1774 in Berlin durch die Kochsche Truppe im hist. Kostüm, ebenso im
selben Jahre in Hamburg durch Friedrich Ludwig Schröder. G. unternahm 1804 und
1809 Bearbgg. für die Weimarer Bühne, 1809 unter Aufteilung des Werkes in zwei
Stücke.

G. s *Götz* steht am Beginn der Ritterdrr., Dramatisierungen dt. Gesch. mit ritterlichen Biedermännern. Die Reihe reicht von Maximilian Klingers jugendlich-wildem *Otto* (1775) über Josef August von Törrings *Agnes Bernauerin* (1780; vgl. Hebbel, Otto Ludwig), Josef Marius von Babos *Otto von Wittelsbach* (1782) u. a. bis zu Kleists *Käthchen von Heilbronn* (1810). August Wilhelm Schlegel: »Aus Ritterstükken wurden Reiterstücke.«

1773   Gottfried August Bürger
            (Biogr. S. 206/207):
            Lenore

Ballade. Im *Göttinger Musenalmanach auf das Jahr 1774.*

Entst. April bis September 1773.

Weitverbreiteter Sagenstoff: Übermäßige Trauer eines Hinterbliebenen stört die Ruhe des Toten, der sein Grab verläßt, um den Überlebenden zu sich zu holen. Die Sage wurde B. in Gestalt von Märchenformeln bekannt, in denen er eine »uralte Ballade« zu erkennen glaubte. Er übertrug sie auf die Gegenwart: Der Geist eines im Siebenjährigen Krieg gefallenen Soldaten holt als gespenstischer Reiter sein Mädchen zu sich ins Totenreich. Meisterhaft getroffene Geisterstimmung und Naturbeseelung, wirkungsvolle Sprachmittel.

Schwieriger Entstehungsprozeß: Ausgehend von der komischen Romanze Gleims, überhöhte B. deren Motivik durch sprachliche Anlehnung an das Kirchenlied und verschmolz sie unter Einfluß von Herders *Briefwechsel über Ossian und die Lieder alter Völker* und Goethes *Götz* mit den Gespenstmotiven der Volksballade, vor allem der engl. *Sweet William's Ghost.*

B. s *Lenore* unterstützte die Wirkung von Percys *Reliques of Ancient English Poetry* (1765) und brachte ein Aufblühen der volkstümlichen Kunstballade nicht nur in Dld., sondern durch Übertragungen (Scott, V. A. Zukovskij) in ganz Europa.

1774   Johann Wolfgang von Goethe
            (Biogr. S. 238–245):
            Clavigo

Tr. 5, Prosa. Auff. im gleichen Jahr (23. 8.) in Hamburg durch Friedrich Ludwig Schröder.

Quelle: Caron de Beaumarchais: *Fragment de mon voyage en Espagne* (1774). C. de B., der Verf. des *Figaro,* suchte 1764 den königlichen Bibliothekar und Schriftsteller Josef Clavijo y Faxardo in Madrid zur Einhaltung eines seiner Schwester gegebenen Heiratsversprechens zu zwingen.

Dramatisierung eines zeitgenössischen Stoffes. Mit dem tragischen Schluß Anlehnung an die im Elsaß gehörte dt. Volksballade von dem Herrn, der sich an der Bahre der von ihm verlassenen Geliebten den Tod gibt (*Vom Herrn und der Magd,* von G. 1771 für Herder aufgezeichnet). Anspruch des Genialen und Erfolgreichen auf eine Ausnahmestellung im Sittlichen.

Typische Sturm-und-Drang-Problematik der Ehe und Treue. Clavigo in der Reihe der »Treulosen« in G.s bekenntnishafter Jugenddg. Regelmäßigere Form.

1774   **Johann Wolfgang von Goethe**
             (Biogr. S. 238–245):
             Die Leiden des jungen Werthers

Monologischer Brief-R., 2 Teile.

Von eigenem Erlebnis gespeist: G.s Liebe zu Kestners Braut Charlotte Buff 1772 in Wetzlar. Verarbeitung des Schicksals des am 29./30. Oktober 1772 in Wetzlar in Selbstmord geendeten grüblerischen Legationssekretärs Karl Wilhelm Jerusalem, den unglückliche Liebe zu einer verheirateten Frau und Kränkung seiner Ehre zu dem verzweifelten Entschluß brachten (die Pistole lieh sich J. von Kestner). Schließlich G.s Trennung von Maximiliane Laroche, die 1774 den Kaufmann Brentano heiratete. Niederschrift Februar bis Mai 1774. Verarbeitung vieler Einzelheiten in die Dg., so z. B. Werthers berühmte Tracht nach der Jerusalems, die unliebenswerten Züge Alberts nach Brentano, Lottes schwarze Augen von Maximiliane Laroche; Werthers Tod zum Teil in wörtlichem Anschluß an ausführlichen Bericht Kestners über Jerusalems Ende.

Schicksal eines jungen, von krankhaft gesteigerter Empfindsamkeit erfaßten Menschen, das sich nur zufällig in einer unglücklichen Liebe erfüllt. Darstellung unglücklicher Liebe des seelenhaften Menschen zur Welt überhaupt. Lebensproblematik (typisch für Sturm-und-Drang-Dg.). Negatives Verhältnis zur bürgerlichen Gesellschaft. Der Umgang mit Menschen, ausgenommen mit einfachen und mit Kindern, verdrießlich. Bezeichnend für die Enttäuschung Werthers der Umschlag in seinem Naturgefühl: die freudige Zeit des Frühlings und Sommers im Zeichen Homers, die düstere Folgezeit in dem *Ossians*. »Fühlbarkeit« als Glück und Stolz des Menschen. Der Selbstmord eine Krankheit, des Mitleids wert, eine Seligkeit, Wiedervereinigung mit Gott. Pantheistische Natursympathie in dem berühmten Brief vom 10. Mai. Sichtbarster Einfluß von Richardsons Empfindsamkeitsstil und Rousseaus Forderung von Rückkehr zur Natur und ungebrochener Leidenschaft (*La Nouvelle Héloïse* 1761). Durchbruch zweckfreier Dg. (vgl. *Dichtung und Wahrheit,* Buch 13). Schöpferische Sprachgestaltung, Stilelemente des Sturm und Drang.

Zahlreiche Aufll. Von ungeheurem Einfluß auf die Seelenhaltung der Zeitgenossen, Wertherfieber. Nachahmungen, Gespräche, Betrachtungen über Werther. Parodiert von Friedrich Nicolai *Die Freuden des jungen Werthers* (1775).
1782–1783 und 1786 kompositionelle und stilistische Umarbeitung. Unter dem Eindruck von Rousseaus *Confessions* (1782ff.) Verstärkung des Psychologischen; Nähe zu *Torquato Tasso.*
1824 *An Werther,* 1. Gedicht der *Trilogie der Leidenschaft.*

1774   **Johann Wolfgang von Goethe**
              (Biogr. S. 238–245):
              Mahomets Gesang und
              Adler und Taube

Im *Göttinger Musenalmanach*.
Gedichte über das Genie.
Mahomets Gesang, für ein geplantes Dr. *Mahomet* 1772/73 entstanden,
Preis Mahomets. Im Erstdruck von 1774 noch in der dialogischen Vertei-
lung der Verse auf zwei Personen: Mahomets Gattin Fatema und ihren
Vater Ali. Das Schicksal der außergewöhnlichen Persönlichkeit im Wer-
den und Wachsen des Stromes, der die »Brüder« mit in seine Bahn reißt,
symbolisiert. Hymne in freien, reimlosen Rhythmen nach dem Vorbild
Klopstocks und Pindars.

1789 in monologischer Form in G.s *Schriften.*

Adler und Taube. Der Adler Symbol des Genies, das in der Taubenwelt
des Durchschnittsbürgers verkümmern muß.
Sturm-und-Drang-Hymnen (Oden) wie die erst 1785 und später veröffentlichten: *Wanderers Sturmlied* (entst. 1772), *Ganymed* (1773), *Prometheus* (1773), *Schwager Kronos* (1774). Im Gegensatz zu Klopstock
Rückkehr zur Naturform der Sprache, Abwendung vom Bildungsdt. Über
die Logik hinausgehender Überschwang: »Halbunsinn« (G. über *Wanderers Sturmlied*). Individuelle Psychologie. Thema ist meist eine Wanderung; Bewegungen, nicht Zustände; eine Idee entwickelt sich, wird organisch erzeugt.

1774   **Jakob Michael Reinhold Lenz**
              (Biogr. S. 207/208):
              **Anmerkungen übers Theater nebst angehängtem übersetzten
              Stück Shakespeares**

Entst. zum Teil schon in Lenz' früher Straßburger Zeit; eine erste Fassung Winter
1771/72 vor der »Gesellschaft der schönen Wissenschaften« gelesen. Widersprüche
zwischen den alten und neuen, wohl nach *Von deutscher Art und Kunst* (1773) und
Götz (1773) hinzugekommenen Teilen.

Verwerfung der »jämmerlich berühmten Bulle von den drei Einheiten«
der Franzosen und des Aristoteles, gegen die traditionelle regelorientierte
Gattungspoetik. Aufstellung einer Theorie, die Kom. und Tr. scheidet; in
jener sind die Personen »für die Handlung da«, in dieser geschehen Handlungen »um der Person willen«.
Rhapsodische Darstellungsweise.

Angehängt ist *Amor vincit omnia,* Prosaübs. von *Love's Labour's Lost,* wahrscheinlich schon in Königsberg begonnen.

1774   **Jakob Michael Reinhold Lenz**
                  (Biogr. S. 207/208):
                  Der Hofmeister oder Vorteile der Privaterziehung

Kom. 5, Prosa.

Entst. 1772/73, durch Goethes Vermittlung gedruckt. Im Ms. als »Lust- und Trauerspiel« bezeichnet; dadurch der tragikom. Grundzug angedeutet, Anlehnung an Elemente der Haupt- und Staatsaktionen sowie der Commedia dell'arte. L. suchte die
Bezeichnung »Kom.« später zu rechtfertigen.

Thema vom gefallenen Mädchen: der als Hofmeister auf einem ostpreußischen Adelssitz tätige Theologiekandidat Läuffer bringt eine Majorstoch-
ter zum Vergessen ihrer echten Jugendliebe und stürzt sie ins Unglück.
Der zur Einsicht gekommene, reuige Läuffer macht mit seinem neuen
Ideal eines enthaltsamen Lebens bis zur Selbstentmannung ernst, und das
kokette, entehrte Gustchen wird Braut ihres geliebten Vetters Fritz, der
ihr uneheliches Kind als das seine aufnimmt. Kritik am Hofmeistertum,
Eintreten für öffentliche Schulen. Verwertet Beobachtungen über das
Studentenleben in Königsberg.
Schonungslose und drastische Zeichnung der Situationen und der – leicht
karikierten – Gestalten. Willkürliche Handlungsführung, häufiger Schau-
platzwechsel. »Novellen im Dialog« (Ludwig Tieck). Mischung von skur-
ril Komischem und Rührendem im Stile der comédie larmoyante. Lehr-
haft-tendenziöser Grundzug.

Auff. 22. 4. 1778 in Hamburg durch Friedrich Ludwig Schröder in dessen Bearbg.
Bearbg. von Bertolt Brecht: Auff. 15. 4. 1950 in Berlin (DDR), Dt. Theater, durch
das Berliner Ensemble; Buchausg. 1951.

1774   **Jakob Michael Reinhold Lenz**
                  (Biogr. S. 207/208):
                  Lustspiele nach dem Plautus fürs deutsche Theater

Entst. seit 1772. Druck durch Goethes Vermittlung.

Enthält: *Das Väterchen (Asinaria), Die Aussteuer (Aulularia), Die Entführungen (Miles gloriosus), Die Buhlschwester (Truculentus), Die Türken-
sklavin (Curculio).*
Übss., in denen auf Goethes Rat die antiken Eigennamen zugunsten hei-
matlicher getilgt waren. Absichtliche Durchbrechung des antiken Stils
unter Verwertung von Elementen der Redeweise und des Milieus der
Zeit. Als Probe auf L.' Theorie der Kom. und gegen das Moralisierende
der Aufklärungskom. gedacht.

Trotz L.' und Goethes Hoffnungen nicht aufgeführt.

1775   **Johann Wolfgang von Goethe**
               (Biogr. S. 238–245):
               Gedichte der Straßburger und Frankfurter Zeit

In Johann Georg Jacobis *Iris*.

Entst. 1770–1775.

In erster Linie Gedichte um Friederike Brion: *Willkommen und Abschied*
(entst. 1770), *Mit einem gemalten Bande* (1770), *Mailied* (1771); weitere
um Lili Schönemann: *Neue Liebe, neues Leben* (1775), *An Belinden*
(1775), *Mit einem goldenen Halskettchen* (1775), *Herbstgefühl* (1775);
außerdem: *Das Veilchen* (1773, aus *Erwin und Elmire*), *Der neue Amadis*
(1774), *Rettung* (1774).

Nach dem traditionellen Rokoko (*Das Buch Annette*, 1767; *Neue Lieder,*
1768, Druck 1770) brachten die Sesenheimer Lieder den Umschwung zur
Erlebnislyrik. Den früheren rationalen Chansons trat das irrationale Lied
gegenüber. Dieses wird von der rein metrischen Regelmäßigkeit befreit,
der Inhalt bestimmt wieder den äußeren Klang. Individuell im Tempo,
charakteristisches rhythmisches Profil. Die Lili-Lieder, das Schwanken
zwischen Gesellschaftlichkeit und Leidenschaft behandelnd, stehen den
rokokohaften Leipziger Gedichten wieder näher. Sie unterscheiden sich
von ihnen durch größere sprachliche und technische Gelöstheit und dadurch, daß G. »die Freiheit, die Naturfülle und die tragische Leidenschaft
schon kennt und nur aus Rücksicht auf die gesellschaftlichen Forderungen ... auf das letzte Wort verzichtet« (Friedrich Gundolf). Bezeichnend
der schäferliche Name Belinde.

Neun bis dahin unbekannte Lieder an Friederike enthalten die *Sesenheimer Lieder,*
hgg. Heinrich Kruse 1835 nach einer Abschrift Friederikes; z.T. G., z.T. Jakob
Michael Reinhold Lenz zugeschrieben.

1775   **Friedrich Maximilian Klinger**
               (Biogr. S. 207):
               Das leidende Weib

Tr. 5, Prosa, anonym.

Entst. 1774.

Ehebruchsthema, endet mit Verzweiflung und Tod des edlen, aber der
Leidenschaft widerstandslos verfallenen Paares. Gegen die Entsittlichung
durch schöngeistige Schwärmerei. Schicksale zweier weiterer, mit den
Hauptfiguren kontrastierender Liebespaare: tragisches Scheitern eines
idealen Liebespaares sowie eine Verführungsgesch. Kritik am Hofleben
aus dem Geist Rousseaus, ohne direkte revolutionäre Ansätze.
Einfluß von Lenz, Anklänge an Lessings *Emilia Galotti*. Große Einheitlichkeit im Stimmungsmäßigen. Die realen Vorgänge der dargestellten
wie der verdeckten (erzählten) Handlung bleiben undeutlich.

1775/76   **Friedrich Heinrich Jacobi**
              (1743–1819, Düsseldorf, Pempelfort, Eutin, München):
              Aus Eduard Allwills Papieren

R. – Anfang in der von J.s Bruder Johann Georg J. herausgegebenen Zs.
Iris. Forts. 1776 im *Teutschen Merkur*.
Angeregt durch Goethes Besuch in Pempelfort 1774. Die Gestalt Allwills
spiegelt den Eindruck, den Goethe auf J. machte. Es wird der Nachweis
versucht, daß das geniale sittliche Individuum keiner äußerlichen moralischen Gesetze bedürfe. Durch Treue zu sich selbst vermeidet es die Gefahr der Maßlosigkeit.

Umgearbeitet 1781 als *Eduard Allwills Papiere*, 1792 abermals umgearbeitet und
fragmentarisch als *Eduard Allwills Briefsammlung*.

In einem zweiten R. *Woldemar* (1779, Fragment, weitere Fassungen
1794 und 1796) erstrebte J. die Einordnung des Genies in die Gemeinschaft der Mitmenschen. Von Goethe abgelehnt und verspottet.

1776   **Johann Wolfgang von Goethe**
          (Biogr. S. 238–245):
          Stella. Ein Schauspiel für Liebende

Schsp. 5, Prosa. Auff. 8. 2. in Hamburg durch Friedrich Ludwig Schröder. Buchausg. im gleichen Jahr.

Entst. Februar bis April 1775.

Nach dem *Werther* erneute Darstellung von Lebensproblematik und un-
glücklicher Leidenschaft. Problem der Doppelliebe; alte Sage von dem
Grafen von Gleichen und seinen zwei Frauen. »Stella« hindeutend auf
eine der zwei von Swift nebeneinander geliebten Frauen. Empfindsame
Charakterzüge bei Fernando, Edelmut der Entsagung bei Stella und Cäci-
lie. Versöhnlicher Schluß: Cäcilie will sich mit der jungen Stella in die
Liebe des wiedergefundenen Gatten teilen.
Lösung der Geniezeit (vgl. Bürgers Leben). Eigene Erlebniswirren G. s:
Lotte, Maximiliane, Lili Schönemann, Anna Sibylle Münch.

1803 in ein Tr. gewandt und so am 15. 1. 1806 im Weimar gespielt. Stella und
Fernando enden durch Selbstmord. Diese Fassung erst 1816 gedruckt.

1776   **Friedrich Maximilian Klinger**
          (Biogr. S. 207):
          Die Zwillinge

Tr. 5, Prosa. Auff. 23. 2. in Hamburg durch Friedrich Ludwig Schröder.
Druck (anonym) im gleichen Jahr.

Das Dr. wurde 1775 für Schröders Dr.-Ausschreibung verfaßt und dem Werk von
Leisewitz vorgezogen.

Gestaltung des gleichen Motivs wie in Leisewitz' *Julius von Tarent:* die feindlichen, charakterlich ungleichen Brüder rivalisieren in der Liebe der Eltern und in der Gunst des geliebten Mädchens. Die Handlung beherrscht der unausgeglichene, mißgünstige, düstere Guelfo, der glaubt, daß der – wenig in Erscheinung tretende – ruhige Ferdinando durch Betrug für den Erstgeborenen ausgegeben worden ist. Er tötet den Bruder und wird durch seinen Vater gerichtet.

Infolge der Vorschriften Schröders strenger gebaut und bei aller Überspannung des Tons und der Gefühlsausbrüche bühnennäher als das unter dem Eindruck von Goethes *Götz* geschriebene Ritterdr. *Otto* (1775; in spätere Slgg. von K.s Werken nicht aufgenommen) und *Das leidende Weib* (1775). Leise Kritik des Genie-Ideals.

1794 überarbeitete, stilisiert-philosophische Fassung.

1776   **Johann Anton Leisewitz**
             (1752–1806, Göttingen, Braunschweig):
             Julius von Tarent

Tr. 5, Prosa. Auff. im gleichen Jahr (19. 6.) in Berlin durch die Döbbelinsche Truppe.

Bereits 1774 in Göttingen beendet.

Haß ungleicher Brüder – des Tatmenschen Guido und des Gefühlsmenschen Julius – wegen der Geliebten; Brudermord und Tötung des Mörders durch den Vater. Gegenüberstellung von Fürstenthron und rousseauischer Idyllik. Bemühung um einen übergeordneten Standpunkt in der Gestalt des weisen Vaters und aufopfernden Regenten.

Vorbild für Form und Sprache: Lessings *Emilia Galotti.* Mischung aus Sentimentalität und Rationalismus. Schillers Lieblingsdg. auf der Militärakademie. Motivgleich mit den *Räubern* und der *Braut von Messina.*

Bei der 1775 von dem Hamburger Theaterleiter Friedrich Ludwig Schröder veranstalteten Dr.-Ausschreibung eingereicht gewesen, aber von Klingers Tr. *Die Zwillinge* ausgestochen.

1776   **Jakob Michael Reinhold Lenz**
             (Biogr. S. 207/208):
             Die Soldaten

Kom. 5, Prosa.

Entst. 1774–1775; durch Herders Vermittlung gedruckt. Die Teilveröffentlichung einer ersten Fassung im Straßburger *Bürgerfreund* (1776) läßt in Orts- und Personennamen noch deutlich den autobiographischen Bezug auf das Verhältnis von L.s Brotgeber Friedrich Georg v. Kleist zu Chleophe Fibich erkennen, in die sich L. verliebt hatte. Die Bezeichnung Kom. später zurückgenommen.

Begründete das Ständedr. im Rahmen des bürgerlichen Dr. Stellt die Gefahr der – verlangten – Ehelosigkeit der Offiziere für die Bürgerstöchter dar. Im Mittelpunkt das allmähliche Sinken der Tochter Marie eines Galanteriewarenhändlers. Motivierung durch die soziale Lage ebenso wie durch des Mädchens moralische Schwäche. Verwertung eigener Erlebnisse aus Straßburg. L. an Herder: »Ich hab einige Jahre mit den Leuten gewirtschaftet, in Garnison gelegen, gelebt, hantiert.« Objektivität angestrebt. Handlung nach frz. Flandern verlegt.

Zur Lösung des sozialen Problems Vorschlag einer »Pflanzschule von Soldatenweibern«, die ihre Ehre dem Staat zum Opfer bringen sollen.

Zwischen weit voneinander entfernten Orten hin- und herspringende Handlung; blitzlichtartige Kurzszenen. Das Typische der Personen durch individuelle Züge überwunden.

Im Zusammenhang mit der Tendenz des Dr. steht L.s Schrift *Über die Soldatenehen* (1776), für deren Reformideen L. dann in Weimar Herzog Karl August gewinnen wollte.

Auff. 26. 12. 1863 in Wien, Burgtheater, unter dem Titel *Soldatenliebchen*, bearb. Eduard von Bauernfeld. – Opernbearbg. von Bernd Alois Zimmermann 1960. – Bearbg. von Heinar Kipphardt 1968.

1776   **Jakob Michael Reinhold Lenz**
          (Biogr. S. 207/208)
          Zerbin oder die neuere Philosophie

Erz., ersch. in *Deutsches Museum*.

Entst. Ende 1775.

Zerbin, ein junger, naiver Mann, dessen idealistische Auffassung von Liebe durch die Koketterie seines ersten Mädchens und das berechnende Eheverlangen des zweiten enttäuscht wird, lernt an der Hingabe eines einfachen Dorfkindes die Liebe als etwas sehr Irdisches kennen. Er unterscheidet nun zwischen Gefühl und Ehe, unterwirft sein Verhalten zweckrationalen Prinzipien, täuscht die Geliebte und läßt sie im Stich. Als sie jedoch wegen Verhehlung der Schwangerschaft und nach Geburt eines toten Kindes hingerichtet worden ist, begeht der Reuige Selbstmord.

Epochentypisches Motiv der Kindsmörderin ohne einseitig sozialkritische Schuldzuweisung. Konflikt zwischen aufklärerischen Erwartungen und der Notwendigkeit gesellschaftlicher Anpassung.

Buchausg. in *Gesammelte Schriften*, hgg. Ludwig Tieck, 1828.

1776   **Johann Wolfgang von Goethe**
          (Biogr. S. 238–245):
          Die Geschwister

Schsp. 1, Prosa. Auff. 21. 11. auf dem Weimarer Liebhabertheater mit G. als Wilhelm.

Ende Oktober 1776 für Frau von Stein gedichtet: die von Wilhelm geliebte tote Witwe, in deren Umgang er reifte, »Charlotte«.

Intimes Kammersp. zwischen drei Personen. Durch Fabrices Werben um
Wilhelms angebliche Schwester kommen dieser und Marianne zur Befreiung aus nur geschwisterlichem Zusammenleben. Mittelstand, Kaufmannsmilieu. Vorliebe für Detail und gemütvolle Enge, verhaltene Sprache.

1776   Heinrich Leopold Wagner
(1747–1779, Straßburg, Frankfurt):
Die Kindermörderin

Tr. 6, Prosa, anonym ersch.

Entst. 1776.

Zeittypisches Motiv der Kindsmörderin. Evchen Humbrecht wird verführt und in ihrer Liebe getäuscht. Sie tötet ihr Kind aus Verzweiflung
über ihre verratene Liebe, den durch ihre Schande verursachten Tod der
Mutter sowie aus Angst vor dem strengen Vater. Der Verführer bereut zu
spät, Evchen geht dem Gericht entgegen. Goethe erhob den Vorwurf, W.
habe den ihm anvertrauten *Faust*-Plan benutzt.
Sichere Beherrschung der dramaturgischen und theatralischen Mittel.
Schonungslos realistische Verführungsszene des in einem Absteigequar-
tier spielenden ersten Aktes.

Auff. Juli 1777 in Preßburg durch die Wahrsche Truppe.

Umarbg. mit glücklichem Ausgang 1777 unter dem Titel *Evchen Humbrecht oder ihr Mütter merkt's euch,* nach dem Muster Karl Lessings, der in
einer Bearbg. (1777) den 1. Akt gestrichen hatte.

Auff. September 1778 in Frankfurt a.M. durch die Seylersche Truppe, Druck
1779.

1776   Friedrich Maximilian Klinger
(Biogr. S. 207):
Simsone Grisaldo

Schsp. 5, Prosa.

Entst. 1776.

Simsone, Feldherr des kastilischen Königs im Kampf gegen die Mauren
und gegen Aragon, hat seine Kraft einem höheren Dienst, dem König,
unterstellt und bewahrt seinem Herrn die Treue trotz der Verleumdungen
seiner Feinde und trotz des Undanks des Königs, der schließlich bereut
und sich mit ihm versöhnt. Die Treue gilt dem monarchischen Prinzip,
nicht der Person. Parodierende Kritik an der höfischen Welt durch eine
Reihe grotesker Figuren im Stil der commedia dell'arte. Nur im Bereich
des Erotischen besitzt Simsone keine Selbstzucht: er macht sein Recht als
Ausnahmemensch geltend, beruft sich im Sinne Rousseaus auf den Anspruch des natürlichen Gefühls gegen die Konvention.
Kritik und Überwindung des nur sich selbst verpflichteten Kraftgenies.

Der geistigen Bändigung entspricht eine größere Künstlichkeit im Formalen. Rückgriff auf volkstümliche Theatertradition, parodistische Elemente der Rokoko-Lit.

1776   Friedrich Müller
              (»Maler« Müller, 1749–1825, Mannheim, Rom):
              Golo und Genovefa

Fragmente in *Balladen* und *Die Schreibtafel*. Fertigstellung 1781 in Rom. Weitere Bruchstücke 1787 und in Arnims *Trösteinsamkeit* (1808). Vollständige Ausg. 1811 in *Gesammelte Werke*, hgg. Ludwig Tieck.

Quelle: Volksbuch und Puppenspiel von *Genovefa*.
Ritterschsp. Der legendäre Stoff ist bei M. konzentriert auf den unglücklich liebenden Golo, dessen ungezähmte Leidenschaft bis zu Betrug und Mord führt. Der zum zeittypisch zwiespältigen, schwachen Charakter umstilisierte Bösewicht legt seine Untaten als sein Recht aus, da ihm das Schicksal zwar seine Liebe einpflanzte, deren Gegenstand aber versagte.
Volkstümliche, landschaftlich stimmungshafte Züge, lyrischer Einschlag, Verwandtschaft mit M.s Idyllen.

Anregung für Tiecks *Leben und Tod der heiligen Genoveva* (1800) und Hebbels *Genoveva* (1843).

1777   Friedrich Maximilian Klinger
              (Biogr. S. 207):
              Sturm und Drang

Schsp. 5, Prosa.

Entst. 1776 in Weimar. Ursprünglicher Titel: *Wirrwarr*.

Haß zweier engl. adliger Familien, deren Kinder einander lieben. Die Handlung entwirrt sich in allgemeinem Wiederfinden und Versöhnung. Auf amerikanischem Boden, vor dem Hintergrund des Unabhängigkeitskrieges, wird eine Anzahl abenteuernder Kraftnaturen vorgeführt, denen Europa zu eng wurde. Das Groteske bewußt neben das Ernste gestellt: an der Seite des vorbildlichen Liebespaares zwei komische Paare. Freiheitsgedanken, Rousseauismus.
Forcierter Stil; den extremen Handlungssituationen entspricht ein Extrem an Pathos einerseits und Parodistischem andererseits. Übertrumpfung der zeitgenössischen Vorbilder und Vorgänger.
Der von Christoph Kaufmann stammende Titel gab der Lit.-Epoche den Namen.

Auff. 1. 4. 1777 in Leipzig durch die Seylersche Truppe.

1778   **Friedrich Müller**
            (»Maler« Müller, 1749–1825, Mannheim, Rom):
            Fausts Leben dramatisiert, I. Teil

Langjähriges Interesse an dem Stoff. Ein Gespräch mit Lessing beförderte Dr.-Plan.
Zum Zeitpunkt der Konzeption noch ohne Kenntnis von Goethes Absichten.

Neben der bereits 1776 veröffentlichten *Situation aus Fausts Leben* weiteres, wahrscheinlich durch Goethe angeregtes Bruchstück eines Faust-Dr. Prosa. Der Ingolstädter Prof. Faust als »Kerl«, als Genießer ohne Tiefe. Die *Situation aus Fausts Leben* zeigt die verhängnisvollen Folgen des Paktes, mit dem der *I. Teil* schließt: Faust kann den Teufelspakt nicht kündigen, weil er sonst seinen Reichtum verlieren und die Königin von Aragonien nicht gewinnen würde; er scheint dem Teufel für immer verfallen.

Spätere Umarbeitung in Knittelverse, wahrscheinlich durch Goethes *Faust. Ein Fragment* (1790) beeinflußt.

1778   **Gottfried August Bürger**
            (Biogr. S. 206/207):
            Gedichte

Neben Balladen (ernste: *Der wilde Jäger, Das Lied vom braven Mann, Des Pfarrers Tochter von Taubenhain;* heitere: *Der Kaiser und der Abt*) bedeutsam die Molly-Lieder an B.s spätere, zweite Frau Auguste Leonhart *(Elegie; Liebeszauber; Das hohe Lied von der Einzigen)*. Neuartige leidenschaftliche Unmittelbarkeit. In Ausweitung von Herders Idee der Volkstümlichkeit sieht B. in »Popularität« das »Siegel der Vollkommenheit«; bezeichnet sich in der Vorrede als »Volkssänger«.

Schillers B. niederschmetternde Rezension (1791 in der *Allgemeinen Lit.-Ztg.*) vom idealistisch-klassizistischen Gesichtspunkt verlangte: »sich selbst fremd zu werden, den Gegenstand seiner Begeisterung von seiner Individualität loszuwickeln, seine Leidenschaft aus einer mildernden Ferne anzuschauen«. Das Ideal der Unmittelbarkeit trage die Gefahr der Unkunst in sich. Es fehle die Freiheit des Geistes, »welche die Übermacht der Leidenschaft aufhebt« und den Dichter zur Idealisierung befähigt. Der Begriff des Volksdichters müsse in dem Sinn verstanden werden, daß der Dichter der »verfeinerte Wortführer« der Volksgefühle sei. *Antikritik* B.s (1791 ebd.) und *Verteidigung des Rezensenten* (1791 ebd.).

B. hat in seiner bereits seit 1789 geplanten Ausg. seiner *Schriften* (4 Bdd. 1796 bis 1802, postum, hgg. Karl Reinhard) an den Gedichten zahlreiche Änderungen im Sinne von Schillers Forderungen vorgenommen.

1778/79   **Johann Gottfried Herder**
            (Biogr. S. 207):
            Volkslieder

Slg. vielfältiger Herkunft.

Eine kleinere Veröffentlichung bereits für 1773 vorbereitet. Schon in den *Fragmenten* hatte H. auf Vorzeitgedichte und den Wert echter Nationallieder hingewiesen. Einfluß von *Ossian* und Percys *Reliques of Ancient English Poetry*.

Das Wort Volkslied von H. geprägt und so in andere Kultursprachen übernommen. Volkslied sollte Erbauungslit. ersetzen.

H.s Slg., an der Goethe, Lessing, Lavater, Raspe u.a. mitarbeiteten, umfaßt alle Zeiten und Völker. Sie enthält dt., engl., span., dänische, frz., gälische, griech., ital., lat., morlakische, estnische, lettische u.a. Lieder, wobei nicht nur eigentliche Volkslieder, sondern auch Kunstdg., z.B. Lieder aus Werken von Shakespeare und Gedichte von Goethe, Claudius, Dach, Fleming aufgenommen wurden.

Großartiges Gefühl für Poetisches. H. erwies sich gleichzeitig als Schöpfer feinster Übertragungen, die ihn auch über Zwischenglieder hinweg den eigentümlichen Ton des Fremden treffen ließen. Die Slg. belegte H.s Ansicht von der Volksdg. als einer unverfälschten Äußerung der Volksseele und Offenbarung des Menschengeistes. Sie wurde zum entscheidenden Einbruch in die Gelehrten-, Standes- und Regelpoesie des 18. Jh. Berühmt H.s Übs. der alten schottischen *Edward*-Ballade.

Neue, umgearbeitete Ausg. 1807; erhielt von ihrem Herausgeber Johannes von Müller den heute oft üblich gewordenen Titel *Stimmen der Völker in Liedern.* Friedrich Nicolai verspottete H.s Volkslieder mit *Eyn Feyner Kleyner Almanach* (1777 bis 1778).

H.s *Volkslieder* gaben Anlaß zu weiteren Slgg.: Arnim/Brentano *Des Knaben Wunderhorn* (1806 und 1808); Ludwig Uhland *Alte hoch- und nddt. Volkslieder* (1844); Rochus von Liliencron *Die historischen Volkslieder der Deutschen* (1864–1869) u.a.

1781   Friedrich von Schiller
              (Biogr. S. 245–250):
              Die Räuber

Schsp. 5, Prosa. Anonym.

Begonnen 1777, vollendet 1780. Das Motto »In tirannos« erst in der 2., veränderten, mit neuer Vorrede versehenen Aufl. von 1782. Quelle: u.a. Schubarts Erzählung *Zur Geschichte des menschlichen Herzens* (im *Schwäbischen Magazin* 1775), Thema der feindlichen Brüder und einzelne Handlungselemente, Schluß jedoch sentimental versöhnlich. Von Schiller neu das Räubermotiv und die Gestalt der Amalie.

Der Held Karl, voll glühendem Verlangen nach Freiheit, Tat, Kraft, Größe, ein für den Sturm und Drang typischer »edler Verbrecher«, den das entartete Zeitalter zum Rebellen gegen die Gesellschaft und aus »sittlicher Verzweiflung« zum Führer einer Bande von »Libertinern, nackter Banditen« macht. Revolutionärer Angriff auf die Zustände am Hofe und die Gesellschaftsordnung, Gegensatz von Ich und Gesellschaft, Genie und »Kastraten-Jh.«, von Natur und Kultur, Gefühl und Konvention. Nur »die Freiheit brütet Kolosse und Extremitäten aus«. Am Schluß äußerliches Einlenken des Verbrechers aus verirrtem Idealismus, da der Aufstand des Sozialrebellen »den ganzen Bau der sittlichen Welt zu Grund« hätte gehen lassen können. Auslieferung an die Gerichte einer im Grunde schlechteren Ordnung. »Man trifft hier Bösewichter an, die Erstaunen abzwingen, ehrwürdige Missetäter, Ungeheuer mit Majestät, Geister, die das abscheuliche Laster reizet um der Größe willen, die ihm anhänget, um der Kraft willen, die es erfordert, um der Gefahren willen, die es beglciten . . .« (Sch. im Vorwort 1782). Karl, dem Verbrecher aus Empfindung, steht mit Franz der zynische Verbrecher aus Verstand gegenüber.

In Ausdrücken, Gestalten, Szenen, Konflikten mit den anderen Drr. des Sturm und Drang verwandt, in Anlage des Ganzen, persönlicher Schwungkraft, genialem Theaterinstinkt ihnen überlegen.

Auff. 13. 1. 1782 in Mannheim. Auf Anregung des Intendanten Wolfgang Heribert von Dalberg (1750–1806) die ursprünglich in der Gegenwart spielende Handlung ins 16. Jh. verlegt, Kürzungen, Milderungen. Beispielloser Erfolg.
Kritische Selbstrezension Sch. s in dcm *Württembergischen Repertorium der Lit.* (1782). Viele Nachdrucke und Bearbgg.

1782   Anthologie auf das Jahr 1782

Hgg. Schiller. Anonym, »gedruckt in der Buchdruckerei zu Tobolsko«. »Meinem Prinzipal dem Tode zugeschrieben«.

Enthält hauptsächlich Jugendgcdichtc Sch. s und einige Lückenbüßer seiner Freunde, unter Chiffren.

Entst. als Gegengründung gegen Gotthold Friedrich Stäudlins *Musenalmanach auf das Jahr 1782.* Stäudlin hatte von den von Sch. eingesandten Oden nur *Entzückung an Laura* aufgenommcn, scin Almanach enthält gefällige Mustcr »einer auf gegenseitige Beweihräucherung eingestellten Provinzialkultur« (Julius Petersen).

Hauptsächlich Oden: *Der Triumph der Liebe, In einer Bataille, Die Kindsmörderin, Gruppe aus dem Tartarus, Die Freundschaft, Die schlimmen Monarchen, Oden an Laura.* Dazwischen Sinnsprüche und Inschriften satirischer Art, außerdem: *Semele, lyrische Operette in zwo Szenen.* Die Gedichte spiegeln Sch. s Entwicklung vom Klopstockianer bis zum Realismus des Sturm und Drang.

Pseudonyme Selbstkritik Schillers im *Württembergischen Repertorium der Lit.* (1782): »Überspannt sind sie (die Oden) alle und verraten eine gar zu unbändige Imagination.« 2. Aufl. mit Angabe des Herausgebers und des Stuttgarter Verlages 1798. In den 2. Teil der *Gedichte* (1803) 19 Stücke aufgenommen: zusammengestrichen, abgeschwächt und dem klassischen Maßstab unterstellt.

1782/83   Johann Gottfried Herder
(Biogr. S. 207):
Vom Geist der Ebräischen Poesie

2 Bdd. 1. Teil in Form von Gesprächen, die im 2. Teil fallengelassen wird.

Behandelt die *Bibel* als eine Slg. alter Schriften unter dem Gesichtspunkt der Lit.-Gesch., als Phase auf dem großen Kulturgange der Menschheit. Für H. ist sie die nationale Poesie von Hirten, eines abgeschlossenen

Stammes voll Geschlechtsstolz, eines ganzen von Gottesbewußtsein erfüllten Volkes.»Poesie der Freundschaft mit Gott«. Durch Übs. der wichtigsten Stücke dargelegt, daß in dieser Dg. Kraft und Reinheit der Empfindung und Begeisterung sei: die hebräische als »älteste, simpelste und erhabenste Poesie überhaupt.«

1783   **Friedrich von Schiller**
              (Biogr. S. 245–250):
              Die Verschwörung des Fiesko zu Genua

»Ein republikanisches Trauerspiel« 5, Prosa. Auff. im gleichen Jahr (20. 7.) in Bonn durch die Großmannsche Truppe.

Im Frühjahr 1782 begonnen, im November 1782 vollendet. Quellen u. a. Kardinal Retz: *La conjuration du Comte Jean Louis de Fiesque*. Der hist. Fiesko starb durch einen Zufall: bei der Besichtigung eines Admiralschiffes fiel er 1547 ins Wasser und ertrank. Sch. begründet seine Änderungen im Vorwort mit Lessings *Hamburgischer Dramaturgie*.

Fiesko stürzt durch eine Verschwörung den verhaßten Prätendenten und wird von dem radikalsten Verschwörer, Verrina, der sich danach dem greisen Staatsoberhaupt unterwirft, ertränkt, als er der Versuchung unterliegt, sich selbst zum Herzog zu machen. Der aristokratische Held als revolutionärer Verteidiger der republikanischen Freiheit gegen entartete Diktatur. In ihm kämpfen Republik und Cäsarismus miteinander. Theaterarbeit voller Intrigen, Verwicklungen und greller Kontraste.

Bühnenbearbg. Spätherbst 1783 auf Veranlassung des Mannheimer Intendanten Freiherrn von Dalberg. In ihr bleibt Fiesko leben und entsagt freiwillig der Krone. Auff. 11. 1. 1784 in Mannheim, Mißerfolg; unautorisierter Druck 1789. In einer 1943 gefundenen, für Auff. in Leipzig und Dresden 1785/86 bestimmten Bearbg. ersticht Verrina Fiesko, unterwirft sich dann aber dem Gericht des befreiten Volkes; Sch. s Autorschaft umstritten.

1784/91   **Johann Gottfried Herder**
                (Biogr. S. 207):
                Ideen zur Philosophie der Geschichte der Menschheit

Plan bereits während der Seereise 1769. Enthält die Summe von H. s Geschichtsauffassung und faßt alle seine geistigen Leistungen zusammen. Weiterarbeit vielfach unterbrochen, vom 5. Teil ab Fragment.

H. entwickelt die Stellung des Menschen als eines Naturgeschöpfes im Verhältnis zur Pflanzen- und Tierwelt. Nur ihm ist eigentümlich die Gabe der Vernunft und Freiheit; durch den Drang zur »Humanität«, zu geistig-sittlicher Entwicklung wächst er über sein Selbst hinaus. Das gesch. Leben der Menschheit stellt etwas organisch Gewachsenes dar. Es ist an geographische und klimatische Bedingungen geknüpft. Die Völkergesch. (3. und 4. Teil) führte H. von China, Japan, Tibet, Indien, Babylon, Assyrien, Ägypten über Griechenland und Rom zu Kelten, Gälen, Cymren und den germ. Stämmen bis ins MA. Dieses wertet er in seiner Eigenart als Zeit des »Rittergeistes« und der Kreuzzüge. Gott ist die »Urkraft aller Kräfte«, die sich in den ständigen Verwandlungen der substantiellen organischen Kräfte der sichtbaren Schöpfung entfaltet (vgl. H.s *Gott,* 1787). Verkündung einer Universalreligion und Universalkirche; in ihr »kein Jude und Grieche, kein Knecht noch Freier, kein Mann noch Weib. In ihr sind wir alle eins«.

Die Humanität als Ziel der Menschheit weiter ausgeführt in den *Briefen zur Beförderung der Humanität* (1793–1797).

1784   **Friedrich von Schiller**
          (Biogr. S. 245–250):
          Kabale und Liebe

»Ein bürgerliches Trauerspiel« 5, Prosa. Auff. 13. 4. in Frankfurt a. M., 15. 4. in Mannheim. Druck im gleichen Jahr.

Der Überlieferung nach von Sch. während des vierzehntägigen Arrests in Stuttgart 1782 entworfen; intensiver vom 10. Oktober 1782 daran gearbeitet, vollendet Juli 1783. Ursprünglicher Titel *Luise Millerin,* neuer Titel von Iffland.

Politisches Tendenzdr. Die tragische Spannung, unter der Ferdinand von Walter und die Musikertochter Luise mit ihrer Liebe stehen, entspringt dem ständischen Gegensatz zwischen Feudalschicht und Bürgertum; jene, lasterhaft und machtgierig, vertreten durch den Präsidenten von Walter und sein teuflisches Werkzeug Wurm, dieses durch den alten Miller und seine Tochter. Die Auslösung des Konflikts beruht auf dem traditionellen theatralischen Mittel des verwechselten Briefes. Eigentlich tragische Heldin des »bürgerlichen Tr.« ist, wie der ursprüngliche Titel erkennen läßt, Luise, die den Konflikt zwischen – bejahter – Sitte und Liebe in seiner ganzen Tragik erfährt, während Ferdinand als typische Gestalt des Sturm und Drang nur vom Menschen gesetzte Schranken sieht, die er hinwegfegen zu können glaubt. Auflehnung gegen die Konvention, »Menschheit« gegen »Mode«. Ferdinand: »Laßt doch sehen, ob mein Adelsbrief älter ist als der Riß zum unendlichen Weltall?«
Starker Einfluß von Lessings *Emilia Galotti;* Parallelfiguren: Luise – Emilia, Ferdinand – Appiani, Miller – Odoardo, Wurm – Marinelli, Lady Milford – Gräfin Orsina. Vorwärts weisend vor allem der von persönlichem Fühlen getragene Schwung der Sprache, besonders in der Rolle des »jugendlichen Helden« Ferdinand, und die realistische Darstellung des Bürgertums.

1785   **Johann Wolfgang von Goethe**
          (Biogr. S. 238–245):
          Prometheus

Gedicht. Druck – ohne Angabe des Verf. – in Friedrich Heinrich Jacobi: *Über die Lehre des Spinoza in Briefen an den Herrn Moses Mendelssohn.*

Als Antithese dem 1783 entstandenen Gedicht *Das Göttliche* gegenübergestellt.

Ursprünglich Monolog in dem 1773 entstandenen fragmentarischen Dr. *Prometheus*. Extreme Formulierung des Titanismus: Trotz des »Selbsthelfers« gegenüber den Göttern, denen er nichts zu verdanken hat, Pochen auf die eigene Leistung und Freude an den eigenen Geschöpfen, die ihm an Selbständigkeit gleichen sollen.

Freie Rhythmen, ohne Anlehnung an antike Strophenform, der rhythmischen Freiheit des germ. Verses verwandt; überwiegend zweihebige Verse.

Das Dr.-Fragment *Prometheus* (Druck 1830) umfaßt zwei kurze Akte und den Eingang des 3. Aktes, den Monolog. Absage an den Götterboten Merkur und an den Bruder Epimetheus: Prometheus will sich nicht mit den Göttern versöhnen und ihnen nicht dienen, sondern im Kreis seiner Wirksamkeit bleiben. Minerva verhilft ihm dazu, seine Gestalten zu beleben; er begleitet die ersten Schritte der Menschen und belehrt Pandora über das Wesen der Liebe, das zugleich das des Todes ist: »Wenn aus dem innerst tiefsten Grunde Du ganz erschüttert alles fühlst, Was Freud und Schmerzen jemals dir ergossen ... Und du, in inner eigenem Gefühl, Umfassest eine Welt: Dann stirbt der Mensch.«

In dieser Szene Nähe zu der Sehnsucht nach erlösender Rückkehr in die Einheit (vgl. *Ganymed* und *Mahomets Gesang*), die als Ergänzung zur Vereinzelung des Genies und seiner Hybris gesehen werden muß.

1785/86   Christian Friedrich Daniel Schubart
         (1739–1791, Ludwigsburg, Ulm, gefangen auf dem Hohen
         Asperg 1777–1787, Stuttgart):
         Sämtliche Gedichte mit Vorbericht auf der Feste Asperg

Von Tyrannenhaß und Freiheitsdrang getragene Oden: *Die Fürstengruft, Der ewige Jude, Freiheitslied eines Kolonisten,* am bekanntesten: *Kaplied* (1787); brandmarkt den bei absolutistischen Fürsten üblichen Verkauf von Landeskindern als Soldaten an fremde Mächte (vgl. Kammerdienerszene in Schillers *Kabale und Liebe*). Volkstümlicher Ton in den *schwäbischen Bauernliedern*.

Einfluß Klopstocks, Oden meist durch Reim der eigenen Tonart angepaßt. Pathos, mitunter elementare Ausbrüche des Empfindens, persönlich *(Gefangener Mann, ein armer Mann)*.

1785/90   Karl Philipp Moritz
         (1756–1793, Hannover, Rom, Berlin):
         Anton Reiser

Autobiographischer R., der »das Gefühl der durch bürgerliche Verhältnisse unterdrückten Menschheit« darstellen wollte. Ökonomische Argumente jedoch nicht als einseitige Leitvorstellung. Ebenso wichtig die von der Mutter ererbte hypochondrische Veranlagung und das mangelnde

Verständnis des Vaters. Harter Lebensweg: Hutmacherlehrling, von Stipendien und Freitischen lebender Gymnasiast, gescheiterter Schauspieler. Zeichnung eines fast modernen problematischen Charakters. Pessimistischer Grundzug. Einfluß Rousseaus (*Confessions*, 1782 ff.) bei der quälenden, unbarmherzigen Selbstentblößung, Wiedergabe psychologischer Details. Eine Art säkularisierter pietistischer Autobiographie.

Reiser sucht in der Kunst, besonders im Theater, eine Zuflucht vor teils sozial bedingter, teils selbstverschuldeter Misere, lebt in zwei Welten. Gespaltenes Bewußtsein. Theater als Erlebnisersatz, Nahrung für Geltungsdrang und krankhaftes Selbstbewußtsein. Daher Scheitern des unechten Dranges zum Künstlerberuf. Aufschlußreiche Schilderung des Schauspielerlebens und der Anfänge Ifflands, mit dem M. zusammen auf der Schule war.

M.' Werk als psychologischer R. entspricht der Forderung F. v. Blanckenburgs, daß der R. das Innere des Menschen darzustellen habe.

1794 Fortgesetzt mit *Erinnerungen aus den 10 letzten Lebensjahren meines Freundes Anton Reiser* hgg. K. F. Klischnig.

1786   **Gottfried August Bürger**
        (Biogr. S. 206/207):
        **Wunderbare Reisen zu Wasser und zu Lande, Feldzüge und
        lustige Abenteuer des Freiherrn von Münchhausen**

Übs. und mit eigenen Zutaten versehene Bearbg. der 2. Auflage von Rudolf Erich Raspes (1737–1794) in London veröffentlichtem Buch *Baron Münchhausen's Narrative of his Marvellous Travels and Campaigns in Russia* (1786); erst in der 2. Auflage hatte Raspe den aus dem *Vade Mecum für lustige Leute* (1781–1783) entnommenen, ins Engl. übersetzten Geschichten als eigene Leistung die Seeabenteuer zugefügt. Bürgers Buch erschien, wie das Original, anonym.

Lügengeschichten, geknüpft an den Freiherrn Karl Friedrich Hieronymus von Münchhausen (1720–1797), »wie er dieselben bei der Flasche im Zirkel seiner Freunde selbst zu erzählen pflegte«. Aufschneidereien, anknüpfend an lügnerisch übertreibende Reise-, Kriegs-, Seefahrt- und Jagdgeschichten, Motive aus Swift und Lukian. B.s Leistung letztlich eine Art Rückübertragung ins Dt., durch welche die Erzz. erst berühmt wurden. Neun zusätzliche Geschichten eigener Erfindung, die zu den besten gehören. Volkstümlicher Stil in der Art mündlichen Erzählens. Titel an Christian Reuters *Schelmuffsky* anklingend.

2. Aufl. (1788) fußte auf der 5. engl. Aufl. und brachte fünf neue eigene Erzz. B.s.

1787   **Johann Jakob Wilhelm Heinse**
(Biogr. S. 207):
Ardinghello und die glückseligen Inseln

R.
Der viele körperliche und geistige Vorzüge in sich vereinende Maler Ardinghello gründet auf den griech. Inseln einen Idealstaat, in dem er mit Geliebten und Freunden ein Leben in Schönheit und Freiheit, unbeeindruckt vom Moralismus, führt. Nicht Bücher, sondern Natur und Erfahrung schaffen wahre Menschen. Ardinghellos Vorbild sind die Griechen und ihre freie Menschlichkeit im Guten und Schlechten. Erste Schilderung der ital. Renaissance als eines Zeitalters des ästhetischen Herrenmenschentums. Zahlreiche Beschreibungen von Kunstwerken der Renaissance.
Die maßvolle Sinnlichkeit nach dem Muster Wielands in H.s frühen Rr. hier aufgegeben; antik-heidnische Sinnlichkeit, Rousseausche Abkehr vom Zivilisatorischen.

1786–1832   Klassik

Die Dg. der Klassik im engeren Sinne, die Hochklassik, beginnt mit Goethes ital. Reise 1786–1788, während der die neuen Ideale reiften. Die zum Teil schon ausgearbeiteten Drr. *(Egmont, Iphigenie, Tasso)* erfuhren Umarbeitung im klassischen Sinne. Die Natur- und Gefühlsschwärmerei des Sturm und Drang wurde überwunden. Zur gleichen Zeit näherte sich Schiller der »Klassik«. Die klassische Dg.-Zeit endete strenggenommen nach wenigen Jahren, läßt sich jedoch in ihrer Nachwirkung lange verfolgen. Schon Zeitgenossen wie Jean Paul und Hölderlin, aber auch Goethe in späteren Jahren entziehen sich eng begrenzender Einordnung.

Das vom lat. classicus abgeleitete dt. Adjektiv klassisch bezeichnete zunächst entsprechend seiner römischen Herkunft – classicus = ein zur ersten Steuerklasse Gehöriger – etwas Bevorzugtes und wurde allmählich gleichbedeutend mit auch auf ideellem Gebiet Mustergültigem. Daneben trat in der Neuzeit die Bedeutung klassisch = antik oder antikisch, meist gleichzeitig mit »nicht zu übertreffen«, vorbildlich.

Gegenüber dem allmählich verwässerten Begriff ist klassisch nur der aus Kunst und Weltanschauung erwachsene Stil der Dichtkunst jener Jahrzehnte, die den Gipfel der seit der Renaissance wirkenden antikisierenden Kunstauffassung bedeutet.
Von der überragenden Dichterpersönlichkeit Goethes aus gesehen umgreift eine sog. Goethezeit zugleich Sturm und Drang und wesentliche Teile der Romantik. Soweit sie teil hat an den zwischen 1780 und 1830 geschaffenen entsprechenden philosophischen Systemen, steht die Zeit im Zeichen des dt. Idealismus. Gegenüber der Romantik ist sie besonders als Epoche einer auf geschlossene Form, »Vollendung«, gerichteten Kunst im Gegensatz zu der »Unendlichkeit« der romantischen Universalpoesie

gewertet worden. Klassische Dg. erstrebte die Statik des in sich ruhenden guten und schönen Menschen. Da in einigen dichterischen Hauptwerken und außerdem von Männern wie Wilhelm von Humboldt die Humanität, die Ausbildung reinster Menschlichkeit im Dienst der gesamten Menschheit und einer harmonischen Übereinstimmung von Gemüt und Verstand verkündet wurde, spricht man von der klassischen Zeit und ihrer Dg. auch als einer Zeit und Dg. der Humanität.

Den politischen Hintergrund für die Zeit vor und kurz nach der Jh.-Wende geben die Frz. Revolution und ihre Wirkung auf das übrige Europa, dann der Aufstieg und die Persönlichkeit Napoleons ab. Zugleich ging die Macht Preußens zurück. Die Geisteshaltung der Zeit war nicht so sehr von politischen wie von philosophischen Gedankengängen bestimmt. Der Kulturbegriff stand über dem Staatsbegriff.

Die Klassik postulierte neue Ideale. Der Mensch sieht als richtunggebend das Gute, Wahre, Schöne und glaubt an freie Selbstbestimmung und Selbstvollendung. Er erkennt die großen Mächte der Sittlichkeit, der Kultur an. Seine philosophische Haltung enthebt ihn der kirchlichen Dogmen, ohne daß er zu ihnen in einen ausgesprochenen Gegensatz tritt. Die Natur erschien als ein großartig geordnetes Reich ohne Willkür und Gewalt. Alles Lebendige beseelte der Mensch von sich aus, und er erlebte das Weltganze im Gefühl einer Einheit, in die alle Disharmonien untergehen. An Stelle des Rousseauschen Aufstandes gegen die Kultur trat eine neue Kulturverklärung. Mit der Gesellschaft und ihrer Satzung söhnte sich der klassische Mensch aus. Das Empörerindividuum des Sturm und Drang unterwarf sich dem höheren Gesetze der Natur, suchte einen Typus, die Norm. Hatte der Sturm und Drang ein wesentlich amoralisches Lebensideal, so bekannte sich die Klassik zum Humanitätsideal. Allen Glauben und alle Sehnsucht legte die Klassik in den Begriff der reinen Menschlichkeit.

Die philosophische Grundlegung des Idealismus stammt von Immanuel Kant (1724–1804). Er entwickelte sein System zunächst aus der *Kritik der reinen Vernunft* (1781, erweiterte Fassung 1787), einer Prüfung der menschlichen Erkenntnisfähigkeit, der »Kopernikanischen Wendung der abendländischen Philosophie«. In der *Kritik der praktischen Vernunft* (1788) untersuchte K. den Vorgang des sittlichen Handelns, dessen Sittlichkeit nicht auf der Befolgung bestimmter Gebote beruhen kann, sondern allein in der Form des handelnden Willens, der reiner, unbedingter Wille sein muß. »Es ist überall nichts in der Welt, ja überhaupt auch außerhalb derselben zu denken möglich, was ohne Einschränkung für gut könnte gehalten werden, als allein ein guter Wille.« Das Sittengesetz ist das allgemeine Gesetz für den Menschen als Vernunftwesen. Es lautet in der Form des kategorischen Imperativs: »Handle so, daß du die Menschheit sowohl in deiner Person als in der Person eines jeden andern jederzeit zugleich als Zweck, niemals bloß als Mittel brauchst.« Dieser sittliche Wille ist begleitet von den »praktischen Postulaten« Gott, Freiheit, Unsterblichkeit. Die *Kritik der Urteilskraft* (1790) enthält auch die Darstellung des ästhetischen Schaffens und des ästhetischen Aufnehmens. Der Gegenstand der Ästhetik biete sich dar in den beiden Formen des Schönen und des Erhabenen. Das Schöne ist Gegenstand eines uninteressierten Wohlgefallens, das Erhabene, in Vergleich mit welchem alles andere klein ist, erweckt in uns die Idee des Unendlichen. Das Genie empfängt keine allgemeinen Gesetze von der Natur, sondern in ihm gibt sich die Natur besondere Gesetze. Schöne Kunst ist die Kunst des Genies. Seine Produkte sind exemplarisch. Nur von ihnen kann die Kunst ihre Regeln ableiten. Die wahre Propädeutik der schönen Kunst besteht in der Humanität als allgemeinem Teilnehmungsgefühl und dem Vermögen, sich innigst und allgemein mitzuteilen. Ewige Muster dieser Kunst sind die Griechen.

Das seit 1792 betriebene Studium Kants brachte die Wendung in Schillers Entwicklung. Schiller kam von Ferguson (1723–1816), Leibniz (1646 bis 1716) und Shaftesbury (1671–1713) her, der bereits die Natur als ein vom göttlichen Geist durchseeltes, teleologisch durchwirktes Ganzes begriff. Von Leibniz und Shaftesbury übernahm Schiller den für die Welt- und Kunstanschauung der Klassik wichtigen Begriff der Harmonie. Über den kantischen Gegensatz von Sittlichkeit und Vernunft, der ihm alle Grazien zurückzuschrecken schien, erhob Schiller das Ideal ihrer Versöhnung in der ästhetischen Harmonie. Schönheit und Anmut müssen sich zu der moralischen Handlung gesellen. In der »schönen Seele« treten der physische und der moralische Zustand des Menschen in ein freies Spiel miteinander. Die »schöne Seele« ist von Natur harmonisch. Stimmen Pflicht und Neigung aber nicht überein, so tritt in der Überwindung der Neigung die Würde des Menschen, seine Erhabenheit, hervor. Der Gegensatz von harmonischer Entfaltung aller Kräfte im Menschen und der Erhabenheit in Fassung und Handlung löst sich durch eine entwicklungsgesch. Betrachtung: Die Harmonie ist einmal in der Natur verwirklicht gewesen. Die Kultur erst hat sie gespalten, um sie zu einer neuen Harmonie in einer Kultur zu führen, die wieder Natur ist. Der Verwirklichung dieses Kulturideals dient die ästhetische Erziehung *(Anmut und Würde*, 1793; *Briefe über die ästhetische Erziehung des Menschen,* 1795; *Vom Erhabenen,* 1793).

Mit Abstand kann hier auch Friedrich Maximilian Klinger genannt werden, der sich um 1780 von den Idealen des Sturm und Drang ab- und denen des mittleren 18. Jh. zuwandte. Er setzte sich zunächst in einer Anzahl von Drr., dann in einer zehnbändigen R.-Reihe mit Rousseau und mit Kant auseinander und bezog eine Schiller ähnliche Position von ethischem Rigorismus, der sittliches Handeln über alle Zweifel an einer fragwürdigen Welt triumphieren läßt. Er gelangte – bei bedeutend geringerer dichterischer Begabung – selbständig zu Anschauungen, die denen der Weimarer Klassik verwandt sind.

Johann Joachim Winckelmann (1717–1768) hatte in seiner Dresdner

Erstlingsschrift *Gedanken über die Nachahmung der griech. Werke in der Malerei und Bildhauerkunst* (1755), die gegen die Maßlosigkeit des Schwulstes gerichtet war, den Stil der griech. Kunst mit dem für das Schönheitsideal der Klassik programmatisch gewordenen, eigentlich von Adam Friedrich Oeser (1717–1799) stammenden Wort von der »edlen Einfalt und stillen Größe« bezeichnet. Mit der Interpretation des Begriffs Nachahmung als einem Nachstreben und Nacheifern, das jedoch angeborene Begabung zur Voraussetzung habe, rückte Karl Philipp Moritz (1756–1793; *Über die bildende Nachahmung des Schönen*, 1788) die Vorstellung vom Künstler nicht nur weit von der aufklärerischen weg, sondern gelangte sogar über das »Genie« des Sturm und Drang hinaus, so wie er auch das Wesen des Kunstwerks bereits im Sinne der klassischen Ästhetik auf seine Schönheit und Vollkommenheit und nicht mehr auf seine Nützlichkeit gegründet wissen wollte. Wilhelm von Humboldt (1767 bis 1835), gleich hervorragend als Ästhetiker und Sprachforscher, geistiger Begründer der Berliner Universität, verkündete besonders das Humanitätsideal der Klassik, forderte auf zu menschlicher Selbstvollendung durch harmonische Bildung. Vorbild und Beweis sei die Antike, vor allem die griech., apollinische. Kennzeichnend für H. ist der durch Humanität geläuterte Individualismus. Der Wert eines Menschen beruht bei ihm auf dem besonderen Beitrag, den er zur Bereicherung und Vertiefung der Kultur geliefert hat. Ein Individuum werde um so größer, je mehr es vermag, das Individuelle in sich zum Allgemeingültigen, Gesetzlichen zu entfalten. Ziel einer höheren Bildung sei das im Griechentum verwirklicht geglaubte Menschheitsideal einer allgemeinen menschlichen Geistesbildung.

Das Kunstideal der Klassik war Bändigung, Formung, Normung. Schiller formulierte Schönheit als Freiheit in der Erscheinung. Das Wesen der Schönheit sei Harmonie zwischen sinnlichem Trieb und dem Gesetz der Vernunft. Im Erhabenen sind wir Bürger einer höheren Welt, mit der der Mensch durch den »reinen Dämon« in sich zusammenhängt. Während die »naive« Dg., der realistische Dichter, sich noch im Zusammenhang mit der Natur fühlt, ringt die »sentimentalische« Dg. um die verlorengegangene Einheit (*Über naive und sentimentalische Dichtung*, 1795–1796). Neben dem Schönen und dem Erhabenen wies Jean Paul dem Humor die ihm gebührende Stelle in der Poesie an, der bei ihm aus Weltüberlegenheit und Weltliebe besteht (*Vorschule der Ästhetik*, 1804). Kunstgegenstand ist nach klassischer Auffassung nicht die Lebendigkeit, sondern die Gesetzlichkeit des Lebens, nicht die Wirklichkeit, sondern die Wahrheit. Nach Goethe müsse der Dichter auch in der individuellen Gestalt den Typus erkennen lassen und dem Typus durch die individuelle Gestalt Leben verleihen.

Das Drama der Hochklassik gestaltete Stoffe von grundsätzlicher Bedeutung. Goethe klärte im *Tasso* die Frage von Genie und Gesellschaft und feierte den Humanitätsglauben in *Iphigenie*. Schillers klassische Trr. sind eine philosophische Art der Dg. am Stoff der Gesch. In ihr suchte er das gigantische Schicksal, das nicht bedeutend für den realen Verlauf der Gesch. zu sein brauchte, aber etwas zur Erkenntnis des Lebens beitragen mußte. Hauptprobleme waren ihm menschliche Freiheit, Charakter und Schicksal, Schuld und Läuterung. In der Abhandlung *Über den Grund des Vergnügens an tragischen Gegenständen* (1792) wird die tragische Läuterung in dem Sieg des Moralisch-Zweckmäßigen über das Moralisch-Unzweckmäßige oder der höheren über die niedere moralische Zweckmäßigkeit gesehen. Die zweckwidrige Opferung des Lebens werde zweckmäßig, wenn sie in moralischer Absicht geschehe, denn das Leben sei nur wichtig als Mittel zur Sittlichkeit. In der Prüfung des Todes entfalte der Mensch die Kraft zur Gegenwirkung gegen das Schicksal. Dies sei das Vermögen höchster Freiheit, unsere herrlichste Anlage, das Göttliche in uns. In Hölderlins *Empedokles* entsteht tragisches Leid durch Götterferne und wird Götternähe als Fest gefeiert.

Die Sprache des klassischen Dr., gebunden an den Vers (vorherrschend Jambus), sucht allgemeingültige Formulierungen, dient der Analyse, wird Sentenz. Der Wille zur Form arbeitete die dramaturgischen Grundlinien deutlich heraus, sparte mit Personen, Szene, realistischem Detail. Elemente und Verfahrensweise der antiken Tr. (Chor, analytische Methode) wurden erneuert.

Nach dem Seelen-R. des Sturm und Drang, der Auseinandersetzung mit Sturm-und-Drang-Idealen, manchem Vorstoß zur Überwindung einer tragischen Weltauffassung drängte der klassische Roman nach einer ideellen Neugestaltung des Lebens. Dem Bildungs-R., der mit *Wilhelm Meisters Lehrjahre, Hyperion, Titan, Heinrich von Ofterdingen* eine für das klassische und romantische Lager repräsentative Leistung ist, kam eine neue biologische Betrachtungsweise zugute: die Lehre vom Organismus, Grundlage des hochklassischen Bildungsideals. Da der R. zu sehr in der Realität verwurzelt sei und der monumentalen Ausprägung des klassischen Urbildes nicht fähig, wurde in ihm nicht die höchste Ausdrucksform gesehen. Schiller betrachtete ihn als »Halbbruder der Poesie«, Goethe als eine »unreine Form«. Für den Prosa-R., der in der Antike keine Entsprechung hat und als Gattung für die an klassischen Kunstidealen orientierte Auffassung nicht sanktioniert ist, holte man die Richtlinien beim Versepos (vgl. Schiller/Goethe *Über epische und dramatische Dg.*). Neben *Wilhelm Meisters Lehrjahre* standen um 1795 noch der aufklärerische R. (Wieland, von Thümmel), der von Lafontaine gelieferte weinerliche Familien-R. mit leisen sozialen Nebentönen und schon Werke von Jean Paul oder Tieck mit Varianten der Schwärmerischen, Zerrissenen im Sturm und Drang. Mit Hölderlins *Hyperion* wurde bereits der Untergang der Humanität beklagt und das Leiden an der Menschheit dargestellt, und mit Jean Pauls *Wuz* und *Siebenkäs* begann der romantische Humor. Mit den hochklassischen *Wahlverwandtschaften* erkannte Goethe geheimnisvolle Naturgesetze an, die auch den kompositionellen Aufbau bestimmen, und griff damit der Romantik vor.

Als eine Theorie der Lyrik in der klassischen Epoche kann Schillers Rezension der *Gedichte* Bürgers (1791) gelten, die innere Distanz zur jeweils movierenden Seelenlage, Idealisierung und Klärung des Individuellen zum Allgemeingültigen forderte. Sie wollte das Gedicht den intellektuellen und sittlichen Forderungen, die ein »philosophierendes Zeitalter« stelle, angepaßt wissen.

Goethes Lyrik kam zu Klärung, Vertiefung, Beruhigung, geläutertem Stil. Ihre Themen sind die Ordnung der menschlichen Gesellschaft, die Verantwortlichkeit des Ich, die gesetzliche Fügung der Welt. Durch Italien des Sinnlichen sicher, wird der Leib als Kunstwerk gesehen, die reine Einheit des Menschlichen gepriesen; aus naturwissenschaftlicher Erkenntnis erwuchs die *Metamorphose der Pflanzen.* Der lyrische Stil des klassischen Goethe ist gegenständlich-episierend, der des alten Goethe reflektierend-sprechend, geistreich-spielend (Emil Ermatinger). Bei Schiller wirkt nicht so sehr das Leben wie das Erkennen der Welt. Seine »Lyrik des Gedankens« durchtränkte das alte »Lehrgedicht« mit eigener Philosophie, und auch in den Balladen, in denen Schiller allgemeine moralische Gedanken an anekdotischen Stoffen darstellte, zeigte sich der Gegensatz zu Goethe, der lange im Innern gehegte Stoffgebilde durch eigene Ideen beseelte (Emil Ermatinger). Mit Hölderlin wurde der Gegenstand der Lyrik fast ausschließlich das Erhabene, das verlorene und das wieder ersehnte Göttliche. Der Stil ist monologisch, orphisch.

Metren waren zunächst freie, doch gebändigte Rhythmen, dann diejenigen von Strophen antiker, romanischer (Stanze, Sonett), morgenländischer Verskunst. Bei Hölderlin enden sie erneut in sog. freien, aber griech. gefühlten Rhythmen mit griech. harter Fügung der Wörter.

Den gelehrten Dichter des 17. und frühen 18. Jh. lösten hauptberuflich schreibende Männer und Frauen ab. Der mit Bildung lebende Adel und das mittels Bildung lebende Bürgertum vertugten über mindestens talentierte Kräfte. Das Angebot der Leipziger Buchmesse an Unterhaltung wuchs. Lesegesellschaften, Integrationszentren des lit. und sozialen Lebens, begünstigten die Verbreitung.

Die beliebte Gattung des Ritter- und Räuber-R., die Elemente aus Goethes *Götz* und Schillers *Räuber* trivialisierte, vertraten Karl Gottlob Cramer (1758–1817) sowie, am erfolgreichsten, Goethes Schwager Christian August Vulpius (1762 bis 1827), Autor des *Rinaldo Rinaldini* (1798). In *Abällino, der große Bandit* (1794) u. a. führte Heinrich Daniel Zschokke (1771–1848) als modische Zutat die geheimen Gesellschaften ein. Inzwischen gab es durch *Das Petermännchen* (1791–1792) von Christian Heinrich Spieß (1755–1799) den Geister-R. Wegen ihres 1796 in den *Horen* veröffentlichten R. *Agnes von Lilien* bleibt Karoline von Wolzogen geb. von Lengefeld (1763–1847) mitschuldig am Bruch zwischen ihrem Schwager Schiller und Friedrich sowie August Wilhelm Schlegel.

Johann Gottfried Seume (1763–1810), nach eigner Erkenntnis »zur Verwaisung geboren«, Verf. des vorbildlosen Briefprotokolls *Der Spaziergang nach Syrakus im Jahre 1802* (1803) und des Gedichts von dem Kanadier und »Europens übertünchter Höflichkeit«, war mit seiner Ideologie und dem sozialen Engagement der damaligen Schreibart weit voraus.

Eine ähnlich üppige Produktion herrschte auf dem Gebiet des Theaterstückes. Der mit der Nationaltheateridee verbundene, durch die »Reinigung« der Schaubühne seit Gottsched über Lessing, Konrad Ekhof, Friedrich Ludwig Schröder führende Aufschwung des Theaters gipfelte in Goethes Leitung des Weimarer Theaters (1791–1817). Aber das Repertoire auch dieser an der Schaffung eines klassischen Schauspielstils arbeitenden Bühne bestand nur zum kleinen Teil aus den Drr. Goethes und Schillers und der großen Ausländer.

Klassizistisch waren *Regulus* (Auff. 1801) und andere Römerdrr. des Wieners Heinrich Joseph von Collin (1771–1811). Bürgerliche Themen bevorzugten August Wilhelm Iffland (1759–1814, Schauspieler, besonders bedeutend in Rollen Shakespeares und Schillers – der erste Franz Moor –, zuletzt Direktor des Berliner Schauspielhauses) mit vielgespielten Rührstücken und Lspp. (*Verbrechen aus Ehrsucht*, 1784; *Die Jäger,* 1785; *Die Hagestolzen,* 1793; *Der Spieler,* 1799) und der sehr fruchtbare August Friedrich von Kotzebue (1761–1819; *Menschenhaß und Reue,* 1789; *Die dt. Kleinstädter,* 1803), der sich auch im Schillerschen Stil versuchte (*Gustav Wasa,* 1801).

Örtlicher Mittelpunkt der Klassik wurde Weimar. Das »Mittelding zwischen Dorf und Stadt« (Herder) hatte damals wenig mehr als 6000 Einwohner. Herzogin Anna Amalia (1739–1807) zog Wieland als Prinzenerzieher (1772) und Herder als Generalsuperintendent (auf Goethes Rat 1776), ihr Sohn Karl August (1757–1828) vor allem Goethe an den Hof (1775). In enger Beziehung zu Weimar standen Gelehrte und die dem Verlagswesen angehörenden lit. Interessierten der zum Herzogtum W. gehörigen Universitätsstadt Jena. 1799 siedelte Schiller von Jena nach Weimar über.

Zu dem »Weimarischen Musenhof« gehörten in der Frühzeit außer der Herzogin Anna Amalia und ihrem Sohn Charlotte von Stein (1742–1827), die Frau des weimarischen Stallmeisters, die Hofdame Luise von Göchhausen (1752–1807), Wieland, Herder, Johann Karl August Musäus (1735–1787), Herausgeber der *Volksmärchen der Deutschen* (1782ff.), Karl Ludwig von Knebel (1744–1834), Erzieher des Prinzen Konstantin, Übersetzer antiker Dgg., Friedrich Justin Bertuch (1747 bis 1822), Herzoglicher Rat, Drucker und Verleger der *Jenaischen Allgemeinen Lit.-Ztg.* In späteren Jahren gehörten zum Goetheschen Kreis in W.: Friedrich von Müller (1779–1849), seit 1815 weimarischer Kanzler (vgl. *Goethes Unterhaltungen mit Kanzler von Müller,* 1870); Johann Heinrich Meyer (1760–1832), Maler, Kunstgelehrter, Goethes Berater in Fragen der bildenden Kunst; Friedrich Wilhelm Riemer (1774–1845), Philologe, 1803–1812 Hauslehrer von G.s Sohn August und G.s Sekretär; Johann Peter Eckermann (1792–1854), auf Grund einer Schrift *Beiträge zur Poesie mit besonderer Hinweisung auf Goethe* (1822) seit 1823 G.s Sekretär, Herausgeber der *Vollständigen Ausgabe letzter Hand* (1827ff.) und der *Gespräche mit G. in den letzten Jahren seines Lebens* (1837–1848).

Berühmte Orte des Zusammentreffens waren die Schlösser Ettersburg und Belvedere sowie Tiefurt (vgl. Goethes Gedicht *Die Lustigen von Weimar*).

Der Weimarische Musenhof veranstaltete Liebhaberaufführungen, bei denen die an den Weimarer Hof gezogene Darstellerin Korona Schröter (1751–1802) mitwirkte, und unterhielt ein handschriftlich verbreitetes Wochenblatt (teilweise Monatsblatt),

das *Journal von Tiefurt,* dessen Abonnenten mit »beschriebenem Papier als Beiträge« bezahlen konnten.
1791 Gründung des Hoftheaters, dessen »Oberdirektion« G. übernahm und bis 1817 innehatte. Berühmte Schauspieler: Pius Alexander Wolff (1782–1828), Johann Jakob Graff (1769–1848), Darsteller Schillerscher Helden, Anton Genast (1765–1839), Regisseur und Komiker, Karl Ludwig Oels (1780–1833), Darsteller von Orest, Egmont, Max Piccolomini, Christiane Becker-Neumann (1778–1797, vgl. Goethes Elegie *Euphrosyne*), Karoline Jagemann (1777–1848), Geliebte des Herzogs, gefeierte Heroine, Amalie Wolff (1783–1851).
Die wichtigsten Zss. der Klassik:
Rheinische Thalia, 1785 Mannheim, hgg. Schiller, ein Heft. Dann *Thalia,* Leipzig, erstes Heft, Wiederholung der *Rheinischen Thalia.* Seit 1792 *Neue Thalia,* bis 1793.
Allgemeine Lit.-Ztg. (1785–1804), Jena, gegründet von Wieland und Friedrich Justin Bertuch, hgg. Christian Gottfried Schütz und Gottlieb Hufeland. Mitarbeiter: Goethe, Schiller, Kant, Humboldt, August Wilhelm und Karoline Schlegel, Schelling u. a. Rezensionen lit. Neuerscheinungen. 1804 nach Halle verlegt, auf G.s Anregung 1804 Gründung der *Jenaischen Allgemeinen Lit.-Ztg.,* Red. Prof. Eichstädt.
Journal des Luxus und der Moden (1786–1827), Weimar, hgg. Friedrich Justin Bertuch und Georg Melchior Kraus. Ab 1815 als *Journal für Lit., Kunst, Luxus, Mode,* ab 1828 als *Journal für Lit., Kunst und geselliges Leben.*
Die Horen (1795–1797), Tübingen, hgg. Schiller. Mitarbeiter: Goethe, Wilhelm von Humboldt, Fichte, August Wilhelm Schlegel, Herder, Körner, Voß.
Die Propyläen (1798–1800), Tübingen, hgg. Goethe und Johann Heinrich Meyer. Hauptsächlich über bildende Kunst, Zeugnis für G.s Vorliebe für antike und klassizistische Kunst. Auch Lit.
Über Kunst und Altertum (1816–1832), Stuttgart, hgg. Goethe und Johann Heinrich Meyer. Hauptsächlich über bildende Kunst, Streben nach Versöhnung von antiker und moderner Kunstanschauung. Die letzten Hefte vorwiegend über Lit.

Wichtigste Autoren der Klassik:

Goethe, Johann Wolfgang von (vgl. Chronologie von Goethes Leben).
Hölderlin, Friedrich, geb. 1770 zu Lauffen/Württ. Früh Halbwaise, besuchte die Lateinschule zu Nürtingen, zu Denkendorf, das theol. Seminar zu Maulbronn, seit 1788 Stipendiat des sog. Tübinger Stifts, zusammen mit Hegel und Schelling; nachhaltige Wirkung der Frz. Revolution. 1793 durch Schiller Hauslehrer bei Freiherr von Kalb in Waltershausen. 1794 bis 1795 stud. phil. in Jena bei Fichte. 1796–1798 Hauslehrer bei Bankier Gontard in Frankfurt/Main, Liebe zu dessen Frau Susette, »Diotima«. 1798–1800 bei seinem Studienfreund, Regierungsrat Isaak von Sinclair, in Homburg; Kontakt mit Reformpolitikern der württembergischen »Landschaft«. 1801 Hauslehrer bei St. Gallen, 1802 in Bordeaux. Plötzliche Rückreise (auf Grund der Nachricht von Diotimas Krankheit?), Tod Diotimas, Zusammenbruch; seitdem unter zunehmender Schizophasie leidend. 1802–1804 in Nürtingen bei der Mutter, 1804 durch Sinclair Scheinanstellung als Bibliothekar in Homburg, 1806 Heilanstalt Tübingen, 1807 bis zu seinem Tod 1843 bei Tischler Zimmer in Tübingen.

Jean Paul, eigentlich Jean Paul Friedrich Richter, geb. 1763 in Wunsiedel als Sohn eines Lehrers. Gymnasium in Hof, 1781–1783 stud. theol. in Leipzig. 1784–1786 bei seiner inzwischen verwitweten Mutter in Hof, 1786–1789 Hauslehrer. Gründete 1790 zu Schwarzenbach eine Elementarschule, die er bis 1794 leitete. Bis zum Tode seiner Mutter 1797 bei ihr in Hof. Zog nach Leipzig, darauf nach Weimar, Hildburghausen, 1800 nach Berlin, 1801 nach Meiningen, 1803 nach Coburg, 1804 nach Bayreuth. Gest. 1825 in Bayreuth.

Schiller, Friedrich von (vgl. Chronologie von Schillers Leben).

Chronologie von Goethes Leben

28. 8. 1749

Johann Wolfgang Goethe in Frankfurt/Main geboren. Vater: Johann Kaspar, Kaiserlicher Rat ohne Amtsausübung. Mutter: Katharina Elisabeth geb. Textor, Tochter des Stadtschultheißen. Fast nur Privatunterricht, z. T. durch den Vater. Umgang mit Frankfurter Malern. Puppenspiel und frz. Theater. Phantasie durch die Märchen der Mutter angeregt. In *Dichtung und Wahrheit* als stärkste Jugendeindrücke angegeben: Erdbeben in Lissabon, Kaiserkrönung, erste Liebe zu einem schlichten Bürgermädchen »Gretchen«. Dichterische Anregungen durch *Bibel,* Robinsonaden, Volksbücher, Klopstock. Unpersönliche frühe Gedichte.

1765/68

Student der Rechte in Leipzig. Einfluß der Rokoko-Lit. Anregung durch den reflektierenden Zyniker Behrisch. Zeichenunterricht bei Oeser; Winckelmann-Verehrung. Liebe zu Annette Käthchen Schönkopf; *Das Buch Annette* (1895 in Behrischs Abschrift aufgefunden, Druck 1896); Schäfersp. *Die Laune des Verliebten* (Druck 1806); *Oden an meinen Freund* (Behrisch); *Neue Lieder* (Druck 1770). Schwere Erkrankung.

1768/70

Frankfurt/Main. Durch Susanna von Klettenberg Beschäftigung mit Pietismus, Mystik. Lsp. *Die Mitschuldigen* (Druck 1787).

1770/71

Straßburg, Abschluß des Studiums durch Lizentiat. Durch Herder auf Shakespeare, *Ossian,* Volkspoesie hingewiesen. Besuch im Pfarrhaus zu Sesenheim: Friederike Brion. Erste Erlebnislyrik: Friederikenlieder. Pläne zu *Götz* und *Faust.*

1771/75

Frankfurter Geniezeit. Verkehr mit dem Kaufmann und Schriftsteller Johann Heinrich Merck aus Darmstadt. Durch ihn in den Darmstädter Zir-

kel der Empfindsamen mit Karoline Flachsland, Herders Braut, eingeführt.

1771

Zum Schäkspears Tag, Rede, Nachwirkung des Straßburger Shakespeare-
Erlebnisses. *Urgötz.*

1772

Sturm-und-Drang-Lyrik: *Wanderers Sturmlied.* Reichskammergericht in
Wetzlar; Liebe zu Charlotte Buff. Unter dem Einfluß der Darmstädter
Empfindsamkeit die Gedichte: *Pilgers Morgenlied, Elysium, Felsweihge-
sang. – Von deutscher Baukunst.*

1773

Umarbg. *Götz von Berlichingen mit der eisernen Hand.* Verkehr mit Maximiliane von Brentano geb. Laroche. Häufiges Zusammensein mit Dichtern des Sturm und Drang; satirische Spp.: *Jahrmarktsfest zu Plundersweilern* (Druck 1774) – *Satyros oder der vergötterte Waldteufel* (Druck 1817
in *Werke* Bd.9) – *Götter, Helden und Wieland* (Druck 1774) – *Fast-
nachtsp. vom Pater Brey* (Druck 1774) – *Prolog zu den neuesten Offenbarungen Gottes* (Druck 1774).

1773/75

Dramen-Fragmente: *Urfaust, Prometheus, Mahomet.*

1774

Die Leiden des jungen Werthers – Clavigo. Beginn der Arbeit an dem
Epos *Der ewige Jude* (Fragment geblieben, Fortss. 1786 und 1788).
Sturm-und-Drang-Lyrik: *Ganymed – Adler und Taube – An Schwager
Kronos.* Balladen: *Der König in Thule – Der untreue Knabe.* Rheinreise
mit Johann Kaspar Lavater und Johann Bernhard Basedow; Gedicht:
Diner zu Koblenz. Bekanntschaft mit dem weimarischen Erbprinzen Karl
August.

1775

Singspiele *Erwin und Elmire* (Druck 1775) und *Claudine von Villa Bella*
(Druck 1776) beendet; *Stella.* Um Ostern Verlobung mit Lili Schönemann; Lili-Lieder. Mai-Juli Schweizer Reise mit den Brüdern Stolberg,
Besuch bei Lavater in Zürich; Gedicht *Auf dem See.* Beginn der Arbeit an
Egmont. Im September Lösung der Verlobung und Einladung des Herzogs Karl August nach Weimar. 7. 11. Ankunft in Weimar. Freundschaft
mit dem Herzog; Aufnahme in den »Weimarischen Musenhof«. Während

des ersten Weimarer Jahrzehnts fast ausschließlich staatspolitische Tätigkeit, Selbsterziehung. Übergang vom Naturerlebnis zur Naturforschung; botanische und geologische Studien.

1776

Ab März Führung eines Tagebuches. Als Geheimer Legationsrat Mitglied der obersten Regierungsbehörde. Durch G.s Berufung kommt Herder als Oberhofprediger nach Weimar. Gedicht: *Seefahrt*. Beginn der Arbeit an *Wilhelm Meister*.

1776/85

Dram. Produktion für das Liebhabertheater: *Die Geschwister* (1776, Druck 1787), *Lila* (1776, Druck 1777, 2. Fassung 1778), *Der Triumph der Empfindsamkeit* mit dem Monodr. *Proserpina* für die Schauspielerin Korona Schröter (1776–1777, 2. Fassung 1786; Druck 1787), *Jery und Bätely* (1779, Druck 1780), *Die Fischerin* (1782), *Scherz, List und Rache* (1784–1785, Druck 1790).

1776/88

Freundschaft mit Charlotte von Stein. Erziehung zu Maß, Form und Entsagung. Briefe und Gedichte an sie.

1777

Besteigung des Brocken; Gedicht: *Harzreise im Winter*.

1778

Einziger Besuch in Berlin.

1779

Ernennung zum »Geheimen Rat« (Minister). Zweite Reise in die Schweiz, mit dem Herzog; Wiedersehen mit Friederike und Lili. *Briefe aus der Schweiz – Gesang der Geister über den Wassern*. Direktion der weimarischen Kriegs- und Wegebaukommission.

1779/86

Arbeit an *Iphigenie*.

1780

Beginn der Arbeit am *Tasso*. Gedicht: *Meine Göttin*.

1781

Grenzen der Menschheit. Beginn der Arbeit an *Elpenor* (Fragment, Druck 1806).

1782

Ernennung zum Kammerpräsidenten (Finanzminister); Erhebung in den erblichen Adelsstand. Einzug in das Haus am Frauenplan. Ballade *Der Erlkönig.*

1782/85

Entstehung der Lieder Mignons und des Harfners im *Wilhelm Meister.*

1783

Das Göttliche. Klassische Ideenballade: *Der Sänger.* Rückblick: *Ilmenau.*

1784

Abhandlung *Über den Granit,* Mischung von dichterischer Naturverherrlichung und Forschungsergebnis. Entdeckung des Zwischenkieferknochens. Beginn der klassischen Lyrik: *Zueignung.*

1784/85

Die Geheimnisse, Epos in Stanzen, Fragment geblieben.

1786/88

Erste ital. Reise. Abreise aus Karlsbad 3. September 1786, Rückkehr nach Weimar im Juni 1788.

1786/87

Ende Oktober bis Februar Aufenthalt in Rom. Intensive Beschäftigung mit antiker Kunst. Verkehr mit den Malern Wilhelm Tischbein und Angelika Kauffmann, dem Schriftsteller Karl Philipp Moritz, dem Schweizer Maler und Archäologen Johann Heinrich Meyer. Umarbeitung der *Iphigenie* in fünffüßige Jamben.

1787

Reise nach Neapel und Sizilien. Gesteins- und Pflanzenstudien. Plan zum Dr. *Odysseus auf Phäa* (als Bruchstück unter dem Titel *Nausikaa* überliefert).

1787/88

Wieder in Rom. *Egmont* beendet, Arbeit an *Faust, Tasso, Wilhelm Meister.*

1788

Rückkehr nach Weimar: »... ich vermißte jede Teilnahme, niemand verstand meine Sprache.« Oberaufsicht über die Anstalten für Kunst und Wissenschaft, von den anderen amtlichen Pflichten entlastet. Verbindung mit Christiane Vulpius; Niederschlag des Erlebnisses in *Römische Elegien, Das Wiedersehen* (1789), *Amynthas* (1797), *Gefunden* (1813). Bruch mit Frau von Stein. 7. 9. erstes Zusammentreffen mit Schiller in Rudolstadt, ohne Nachwirkung.

1788/1806

Morphologische und optische Studien.

1789

Tasso beendet. Geburt des Sohnes August.

1789/97

Dichterischer Niederschlag der Frz. Revolution in den Drr.: Der *Groß-Cophta* (entst. 1787–1791), *Der Bürgergeneral* (1793), *Die Aufgeregten* (Fragment, 1793), *Das Mädchen von Oberkirch* (Fragment, 1795) und dem Epos *Hermann und Dorothea* (1796–1797).

1790

Zweite ital. Reise; *Venezianische Epigramme.* Besuch bei Schiller in Jena, keine Annäherung. *Über die Metamorphose der Pflanzen. Faust, ein Fragment,* erschienen.

1791/1817

Leitung des Weimarer Hoftheaters, 1796–1805 in Zusammenarbeit mit Schiller. Mit der Auff. des *Wallenstein* (1798) Beginn der klassischen Epoche des Weimarer Theaters.

1792/93

Als Begleiter des Herzogs Teilnahme am Feldzug in Frankreich und an der Belagerung von Mainz; *Die Campagne in Frankreich – Die Belagerung von Mainz – Reineke Fuchs.*

1794

Beginn des Bündnisses mit Schiller. Im Juli Begegnung und Aussprache nach einer Sitzung der Naturforschenden Gesellschaft in Jena. Schiller eröffnet den positiven Gedankenaustausch: sein Brief vom 23. 8. zieht die Summe der Goetheschen Existenz und stellt die eigene Art der Goethes gegenüber. Aktivierung der künstlerischen Kräfte G.s durch Schiller. Erörterungen von Wesen und Gesetzen der Kunst. Briefwechsel. Kulturelles Reformprogramm. – Umarbeitung des *Wilhelm Meister.*

1795/96

Wilhelm Meisters Lehrjahre beendet und herausgegeben.

1796

Beginn der Arbeit an *Hermann und Dorothea.*

1797

G.s und Schillers *Xenien* in Schillers *Musenalmanach.* Dritte Schweizer Reise: *Die Schweizer Reise im Jahre 1797* (ersch. 1833). Wiederaufnahme der Arbeit an *Faust*, Schema des gesamten Werkes; erste Beschäftigung mit *Faust, 2. Teil.*

1798

Balladenalmanach.

1798/1800

Herausgabe der *Propyläen,* zus. mit dem Kunstschriftsteller Johann Heinrich Meyer.

1799

Achilleis (nur ein Gesang erhalten). *Die natürliche Tochter* begonnen.

1804/05

Arbeit an der Abhandlung *Winckelmann und sein Jh.*

1804

Begründung der *Jenaischen Allgemeinen Lit.-Ztg.*

1805

Schillers Tod; *Epilog zu Schillers Glocke.* G.s Altersfreundschaften: der Berliner Komponist Karl Friedrich Zelter (1758–1832) und der Hallenser Altphilologe Prof. Friedrich August Wolf (1759–1824).

1806

Faust, 1. Teil beendet. Verheiratung mit Christiane Vulpius.

1806/08

Arbeit an dem Festsp. *Pandora.*

1807

Beginn der Arbeit an *Wilhelm Meisters Wanderjahren.* Liebe zu Minna Herzlieb; dichterische Auswirkung: *Sonette* (1807–1808), *Die Wahlver-wandtschaften* (1807–1809).

1808

Erfurter Fürstentag; Zusammentreffen mit Napoleon. G.s Mutter gestorben.

1808/31

Arbeit an *Dichtung und Wahrheit.*

1813

Shakespeare und kein Ende.

1814/15

Reisen an den Rhein, Liebe zu Marianne von Willemer.

1814/19

Entstehung des *West-östlichen Divan.*

1815

Über das dt. Theater. Erscheinen der *Gesamtausg.* (bis 1819).

1816

Wiederaufnahme der Arbeit an *Faust II.* – Christiane gestorben. Herausgabe der Zs. *Über Kunst und Altertum* (bis 1832).

1822

Sichtung des lit. Nachlasses, Plan einer Ausg. letzter Hand.

1823

Eckermann bei G. – Werben um Ulrike von Levetzow in Karlsbad und Marienbad. »Marienbader« *Elegie.*

1824/31

Fertigstellung von *Faust II*.

1826

Arbeit an der *Novelle. Ausg. letzter Hand* (bis 1842).

1828

Herzog Karl August gestorben.

1829

Wilhelm Meisters Wanderjahre beendet und erschienen.

1830

G.s Sohn August gestorben.

1831

Dichtung und Wahrheit, 4. Teil beendet. *Faust II* beendet.

1832

22. März Goethes Tod.

Chronologie von Schillers Leben

10. 11. 1759

Johann Christoph Friedrich Schiller in Marbach/Neckar geboren. Vater: Johann Kaspar, Feldscher und Soldat, später Offizier, dann Intendant der herzoglichen Hofgärtnereien auf der Solitude. Mutter: Elisabeth Dorothca geb. Kodweiß.

1766

Übersiedlung nach Ludwigsburg, Residenz des Herzogs Karl Eugen. Theaterbesuche. Lateinschule. Wollte Pfarrer werden.

1772

Erste dram. Versuche; nicht erhalten.

1773

Eintritt in die Herzogliche Militär-Akademie (Karlsschule) und damit Verzicht auf Theologiestudium. Wählte Jurisprudenz, später Medizin. Lebhafte innere Auflehnung gegen den Geist der Schule. Freundschaftsbund mit gleichgesinnten Mitschülern. Lit. Einflüsse: Klopstock, Lessings *Emilia Galotti*, Sturm-und-Drang-Dramatiker.

1776/77

Erste Veröffentlichungen: Elegie *Der Abend,* Ode *Der Eroberer.* Studium Plutarchs und Rousseaus.

1777

Beginn der Arbeit an den *Räubern;* des Studiums wegen unterbrochen.

1779/80

Fertigstellung der *Räuber.*

1780

Abschluß der Akademie mit der Abhandlung *Versuch über den Zusammenhang der tierischen Natur des Menschen mit seiner geistigen.* Untergeordnete soziale Stellung als Regimentsmedikus; weitere Freiheitsbeschneidung.

1782

Anthologie auf das Jahr 1782. Herausgabe des *Württembergischen Repertoriums der Lit.* (1782–1783). 22. September Flucht aus Stuttgart wegen Beschränkung persönlicher und dichterischer Freiheit. Vergebliches Bemühen um Anstellung am Mannheimer Nationaltheater. Fertigstellung des in Stuttgart begonnenen *Fiesko,* Beginn der Arbeit an *Kabale und Liebe.*

1782/83

Aufenthalt in Bauerbach (bei Meiningen) bei Frau von Wolzogen. Freundschaft mit dem Bibliothekar Reinwald, Sch.s späterem Schwager. Fertigstellung von *Kabale und Liebe.* Arbeit an *Dom Karlos.*

1783/84

Theaterdichter in Mannheim mit der Verpflichtung, jährlich drei Drr. zu liefern.

1784

Aufnahme in die Kurfürstlich Dt. Gesellschaft, das Zentrum des geistigen Lebens in der Pfalz; Antrittsrede: *Was kann eine gute stehende Schaubühne eigentlich wirken?* (späterer Titel: *Die Schaubühne als moralische Anstalt betrachtet*). Freundschaft mit der schwärmerischen und leidenschaftli-

chen Freifrau Charlotte von Kalb. Durch sie Bekanntschaft mit Herzog
Karl August von Weimar; in dessen Gegenwart Vorlesung des 1. Aktes
von *Dom Karlos* am Darmstädter Hof; Ernennung zum »Rat« in weimarischen Diensten.

1785

Im März erschien das erste Heft der *Rheinischen Thalia*. Im April Übersiedlung nach Leipzig und später nach Dresden. Beginn lebenslänglicher
Freundschaft mit Christian Gottfried Körner; Hymnus *An die Freude*.
Arbeit an *Dom Karlos:* Geschichtsstudien, Beschäftigung mit sozialen
und philosophischen Fragen.

1786

Der Leipziger Verleger Göschen übernimmt die *Rheinische Thalia* als
Thalia; darin: *Philosophische Briefe* und *Der Verbrecher aus verlorener
Ehre,* Erz.

1787

Bühnenbearbgg. des *Dom Karlos* in Prosa und Jamben. Im Juli Reise
nach Weimar in der vergeblichen Hoffnung auf Unterstützung durch den
Herzog. Arbeit an dem R. *Der Geisterseher* (ersch. 1787–1789) und an
Abfall der Niederlande. Mitarbeit an Wielands Zs. *Der Teutsche Merkur*
(Spiel des Schicksals, Erz.) und der *Allgemeinen Lit.-Ztg.*

1787/92

Fast ausschließlich Geschichtsstudien und daraus erwachsende schriftstellerische Arbeiten.

1788

Mehrere Monate in Volkstedt bei Rudolstadt, Zusammensein mit Frau
von Lengefeld und ihren beiden Töchtern. Beschäftigung mit der Antike,
Übss. von Euripides' *Iphigenie in Aulis* (Druck 1789) und *Die Phönizie-
rinnen* (Fragment, Druck 1789). Plan zu einem Dr. in »griech. Manier«
Die Malteser. Gedicht: *Die Götter Griechenlandes. Geschichte des Abfalls
der vereinigten Niederlande,* 1. Teil, erschienen, blieb unvollendet; Ge-
schichtsprofessur in Jena.

1789

Philosophisches Gedicht: *Die Künstler.* Übersiedlung nach Jena. Verlobung mit Charlotte von Lengefeld.

1790

Verheiratung mit Charlotte von Lengefeld.

1791

Schwere Erkrankung, Lungenleiden, von dem Sch. sich nie wieder ganz erholt hat. Aufgabe der Lehrtätigkeit. *Gesch. des Dreißigjährigen Krieges* beginnt in Göschens *Hist. Kalender für Damen* zu erscheinen. Rezension über Bürgers *Gedichte* (1778) in der *Allgemeinen Lit.-Ztg.* Idee zum *Wallenstein.* Finanzielle Unterstützung durch den Erbprinzen Friedrich Christian von Schleswig-Holstein-Sonderburg-Augustenburg und den Finanzminister Graf Ernst von Schimmelmann für drei Jahre. Dadurch Möglichkeit zu philosophischen Studien.

1792

Abschluß der *Gesch. des Dreißigjährigen Krieges.*

1792/96

Fast ausschließlich philosophische und ästhetische Studien und daraus erwachsende Abhandlungen.

1793

Über Anmut und Würde. Vom Erhabenen.

1793/94

Über die ästhetische Erziehung des Menschen. Reise nach Stuttgart. Bekanntschaft mit Hölderlin und dem Verleger Johann Friedrich Cotta.

1794

Freundschaft mit Wilhelm von Humboldt. Geistiges Bündnis mit Goethe (vgl. Chronologie von Goethes Leben).

1795/96

Gedankenlyrik: *Die Teilung der Erde, Pegasus in der Dienstbarkeit, Die Ideale, Das Ideal und das Leben, Der Spaziergang.* Zur Literaturästhetik: *Über naive und sentimentalische Dg.*

1795/97

Herausgabe der *Horen,* Zs. »zum Unterricht und zur Bildung«.

1796/99

Arbeit am *Wallenstein*.

1796/1800

Herausgabe des *Musenalmanach* (Xenien-Almanach 1797, Balladen-Almanach 1798), in dem Sch. seine bedeutendsten Gedichte und Balladen veröffentlichte.

1799

Übersiedlung nach Weimar. Mitwirken Sch.s am Weimarer Hoftheater. Nach Bearbg. des *Egmont* (1796) bis 1805 die von Shakespeares *Macbeth*, Gozzis *Turandot*, der frz. Lspp. von Picard *Der Parasit* und *Der Neffe als Onkel*, Übs. von Racines Tr. *Phädra*, Bühnenbearbgg. von Lessings *Nathan*, Goethes *Iphigenie*. Gedicht: *Das Lied von der Glocke*.

1799/1800

Arbeit an *Maria Stuart* und *Warbeck*.

1800/01

Jungfrau von Orleans.

1801/02

Braut von Messina.

1802

Umzug ins eigene Haus (»Schillerhaus«). Erhebung in den erblichen Adelsstand. *Kassandra*, Ballade, dram. Monolog nach der Mode des Monodr. und des Deklamationsstückes.

1802/04

Arbeit an *Wilhelm Tell*.

1803

Das Siegesfest – Der Graf von Habsburg, Balladen.

1804

Plan und beginnende Arbeit an dem Tr. *Demetrius. Der Alpenjäger*, Ballade. Besuch in Berlin, vorübergehend Plan einer Übersiedlung. *Die Huldigung der Künste*, Festsp. zum Einzug des jungverheirateten Erbprinzenpaares, letzte vollendete Dg.

1805

9. Mai Schillers Tod.

1786 **Friedrich von Schiller**
(Biogr. S. 245–250):
Resignation und
An die Freude

Gedichte. In der *Thalia.*
Resignation (entst. 1782 im Zusammenhang mit den Laura-Oden). Der Dichter fordert vor dem Weltgericht Lohn für seine gläubige Haltung und wird auf das Diesseits verwiesen: die Weltgeschichte ist das Weltgericht.

An die Freude (entst. 1785); Hymne aus dem beglückenden Gefühl der Freundschaft mit dem Körnerschen Kreise. Liebe als Triebkraft der natürlichen wie der geistigen Welt. Durch die Liebe treten die Geschöpfe aus ihrer Vereinzelung heraus und kommen zum Bewußtsein des Ganzen, d. h. Gottes. Untergang des beschränkten Ich in einem Höheren, Allgemeineren. Zusammenhang mit Sch.s theosophischen Erörterungen in den *Philosophischen Briefen;* Anklänge an eine gleichnamige Ode von Johann Peter Uz.

Von Beethoven im Schlußsatz der 9. Symphonie vertont.

1786 **Friedrich von Schiller**
(Biogr. S. 245–250):
Verbrecher aus Infamie

»Eine wahre Geschichte«, anonym ersch. in *Thalia.*

Entst. wahrscheinlich 1785. Quelle: Die mündlichen Erzz. von Sch.s Lehrer an der Militärakademie, J. F. Abel, über den Räuber Friedrich Schwan.

Gesch. des Wirtssohnes Christian Wolf, der aus Geltungsdrang und Liebebedürfnis dem Schicksal auf unehrliche Weise abzugewinnen sucht, was es ihm versagte, und durch die Verständnislosigkeit der Umwelt sowie die Unmöglichkeit, sich nach verbüßter Strafe in die Gesellschaft einzugliedern, endgültig ins Verderben gerät: er wird Räuber und Mörder. Jedoch auf dem Tiefpunkt seiner Entwicklung erfaßt ihn die Reue; zunächst hofft er, lebend seine Vergangenheit sühnen zu können, als er aber erkennt, daß ihm die Wege dazu verschlossen sind, stellt er sich dem Richter. »Wahre Gesch.«, unter dem Aspekt der Weltgesch. und ihres erzieherischen Wertes betrachtet. Fordert von Mitmenschen und Richtern größeres Verständnis für die Irrwege des menschlichen Herzens, deren Motive ergründet werden müßten, denn Handeln sei Ergebnis der »unveränderlichen Struktur der menschlichen Seele« und »der veränderlichen Bedingungen« der Umwelt.

Psychologisch vertiefte Kriminalerz., Fortführung der moralischen Erz. Analytische Technik: Einsatz mit der Hinrichtung.

Buchausg. in *Kleinere prosaische Schriften* T. 1 (1792) unter dem Titel *Der Verbrecher aus verlorener Ehre.*

1787   Goethes Schriften

Bdd. 1–4 bei Göschen, Leipzig. Enthalten: *Zueignung, Werther, Götz, Die Mitschuldigen, Iphigenie, Clavigo, Die Geschwister, Stella, Triumph der Empfindsamkeit, Vögel.*
Erste von G. selbst veranstaltete Slg. seiner Dgg.

Vorher bereits mehrere Raubdrucke; bekanntester der von Christian Friedrich Himburg (3 Bdd. 1775–1776, 2. Aufl. 1777, 3. Aufl 1779).
Die weiteren vier Bdd. der *Schriften* bei Göschen erschienen 1788–1790.

1787   Johann Wolfgang von Goethe
    (Biogr. S. 238–245):
    Iphigenie auf Tauris

Schsp. 5, in Jamben.

1776 Plan.

14. 2. 1779 Beginn der Arbeit an einer 1. Fassung in feierlicher Prosa. Am 19. 3. in dem Bretterhäuschen auf dem Schwalbenstein bei Ilmenau der 4. Akt niedergeschrieben. Am 28. 3. war das gesamte Werk fertig und wurde am 6. 4. auf der Liebhaberbühne in Hauptmanns Haus gespielt. Iphigenie: Korona Schröter, Orest: Goethe, Pylades: Prinz Konstantin, Thoas: Knebel. Sog. 2. Fassung 1780: Abschrift der 1. Fassung in Versen von ungleicher Länge. Die 3. Fassung 1781 im wesentlichen wieder Rückkehr zur Prosafassung. Ende Juli 1786 in Karlsbad Beginn der 4. Fassung, die in Italien vollendet wurde und im Dezember 1786 ihre letzte Form fand. Goethe: »Mein Verfahren dabei war ganz einfach; ich schrieb das Stück ruhig ab und ließ es Zeile vor Zeile, Periode vor Periode regelmäßig erklingen.« Die 4. Fassung Beispiel strenger Klassizität.
Das Werk knüpft an die alte Sage von Orest an, der den Gattenmord an der eigenen Mutter rächen muß und, von den Erinnyen verfolgt, ruhelos durch die Lande flieht. In Delphi findet er den Rat, das Bild »der Schwester« aus dem Lande der Skythen zu holen und sich so von seinem Fluch zu lösen. Erst G. führte die Doppeldeutigkeit ein, ob das Orakel die Schwester Apolls, Artemis, oder des Orests, Iphigenie, meinte.

Der mythische Stoff bereits von Äschylos, Sophokles, Euripides *(Elektra, Orest, Iphigenie in Aulis, Iphigenie unter den Taurern),* Racine behandelt; 1739 wurde in Leipzig Johann Elias Schlegels *Orest und Pylades* durch die Neubersche Truppe aufgeführt.

Das Dr. des Euripides war ein Intrigenstück, das die Überlegenheit der Griechin über die Barbaren zeigte und dessen Lösung, die Heimholung

Iphigenies aus Taurien durch Orest, durch Eingreifen der Dea ex machina Athene erfolgte. G. übertrug Euripides ins Modern-Humanitäre und verwob persönliche Erlebnisse in die Dg. Für G. war die Heilung des von der Erinnerung an den Mord verfolgten Orest »Achse des Stückes«. »Alle menschlichen Gebrechen sühnet reine Menschlichkeit« (G. 1827 als Widmung in ein Exemplar für den Orest-Darsteller Krüger). Die Entsühnung allein durch innere Läuterung und offenes Schuldbekenntnis. Die Hades-Vision, die Orest die Gegner im Leben, seine Ahnen, Atreus und Tyest, Agamemnon und Klytämnestra Hand in Hand sehen läßt, bringt Befreiung vom Erbfluch. Die Furien treten nicht äußerlich auf (Schiller: »Ohne Furien kein Orest«); in Orest selbst wütet das Schuldgefühl, das ihn bis in den Wahnsinn treibt. Iphigenie wurde unter G.s Hand zum Ideal der schönen Seele, verkündet das Gesetz höchster Humanität: Von dem Taurerkönig Thoas zum Menschenopfer, von Orest und Pylades zu Betrug an Thoas gedrängt, ist sie zwar versucht, ihr neugewonnenes Bild gütiger Götter aufzugeben *(Parzenlied),* wagt es jedoch schließlich, in einem die Götter förmlich zum Beistand zwingenden Geständnis der Wahrheit alles von deren göttlicher Güte zu erwarten. Dem gleichen Glauben entspringt Orests Orakelauslegung. Zwischen Barbarentum und Griechen kein Unterschied mehr; es gibt überall Menschen, denen »ein edles Herz den Busen erwärmt«. G. hat später das Dr. »ganz verteufelt human« genannt.

1789 Besprechung Schillers. Gegenüberstellung Goethe – Euripides. Jener hoch über dem griech. Dichter: »Was für ein glücklicher Gedanke, den einzig möglichen Platz, den Wahnsinn, zu benutzen, um die schönere Humanität unsrer neueren Sitten in eine griech. Welt einzuschieben und so das Maximum der Kunst zu erreichen, ohne seinem Gegenstand die geringste Gewalt anzutun.«
Auff. 7. 1. 1800 in Wien, 15. 5. 1802 in Weimar. Bearbg. und Leitung Schiller, G. hielt sich von den Proben völlig fern. Im gleichen Jahr noch Auff. in Berlin.
Erneute Behandlung des Stoffkreises durch Gerhart Hauptmann 1941 ff.

1787   Friedrich von Schiller
          (Biogr. S. 245–250):
          Dom Karlos, Infant von Spanien

Dr. 5, in Jamben. Buchausg. in Leipzig bei Göschen. Später mit dem Untertitel »Ein dram. Gedicht«.

Vorher veröffentlicht wurden mit Vorwort versehene Auftritte des 1. Akts, davon einige zum Schutz gegen Nachdrucke und Theaterdirektoren durch Inhaltsangaben ersetzte, in *Rheinische Thalia, erstes* (einziges) *Heft, Lenzmonat 1785* in Mannheim, 1.–3. Auftritt des 2. Akts in *Thalia,* 2. Heft, 4.–16. Auftritt im 3. Heft 1786, 1.–10. Auftritt des 3. Akts im 4. Heft 1787 bei Göschen in Leipzig.

Auff. 29. 8. in Hamburg durch Schröder, der Sch. bei dessen Bühnenbearbg. beriet, ihm schrieb: »Lassen Sie ja den Karlos in Jamben« und die Rolle des Königs kreierte.

Begeisterte Aufnahme durch das Publikum, aber bereits die ersten Kritiken erhoben Einwände gegen die Uneinheitlichkeit der Handlung und der Charaktere.

Auf den Don-Carlos-Stoff oder die romanhafte Biographie von César Vichard Abbé de Saint-Réal (1639–1692) wurde Sch. von Dalberg in Mannheim 1782 hingewiesen.

Der 1545 als schwächliches Kind geborene Don Carlos, dessen nur langsame körperlich-geistige Entwicklung, gesundheitliche Anfälligkeit und charakterliche Eigenart die von Philipp angewandte Erziehungsmethode – vielleicht mit nachteiliger Wirkung – bestimmt hatten, veranlaßte den König 1568 offenbar durch Fluchtpläne, ungenau überlieferte politische Absichten, verschwörungsähnliche Betätigung, ihn im Schloß zu Madrid gefangenzuhalten, wo er nach einem halben Jahr, möglicherweise infolge selbstmörderischen Verhaltens, starb. Auch die zu Sch.s Zeit noch unbekannten Quellen haben diese Ereignisse nicht wesentlich stärker erhellt. Unklar bleiben sowohl die Grenze zwischen einem degenerierten pathologischen und einem selbstbewußt freigeistigen Don Carlos als auch das Verhältnis des Infanten zu seiner Stiefmutter im Sinne eines eifersüchtigen Liebhabers. Der historische Posa spielte nur eine nebensächliche Rolle.

Seit Dezember 1782 Bitten Sch.s an Bibliothekar Reinwald in Meiningen, ihm das Werk des Abbé de Saint-Réal und weitere Quellen zu beschaffen. Übs. des *Portrait de Philippe II roi d'Espagne* von Mercier; veröffentlicht in *Thalia*, 2. Heft, 1786.

Während Sch.s mehrjähriger Arbeit an dem Dr. entscheidende Wandlungen.

Der sog. Bauerbacher Entwurf (1783) läßt bereits im »I. Schritt. Schürzung des Knotens« einen Karlos erschließen, dem Sch. »von Shakespeares Hamlet die Seele«, von Leisewitz' Julius »Blut und Nerven« und von sich den »Puls« gab, an dem ihn die Flucht aus der Tyrannei fesselte und den er als Sturm- und -Drang-Helden sowie Ankläger gegen die Unnatur gesellschaftlichen Zwanges mit der Hingabe an Leidenschaft und verbotene Liebe sah.

In Mannheim (1784) wurde die Liebesgeschichte zum Familiengemälde mit Generationsgegensatz, einer am Vorbild der Charlotte von Kalb erhöhten Eboli, durch Lektüre angeregter Einbindung des Aufstands der Niederlande, Posa als ratendem Träger einer Freiheitsmission unter Umschrift der Prosa in Jamben.

Nach längerer Pause ab 1785 in Leipzig und Dresden vom Freundschaftsdr. zum politischen Ideendr. Gegensatz Posa, Reformer von Fürstengesinnung und Idealist mit Hoffnung auf glückliche Zukunft, fähig, die Utopie auch zu erzwingen, und König Philipp, der Herrscher mit konkreten Problemen, verurteilt zur Einsamkeit. Die bedeutsame Szene der beiden erst spätere Zutat; 4. und 5. Akt münden motivisch in die früher geplanten Bahnen ein.

Die nicht gradlinig geführte Handlung, das Intrigengeflecht und die den Ausgang beeinflussende Eboli-Nebenhandlung übertönt durch Verkündung von Toleranz (»Geben Sie Gedankenfreiheit!«), politischer Freiheit, Weltbürgertum.

Seit Ende 1786 stellte Sch. außer für Schröder Bühnenfassungen her, auch unter Rückverwandlung der Jamben in Prosa. Auff. der von Dalberg veränderten Jambenfassung 6. 4. 1788 in Mannheim. Am 22. 11. 1788 Erstauff. in Berlin.
Kürzungen bis 1805 ergaben 5370 im Gegensatz zu den ursprünglichen 7375 Versen, die schon in der ersten Buchausg. von 1787 auf 6282 zusammengestrichen waren.
Die geringe Wirkung des Dr. veranlaßte Sch.s *Briefe über Don Karlos* in Wielands *Teutschem Merkur,* 1.–4. im Juli und 5.–12. im Dezember 1788. Dialektische, von Selbsttäuschung nicht freie Selbstverteidigung, die im wesentlichen auf die lange Entstehungszeit gestützt wurde. Ein vierter Plan mit Posa als einzigem Helden vorgetragen.
Schwankende Schreibungen statt *Dom Karlos* bei Sch. und anderen in Briefen sowie Rezensionen.

1787   Friedrich Maximilian Klinger
          (Biogr. S. 207):
          Medea in Korinth

Tr. 5, rhythmische Prosa. In *Theater,* Bd. 3.
Das Bündnis der aus ungleichen Sphären stammenden Ehepartner Jason und Medea ist zum Scheitern verurteilt, ohne daß es eine eindeutige Schuld gäbe. Zwar hat Medea um ihrer Liebe willen auf ihre magische Kraft verzichtet, aber sie kann nur herrschend lieben und treibt Jason in Kreusas Arme. Seine Untreue wirft Medea auf ihr »furchtbar Selbst« zurück, sie wird wieder Barbarin und folgt dem Befehl ihrer Mutter Hekate, die eigenen Söhne zur Sühne für den von ihr ermordeten Bruder zu töten.
Zusammen mit *Medea auf dem Kaukasos* (1791) Höhepunkt von K.s späten Drr., in denen er sich vom Geniekult ab- und zum Geist der Aufklärung zur Annäherung an die Klassik zurückwandte.
Formale Tendenz zu Beherrschung, Maß, Vereinfachung. Klassizistisch. Sprache stilisiert; rhythmische Schwellung der Sätze, gelegentlich zu strophischen Abschnitten gebündelt. In den besten Partien Goethes Prosa-*Iphigenie* nahe.

In späteren Ausgg. überarbeitet.

1787/89   Friedrich von Schiller
             (Biogr. S. 245–250):
             Der Geisterseher

»Aus den Papieren des Grafen von O.«. R., Fragment. In *Thalia.*

Entst. seit 1786. Angeregt durch die Betrugsaffären des Abenteurers Cagliostro.

Intrigen einer geheimen jesuitischen Gesellschaft, deren Ziel es ist, einen protestantischen Prinzen zum Katholizismus zu bekehren und durch ein Verbrechen auf den Thron seines Stammlandes zu bringen, um die eigene Einflußsphäre zu vergrößern.
Großer Erfolg durch die zeittypischen Motive der Geisterseherei und der

geheimen Gesellschaften; motivliche Verwandtschaft mit *Dom Karlos*. Zeitkritische Absicht. Bereits Gesch.-Auffassung der hist. Drr.: Gesch. als Schauplatz des Kampfes zwischen der sittlichen Kraft des Menschen und seiner physischen Bedingtheit.

Buchausg. 1789 unter dem Titel *Der Geisterseher. Eine Gesch. aus den Memoiren des Grafen von O. . . .* Mehrere Fortss. durch andere Autoren.

1788   **Johann Wolfgang von Goethe**
           (Biogr. S. 238–245):
           Egmont

Tr. 5, Prosa. Im 5. Bd. von G.s *Schriften* zus. mit den umgearbeiteten Singspp. *Claudine von Villa Bella* und *Erwin und Elmire*.

Begonnen 1775 in Frankfurt; Einleitung und einige Hauptszenen. 1778 Unterredung Alba – Ferdinand, Monolog Albas. 1781 der »fatale vierte Akt«. 1787 Wiederaufnahme und Vollendung in Italien.

Im Zentrum des Dr. steht die Verhaftung und Hinrichtung des ndld. Grafen Egmont durch den span. Feldherrn Alba (1568). Völlige Umgestaltung des Historischen. Egmont als Jüngling gezeichnet, ein Genius des Hellen, der Freude, der Güte, ein Mann der »Attrativa«. Das formal noch nicht klassische Dr., in dem Prosa mit jambisch rhythmisierten Partien wechselt, verkörpert G.s Lebensgefühl im Übergang von Jugendtitanismus zu männlicher Bändigung. Egmont teilt mit Götz die Vertrauensseligkeit. Als dunkle Schicksalsgewalt, die den Menschen verblendet und schließlich ins Verderben stürzt, waltet das »Dämonische«; Egmonts Dämon ist die Sorglosigkeit. Umgeben von der Liebe des Volkes und seines Klärchen bleibt er siegessicher trotz nahender Gefahr in Brüssel, schwankend zwischen Spaniern und Niederländern, die Warnungen des kühleren Oranien überhörend, bis ihn Alba – das unentrinnbare Schicksal – gefangennimmt und zum Tode verurteilt.

Trotz des politischen Stoffes nur bedingt ein politisches Dr. Im Freiheitskampf der Niederländer tritt Egmont kaum aktiv hervor, Klärchen übernimmt die Führungsrolle. Die Freiheitsidee ist in der Verteidigung, nicht im Angriff. Egmont fällt als Anwalt des organischen Naturgesetzes, das im Herkommen wurzelt (vgl. dagegen Schillers Marquis Posa). Charakteristisch-humoristische Volksszenen, Anschaulichkeit der Sprache.

1788 Rezension Schillers in der *Allgemeinen Lit.-Ztg.* Geht von der ursprünglichen Konzeption als Freiheitsdr. gegen Tyrannei und Glaubensverfolgung aus. Weist auf die Fülle der ungenützten dram. Motive hin, die nicht in einem organischen Komplex zusammengreifen. Die Vision Klärchens – im Schlaf naht dem gefangenen Egmont die Göttin der Freiheit, die die Züge der Geliebten trägt, und reicht ihm den Lorbeer – ein »Salto mortale in die Opernwelt«.

Auff. 9. 1. 1789 in Mainz und 15. 5. 1789 in Frankfurt a. M. durch die Kochsche Truppe; 31. 3. 1791 in Weimar durch Bellomo. März–April 1796 Schillers Bearbg. für Gastspiel Ifflands (25. 4. 1796): das Politische herausgehoben, die Liebeshandlung als Episode, gestrichen die Traumerscheinung, Klärchens Lieder, die Regenten, Machiavell. Auftakt zu der hochklassischen Epoche des Weimarer Theaters. Schsp.-Musik zu *Egmont* von Ludwig van Beethoven 1810.

1788/89   Friedrich von Schiller
            (Biogr. S. 245–250):
            Die Götter Griechenlandes und
            Die Künstler

Philosophische Gedichte.

Die Götter Griechenlandes, entst. 1788, erschienen im *Teutschen Merkur* März 1788. Der Dichter erstmalig von der Schönheit und Sinnenfreudigkeit der griech. Welt ergriffen; Annäherung an Goethe. Für den Untergang der antiken Götterwelt wird das Christentum verantwortlich gemacht; scharfe Stellungnahme gegen den christlichen Gottesbegriff, dessen Erhabenheit und Geistigkeit zu groß sei für die Sterblichen.

Gegen Sch. traten Friedrich Leopold Graf zu Stolberg u.a. als Verteidiger des Christentums auf. Eine neue Fassung des Gedichts 1793, in der Sch. die den Zeitgenossen anstößigen Stellen unterdrückte, erschien in 1. Teil der *Gedichte* (1800).

Die *Künstler,* entst. 1788, erschienen im *Teutschen Merkur* März 1789. Einfluß von Wieland und Karl Philipp Moritz. Über die Aufgaben der Kunst als Entgegnung auf die Angriffe gegen *Die Götter Griechenlandes.* Die Kunst macht dem Menschen die in Schönheit gehüllte Wahrheit zugänglich. Nur durch die Kunst werden die Naturkräfte und -triebe gesittigt, darum ist Kunst Anfang und Ende aller Kultur, »der Menschheit Würde« ist in die Hand der Künstler gelegt. Sch. fand das Gedicht später wegen seiner Abstraktheit und gedanklichen Überbelastung »durchaus unvollkommen«.

1789   Johann Wolfgang von Goethe
         (Biogr. S. 238–245):
         Vermischte Gedichte

Im 8. Bd. von G.s *Schriften* zus. mit *Jahrmarktsfest zu Plundersweilern, Pater Brey, Künstlers Erdenwallen, Künstlers Apotheose, Die Geheimnisse.* Erste authentische Slg. der z.T. an anderer Stelle schon einzeln veröffentlichten Gedichte.

Außer der des Sturm und Drang (vgl. 1774 und 1775) vor allem Lyrik der ersten zehn Weimarer Jahre. U.a.: *Seefahrt* (entst. 1776, Rechtfertigung von G.s Stellung und Leben in Weimar); *Einschränkung* (entst. 1776 mit dem Titel *Dem Schicksal;* Bekenntnis zu dem Schicksal, das ihn nach Weimar brachte); *Wanderers Nachtlied* (entst. 1776); *Harzreise im Winter* (entst. 1777 bei einer Fußreise auf den Brocken, Anspielung auf einen jungen Mann, den der Werther-Weltschmerz ergriffen hatte und den G. in Wernigerode besuchte); *An den Mond* (entst. 1777; in der Erstfassung noch leidenschaftliche Unmittelbarkeit der Sturm-und-Drang-Lyrik. Ein-

klang von Stimmung des Liebenden mit der nächtlichen Flußlandschaft.
Für den Druck geänderte, gedämpfte und verhüllende Fassung); *Gesang
der Geister über den Wassern* (entst. 1779; angeregt durch den Anblick
des Wasserfalles bei Lauterbrunnen); *Wanderers Nachtlied* (in den Drukken: *Ein Gleiches,* entst. 1780 auf dem Kickelhahn im Thüringer Wald);
Meine Göttin (entst. 1780; an die Phantasie); *Grenzen der Menschheit*
(entst. 1781; von G. selbst durch die Anordnung der Gedichte dem
Titanismus des *Prometheus* [entst. 1773] gegenübergestellt); 5 *Lida-Lie-
der* (entst. 1781; an Frau von Stein in feierlichem, dem antiken angenä-
hertem Stil); *Ilmenau* (entst. 1783; an Herzog Karl August, Darstellung
der überwundenen stürmischen ersten Weimarer Jahre, Pflichten des Regenten); *Das Göttliche* (entst. 1783). – *Die Zueignung* (entst. 1784 als
Einleitung zu dem Fragment gebliebenen Epos *Die Geheimnisse,* in Stanzen) den *Schriften* (1787), nicht, wie in späteren Ausgaben, nur den *Gedichten* vorangestellt.

Grundlagen dieser Gedichte neue Beschäftigung mit der Natur, Verhältnis zum Herzog und zu dem politisch-gesellschaftlichen Pflichtenkreis,
Liebe zu Frau von Stein, an die sich nicht nur die an sie direkt gerichteten
(meist erst bei Herausgabe von G.s Briefen an sie 1848 veröffentlichten)
Gedichte wenden.

Nicht mehr gefühlsmäßiges Erfassen der Natur, der Welt, der Geliebten,
sondern Gegenüberstehen, Schauen, Begreifen. Ratio und Auge die Or-
gane für das Verständnis der Welt. Betrachtende Ruhe, liebende Hinneigung zum Nächsten, erzieherische Kraft der Liebe und Selbsterziehung.
Die Welt als Ordnung gesehen, die zugleich Ausdruck einer überpersönli-
chen Gesetzlichkeit ist. Ausgleich rationaler und irrationaler Kräfte.
Ordnendes Prinzip auch im Formalen, Gleichmaß und Gleichgewicht der
Glieder. Geringere Freiheit in der Behandlung der Sprache. Statt Einma-
ligkeit Gültigkeit der Wörter. Die sehr freien Rhythmen treten zurück
gegenüber stärkerer Anlehnung an griech. und lat. Versmaße: Bevorzugung elegischer Formen.

1790   **Johann Wolfgang von Goethe**
             (Biogr. S. 238–245):
             Torquato Tasso

Schsp. 5, in Jamben. Im 6. Bd. von G.s *Schriften* zus. mit *Lila.*

Am 30. 3. 1780 Tagebuchnotiz: »Gute Erfindung. Tasso.« Erste größere Stücke
bereits Oktober und November 1780. Frühjahr 1781 Weiterarbeit. Weimarische
Niederschrift der ersten 2 Akte in Prosa nicht erhalten. Abschluß erst nach Rückkehr aus Italien 1788 und 1789.

Nach G.s Worten zu Karoline Herder Thema des Dr. die »Disproportion
des Lebens mit dem Talent«, der Titelheld Tasso nach dem Ausspruch des
frz. Kritikers Ampère, den G. akzeptierte, ein »gesteigerter Werther«
(vgl. auch *Trilogie der Leidenschaft,* 1827). Das Werk um den ital. Dich-

ter (1544–1595) lebt vom Spannungsverhältnis des schöpferischen Menschen zur Wirklichkeit. G.s eigene Erlebnisse in Weimar, die Tragik seiner Liebe, die ihn bedrängenden Kabalen und Intrigen sind ebenso in das Werk hineingelegt, wie Züge der Frau von Stein in die Gestalt der Leonore eingingen. »Ich habe gleich am *Tasso* schreibend Dich angebetet.« Nach der Italienreise mit dem Weimarer Adel versöhnt, dagegen Entfremdung gegenüber Frau von Stein. G.s ursprüngliches Tasso-Bild verschob sich damit, auch auf Grund neuer Quellenstudien, nach den pathologischen Zügen hin, die in dem krankhaft reizbaren Dichter der *Gerusalemme Liberata* lagen und in seinen Konflikten mit dem Hof zu Ferrara zum Austrag kamen. Künstlerisch weltfremd und übermäßig in seinem Gefühlsleben, zeigt sich G.s Tasso weder der feindlichen Herausforderung durch seinen Komplementärtypus, den Politiker und Weltmann Antonio, gewachsen, noch der liebevollen Teilnahme der Prinzessin, der gegenüber er sich vergißt. Während dem jungen G. noch die Naturgenialität des »Ur-Tasso« der ersten Akte nahelag, gewann für den späteren G. Antonio an persönlicher Teilnahme. Werthers Tragik endet, die Tassos dauert fort. Zusammenbrechend erkennt Tasso dies Schicksal.
Einheit von Zeit und Ort. Wenig Personen, formale Ausgewogenheit, gebändigte Sprache.

Auff. 16. 2. 1807 in Weimar in einer Bühnenbearbg. G.s, von der eine Abschrift wiederentdeckt wurde (ersch. 1954): Kürzung um 727 Verse, Objektivierung des Themas und Korrektur des Tasso-Bildes nach der positiven Seite hin.

1790   Johann Wolfgang von Goethe
**   (Biogr. S. 238–245):**
**   Faust. Ein Fragment**

Im 7. Bd. von G.s *Schriften* zus. mit *Jery und Bätely* und *Scherz, List und Rache*.
G. von früher Jugend an ein gründlicher Kenner der ganzen Faust-Überlieferung. Stofflich beeinflußte G. besonders das *Volksbuch* in der Bearbg. des »Christlich Meynenden« von 1725, die in Jahrmarktsdrucken verbreitet war. Unter den Dr.-Plänen der Straßburger Zeit neben *Götz* auch *Faust:* »Die bedeutende Puppenspielfabel klang und summte gar vieltönig in mir wieder.« Bezeichnende Verwendung des Knittelverses.
Vor dem *Fragment* von 1790 liegend der sog. *Urfaust:* Abschrift eines G.schen *Faust*-Ms. von 1774 durch das Weimarische Hoffräulein von Göchhausen, die Erich Schmidt zufällig fand und 1887 unter dieser Bezeichnung herausgab. Der *Urfaust* enthält die offenbar in Weimar zur Vorlesung gelangten Szenen: Fausts Monolog, Faust – Wagner, Mephistopheles – Schüler, Auerbachs Keller, Gretchen-Tr. bis zur Kerkerszene (ohne die Stimme »Gerettet«).

Bereits vor Erich Schmidt hatte Wilhelm Scherer ohne Kenntnis des *Urfaust* Lücken, Risse und Unebenheiten im veröffentlichten *Faust* aufgespürt und einen verlorengegangenen *Prosafaust* angenommen.

1920 bestritt Gustav Roethe die scheinbare Einheit des *Urfaust* und setzte für die nach seiner »Fetzentheorie« einzeln entstandenen, oft winzig kleinen Teile verschiedene Schaffensabschnitte an. Nach ihm bilden den ältesten Pfeiler der Gretchendg. die beiden Prosaszenen »Trüber Tag, Feld« und »Kerker«.

Der *Urfaust* stellt weder eine älteste Arbeitsschicht dar noch war die Behandlung dessen, was er in den Mittelpunkt rückt, für G. ein Anfang; G. gedachte vielmehr stets, die überkommene Faustgesch. zu dramatisieren. 1939 entdeckte Ernst Beutler Gretchens hist. Urbild: die Kindesmörderin Susanna Margaretha Brandt, die nach einem Fluchtversuch verhaftet, in Frankfurt/M. zum Tode verurteilt und hingerichtet wurde. »Susanna Margaretha Brandtin wurde hier auf Dienstag, den 14. Jänner 1772 auf dem Platz an der Röhre ohnfern der Hauptwache mit dem Schwert hingerichtet«, hieß es in einer im Besitze des Herrn Rat befindlichen, alle Einzelheiten des Verhörs und der Hinrichtung festhaltenden Akte, die G. gekannt hat. Dieses Frankfurter Mädchen hat auf Jahre hin die Heroine und Teufelin Helena, weibliche Hauptgestalt der Faustüberlieferung, verdrängt. G.s nahe innere Beteiligung an den Geschehnissen des Januar 1772 ließ ihn den Magier Faust in einen Liebhaber mit seinen eigenen Zügen verwandeln: dichterische Lebensbeichte der Straßburger Zeit (Hermann Schneider).

Faust, ein Fragment enthält außer Auerbachs Keller – in Versen statt in Prosa – über die Szenen des sog. *Urfaust* hinaus: die Hexenküche (entst. Februar 1788 in Rom), den Rechenschaftsmonolog Wald und Höhle; die Fassung enthält nicht die Faust-Mephisto-Szene Trüber Tag, Feld und die Kerkerszene.

Die Veröffentlichung des Fragments, in dem nicht einmal die Gretchen-Tr., das Sturm-und-Drang-Thema der Kindesmörderin in der persönlichen Sicht des treulosen Liebhabers, abgeschlossen ist, sondern nach der Domszene abbricht, ist ein Verzicht des Dichters, dem das Werk auch trotz der Fortschritte in Italien nicht gedeihen wollte.

Die Romantiker sprachen sich gegen Vollendung des Fragments aus, Schiller plädierte für Wiederaufnahme der Arbeit an dem Stoff.

1791   **Friedrich Maximilian Klinger**
(Biogr. S. 207):
Medea auf dem Kaukasos

Tr. 5, rhythmische Prosa. Druck zusammen mit *Medea in Korinth*.

Entst. 1790. Forts. und Gegenstück von *Medea in Korinth* (1787).

Unter ein Naturvolk versetzt, das sie als höheres Wesen verehrt, will Medea ohne Zauberkräfte Gutes tun, das Volk veredeln. Um einen Menschen zu retten, greift sie noch einmal zur Magie, verliert dadurch wissend ihre Zauberkraft und ist dem Volk und dem Priester ausgeliefert. Ihr Ahnherr, der Sonnengott, rettet sie.

Ethischer Titanismus, dem Schillers verwandt: moralische Kraft des Menschen, der sich dem Zwang der Notwendigkeit unterordnet. Einfluß der Kulturphilosophie Nicolas Antoine Boulangers, gegen Rousseau: Veredelung des Volkes mißlingt, der »edle Wilde« eine Utopie. Humanitätsideal: nicht Rückkehr zum Primitiven, sondern Entwicklung zu höherer gesellinger Stufe.

1794 für die *Auswahl aus F. M. Klingers dramatischen Werken* umgearbeitet: Medea tötet sich selbst zur Sühne.

1791   Friedrich Maximilian Klinger
           (Biogr. S. 207):
           Fausts Leben, Taten und Höllenfahrt

R., anonym ersch.

Entst. 1791. Erster Bd. einer R.-Reihe, die 1798 (vielleicht schon 1790) auf zehn Einzelwerke geplant wurde.

Faust ist bei K. ein Renaissancemensch, Erfinder der Buchdruckerkunst, die er aber erst durchsetzen kann, als er das Bündnis mit dem Teufel geschlossen hat, das seinem Streben nach Macht und Sinnengenuß dienen soll. Die Europareise mit Leviathan, bei der auch gute Taten zum Bösen ausschlagen, endet mit Fausts Verneinung göttlicher und menschlicher Güte; daß er den »Faden der Leitung und Langmut des Ewigen« verliert, ist der Hölle Werk. Er hat nicht die Kraft, seinen negativen Erfahrungen einen Sinn entgegenzusetzen, übersieht Beweise einer edleren menschlichen Haltung sowie das Glück der Naturvölker. Er ist der Hölle verfallen.

Die Rr. der 90er Jahre setzten Selbstbesinnung und Selbstbekenntnis von K.s klassizistischen Ideen-Drr. der 80er Jahre fort. Stofflich verschiedene Werke, von denen jedes »ein für sich bestehendes Ganzes ausmachte, und sich am Ende doch alle zu einem Hauptzweck vereinigten« (K.). Verhältnis des einzelnen R. zum Ganzen auf dialektischem Prinzip aufgebaut, Abbild der Welt in Kontrasten, Parallelen und Gegenbildern. Ein Werk scheint oft das Ergebnis des vorigen aufzuheben. Meist Entwicklungs-Rr. in der Nachfolge Wielands. Helden suchen Lösung des Lebensrätsels, wollen das Unbedingte und scheitern meist an der Realität, an der Bedingtheit des Menschen. Kampf zwischen Freiheit und Notwendigkeit zielt auf Triumph der Sittlichkeit, der sich gegen alle Zweifel an einer fragwürdigen Welt und gegen das »Schweigen Gottes« in moralischem Handeln erweist. Verzicht auf absolute moralische Gesetze, Lösung auf Individuum relativiert. Durchgehend Auseinandersetzung mit Rousseaus Gesellschafts- und Kulturphilosophie, mehrfach auch mit Kant.

Die noch folgenden politisch-philosophischen Rrr.: *Gesch. Giafars des Barmeciden* (2 Teile, entst. 1791 und 1793, ersch. 1792 und 1794).; *Gesch. Raphaels de Aquilas* (entst. 1792/93, ersch. 1793); *Reisen vor der Sündflut* (entst. 1794, ersch. 1795); *Faust der Morgenländer* (entst. 1795, ersch. 1797); *Gesch. eines Teutschen der neue-*

sten Zeit (entst. 1797, ersch. 1798); *Sahir Evas Erstgeborener im Paradies* (entst. 1797, ersch. 1798); *Der Weltmann und der Dichter* (entst. 1797/98, ersch. 1798, als einziger der Rr. nicht anonym). Das neunte Werk wurde nicht geschrieben, das zehnte *Das zu frühe Erwachen des Genius der Menschheit* (entst. 1798) konnte wegen der Zensur nur im Auszug 1803 zusammen mit dem 1. Bd. der Aphorismen *Betrachtungen und Gedanken über verschiedene Gegenstände der Welt und der Lit.* (1803 und 1805, Neufassung 1809) veröffentlicht werden und ist nur hierin erhalten. Das neunte Werk sollte Entstehungsgeschichtlich-Biographisches zu dem R.-Plan enthalten und wurde durch die *Betrachtungen* überflüssig.

1791   **Johann Wolfgang von Goethe**
          (Biogr. S. 238–245):
          Der Groß-Cophta

Lsp. 5, Prosa. Auff. 17. 12. in Weimar.

1787 als Opera buffa mit dem Titel *Die Mystifizierten* geplant. Als Prosalsp. vor allem Juni-September 1791 entst.

Aus vernunftmäßiger Skepsis gegenüber dem angeblichen Wundertäter Giuseppe Balsamo alias »Graf Cagliostro« (1743–1795) erwachsen, anknüpfend an den berühmten Halsbandskandal, in dem Goethe einen Mitveranlasser der Frz. Revolution sah, der die Grundfesten des Staates erschüttert habe.
Die Halsbandaffäre, in der sich mehrere für die Krisenzeit bezeichnende Schicksale treffen und zu einer Intrigenhandlung verbinden, als Symbol für eine morsche Gesellschaftsordnung. Raffung der Ereignisse, Zusammenziehung von Personen. Die Parkszene des Schlusses, in der der »Domherr« (d. i. Kardinal Rohan) dem als Fürstin verkleideten Medium des Groß-Cophta huldigt, zur Enthüllungs- und Bestrafungsszene erweitert. Gegen den Wunderglauben des sich aufgeklärt gebenden Zeitalters und besonders der privilegierten Stände gerichtet.

Druck 1792.

1793   **Johann Wolfgang von Goethe**
          (Biogr. S. 238–245):
          Der Bürgergeneral

Lsp. 1, Prosa. Auff. 2.5. in Weimar. Druck im gleichen Jahr.
Dem Weimarer Schauspieler Hans Beck in wenigen Tagen des April auf den Leib geschriebene Rolle des Barbiers Schnaps, eines bramarbasierenden Revolutionsdilettanten, dem es vor allem darum geht, dem durch seine Nationaluniform eingeschüchterten alten Bauern ein Frühstück abzulisten. Der Edelmann entscheidet versöhnend: »Und wie viel will das schon heißen, daß wir über diese Kokarde, diese Mütze, diesen Rock, die so viel Übel in der Welt gestiftet haben, einen Augenblick lachen konnten.«

Elemente von Posse und Tendenzstück auf dem Hintergrund der Frz. Revolution.

1793   **Friedrich von Schiller**
        (Biogr. S. 245–250):
        Über Anmut und Würde

Ästhetische Abhandlung in *Neue Thalia*. Buchausg. im gleichen Jahr.

Entst. Mai 1793.

Anmut ist Ausdruck der »schönen Seele« in der Erscheinung, während Würde der Ausdruck einer erhabenen Gesinnung ist, die durch Kampf erreicht wird. Höchster Grad der Anmut ist das Bezaubernde, der der Würde die Majestät. Anmut eignet mehr dem weiblichen Geschlecht, Würde mehr dem männlichen. »Eine schöne Seele nennt man es, wenn sich das sittliche Gefühl aller Empfindungen des Menschen endlich bis zu dem Grad versichert hat, daß es dem Affekt die Leitung des Willens ohne Scheu überlassen darf und nie Gefahr läuft, mit den Entscheidungen desselben in Widerspruch zu stehen.« Sch. überbrückte mit dieser Theorie Kants scharfe Trennung zwischen dem intelligiblen und dem empirischen Menschen.

1793   **Friedrich von Schiller**
        (Biogr. S. 245–250):
        Vom Erhabenen

Ästhetische Abhandlung »zur weiteren Ausführung einiger Kantischen Ideen«. In *Neue Thalia*.
Der erhabene Gegenstand läßt uns als Vernunftwesen unsere Freiheit von der Natur empfinden, alle Lust am Erhabenen gründet sich auf das Bewußtsein unserer Vernunftfreiheit. Das »Pathetischerhabene« ist Wesen der tragischen Kunst, die die leidende Natur und zugleich den moralischen Widerstand gegen das Leiden darstellt. Dies wird erreicht, indem die Beherrschung bzw. Bekämpfung des Affekts deutlich gemacht wird. Das ästhetische Urteil ist, im Unterschied zum moralischen, nicht an der Sittlichkeit an sich, sondern an der vorgestellten Möglichkeit des freien Willens zur Sittlichkeit interessiert.

Sch. nahm nur den 2. Teil des Aufsatzes unter dem Titel *Über das Pathetische* in *Kleinere prosaische Schriften* T. 3 (1801) auf.
Als Ersatz für eine vorgesehene, aber nicht geschriebene Forts. kann gelten *Über das Erhabene*. Entst. wahrscheinlich zwischen 1794 und 1796, Druck in *Kleinere prosaische Schriften* T. 3 (1801). Auch hier Ausgangspunkt die menschliche Willensfreiheit, die durch das Erhabene belegt ist. Im Zentrum Absetzung des Erhabenen gegen das Schöne. Bei der Empfindung des Schönen sind die sinnlichen Triebe in Harmonie mit dem Gesetz der Vernunft, das Erhabene dagegen verschafft uns einen Ausgang aus der sinnlichen Welt.

1793   **Jean Paul**
             (Biogr. S. 238):
             Die unsichtbare Loge

»Eine Biographie«, 2 Bdd. Erster größerer R. des Dichters; unter dem
Pseud. Jean Paul, Vorrede jedoch unterzeichnet mit Jean Paul Friedrich
Richter, als Ortsbezeichnung »auf dem Fichtelgebirg«.

Abgebrochen 1792. Das Werk verdankte sein Erscheinen der grenzenlosen Bewunderung, die Karl Philipp Moritz dem ihm übersandten Ms. zollte und die es ihn dem
Verleger übermitteln ließ.

Torso eines Erziehungs-R. des Helden Gustav, einer erd- und himmelum-
armenden, typischen »hohen« Jean-Paul-Gestalt voll Empfindsamkeit,
die für des Dichters erste Bücher kennzeichnend blieb. Typisch auch der
Jean-Paul-Stil: eine lose, oft unwahrscheinliche Handlung, in die er selbst
eingreift; direkte Anreden des Lesers, lange Naturbetrachtungen, scherz-
hafte Abschweifungen, merkwürdige Menschen und Erlebnisse, Seelen-
malereien, Einfluß der empfindsamen und satirisch-humoristischen engl.
Rr.
R. als »poetische Enzyklopädie«, die Philosophie, Religion, Recht und
Historie umgreift. Motiv der geheimen Gesellschaft.

Angehängt: *Das Leben des vergnügten Schulmeisterlein Maria Wuz in
Auenthal.* »Eine Art Idylle«. Voll starken persönlichen Gehalts aus J. P.s
Zeit als Elementarlehrer in Schwarzenbach (1790–1794) in der »satirischen Essigfabrik«. Schildert das fröhlich-bescheidene Dasein des Kan-
tors bis zu seinem Tode.

1793   **Friedrich Hölderlin**
             (Biogr. S. 237):
             Hymnen und **Elegien**

Die *Hymnen* in Stäudlins *Poetische Blumenlese fürs Jahr 1793*, die *Elegien*
in Schillers *Neue Thalia*.
Mit den *Hymnen* an die Menschheit, die Schönheit, die Freiheit, die
Freundschaft, die Liebe, an den Genius der Jugend (entst. Tübingen 1791
bis Frühjahr 1792), außerdem, mit der Elegie *Kanton Schweiz* (in Hexametern, entst. 1792) trat H. zum zweitenmal durch Stäudlin an die Öffentlichkeit. Unter dem Eindruck Kants, Rousseaus, der Frz. Revolution,
Schiller nacheifernd Verkündung von »Idealen der Menschheit«, verzwei-
feltes Ringen um Größe und Würde des Lebens. Aufbauprinzip: fortge-
setzter Parallelismus.
Die Elegien *Griechenland* und *Das Schicksal* (entst. 1793) unter den ersten der Schiller übersandten Gedichte. Trauer um das Versunkene, Aufschwung zu einem neuen geistigen Griechentum.

1793/97   Johann Gottfried Herder
          (Biogr. S. 207):
          Briefe zur Beförderung der Humanität

10. Slgg.
An Stelle eines geplanten, aber nicht zustande gekommenen 5. Teiles der
Ideen zur Philosophie der Gesch. der Menschheit und mit deren Grundge-
danken übereinstimmend. Anknüpfend an die in dem größeren Haupt-
werk im 15. Buch zusammenfassenden Betrachtungen, daß Humanität
Zweck der Menschennatur sei, verherrlicht H. den unsichtbaren Bund der
Humanen aller Zeiten und Völker.
Enthält Teile aus einer H. vorschwebenden allgemeinen Gesch. der Welt-
lit., darunter eine Betrachtung der zeitgenössischen dt. Lit. Erörterung
der dt. Kultur in ideologischer Auseinandersetzung mit der frz.

1794   Johann Wolfgang von Goethe
          (Biogr. S. 238–245):
          Reineke Fuchs

Tierepos in Hexametern.

Grundlage der nddt. *Reinke de Vos* (1498), den G. im wesentlichen in Gottscheds
nhd. Prosabearbg. (1752) las. Entst. 1793.

»Es war mir wirklich erheiternd, in den Hof- und Regentenspiegel zu
blicken; denn wenn auch hier das Menschengeschlecht sich in seiner unge-
heuchelten Tierheit ganz natürlich vorträgt, so geht es doch alles, wo nicht
musterhaft, doch heiter zu, und nirgends fühlt sich der gute Humor ge-
stört.« Von G. zugefügt die Rede des Fuchses, der vom höfischen
Schmeichler zum Demagogen wird. »Doch das Schlimmste find ich den
Dünkel des irrigen Wahnes.«

Nach G. eine »Verlegenheitsarbeit« des aufgeregten Revolutionsjahres.

1795   Johann Wolfgang von Goethe
          (Biogr. S. 238–245):
          Römische Elegien

20 Elegien (die ursprünglich 2., 16. und Teile der 3. und 4. erst aus dem
Nachlaß veröffentlicht). In Schillers *Horen*.

Begonnen 1788 als »Erotica Romana«, beendet 1790 in Weimar.

Kostüm, Stimmung, Gefühls- und Anschauungsweise sind römisch, wenn
auch viel Tatsächliches sich nicht auf die römische Geliebte Faustina,
sondern auf Weimar und die ersten Jahre von G.s Zusammenleben mit
Christiane Vulpius bezieht. Die Schönheit von Roms Tempeln, Palästen
und Gärten im Einklang mit der sinnenhaften Schönheit der Geliebten ist
das Thema: »... ohne die Liebe / wäre die Welt nicht die Welt, wäre denn

Rom auch nicht Rom.« Ganz diesseitig, heiter, farbig; stilisierter Realismus, der vor Gewagtem nicht zurückschreckt. Distichen.

Ein Teil der Leser und der Kritik erhob den Vorwurf der Unsittlichkeit. Schiller:
»Poetisch, menschlich und naiv«, »nur eine konventionelle, aber nicht die wahre und
natürliche Dezenz dadurch verletzt«. Eine der Anregungen für Sch.s Auseinandersetzung *Über naive und sentimentalische Dichtung.*

1795   **Friedrich von Schiller**
          (Biogr. S. 245–250):
          Über die ästhetische Erziehung des Menschen, in einer Reihe
          von Briefen

In den *Horen.*

Seit dem Frühjahr 1792 geplant, im Laufe 1793 und Anfang 1794 geschrieben:
10 Briefe, an den Herzog Friedrich Christian von Holstein-Augustenburg gerichtet.
Ende 1794 erweiternde und in größeren Zusammenhang stellende Bearbg. (27 Briefe) der in den ursprünglichen Briefen niedergelegten philosophisch-prosaischen Re-
produktion von Sch.s Gedicht *Die Künstler.*

Pädagogisches Zeitprogramm. Ideal einer Sittlichkeit, die Neigung und
Pflicht verbindet. Hatte Kant gesagt, Pflicht und Neigung seien feindliche
Gegensätze, das Geistige habe sich das Sinnliche zu unterwerfen, so sieht
Sch. in der Kunst das Mittel, Geistiges und Sinnliches, Form- und Stoff-
trieb im sog. Spieltrieb zu versöhnen. »Es gibt keinen anderen Weg, den
sinnlichen Menschen vernünftig zu machen, als daß man denselben zuvor
ästhetisch macht.« »Der Mensch ist nur da ganz Mensch, wo er spielt.«

1795   **Johann Wolfgang von Goethe**
          (Biogr. S. 238–245):
          Unterhaltungen deutscher Ausgewanderten

In den *Horen.*

Für die *Horen* auf Bitten Schillers 1794 begonnen. Vorbild: Boccaccios *Decamerone.* Erprobung von Nov. und Kunstmärchen, zwei seit der römischen Antike parallel
verlaufenden, verwandten Gattungen, in der dt. Lit.

Die Ausgewanderten sind eine dt. am linken Rheinufer ansässige Familie,
die der Einfall der Franzosen zur Flucht zwang. Die »Unterhaltungen«, in
der Rahmenhandlung pädagogisch gesteuert von der Baronesse und dem
Geistlichen, haben die Aufgabe, die in der Flüchtlingsgesellschaft auftau-
chenden Dissonanzen, sowie den Mangel an Selbstzucht, Bildung und
Gesellschaftsfähigkeit zu überwinden. Ausgangspunkt und Thema: durch
Selbstüberwindung, Einordnung und Vernunft die menschlichen Leidenschaften im Gleichgewicht zu halten.
Die Reihenfolge der teilweise von G. nur bearbeiteten Erzz. erwächst aus
den Rahmen-Situationen. Wert der Erzz. in Relation zu ihren Erzählern.
Der erste Abend macht den Mangel an geselliger Kultur und lit. Anspruch

sichtbar. Auf zwei Gespenstergesch. (die erste behandelt ein angebliches Erlebnis der Schauspielerin Clairon, 1710–1803) folgen zwei erotische Anekdoten (nach den Memoiren des Marschalls von Bassompierre, 1579–1646). Diesen lediglich das Spannungsinteresse befriedigenden Erzz., in denen jedoch das Thema der falsch verstandenen Freiheit und der Entsagung schon angeschlagen wird, treten am zweiten Abend als geplant gesteigerte Beispiele zunächst zwei moralische Erzz. gegenüber, die erste (entnommen den *Cent nouvelles nouvelles,* 1486), ursprünglich ein Schwank und von G. durch Verinnerlichung in eine Erz. mit pädagogischer Tendenz umgewandelt, die zweite eine von G. selbst erfundene Gesch. von dem Kaufmannssohn Ferdinand, einem zwiespältigen Charakter, der in einer Krise zu einem höheren Begriff von Freiheit geführt wird. *Das Märchen* schließlich schlingt nach G. Bilder, Ideen und Begriffe durcheinander, enthält also phantastische, symbolische und allegorische Elemente. Mit diesem Spiel einer Phantasie, die sich an sinnvollen Bildern erfreut, zu Deutungen einlädt, aber nicht durch sie zu erschöpfen ist, sollten die *Unterhaltungen* nach G. gleichsam ins Unendliche auslaufen. Am Schluß des *Märchens* zeichnet sich ein idealischer Zustand ab, der durch »das gegenseitige Hülfeleisten der Kräfte« und durch Selbstaufopferung zustande kommt und in dem Schönheit und Liebe vereint sind.

1795   Jean Paul
          (Biogr. S. 238):
          Hesperus oder 45 Hundsposttage

»Eine Lebensbeschreibung«, Erziehungs-R., 3 Bdd.

Entst. 1792–1794. Einfluß von Sterne, Fielding, Wieland, v. Meyern.

Gewidmet »dem höheren Menschen, der unser Leben, das nur in einem Spiegel geführt wird, kleiner findet als sich und den Tod«. Schauplatz das Leben in einem kleinen thüringischen Fürstentum. Statt der üblichen Kapitel Einteilung in sog. »Hundsposttage«, da der Dichter den R. vorgeblich auf einer Insel im Fürstentum Scheerau schreibt, wohin ihm ein Hund mit Namen Spitzius Hofmann von Zeit zu Zeit Berichte über die Ereignisse im Fürstentum Flachsenfingen zuträgt. Eine bizzare Handlung ist äußerer Rahmen für hohe Gefühle, eine Reihe herrlicher Menschen und philosophischer Ideen. Auf einem düsteren Hintergrund erlösen sich die Optimisten durch Liebe und Glauben an eine bessere Zukunft. Einzelne Züge, wie die Leichenrede, die der Held Viktor auf sich selber hält, zeugen von J. P.s Humor.

Das Werk enthält des Dichters ganzes persönliches Erleben, seine Liebesnöte, seine »Schwelgereien« vor und während der Niederschrift. In dem Arzt Viktor zeichnete er sich selber, seine Empfindsamkeit, aber auch ihre Überwindung durch Humor, Gemüt und Verstand. Auch Klothilde und Joachime wurden wirklichen Personen, Amöne und Karoline Herold,

nachgebildet. Liebe, Freundschaft, Eifersucht, Entsagung, Tod sind Prüf-
steine des Gefühls.

Große Breitenwirkung: J. P. sofort der berühmteste Dichter seiner Zeit.

1795/96   Johann Wolfgang von Goethe
(Biogr. S. 238–245):
Wilhelm Meisters Lehrjahre

Entwicklungs- und Bildungs-R. – Einfluß von Wielands *Agathon*.
Wilhelm Meisters theatralische Sendung, die als »Urmeister« angesehene
erste fragmentarische Form des R., 1910 durch Gustav Billeter in einer
Abschrift von G.s Freundin Bäbe (Barbara) Schultheß in Zürich aufgefunden. Entst. etwa seit März/April 1776. Titel anklingend an *Hans Sachsens poetische Sendung* (1776). Im Gegensatz zu den späteren *Lehrjahren*
ein Theater-R. Teilweise autobiographische Züge. Nach Max Herrmann
besteht Wilhelm Meisters theatralische Sendung darin, »der erste Dramaturg und Regisseur des dt. Theaters zu werden und diesem damit den
wesentlichen Helfer zu geben, der zu seiner vollen Entwicklung noch
fehlte«. Insbesondere sollte Meister dem Spielplan Richtung geben, ihm
Shakespeare einfügen und Bühnenbearbgg. der großen Drr. schaffen, den
Schauspieler geistig heben und richtig ausbilden. Ziel das dt. Nationaltheater. Serlo ist dem Hamburger Theaterleiter Friedrich Ludwig Schröder nachgebildet (Hamburg = H im »Urmeister«). Das 6. Buch enthält
G.s Hamletstudien. 12 Bücher waren geplant. Das Ziel des Theater-R.
von G., der 1788 die inzwischen liegengelassene Arbeit wieder aufgenommen hatte, bis Ende 1793 festgehalten.
Die Umarbeitung, im Grunde eine Neukonzeption, die die ersten 6 Bücher der *Sendung* in 4 Bücher der *Lehrjahre* umschrieb, schränkte das
Theaterwesen ein, das nur noch eine der Bildungsstufen für Meister war.
Die Charaktere wandelten sich, das Autobiographische wurde zurückge-
drängt, Mignon bekam pathologische Züge. Das 7. Buch der *Sendung*
ging teilweise ins 5. Buch der *Lehrjahre* ein. Die darin geschilderte *Hamlet*-Auff. wurde zum Wendepunkt im Bildungs-R.: Meister erkennt, daß
das Theater nur eine Station, aber nicht sein Ziel war; andere Phasen
müssen bis zur Vollendung durchlaufen werden. Die Führung seines Bil-
dungsganges übernimmt die geheime Gesellschaft vom Turm, vor allem
Nathalie übt veredelnden und bändigenden Einfluß aus. Das klassische
Lebensideal wird gesehen in der auf Selbstbeschränkung gegründeten
Ausbildung der Individualität als Glied der Gemeinschaft. Die am Wendepunkt des R. als 6. Buch eingeschobenen *Bekenntnisse einer schönen
Seele* gehen vielleicht zurück auf die Herrnhuterin Susanna von Klettenberg (1723–1774), die den jungen G. in Frankfurt 1768–1770 zur Mystik
wies, oder sind nach von ihr hinterlassenen Schriften gestaltet.
Anpassung an klassische Formprinzipien, für die das antike Versepos
maßgebend war. Gegenüber der *Theatralischen Sendung* daher Distanzie-

rung des Erzählers vom Leser, Einheitlichkeit des Stils, auch in der Sprechweise der Personen, größere Entfernung von der Realität, Meidung des Charakteristischen zugunsten des Typischen. Dämpfung, Glättung, Ausgewogenheit der Sprache. Zerstörung der zeitlichen Folge, Zeitstau. Ordnung der Ereignisse nach ihrer inneren Bedeutung: Reihung symbolischer Augenblicke.

Durch die vielen romanhaften Züge, Gestalten, Motive – der Harfner, Mignon – starker Einfluß auf die Zeit, besonders auf die Romantiker. Als Künstler- und Entwicklungs-R. gattungbildend. Wirkung bis zu Mörikes *Maler Nolten*, Kellers *Der grüne Heinrich*, Stifters *Nachsommer*.

1795/96   Friedrich von Schiller
     (Biogr. S. 245–250):
     Gedankenlyrik

In den *Horen* erschienen 1795–1796: *Das Reich der Schatten* (späterer Titel: *Das Ideal und das Leben;* Gegenstück zur Ode *Theodizee* von Uz [1776] nach Leibniz, Anthropodizee, selbstbefreiende Erhebung zum Schönen); *Das verschleierte Bild zu Sais* (die Wahrheit kann nur verschleiert vom Menschen ertragen werden); *Elegie* (später: *Der Spaziergang;* dreistufige Kulturphilosophie im Zusammenhang mit der Schilderung eines Spazierganges durch den Garten von Hohenheim, Kultur nur in Harmonie mit der Natur möglich); *Die Teilung der Erde* (der Dichter als der ärmste, aber Gott nächste der Menschen). In Sch.s *Musenalmanach für das Jahr 1796* erschienen: die 1795 entstandenen Gedichte *Pegasus in der Dienstbarkeit* (später: *Pegasus im Joche;* das Genie des Dichters in der Fessel der Nützlichkeit); *Die Ideale* (Abschied von der Jugend, Aufgaben des reifen Mannesalters); *Würde der Frauen* (die Frau Hüterin der Sitte und Harmonie; einseitige Auffassung von August Wilhelm Schlegel parodiert).
Umsetzung der Gedanken von Sch.s philosophisch-ästhetischen Schriften in eine bildhaftere metrische Sprache. Dennoch mehr gedanklich als anschaulich. An verschiedenen Motiven (Künstler, Frau, Hellenentum, Natur), an denen sich die Idee der Schönheit, der Harmonie, des Zusammenfalls von Gesetz und Freiheit veranschaulichen läßt, wird das Ideal der schönen Humanität verdeutlicht. Metren (vorzugsweise antik-klassische) und Gattungen (Satire, Elegie, Idylle) waren von der Aufklärungslyrik vorgebildet.

1795/96   Friedrich von Schiller
     (Biogr. S. 245–250):
     Über naive und sentimentalische Dichtung

In den *Horen*.
Entst. 1795.

Poetologische Abhandlung, anknüpfend an die Auseinandersetzung mit der Wesensart Goethes, besonders Interpretation und Rechtfertigung der *Römischen Elegien*. Die naive Dg., die besonders durch das klassische Altertum vertreten wird, fühlt sich noch im Zusammenhang mit der Natur, während die sentimentalische Dg. nach der in der Moderne verlorengegangenen Einheit mit der Natur strebt. Die naiven Dichter suchen in den »möglichst vollständigen Nachahmungen des Wirklichen«, die sentimentalischen »in der Darstellung des Ideals« ihr Verdienst. Goethe verkörpert den naiven, Sch. sieht sich selbst als sentimentalischen Typ.

Schon 1794 hatte Sch. in seinem Geburtstagsbrief an Goethe das Gegensatzpaar mit den Begriffen »intuitiv« und »spekulativ« umschrieben.

1796   **Johann Wolfgang von Goethe**
           (Biogr. S. 238–245):
           Venezianische Epigramme

In Schillers *Musenalmanach für das Jahr 1796*.
Frucht des 2. Aufenthaltes in Italien März–Mai 1790. Meist polemisch: gegen Italien selbst, Aberglauben, Priesterherrschaft, Frz. Revolution, Newtonsche Farbenlehre. Die Epigramme 83–102 zum Teil bereits in Weimar und Schlesien gedichtet und ursprünglich für die *Römischen Elegien* bestimmt gewesen; Bezug auf Christiane.

1796   **Jean Paul**
           (Biogr. S. 238):
           Leben des Quintus Fixlein

R.
Das Leben des Lehrers Fixlein in Flaxenfingen. Als Gegengewicht gegen *Hesperus* konzipiert. Statt der idealistischen, himmelstürmenden Charaktere idyllische Selbstbescheidung in der Art des Wuz. Die Absicht des Dichters, »der ganzen Welt zu entdecken, daß man kleine sinnliche Freuden höher achten müsse als große und daß uns nicht große, sondern kleine Glückszufälle beglücken«. Idyllische Haltung nicht durchgängig gewahrt, Fixlein hat in seinen starken Gemütsschwankungen etwas von den »hohen« Charakteren J. P.s. Ineinandergreifen wirklicher und traumhafter Szenen.

1796/97   **Jean Paul**
           (Biogr. S. 238):
           Blumen, Frucht- und Dornenstücke oder Ehestand, Tod und Hochzeit des Armenadvokaten F. St. Siebenkäs im Reichsmarktflecken Kuhschnappel

Humoristischer R.
Entst. 1795–1796.

Der Kampf des aufstrebenden, ideal gerichteten Geistes mit dem Alltag. Wieder mit stark persönlichen Zügen ausgestattete kuriose Geschichte von dem empfindsamen, träumerischen, genialischen Advokaten und Schriftsteller, der sich totmelden und scheinbar begraben läßt, um von seiner guten, aber hausbackenen Frau Lenette loszukommen. Unter dem Namen seines ihm sehr ähnlichen Freundes Leibgeber heiratet er dann die geistreiche Engländerin Natalie.

1818 verbesserte und vermehrte 2. Aufl.

1797   **Johann Wolfgang von Goethe**
           (Biogr. S. 238–245):
           Hermann und Dorothea

Epos in Hexametern. Neun Gesänge, mit dem Namen jeweils einer Muse als Titel.

September 1796 begonnen, beendet März 1797. G. übernahm die Fabel aus Göckingks Bericht über die Schicksale der 1731 aus dem Erzbistum Salzburg vertriebenen Lutheraner. Sie wurde zeitnah durch aktuelle Nachrichten über die durch die Frz. Revolution hervorgerufenen Erlebnisse von G.s früherer Verlobten Lili Schönemann, inzwischen verehelichter von Türckheim: Dorothea trägt vielleicht Züge von Lili. – Der gleiche Stoff auch in dem Dr.-Fragment *Das Mädchen von Oberkirch* (1795).

G. über seine Absicht 1796 an Johann Heinrich Meyer: »das rein Menschliche der Existenz einer kleinen deutschen Stadt ... und zugleich die großen Bewegungen und Veränderungen des Welttheaters aus einem kleinen Spiegel zurückzuwerfen ...« Mit angeregt durch Voß' *Luise.*
In die Ordnung besitzfreudiger kleinstädtischer Bürger brechen als Folge der Frz. Revolution dt. Flüchtlinge und ihr Elend ein. Der bescheidene Jüngling Hermann, beeindruckt von der vorbeiziehenden Dorothea, die ihren Schicksalsgenossen selbstlos und umsichtig beisteht, wünscht sie zur Frau, und seine Eltern willigen ein, nachdem sie sich überzeugt haben, daß auch ihre eigenen Erwartungen durch Dorothea erfüllt werden dürften.
Verherrlichung des bodenständigen dt. Bürgertums und seiner Gemeinschaftskultur. Charaktere und Sprache homerisch typisiert. Handlung auf einen halben Tag konzentriert. Weiterführung einer klassischen Gattung und Verwirklichung des klassischen Kunstideals.

Schiller sah in dem Epos den Gipfel der Goetheschen und »unserer ganzen neueren Kunst«.
Mehrfach dramatisiert, unter anderem von Ludwig Berger, Auff. 30. 3. 1961 in Berlin-West, Renaissance-Theater.

1797   **Johann Wolfgang von Goethe**
            (Biogr. S. 238–245) und
            Friedrich von Schiller
            (Biogr. S. 245–250):
            Xenien

In Sch.s *Musenalmanach für das Jahr 1797.*
1796 entstandene satirische Distichen; Plan G.s als Reaktion auf das
mangelnde Verständnis der Kritik gegenüber den Veröffentlichungen der
Horen und des *Musenalmanachs.*

Als Xenien werden bei Martial Gast- oder Küchengeschenke bezeichnet, die man
den Gästen reichte, die nicht an die häusliche Tafel gezogen wurden.

Satirisch-kritische Musterung der zeitgenössischen Lit. Scheidung von der
überholten Aufklärungslit. und aller realistischen Alltagsdarstellung (Iffland), aber z. B. auch gegen die Brüder Schlegel.

Der Almanach enthielt außerdem von Sch. *Das Mädchen aus der Fremde, Die Klage
der Ceres,* die Distichen der *Tabulae votivae; von* G. die idyllische Elegie *Alexis und
Dora* (entst. 1796).

1797/99   **Friedrich Hölderlin**
            (Biogr. S. 237):
            Hyperion oder der Eremit in Griechenland

Zweibändiger R. in Briefform. Buch 1–2 ersch. 1797, Buch 3–4 1799.

Entst. seit 1792 in Tübingen und Waltershausen, vollendet unter dem Eindruck
»Diotimas«. Einfluß von Heinse, mit dem H. im Sommer 1796 zusammentraf und
dem er die Gedichte *Brot und Wein* und (ursprünglich) *Der Rhein* widmete. Herbst
1794 in Schillers *Neuer Thalia* erste Fassung: *Fragment von Hyperion.*

Ein Bekenntnisbuch. Das Vorwort deutet auf einen Erziehungs-R., auf
den Plan, eine »exzentrische Bahn« von unschuldiger Kindheit bis zur
vollen erwachten Mannesreife zu beschreiben. Hyperion ist als ein »elegischer Charakter« bezeichnet.
Hintergrund des R. ist das moderne Griechenland, wo seit 1770 die Griechen im Bunde mit den Russen für ihre Befreiung von den Türken kämpf-
ten. Die seelische Entwicklung des Helden, eines jungen, griech. Idealisten reinster Prägung, spiegelt H.s eigene Entwicklung: seine Trauer über
die Armut und Starre der Gegenwart vor dem Abbild des alten Griechenland, seinen Wunsch, einen neuen goldenen Zustand heraufzuführen, in
dem Gott, Natur und Mensch wieder eins sind, seine seelische Erlösung
durch die ideale Liebe zu Diotima, die ihn – vergebens – lehrt, nicht zu
schwärmen, sondern sich ernst zu bilden, zu reifen, seine Sehnsucht nach
der großen heroischen Tat, die in der Schaffung einer neuen Gemeinschaft auf der Grundlage gläubiger Einheit mit der göttlichen Natur besteht. H.s Held scheitert, als sein Freund Alabanda, ein nach Fichtes
Philosophie gebildeter Tatmensch, ihn zu übereiltem Eingreifen in den

griech. Aufstand verführt, und als sich zeigt, daß seine Zeitgenossen noch nicht reif sind für seine hohen Ideale. Verzweifelnd an den Menschen, an der Liebe, ja an der Philosophie, sucht Hyperion, nachdem ihn Alabanda vor dem selbstgewählten Tod bewahrte, sein letztes Heil in resignierter Naturliebe. Haben ihn die dt. Menschen, zu denen er sich begab, um die neue Zeit zu ihnen zu tragen, auch enttäuscht, da dieses Volk »in seinem Fach bleibt und sich nicht viel ums Wetter kümmert«, so erlöst ihn doch der dt. Frühling und die dt. Natur. Die Natur ist die alleinige Geisteswirklichkeit. Dithyrambischer Preis des Todes, des »Zurückfließens in die Natur«: » o du mit deinen Göttern, Natur! ich hab ihn ausgeträumt, von Menschendingen den Traum, und sage: Nur du lebst . . .«

Vgl. Fortgestaltung des Problems in den *Empedokles-Fragmenten*.

Zwei Erzählebenen, eine rückgreifend berichtende und eine gegenwärtig analysierende, verschmelzen in den letzten beiden Briefen. Die lyrischen Elemente gipfeln in *Hyperions Schicksalslied* (4. Buch).
Mit Diotima, deren Name auf die mantineische Seherin in Platos *Gastmahl* zurückgeht, die Plato als Lehrmeisterin der Liebe für den Philosophen Sokrates wählte, schuf H. ein Abbild seiner Seelenfreundin Susette Gontard.

1797 ff.   Friedrich Hölderlin
            (Biogr. S. 237):
            Empedokles-Fragmente

Von H. selbst nicht veröffentlicht, 1799 Vorhandenes für das von ihm geplante Journal vorgesehen.
1. Sog. Frankfurter Plan: »Ich habe den ganzen detaillierten Plan zu einem Trauerspiele gemacht, dessen Stoff mich hinreißt« (H. an seinen Halbbruder Anfang August 1797). Titel des Plans: *Empedokles. Ein Tr. in 5 Akten.*
2 a. Erste Fassung unter dem Titel *Der Tod des Empedokles.* Vermutlich im Winter 1798 auf 1799 in Homburg. Von allen vorliegenden Fassungen am weitesten ausgeführt (zwei fast vollständige Akte).
2 b. Zweite Fassung, entst. 1799–1800; größere Teile von ihr verschollen, erhalten drei Szenen des 1. Aktes, zwei Szenen vom Schluß des 2. Aktes. Die Planskizze sieht fünf Akte vor.
3. Nach theoretischer Klärung von Stoff und Aufgabe in den Aufsätzen *Grund zum Empedokles* und *Das untergehende Vaterland* bilden die Entwürfe zu einem Dr. *Empedokles auf dem Ätna* (drei Szenen und Szenenentwurf) die letzte Phase in H.s Gestaltung des Stoffes.

Der antike Philosoph Empedokles von Agrigent (490–430 v. Chr.), zugleich Staatsmann, Arzt und Magier, stammte aus vornehmem Hause und soll dennoch bei der Beseitigung der aristokratischen Herrschaft in Agrigent mitgewirkt haben. Der Legende nach stürzte er sich in den Schlund des Ätna, um den Glauben an seine Göttlichkeit bei seinen Anhängern zu erhalten. Seine philosophische Lehre bezeichnet Haß und Liebe als die bewegenden kosmischen Kräfte, definiert die vier Elemente, preist die immer wieder hergestellte Harmonie des Weltalls und bekennt sich zur Seelenwanderung.

H.s Hauptquelle, die Darstellung durch Diogenes Laertius (3. Jh. n. Chr.), enthält bereits das Motiv der Schuld durch Selbstüberhebung, den Sturz in den Ätna als Tat aus Geltungsdrang, durch die Empedokles habe unsterblich werden wollen. Diesen Tod aus »Übermut«, mit dem Empedokles den Menschen sein dichterisches Wort entzog, übernahm bereits H.s Ode *Empedokles,* die eine Frühstufe der Stoffaneignung darstellt.

Für H. ist Empedokles der Dichter und Seher, in dem sich die Harmonie des All-Einen spiegelt, der an den Unvollkommenheiten des Einzeldaseins leidet und der schließlich sein Einzelleben für die Lösung der Dissonanzen opfert. Im Frankfurter Plan ist noch nichts von Hybris oder Schuld angedeutet. Da die Vereinigung mit dem All im Leben nicht möglich ist, faßt Empedokles den Entschluß, sich ihm im Tode zu vereinen.

Der Tod des Empedokles setzt als Tatbestand voraus, daß Empedokles seinem Volke eine geistigere Religion verkünden wollte, daß es ihm gelingt, seine Mitbürger kraft seiner geheimen Macht über die Natur, die er in den Dienst der Gläubigen zwingt, zu gewinnen, daß aber schließlich das Volk ihn anbetet und nicht seine Botschaft. Das Dr. zeigt zu Beginn den durch Hybris hervorgerufenen Verlust der Einigkeit mit der Natur und den Entschluß zum Tode. Es behandelt die Abwendung des Volkes von dem innerlich gebrochenen Philosophen durch einen schlauen Priester, die Verbannung des Empedokles und sein todbereites Zuschreiten auf den Ätna, um sich den Göttern zu opfern und so dem blinden Volke die Augen über seine Lehre zu öffnen. Als dieses ihn zurückholen will, verkündet er sein revolutionäres Vermächtnis: »Dies ist die Zeit der Könige nicht mehr . . .«; mit »teilt das Gut« klingen Ideen der von Babeuf inspirierten Conspiration des Égaux an (Pierre Bertaux). Die 2. Fassung rückt das Problem der »Wortschuld« an zentrale Stelle: Empedokles hat sich, um dem Volk seine Lehre glaubhaft zu machen, einen Gott genannt; er wird deshalb verflucht und verbannt. Seine Schuld ist eine mit dem Dichteramt verbundene Schuld, sie stürzt ihn in Zweifel an seiner Aufgabe. In *Empedokles auf dem Ätna* wird der große Einzelne, der seinen eigenen Sühnetod sterben wollte, auch im Tode an das Ganze des Volkes gebunden. Der Dichter ist vom Herrn der Zeit berufen und muß den Auftrag der Zeit erfüllen. Ein Wort-Vermächtnis genügt nicht, es bedarf eines Opfertodes, damit nicht nur er, sondern das Ganze verwandelt und entsühnt werde.

Die Dg. konzentrierte sich im Laufe der Umgestaltungen immer mehr auf Empedokles' Gang zum Tode, der aus einem ich-bezogenen Tod zu einem Mittler-Tod wird. Der Frankfurter Plan sah einen Akt für diesen Gang vor, die beiden Fassungen von *Der Tod des Empedokles* vier Akte, *Empedokles auf dem Ätna* alle fünf Akte. Als besonderes Thema schält sich die Frage heraus, worin Reifwerden zum Tode bestehe, was Reifsein zum

Tode sei und zu bewirken vermöge. Mit dem *Hyperion* verwandt in der Grundstimmung der Verzweiflung, der nur die Rückgabe des Lebens an die Natur übrigzubleiben scheint. *Der Tod des Empedokles* nimmt die Problematik des Lebens an dem Punkt dichterisch wieder auf, an dem H. sie am Schluß des *Hyperion* offengelassen hatte.

Arbeitete der Frankfurter Plan offenbar noch mit lebhaft bewegtem Szenenwechsel und mit psychologischer Begründung in der Art von Shakespeare und Schiller, so verzichtet die erste Fassung auf die mehr zufälligen Einzelheiten und zeigt eine antike strenge Fügung mit nur wenigen Rollen. Rhythmisch bewegte Prosa, in Jamben übergehend. Breite episch-lyrische Monologe des Empedokles. Für die dritte Fassung, *Empedokles auf dem Ätna,* war ein Chor in Aussicht genommen.

1798   **Johann Wolfgang von Goethe**
              (Biogr. S. 238–245) und
              Friedrich von Schiller
              (Biogr. S. 245–250):
              Balladen

In Sch.s *Musenalmanach für das Jahr 1798,* sog. Balladen-Almanach.
G.: »Nach dem tollen Wagestück mit den *Xenien* müssen wir uns bloß großer und würdiger Kunstwerke befleißigen und unsere poetische Natur, zur Beschämung aller Gegner, in die Gestalten des Edlen und Guten umwandeln.«
Der Almanach enthält von G.: *Der Schatzgräber* (entst. 1797; angeregt durch ein Bild; nicht durch Schatzgraben wird das Glück errungen: »Tages Arbeit, abends Gäste! Saure Wochen, frohe Feste! Sei dein künftig Zauberwort.«) *Der Zauberlehrling* (entst. 1797; Ohnmacht des bloßen Nachahmers, Beziehung zu den lit. Fehden G.s und Sch.s); *Vier Romanzen von der Müllerin* (entst. 1797; Dialoge zwischen dem verliebten Knaben, der Müllerin, dem Mühlbach, die, zum Zyklus vereint, einen »kleinen R.« ergeben, Anknüpfung an volkstümliche Überlieferung europäischer Länder [Pastourelle], Weiterwirken auf die Romantik); *Die Braut von Korinth* (entst. 1797; »Vampyrisches Gedicht«; Verletzung des Naturrechts des Menschen kann nur durch Versöhnung mit der Natur gesühnt werden); *Der Gott und die Bajadere* (entst. 1797; indische Legende; Magdalenenmotiv; Adel der Liebe: »Unsterbliche heben verlorene Kinder mit feurigen Armen zum Himmel empor.«); *Die Legende vom Hufeisen* (entst. 1797; Knittelvers; Nachklang von *Hans Sachsens poetische Sendung*); die Elegie *Der neue Pausias und sein Blumenmädchen* (entst. 1797; G.s Liebe zu Christiane). Nach den frühen Balladen *Der untreue Knabe* (1774 in *Claudine von Villa Bella), Der König in Thule* (entst. 1774, aus dem *Faust), Der Fischer* (entst. 1778, Druck 1779), *Der Erlkönig* (1782 in *Die Fischerin),* die starken Zusammenhang mit der naturhaften und irrationalen Volksballade (*Ossian,* Percy, Herder) zeigen, hat die

klassische Ballade G.s mehr epischen Charakter, ist klarer in Form und
Gehalt, rückt von dem Zwielichtigen und Sprunghaften der Volksballade
ab. Im Zentrum steht eine ethische Idee, die Gedankenwelt der Humanität.
Von Sch.: *Der Ring des Polykrates* (entst. 1797); *Der Taucher* (entst.
1797); *Die Kraniche des Ibykus* (entst. 1797; Idee der Schaubühne als
einer moralischen Anstalt); *Der Gang nach dem Eisenhammer* (entst.
1797); *Der Handschuh* (entst. 1797). Sch.s Balladen sind im Vergleich zu
denen G.s von dram. Grundstruktur. Der moralische Satz, um den sie
gebaut sind, tritt aufdringlicher hervor. Sie stellen äußerste Entfernung
von der Volksballade dar und wurden Vorbild für den größten Teil der
Balladendg. des 19. Jh.

Im Almanach von 1799 erschienen die 1798 entstandenen: *Der Kampf mit dem
Drachen, Die Bürgschaft.*

1798/99   Friedrich von Schiller
           (Biogr. S. 245–250):
           Wallenstein

Dram. Gedicht, bestehend aus: *Wallensteins Lager,* Vorsp. 1; *Die Piccolomini,* Schsp. 5; *Wallensteins Tod,* Tr. 5. Auff. von *Wallensteins Lager*
12. 10. 1798 zur Eröffnung des umgebauten Weimarer Theaters. Auff.
von *Die Piccolomini* 30. 1. 1799 in Weimar. Auff. von *Wallensteins Tod*
(als *Wallenstein*) 20. 4. 1799 ebd.

Sch. faßte bereits 1791 während der Arbeit an der *Gesch. des Dreißigjährigen Krieges* die Idee einer dram. Bearbg.: »Wallensteins Tod ein begeisterndes Sujet für eine
historische Tragödie«. 1794 Ausführung einiger Szenen in Prosa. März 1796 Rückkehr zum Stoff, nach Schwanken zwischen einem Wallenstein- und einem Malteser-
Dr. Frühjahr 1797 Entstehung des »Prologs« (= *Wallensteins Lager),* der den realistisch gesehenen ehrgeizigen Rechner Wallenstein als von seinen Verhältnissen abhängig zeigen soll. Sommer 1797 Arbeit am Hauptteil; November Übergang zum
jambischen Fünffüßler. September 1798 Erweiterung des »Prologs«, Aufteilung in
eine Trilogie; Sch. an Körner: »Ohne diese Operation wäre der *Wallenstein* ein
Monstrum geworden an Breite und Ausdehnung. Jetzt sind es mit dem Prolog drei
bedeutende Stücke, davon jedes gewissermaßen ein Ganzes, das letzte aber die
eigentliche Tr.« Im Oktober entsteht das »Gedicht« (= *Prolog).* Fertigstellung des
Ganzen 17. 3. 1799.
Bei der Uraufführung hatten *Die Piccolomini* und *Wallensteins Tod* eine von der
heutigen abweichende Aufteilung des Stoffes. Nach dem Bericht des Schauspielers
Eduard Genast waren die ersten vier Akte der *Piccolomini* in zwei zusammenge-
drängt, der fünfte bildete den dritten, der vierte begann mit dem astronomischen
Turm, der fünfte mit den Worten Wallensteins: »Mir meldet er aus Linz . . .« Dem-
nach waren zwei Akte von *Wallensteins Tod* zu den *Piccolomini* gezogen worden.
Wallensteins Tod begann mit den Worten der Gräfin Terzky: »Ihr habt mir nichts zu
sagen, Base?« Die drei Akte waren in fünf eingeteilt; der dritte endete mit einem
Monolog Buttlers, der in der gedruckten Ausg. von *Wallenstein* fehlt.
Der historische Albrecht von Wallenstein wurde 1625 kaiserlicher Obergeneral über

ein Söldnerheer. 1633 Spannung mit der katholisch-spanischen Partei am kaiserlichen Hof. Wallenstein führte geheime Verhandlungen mit Schweden, Sachsen und Franzosen. Kaiserliches Patent vom 18. 2. 1634 erklärte ihn für abgesetzt. Am 25. 2. 1634 in Eger ermordet auf Veranlassung des irischen Obersten Buttler. Sch. schloß sich seinen Quellen und den darin enthaltenen Dokumenten eng an.

Wallenstein, der Sch. zunächst als revolutionärer Kämpfer interessiert hatte, war allmählich nicht mehr der begeisternde Held. Das Charakterproblem rückte in den Mittelpunkt, Objektivität der Darstellung erstrebt (bis auf Thekla und Max). Während der Ausführung beeinflussendes Studium Shakespeares und der antiken Dramatiker. Analytische Technik: Lebenskurve Wallensteins fällt von Anfang an. Kernproblem die Willensfreiheit. Wallenstein betrügt sich selbst und schwankt unentschlossen. Höhepunkt der ursprünglich fünfaktigen Komposition die Szene Max – Wallenstein, das Aufeinandertreffen von Idealismus und Realismus: Wallenstein erkennt, was er hätte tun sollen.

Nach dem einführenden *Lager* bringen *Die Piccolomini* das Intrigenspiel um Wallensteins Sieg oder Ende. Es bilden sich die Parteien Wallenstein und die Schweden – Octavio Piccolomini und der Kaiser. Beide ringen um die Gunst des Lagers und um Octavios Sohn Max. Wallenstein, erst im *Tod* im Vordergrund stehend, erkennt vor dem Zwang, entweder mit dem Kaiser oder mit den Schweden zu brechen, daß das Leben kein Spiel mit der Phantasie oder dem Sternenglauben ist und daß es keine Halbheiten duldet. Er muß handeln und begibt sich nach Eger, indes der von Octavio gedungene Buttler schon seinen Tod vorbereitet. Max, den bis zu den Enthüllungen seines Vaters die Liebe zu Wallensteins Tochter Thekla und die Verehrung für Wallenstein an den umstellten Feldherrn band, findet nach dem Zusammenbruch seines Idealismus den Ausweg im Schlachtentod: »Vertrauen, Glaube, Hoffnung ist dahin, denn alles log mir, was ich hoch geachtet.«

Sch. nach der Auff. von *Wallensteins Tod:* »Es war darüber nur eine Stimme, und die nächsten acht Tage wurde von nichts anderem gesprochen.«
Druck des gesamten Werkes nach Änderung der für die Uraufführungen benutzten Aktverteilung 1800.

1799   **Friedrich Hölderlin**
             (Biogr. S. 237):
             Gedichte

In Schillers *Musenalmanach* erschienen *Sokrates und Alkibiades, An unsere großen Dichter* und in Neuffers *Taschenbuch für Frauenzimmer von Bildung* erschienen *Diotima, An ihren Genius, Lebenslauf, Ehemals und jetzt, Die Heimat* 1. Fassung, *Ihre Genesung, An die Deutschen, An die Parzen* u. a.

Entst. meist in Frankfurt 1796–1798.

Reife antikische Formen. Diotima-Glück und Diotima-Leid. Sehnsucht nach Ruhe. Verkündung der Schönheit, der sich die Weisheit beugt. Die Dichter als aufrüttelnde Gesetzgeber. Bogenstil, der Zeilen- und Strophengrenzen überwölbt. Gliederung durch »gegenrhythmisches« Prinzip. Dialektischer Aufbau.

August Wilhelm Schlegel in der Rezension des *Taschenbuchs:* »Den sonstigen Inhalt des Almanachs möchten wir fast auf die Beiträge von H. einschränken ... H.s wenige Beiträge sind voll Geist und Seele ...« (*Allgemeine Lit.-Ztg.* Nr. 71 vom 2. 3. 1799).

1800   **Friedrich von Schiller**
(Biogr. S. 245–250):
Das Lied von der Glocke

In Schillers *Almanach für das Jahr 1800.* Saeculardg.

Plan 1791 in Rudolstadt; Beginn 1799 nach der Lektüre von Goethes *Benvenuto Cellini* (darin Beschreibung einer Erzgießerei). Studium der technischen Vorgänge des Glockengusses. Beendet September 1799.

Preis des bürgerlichen Lebens, in dem Kultur und Natur sich harmonisch vereinen. Das Ganze gesprochen vom Glockengießermeister: 10 Meistersprüche, äußerlich durch metrische Übereinstimmung abgeschlossen; zwischen ihnen stehen neun Betrachtungen in wechselndem Versmaß. Die Meistersprüche begleiten das Werden der Glocke vom Beginn des Gießens bis zur Vollendung. Unter den neun Betrachtungen weisen die ersten beiden und die neunte auf den Sinn der Arbeit an der Glocke und auf deren Bedeutung hin, die dritte bis achte Betrachtung schildern im Anschluß an die Aufgaben der Glocke Szenen aus dem bürgerlichen häuslichen und öffentlichen Leben. Der letzte Meisterspruch weist der Glocke ihre vornehmste Aufgabe: »Friede sei ihr erst Geläute.«

Große Nachwirkung des Gedichts im ganzen 19. Jh. Goethe gab seinem dichterischen Nachruf auf Sch. den Titel *Epilog zu Schillers Glocke* (Stanzen; für die Trauerfeier im Lauchstädter Theater 1805 in kürzerer Fassung, erweiterte Fassung erst bei den Wiederholungsfeiern 1810 und 1815).

1800   **Friedrich von Schiller**
(Biogr. S. 245–250):
Maria Stuart

Tr. 5, in Jamben. Auff. 14. 6. in Weimar.

Nach Beendigung des *Wallenstein* im April 1799 unter Goethes Einfluß Studium der hist. Quellen. Arbeitsbeginn Juni 1799, Abschluß 9. 6. 1800.
Maria Stuart, geb. 1542, übernahm nach dem Tode ihres ersten Gemahls, Franz II. von Frankreich, die Regierung in Schottland und heiratete in dritter Ehe Bothwell, den Mörder ihres zweiten Mannes, Heinrich Darnley. Aufstand der protestantischen Schotten, Gefangennahme der Königin und Flucht nach England 1568. Hier bis

1587 gefangengehalten und am 8. 2. 1587 in Fotheringhay wegen Teilnahme an Verschwörungen gegen das Leben der engl. Königin Elisabeth hingerichtet.

Handlung des Dr. setzt nach der Verurteilung Marias ein. Analytische Technik des Euripides: Darstellung der gesamten Vorgeschichte in die Handlung einbezogen. Maria passive Heldin, ihr Leiden Gegenstand der Tr., in der es um Vollzug oder Vereitelung des Urteils geht. Sch. glaubt an Marias Schuld am Tode Darnleys, die historisch nicht sicher ist, nicht an eine Verschwörung gegen Elisabeth. Maria lernt, das ihr von Elisabeth zugefügte Unrecht moralisch als ein Recht zu empfinden: als Strafe für eine frühere Schuld. Vom realistischen Sinnenmenschen entwickelt sie sich zum Idealismus: »Gott würdigt mich, durch diesen unverdienten Tod die frühe schwere Blutschuld abzubüßen.« Maria ist für Sch. im Gegensatz zu Elisabeth die wahre Königin an innerer Haltung und äußerer Schönheit, durch die sie Elisabeths Eitelkeit kränkt. Elisabeths dram. Entwicklung führt abwärts von der Höhe der Macht zu allmählicher Erniedrigung und Vereinsamung. Die theatralisch wirksame Mittelszene des Zusammentreffens zwischen beiden Königinnen, in der sich Maria als die innerlich überlegene erweist, ist unhistorisch.

Buchausg. 1801.

1800/03   Jean Paul
            (Biogr. S. 238):
            Titan

R. 4 Bdd.

Seit 1792 geplant als »Kardinalroman«. Ansatz der Ausarbeitung wahrscheinlich 1794, 6. 12. 1802 letzter Bd. abgeschlossen. Als »Hauptplan«: »unglücklich durch Genie«, »vorstechender Zug« des Helden »Kraft« (Schmierheft 1794). Schwebte bereits bei Abfassung der *Unsichtbaren Loge* (1793) vor, Ähnlichkeit mit dieser und dem *Hesperus:* wieder Entwicklungsgang eines Helden von der ersten Kindheit bis zur Reife des Mannes.

Die äußerst verwickelte und unwahrscheinliche Handlung bei interessanten Charakteren führt in Albano das Übermaß einer genialischen Kraftnatur vor, die in die Bahnen und Schranken des Maßes verwiesen werden soll. Als echter Typ der Sturm-und-Drang-Zeit tritt Roquairol, ein »Abgebrannter des Lebens« auf; selbstsüchtig, blasiert, übersättigt, gibt er sich theatralisch auf der Bühne selbst den Tod. »*Titan* sollte heißen Anti-Titan. Jeder Himmelsstürmer findet seine Hölle; wie jeder Berg zuletzt seine Ebene aus seinem Tale macht. Das Buch ist der Streit der Kraft mit der Harmonie. Sogar Liane, Schoppe müssen durch Einkräftigkeit versinken; Albano streift daran und leidet wenigstens« (J. P. an Friedrich Jacobi 8. 9. 1803).

Das Ideal ist allseitige Ausbildung, gegen Goethes einseitig ästhetisch fundierte »Einkräftigkeit«. Gegensatz des Theaters im *Wilhelm Meister* und im *Titan,* wo es zur charakterlosen Selbstbespiegelung wird. Außerdem auch gegen die Überspannung des ästhetischen Gedankens in der Romantik gerichtet. Typisch für die Frauengestalten J. P.s, die alle sterben, weil sie zu gut und zu zart sind und an der Gefühlsüberhitzung des eigenen Wesens zugrunde gehen, ist Liane, deren Gegentyp Linda nach dem Vorbild der Charlotte von Kalb gezeichnet ist. Unerschöpfliche Fülle von Briefen, Gesprächen, geistreichen Einfällen, Bildern, Vergleichen. Berühmt der Sonnenaufgang auf den Inseln des Lago Maggiore im Anfang des R.

Wirkung des Buches nicht den Erwartungen des Dichters entsprechend; Enttäuschung, auch seiner Freunde, schon beim ersten Bd., erlahmendes Interesse bei den weiteren. Tieck: der *Titan* nur ein verdickter Cramer (C. war einer der flachsten und tränenseligsten Modeschriftsteller).

1801   **Friedrich von Schiller**
          (Biogr. S. 245–250):
          Die Jungfrau von Orleans

»Eine romantische Tragödie« 5, in Jamben. Auff. 11. 9. in Leipzig. Druck als *Taschenkalender auf das Jahr 1802.*

Entst. vom 1. 7. 1800 bis 16. 4. 1801.
Jeanne d'Arc, geb. 1412 in Domrémy, genannt Jungfrau von Orleans, weil sie in den Kämpfen Karls VII. gegen die Engländer dieser Stadt Entsatz brachte und Karls Krönung in Reims ermöglichte. 1430 bei Compiègne von den Burgundern gefangen und den Engländern ausgeliefert, wurde sie 1431 in Rouen von einem geistlichen Gerichtshof als Zauberin und Ketzerin verurteilt und verbrannt. Das Urteil wurde 1456 auf Befehl des Papstes widerrufen. Seligsprechung 1894, Heiligsprechung 1920.

Dram. Behandlung in Frankreich seit dem 16. Jh. nachweisbar. Voltaires *Pucelle d'Orléans*, komisches Heldenepos gegen den Wunderglauben, in dem die Jungfrau-Legende als Schwindel hingestellt und die Figur des Mädchens lächerlich gemacht wird (dt. 1763), forderte Sch.s Widerspruch heraus. In dem Gedicht *Voltaires Pucelle und die Jungfrau von Orleans* (1801, später *Das Mädchen von Orleans)* stellt er die eigene dichterische Verklärung der witzelnden aufklärerischen Behandlung gegenüber: »Es liebt die Welt, das Strahlende zu schwärzen und das Erhabne in den Staub zu ziehn.«
Der dem Werk beigegebene Untertitel »Romantische Tr.« bedeutet den Gegensatz zum Klassischen und zum Historischen, das dichterisch gesteigert wird; Abwendung vom gesch. Wirklichen zum Dr. als Legende (Benno von Wiese). Weder Prozeß noch Verbrennung werden dargestellt. Die Wunderwelt der Legende wird ernst genommen. Das Wunderbare ist poetisches Gleichnis für die Darstellung des Übersinnlichen. Der tragische Konflikt Johannas liegt in dem Zwiespalt zwischen ihrer Sendung und ihrer Person als Mensch und Frau. Weil Johanna für Gottes Sache kämpft, muß ihre Sendung von allem frei sein, was ihre eigene Sache sein könnte: sie muß rein sein, sie repräsentiert Sch.s Begriff des Erhabenen.

Im Augenblick, wo sie ihren Feind Lionel liebt, zeigt sich, daß auch das Heilige der Welt verfallen ist. Ihre Kraft erlischt, »in strengem Dienst muß sie geläutert werden«, bis sie ihrer Sendung sich selbst als Opfer bringt und auf dem Schlachtfeld in die Verklärung eingeht.

In Weimar ließ sich der Herzog Sch.s Ms. geben, da er Unschicklichkeiten im Zusammenhang mit der Auff. befürchtete, möglicherweise auch im Hinblick auf Theaterklatsch im Falle einer Besetzung der Titelrolle mit seiner Geliebten, Karoline Jagemann. Erste Auff. in Weimar 23. 4. 1803.

1801/08   Friedrich Hölderlin
              (Biogr. S. 237):
              Spätlyrik

Elegien, Hymnen, verstreut gedruckt in Almanachen und Taschenbüchern.

Es erschienen u. a.: *Heidelberg* (entst. 1800), *Menons Klagen um Diotima* (entst. 1800), *Rückkehr in die Heimat* (entst. 1800), *Der Archipelagus* (entst. 1800), *Stuttgart* (entst. 1801, zunächst gedruckt unter dem Titel *Die Herbstfeier), Brot und Wein* (entst. 1801), *Der Rhein* (entst. 1801), *Patmos* (entst. 1802?), *Ganymed* (entst. 1803). Diese großen lyrischen Schöpfungen, zu denen noch zum Teil erst im 20. Jh. veröffentlichte kommen *(Wie wenn am Feiertage,* entst. 1800, gedruckt 1910; *Germanien,* entst. 1801, gedruckt 1895; *Friedensfeier,* entst. 1801/02, gedruckt 1954), sind »Herz, Kern und Gipfel des H.schen Werkes« (Norbert von Hellingrath). Unerschöpflich an edlen Metaphern, ersehnen sie in antikischen elegischen und freien Rhythmen Wiederkehr göttlicher Macht, Nähe des Dichtergottes Bacchus, neuen Göttertag über der Nacht der Gegenwart, ein neues Griechenland, wiedergeboren von der »Jungfrau Germanien«. Sinnbeladen, orphisch, in heiliger Trunkenheit und geistiger Umdunklung oft mehr andeutend als aussagend, griech.-dt. durch harte Fügung der Wörter waren sie wenigen Romantikern, August Wilhelm Schlegel, Bettina Brentano, Zeugnisse ungewöhnlichen Dichtertums, dem 19. Jh. sonst fast unzugänglich, der Gegenwart eine einzigartige Sprachleistung, in der Dichtung, Theologie, Mythos und Philosophie verschmolzen sind.

Der Slg. von H.s *Gedichten* durch Ludwig Uhland und Gustav Schwab (1826) und den *Sämtlichen Werken* (1846, hgg. Christoph Theodor Schwab) folgte Klärung der Hs.- und Textverhältnisse und Erschließung seit Norbert von Hellingrath (1913 ff.).

1803   Friedrich von Schiller
              (Biogr. S. 245–250):
              Die Braut von Messina oder
              Die feindlichen Brüder

Tr. 5, mit Chören. Auff. 19. 3. in Weimar mit großem Erfolg. Druck im gleichen Jahr.

Arbeitsbeginn Mai 1801. Sch. damals noch zwischen den *Maltesern,* der *Braut von Messina* und dem *Warbeck* schwankend. Vollendung 1. 2. 1802.

Frei erfundene Fabel, mit lit. Assoziationen, z. B. Leisewitz' *Julius von Tarent* u. a. Stofflich den *Räubern* ähnlich, formal entgegengesetzt. »Neigung und Bedürfnis ziehen mich zu einem frei phantasierten, nicht historischen ... und zu einem bloß leidenschaftlichen und menschlichen Stoff, denn Soldaten, Helden und Herrscher habe ich vor jetzt herzlich satt« (an Goethe März 1799).

Bruderfeindschaft zwischen Don Manuel und Don Cesar, die sich einer Weissagung gemäß um ihrer Schwester willen gegenseitig umbringen sollen und diesem Schicksal auch trotz aller Vorsichtsmaßnahmen der Mutter, die vermittelnd zwischen ihnen steht, nicht entgehen. Die Handlung wird nach Art des Sophokleischen *Ödipus* analytisch entwickelt: »Alles ist schon da, es wird nur herausgewickelt.« Anknüpfung an die antike Schicksalsidee, das Geschick jedoch als Vererbung des Charakters gesehen und dabei der Schein der Willensfreiheit aufrechterhalten. »Der freie Tod nur bricht die Kette des Geschicks.« Mit der analytischen Technik des Sophokles ist die progressive Shakespeares vereinigt: das Verbrechen – der Brudermord – liegt nicht vor Beginn, sondern am Schluß der Handlung.

Anverwandlung der Antike auch in der Form. Jambische Fünffüßler, die in gereimte Verse übergehen, Trimeter, die Chöre gereimte und ungereimte Oden- und Hymnenformen. Daneben Versmaße der Renaissance: Ottaverime und andere stanzenähnliche Formen. Weiterwirken von Renaissance- und Barocktradition auch in den Allegorismen. Wiedererweckung des antiken Chors, allerdings als Mitträger der Auseinandersetzung und in Zweiteilung: Manuels Chor mehr idealisierter Zuschauer, Cesars Chor mehr aktiv eingreifend, den Temperamenten der Brüder angepaßt.

Nach Eduard Genast wollte Sch. selbst die größeren Reden des Chors unisono sprechen lassen; man beschränkte sich aber in Weimar auf kleinere Perioden, um Undeutlichkeit zu vermeiden und den Rhythmus einzuhalten. Die Buchausg. enthält eine Abhandlung *Über den Gebrauch des Chors in der Tr.:* »Der Chor reinigt ... das tragische Gedicht, indem er die Reflexionen von der Handlung absondert und eben durch diese Absonderung sie selbst mit poetischer Kraft ausrüstet ... So wie der Chor in die Sprache Leben bringt, so bringt er Ruhe in die Handlung.«

1803   **Johann Wolfgang von Goethe**
       (Biogr. S. 238–245):
       Die natürliche Tochter

Tr. 5, in Jamben. Auff. 2. 4. in Weimar.
Erster Teil einer geplanten Trilogie über Verlauf und Ideen der Frz. Revolution. Handschriftliches Schema der Forts. erhalten.

Angeregt 1799 durch die Lektüre der Memoiren der illegitimen Prinzessin Stephanie Luise von Bourbon-Conti (1798); unmittelbar darauf Plan zum Dr.; 1. Akt Ende 1801, Weiterarbeit Frühjahr 1802 bis März 1803.

Eugenie, unehelich, zunächst im Verborgenen lebend, dann am Hof, gerät durch ihren Halbbruder, der gegen sie intrigiert, vor die Wahl, in der Ferne zu sterben oder durch Heirat mit einem einfachen Mann politisch unschädlich zu werden. Sie zieht dies dem Tod in der Verbannung vor, in der Hoffnung, auch so ihr Vaterland vor den Stürmen der Revolution retten zu helfen. Entwicklung eines weiblichen Charakters von »kindlicher Naivität« bis zum »Heroismus«.

Klassischer Dr.-Stil in fast abstrakter Reinheit, Stilisierung der Sprache im Anschluß an das Griech., strenge Gesetzmäßigkeit im Bau der Verse. Nur die Heldin Eugenie als Individuum dargestellt, alle anderen Personen ohne Namen, verkörperte Begriffe, typische Vertreter ihres Standes, »generisch« gesehen: König, Herzog, Graf, der Weltgeistliche. Zeit und Ort nicht bestimmt.

Druck im *Taschenbuch auf das Jahr 1804* (1804).

1804   **Friedrich von Schiller**
             (Biogr. S. 245–250):
             Wilhelm Tell

Schsp. 5, in Jamben. Auff. 17. 3. in Weimar. Buchausgabe Oktober des gleichen Jahres »Zum Neujahrsgeschenk auf 1805«.

Beginn der Arbeit Ende Januar 1802, Hauptarbeit von August 1803 bis 18. 2. 1804. Quellen: Ägidius Tschudi *Chronicon Helveticum* (1734–1736), das alte *Urner* und *Zürcher Volkssp.* (1511 und 1545). Übernahme vieler quellenmäßig belegter Züge aus der Tell-Sage. Die Tell-Sage mit dem uralten, auch in der Wielandsage (Eigils Schuß) auftretenden Apfelschuß-Motiv ist eine Wandersage, die sich bereits bei Saxo Grammaticus findet; im 14. Jh. Erfindung der Geßler-Gestalt im Zusammenhang mit den Freiheitskämpfen der Schweizer Kantone gegen die Vögte der Habsburger. Eingehende Landschaftsstudien, Benutzung eines Lexikons der Schweizer Sprache. Goethe plante 1797 epische Behandlung des Stoffes.

Sch.s Dr. vereinigt die Erneuerung des sagenhaften Tell-Stoffes und die Behandlung des gesch. Schweizer Freiheitskampfes mit der Rudenz-Bertha-Handlung, die die Wandlung eines habsburghörigen Schweizer Adligen zum Anhänger der Freiheitsbewegung zeigt. Die drei Elemente durch die Idee der Freiheit miteinander verschmolzen. Geht es bei dem Volk mehr um die physisch-persönliche Freiheit, so bei Tell selbst um die moralische Freiheit. Held des Dr. ist das ganze Volk, obgleich die einzelnen Gestalten individuelle Züge haben, besonders Tell, dessen Entwicklung vom abseits lebenden, selbstgenügsamen Jäger zum Tyrannenmörder und Retter seines Volkes dargestellt wird. Berühmte Kernszene der Rütli-schwur: »Wir wollen sein ein einzig Volk von Brüdern.«

1804   Jean Paul
            (Biogr. S. 238):
            Vorschule der Ästhetik

Dg.-theoretische Abhandlung.

Geschrieben in Coburg Herbst 1803 bis Sommer 1804; Zeugnis des Bildungswandels während der Wanderjahre.

Weniger Ästhetik als Poetik, da nur von der Dichtkunst, in Form lose miteinander verknüpfter Einzelabhandlungen, gesprochen wird. Die Einzelabschnitte »Programme« genannt, mit dem 6. beginnt die eigentliche Poetik.
In den Bemerkungen über den R. eine Einteilung in ital., dt. und ndld. Schule. Zur ital. rechnete J. P. *Titan*, zur dt. *Siebenkäs* und *Flegeljahre*, zur ndld. *Wuz, Fixlein* und *Fibel*. Für die Erkenntnis von J. P. ebenfalls wichtig geworden seine Bemerkungen *Über das Lächerliche, Über die humoristische Dichtkunst, Über den Witz* u. a. Humor definiert als Darstellung der unauflösbaren Spannung zwischen idealistischem Wollen und der Verhaltung im Wirklichen. Der Humor decke die Kluft, der der Tragiker auf den Grund schaut, schonend zu. Humor ist das umgekehrte Erhabene. Jeder rechte Dichter »wird begrenzte Natur mit der Unendlichkeit der Idee umgeben und jene wie auf einer Himmelsfahrt in diese verschwinden lassen«. Der Schluß enthält ein begeistertes Bekenntnis zu Herder.

1804/05   **Friedrich von Schiller**
            (Biogr. S. 245–250):
            Demetrius

Tr.-Fragment.

10. 3. 1804 Beginn der Arbeit, an deren Vollendung den Dichter der Tod hinderte. Der Demetrius-Stoff ein dem *Warbeck* verwandter, vor dem ihm Sch. den Vorzug gab: Kronprätendenten-Tr. Der sog. falsche Demetrius gab sich 1605 für Demetrius V. (1583–1591), den von Boris Godunow ermordeten Sohn Iwans des Schrecklichen, aus.

Vollendet sind nur der 1. Akt und die ersten 3 Szenen des 2. Aktes. Demetrius, der durch einen Betrüger zum Glauben an die Rechtmäßigkeit seiner Ansprüche gebracht worden ist, gewinnt sich auf dem Reichstag zu Krakau das polnische Volk. Marfa, die Mutter des ermordeten Demetrius, die im Kloster lebt, ist bereit, an ihn zu glauben. Aus dem Abriß der weiteren Handlung geht hervor, daß Demetrius die Gabe des Herrschers verliert, als er von dem Betrug erfährt und seine Rolle nur noch spielt. Als ihn Marfa verleugnet, fällt er durch die Dolche der Verschwörer.

Buchausg. 1815.

1804/05   Jean Paul
            (Biogr. S. 238):
            Flegeljahre

R., »eine Biographie«. 4 Bdd.

Entst. von Sommer 1795 bis Ende Mai 1805, gleichzeitig mit *Titan* (»Wechselschrei-berei«). J. P. plante eine Forts.

Bereits im ersten Anhang-Bd. zum *Titan* eine Skizze *Die Doppelgänger,* die Geschichte eines zusammengewachsenen Zwillingspaares: groteske Vorwegnahme der *Flegeljahre,* aus der sich schließlich die Geschichte der Zwillinge Walt und Vult herausentwickelte. Zunächst führte sich jedoch J. P. selbst als den Zwillingsbruder des Helden ein und wollte der Erz. den Titel *Geschichte meines Zwillingsbruders* geben. Erstrebt war Entwick-lungsthema: Walt (Gottwald Harnisch) sollte durch wechselnde Schicksa-le zum Wirklichkeitssinn erzogen und zum Dichter hinaufgeläutert wer-den; die Handlung klingt ins Ungewisse aus. Beide Brüder vertreten die Poesie gegen das Philistertum, Walt als Schwärmer, der er auch am Ende des R. noch ist, Vult als Erkennender und Zyniker, ein der Wirklichkeit stärker Verhafteter. Als Selbstinterpretation des R. sollte *Hoppelpoppel oder das Herz* dienen, ein R., den die Brüder gemeinsam schreiben, aber nicht vollenden. Der Titel bezeichnet die Zusammengehörigkeit des Ge-gensätzlichen, die in den Brüdern Gestalt angenommen hat und letztlich der inneren Antinomie J. P.s entspricht.

Zur Bauform des R., die auf Kontrast zweier Stilebenen, der »italieni-schen« und der »niederländischen«, beruht und zur »Kontrastharmonie« strebt (Herman Meyer), gehören auch die Titel der Kapitel, die jeweils nach den Stücken eines Naturalienkabinetts benannt sind und deren Un-tertitel auf den Inhalt hinweisen.

Einfluß auf Eichendorffs *Aus dem Leben eines Taugenichts,* Immermann, Freytag.

1807   Jean Paul
            (Biogr. S. 238):
            Levana oder Erziehungslehre

Für Eltern bestimmte Pädagogik, 2 Bdd.

Entst. Sommer 1805 bis Oktober 1806.
Bereits der 16. Sektor der *Unsichtbaren Loge* enthielt ein pädagogisches System in nuce. »Mitarbeiter« J. P.s drei Kinder (geb. 1802, 1803, 1804), deren Entwicklung er verfolgte und aufzeichnete. Stilistisches Vorbild Hippel *Über die Ehe* (1774). Levana war römische Schutzgöttin der Neugeborenen.

Der 1. Bd. behandelt vor allem die »Knospenzeit« des Kindes, der 2. Bd. die Blütezeit, dabei zunächst zwischen Mädchen und Knaben un-terschieden, bei letzteren wieder zwischen sittlicher, geistiger und ästhe-tischer Bildung. Das Buch kämpft gegen verlogene Erziehungsziele. Hauptpunkte der Erziehung seien Liebe und Religion, Ziel der Erziehung

»die Erhebung über den Zeitgeist«, da das Jh. »auf dem Krankenbette«
liege. Bewährte Hausregeln, teilweise auch moderne Erziehungsgrundsät-
ze: Hinneigung zu den Realien im Unterricht, Erziehung zur Wirklichkeit
u. a.

1808   **Johann Wolfgang von Goethe**
           (Biogr. S. 238–245):
           Faust. Der Tragödie erster Teil

Im 8. Bd. der 1806–1808 erschienenen Werke in 12 Bdd.

Die Wiederaufnahme der Arbeit am *Faust-Fragment* (1790) ausschließlich Schillers
Verdienst. Entscheidender Brief vom 29. 11. 1794 wünschte Einblicke in die noch
ungedruckten Teile: »ich möchte die große und kühne Natur ... soweit als möglich
verfolgen.«

Sieben Jahre nach Veröffentlichung des *Fragments* entstand 1797 ein
Schema für die G. vorschwebende weitere Gestaltung des Faust-Dr. und
die *Zueignung* (»Ihr naht euch wieder, schwankende Gestalten«); es folgten *Vorspiel auf dem Theater, Prolog im Himmel* (1798), Schließung der
»großen Lücke« der Studierzimmerszenen (1801): Vollendung des großen Monologs, Osterspaziergang, Vertrag mit dem Teufel. Dann blieb die
Arbeit bis März 1806 liegen. Um 1800 auch bereits auf Fausts Tod (II.
Teil) bezügliche Szenen: Helena, klassische Walpurgisnacht.
In der Stofftradition bis zu G. hin (vgl. 1587 *Historie von D. Johann
Fausten*) war Faust bürgerlicher Herkunft, studierte zunächst Theologie,
suchte dann aus unbezähmbarem Erkenntnis- und Erlebnishunger die Beziehung zur Geisterwelt und übte mit ihrer Hilfe die Heilkunde aus. Bereits das *Volksbuch* enthielt den Blutvertrag mit dem Teufel, durch den
sich Faust gegen Preisgabe seiner Seligkeit die Dienstbarkeit des höllischen Geistes auf Lebenszeit sicherte, sowie die Szene in Auerbachs Keller zu Leipzig. Unersättliche Abenteuerlust treibt Faust von Ort zu Ort,
zu Hochschulen wie zu Herzogs- und Kaiserhöfen. Er zaubert die schöne
Helena aus Gräcia hervor; mit ihr lebt er zusammen, und von ihr hat er
den Sohn Justus. Mutter und Sohn verschwinden, als der Teufel Fausts
Leben nimmt. Zurück bleibt nur Famulus Wagner.
Das *Fragment* von 1790 stellte die aus wesentlich persönlichen Gründen
zu einem Dr.-Torso angeschwollene Gretchen-»Episode« dar, Fausts ihm
von Mephisto dem Blutvertrag entsprechend zugeführtes Liebeserlebnis
und die Tr. der Kindsmörderin.
Die der Öffentlichkeit 1808 von G. vorgelegte Fassung der Tr., bei der
die Bezeichnung »Erster Teil« noch fehlte, spricht zwar in der *Zueignung*
(in Stanzen) des Dichters Abneigung gegen die von Schiller vorgeschlage-
ne philosophische Durchdringung des Themas aus. Aber der *Prolog im
Himmel* machte Fausts nunmehr beispielhaftes Schicksal zum Gegenstand
eines metaphysischen Welthandels zwischen dem an die irrende, aber gute
Menschheit glaubenden Gott-Vater und Mephistopheles, der dramatur-

gisch gleichwertig gewordenen Verkörperung des Bösen, des Nihilismus
und Skeptizismus. Die mit Gretchens Ende abbrechende Fassung gibt
keine Antwort auf die im *Prolog* aufgeworfene sittliche Frage, sie ist
wieder »Fragment«. Die Angelpunkte sind »Streben« und »Genuß« gemäß dem Arbeitsplan um 1797, aber fester in den dram. Bau eingefügt.
Der neue Faust-Monolog vertiefte das Seelendr., indem er die Verzweiflung des von der Wissenschaft Ungesättigten bis zum Selbstmordent-
schluß führte und unmittelbar davor im Gedanken an das österliche Auf-
erstehungsgeheimnis lebensbejahend abfing. Der Osterspaziergang ist ein
daseinszufriedenes, wirklichkeitsgesättigtes Gegenbild zu der Gelehrtenstube und dramaturgische Brücke zur Erscheinung des Teufels. Der Vertrag zwischen Faust und Mephisto steht unter dem Gesichtspunkt, ob
Fausts Vorwärtsdrängen je zum Stillstand zu bringen sei durch Genuß,
selbst des Schmerzes: »Kannst du mich mit Genuß betrügen . . .« Lebensgenuß sind alle sich mit dem Hinausschreiten aus der Gelehrtenstube
vollziehenden Ereignisse des ersten Teiles, Glied in dieser Kette ist das
Gretchen-Erlebnis, dumpfe Leidenschaft unter Ausschaltung zügelnder
Vernunft. Die Walpurgisnacht, überlegen humorvolle Darstellung höllischen Gespensterwirrwarrs auf dem Brockengipfel, stellt symbolisch
Fausts Versinken in grobe Sinnlichkeit dar, nachdem das Gretchen-Erlebnis sich ins Tragische wandte. Gleichzeitig wirkt die Walpurgisnacht, höl-
lischer Hofstaat des Satans, als Gegensatz zu dem *Prolog im Himmel,* dem
von Erzengeln umgebenen HERRN.

Auff. 1819 und 1820 in Berlin, Schloß Monbijou, Fürst Radziwill. 19. 1. 1829 in
Braunschweig durch Klingemann erste öffentliche Auff.; 29. 8. 1829 in Weimar in
Klingemanns Bearbg., mit Aufteilung in 8 Akte.

1809   Johann Wolfgang von Goethe
    (Biogr. S. 238–245):
    Die Wahlverwandtschaften

R.

1807 noch als Einlage in die *Wanderjahre* geplant. Mai 1808 schon weitgehend
durchdacht, ohne daß etwas aufgeschrieben war. 30. 7. vorläufiger Abschluß der
Ausarbeitung, Sommer 1809 Überarbeitung.

Der Begriff der Wahlverwandtschaften aus der Chemie – Fähigkeit eines
neu auftretenden Elements, eine feste chemische Verbindung zu lösen
und mit dem freigewordenen Element eine neue Verbindung einzugehen
– auf die menschlichen Beziehungen zwischen vier Personen, dem Ehe-
paar Eduard und Charlotte, Ottilie, dem Hauptmann, übertragen. Der
Zwang des Naturgesetzes stößt zusammen mit der Pflicht des Menschen,
seine Übernatürlichkeit zu wahren. Er führt mit »trüber leidenschaftlicher
Notwendigkeit« bis zum doppelten geistigen Ehebruch: das Kind Eduards
und Charlottes hat Ottiliens Augen und die Züge des Hauptmanns. Den
Widerstreit zwischen Neigung und Pflicht löst nur der sittliche Akt der

Entsagung, zu dem Eduard und Ottilie sich nicht durchringen können. Ihrer leidenschaftlichen Hingerissenheit fällt Charlottes Kind zum Opfer. Ottiliens Ende, ein innerliches Verzehren, ist ein romantischer Liebestod, der dem Werk, besonders bei den Romantikern bahnbrechend, Verständnis sicherte.

Nach G. kein Zug an dem Werk, den er nicht erlebt habe, aber auch keiner so, wie er ihn erlebt habe. Als Vorbild für die Gestalt der Ottilie galt lange Zeit Minna Herzlieb, neuere Forschung hat dagegen in Silvie von Ziegesar das Modell für diese Figur erkennen wollen.

Hoher ethischer Rigorismus zu einer Zeit starker Eheskepsis: »Unauflöslich muß sie (die Ehe) sein, denn sie bringt so vieles Glück, daß alles einzelne Unglück dagegen gar nicht zu rechnen ist.« Dennoch erhoben einige Zeitgenossen den Vorwurf der Immoralität und stießen sich an ungewöhnlichen Szenen und Ausdrücken.

Die mit innerer Beteiligung geschriebene Dg., die »das schmerzliche Gefühl der Entbehrung« ausdrückte, ist durch ein Höchstmaß klassisch distanzierender Kunstmittel objektiviert. Zwei Bücher zu je 18 Kapiteln in genauer Entsprechung zur inneren Handlung. Hinter der Realitätsebene eine Symbolebene; Verweisungscharakter der fugenlos verknüpften und aufeinander bezogenen Motive.

1809   **Jean Paul**
             (Biogr. S. 238):
             D. Katzenbergers Badereise

R.

Entst. Sommer 1807 bis Frühjahr 1808.

Plan, den Charakter eines Zynikers zu gestalten, weit zurückreichend. Bedeutendster »Vorfahre« Dr. Sphex im *Titan*, dort bereits Verbindung von Zynismus und Medizin. Realistisch wie *Des Feldpredigers Schmelzle Reise nach Flätz* (1809).
Exakte Darstellung eines sonderlichen Charakters.

Einfluß von Smolletts *Humphry Klinkers Reisen* u. a.
Das Werk hat den Realismus des 19. Jh. mitbegründet.

1809   **Johann Wolfgang von Goethe**
             (Biogr. S. 238–245):
             Pandora

Festsp. Erster Teil. In *Taschenbuch für das Jahr 1810,* Wien und Triest.

Ursprünglicher Titelplan *Pandoras Wiederkunft.* Beginn der Arbeit November 1807, Abschluß des 1. Teiles Mai 1808, gleichzeitig entstand ein handschriftlich erhaltenes Schema des 2. Teiles, der nicht zur Ausführung kam. Nachdem G. sich mit Idee und Gestalten des Dr. schon vorher beschäftigt hatte, wurde äußerer Anlaß

zur Niederschrift die Bitte um einen Beitrag für die Wiener Zs. *Prometheus*, in der 1808 etwa 400 Verse erschienen.
Frühe Kenntnis der Prometheus-Sage durch Hesiod und Ovid; Stationen der Beschäftigung damit: das dram. Fragment *Prometheus* (1773) und Plan eines *Befreiten Prometheus* (1795). 1806 Lektüre der von Hesiod abweichenden Fassung der Prometheus-Sage in Platos *Protagoras*.

Allegorische Gelegenheitsdg. höheren Stils nach der Art der Maskenzüge (Friedrich Gundolf). Die Brüder Prometheus und Epimetheus verkörpern die aktive und die kontemplative Lebenshaltung. Pandora, Verkörperung der Phantasie, kam vom Olymp und wurde von Prometheus verschmäht, von Epimetheus als Braut empfangen. Sie entzog sich ihm nach kurzem, wie der Zauberinhalt ihrer Büchse beim Öffnen verflog. Sehnsüchtig wartet er auf ihre Wiederkehr. Die sparsame Handlung knüpft sich an die Liebe zwischen Prometheus' Sohn und Epimetheus' Tochter.
Lösung vom jambischen Fünffüßler, Nachbildung verschiedenster griech. Metren, Benutzung des Reims. Große Dichte der Sprache. Einbeziehung von Bühnenbild und Musik in die Handlung, Bildwirkung.

1811/14   Johann Wolfgang von Goethe
            (Biogr. S. 238–245):
            Aus meinem Leben. Dichtung und Wahrheit

Bdd. 1–3 der Autobiographie.

Plan 1807, Beginn Oktober 1809, Ausführung Januar 1811. September 1811 Beendigung des 1., Oktober 1812 des 2., Januar 1814 des 3. Bd.
Schon 1813 Arbeit am 4. Bd., große Arbeitspausen, mit Rücksicht auf noch Lebende zurückgehalten, nicht abgeschlossen. Veröffentlicht in einer redaktionellen Bearb. von Eckermann, Riemer, v. Müller 1833. Ausg. nach dem Urtext 1970 bis 1974.

G.s Leben bis zur Abreise nach Weimar (1775). Unter Benutzung eigener Aufzeichnungen, von Briefen, wissenschaftlichen Werken und Auskünften der Freunde; für das 1. Buch z. B. benutzte G. Aufzeichnungen Bettina von Arnims über Erzählungen der Mutter G.s von seiner Jugend. Weniger Methode des Historikers als des Künstlers: »den Menschen in seinen Zeitverhältnissen darzustellen und zu zeigen, inwiefern ihm das Ganze widerstrebt, inwiefern es ihn begünstigt, wie er sich eine Welt- und Menschenansicht daraus gebildet und wie er sie, wenn er Künstler, Dichter, Schriftsteller ist, wieder nach außen abgespiegelt«. Der objektive Sachverhalt gelegentlich verschoben und gewisse Erlebnisse, wie z. B. die Wetzlarer, bewußt undeutlich gelassen. Berühmt das 7. Buch mit dem Überblick über die Dg. der Zeit, oft als Ausgangspunkt der modernen dt. Lit.-Gesch. betrachtet. G. an Eckermann 1831: »Ich dächte, es steckten darin einige Symbole des Menschenlebens. Ich nannte das Buch Wahrheit und Dichtung, weil es sich durch höhere Tendenzen aus der Region einer niederen Realität erhebt.« Der Jugendfreund Fritz Jacobi: »wahrer wie die Wahrheit selbst«.

Der Plan für die Autobiographie führte ursprünglich bis 1809. An die Stelle der nicht zustande gekommenen Teile traten kleinere autobiographische Schriften: 1816–1817 *Aus meinem Leben. Zweiter Abteilung erster und zweiter Teil (Italienische Reise)*. 1822 *Aus meinem Leben. Zweiter Abteilung fünfter Teil (Die Campagne in Frankreich)*.

Weitere Ergänzungen bieten die Reiseschilderungen: *Briefe aus der Schweiz* (1796), *Fragmente eines Reisejournals* (1788–1789), *Die Schweizer Reise im Jahre 1797* (1833), *Kunstschätze am Rhein, Main und Neckar* (1816), *Der 2. römische Aufenthalt* (1829).

Die Darstellung seines späteren Lebens gab G. in schematischen Jahresberichten: *Tages- und Jahreshefte* (1830).

1815   Johann Wolfgang von Goethe
(Biogr. S. 238–245):
Sonette

Im 2. Bd. der zwanzigbändigen Ausg. von 1815 bis 1819. Die abschließenden Sonette Nr. XVI und XVII zurückgehalten, erst 1827 in der Ausg. letzter Hand.

Entst. Ende 1807 und Anfang 1808 bei einem Aufenthalt in Jena im Freundeskreis des Buchhändlers Frommann. Formal Anregung durch Lektüre Ariosts und Petrarcas und von Sonetten der Romantiker. In Wettstreit mit dem in Jena weilenden Zacharias Werner und Riemer auch G. von »Sonettenwut« ergriffen.

Die Sonette spiegeln G.s Liebe zu der jungen Minchen Herzlieb, einer Nichte Frommanns. Das Wachsen der Leidenschaft aus anfänglicher väterlicher Zuneigung, Kampf gegen Überraschung und Zwang der Liebe, die am »Advent von achtzehnhundertsieben« begann. Verhaltenheit, Entsagung. Der Widerstreit der Gefühle wird in der Sonettform zu graziöser Harmonie geläutert; Rechtfertigung der Form: »Das Allerstarrste freudig aufzuschmelzen / muß Liebesfeuer allgewaltig glühen.«

Gleichzeitig war G. Gegenstand der schwärmerischen Verehrung Bettina Brentanos, die ihn im April und November 1807 besucht hatte. Motive aus ihren Briefen »übersetzte« er unmittelbar in seine Gedichte. Bettina wieder glaubte, daß die Sonette sich auf sie bezögen und daß sie sie inspiriert habe; sie ließ ihre eigenen überarbeiteten Briefe und Paraphrasen um G.s Sonette als *Briefwechsel Goethes mit einem Kinde* (1835) erscheinen.

1815   Johann Wolfgang von Goethe
(Biogr. S. 238–245):
Des Epimenides Erwachen

Allegorisches Maskensp. Verzögerte Auff. 30. 3. in Berlin am Jahrestage des Einzugs der preußischen Truppen in Paris. Buchausg. im gleichen Jahr.

Entst. Juni 1814 auf Bitten des Berliner Theaterleiters Iffland um ein Festsp. zur Feier der Rückkehr Friedrich Wilhelms III. vom frz. Kriegsschauplatz.

Allegorische, oft schwerverständliche Darstellung von Unterdrückung und Selbstbefreiung Deutschlands, Niederzwingung des Dämons der Unterdrückung.

1816/17   Johann Wolfgang von Goethe
(Biogr. S. 238–245):
Aus meinem Leben. Zweiter Abteilung erster und zweiter Teil

Späterer Titel: *Italienische Reise.*
Von 1813 bis 1816 aus Briefen und Tagebüchern zusammengestelltes, subjektives autobiographisches Denkmal über die Erlebnisse von 1786 bis 1788, den großen Umschwung in G.s Leben und Schaffen, die Wendung zur Klassik.

1819   Johann Wolfgang von Goethe
(Biogr. S. 238–245):
West-östlicher Divan

Große lyrische Altersslg.

G.s erneute Hinwendung zu orientalischen Formen entscheidend beeinflußt durch die 1812 erschienene Übs. von Hafis' (um 1320–1389) persischem *Divan* durch den Wiener Orientalisten Joseph von Hammer-Purgstall (1774–1856), die G. im Frühsommer 1814 las. Am 21. 6. 1814 entstand vermutlich das früheste Gedicht von G.s *Divan:* »Hans Adam war ein Erdenkloß . . .« Ethnographische und lit. Studien vertieften die sachliche Kenntnis G.s, die in den *Noten und Abhandlungen zu besserem Verständnis des west-östlichen Divan* Niederschlag fand (entst. 1816). Auf der ersten Rhein-Main-Reise Sommer bis Herbst 1814 wurde die erste größere Gedichtreihe geschaffen.

Fruchtbarstes Erlebnis und Höhepunkt dieses Tagebuches in Versen wurde G.s Liebe zu der schönen, jungen und geistreichen Marianne von Willemer geb. Jung (1784–1860) in der Gerbermühle bei Frankfurt/M. und in Heidelberg September 1815. »Noch einmal Frühlingshauch und Sommerbrand«. Marianne ist Suleika, G. Hatem. Sie ist selbst mit einigen von G. überarbeiteten Gedichten in der Slg. vertreten *(Hochbeglückt in deiner Liebe, Nimmer will ich dich verlieren, Was bedeutet die Bewegung).* Hinter dem Spiel mit orientalischen Namen und Requisiten höchste, kaum gebändigte Leidenschaft und schmerzliches Entsagen im Wechselgesang der Gedichte.

Den Zeitgenossen blieb die im Buch *Suleika* gestaltete Liebe zunächst unbekannt; erst 1849 vertraute Marianne von Willemer Hermann Grimm das Geheimnis an und eröffnete ihm ihren persönlichen Anteil an dem Werk.

Nicht nur die Liebe zu Marianne, die Wendung zum Osten überhaupt bedeutete für G. neue Jugend, Wiedergeburt: »Nord und West und Süd zersplittern, / Throne bersten, Reiche zittern, / Flüchte du, im reinen Osten / Patriarchenluft zu kosten, / unter Lieben, Trinken, Singen / soll dich Chisers Quell verjüngen« (Einleitungsgedicht). Die zwölf Bücher des

Divan (= Versammlung) sind aufeinander abgestimmt, und in jedem
Buch wieder die Lieder aufeinander *(Buch des Sängers, Buch Hafis, Buch
der Liebe, Buch der Betrachtungen, Buch des Unmuts, Buch der Sprüche,
Buch des Timur, Buch Suleika, Das Schenkenbuch, Buch der Parabeln,
Buch des Parsen, Buch des Paradieses)*. G. 1817: »Jedes einzelne Glied ist
so durchdrungen von dem Sinn des Ganzen, ist so innig orientalisch,
bezieht sich auf Sitten, Gebräuche, Religion und muß von einem vorhergehenden Gedicht erst exponiert sein, wenn es auf Einbildungskraft oder
Gefühl wirken soll.«

Neben dem *Buch Suleika* haben die übrigen Bücher mehr betrachtenden,
gedanklichen, religiösen Gehalt. Formal und inhaltlich Abwendung vom
Klassizismus, von der Philosophie seiner Jahre mit Schiller. Gläubigkeit
des Ostens, mystische Gedankengänge, Weisheit der letzten Lebensepo-
che. »Nächst dem *Faust* das bedeutendste und zugleich persönlichste
Werk des Dichters« (Ernst Beutler).

Erweiterte Fassung 1827.
Der *West-östliche Divan* eröffnete die Folge dt. Orientlyrik und Nachahmung orien-
talischer Formen bei Rückert, Platen, Daumer, Bodenstedt.

1820   **Johann Wolfgang von Goethe**
          (Biogr. S. 238–245):
          Urworte Orphisch

Fünf Stanzen, »uralte Wundersprüche über Menschenschicksale«. In: *Zur
Morphologie, 2. Heft*. Zweiter Abdruck in *Kunst und Altertum*, mit einge-
henden Erklärungen G.s.

Entst. 1817.

Angeregt durch das Studium der griech. orphischen Weisheitslehren (z.B.
Gottfried Hermanns Ausg. der *Orphica*, 1805), bezeichnete G. die eigene
Auffassung von den Mächten, die das Leben beherrschen, mit den griech.
Begriffen.

Der erste Spruch mit der Überschrift *Dämon* (in griech. und dt. Sprache)
besagt, »daß angeborene Kraft und Eigenheit mehr als alles übrige des
Menschen Schicksal bestimme ..., deshalb spricht diese Strophe die Un-
veränderlichkeit des Individuums mit wiederholter Beteuerung aus«.
Tyche, das Zufällige: der Mensch dem Zufall, dem Tand und der Tändelei
ausgesetzt, ein Stadium der Erwartung; »die Lampe harrt der Flamme,
die entzündet«. Diese Flamme ist *Eros, Liebe:* »gar manches Herz ver-
schwebt im allgemeinen, / doch widmet sich das edelste dem Einen.«
Ananke, Nötigung: dunkle Schicksalsgewalt, das Müssen hemmt den Willen des Menschen: »und aller Wille / ist nur ein Wollen, weil wir eben
sollten«. Aus solcher Begrenzung befreit *Elpis, Hoffnung:* »Ein Flügel-
schlag – und hinter uns Äonen.«

1821   **Johann Wolfgang von Goethe**
         (Biogr. S. 238–245):
         Wilhelm Meisters Wanderjahre oder die Entsagenden

R. Erster Teil.

Begonnen Mai 1807, von 1807 bis 1810 Teile des ersten Buches, vor allem die Erzz.
Wiederaufnahme 1820. Nach Erscheinen des 1. Teiles erst 1825 Wiederaufnahme
der Arbeit, Umarbeitung und Erweiterung auf drei Bücher 1825–1829, diese 1829
in der Ausgabe letzter Hand.

Eine »Odyssee der Bildung«, beschreibend Wilhelm Meisters Bildungsreise in Mignons Heimat. Die Bedingungen für diese Reise, die Wilhelm
verhindern, sich an einem Ort länger aufzuhalten, werden von der Gesellschaft vom Turm, einem Orden der Entsagung, gestellt, so daß Wilhelm
Meister eine passive Rolle spielt. In loser Verknüpfung mit dieser weiteren Erzählung der Lebensgesch. im Anschlusse an die *Lehrjahre* steht die
Beschreibung der »Pädagogischen Provinz« (2. Buch), in der Wilhelm
seinen Sohn Felix erziehen lassen will und die nach der Lehre von den drei
Ehrfurchten aufgebaut ist: die Ehrfurcht vor dem, was über uns, neben
uns und unter uns ist, entsprechend der heidnischen, der philosophischen
und der christlichen Religion, als letzte Ehrfurcht die Summe der drei
anderen, »die Ehrfurcht vor sich selbst«. Ebenso hineingearbeitet mehrere schon vorher veröffentlichte Novv. (*Die neue Melusine, Der Mann von
50 Jahren* u. a.), Gedichte, Aphorismen, Briefe, Tagebuchblätter und
Fachabhandlungen.
Sammelbecken G.scher Altersanschauungen, deren Summe entschlossen-
tätige Diesseitigkeit und Gemeinsinn heißt, der allein dem heraufkom-
menden Massen- und Industriezeitalter angemessen sei. Das Individuum
steht innerhalb dieser Gemeinschaft und ist zu ihrem Dienst bestimmt:
Wilhelm wird Chirurg, Erkenntnis der kommenden sozialen Frage, Entwurf von Plänen zur Gründung von Arbeitergenossenschaften und Kolo-
nien in Amerika.
Mit zum Teil klassischen Gedanken formal romantisch. »Wenn nicht aus
einem Stück, so doch aus einem Sinne« (G.).

1827   **Johann Wolfgang von Goethe**
         (Biogr. S. 238–245):
         Trilogie der Leidenschaft

Drei Gedichte: *An Werther, Elegie, Aussöhnung.* In der Ausgabe letzter
Hand.
Das zuerst entstandene Gedicht ist *Aussöhnung.* Dank an die polnische
Klaviervirtuosin Szymanowska, deren Spiel G. in den Marienbader Kon-
flikten nach seinen eigenen Worten sich selbst wiedergab. Eingetragen in
ihr Stammbuch 18. 8. 1823.
Das Kern- und Hauptstück der Trilogie *Elegie* entst. nach der Trennung
von der geliebten jungen Ulrike von Levetzow, die G.s Werbung abwies,

auf der Heimfahrt von Karlsbad nach Eger Anfang September 1823, wurde in Jena vollendet, 17. 9. 1823 nach der Rückkehr in Weimar abgeschrieben. Auch in der *Elegie* selbst Dreiteilung, nach strenger Disposition geordneter künstlerischer Aufbau: Einleitungsstrophe, 20 Strophen Hauptteil, 2 Abschlußstrophen (Stanzen). »Produkt eines höchst leidenschaftlichen Zustandes« (G.). Steigerung des Bildes der Geliebten zum Gegenstand der Anbetung. Entsagung: »Mir ist das All, ich bin mir selbst verloren, / der ich noch erst den Göttern Liebling war.«

Zuletzt entst. *An Werther*, 1824 als Vorrede für eine Jubiläumsausg. des *Werther*. Unter dem Eindruck der Marienbader Erlebnisse und Dgg. Wiederbegegnung mit dem eigenen jüngeren Selbst in Werther: »Zum Bleiben ich, zum Scheiden du erkoren, / gingst du voran und hast nicht viel verloren.« Der alte G. sieht sich an den gleichen Abgrund gestellt wie der junge, scheint dem Scheitern Werthers verständnisvoll gegenüberzustehen: »Scheiden ist der Tod«. Mit der *Elegie* durch den Grundgedanken des Scheidens verbunden, das tödlich ist und über das nur Tassos Göttergabe hinweghelfen kann, als Dichter zu sagen, was er leide.

1828   **Johann Wolfgang von Goethe**
        (Biogr. S. 238–245):
        Novelle

In der Ausgabe letzter Hand.

Plan schon 1797 als »Jagdgedicht oder Tiger- und Löwengesch.«, die als Epos, dann als Ballade behandelt werden sollte: Bekämpfung bei einem Jahrmarktsbrand ausgebrochener Raubtiere durch einen fürstlichen Herrn. Als Nov. 1826 bis 1827 entstanden, als Einlage in die *Wanderjahre* geplant.

»Zu zeigen, wie das Unbändige, Unüberwindliche oft besser durch Liebe und Frömmigkeit als durch Gewalt bezwungen werde, war die Aufgabe dieser Nov.« (G. an Eckermann). Der Löwe, durch das Lied und Flötenspiel eines Knaben bezwungen, symbolisch für Honorio, der seine Liebe zur Fürstin bezwingt.

Mit besonderer Liebe und Sorgfalt bedachtes Alterswerk G.s, bei dessen Verständnis man sich auf »Miene, Wink und leise Hindeutung« verstehen müsse. »Wir wollen es Nov. nennen; denn was ist eine Nov. anders als eine sich ereignete, unerhörte Begebenheit« (G. an Eckermann 29. 1. 1827).

1832   **Johann Wolfgang von Goethe**
        (Biogr. S. 238–245):
        Faust, II. Teil

Tr. 5. Als Bd. 1 der Nachgelassenen Werke.

Szenen aus Helena-Akt und Klassischer Walpurgisnacht bereits um 1800 entstanden. 1806 G.: Das Ganze bereits »vorhanden, noch nicht alles

geschrieben, aber gedichtet«. 16. 12. 1816 für den Stand der Arbeit aufschlußreiche Skizze, für *Dichtung und Wahrheit* geplant. 1825–1831 auf
Eckermanns Betreiben immer mehr »Hauptgeschäft, Hauptzweck,
Hauptwerk«. Starker Eindruck durch Byrons – des »Faustischen« – Tod
in Griechenland. 1827 3. Akt als *Helena, klassisch-romantische Phantas-
magorie. Zwischenspiel zu Faust* in *Kunst und Altertum* abgedruckt.
Ostern 1828 im 12. Bd. der Werke letzter Hand die Szenengruppe in der
kaiserlichen Pfalz bis zur Szene im Lustgarten erschienen. 22. 7. 1831
Abschluß. »Mein ferneres Leben kann ich nunmehr als ein reines Geschenk ansehen, und es ist jetzt im Grunde ganz einerlei, ob und was ich
noch etwa tue« (G. zu Eckermann). Das Ms. versiegelte G. Fünf Tage vor
seinem Tode schrieb G. an Wilhelm von Humboldt: »Es sind über sechzig
Jahre, daß die Konzeption des *Faust* bei mir jugendlich, von vorne herein
klar, die ganze Reihenfolge hin weniger ausführlich vorlag. Nun hab' ich
die Absicht immer sachte neben mir hergehen lassen und nur die mir
gerade interessantesten Stellen einzeln durchgearbeitet . . .«
Durch *Faust II* tritt die stofflich nahe Verbindung zwischen G.s Werk und
der allgemeinen Faust-Tradition deutlich zutage (Kaiserhof, Helena). Besonders erscheint die innere Seelenachse des Werkes wieder, die durch
die Gretchen-Tr. in *Faust I* verdeckt war. Des ungesättigt von Genuß zu
Genuß taumelnden und irrenden Menschen Faust Bündnis mit dem Teufel, des Mephistopheles Kampf um Faust, den er auch dem HERRN des
Prologes gegenüber zu gewinnen trachtet, ist fortgesetzt bis zu Fausts
»Schöpfungsgenuß von innen«, der großartigen Kulturarbeit, und in seiner Vision eines glücklichen Volkes zu einem Ende geführt. »Im Vorge-
fühl von solchem hohen Glück / Genieß ich jetzt den höchsten Augenblick«. Faust stirbt. Die Wette der metaphysischen Mächte und der die
Seligkeit aufs Spiel setzende irdische Pakt scheinen einlösbar. Um Fausts
Unsterbliches geht das weitere Dr. Die Wette ist für Mephistopheles verloren. Faust mit »Genuß« zu betrügen, ist ihm nicht gelungen. Das »Ver-
weilen« erhoffte Faust nicht als Stillstehen, das »ewige Unbefriedigtsein«
hat er bejaht, in ihm sein höchstes Glück vorausgenossen. Faust ist der
Höllenpein und dem ewigen Tode bereits entrissen. Jenseits alles Irdischen begnadigt ihn die »Liebe von oben«. »Wer immer strebend sich
bemüht, den können wir erlösen.«
Durch fünf Schauplätze (Akte) der großen Welt geht der Weg Fausts:
Aufenthalt am Kaiserhof und Beschwörung Helenas; Rückkehr in die
Studierstube und Erlebnisse Fausts, Mephistos und des von Wagner geschaffenen Homunculus in der klassischen Walpurgisnacht; Wiedergewin-
nung Helenas, der Tod des gemeinsamen Sohnes Euphorion zieht die
Mutter nach; auf dem Gewand Helenas fliegt Faust nach Dld. zurück und
faßt beim Überfliegen der Meeresküste den Plan der Landgewinnung; der
Kaiser belehnt ihn mit der Küste; Faust als Grundherr und Kolonisator,
sein Tod, seine Verklärung.
Elemente selbständigerer Art, voll eigener Gedankenschwere, voll Tief-

sinn und Symbolkraft, die sich nur langsam erschließen, bildungsgesättigte Teile, Naturwissenschaft und verdichtete Altersweisheit, lyrische Partien, zeitlose Gestalten und Sinnbilder sind der Handlung im engeren Sinne bisweilen fast wider ihre eigene formsprengende Kraft eingefügt (der Mummenschanz, die klassische Walpurgisnacht, die Gestalt des Homunculus, die symbolische Vereinigung von germ. MA. und klassischem Altertum in Euphorion, die Gestalten von Philemon und Baucis u. v. a.).

1836 *Paralipomena zu Faust,* hgg. Riemer und Eckermann.
Auff. 4. 4. 1854 in Hamburg; erste Auff. beider Teile 6. und 7. 5. 1876 in Weimar, Bearbg. Otto Devrient.
Weiterleben des Stoffes. Julius Graf von Soden: *Dr. Faust,* Schsp. (1797); Adalbert von Chamisso: Fragment eines Faustdr. (1803); Johann Friedrich Schink: *Johann Faust,* dram. Phantasie (1804); Louis Spohr: *Faust,* Oper (1814); August Klingemann: *Faust,* Tr. (1815); Karl Schöne: *Forts. zu G.s Faust* (1923); Julius von Voß: *Faust,* Tr. (1823); Christian Dietrich Grabbe: *Don Juan und Faust,* Tr. (1829); Karl von Holtei: *Dr. Johann Faust,* Volksmelodr. (1832); Nikolaus Lenau: *Faust,* ein Gedicht (1836); Hector Berlioz: *La Damnation de Faust,* Oper (1846); Heinrich Heine: *Der Doktor Faust,* ein Tanzpoem (1851); Charles Gounod: *Faust et Marguerite,* Oper (1859); Friedrich Theodor Vischer: *Faust, der Tr. dritter Teil* (1862); Arrigo Boito: *Mefistofele,* Oper (1868); Ferruccio Busoni: *Dr. Faust,* Opernfragment, von Philipp Jarnach beendet (1924); Thomas Mann: *Doktor Faustus,* R. (1947).

1798–1835 Romantik

Die lit. Romantik begann gegen Ende des 18. Jh. und wirkte bis über das erste Drittel des 19. Jh.
Die dt. Romantik hatte Entsprechungen in Frankreich, England und Italien, war aber besonders geartet und gab z. B. Frankreich durch E. T. A. Hoffmann starke Anregungen.
Sie wird chronologisch eingeteilt in die ältere oder Frühromantik und die jüngere, Hoch- oder Spätromantik. Die ältere Romantik war mehr kritisch-wissenschaftlich und bildete eine geschlossene Geistesgemeinschaft mit Jena als Mittelpunkt, die jüngere Romantik umfaßte eine größtenteils unverbundene Gruppe von Dichtern; sie war weniger spekulativ, stärker irrationalistisch.
Der Begriff Romantik, romantisch ist vielseitig und mehrdeutig. Ausgangswort ist afrz. »romanz«, »romant«, »roman«: ein in der Volkssprache – lingua romana – geschriebener höfischer Vers-R. Im 17. und 18. Jh. »romantisch« ebenso wie das ältere »romanisch« in der ablehnenden Bedeutung von im »Roman« vorkommend, wurde im Laufe des 18. Jh. die Bezeichnung sentimentalisiert und erhielt daher die Bedeutung von unwirklich, überspannt, schwärmerisch. Daneben bezeichnete der Begriff eine bestimmte Landschaft und ein Naturgefühl, das Wilde und Wildschöne, die malerische Regellosigkeit, Ruinen. Schließlich, seit etwa 1770, ist romantisch = romanisch der Gegensatz zu antik und umfaßt die nordisch-

germ. und die südlich-romanische Kultur des MA. Von Friedrich Schlegel wurde der Begriff ausgedehnt auf die moderne Poesie. Novalis setzte das Romantische mit dem Poetischen gleich: »Romantisieren ist nichts als eine qualitative Potenzierung... indem ich dem Gemeinen einen hohen Sinn, dem Gewöhnlichen ein geheimnisvolles Ansehen, dem Bekannten die Würde des Unbekannten, dem Endlichen einen unendlichen Sinn gebe, so romantisiere ich es.«

Die Einordnung der Romantik sowie ihre Abgrenzung im Verhältnis zur Klassik und zum dt. Idealismus wird dadurch erschwert, daß die Romantik eine Gegenwelt zur Vernunft gestalten wollte, für die Bewußtsein und Reflexion, aber auch die Abgründe des Seelischen, Traum, Sehnsucht, Unbewußtes, Dämonisches und Heiliges als entscheidend galten.

Bereits die Romantiker selbst haben als für sie bezeichnend Kategorien wie die Unendlichkeit, das Elementarische, den Universalismus u. a. angewendet, zu denen wiederum Gegenkategorien möglich sind. Die Romantik war ein Sammelbecken des Entgegengesetzten, ihr Geist ausgerichtet auf das unendliche Werden. Außerdem ist der Romantiker eine stets wiederkehrende Ausprägung des menschlichen Geistes. Ricarda Huch fand in Ludwig Tieck den Prototyp und als für ihn charakteristisch Reizbarkeit, Emotionalität, das ewig Jugendliche, die Unfertigkeit, die Unfähigkeit zur Gelassenheit, das Freundschaftsbedürfnis, das Übergewicht des Erlebens über die Wirklichkeit, die Steigerung der Reflexion, die sich in Aphorismen und Fragmenten ausdrückt.

In eine Zeit politischer Hochspannung gestellt, haben die Romantiker nicht nur ein philosophisch betrachtendes, sondern auch handelndes Verhältnis zu Staat und Volk gezeigt. »Die Frz. Revolution, Goethes *Meister* und Fichtes *Wissenschaftslehre* sind die größten Tendenzen dieses Zeitalters«, erklärte Friedrich Schlegel. Die Romantiker befürchteten die Entpoetisierung und Profanierung des Lebens, den Verlust einer Ganzheitskultur, eine Entfernung der Gebildeten und ihrer Lit. vom Volk und der Volkslit. Sie machten dafür die Aufklärung verantwortlich und verherrlichten die letzte universale Kultur vor der Aufklärung, das MA. Dieser romantische Geschichtsmythos war mit einem Zukunftsmythos verbunden: Die Zukunft werde zwar aus einer Wiederanknüpfung an die frühe Vergangenheit, aber nicht als Rückfall in deren naive Geborgenheit, sondern als planvoll entwickelter Neuanfang entstehen.

Der Kampf gegen Napoleon veranlaßte außer dem politischen Prosaschrifttum Arndts (1769–1860) *Geist der Zeit* (4 Bdd., 1806–1818), *Der Rhein, Deutschlands Strom, nicht Deutschlands Grenze* (1813), *Katechismus für den dt. Kriegs- und Wehrmann* (1813) und seinen patriotischen Gedichten *Lieder für Deutsche* (1813), *Kriegs- und Wehrlieder* (1815) Friedrich Ludwig Jahns (1778–1852) Schrift über *Deutsches Volkstum* (1810; der Begriff Volkstum ist wohl von Jahn geprägt), außerdem Joseph Görres' oft verbotenen *Rheinischen Merkur* (1814–1816), die politisch aggressiven Dgg. und Prosaschriften Heinrich von Kleists (*Katechismus der Deutschen*, 1809), seine *Berliner Abendblätter* (1810–1811), und schließlich die sog. Dg.

der Freiheitskriege, deren Hauptvertreter neben Theodor Körner (1791–1813) Max von Schenkendorf (1783–1817) und der junge Rückert mit *Geharnischte Sonette* (1814) waren. Fichtes *Reden an die deutsche Nation* wurden 1807–1808 in Berlin gehalten. In ihnen forderte F. die gänzliche Erneuerung der Nation durch neue Erziehung. Der Wiederabdruck der Reden war von 1814–1824 verboten.

Wo die dialektische Beziehung zwischen Vergangenheit und Zukunft zugunsten einer einseitigen Rückwärtsgewandtheit verlorenging und der Glaube an eine Erneuerung aus dem Geist der Vergangenheit aufgegeben wurde, wandelte sich die Beziehung zur Vorzeit in Flucht und Reaktion. Ein Kennzeichen der Spätromantik ist ihr Zug zur Unterordnung unter Ganzheiten wie Religion, Volk, Staat. Der Historismus und die Verehrung von Gegebenheiten und Überlieferungen begründete auch eine stark konservative Haltung, die zur Restaurationspolitik führte.

Von den Philosophen hatten Einfluß auf die romantische Dg.: Johann Gottlieb Fichte (1762–1814). F. ging von Kant aus, suchte in seiner *Wissenschaftslehre* (1794) zu einem wirklichen System zu kommen statt zu einer Kritik. Die *Wissenschaftslehre* rückte in den Mittelpunkt der Weltbetrachtung das Ich. Das Ich ist nicht nur das intelligible Ich, das die Dinge der Außenwelt erfaßt, sondern es fühlt sich auch als Schöpfer und Herr dieser Welt, die es sich durch die Macht seines Willens unterwirft. Das Ich ist der Außenwelt überlegen, das Subjekt dem Objekt: sog. subjektiver Idealismus. Um die Jh.-Wende zeigte F. in seiner Philosophie einen Zug ins Religiöse und Mystische. Er suchte Gott nicht mehr in der sittlichen Weltordnung, nicht mehr im sittlichen Handeln, sondern im absoluten Sein, im Gefühl, in der Liebe und der Seligkeit. Auch kam F. zu einer religiös gefärbten Gesch.-Philosophie, die in einem Vernunftstaat ihr Endziel sah.

Friedrich Wilhelm Schelling (1775–1854, seit 1793 in Jena neben den beiden Schlegel, Tieck, Novalis und Steffens Mitbegründer der romantischen Schule). Erstes Hauptwerk: *Ideen zu einer Philosophie der Natur* (1797). Natur und Geist bilden eine Einheit. Die Natur soll der sichtbare Geist, der Geist die unsichtbare Natur sein, die Natur ist eine fortschreitende Enthüllung des Geistes. Alles im Universum ist beseelt. Von dieser Naturphilosophie kam Sch. über Religionsphilosophie zur Ansicht, die Kunst sei die höchste Gestaltung alles Irdischen (*Über das Verhältnis der bildenden Künste zu der Natur,* 1807). Auch Sch.'s Gesch.-Philosophie ist religiös gefärbt: die Gesch. ist Offenbarung des Absoluten. Krönung der Philosophie ist die Philosophie der Kunst. Mystische Tendenzen zeigte Sch. in *Über die Gottheiten von Samothrace* (1815).

Von Schelling angeregt waren dessen Schüler Gotthilf Heinrich Schubert (1780–1860) mit dem einflußreichen Werk *Ansichten von der Nachtseite der Naturwissenschaft* (1808) sowie der Berliner Philosoph Karl Wilhelm Ferdinand Solger (1780–1819; *Erwin/Vier Gespräche über das Schöne und die Kunst,* 1815; *Vorlesungen über Ästhetik,* postum 1828), dessen mystisch orientierte Ästhetik Kunst als Offenbarung und zugleich Selbstvernichtung der Idee (bzw. Gottes) in der Erscheinung definierte. Solgers Begriff der tragischen Ironie, die aus der Erkenntnis solcher Selbstvernichtung hervorgehe, ist Friedrich Schlegels romantischer Ironie verwandt, und seine Ästhetik hat auf die Hegels weitergewirkt.

Für die Romantiker sind Wissen und Glauben, Philosophie und Religion nicht voneinander getrennt. Für die Frühromantik war Religion Nährboden aller wahren Kunst, die Mythologie der Kern aller Poesie. Die Versöhnung des Christentums mit dem Idealismus vollzog Friedrich Schleiermacher (1768–1834). Hauptschriften: *Über die Religion/Reden an die Gebildeten unter ihren Verächtern* (1799) und *Monologen* (1800). Religion sei das Gefühl des Zusammenhangs des einzelnen mit dem Ewigen und Unendlichen, eine Forderung des Gemütes, Sinn für das Übersinnliche, das Unendliche, »Anschauung des Universums«. Religion gehe also weder in Metaphysik, noch in Moral, noch in Historie auf, Religion bedeute schlechthinnige Abhängigkeit vom Unendlichen.

Als eine zentrale Erfahrung der Romantik stellt sich das Todeserlebnis dar, aus dem zwei Wege führen: zur Vernichtung und zur Rettung im christlichen Dogma. So hat der späte Johann Heinrich Voß erklärt, daß die Romantik zur religiösen Reaktion oder zum Katholizismus führen müsse (*Wie ward Fritz Stolberg ein Unfreier?* 1819; der mit Voß befreundete Stolberg hatte 1800 konvertiert). Der starke Zug der Romantiker zum Katholizismus brachte bekannte Konversionen: Friedrich und Dorothea Schlegel (1808), Zacharias Werner (1811 in Rom Priester geworden) und Rückkehr zur Kirchentreue: Brentano (1817). Novalis feierte in *Die Christenheit oder Europa* (1799) die vorreformatorische Glaubenseinheit. Eichendorff machte im Alter für den Zusammenbruch der Romantik protestantischen Hochmut verantwortlich (*Über die ethische und religiöse Bedeutung der neueren romantischen Poesie,* 1847).

Fichte und Novalis setzten auch die Linie der dt. Mystik fort, deren Wiederauftreten für die Romantik bezeichnend ist. Bei Jakob Böhme steht nach Friedrich Schlegel das Christentum mit Physik und Poesie in Berührung. Erstrebt wurde eine religiöse Überhöhung der Kunst.

Romantische Geisteshaltung suchte »der Bildungsstrahlen All in eins zu fassen«. Die Künste – Dg., Malerei, Musik – rückten bis zur Verschmelzung aneinander. Ihre Betrachtung ist im Grunde nur im Zusammenhang möglich.

Die romantische Dg. gab entscheidende Anregung für die anderen Künste. Auch die Malerei suchte das Dunkle und Umwölkte, statt der geschlossenen Form die verschwimmenden Konturen; sie übernahm MA.-, Märchen- und Landschaftsmotive der Dg. (Philipp Otto Runge, Caspar David Friedrich, Moritz von Schwind, Die Nazarener). Die romantische Musik komponierte romantische Lyrik (Franz Schubert, Robert Schumann, Felix Mendelssohn-Bartholdy).

Selbst Kunst und Wissenschaft flossen ineinander.

Die Germanistik erwuchs aus dem gleichen Gedanken des nationalen Volksgeistes, der auch die Poetik formte (Brüder Grimm). Die historische Schule der Rechtswissenschaft und der Geschichte folgte dem Grundsatz Savignys, daß das Recht unbewußt aus dem natürlichen Volksboden entstehe und sich nicht erfinden lasse.

Nach romantischer Auffassung sollte das ganze Leben »poetisiert« werden. »Die romantische Poesie ist eine progressive Universalpoesie. Ihre Bestimmung ist nicht bloß, alle getrennten Gattungen der Poesie wieder zu vereinigen und die Poesie mit der Philosophie und Rhetorik in Berührung zu setzen. Sie will und soll auch Poesie und Prosa, Genialität und Kritik, Kunstpoesie und Naturpoesie vermischen, bald verschmelzen.« Die Universalpoesie »allein ist unendlich, wie sie allein frei ist, und erkennt als erstes Gesetz an, daß die Willkür des Dichters kein Gesetz über sich leide« (116. *Athenäum*-Fragment). Die erstrebte Annullierung der Aufklärung (vgl. A. W. Schlegel: *Über Lit., Kunst und Geist des Zeitalters*, 1803), die Rückverwandlung des Wissens ins Unbewußte und die künstliche Herstellung eines »mythischen Zustandes« sollten die Kluft zwischen der Volkspoesie und der verfeinerten modernen Dg. schließen und auf artistischem Wege zu einer Repoetisierung des Lebens führen.

Die Klassik wurde überboten durch die Vereinigung von Geist und Natur, Endlichkeit und Unendlichkeit, das Vergangene und Gegenwärtige mit dichterischen Kräften durchdrungen. Zweck der Kunst war Stimmung und Erlebnis. Dabei sollten sich die einzelnen Sinnesgebiete miteinander vermischen und die Künste ineinander übergehen. Bezeichnende Forderung: »Synästhesie«, das Farbenhören, das Musiksehen. »Zu jeder schönen Darstellung mit Farben gibt es gewiß ein verbrüdertes Tonstück, das mit dem Gemälde gemeinschaftlich nur eine Seele hat« (Tieck). Vgl. Eichendorff: ». . . und zogen / ihn in der buhlenden Wogen / farbig klingenden Schlund.« Erhabenste Fähigkeit ist die Phantasie, das freie Schöpfertum, dieses wiederum ist wichtiger als das Geschaffene. Dichterische Lebensform ist wichtiger als die Form des dichterischen Werkes. Daher viele unvollendete Werke, Improvisationen, Schätzung des Aphorismus und das Fehlen strenger Konzeption. Wichtiger als die Vollkommenheit einer Leistung ist die Sehnsucht und das Streben nach der Vollkommenheit.

Die der romantischen Dg.-Theorie innewohnende Dialektik von Traum und Bewußtsein (Arthur Henkel) hängt zusammen mit Fichtes Philosophie der Subjektivität, der Verkündigung der absoluten Freiheit des Geistes. Der romantische Dichter besitzt die Freiheit, sich über alles, auch über die eigene Kunst, Tugend oder Genialität, zu erheben und die Sinnenwelt für seine Zwecke willkürlich einsetzen zu können. So ist die »romantische Ironie« zu begreifen als Gewähr für die Autonomie dichterischer Weltsicht gegenüber der Wirklichkeit. Der Künstler spürt den Widerstreit von Endlichem und Unendlichem während des schöpferischen Vorgangs, und das Bewußtsein seiner spielerischen Freiheit erhebt ihn darüber. Die subjektive, romantische Ironie, die auch noch Heine als Kunstmittel anwandte, erreichte durch den Gegensatz von Tatsache und subjektiver Auffassung besonders komische Wirkung. Der romantische

Dichter darf und muß die Illusion, die sein Werk erzeugt hat, auch wieder aufheben.

Neben dem Hochgefühl des Dichters und dem Glauben an die Kraft der Poesie gibt es bei fast allen Romantikern, in zunehmendem Maße bei den Spätromantikern, das schon auf das Biedermeier hindeutende Bewußtsein von der Gefahr einer nur ästhetischen Kultur, von dem Frevel am Leben, den eine ästhetische Existenz bedeuten kann, von der Verlockung zum Abgrund und zum Tode, die in der Schönheit liegt (Wackenroder, Brentano, Eichendorff).

Die Romantik huldigte der Theorie von der dichtenden Volksseele. Besonders rein glaubte man die Volksdg. in unverbildeteren Zeiten, vor allem im MA., aufzuspüren. Das Märchen wurde wiederentdeckt und erneuert, Volkslied, Volksbuch und Sage wurden gepflegt.

Der romantische Sprachstil suchte die Illusion zu steigern durch Wortwahl, Wortform, Satzbau und Rhythmus; durch archaischen chronikalischen Stil wurde die Illusion einer vergangenen Zeit oder eines entfernten Milieus geschaffen, durch Zerreißung des logischen Zusammenhangs der Eindruck des Phantasievollen erreicht. Die Stil- und Formexperimente dienten der künstlerischen Bewältigung des Nichtrationalen.

Durch Übss. hat die Romantik fremdsprachige Poesie erschlossen. Sie vereinte geistiges Interesse für den Gehalt einer Dg. mit Formsinn und Blick auf die Weltlit. Formen der Spanier, Italiener, Portugiesen, Provenzalen, Engländer und Franzosen sowie der Antike wurden nachgeahmt.

Wichtigste Übs.-Leistung war der dt. Shakespeare. Von August Wilhelm Schlegel mit 17 Drr. 1797–1810 begonnen, von Ludwig Tieck zus. mit seiner Tochter Dorothea und Wolf Graf Baudissin beendet (1825–1840).

Schlegel übersetzte außerdem Calderons Drr. (1. Bd. 1803) und *Blumensträuße ital., span. und portug. Poesie* (1804), Tieck Cervantes' *Don Quijote* (1799–1801) sowie alte engl. Drr., Schleiermacher Plato, Johann Diederich Gries (1775–1842) Boiardo, Ariost, Tasso, Calderon, Wilhelm Grimm nordische Vorlagen (*Edda* u. a.).

In der Nachfolge der Romantik erschlossen Rückert und Georg Friedrich Daumer (1800–1875) chinesische, indische, arabische, persische Poesie.

Bei der Betrachtung der lit. Gattungen ist im Auge zu behalten, daß die Romantik bewußt eine Grenzverwischung vollzogen hat.

Als neue Kunstform wurde von Friedrich Schlegel, Novalis u. a. die von Lessing vorgebildete des Fragments gepflegt.

Hauptgattung, universelle, »progressive« Form war für die Frühromantik der Roman. Für Novalis war Romantik noch = R.-Kunst, Romantiker = R.-Dichter. Ähnlich Friedrich Schlegel: »Ein R. ist ein romantisches Buch . . . nach meiner Ansicht und nach meinem Sprachgebrauch ist eben das romantisch, was uns einen sentimentalen Stoff in einer phantastischen Form darstellt« (*Brief über den R.*). Als aller Vorbild galt *Wilhelm Meisters Lehrjahre*. Die romantische Sicht dieses Werkes gab Friedrich Schlegel (*Über Goethes Meister,* 1798), als er die Ideen und den musikalischen Stil nachwies. Daneben wirkten Heinses *Ardinghello* und die Rr. Jean

Pauls als Vorbild. Alle in der Frühromantik entstandenen Rr. blieben Torsi. Kennzeichnend für sie wurde das »Romantisch-Sentimentale« und das Subjektive, die enge Beziehung zum Dichter, insofern als der R. nach Friedrich Schlegel »ein Kompendium, eine Enzyklopädie des ganzen geistigen Lebens eines genialischen Individuums« war. Ihnen eingefügt wurden Gespräche, Märchen, Episoden, Lieder, Briefe, Reflexionen. Zwischen den einzelnen Rr. bestehen große Unterschiede. Novalis' *Heinrich von Ofterdingen* ist symbolische Gestaltung einer Weltanschauung, Ideendg.; Tiecks *William Lovell,* noch Brief-R., ist skeptische Auseinandersetzung mit Sturm-und-Drang-Idealen, sein *Sternbald,* Wackenroders *Berglinger,* Friedrich Schlegels *Lucinde,* Dorothea Schlegels *Florentin,* Brentanos *Godwi* sind ästhetische Bildungsgänge romantischer Charaktere. Die spätromantischen Rr. von Arnim und Eichendorff kamen aus christlich-dt. Lebensbewußtsein und leiteten mit ihrer Überwindung jeder wirklichkeitsfremden und gegenwartsfeindlichen Haltung, mit der Einfügung ihrer Menschen in die reale Welt, in die nächste Dg.-Epoche über.

Die Novelle hat Vorformen in den »Charakteren« und moralischen Erzz. des 18. Jh. Etwa gleichzeitig mit Goethes *Unterhaltungen deutscher Ausgewanderten* (1795) erschienen die ersten romantischen Erzz. In Tiecks *Der blonde Eckbert* (1796) und in weitere durch Märchen sowie Sagen angeregte phantastische Geschichten sind persönliche Erlebnisse des Grausigen, der Lockungen dunkler Mächte, der Sehnsucht nach Auflösung in Natur eingegangen. Neue Wege gingen mit ihrer scheinbaren Formlosigkeit, der Zufälligkeit der Geständnisse die *Nachtwachen* einerseits und andererseits Brentano mit der *Chronika,* in der er die beherrschte Form Kleists anwandte. Kleists Novv. suchten allein den Menschen zu fassen, Reflexionen über das Leben wurden vermieden, ein Charakter, eine Seele offenbarte sich in einer ungewöhnlichen Handlung. Der Dichter trat zurück. Diesem Ziel der Erz. diente oft schon die Anekdote. Auf dem Wege zum Realismus, zum sog. poetischen Realismus, befanden sich auch die späten Schöpfungen romantischer Novellistik (Brentano: *Kasperl und Annerl,* Arnim: *Der tolle Invalide,* Tieck, Eichendorff). Wirklichkeit als Zerrbild brachten Hoffmanns Satiren und Grotesken.

Als Phantasiestücke (das Wort bei E. T. A. Hoffmann) sind frei mit den Gegebenheiten des Lebens schaltende Erzz. anzusehen, die ganz aus der Einbildungskraft leben und in denen der kausale Zusammenhang des Weltgefüges aufgehoben ist. Sie nähern sich dem Märchen (Arnim: *Isabella,* Eichendorff: *Taugenichts,* Hoffmann: *Kreisleriana* u. a.).

Das Märchen war die Form der jüngeren Romantiker. Aus ihm sprach ein neuer Glaube an die Natürlichkeit des Wunderbaren. Geschieden werden kann zwischen dem Volksmärchen mit geschlossener Form, der Märchen-Arabeske mit geöffneter Form (Brentano) und dem Wirklichkeitsmärchen (Hoffmann).

In der romantischen Lyrik steht Novalis mit seiner Erneuerung der Nacht-Philosophie gesondert. Die mit Herder begonnene Wiederbelebung der

Lyrik aus dem Geist des Volksliedes wurde im Anfang des 19. Jh. endgültig wirksam. Von Erlebnisbereichen waren die Freude am katholischen Kult, die Mystik der Seelenentwicklung, persönliches, gefühltes Christentum, Eindringen in die dt. Vergangenheit, Anteil an dem politischen Geschick und dämonischer, bis ins Grelle gehender Haß gegen die Fremdherrschaft wirksam. Neben scheinbar grenzenloser Formbegabung und Melodienfülle stehen die schlichten und zarten Töne. Diese Lyrik wurde so volkstümlich, wie es die Volkslieder einmal gewesen waren; daher sind Uhland und Eichendorff als einzige der romantischen Lyriker ganz auf die Nachwelt gekommen. Die ersten sozialen Themen tauchen bei Chamisso auf, der mit seinem Humor und dem realistischen Blick für das Berliner Leben, für die Kinder und ihr Kleinleben in die nächste Dichtergeneration hinüberwies.

Das Drama ist nicht die stärkste Leistung der Romantiker. Soweit in ihm der Gott der Liebe, die gütige Vorsehung, wirksam ist, wurde es zum Erlösungs-Dr. oder »Gnaden-Dr.«. Bei Werner näherte es sich sogar dem barocken Märtyrer-Dr. Die entscheidende Tat für das dt. Theater war die Einbürgerung Shakespeares, während die der span. Dramatiker geringere Spuren hinterließ.

Die Brüder Schlegel standen noch unter antikischem Einfluß (August Wilhelm Schlegel *Ion,* 1803; Friedrich Schlegel *Alarcos,* 1802). Tieck, durch frühes Shakespeare-Studium geführt, mischte in *Ritter Blaubart,* dem *Gestiefelten Kater* u. a. bewußt Komik und Tragik und steuerte die lit. festgefahrenen Formen wieder in das Theatralische hinüber. Verschmelzung von Epik, Lyrik, Dramatik, religiöser Dg., nur noch für die »Bühne der Phantasie«, war sein *Leben und Tod der heiligen Genoveva,* noch stärker mit Allegorien durchsetzt sein *Kaiser Octavianus.* Ebenfalls nicht dramaturgisch, sondern musikalisch komponierte Brentano unter der Wirkung Calderons die *Gründung Prags.* Auch Achim von Arnims *Halle und Jerusalem* war das zerfließende Gebilde eines Erzählers. Nationale Zielsetzung an historischen Stoffen kennzeichnen Fouqués *Held des Nordens* und Joseph von Eichendorffs *Der letzte Held von Marienburg* (1830).

Der eigentliche Dramatiker unter den Romantikern, abgesehen von Kleist, war, schon vom Wesen her, Zacharias Werner, der unter Schillers direktem und Calderons indirektem Einfluß stand. Seine Dg. ruht auf religiöser Grundlage und arbeitete mit dem Eingreifen übernatürlicher Mächte. In seinem späteren Werk näherte er sich in Technik und Gesinnung dem Dr. des Barock. Sein *24. Februar* ist nur mit Einschränkung als Schicksalsdr. zu bezeichnen, da es im Grunde sein zentrales Thema von der Ichsucht, die überwunden werden muß, aufnimmt (Paul Kluckhohn). Das Thema des lastenden Fluches ist von den Späteren ausgebeutet worden.

Mit *Familie Schroffenstein* und *Käthchen von Heilbronn* und Einzelzügen der übrigen Drr. steht Kleist dem romantischen Dr. nahe. In seinen

Hauptwerken geht es immer um die einzelne Persönlichkeit, um den letzten Halt ihrer Existenz in ihrem eigenen Gefühl. Die Tragik erwächst aus Verwirrung oder Trübung und Mangel an Vertrauen.

Reine Lspp. brachten erst die letzten Phasen der Romantik hervor. Im Gegensatz zum rührenden Lsp. und zur Typenkom. suchte man das »lustige Lsp.« mit Nichternstnehmen der Wirklichkeit, Zerstörung der Illusion, Hervortreten des Dichters. Die theoretische Anknüpfung geschah durch die Brüder Schlegel bei Aristophanes, durch Tieck bei Shakespeare, der an die Stelle Molières gesetzt wurde. Die wesentlichen Leistungen waren Brentanos *Ponce de Leon* und Eichendorffs *Freier*. Kleists *Zerbrochener Krug* dagegen begründete den künftigen realistischen Stil.

Romantische Dg., vor allem aber die romantischen Theorien und Zss. erwuchsen aus der Zusammenarbeit von Freundespaaren und ganzen Gruppen.

Zur älteren Romantik, in Jena und Berlin, gehörten: die Brüder Schlegel und ihre Frauen, Tieck, Wackenroder, Novalis, Schelling, Schleiermacher, Steffens. Lit. Organ war das *Athenäum* in Berlin, hgg. Brüder Schlegel (1798–1800). Friedrich Schlegel gab außerdem die Zs. *Europa* (1803–1805) heraus, die fast ausschließlich Beiträge der Brüder und Dorotheas brachte. Ebenso bestritt Tieck im wesentlichen den Inhalt seiner Zs. *Poetisches Journal* (1800).

Die Mitglieder der jüngeren Romantik sammelten sich seit 1805 in Heidelberg: Arnim, Brentano, Eichendorff, Görres. 1806 hielt Görres dort die erste germanistische Vorlesung an einer dt. Universität. Zs. der Heidelberger Romantiker war die *Zeitung für Einsiedler* (1808), hgg. Arnim, Mitarbeiter waren die Brüder Schlegel, Tieck, Fouqué, die Brüder Grimm, Uhland, Kerner, Philipp Otto Runge; in Buchform hgg. von Arnim unter dem Titel *Trösteinsamkeit* (1808).

Um 1810 wurde Berlin wichtigster Sammelpunkt der Spätromantik. Nationale Ziele verfolgte die Christlich-dt. Tischgesellschaft; zu ihr gehörten: Arnim, Brentano, Eichendorff, Kleist, Fouqué, Chamisso. Ihr nahe standen die *Berliner Abendblätter* (1810–1811), hgg. Kleist; politische Tageszeitung mit patriotischer Tendenz. Mitwirkung von Adam Müller, Arnim, Brentano, Wilhelm Grimm, Fouqué. Ihr Verleger Eduard Julius Hitzig war Mittelpunkt des Nordsternbundes.

Die Zs. *Phöbus* (1808) in Dresden, hgg. Kleist und Adam Müller, brachte hauptsächlich Vorabdrucke aus Werken Kleists.

An der Zs. *Dt. Museum* (1812–1813), hgg. Friedrich Schlegel, arbeiteten von den Romantikern August Wilhelm Schlegel, Adam Müller, Fouqué und Görres mit.

Auch an den frühen Jahrgängen des *Morgenblatts für gebildete Stände* (1807–1865) in Stuttgart, hgg. Cotta und Wilhelm Hauff, waren Romantiker beteiligt: Schwab, Schelling, die Brüder Schlegel, Kleist, Müllner.

Als Ausläufer romantischer Lit. kann man den schwäbischen Dichterkreis (etwa 1810–1850) bezeichnen, zu dem Ludwig Uhland, Justinus Kerner, Gustav Schwab (1792–1850), Karl Mayer (1786–1870) gehörten und zu dem auch Wilhelm Hauff und Eduard Mörike in Beziehung standen.

Wichtigste Autoren der Romantik:

Arnim, Achim von, geb. 1781 in Berlin. Stud. der Naturwissenschaften 1798–1799 in Halle, 1800–1801 in Göttingen. Freundschaft mit Brentano. Hielt sich nach Reisen in die Schweiz, nach Frankreich und England in Berlin und Heidelberg (1805) auf. 1806 ging A. nach Göttingen, 1807 nach Königsberg, 1808 wieder nach Heidelberg und Ende desselben Jahres nach Berlin, wo er Bettina, Brentanos Schwester, heiratete. Nach dem Feldzug 1813–1814, den er als Hauptmann mitmachte, wohnte er auf seinem märkischen Gut Wiepersdorf. Gest. 1831 ebd.

Brentano, Clemens, geb. 1778 in Ehrenbreitstein. Enkel von Sophie von La Roche, Sohn der Maximiliane Brentano, geb. La Roche. Zunächst Kaufmann, seit 1797 Stud. in Halle und Jena, Verkehr mit Wieland, Savigny, Schlegel, Goethe, Herder. Ging 1801 nach Göttingen, wo er mit Arnim Freundschaft schloß, dann nach Marburg, wo er 1803 Sophie Mereau geb. Schubert heiratete. Siedelte 1804 nach Heidelberg über. Von 1809 bis 1818 meist in Berlin, vorübergehend aber z. B. auch in Wien. 1817 Rückkehr zur Kirchentreue. Von 1819 bis 1824 bei der stigmatisierten Nonne Anna Katharina Emmerich zu Dülmen, nach deren Tod unstet in Bonn, Winkel, Wiesbaden, Frankfurt, Koblenz, Straßburg, 1825 wieder in Koblenz, 1832 Regensburg, 1833 in München. Gest. 1842 in Aschaffenburg.

Eichendorff, Joseph Freiherr von, geb. 1788 auf Schloß Lubowitz in Oberschlesien, besuchte seit 1801 zusammen mit dem ähnlich gearteten Bruder Wilhelm das Gymnasium zu Breslau, stud. phil. und jur. 1805 bis 1806 in Halle, 1807–1808 in Heidelberg. Bekanntschaft mit Novalis, Görres, Arnim und Brentano. Besuchte Paris und Wien, wo er mit Friedrich und Dorothea Schlegel verkehrte, nahm 1813 und 1815 an den Befreiungskriegen teil. Von 1816 bis 1844 Beamter in Breslau, Berlin, Königsberg (seit 1824), wo er den Wiederaufbau der Marienburg betrieb, dann wieder in Berlin. Zog 1855 zu seiner Tochter nach Neiße. Gest. 1857 in Neiße.

Hoffmann, Ernst Theodor Amadeus, geb. 1776 in Königsberg, 1792 bis 1795 stud. jur. ebd. 1798 Kammergerichtsreferendar in Berlin, 1800 bis 1806 Assessor, später Regierungsrat in Posen, Plotzk, Warschau, wo er infolge der territorialen Veränderungen sein Amt verlor. Nahm 1808 eine Stelle als Theatermusikdirektor in Bamberg an, desgl. 1813 bei der Truppe Joseph Secondas in Leipzig und Dresden. Erst nach den Kriegen 1816 Wiedereinstellung als preußischer Kammergerichtsrat; vorzüglicher Jurist. Gest. 1822 in Berlin.

Kleist, Heinrich von, geb. 1777 in Frankfurt/Oder, 1792–1799 Offizierslaufbahn, seit Ostern 1799 Stud. der Philosophie, Physik, Mathematik, Kameralia in Frankfurt/Oder. Verlobung mit Wilhelmine Zenge (Auflösung 1802). Lektüre Kants; Aufgabe des Studiums. Im Spätsommer 1800 in Würzburg. Übersiedlung nach Berlin. Juli bis November 1801 in Paris, Dezember 1801 bis Oktober 1802 in der Schweiz, Verkehr mit Zschokke, Heinrich Geßner und Ludwig Wieland. Winter 1802/03 in Weimar und Oßmannstedt (Goethe, Schiller, Wieland), Frühjahr 1803 in Leipzig und Dresden. Sommer 1803 erneute Reise (mit Pfuel) in die Schweiz und über

Mailand, Genf, Lyon im Oktober nach Paris; hier verbrannte K. das Ms. des *Robert Guiscard*. Zweimaliger Versuch, in frz. Diensten an einer Invasion Englands teilzunehmen. Ende 1803 in Mainz in Behandlung des Arztes Georg Wedekind, von dort mehrfach in Paris bis Mai 1804. Im Juni kehrte K. nach Potsdam zurück und erhielt im Winter 1804/05 eine Anstellung an der Königsberger Domänenkammer. Anfang 1807 verließ er nach Aufgabe seines Amtes (1806) Königsberg, wurde in Berlin von den Franzosen verhaftet und nach Frankreich gebracht. Nach seiner Entlassung im Juli 1807 reiste er über Berlin nach Dresden, wo er mit Adam Müller, Tieck, Körner u. a. verkehrte. Im Mai 1809 brach er nach dem österreichischen Kriegsschauplatz auf, kam zu spät und fand sich Ende 1809 wieder in Frankfurt und Berlin ein. Aus persönlicher und politischer Enttäuschung Freitod zus. mit Henriette Vogel 1811 am Wannsee.

Novalis, eigentlich **Friedrich von Hardenberg,** geb. 1772 in Oberwiederstedt im Mansfeldischen. 1790 stud. phil. in Jena (Schiller, Fichte, Brüder Schlegel), seit 1792 stud. jur. in Leipzig. Verlobte sich 1795 in Tennstedt, wo er an der Kreishauptmannschaft arbeitete, mit der dreizehnjährigen Sophie von Kühn, deren Tod (1797) ihn schwer erschütterte. Seit Ende 1797 Stud. der Bergwissenschaften in Freiberg. 1798 Verlobung mit Julie von Charpentier, Freundschaft mit Ludwig Tieck, 1799 Assessor an der Salinenverwaltung in Weißenfels. Gest. 1801 in Weißenfels.

Schlegel, August Wilhelm, geb. 1767 in Hannover als Sohn des Bremer Beiträgers Johann Adolf Schlegel und Neffe von Johann Elias Schlegel. 1786–1791 Stud. in Göttingen, zuerst Theologie, dann klassische Sprachen und Lit. Durch Bürger zum Dichten und Übersetzen angeregt. 1792–1794 Hauslehrer in Amsterdam, 1795 nach Jena, dort 1796 Habilitation. Mitarbeit an Schillers *Horen* und *Musenalmanach* sowie an der *Allg. Lit.-Ztg.* Heirat mit Karoline geb. Michaelis verw. Böhmer, die nach ihrer Scheidung 1803 Schelling heiratete. 1798 a. o. Prof. Hielt 1801 bis 1804 in Berlin Vorlesungen über Lit. und Kunst, die er später in Wien verändert und erweitert wiederholte. Begleitete 1804–1813 Frau von Staël auf Reisen in die Schweiz, nach Rom und Skandinavien und besuchte sie 1815 bis 1817 in Paris. 1818 Prof. der Kunst- und Lit.-Gesch. in Bonn. Gest. 1845 in Bonn.

Schlegel, Friedrich, geb. 1772 in Hannover, jüngerer Bruder von August Wilhelm Schlegel. Lehrzeit als Kaufmann abgebrochen, Stud. der Rechte in Göttingen und Leipzig, seit 1793 der Altertumskunde. Vorübergehend in Dresden und Jena. 1797 nach Berlin; Freundschaft mit Schleiermacher und Dorothea Veit, der Tochter Moses Mendelssohns, die er 1804 heiratete. 1799 nach Jena, 1801 Habilitation ebd. 1801 zu orientalischen Studien nach Paris, 1804 nach Köln. 1808 Übertritt zum Katholizismus und Übersiedlung nach Wien; 1815–1818 österreichischer Legationsrat beim Bundestag in Frankfurt. Sch. widmete sich hauptsächlich orientalischen Studien und hielt Vorlesungen über Gesch., Lit., Philosophie. Gest. 1829 in Dresden.

Tieck, Ludwig, geb. 1773 in Berlin, 1782–1792 auf dem Friedrichswerderschen Gymnasium; Freundschaft mit Wackenroder. 1792–1794 Stud. der Philologie und Lit. in Halle, Göttingen und Erlangen. 1794–1799 hauptsächlich in Berlin. 1799–1800 in Jena, Verkehr mit den Brüdern Schlegel, Novalis, Fichte, Brentano, auch Goethe und Schiller. 1801 bis 1802 wohnhaft in Dresden, 1802–1819 in Ziebingen/Neumark auf einem Gut, das zunächst seinem Schul- und Studienfreund Wilhelm v. Burgsdorff, dann dessen Onkel Ludwig Karl Graf Finckenstein gehörte. Nach Reisen nach Italien (1804–1806), England und Frankreich (1817) ließ T. sich 1819 endgültig in Dresden nieder, wo er 1825 Dramaturg des Hoftheaters wurde und seine berühmten Leseabende hielt. 1841 von Friedrich Wilhelm IV. nach Berlin berufen. Gest. 1853 in Berlin.

1795/96   Ludwig Tieck
(Biogr. S. 306):
Geschichte des Herrn William Lovell

Brief-R., 3 Bdd.; später 2 Bdd.

Entst. seit 1793. Nach T.s eigener Äußerung beeinflußt durch Restif de la Bretonnes (1734–1806) *Le Paysan perverti* (1776); Milieu und Form weisen auf Richardson: Lovell abhängig von Lovelace in *Clarissa.*

In vielem Selbstdarstellung; spiegelt die moralisch-seelische Zerrissenheit T.s im Übergang zum Mannesalter. Lovell ist ein hochsinnig veranlagter, aber übersättigter Jüngling, der durch eine epikureische Philosophie allmählich zum Wüstling, Tugendschänder, Mörder, Falschspieler und Räuber herabsinkt. Langeweile am Leben als Keim seelischer Verödung, vor der auch Genuß und Selbstherrlichkeit im Geistigen nicht retten. Wiederaufnahme von Sturm-und-Drang-Problematik, verwandt mit Heinses *Ardinghello* und der ähnlich enthüllenden medizinischen Psychologie. Genialität gegen Mittelmäßigkeit, aber ohne eigentliche Entscheidung.

»Das ganze Buch ist ein Kampf der Prosa und der Poesie, wo die Prosa mit Füßen getreten wird und die Poesie über sich selbst den Hals bricht« (Friedrich Schlegel).

1797   Ludwig Tieck
(Biogr. S. 306):
Volksmärchen

3 Teile. Unter dem Pseud. Peter Leberecht.
Die Slg. enthält neben Neugestaltungen überkommener Stoffe auch Selbsterfundenes. Wiedererweckung der Volksbücher, teilweise unter Veränderung von Stil und Stoff: *Die Geschichte von den vier Heymonskindern, Die wundersame Liebesgeschichte der schönen Magelone und des Grafen Peter aus der Provence, Denkwürdige Chronik der Schildbürger* (darin ausgelassene Verspottung der Aufklärung, Einfluß von Wielands *Abderiten*).

An Märchendrr. sind enthalten: *Ritter Blaubart,* ein »Ammenmärchen« in 4 Akten, Tr. nach Perrault mit satirischen Elementen, *Der gestiefelte Kater,* nach einem Märchenmotiv von Perrault. In dem letzten ist nach Gozzischer Methode das Märchen der Rahmen einer ironisch-satirischen Lit. Kom.: Aufhebung der Grenze zwischen Bühne und Zuschauerraum, Auftreten des Dichters, Souffleurs, Maschinisten, des Publikums; viele geistvoll-witzige Anspielungen, insbesondere auf Iffland und seinen Anhänger Böttiger. Erstrebte Vereinigung von Epik und Dr.

Einzeldruck des *Gestiefelten Kater* mit der Angabe »Aus dem Italienischen« 1797; erweiterte Fassung in *Phantasus,* Bd. 2. Das Werk war ursprünglich von dem Verleger Nicolai zurückgewiesen worden, der auch die Lit.-Kom. *Die verkehrte Welt* (1799) zurückwies.

Schließlich enthält die Slg. das Schicksalsdr. *Karl von Berneck* und das frei erfundene Märchen *Der blonde Eckbert* (entst. 1796), das erste Meisterwerk T.scher Stimmungsmalerei. Stoff: schuldbeladene Ehe eines Geschwisterpaares und sein Untergang. Romantisches Motiv der »Waldeinsamkeit«.

Wendung T.s zur Poesie und Romantik unter Absage an die literatenhafte Frühzeit im Dienste Nicolais.

Auff. des Märchendr. *Ritter Blaubart* 3. 5. 1835 in Düsseldorf durch Karl Immermann, des *Gestiefelten Kater* 20. 4. 1844 in Berlin, Kgl. Schsp.-Haus auf Wunsch Friedrich Wilhelms IV.

1797   **Wilhelm Heinrich Wackenroder**
(in Wahrheit   (1773–1798, Berlin, Göttingen):
Herbst 1796)   **Herzensergießungen eines kunstliebenden Klosterbruders**

Anonym, hgg. Ludwig Tieck. Von Tieck Überarbeitung des Textes und einige selbständige Zusätze wie die Vorrede und vor allem *Brief eines jungen dt. Malers in Rom an seinen Freund in Nürnberg* mit Schilderung der Bekehrung zum katholischen Glauben durch die Macht der Liebe und der Musik. Tieck hat in der 2. Aufl. (1814) seine Zusätze wieder gestrichen.

Titel des Werkes vielleicht durch den Komponisten Johann Friedrich Reichardt, der aus dem Werk schon vorher in seiner neuen Zs. *Deutschland* als Sonderabdruck *Ehrengedächtnis unseres ehrwürdigen Ahnherrn Albrecht Dürers* veröffentlicht hatte.

Ausgelöst durch Eindrücke von Landschaft, ma. Stadtbildern, katholischem Kultus, Kirchen und Klöstern in Franken während der Studienzeit von W. und Tieck April bis Oktober 1793 in Erlangen, von wo aus sie Reisen nach Bamberg, Nürnberg, Ansbach, der Fränkischen Schweiz, dem Fichtelgebirge und nach Pommersfelden zu der Gräflich Schönbornschen Gemäldeslg. unternahmen.

Einziges zu Lebzeiten W.s erschienenes Werk. Tieck schrieb in der 2. Aufl., daß W. »ohne alle Absicht darauf im Schreiben verfiel, seine Worte einem von der Welt abgeschiedenen Geistlichen in den Mund zu legen, denn er dachte bei diesen Ergießungen anfangs nicht daran, sie durch den Druck auch anderen als seinen vertrautesten Freunden mitzuteilen«. Der Klosterbruder ist kein ma. Mönch, sondern ein zeitgenössischer Geistlicher, der sich in frühere Zeiten zurückversetzt.

Dieses erste Zeugnis des romantischen Lebensgefühls predigt in 14 kleinen Aufsätzen in der Art des ital. Künstlerbiographen Vasari die Verehrung der alten Meister, die Andacht zur Kunst und eine Reformation der Kultur. Die Musik, die »Kunst der Künste«, bringe uns »echte Heiterkeit der Seele«. Ihr Erlebnis sei kultisch, wie die Kunst überhaupt ein Abglanz höherer, himmlischer Harmonie. Kunstgenuß ein Vorgang frommer Hingabe. Künstlerische Schöpfung fordere Ehrfurcht und Andacht. Eintreten für ma. und adt. Kunst (Nürnberg und Dürer); in den Anschauungen über bildende Kunst und der Antike-Auffassung noch von Winckelmann geprägt: Ideal des Maßes, der Klarheit und Einfalt, jedoch Übertragung der Kriterien Winckelmanns auf ein Produkt christlicher Gläubigkeit, ein – damals Raffael zugeschriebenes – Marienbild. Akzentverlagerung von der griech. Kunst auf die des MA. und der Renaissance. Religion als kultur- und kunststiftender Faktor. Spezifisch romantisch W.s Musikauffassung in der abschließenden Nov. *Das merkwürdige musikalische Leben des Tonkünstlers Joseph Berglinger,* einer nur wenig verschleierten inneren Autobiographie W.s, an der die Problematik einer auf subjektiver Innerlichkeit gegründeten Existenz zu erkennen ist.

Maßgebend für Tiecks Wendung zum Romantischen. Einfluß auf die Kunstanschauung der Brüder Schlegel und der Brüder Boisserée. Vorwegnahme des Programms der Malerschule Philipp Otto Runges und der Nazarener, die sich ausdrücklich auf W. beriefen.

1798 **Ludwig Tieck**
(Biogr. S. 306):
Franz Sternbalds Wanderungen

R., Fragment, »eine altdeutsche Geschichte«.

Geht zurück auf einen gemeinsamen Plan Wackenroders und T.s zu einem Künstler-R., schon angedeutet in T.s *Brief eines jungen dt. Malers in Rom an seinen Freund in Nürnberg* in Wackenroders *Herzensergießungen.* Ausführung blieb nach Wackenroders Tod (1798) bei T. allein.

Unter dem Einfluß von *Wilhelm Meister* aus der beabsichtigten reinen Malergesch. ein allgemeiner Bildungs-R. aus der Zeit und Umwelt Dürers, dem »Heldenzeitalter der Kunst«. Kunst bleibt jedoch im Gegensatz zu *Wilhelm Meister* Zentralthema. Wendung eines jungen Malers vom Schüler Dürers zum Anhänger der sinnenfreudigen venezianischen Malerei in Rom. T. plante Rückkehr Sternbalds nach Nürnberg und zur adt. Kunst, Ende auf dem Grabe Dürers. Schwärmerische Verehrung der »frommen«, »einfältigen« Kunst des christlichen MA.
Sternbald Typ des romantischen Künstlers, Stärke mehr im Wollen als im Vollbringen. Sternbalds Gegentyp Florestan, Verkörperung des romantischen Wandertriebs, der Romantiker als Vagabund. Reich an lyrischem

Stimmungsgehalt, Bekenntnissen, Gesprächen, Liedern, Naturschilderungen. Lose aneinandergereihte Szenen. Ablehnendes Urteil Goethes: »Es ist unglaublich, wie leer das artige Gefäß ist.«

»Sternbaldisicren« wurde charakteristisch für die christlich-dt. Malerschule der sog. Nazarener in Rom. Grundlegung für eine romantische Malerei, die als »geradezu von T. inspiriert betrachtet werden kann« und auch einer »romantischen Malerei der Dg.«, von Seelenlandschaften, die »im Geist der romantischen Dichter malerische Formen annahmen« (Hermann August Korff).

1799   **Phantasien über die Kunst für Freunde der Kunst**

Von Ludwig Tieck herausgegebene nachgelassene neue Folge von Aufzeichnungen Wackenroders im Stile der *Herzensergießungen,* hauptsächlich der Musik gewidmet. Tonkunst als »frevelhafte Unschuld«, als »furchtbare, orakelmäßig zweideutige Dunkelheit«, als Gottheit und Gefahr zugleich.

Außerdem zwölf dem Rahmen angepaßte, aber rationaler gehaltene Abhandlungen T.s. Am Schluß ein allegorisches Traumgedicht, poetisches Denkmal auf den Freundschaftsbund mit dem Toten. »Er schien in weit entfernte schöne Auen / Mit hoher Trunkenheit hineinzuschauen.«

Einfluß von Tiecks romantisierender und spiritualisierender Darstellung W.s auf das W.-Bild der Folgezeit.

1799   **Novalis**
           (Biogr. S. 305):
           Die Christenheit oder Europa

Religiös-politischer Aufsatz.

Für das *Athenäum* geschrieben, infolge Goethes Einspruch nicht erschienen. Verstümmelt veröffentlicht 1826.

Preis des in Religion geeinten christlichen MA. und der Verwirklichung seiner Ideale, deren Verfall sich in der Aufklärung vollendete. Prophezeiung eines neuen, durch Christentum geeinten Europa. Verkündung einer zweiten Reformation, die die zwei getrennten Kulturen versöhnen solle. »Es waren schöne, glänzende Zeiten, wo Europa ein christliches Land war, wo eine Christenheit diesen menschlich gestalteten Weltteil bewohnte; ein großes gemeinschaftliches Interesse verband die entlegensten Provinzen dieses weiten geistlichen Reiches.« Wie auch bei Schleiermacher religiöse Deutung der Gegenwart, Weckung des Sinnes für das Übernatürliche und Übersinnliche. Dialektische Geschichtssicht: die naive Geschlossenheit der ma. Kultur sei durch die Aufklärung und das Seinerselbst-Bewußtwerden des modernen Menschen zerstört worden. Aus der Anknüpfung an das MA. soll die Synthese einer neuen bewußten Einheit der Kultur hervorgehen.

1799   **Friedrich Schlegel**
          (Biogr. S. 305):
          Lucinde

R.

Inspiriert durch Sch.s seit 1797 bestehendes Verhältnis zu Dorothea Veit geb. Mendelssohn.

Im Grunde weniger R. als Buch über eine romantische Ehe. Äußere Vorgänge treten zurück. Bekenntnisse über Sch.s »Lehrjahre der Männlichkeit« und Erlösung in der Liebe zu einer ebenbürtigen Frau. Preis und Deutung des Liebes- und Eheglücks. Das Verhältnis Julius – Lucinde ist zwar, genau wie damals noch das Verhältnis Sch. – Dorothea, nicht im bürgerlichen Sinne eine Ehe, der Held selbst jedoch betrachtet es als wahre Ehe, weil es auf der vollkommenen Gemeinschaft zweier Menschen beruhe. Vorstellung von der Halbheit des Menschen, der der Vervollkommnung durch den Partner bedarf: Androgynen-Problem. Menschliche Gleichrangigkeit von Mann und Frau. Antik-heidnische Grundhaltung: gegen falsche Scham. Betonung des Sinnenglücks.
Formal unsystematische Gedankenvariationen mit geistvollen Paradoxien. Exaltierter Stil, gelegentlich durch romantische Ironie aufgehoben.

Friedrich Schleiermacher verteidigte das Aufsehen und Ablehnung erregende Werk in *Vertraute Briefe über Friedrich Schlegels Lucinde* (1800). Nicht in die Gesamtausgabe von Schleiermachers Werken aufgenommen und daher von Karl Gutzkow mit einem bissigen Vorwort neu herausgegeben (1835).

1800   **Ludwig Tieck**
          (Biogr. S. 306):
          Leben und Tod der heiligen Genoveva

Tr. in Versen. In Bd. 2 von *Romantische Dgg*.

Angeregt 1797 in Hamburg durch Lektüre des Ms. von Maler Müllers Schsp. *Golo und Genovefa* (1781), 1798 Kenntnis des Volksbuches. Begonnen 1799.

Dramatisierung des Volksbuches unter engem Anschluß an den epischen Ablauf. Genoveva wird von dem abgewiesenen Golo nach der Rückkehr ihres Mannes aus dem Heiligen Land des Ehebruchs bezichtigt und verurteilt, bis sich durch ein Wunder ihre Reinheit erweist. T. legte den Akzent auf die fromme Demut der Frau.
Außerachtlassung realer Bühnenforderungen: 28 Schauplätze, 61 Szenen. Verbindung von Shakespeare-Stil mit Lyrismen des spanischen Theaters. Blankvers wechselnd mit Stanzen, Sonetten, Terzinen.

Auff. Juni 1807 in Salzburg. Verbesserte Fassung 1820.

1800   **Novalis**
(Biogr. S. 305):
Hymnen an die Nacht

Im *Athenäum*, 3. Bd., 2. Stück.

Nach Karl von Hardenberg soll eine (verlorene) Urfassung schon im Herbst 1797 vorgelegen haben. 1799 überarbeitete Fassung (Hs. in Zürich). Die *Athenäum*-Fassung, die am 31. 3. 1802 für den Druck abgeschlossen war, stellt mehr als eine Bearbeitung der Hs. von 1799 dar. 1802 auch in den *Schriften*, hgg. Friedrich Schlegel und Ludwig Tieck.

Sechs sich steigernde Hymnen, z. T. in rhythmischer Prosa. Erwachsen aus der tiefen Erschütterung über den Tod Sophie von Kühns (19. 3. 1797), seiner jungen Braut, »ewig Priesterin der Herzen«, der N. nachzusterben beschloß. Von dem ursprünglichen Zentrum (Sophie) wechselte die Hs.-Fassung zu einem neuen (Christus) über. Den Bruch glich die *Athenäum*-Fassung aus; sie stellt eine gesteigerte geistige Durchdringung des Stoffes, eine stärkere Loslösung vom Privaten dar.
Die vier ersten Gesänge enthalten: Vereinsamung, Todessehnsucht, Wunsch nach jenseitiger Vermählung, Seligkeit beim Gedanken an die mystische Unio mit der Geliebten. Entgegensetzung der Urprinzipien Licht und Nacht. Das erste und ewige Reich ist das der heiligen unaussprechlichen Nacht, der Mutter der Welt, des wahren Seins. Daneben zwei subjektive Symbole: Wachen und Schlafen, Leben und Tod. Der Tod als Wollust, als Geliebte. Erleuchtung eines Menschen aus tiefster Erschütterung, Beginn eines neuen Lebens. Die 5. und 6. Hymne identifizieren N.' persönliche Religion der Nacht mit der christlichen Religion. Christus bewirkte Wende der Menschheitsgesch., Christus als Überwinder des Todes, als Verkünder einer den Menschen freundlichen Erlösung vom Licht. »Im Tode ward das ewige Leben kund.«
Pietistischer Einfluß; unter dem Eindruck von Zinzendorf, Lavater und Böhme.

1801   **Clemens Brentano**
(Biogr. S. 304):
Godwi oder Das steinerne Bild der Mutter

»Ein verwilderter Roman von Maria«. 2 Teile. Der 2. Bd. trägt die Jahreszahl 1802.

Entst. in Jena 1798–1799. Gedruckt durch Vermittlung Wielands.

Frühromantischer Bildungs-R. um einen, der will »fühlen und fühlen machen, daß man da sei durch Genuß, den man nimmt und mit sich wiedergibt«. Offenbar durch exemplarische Entwicklungs-Rr. beinflußt. Teilt mit dem Trivial-R. der Zeit die Vorliebe für geheimnisvolle verwandtschaftliche Beziehungen.
1. Teil Brief-R. mit verschiedenen Schreibern, 2. Teil in Kapitel einge-

teilt. In die Hauptgesch. zwei selbständige Erzz. eingelegt und künstlich mit ihr verbunden. Nebeneinander von Empfindsamkeit und Komik, »die Ironie des Aus-dem-Stücke-Fallens«, mit mutwilliger Zerstörung der Illusion. Darstellung von B.s Innenleben vor allem in Godwi, Römer, Maria, von Reflexionen, Stimmungsüberschwang und Stimmungswechsel. Verteidigung eines subjektivistischen Individualismus, der »Eigentümlichkeit« gegen Ehe, Staat, Erziehung, dafür Auflösung ins All oder die Natur. Musikalisch, lyrisch. Eingestreute Gedichte: *Die lustigen Musikanten, Ein Fischer saß im Kahne, Zu Bacharach am Rheine* u. a.

1801   **Dorothea Veit, spätere Schlegel**
                 (1767–1839, aus Berlin):
                 Florentin

1. Bd. eines R.

Anonym, von Friedrich Schlegel publiziert. Geschrieben von Herbst 1799 bis Sommer 1800 aus äußerem Anlaß; D. V. wollte Schlegel bei der Existenzsicherung helfen.

Anlehnung besonders an *Wilhelm Meister* im Hinblick auf Motive sowie Stil und Aufbau: fortlaufende Gesch., aber unterbrochen durch die Erz. des Helden von seiner Jugend, durch Briefe, Gespräche und Gedichte. Wie bei Goethe auch Reiseleben des Helden usw. Sein Charakter, das unruhig Schweifende, die Sehnsucht, die (dilettierende) Liebe zu Musik und Malerei auch von Sternbald und Florestan. Hindurchgehen durch viele Liebesabenteuer, Selbstironie, unersättlicher Freundschaftsdrang wie bei auch erlebten Vorbildern (Friedrich Schlegel u. a.). Fragen der Liebe, Ehe, Freundschaft im wesentlichen aus dem Standpunkt Friedrich Schlegels und Schleiermachers.

Der geplante 2. Band nicht erschienen.

1802   **Novalis**
                 (Biogr. S. 305):
                 Heinrich von Ofterdingen

Poetisch-phantastischer Entwicklungs-R. in 2 Teilen. Postum in: *Schriften*, hgg. Friedrich Schlegel und Ludwig Tieck, Bd. 1.

Stoffindung in Artern 1799. 1. Teil entst. Mitte Dezember 1799 und Anf. April 1800. Paralipomena zum 2. Teil entst. Ende Juli und Oktober 1800, von Tieck umrißhaft wiedergegeben. Einige äußere Tatsachen entnahm N. dem mhd. Gedicht vom *Sängerkrieg auf der Wartburg* sowie Johannes Rothes *Thüringischer Chronik* und *Leben der heiligen Elisabeth*. Ideen über den romantischen R., die als Anti-Kritik gegen Friedrich Schlegels maßstabsetzende positive Kritik über *Wilhelm Meister* konzipiert waren, gingen in den R. ein.

Heranreifen des – historisch nicht erwiesenen – ma. Minnesängers und Helden des Sängerstreits auf der Wartburg zum Dichter. Die blaue Blu-

me, die Heinrich, der Sohn eines Eisenacher Bürgers, im Traum erblickt
und zu suchen auszieht, da sie ihm ein holdes Antlitz und alle Seligkeit
verheißt, wurde zum Symbol der romantischen Dg. Auf der Reise zu
seinem Großvater in Augsburg bekommt er Einblick in das religiös-krie-
gerische Rittertum, das Innere der Erde, die Welt der Gesch. Im Hause
seines Großvaters lernt er schließlich das Wesen der Poesie durch Klingsohr und das der Liebe durch dessen Tochter Mathilde kennen. Der
1. Teil, »Die Erwartung«, schließt mit dem allegorischen *Märchen,* das
Klingsohr erzählt und mit dem er in dunklen Umrissen die Idee des R.-
Ausgangs andeutet. Die innere und die zukünftige Handlung werden außerdem in mehreren Träumen umschrieben.
Die Bruchstücke, Planskizzen und Gedichte des 2. Teils, »Die Erfüllung«,
der mit der Verzweiflung Heinrichs über Mathildes Tod und dem Beginn
einer weiteren Wanderung einsetzt, lassen erkennen, daß die auf eine
»Apotheose der Poesie« zielende Handlung die Grenzen der Wirklichkeit
immer mehr zu verlassen und eine Unendlichkeit von Zeit und Raum
sowie eine Synthese von Vergangenheit und Zukunft darzubieten versuchen sollte. »Die Welt wird Traum, der Traum wird Welt. Und was man
glaubt, es sei geschehn, kann man von weitem erst kommen sehn.«
Einfluß von Jakob Böhme, der für die Naturmystik und Allegorie des R.
von größter Bedeutung wurde. Heinrich gelangt von der dunklen Ahnung
einer übersinnlich-göttlichen Welt zu ihrer unmittelbaren Erfahrung in
der Natur und in der Liebe, dann zum lebendigen Bewußtsein dauernder
Einheit mit dem Göttlichen: mystische unio als dauerndes unmittelbares
Innesein des Göttlichen; die »Erlösung« geschieht im poetischen Schaf-
fensakt, der Dichter ist wahrer Erlöser, in ihm vereinen sich Mystiker und
Magier. Neben diesem Erlösungsziel treten Handlungselemente wie die
Krönung Heinrichs im Sängerkrieg, die Auffindung der blauen Blume
und die Wiedervereinigung mit Mathilde zurück.
Melodiöse, romantisierte Sprache. Simplizität des Stils, nebenordnend,
Hauptsätze. Eingebaute Gedichte, Lieder, Märchen, Sagen.

1802   **Novalis**
         (Biogr. S. 305):
         Geistliche Lieder

Die ersten sieben im *Musenalmanach für das Jahr 1802,* hgg. August
Wilhelm Schlegel und Ludwig Tieck. Um weitere acht vermehrt in *Schriften,* hgg. Friedrich Schlegel und Ludwig Tieck, Bd. 2.

Entst. 1799.

Nach N. für ein christliches Gesangbuch bestimmt gewesen. Zeugnisse
eines fromm resignierenden Glaubens; mystischer Einschlag.

1802   **Novalis**
          (Biogr. S. 305):
          Die Lehrlinge zu Sais

Fragment. In *Schriften,* hgg. Friedrich Schlegel und Ludwig Tieck,
Bd. 2.

Im Zusammenhang mit N.' Freiberger Bergbaustudium (seit Ende 1797) bei dem
Geologen Werner.

Unter Leitung eines weisen Meisters mühen sich im Tempel zu Sais die
Lehrlinge, die Wahrheit über das Wesen der Natur zu finden. Hauptsäch-
licher Inhalt des Fragments die verwirrende Vielgestalt der Naturdeutun-
gen. Die Entschleierung des Bildes, der Wahrheit, offenbar Thema der
Dg. Diese Naturentschleierung mutmaßlich nicht rational, sondern mystisch auf einem geheimnisvollen Weg mit vielen Stationen.
Die geplante größere Dg., zu der das Fragment nur Exposition ist, aus
den wenigen erhaltenen unzusammenhängenden Notizen nicht rekonstru-
ierbar.
In dem Fragment das themenverwandte Märchen *Hyacinth und Rosen-*
blütchen.

1802   **Novalis**
          (Biogr. S. 305):
          Fragmente

In *Schriften,* hgg. Friedrich Schlegel und Ludwig Tieck, Bd. 2.

Durch Friedrich Schlegel ergänzte, neue Slg. von Aphorismen im Anschluß an die
bereits 1798 im *Athenäum* unter dem Titel *Blütenstaub* veröffentlichten. Der
3. Bd. der *Schriften,* hgg. erst 1846 von Ludwig Tieck und Eduard Bülow, enthielt
neben Gedichten und Briefen weitere Fragmente.

»Anfänge interessanter Gedankenfolge, Texte zum Denken« (N. an Just
Ende 1798). N. hatte »den Plan zu einem eigenen enzyklopädischen
Werk entworfen, in welchem Erfahrungen und Ideen aus den verschiedenen Wissenschaften sich gegenseitig erklären, unterstützen und beleben
sollten« (Tieck).
Die Fragmente sind von N. und den späteren Herausgebern N.' »Studien-
heften« für die Enzyklopädie oder dem »Buch« entnommen. Der Zusammenhang oft geflissentlich zerrissen, daher hinsichtlich der Abgrenzung
gegen nur Übernommenes (von Kant, Fichte, Hemsterhuys, Schelling,
Ritter, Werner u. a.) schwer. Weisen nach verschiedenen geistigen Gebie-
ten. »Runde Igelform« (Friedrich Schlegel). Im wesentlichen über N.
selbst, Philosophie (Kant, Fichte), magische Philosophie, Physikalisches,
Chemisches, Mathematisches, über den Menschen, Recht, Staat, Geschichte, Religion, Kunst, Poesie.

1803   **Heinrich von Kleist**
          (Biogr. S. 304/305):
          Die Familie Schroffenstein

Tr. 5, in Jamben.

Anonym. Entwurf wahrscheinlich Paris 1801. Ursprünglicher Titel: *Die Familie Ghonorez,* dann *Die Familie Thierrez.* Die 2. Fassung 1802, noch in Spanien spielend, in Prosa, wurde inhaltlich in der letzten Fassung im wesentlichen beibehalten, nur wurde auf Veranlassung des Freundes Ludwig Wieland zum Hintergrund das romantische Schwaben. Ludwig Wieland besorgte auch gemeinsam mit Heinrich Geßner – ohne K.s Mitwirkung – die Buchausg. in der Schweiz.

K.s Erstlingsdr. Tief pessimistische Tr., der Mensch ohnmächtiges Opfer unbegreiflicher Verhängnisse, dargestellt im Zwist zweier Familien, dem die einander liebenden Kinder Ottokar und Agnes zum Opfer fallen.
Einfluß von Shakespeares *Romeo und Julia,* Reminiszenzen an *Wallenstein,* Nähe zur Schicksalstr.; die starke Betonung des Rechts, des Gefühls schon auf K.s weitere Werke hinweisend.

Kleist las das von ihm selbst später verworfene Werk 1802 in Bern vor, nach Zschokke gab es im 5. Akt stürmisches Gelächter.
Auff. 9. 1. 1804 in Graz, Nationaltheater.

1803   **Johann Peter Hebel**
          (1760–1826, Basel, Wiesenthal, Karlsruhe, Schwetzingen):
          Alemannische Gedichte

53 Gedichte in der Sprache des Wiese Tals, abgetönt durch Basler Klangfarben, »für Freunde ländlicher Natur und Sitten«.

1802 in Karlsruhe geschrieben aus der Erinnerung an idyllische Erlebnisse als Präzeptoratsvikar um den Feldberg

»Sein Talent neigt sich gegen zwei entgegengesetzte Seiten. An der einen beobachtet er mit frischem, frohem Blick die Gegenstände der Natur, die in einem festen Dasein, Wachstum und Bewegung ihr Leben aussprechen und die wir gewöhnlich leblos zu nennen pflegen . . . An der anderen Seite neigt er sich zum Sittlich-Didaktischen und Allegorischen . . . Hebel verbauert auf die naivste, anmutigste Weise durchaus das Universum« (Goethe).

1803/04   **Zacharias Werner**
          (1768–1823; Königsberg, Berlin, Rom, Wien):
          Die Söhne des Thales

Dr. in 2 Teilen, 1. Teil *Die Templer auf Cypern,* ein »Ordensgemälde« 6, 2. Teil *Die Kreuzesbrüder,* Dr. 6.
Behandelt den Untergang des Templerordens, der 1291 nach Cypern verlegt und 1312 aufgelöst wurde auf Betreiben Philipps IV. von Frank-

reich, der die letzten Ritter hinrichten und die Ordensgüter einziehen ließ.

Phantastisches, theatralisch wirksames Dr. mit opernhaften Effekten.

Auff. des 1. Teiles 10. 3. 1807 in Berlin, Kgl. Schsp.-Haus.

1804   Nachtwachen von Bonaventura

Als 7. Lieferung des 3. Jahrgangs der Slg. *Journal von neuen dt. Original-Rr. in 8 Lieferungen jährlich,* die 1802–1805 in Penig/Sachsen erschienen.

Nur Jean Paul wurde auf das Buch aufmerksam und vermutete Schelling als Verf. Später wurden unter Widerspruch genannt E. T. A. Hoffmann, Karoline Schelling, Gottlob Wetzel, Brentano, neuerdings August Klingemann, Adolf W. Gerle.

Mystisch-phantastischer R. Fingierte Niederschriften eines Nachtwächters, seine Erlebnisse als Nachtwächter in 16 Nächten zugleich mit einem rückschauenden Lebensbericht enthaltend: Weg eines Dichters von der Schusterwerkstatt zum Tollhaus, zum Puppentheater, zum Nachtwächteramt. Gegenüber den Erlebnissen im Tollhaus erscheinen die der 16 Nächte erst als das wahre Tollhaus. Sie eröffnen ihm nur Nachtseiten des Lebens: Untreue, Betrug, Verbrechen. Schließlich erfährt er auf dem Friedhof seine eigene obskure Herkunft: Die Mutter des am Kreuzweg entdeckten Findelkindes Kreuzgang war eine Zigeunerin, und seine Entstehung fiel in den Augenblick, in dem sein Vater, ein Alchimist, den Teufel beschwor, der die Patenstelle übernahm. Der Leichnam seines eben erst erkannten Vaters zerfällt bei der Berührung in Nichts, das Echo im Gebeinhaus gibt als letztes Wort des R. das »Nichts« zurück.

Skeptisch-pessimistische, nihilistische Seite der Romantik. Tradition der »Nachtstücke«. Satirisch gegen Novalis' *Hymnen an die Nacht,* Nacht als Schauder aufgefaßt. Aber auch am Tage ist die Welt undurchschaubar, die – namenlosen – Menschen tragen Masken, sind Marionetten. Demaskierung, Desillusion, Ironisierung ist Anliegen des Nachtwächters, der allein »wacht«, d. h. die Maskierung verschmäht und das Nichts hinter allem erkennt. Das Leben ist nur eine Rolle, die eine Leere verhüllt. Sein und Schein, Normale und Wahnsinnige sind nicht unterscheidbar. Der Mensch ist nur ein Name, Schein; Verlust des Ich-Gefühls. Nihilismus eines Moralisten, der weniger Gesellschafts- als Menschheitssatire schreibt. Er, den die Welt für toll hält, erkennt die Tollheit der Welt. »Ambivalenz von Engagement und verächtlich freier Kühle« (Richard Brinkmann).

Zahlreiche Zitate, Entlehnungen, Motivübernahmen, Anspielungen auf genannte und ungenannte Personen aus Leben und Dg. Der Schluß mit der Aufklärung der Herkunft des Helden parodistisch gegen romantische Rr. wie *Heinrich von Ofterdingen, Godwi* u. a.

1804   **Ludwig Tieck**
              (Biogr. S. 306):
              Kaiser Octavianus

Lsp. in 2 Teilen. 1. Teil ohne Akteinteilung, 2. Teil in 5 Akten.

Entst. 1801/02.

Dramatisierung des alten Volksbuches, das T. 1800 in Hamburg kennengelernt hatte, einer »der grellsten und buntesten Kompositionen des
MA.«. Mischung der dram. mit lyrischen und epischen Elementen, der
Versarten (Blankvers, Knittel, span. Romanzenvers), der Stände, Natio-
nen und Religionen, dt.-mittelalterlichen und orientalischen Kolorits.
Versuch T.s, seine »Ansicht der romantischen Poesie allegorisch, lyrisch
und dramatisch niederzulegen«. Besonders im 1. Teil verselbständigt sich
mehrmals das erzählerische Element. Berühmt wurde *Der Aufzug der
Romanze* des *Vorspiels,* eine Theorie der romantischen Poesie in allegori-
schem Gewande:»Mondbeglänzte Zaubernacht, / Die den Sinn gefangen-
hält, / Wundervolle Märchenwelt, / Steig auf in der alten Pracht!«

T. selbst stellte das Werk an die Spitze seiner Schriften. Goethe tadelte die »Diffu-
sion«.

1804   **Clemens Brentano**
              (Biogr. S. 304):
              Ponce de Leon

Lsp. 5, Prosa.

Geschrieben Sommer 1801 für das Preisausschreiben der Weimarer Kunstfreunde
zur Erlangung eines dt. Intrigenlsp. (*Propyläen,* Bd. 3, 1800); wie alle eingesandten
Werke abgelehnt.
Als Quelle Mme d'Aulnoy *Dom Gabriel Ponce de Léon* von Gustav Roethe nachgewiesen; Fülle von Intrigen enthaltend, durch die zwei Freunde zwei Mädchen errin-
gen und deren Tante zu hintergehen suchen.

B. übernahm nur einen Teil der in seiner Quelle vorhandenen Intrigen,
bestrebt, »das Komische und Edlere hauptsächlich in dem Mutwillen un-
abhängiger fröhlicher Menschen zu vereinigen«. Verkleidungen, Ver-
wechslungen, Mißverständnisse. Das Leben als Spiel, dafür Maskenfest
im 1. Akt hinzugeschaffen.
Einfluß der commedia dell'arte und Shakespeares. Hauptkomik durch
Sprache. Kein reines Intrigenstück, da die Hauptgestalten Ponce und Valeria auch Charakterentwicklung durchmachen.

1814 Bearbg. als: *Valeria oder Vaterlist.* Auff. 18. 2. 1814 in Wien, ohne Wiederholung.

1806   **Zacharias Werner**
(1768–1823, Königsberg, Berlin, Rom, Wien):
Martin Luther oder Die Weihe der Kraft

Tr. 5, in Versen. Auff. 11. 6. in Berlin durch Iffland am Kgl. Schsp.-
Haus, großer Theatererfolg. Wirkung über ganz Dld.
Behandelt Luthers und Katharina v. Boras Schicksal zwischen 1520 und
1522.
Historisches Dr. im Stil Schillers. Personenreich. Aufwendiger Szenen-
wechsel.

Druck 1807.
Nach W.s Übertritt zum Katholizismus (1811) durch *Die Weihe der Unkraft* (1814)
widerrufen.

1806   **Achim von Arnim**
(eigent-   (Biogr. S. 303/304) und
lich 1805)   **Clemens Brentano**
und **1808**   (Biogr. S. 304):
Des Knaben Wunderhorn – Alte deutsche Lieder

Plan 1804, 1. Bd. entst. 1805 in Heidelberg, 2. und 3. Bd. 1807 in Kassel.

Erste umfassende Slg. von dt. lyrischer Volksdg. der letzten drei Jhh.
Einfluß von Herder, *Ossian,* Percys Slg., Bürger. Jedoch national-pädago-
gische Betonung des adt. Wesens und der alten dt. Kultureinheit. Haupt-
masse aus alten Drucken, Almanachen, Büchern. Neben echten Volksliedern viele alte und neue Gedichte in volkstümlich schlichtem Ton. Wortlaut und Gestalt der Gedichte meist verändert, um- und weitergedichtet,
zusammengesetzt.
Im Anhang des 1. Bd. Arnims Aufsatz *Von Volksliedern:* »Was da lebt
und wird und worin das Leben haftet, das ist weder von heute noch von
gestern, es war und wird sein, verlieren kann es sich nie, denn es ist . . .«
Ziel der Slg. war Verjüngung der Volkskultur und der Poesie, Überbrük-
kung der Kluft zwischen Gebildeten und Volk. Das Volkslied als das
Naive und Echte aufgefaßt, das der durch die Aufklärung sich selbst
entfremdeten Dg. eine neue Richtung weisen sollte.

Goethe, dem die Slg. gewidmet war, in der *Jenaischen Allgemeinen Lit.-Ztg.* (1806):
das *Wunderhorn* habe seinen Platz »von Rechts wegen in jedem Hause, wo frische
Menschen wohnen«. – Einfluß auf die Kunstlyrik (Brentano und v. Arnim selbst,
Eichendorff, Uhland, Heine, Mörike), die Musik (Schubert, Schumann, Brahms,
Wolf), die Wissenschaft (Uhland u. a.).

1807   **Joseph Görres**
           (1776–1848, Koblenz, Heidelberg, Straßburg, Schweiz,
           München):
           Die Teutschen Volksbücher

»Nähere Würdigung der schönen Historien-, Wetter- und Arzneibüch-
lein, welche teils innerer Wert, teils Zufall Jahrhunderte hindurch bis auf
unsere Zeit erhalten hat.«

Ursprünglich nur als Aufsatz geplant. Material wesentlich aus Brentanos mit großem
Eifer zusammengetragener Bibliothek.

Hauptteil enthält sehr lebendige Charakteristiken von 42 Volksbüchern,
dichterische Nacherzählungen und motiv- und mythengesch. Erörterungen.
Die Einleitung gibt die romantische Auffassung von Volksdg. und Volk,
der Schlußteil ein weit ausgreifendes Bild der ma. Kultur.

Angeregt auch durch Herder. Von der Forschung in Einzelheiten inzwischen widerlegt.

1807   **Heinrich von Kleist**
           (Biogr. S. 304/305):
           Amphitryon

»Ein Lustspiel nach Molière« 3, in Jamben. Erstes mit K.s Namen erschienenes Werk, hgg. Adam Müller.

Der Stoff – Jupiter besucht Alkmene in Gestalt ihres Gatten Amphitryon und zeugt
mit ihr den Sohn Herakles – war von Plautus, Jean de Rotrou, Camões, Dryden und
Molière bearbeitet worden. K. wurde zur Bearbg. von Molières profan-frivoler Ge-
sellschaftskom. (1668) durch den im Entstehen begriffenen *Amphitruon* (1804) von
Johann Daniel Falk angeregt, mit dem er 1803 in Dresden zusammentraf.

Bei K. tritt in den Mittelpunkt der Handlung nicht das galante Abenteuer
eines Gottes, sondern die Entwirrung des betrogenen Gefühls in Alkmene. K. machte aus dem antiken Mythos die Geschichte von der unerschütterlichen Festigkeit und der Verläßlichkeit des echten Gefühls. Alkmene,
Urbild weiblicher Treue, die auch im Gott nur den Gatten liebte, gibt, vor
die Wahl gestellt, selbst des Gottes Liebe hin, um ihrem Mann zu gehören. Eine dram. »Kritik des reinen Gefühls«. Und Jupiter, der einzige,
der »die Goldwaage des Gefühls« in Alkmene so betrügen konnte, ist
selbst betrogen: alles, was er zu besitzen schien, war nicht ihm zugedacht,
dem Schöpfer bleibt nur das Entzücken an der Vollkommenheit seines
Geschöpfes. Die Dienerszenen, die schon Molière hatte, von K. genial
gesteigert zu einer kontrapunktischen Nebenhandlung zwischen Merkur,
Sosias und dessen Frau Charis.

Goethe tadelte die »Verwirrung des Gefühls« und die Verquickung des Christlich-
Mystischen mit dem Antiken und Komischen.
Auff. 1898 vom Verein f. hist.-moderne Festspiele Berlin, dann 8. 4. 1899 in Berlin,

Neues Theater. Opernbearbgg. von Robert Oboussier 1951, Giselher Klebe 1961.

Spätere Bearbgg. des Stoffes: Giraudoux (*Amphitryon 38,* 1929), Georg Kaiser (*Zweimal Amphitryon,* 1944, Peter Hacks (*Amphitryon,* 1968).

1807   Heinrich von Kleist
              (Biogr. S. 304/305):
              Jeronimo und Josephe. Eine Szene aus dem Erdbeben zu Chili
              vom Jahre 1647

Erz. In *Morgenblatt für gebildete Stände.*

Gesch. der verbotenen Liebe zweier junger Menschen, die durch die Naturkatastrophe nur scheinbar vor dem Tode bewahrt werden und dann um so sicherer der entfesselten Gewalt des menschlichen Fanatismus erliegen. Versöhnlich die Rettung ihres Kindes durch einen edelmütigen Freund.

Buchausg. unter dem Titel *Das Erdbeben in Chili* in *Erzählungen* Bd. 1, 1810.

1808   Heinrich von Kleist
              (Biogr. S. 304/305):
              Penthesilea

Tr. in Jamben. Ein Teil im 1. H. der von K. und Adam Müller hgg. Zs. *Phöbus* in Dresden als »Organisches Fragment«, das Ganze im Spätsommer.

Erste Arbeit an der Tr. in Königsberg 1806, Forts. in frz. Gefangenschaft in Châlons 1807, beendet in Dresden. Quelle: Hederichs *Gründliches Lexicon Mythologicum.*

Nach antiker Sage wurde vor Troja die Amazonenkönigin Penthesilea von Achill, nach anderer Version Achill von Penthesilea erschlagen. Bei K. verlangt das Gesetz des Amazonenstaates, daß sich die Kriegerinnen den Gatten mit dem Schwert erkämpfen, um ihn dann nach der Hochzeit wieder zu beseitigen. Penthesilea liebt Achill und demütigt ihren Kriegerstolz so sehr, daß sie wünscht, die Ihrigen möchten geschlagen werden. Achill, ein romantischer Held, von dem gleichen Wunsche nach Unterwerfung beseelt, will sich im Scheinkampf ihr gefangen geben und schickt ihr eine Herausforderung. Sie glaubt sich verhöhnt und im Heiligsten verletzt und tötet den Wehrlosen im Kampf. Sühnend tötet sie sich danach selbst durch bloßen Willensakt.

Das psychologische Hauptthema des Werkes ist die Verwirrung des Gefühls in Penthesilea und Achill. Konflikt zwischen dem Gesetz des Volkes und dem individuellen Zug des Herzens. »Mein innerstes Wesen liegt darin, ... der ganze Schmerz zugleich und Glanz meiner Seele« (K.). Ohne Rücksicht auf die bestehende Form des Theaters. 24 Szenen ohne Akteinteilung. Verdeckte Handlung, zahlreiche Berichte.

Ablehnendes Schreiben Goethes vom 1. 2. 1808 wegen der theaterwidrigen Form.

Auff. 25. 4. 1876 in Berlin, Kgl. Schsp.-Haus. Oper von Othmar Schoeck (1927).

1808   **Heinrich von Kleist**
               (Biogr. S. 304/305):
               Die Marquise von O . . .

Erz. In der Zs. *Phöbus*, 2. Heft.

Entst. 1806/07. Anregung wahrscheinlich durch das Motiv der rätselhaften Empfängnis in Cervantes' Nov. *Macht des Blutes*.

Gefühlsverwirrung der Marquise, die während einer Ohnmacht vergewaltigt wurde, durch den Widerstreit zwischen der idealisierenden Liebe zu ihrem Erretter und dem Verdacht, der Erretter könne zugleich der Vergewaltiger sein. Selbst als der Retter sich zu seiner Tat und als Kindesvater bekennt, wehrt sie sich gegen die Zerstörung des Bildes, das sie sich von dem ritterlichen Offizier gemacht hat, und weist ihn ab. Spät siegt das ursprüngliche Gefühl über die Enttäuschung. Der Zusammenbruch des Glaubens an menschliche Güte wird nur mit Mühe durch eine Verzeihung »um der gebrechlichen Einrichtung der Welt willen« verhindert.

Einsatz mit dem Zeitungsinserat, mit dem die von den Eltern verstoßene Marquise nach dem Vater ihres Kindes sucht. Analytische Enthüllung der Vorgeschichte.

Buchausg. in *Erzählungen* Bd. 1, 1810.

1808   **Heinrich von Kleist**
               (Biogr. S. 304/305);
               Der zerbrochene Krug

Lsp. 1, in Versen. Ms. zusammen mit einem Exemplar des *Amphitryon* von Adam Müller am 31. 7. 1807 an Goethe geschickt. Auff. am 2. 3. in Weimar, eingestrichen durch den Hauptdarsteller Heinrich Becker, nach einer einaktigen Oper. Aufteilung in drei Akte; zwei Pausen. »Ausgetrommelt«. Teile des Werks im gleichen Jahre in der Zs. *Phöbus*, 3. Heft.

Ein Kupferstich nach Debucourts Gemälde La Cruche cassée gab 1802 in Bern den Anlaß zu einem poetischen Wettkampf zwischen Ludwig Wieland, Heinrich Geßner, Zschokke und K., aus dem K.s Entwurf zu einem Lsp. hervorging. 3 Szenen 1803 diktiert, das Ganze 1806 in Königsberg vollendet.

K.s Kom. verwendet analytische Technik, um in dem Streit, den der in Evchens Zimmer nachts von einem Manne zerbrochene Krug veranlaßt, den Dorfrichter Adam selbst während der Gerichtsverhandlung als Täter zu entlarven. Bäurisches Milieu, derb-komischer, kraftvoller Realismus, »nach dem Teniers gearbeitet«.

1811 Druck einer gekürzten Fassung als *Der zerbrochne* (sic!) *Krug* mit einem längeren *Variant* der 12. Szene.

1808   Heinrich von Kleist
         (Biogr. S. 304/305):
         Robert Guiskard, Herzog der Normänner

Tr. in Jamben, Fragment. In der Zs. *Phöbus*, 4.–5. Heft.

Arbeitsphasen: Von Februar bis Juni 1802 in der Schweiz, Dezember 1802 bis Februar 1803 in Oßmannstedt, April bis Juli 1803 in Leipzig und Dresden, ab September in der Schweiz; K. verbrannte dann das bisher Entstandene im Oktober 1803 in Paris.
Hauptquelle Aufsatz eines Majors von Funk *Robert Guiskard, Herzog von Apulien und Calabrien* (1797 in Schillers *Horen*). Starker Eindruck der Person und des Aufstiegs Napoleons.

Tr. vom Ende des unbesiegten sizilianischen Normannenherzogs, der vor Byzanz der Pest unterlag. Die erhaltenen 10 Auftritte des 1. Aktes zeigen, wie Guiskard, die eigene Krankheit verleugnend, dem Verrat in der Familie und dem Wunsch des Heeres nach Rückkehr in die Heimat entgegentritt. Geplant als Charaktertr. mit stilisiertem Chor, der das Volk vertreten sollte; dieser zum Teil einheitliche Sprechrolle, zum Teil zerlegt in Einzelstimmen.

Berühmte Rezitation K.s vor Wieland in Oßmannstedt 1803. Wieland: Die Geister von Äschylos, Sophokles und Shakespeare hätten sich zu dieser Dg. vereint.
Buchausg. in *Hinterlassene Schriften,* hgg. Ludwig Tieck, 1821; Auff. 6. 4. 1901 in Berlin, Berliner Theater.

1808   Heinrich von Kleist
         (Biogr. S. 304/305):
         Das Käthchen von Heilbronn oder Die Feuerprobe

Hist. Ritter-Schsp. 5. Die beiden ersten Akte in der Zs. *Phöbus*, 4.–5. und 9.–10. Heft.

Entst. 1808. Gedacht als Märchendr., auf Anraten Tiecks realistischer gewendet. Quellen: Bürgers *Graf Walter,* Nachdg. der engl. Volksballade *Child Waters* in der Slg. von Percy, sowie Goethes *Götz von Berlichingen*. Einfluß von Schuberts *Ansichten von der Nachtseite der Naturwissenschaft.*

Die Gestalt des Käthchen ist nach K. die »Kehrseite der Penthesilea, ebenso mächtig durch Hingebung als jene durch Handlung«. Käthchen, das sicher im Gefühl ruhende, in Treue und Hingebung dem Grafen Wetter vom Strahl nachfolgende Bürgermädchen, ist durch Traumbilder und geheimnisvollen Zwang an den Geliebten gebunden und erringt sich schließlich seine Liebe. Berühmte Szene: das Liebesgespräch unter dem Holunderstrauch.
Romantische Züge: Somnambulismus, die idealisierte Ritterzeit, die Feme, die Feuerprobe der Liebe, Käthchens kaiserliche Herkunft. Die Nähe

zu Märchen- und Zauberstück besonders an den nixenhaften Zügen von Käthchens Nebenbuhlerin Kunigunde spürbar, die nach dem Muster der Adelheid in Goethes *Götz* gestaltet ist.
Prosa und Blankvers wechselnd. Lange Monologe.

Auff. 17. 3. 1810 in Wien, Theater an der Wien. Buchausg. Oktober 1810.
Auf den Bühnen lange in Bearbgg., vor allem der Franz von Holbeins, originalgetreu erst wieder durch die Meininger 1876. Musik von Hans Pfitzner (1905).

1808/10   Friedrich de la Motte Fouqué
(1777–1843, Brandenburg, Nennhausen bei Rathenow):
Der Held des Nordens

Dr.-Trilogie: *Sigurd der Schlangentöter; Sigurds Rache; Aslauga.*
Behandlung der Nibelungensage nach der *Edda*. Im Zusammenhang mit F.s Plan einer Wiederbelebung der Heldensage in Drr. und Rr. Abwechselnd Jamben und kurze alliterierende Verszeilen.

Einfluß noch auf Richard Wagners seit 1848 entstandenen *Ring des Nibelungen*.

1809   Zacharias Werner
(1768–1823, Königsberg, Berlin, Rom, Wien):
Der vierundzwanzigste Februar

Schicksalstr. 1, in Versen. Auff. 13. 10. auf dem Privattheater der Frau v. Staël in Coppet; W. als Kunz, A. W. Schlegel als Kurt.
Entst. 1809 in Weimar unter Goethes Anleitung.

Theatralisch effektvolle Darstellung schicksalbestimmter Ereignisse in einem einsamen Alpenwirtshaus. Übertreibung der aus Schillers *Braut von Messina* abgeleiteten Schicksalsidee. Das Schicksal – Fortwirken des väterlichen Fluches – Werkzeug einer platt vergeltenden Gerechtigkeit; Unheilstag und Unheilsrequisiten entscheidend. Auch Einfluß Calderons.

Erste öffentliche Auff. 24. 2. 1810 in Weimar. Druck 1815.
Zu den sog. Schicksalsdrr. gehören auch Adolf Müllners *Der 29. Februar* (1812) und *Die Schuld* (1816); Ernst von Houwalds *Die Heimkehr* (1821, in spanischen 4hebigen trochäischen Reimpaaren); Grillparzers *Die Ahnfrau* (1817, in Trochäen). Parodien der Schicksalstr.: Castellis *Schicksalsstrumpf* (1818), Platens *Verhängnisvolle Gabel* (1826).

1810   Achim von Arnim
(Biogr. S. 303/304):
Armut, Reichtum, Schuld und Buße der Gräfin Dolores

R. 2 Bdd. »Eine wahre Gesch. zur lehrreichen Unterhaltung armer Fräulein«.

Frühere »Erzählung« Dezember 1809 bis Februar 1810 zu einem Gegenwarts-R. erweitert; Einfügung von Novv., Drr. und Liedern, Nebengestalten, Episoden, Zeitsatiren. Besonders durch Goethes *Wahlverwandtschaften* beeinflußt.

Ursprünglich nur das Verhältnis des Grafen Karl zu den beiden Schwestern Dolores und Klelia, dann Karls und Dolores' Liebes- und Eheproblem in vier Etappen darstellend. Formung zweier Menschen aus dem Geiste des neuen Lebensbewußtseins. Versuch psychologischer Deutung des Seelenlebens einer eigenartigen Frauengestalt und Analyse der Rückwirkungen auf den Ehepartner. Die Ehe als soziale Erscheinung und christliches Sakrament. Betonung des ethischen Gedankens, Stellungnahme zu allen damaligen Lebensfragen, sozial-reformatorische Tendenzen bei Karl. Zeitgenössischer Hintergrund Süddld. und Sizilien. Wechsel von Erz. und Dialog, von Realität und Phantasiewelt.

1810/11   Heinrich von Kleist
         (Biogr. S. 304/305):
         Erzählungen
2 Bdd.
Der 1. Bd. (1810) enthält außer den schon früher veröffentlichten *Das Erdbeben in Chili* (1807) und *Die Marquise von O.* ... (1808):

Michael Kohlhaas

Begonnen 1804 in Königsberg, Veröffentlichung des Anfangs in der Zs. *Phöbus* November 1808. Stoff aus Christian Schöttgen/Christoph Kreysig: *Diplomatische und curieuse Nachlese der Historie von Obersachsen* (Teil 3, 1731).

Gesch. eines Roßhändlers aus dem 16. Jh., der aus verletztem Rechtsgefühl zum Räuber und Mörder wird. Steigerung des Konflikts zwischen Staat und Individuum durch Motivauswahl und Motivverstärkung. Wendepunkt das Gespräch mit Luther, der dem reinen Rechtsdenken die Idee der Liebe und Versöhnung entgegenstellt. Der Rechtsucher erhält nur sein Recht: die Rappen werden erstattet, ihn selbst ereilt das Gericht, dem er sich beugt, nicht ohne noch im Tode Rache an dem sächsischen Kurfürsten zu nehmen. Das an dessen Gestalt anknüpfende Wahrsagemotiv stellt innerhalb des realistischen Chronikstils ein bizarres, fabulöses Motiv dar, das die Wucht der Erz. im letzten Teil schwächt.

Mehrfach dramatisiert. Opernbearbg. von Paul Klenau (1933).

Der 2. Bd. (1811) enthält:

Die Verlobung in San Domingo

Konzipiert 1807, ersch. bereits März/April 1811 in der Zs. *Der Freimüthige*.

Erneut das bei K. prävalente Motiv der Gefühlsverwirrung, bei dem hier, wie in *Penthesilea*, der Zweifel siegt. Gustav von Ried tötet die Mestizin Toni, die ihn aus Lebensgefahr befreit, weil der Schein des Betrugs gegen sie ist; als er seinen Irrtum erkennt, richtet er die Waffe auf sich selbst. Befreiungsthema verwandt mit *Die Hermannsschlacht*.

Das Bettelweib von Locarno

Im Oktober 1810 bereits in den *Berliner Abendblättern*.

Spukgeschichte: Ein infolge eines brüsken Befehls des Schloßherrn zu Tode gestürztes Bettelweib lebt als Spukerscheinung fort und zieht den Tod des Schloßherrn nach sich.

Der Findling

Entst. Sommer 1811.

Ein Makler nimmt einen Jungen an Kindes Statt an, der Pesterkrankung und Tod des eigenen Sohnes veranlaßt hat. Diese Tat wird schlecht belohnt. Nicolo erweist sich als gefühlskalter Vampir, dem nicht zufällig das echte Kind des Hauses hat weichen müssen: er versucht, die Frau des Hauses, die sich von seiner Ähnlichkeit mit ihrem Jugendgeliebten hat blenden lassen, zu vergewaltigen, und wird schuld an ihrem Tode; er drängt den Adoptivvater von seinem Besitz. Nun erst schlägt der seines Eigentums Beraubte zurück und verfolgt den »Findling« bis über das Grab hinaus.

Die heilige Cäcilie oder die Gewalt der Musik

Erweiterte Fassung der bereits November 1810 in den *Berliner Abendblättern* erschienenen. Entst. 1810 als Patengeschenk für Adam Müllers Tochter Cäcilie.

Legendäre Erz. von vier Brüdern, die in der Zeit der Bilderstürmerei Dom und Nonnenkloster in Aachen zerstören wollen, aber durch Anhören einer wunderbar aufgeführten Messe von ihrem Vorhaben abgebracht werden und danach sinnverrückt als Insassen einer Irrenanstalt ihr Leben mit religiöser Andacht verbringen. Nach Jahren erfährt die nachforschende Mutter, daß die heilige Cäcilie selbst an Stelle einer erkrankten Nonne die Musik geleitet habe.

Der Zweikampf

Entst. Sommer 1811. Vorstufe dazu *Die Gesch. eines merkwürdigen Zweikampfs* in den *Berliner Abendblättern,* Februar 1811. Quelle: Jean Froissarts *Chronique de France, d'Angleterre* . . .

Im 14. Jh. spielende Gesch. von der Überführung eines Mörders und der Errettung einer zu Unrecht angeklagten Frau sowie ihres ritterlichen Verteidigers. Der Glaube an einen gerechten Ausgang, an dem Littegarde von Auerstein und Friedrich von Trotha sogar noch festhalten, als der auch von ihnen als Gottesurteil anerkannte Zweikampf zu ihren Ungunsten entschieden zu sein scheint, erweist sich schließlich als gerechtfertigt. »Bewahre deine Sinne vor Verzweiflung! türme das Gefühl, das in deiner Brust lebt, wie einen Felsen empor: halte dich daran und wanke nicht!« Hauptthema der Novv. ist die Auseinandersetzung zwischen dem Recht des einzelnen und dem der Gesamtheit, Verwirrung und Reinigung des Gefühls. Realismus, aber nicht korrekte Zustandsschilderung in modernem Sinn. Konzentration der Handlung und der Sprache, die mit geballten, verschränkten Sätzen arbeitet; Bevorzugung indirekter Rede. Zurücktreten des Erzählers, auch kein Bezug auf den Leser. Verzicht auf rein äußerliche Spannung, indem K. Resultat und Pointe der Erz. oft bereits am Anfang vorwegnimmt.

Erzz. kleinsten Formats sind K.s in den *Berliner Abendblättern* publizierte *Anekdoten.*

1811   Achim von Arnim
            (Biogr. S. 303/304):
            Halle und Jerusalem, Studentenspiel und Pilgerabenteuer

Dr. in 2 Teilen.

A. erklärte, daß das Stück »keineswegs für eine wirkliche Bühne, sondern für ein Puppentheater geschrieben sey« (an Goethe 6. 1. 1811).

Der 1. Teil ist ein im Anschluß an Gryphius' *Cardenio und Celinde,* dessen Neuausg. A. 1805 und 1808 geplant hatte, 1809 entstandenes eigenes Werk (in 3 Aufzügen). Handlung von Bologna nach Halle verlegt, mit viel Zeitkolorit aus A.s eigener Universitätszeit, aber voller hemmender Episoden. Neu die Einfügung Ahasvers unter völliger Umgestaltung der Sage. Shakespearisch.
Der 2. Teil Originalschöpfung A.s. Cardenio, Celinde und Ahasver auf der Bußfahrt nach Jerusalem. Durch Symbole z.T. schon in Überschriften als Stationen auf dem Wege zur Erlösung durch das Kreuz gekennzeichnet. Dazu tragische Stoffe der Gotik (Legende von Gregorius auf dem Stein u. a.). Auch hist. Gestalten aus A.s Zeit eingebaut. Die große Schlußszene am Heiligen Grabe vereint die Vertreter verschiedener Konfessionen. Die lose Aneinanderreihung von Bildern calderonisch, an Tiecks *Kaiser Octavianus* erinnernd.

1811   Johann Peter Hebel
            (1760–1826, Basel, Wiesenthal, Karlsruhe, Schwetzingen):
            Schatzkästlein des rheinischen Hausfreundes

Geschichtenslg. aus dem von H. 1808–1815 hgg. Bauernkalender *Der rheinländische Hausfreund.*
Volkstümliche Geschichten voll schlichter Frömmigkeit, leisem Humor und unaufdringlicher moralischer Lehre. Technik des Gleichnisses. Berühmt geworden: *Kannitverstan.*

1811   Friedrich de la Motte Fouqué
            (1777–1843, Brandenburg, Nennhausen bei Rathenow):
            Undine

Prosa-Märchen. Im »Frühlings-Heft« der von F. hgg. Zs. *Die Jahreszeiten.*

Als Hauptquelle nannte F. des Paracelsus *Liber de nymphis, sylphis . . .* (Mitte 16. Jh.); für die Handlung verwandte er die ma. Geschlechtersage vom Ritter von Stauffenberg.

F. entdeckte die Dämonie des Wassers. Die Nixe Undine verlangt nach Beseelung durch Vereinigung mit einem Menschen. Den Ritter Huldbrand aber treibt es aus der Ehe mit Undine wieder fort zu einem menschlichen Weibe; seine Untreue wird nach dem Gesetz der Elementargeister mit dem Tode bestraft.

Natur und Geist sind nach romantischer Philosophie ursprünglich eins. Die Gestalten mehr gedankliche Personifikationen als erlebte Naturgewalten.

Begeisterte Aufnahme. Wirkung bis zu Heine und Walter Scott. Fülle von Übss. F. schrieb selbst das Libretto für E. T. A. Hoffmanns Oper, die 1812 in Bamberg von diesem begonnen und 1816 in Berlin im Kgl. Schsp.-Haus mit Dekorationen von Schinkel aufgeführt wurde. Beim Brand 1817 wurden die Noten der Stimmen, nicht jedoch die Partitur, vernichtet.

Albert Lortzing: *Undine,* romantische Zauberoper (1845); Jean Giraudoux: *Ondine* (1939).

1812   **Achim von Arnim**
       (Biogr. S. 303/304):
       Isabella von Ägypten, Kaiser Karls des Fünften erste Jugendliebe

Nov. aus dem 16. Jh.

Entst. 1811. Durch einen leichten Rahmen locker mit drei anderen Erzz. verbunden: *Melück Maria Blainville, die Hausprophetin aus Arabien; Die drei liebreichen Schwestern und der glückliche Färber; Angelika, die Genueserin und Cosmus, der Seilspringer.*

Behandelt Begegnung des Zigeunermädchens mit dem Prinzen und späteren Kaiser Karl. Die mit möglichst echten Einzelzügen versehene Historie ist in das Rätselhafte getaucht, aufgelöst ins Märchenhaft-Phantastische. Zauberkräfte, für die A. verschiedene Motive aus der Volkssage verwertete (die Bärenhäutersage, die Golemsage, die Alraunensage u. a.), werden aufgeboten, um die ungleiche Verbindung zwischen der vorbehaltlos liebenden Isabella und dem staatsmännisch abwägenden, stolzen Karl zustande zu bringen. Als Isabella Karls Wesen erkennt, erwächst ihr aus dem Leid die Kraft zum Verzicht, sie wendet sich der Aufgabe, der sie untreu zu werden drohte, zu und führt ihr Volk in die Heimat zurück; ihr und Karls Sohn Lrak wird ihr Reich erben. Schließt mit der Apotheose des Zigeunermädchens als ferner ägyptischer Herrscherin.

Romantisch-eigenwilligstes Werk A.s. Einfluß Fichtes.

1812/15   Jakob Grimm
(1785–1863) und
Wilhelm Grimm
(1786–1859, beide Hanau, Kassel, Göttingen, Berlin):
Kinder- und Hausmärchen

Bd. 1, 86 Märchen, Bd. 2, 70 Märchen; die Anhänge wurden, stark erweitert, in der 2. Aufl. als 3. Bd. (1822) zusammengefaßt.

Seit 1806 aufgezeichnet. Die erste, 1810 Brentano überlassene Hs. nach 100 Jahren wieder aufgefunden und herausgegeben. Die mündlichen Quellen sind nach neuer Forschung weniger volkstümlich als bürgerlich und z. T. von franz. Lit. (Perrault, Baronne d'Aulnoy) abhängig.

Maßgebende Slg. von dt. Volksmärchen. »Wir haben uns bemüht, diese Märchen so rein wie möglich aufzufassen ... Kein Umstand ist hinzugedichtet oder verschönert und abgeändert worden« (Vorrede). Streben nach Wiedergabe des kunstlosen Tons der volkstümlichen Märchenerzähler. Ausmerzung ungebräuchlicher Wörter und Wendungen und von Fremdwörtern. Psychologische Vertiefung.

Bis 1857 erschienen 7 von Wilhelm G. in ihrem Bestand jeweils veränderte, stilistisch und inhaltlich überarbeitete Aufll. Daneben seit 1825 sog. Kleine Ausg.
Nachfolge: Ludwig Bechstein: *Thüringische Volksmärchen* (1823); Karl Müllenhoff: *Schleswig-Holsteinische Volksmärchen* (1845); Karl Bartsch: *Mecklenburgische Volksmärchen* (1879).

1812/16   Ludwig Tieck
(Biogr. S. 306):
Phantasus

Dreibändige »Slg. von Märchen, Erzz., Schspp. und Novv.«, von denen ein Teil schon früher erschienen war.
Bd. 1: *Der blonde Eckbert* (1797 in *Volksmärchen*); *Der getreue Eckart und der Tannenhäuser* (1799 in *Romantische Dgg.* Bd. 1); *Der Runenberg* (1804 in *Taschenbuch für Kunst und Laune*); *Liebeszauber* (entst. 1811); *Die schöne Magelone* (1797 in *Volksmärchen*); *Die Elfen* (entst. 1811); *Der Pokal* (entst. 1811); *Leben und Tod des kleinen Rotkäppchens* (1800 in *Romantische Dgg.*). Bd. 2: *Ritter Blaubart* (Umarbg. der Fassung von 1797); *Der gestiefelte Kater* (Umarbg. der Fassung von 1797); *Die verkehrte Welt* (Lit.-Kom., Gegenstück zum *Gestiefelten Kater*; entst. 1798, angeregt durch Christian Weises *Verkehrte Welt* [1683]; Druck 1799 in *Bambocciaden*); *Leben und Taten des kleinen Thomas genannt Däumchen* (entst. 1811). Bd. 3: *Fortunat* (zweiteiliges Dr. nach dem spätmittelalterlichen Volksbuch, entst. 1815–1816).
Übergang von der Romantik zur Realistik, weniger Märchen als Märchennovv. Die verschiedenen Stücke der 3 Bdd. durch eine Rahmenerz. zusammengehalten: gebildete junge Männer und Frauen kommen zu Leseabenden zusammen. Rahmenerz. von Lehrgesprächen überwuchert, in

denen T. »die Summe seiner Ansichten von dem, was die Welt jetzt in der Gesellschaft berührt« niederlegte (Wilhelm Grimm); alle Gespräche dienen dazu, über Instinkte ins klare zu kommen, Unwillkürliches ins Bewußtsein zu heben (Ricarda Huch). Die Erzz. und Drr. werden von einzelnen Personen der Rahmenhandlung erzählt bzw. vorgelesen. Die erste der vorgetragenen Dgg. ist das allegorische Gedicht *Phantasus.* Kompositionsform vorbildlich für Hoffmann und Hauff.

Auff. des Tr. *Leben und Tod des kleinen Rotkäppchens* 1873 in Karlsruhe.

1813   Adolf Müllner
            (1774–1820, Weißenfels):
            Die Schuld

Tr. 4, in Versen. Auff. 27. 4. in Wien, Burgtheater.

Entst. Herbst 1812.

Drei Akte lang wird ein Gespinst von ungeahnten Verwandtschaftsbeziehungen und verhehlten oder unbewußten Verbrechen aufgedeckt. Der 4. Akt des auf dem norwegischen Schloß des Grafen Oerindur spielenden Dr. bringt die Sühne.
Trochäische Viertakter wurden zum Signum des Schicksalsdr.

Druck 1816.

1814/15   E. T. A. Hoffmann
              (Biogr. S. 304):
              Phantasiestücke in Callots Manier

4 Bdd. – Beginn von H.s eigentlicher schriftstellerischer Tätigkeit.

Jacques Callot (1592–1638), schuf phantastisch-humoristische Stiche; »seine Zeichnungen sind . . . Reflexe aller der phantastischen wunderlichen Erscheinungen, die der Zauber seiner überregen Phantasie hervorrief« (H. in der Einleitung).

Bd. 1 (1814) enthält *Ritter Gluck* (entst. 1807–1808 vor allem in Bamberg); *Kreisleriana,* darin *Johannes Kreislers, des Kapellmeisters, musikalische Leiden* (gedruckt bereits 1810), *Gedanken über den hohen Wert der Musik* (entst. Juni 1812), *Beethovens Instrumentalmusik* (entst. 1810) u. a. Kunst und Leben untrennbar miteinander verbunden. Wer sich der Kunst nur gelegentlich und zur Zerstreuung zuwendet, vergeht sich an ihrem Geist. Leiden des echten Künstlers an der Alltagswelt. Vertreter dieser H.schen Anschauung ist Kreisler; Einfluß der Gestalt des Musikers Joseph Berglinger aus Wackenroders *Herzensergießungen,* lebendes Modell der Komponist Ludwig Böhner (1787–1860), zugleich Selbstbildnis H.s.

Weiterführung des Themas in *Lebensansichten des Katers Murr . . .* (1820/22).

Bd. 2 (1814) enthält *Nachricht von den neuesten Schicksalen des Hundes Berganza* (entst. 1812–1813), in Gesprächsform anknüpfend an Cervantes' Dialog *Gespräch der beiden Hunde Scipio und Berganza.* Inhalt H.s

Erlebnisse in der Familie Mark. Autobiographisch wertvoll. In der Tiermaske wird menschliches Treiben ironisch dargestellt. Begeistertes Lob für Tieck, Novalis, Fouqué. Außerdem: *Der Magnetiseur* (entst. Sommer 1813), H.s erste größere Erz.; H. kam dem Stoff durch Lektüre medizinischer Schriften nahe.

Bd. 3 (1814) enthält *Der goldene Topf;* in die Bamberger Zeit zurückreichend, aber erst in Dresden 1813 geschrieben. Eines der Meisterwerke H.s. Der linkisch-ungeschickte Student Anselmus, der aber in seinem Innern eine reiche poetische Welt trägt, hat die Eigenschaften des wahren Dichters: er versetzt die Gestalten seiner Phantasie in das ihn umgebende Leben. Glänzende Verschlingung von realistischen und märchenhaften Partien. Charakterisierende Erfassung der Philisterwelt und Verklärung des poetischen Reiches.

Bd. 4 (1815) enthält unter anderem *Die Geschichte vom verlornen Spiegelbilde* (entst. 1814), Gegenstück zu Chamissos *Peter Schlemihl,* und weitere *Kreisleriana.*

1819 2. Aufl. in 2 Bdd. und leicht veränderter Form.
Anregung für Robert Schumanns *Kreisleriana* (1838).

1814   Adelbert von Chamisso
(1781–1838, aus Schloß Boncourt/Champagne, Berlin):
Peter Schlemihls wundersame Geschichte

Nov., hgg. Fouqué.

Entst. Spätsommer 1813. Plan und Motive mehrere Jahre alt. Erster Anstoß eigenes Erlebnis. Lit. Quellen: ein R. Lafontaines, Grimmelshausen, Tieck u. a. Das Wort »Schlemihl«, der Gaunersprache zugehörig, = Gottlieb; Bezeichnung für einen ungeschickten oder unglücklichen Menschen, dem nichts gelingt.

Schlemihl hat dem Bösen seinen Schatten verkauft, die Menschen wenden sich wegen dieses Mangels von ihm ab. Das vom Satan versprochene Glück findet Schlemihl nicht in dem erstrebten Golde, sondern in der Natur, in die er vor den Menschen entflieht.

Zweifellos starkes Selbstporträt; eindeutige Kommentierung schwierig. Satire auf die Überschätzung des Geldes? Klage über den Spott, als Ch. den Schatten der Gesellschaft von sich abgeworfen hatte? Zwiespalt des dt.-frz. Dichters während der napoleonischen Kriege? Der Stil spiegelt Ch.s mühevolles Hineinwachsen in die dt. Prosa.

Die Erz. hatte weltweite Wirkung. Einfluß des Schattenverkauf-Motivs auf E. T. A. Hoffmann *Die Geschichte vom verlorenen Spiegelbilde* (1815), W. Hauff *Das steinerne Herz* (1828), Th. Gautier *Onuphrius* (1833), H. C. Andersen *Der Schatten* (1847).

1815   Joseph Freiherr von Eichendorff
(Biogr. S. 304):
Ahnung und Gegenwart

R., hgg. Fouqué.

E.s erstes Prosawerk. Vollendet Ende 1811; gefördert von Friedrich und Dorothea Schlegel, Einfluß von *Wilhelm Meister,* Dorothea Schlegels *Florentin,* Brentanos *Godwi,* Arnims *Gräfin Dolores.*

Bunte und kritische Schilderung der zeitgenössischen Gesellschaft. Der Held Friedrich, »ein Kämpfer Gottes an der Grenze zweier Welten«, findet nur in der Abkehr von der Gegenwart Ruhe, seine Sehnsucht – »Ahnung« – ist christliche Erlösung, er tritt in ein Kloster ein, um sich in Anbetung dem Unendlichen hinzugeben. Sein Freund Graf Leontin verläßt Europa und erlebt Unendlichkeit in den Weiten Amerikas. Gegensatz von Sein und Denken, von Zeitstimmung und besserem Wollen, von Mensch und Welt; die Wirklichkeit voller Rätsel, die auf etwas Höheres verweisen. Widerhall der Lage vor den Befreiungskriegen; »ein getreues Bild der gewitterschwülen Zeit der Erwartung, Sehnsucht und Verwirrung« (Fouqué im Vorwort).
Personenreich, Mangel an Umriß. Offene Form: eine lange Reihe von Momentbildern, die nur durch das »Wandern« der Hauptgestalten und das Stimmungselement verbunden sind, scheint auf und verschwindet; Zeit und Raum sind entgrenzt, und die Reihe wird zu keinem echten Abschluß gebracht, obgleich der verlorene Bruder Friedrichs am Ende wiedergefunden ist. Farbe und Melodik als gemeinsame Grundkomponente; lyrisch. Enthält über 50 Gedichte, darunter: *In einem kühlen Grunde; O Täler weit, o Höhen.*

1815   Ludwig Uhland
(1787–1862, Tübingen):
Gedichte

Erste Slg. Einzelne Gedichte schon vorher in Taschenbüchern und Almanachen veröffentlicht.
Thematisch abhängig von der romantischen Lyrik, jedoch nur von deren volksliedhaften Elementen, keine Erlebnisdg. »Für eine Poesie für sich, vom Volke abgewendet, eine Poesie, die nur die individuellen Empfindungen ausspricht, habe ich nie Sinn gehabt.« Das Volksliedhafte bei U. klar, allgemeinverständlich, nicht romantisch zwielichtig. *Die Kapelle; Schäfers Sonntagslied; Der gute Kamerad; Der Wirtin Töchterlein; Ein Schifflein ziehet leise* u. a.
Uhlands Balladen mehr Erzählungen in Versen mit moralischer Sentenz; Einfluß Schillers, jedoch schlichter. Ma. und nordische Stoffe im Zusammenhang mit U.s germanistischen Studien. *Graf Eberhard der Rauschebart, Der blinde König, Jung-Roland, Bertrand de Born, Taillefer* u. a.

1815   **Clemens Brentano**
            (Biogr. S. 304):
            Die Gründung Prags

»Historisch-romantisches Dr.« 5, in Versen.

Zunächst als Oper geplant. Erster Prosa-Entwurf in Jamben, danach (1812) in gereimte Jamben umgeformt. 9000 Verse. B.s Hauptquelle: *Chronik des Hajek von
Libotschan,* aber auch Erlebnis der »unvergleichlichen Stadt Prag«.

Libussa-Stoff. »Der ganze Inhalt . . . ist die Entstehung eines Staates, der
Kampf und Untergang einzelner Leidenschaften gegen die Ordnung und
das Gesetz des Ganzen« (B.).
Von epischem Grundcharakter, unter dem Einfluß Calderons und Zacharias Werners. Musikalisch gebaut. Durchtränkt mit slawischer Mythologie
und slawischen Bräuchen. Gegenüberstellung von dunklen, dämonischen
Kräften der Erde und den hellen des Himmels. Problem der Geschlechter
und des Frauenstaats.

Einfluß auf Franz Grillparzers 1822 begonnene *Libussa.*

1815/16   **E. T. A. Hoffmann**
            (Biogr. S. 304):
            **Die Elixiere des Teufels. Nachgelassene Papiere des Bruders
            Medardus, eines Kapuziners**

R. 2 Bdd.

Entst. vom 4. März 1814 ab. Bd. 1 bereits am 22. April 1814 fertig. Bd. 2 in der 2.
Hälfte 1815 geschrieben. Anregung in Bamberg bei Besichtigung eines Kapuziner-
klosters (vgl. auch die Klosterszenen des *Kater Murr*) und durch Matthew Gregory
Lewis' (1775–1818) R. *Ambrosio or the Monk* (1796), Thema, Gestalten, Motive
daraus verarbeitet.

Gesch. eines Mönches, der durch seinen Stolz, sein heißes Blut und seine
unbändige Leidenschaft zum Bruch des Gelübdes und zum Verbrechen
verleitet wird. Bei H. ist die Zentralgestalt, Medardus, das letzte Glied
eines unseligen Geschlechtes, dessen wilde Triebe er geerbt hat. Indem
H. sein Leben erzählt, rollt er zugleich die Vorgesch. der Handlung auf:
der Stammvater ist wegen seiner schweren Frevel von Gott verdammt
worden, bis zum Tode seines letzten Nachkommen ruhelos zu wandeln.
Vorstellungen der Schicksalstr. – vielleicht unbewußt – verwendet. Nachtseiten der Natur, das Anomale: beängstigende Verwertung des Motivs
vom Doppelgänger (nach Fouqué *Der Zauberring,* 1813?), des doppelten
Bewußtseins, des Wahnsinns auf Grund eingehender Unterrichtung durch
psychiatrische Lit. der Zeit und durch Bekannte; Markus, Leiter der Irrenanstalt St. Getreu bei Bamberg, wird in dem R. selbst erwähnt. Geistiger Urgrund: H.s quälende Vorstellung des Doppelgängers und Angst vor
Wahnsinn. »Warum denke ich schlafend oder wachend so oft an den
Wahnsinn? – Ich meine, geistige Ausleerungen könnten wie ein Aderlaß

wirken« (Tagebuch 1810). Medardus ein ins Maßlose gesteigertes Selbstporträt.

Nach Hebbel wird, »wenn es noch keine Gattung gibt, der Darstellungen dieser Art angehören, das Buch eine eigene Gattung bilden« (Tagebuch 9. 1. 1842).

1817   E. T. A. Hoffmann
(Biogr. S. 304):
Nachtstücke

Slg. von 8 Erzz. in 2 Bdd.

Bd. 1 entst. 1814–1816, Bd. 2 1816 und 1817.

»Nachtstück« ein wahrscheinlich von Jean Paul entlehnter Lieblingsausdruck. Thema sind dunkle unheimliche Regungen, die sich aus dem Innern heraus zu verderbenbringender Wirkung steigern: Haß, dämonische Mächte, anomale Seelenvorgänge, Wahnsinn, Schauer der Geisterwelt. Vermischung von wirklicher und idealer Welt.

Formeinflüsse von Kleist.

1817   Clemens Brentano
(Biogr. S. 304):
Die Geschichte vom braven Kasperl und dem schönen Annerl

Nov. In *Gaben der Milde,* hgg. Friedrich Wilhelm Gubitz, 2. Bdchen.

Entst. wahrscheinlich Sommer 1815 bis Januar 1817.

Selbstmord eines Soldaten aus gekränktem Ehrgefühl und Kindesmord seiner von einem Adligen verführten Braut. Annerls Ende auf dem Schafott läutert den in einen Liebeskonflikt verstrickten Herzog, dessen Gnadenakt zu spät kommt. Kunstvolle Verschlingung zweier Lebenskreise. Das blutige Dorfschicksal gemildert durch volkstümlich rührenden, stimmungsgesättigten realistischen Berichtstil: die Vorgeschichte bis zum dramatischen Höhepunkt ist Kasperls Großmutter in den Mund gelegt.

1817   Achim von Arnim
(Biogr. S. 303/304):
Die Kronenwächter

R., nur 1. Bd. eines nach Mitteilung Bettina v. A.s auf 4 Bdd. berechneten Werkes, das »Geschichte, Sitten und Gebräuche von ganz Dld.« umfassen sollte.

Erste Erwähnung 1812, 1. Bd. 1816 vollendet. Noch 1820 hat A. an dem Werk gearbeitet. Von Bd. 2 liegt nur der Anfang vor, sonst nur Notizen, Einzelentwürfe usw. Auswahl daraus 1854 als *Die Kronenwächter, zweiter Teil,* hgg. Bettina v. A.

Historisch-patriotischer R., sehnsuchtsvoller Rückblick ins 16. Jh. Eingehendes Studium vieler nachgewiesener Quellen, vor allem des *Chronicon Waiblingense* (1660–1670).

Die Kronenwächter, ein geheimnisvoller Bund, der auf einer Zauberburg mitten im Bodensee sitzt und dort die Kaiserkrone bewacht. Er sucht die Abkömmlinge der Hohenstaufen zu fördern, aber weder Berthold (im 1. Teil) noch Anton (im 2. Teil) sind der großen Aufgabe gewachsen. Die Krone wird bewahrt, bis »ein von Gott Begnadeter alle Deutschen zu einem großen friedlichen gemeinsamen Leben vereinigen wird«. Mit dem historischen, vor allem Waiblinger und Augsburger Detail ist Romantisches phantasievoll verbunden. Das Historische hier jedoch mehr als die Umrahmung der frühromantischen Erzz.; Geschichte und Dg. als eins gesehen.

1818   **Clemens Brentano**
           (Biogr. S. 304):
           Aus der Chronika eines fahrenden Schülers

Fragment. In dem Sammelbd. *Die Sängerfahrt,* hgg. Friedrich Förster.

Ursprünglich (1802) als *Der arme Heinrich,* 1804 mit neuem Titel. Hauptsächlich entst. während B.s kurzer Ehe mit Sophie Mereau geb. Schubert 1803–1806, deren Züge durch die Dg. gehen. Auch B.s religiöse Einkehr im Hintergrund. Hs. der Urform 1923 in einem elsässischen Kloster wieder aufgefunden.

Von der Notwendigkeit des Duldens und dem neuen Glück, das der Selbstüberwindung als Lohn folgt. Durch die Chronikform alle lauten Töne und Gefühle gedämpft. Die veröffentlichte Form bereits von B. ausführlicher, geistlicher gestaltet.

Wiederholte Vertonung der Lieder; Einwirkung auf Mörike, Storm, Keller.

1818   **Achim von Arnim**
           (Biogr. S. 303/304):
           Der tolle Invalide auf dem Fort Ratonneau

Nov. In *Gaben der Milde,* hgg. Friedrich Wilhelm Gubitz, 4. Bdchen.

Quelle: südfrz. Lokalsage, 1772 gedruckt und A. vielleicht auf seiner Reise Winter 1802/03 begegnet, 1809 veröffentlicht in der Zs. *Der Freimüthige.*

Von A. unter formalem Einfluß Kleists frei nachgestaltet. Gesch. von dem tollen Soldaten, der ein paar Tage lang Marseille in Schrecken setzte. Der Wahnsinn des Invaliden rührt zwar von einer Kopfverletzung her, aber die tiefere Ursache ist die Furcht vor der Bedrohung der Ehe: die Mutter der Frau hat ihre Tochter verflucht, als sie einem Landesfeind in die Ehe folgte. Nun wagt es die Frau unter Lebensgefahr, zu ihrem Mann in das von ihm im Wahn verteidigte Fort zu gehen; durch die Erregung öffnet sich seine Kopfwunde und gibt den eitrigen Knochensplitter frei, der den Wahnsinn verursachte. Die Verwicklung der Anekdote umgedeutet zu einer geistig-sittlichen Auseinandersetzung.

Strenger Aufbau; Verwendung leitmotivischer Bilder.

1819   **Joseph Freiherr von Eichendorff**
(Biogr. S. 304):
Das Marmorbild

Nov. – In Fouqués *Frauentaschenbuch für das Jahr 1819.*

1817 in Breslau vollendet.
Quelle: die Gesch. vom »seltzahmen Lucenser-Gespenst« in Eberhard Werner Happels *Größeste Denkwürdigkeiten der Welt* (1687). Das Motiv der sich belebenden Venusfigur wahrscheinlich aus Kenntnis von Brentanos *Romanzen vom Rosenkranz.*

Lorelei-Motiv, von E. auch öfter lyrisch behandelt. Eine sich unheimlich belebende marmorne Frauengestalt, die in berückender Schönheit den jungen Florio verlocken will, der aber den Dämon in seinem Innern überwindet. Auseinandersetzung von heidnischer Sinnlichkeit und christlicher Haltung.

1819/21   **E. T. A. Hoffmann**
(Biogr. S. 304):
Die Serapionsbrüder

4 Bdd., enthaltend vorher in Journalen und Taschenbüchern veröffentlichte Dgg. aus den Jahren 1813–1821.

Der Dichter und der Komponist. Im Mittelpunkt des »Gesprächs« steht die Oper. Es besteht ein inniger, unauflöslicher Zusammenhang zwischen Text und Musik; Hauptgattungen sind die romantische und die komische Oper.
Rat Krespel, Charakterstudie. Urbild Goethes Jugendfreund Bernhard Krespel (1747–1813; vgl. *Dichtung und Wahrheit,* Buch 6). Krespel war eine um ihrer Sonderbarkeiten willen anziehende Persönlichkeit, eine Mischung von Bizarrem, Groteskem.
Nußknacker und Mausekönig, Märchen. Das poetische Element in der Seele eines Kindes verschmilzt Poesie und Wirklichkeit.
Doge und Dogaresse, hist. Nov. um Marino Falieri (1274–1355, Doge von Venedig).
Meister Martin der Küfner und seine Gesellen. Um Nürnberger Handwerkertum und Meistergesang.
Das Fräulein von Scuderi. René Cardillac, der ein Doppelleben führende Goldschmied, wird von seinem Dämon getrieben, die Träger seiner Schmuckstücke zu ermorden.
Die Bergwerke zu Falun. Nach Schuberts Bericht in den *Ansichten von der Nachtseite der Naturwissenschaft.* Erstveröffentlichung, entst. Dezember 1818. Anregung für Hugo von Hofmannsthals Dr. *Das Bergwerk zu Falun* (1906).

Gesamtthema der Slg. ist Wachsen und Werden des künstlerischen Menschen, die bedrohlichen Lebensmächte in Anlage, Leben und Schicksal.

Einkleidungsidee zurückgehend auf die Serapionsbrüderschaft: Hitzig (Ottmar), Hoffmann (Theodor), Contessa (Sylvester), Koreff (Vincenz). Die Beurteilung der einzelnen Werke steht unter dem »serapiontischen« Gesichtspunkt, ob der Dichter die geschilderten Gestalten auch wirklich geschaut habe: künstlerischer Grundgedanke H.s.

1820/22   E. T. A. Hoffmann
(Biogr. S. 304):
Lebensansichten des Katers Murr nebst fragmentarischer Biographie des Kapellmeisters Johannes Kreisler in zufälligen Makulaturblättern.

Teil 1 entst. 1818, Teil 2 1821, Teil 3 geplant, aber nicht geschrieben. Weiterführung der *Kreisleriana* (1814).

Barocke Verschlingung zweier scheinbar nur äußerlich verbundener Handlungen im Stile Jean Pauls: Selbstbiographie des Katers Murr und die fragmentarische Lebensbeschreibung Kreislers auf Grund von Makulaturblättern, die der Memoiren schreibende Kater als Unterlage verwendet hat.

Die »Lebensansichten« eine Parodie des Bildungs-R., Murr ein eitler, heuchlerischer, bildungsprotziger Philister in Tiermaske. Satire auf Wertvorstellungen von Aufklärung und Empfindsamkeit, auf die zeitgenössische Bildungswelt. Kontrast zwischen den vitalen Interessen des Katers und der Bildungsfassade der Gesellschaft, der er sich unterordnet.

Kreisler dagegen ist der Künstler, der den Gegensatz zwischen Ideal und Leben unausgesetzt auf das bitterste empfindet, dauernd in Widerspruch mit der Welt gerät und schmerzlich um innere Harmonie ringt. Durch seine Unschuld ist er der Gesellschaft am Hof des Fürsten zu Sieghartsweiler zwar überlegen, kann sich ihr aber nicht anpassen. Die Ansichten des Hofes entsprechen denen Murrs. Unvereinbarkeit beider Lebensformen.

Verwertung von H.s Erfahrungen in der Familie Mark in Bamberg.

Nachfolge: Scheffels Kater Hidigeigei im *Trompeter von Säckingen* (1854) und Gottfried Kellers *Spiegel das Kätzchen* (1856).

1821   Wilhelm Müller
(Auslfg.   (1794–1827, Dessau):
1820)   **Die schöne Müllerin**

In *Siebenundsiebzig Gedichte aus den hinterlassenen Papieren eines reisenden Waldhornisten,* Bd. 1.
»Monodram«.

Entst. aus einem geselligen Liederspiel, das 1816 in einem Berliner Privathause aufgeführt wurde (Druck 1818) und in dem Angehörige verschiedener ländlicher Berufe um die Müllerin warben. M. nahm seinen Part heraus und ergänzte ihn zu einem Zyklus.

Zyklus im Volkston gehaltener romantischer Lieder mit den Themen Liebe, Natur, Wanderschaft. Handlungsmäßig zusammengehalten durch die
Liebe des Müllerburschen zur Müllerstochter, deren Untreue den Selbstmord des Betrogenen im Mühlbach veranlaßt. Bis auf die letzten zwei
Lieder Monologe des Müllerburschen. Einfluß von Goethes vier *Romanzen von der Müllerin*. Romantische Metaphern von Mondnächten, Sprache der Blumen, Plaudern des Mühlbachs, Rauschen der Linde; Farbsym-
bolik; Leitmotivtechnik.
Der Ernst des Zyklus unterkühlt und zugleich unterstrichen durch einen
ironisch getönten Prolog und Epilog. Der Zyklus wurde volkstümlich
durch Schuberts Vertonung (1824; unter anderem *Das Wandern ist des
Müllers Lust; Ich schnitt es gern in alle Rinden ein*).

1821   **Heinrich von Kleist**
        (Biogr. S. 304/305):
        Die Hermannsschlacht

Dr. 5, in Jamben. In *Hinterlassene Schriften,* hgg. Ludwig Tieck.

Entst. in der 2. Hälfte 1808. Am 1. 1. 1809 an Collin in Wien geschickt; Auff. in
Wien abgelehnt.

Politisches Dr. Bild der nationalen Lage und der Haltung der Zeitgenossen, zugleich Vorzeichnung der von K. erhofften Befreiung. Die Schlacht
im Teutoburger Wald (9 n. Chr.) als Symbol nationaler Selbstbesinnung
(Abkehr vom Partikularismus) und Notwehr. Der Cheruskerfürst Hermann verzichtet angesichts der Zwietracht und Unfähigkeit der anderen
germ. Fürsten auf gemeinsames Vorgehen und ergreift selbständig die
Initiative. Durch Täuschung der Römer, durch das Bündnis mit dem Sue-
venfürsten Marbod und durch rigorose Ausschaltung humanitärer Regungen gelingt Germaniens Befreiung. Dichterische Mahnung an Preußen
und Österreich, in ähnlicher Gemeinschaft Napoleon zu bekämpfen.
Zur dram. Verdichtung des Stoffes zog K. auseinanderliegende Ereignisse
zusammen: die Spannung zwischen Armin, Marbod und einer cheruski-
schen Gegenpartei, der Armin schließlich zum Opfer fiel, liegt hist. er-
heblich später; auch Thusnelda war erst später an Armins Seite.
Der ausbleibende Erfolg des Dr. traf K. schwer: »... wie sehr mir die
Aufführung dieses Stückes, das einzig und allein auf diesen Augenblick
berechnet war, am Herzen liegt« (K. an Collin, 20. 4. 1809).

Auff. 29. 8. 1839 in Pyrmont durch das Detmolder Hoftheater.

1821   **Heinrich von Kleist**
        (Biogr. S. 304/305):
        Prinz Friedrich von Homburg

Schsp. 5, in Jamben. In *Hinterlassene Schriften,* hgg. Ludwig Tieck. Auff.
3. 10. in Wien, Burgtheater; erfolgreichere Auff. 6. 12. in Dresden durch
Ludwig Tieck.

Entst. 1809–1811. K. hatte das Werk der Prinzessin Wilhelm von Preußen überreichen lassen, aus deren Besitz Tieck das Ms. sicherstellte und herausgab.
Quelle: Erz. der Homburg-Episode in Friedrichs II. *Mémoires pour servir à l'histoire de la Maison de Brandebourg*. Der hist. Homburg wurde von K. in einen Jüngling verwandelt, frei erfunden die kurfürstliche Nichte Natalie, die von ihm geliebt wird, unhistorisch auch die bei Friedrich II. überlieferte Froben-Episode in der Schlacht bei Fehrbellin (1675).

Der Prinz von Homburg hat, zum drittenmal junger Ruhmsucht und dem Herzen folgend, in der Schlacht bei Fehrbellin durch eigenmächtiges Handeln die Vernichtung der Schweden verhindert, das Urteil des Kriegsgerichts lautet auf Tod. Von Schauern der Todesfurcht geschüttelt, fleht er die Kurfürstin und die geliebte Natalie an, sich für ihn zu verwenden. Der Kurfürst legt die Entscheidung über die Rechtmäßigkeit des Urteils in des Prinzen eigene Hand, und dieser ringt sich zur Anerkennung des Schuldspruchs durch: »Ich will das heilige Gesetz des Kriegs ... durch einen freien Tod verherrlichen«. So ist dem Kurfürsten die Möglichkeit der Begnadigung gegeben.
Politisch-hist. Schsp. mit romantischen Zügen. Von K.scher Eigenart besonders die gewagte Todesfurchtszene, das somnambule romantische Beiwerk (Einfluß Schuberts), die tragische Gefühlsverwirrung.
Umstritten ist die letzte Deutung des Dr., vor allem hinsichtlich des Kurfürsten: gibt er (und damit der Staat) nach, indem er die höhere Sittlichkeit und das innere Gebot anerkennt, versöhnt sich durch ihn das Gesetz mit dem freien Heldenmut, den »lieblichen Gefühlen«, oder erreicht er den Triumph des Gesetzes über den willkürlichen Eigenwillen? Das Dr. wurde auch als Kom. aufgefaßt. Nach Hebbel »wird durch die bloßen Schauer des Todes, durch seinen hereindunkelnden Schatten erreicht, was in allen übrigen Tragödien ... nur durch den Tod selbst erreicht wird: die sittliche Läuterung und Verklärung des Helden«.
Opernbearbgg. von Paul Graener (1935), Hans Werner Henze (1960).

1821/24   Wilhelm Müller
(1794–1827, Dessau):
Lieder der Griechen

Programmatische Gedichte, ersch. in der Art von Flugblättern in fünf Einzelheften.

Umsetzung von persönlichen Erfahrungen als Teilnehmer an den Befreiungskriegen 1813/14, nachdem unmittelbar entstandene blutrünstige Freiheitslieder in dem Sammelbd. *Bundesblüten* (1816) ohne Erfolg geblieben waren.

Zeugnis der idealistischen Anteilnahme am Freiheitskampf der Griechen gegen die Türken, z.B. *Alexander Ypsilanti*. Vorwiegend Rollengedichte.

Viel nachgeahmt. Die Lieder trugen M. den Namen »Griechen-Müller« ein.

1822   **E. T. A. Hoffmann**
                (Biogr. S. 304):
                Meister Floh

»Ein Märchen in sieben Abenteuern zweier Freunde«.

Plan Sommer 1821. Entst. Herbst 1821 bis Frühjahr 1822.

Entwicklung des Helden Peregrinus Tyß von einer versponnenen Kindheit über die Einkehr in die Welt des Wunderbaren, in der er vom Träumer zum wachen Manne reift, zur Rückkehr in die – nun verklärte – Wirklichkeit. Meister Floh ist die personifizierte gesunde Vernunft, die Peregrinus auf den rechten Weg leitet, bis er, durch die Liebe erlöst, auch seiner nicht mehr bedarf.
Groteske Komik, bewußte Phantastik. Zahlreiche mit der Handlung nur lose verknüpfte Episoden, z. B. die Gesch. von Hofrat Knarrpanti, Satire auf den Leiter der Demagogenuntersuchungen, Kamptz, die beschlagnahmt wurde und H. ein gerichtliches Verfahren eintrug. Sie ist erst seit 1908 dem Märchen wieder eingefügt.

1824   **Wilhelm Müller**
(Auslfg.   (1794–1827, Dessau):
1823)   **Die Winterreise**

Gedichtzyklus. In *Siebenundsiebzig Gedichte aus den hinterlassenen Papieren eines reisenden Waldhornisten*, Bd. 2.
Ähnlich wie in der *Schönen Müllerin* Wandern als Grundmotiv, hier jedoch ohne freundlich retardierendes Moment. Handlungslinie von Beginn an in Todesnähe; Leiden an der Welt: »Fremd bin ich eingezogen, fremd zieh ich wieder aus.« Wandern ohne Richtung und Ziel, das lyrische Ich schattenhaft.

Komposition des Gesamtzyklus durch Schubert. Das Lied *Der Lindenbaum* wurde in der simplifizierenden Komposition Friedrich Silchers, die dem Lied seinen dämonischen Charakter nahm, volkstümlich.

1826   **Ludwig Tieck**
                (Biogr. S. 306):
                Der Aufruhr in den Cevennen

Erste hist. Nov. T.s, Fragment; von den »vier Abschnitten« wurden nur zwei ausgeführt.

1820 begonnen, das Interesse an dem Stoff geht bis 1806 zurück. Wiederaufnahme eines R.-Planes, den T. gefaßt hatte, um seine Haltung gegenüber den Konfessionen darzustellen. Verschiedene hist. Quellen.

Der Held, ein fanatischer Katholik und Verfolger der Calvinisten, dann blindwütiger Anhänger der Gegenpartei, wird durch einen ehrwürdigen Geistlichen von seinem doppelten Irrtum geheilt und zur Versöhnung geführt. Ohne Bekenntnis zu einer der beiden Parteien; Ablehnung jeder Art von religiösem Fanatismus.

Überwiegen von Gesprächen grundsätzlichen und didaktischen Charakters.

1826   **Joseph Freiherr von Eichendorff**
(Biogr. S. 304):
Aus dem Leben eines Taugenichts

Die beiden ersten Kapitel, entst. vermutlich 1817, trugen den Titel *Der neue Troubadour, zwei Kapitel aus dem Leben eines Taugenichts.* Endfassung nach 1820, entst. wahrscheinlich in E.s Sommerwohnung bei Danzig. Druck des ersten Kapitels unter dem späteren Titel in *Dt. Blätter für Poesie, Lit., Kunst und Theater,* 1823.

Idyllische, typisch romantische Nov. vom ziellosen Wandern eines Knaben, der des Vaters Mühle verläßt, um Gottes Wunder zu schauen, bei einer Gräfin Gärtner wird, auf geheimnisvolle Weise nach Italien kommt und endlich eine arme Waise heimführt.

Auch das eigentliche Gerüst der Handlung in Gefühl zerfließend, Grundstimmung die Wanderlust. Einheit von Natur und Mensch, Preis der Empfindung. Das lyrische Thema mit vielen Gedichten durchsetzt, z. B. *Wer in die Fremde will wandern; Schweigt der Menschen laute Lust; Wem Gott will rechte Gunst erweisen; Wohin ich geh und schaue.*

Eines der am meisten gelesenen und als besonders inspirierend erwiesenen Werke der Romantik.

1826   **Justinus Kerner**
(1786–1862, Tübingen, Weinsberg):
Gedichte

Volkstümlich schlichte Gedichte auf dem Hintergrund christlicher Frömmigkeit. Melancholischer Grundzug, der sich später zu einer Neigung zum Spiritismus entwickelte; häufiges Thema der Tod. Enthält *Dort unten in der Mühle; Preisend mit viel schönen Reden; Preis der Tanne; Wohlauf, noch getrunken den funkelnden Wein; Mir träumt, ich flög gar bange* (in *Des Knaben Wunderhorn* aufgenommen) u. a.

1831   **Adelbert von Chamisso**
(1781–1838, aus Schloß Boncourt/Champagne, Berlin):
Gedichte

Volkstümliche Lyrik ohne stark individuelle Züge, Neigung zum Sentimentalen. *Der Frauen Lieb und Leben* (Zyklus, von Schumann vertont); *Die alte Waschfrau; Schloß Boncourt.* Episches in Versform: *Salas y Gomez; Die Sonne bringt es an den Tag.*

Einfluß Ludwig Uhlands.

1833   **Joseph Freiherr von Eichendorff**
             (Biogr. S. 304):
             Die Freier

Lsp. 3, Prosa und Verse.

Entst. 1832 in Berlin. Thematisch verwandt mit Johann Friedrich Jüngers *Maske für Maske* (nach Marivaux, 1794) und Brentanos *Ponce de Leon* (1804).

Harmloses, an Shakespeare geschultes Verkleidungs- und Verwechslungslsp. von dem unbändigen jungen Grafen und der selbstherrlichen schönen Gräfin, die nicht zueinander wollen und dann doch zueinander finden. Stimmungsgehalt von süddt. Landschaft, fahrenden Sängern, Schlössern, Wäldern, Serenaden und Waldhornklängen.

Auff. 2. 12. 1849 in Graudenz, erst 1908 für das Theater wiederentdeckt durch das Lortzing-Theater in Münster.

1834   **Joseph Freiherr von Eichendorff**
             (Biogr. S. 304):
             Dichter und ihre Gesellen

Erz.

Entst. 1833.

Darstellung »der verschiedenen Richtungen des Dichterlebens« (E.). Vier paarweise zueinander gehörige Personen erleben den Zusammenstoß von Idealität und Realität. Der Dichterwelt gegenüber steht die Philisterwelt. Victor, der eigentliche Held, gelangt über die Dg. hinaus zum Dienst an der Religion und schließt mit geistlichen Versen: *Du schöne Welt, nimm dich in acht.*

1834   **Rahel, ein Buch des Andenkens für ihre Freunde**

Aus dem Nachlaß Rahel Levins (1771–1833, Berlin) veröffentlicht von dem seit 1814 mit ihr verheirateten Karl August Varnhagen van Ense (1785–1858).
Briefe und Aufzeichnungen, die R. L.s Einfluß auf die ganze zeitgenössische Schriftstellergeneration veranschaulichen. Zu ihren Vertrauten gehörten Schleiermacher, Fichte, Fouqué, Chamisso, die Brüder Schlegel, Wilhelm von Humboldt, später auch Heinrich Heine. Ihre »Adoration« Goethes ließ sie für diesen nachhaltig eintreten.

1835   **Bettina** (Elisabeth) **Brentano-von Arnim**
             (1785–1859, aus Frankfurt/M., seit 1811 A. von Arnims
             Frau):
             Goethes Briefwechsel mit einem Kinde

Bettina Brentano hatte sich in Frankfurt an Goethes Mutter angeschlossen, die ihr Geschichten aus der Jugend ihres Sohnes erzählen mußte (vgl.

Dichtung und Wahrheit). Mit Goethe selbst stand sie im Briefwechsel. Dieser war in seinen Briefen freundlich zurückhaltend, bisweilen (besonders 1811) kühl ihr gegenüber.

Am Anfang des Buches stehen Briefe von und an Goethes Mutter. Die Goethe-Briefe im Hauptteil stützen sich auf den echten Briefwechsel, mischen aber Wahrheit und Dg., da B. v. A. bei Abfassung des Buches die Originale nicht vorlagen (vgl. Goethe, *Sonette,* 1815). Daran schließen sich an ein »Tagebuch« und Anrufungen Goethes nebst Klagen über seinen Tod.

Interessanter Reflex Goethescher Kunst auf eine junge Frau; gemischt aus Schwärmerei, echtem Gefühl und feinem Naturverständnis.

1836   Ludwig Tieck
            (Biogr. S. 306):
            Der junge Tischlermeister

Nov. »in sieben Abschnitten«.

Schon 1795 konzipiert, 1811 in Angriff genommen, Teildruck 1819. Als Bildungs-R. unmittelbar nach Erscheinen des *Wilhelm Meister* geplant, Parallelwerk zu *Sternbalds Wanderungen.*

Versuch an einem modernen, wirklichkeitsnahen Stoff. Darstellung des Bürgertums vor seinem Verfall in Zweckbürgertum. Jedoch verläßt der Tischlermeister den bürgerlichen Alltag und die Ehe und zieht mit adligen Freunden in die Welt. Der Handwerker ist im Grunde ein hochgebildeter, ästhetisch veranlagter Dilettant, der erst nach Liebeshändeln und Reiseabenteuern zu Frau und Arbeit zurückkehrt. Die Schilderung seiner Beteiligung an Liebhaberauff. enthält – parallel zu *Wilhelm Meister* – T.s Ansichten über Shakespeare und Shakespeare-Bühne.

Problem der Stellung des Künstlers in der Gesellschaft und der Verbürgerlichung des Künstlers.

1837   Joseph Freiherr von Eichendorff
            (Biogr. S. 304):
            Gedichte

Erste Slg. von E.s Gedichten, die schon vorher vereinzelt und innerhalb seiner erzählenden Werke erschienen waren.

Nach E. ist das Geheimnis der Gedichte »Sichselbstbeschränken und das künstlerische Ebenmaß«. Romantisch sind der Gefühlsüberschwang, das Unbegrenzte der Vorstellungen, die stete Sehnsucht, Vorliebe für Übergangsstimmungen, Abend und Nacht, ma. Staffage: alte Burgen und Schlösser, Einsiedler, Ritter. Themen: Wandern, Natur, Liebe, Religion. Beseelung der Natur, die im Grunde immer die der Wälder und Täler der schlesischen Heimat ist, ohne daß spezifische Farbgebung eine Lokalisierbarkeit im realistischen Sinne nahelegt. Immer wiederkehrende Worte,

Vorstellungen, Bilder – Täler, Höhen, Wald – sind allgemein gefaßt und wirken als »Zauberworte«, die verschiedenste Assoziationen möglich machen. Die Gegenstandswelt erscheint entgrenzt, löst sich in Farben, Töne, Poesie auf: »Schläft ein Lied in allen Dingen ... Und die Welt hebt an zu singen, Triffst du nur das Zauberwort.« Eine Fülle bewegter Bilder baut eine Sehnsuchts- und Wunschwelt auf, die um die verlorenen Werte Heimat, Jugend, Bruder zentriert ist. Sie reicht in mehrere Bedeutungsschichten hinein, Weltliches und Geistliches berühren sich in ihr. In sich ruhende schlichte Frömmigkeit löst alle Zerrissenheit, Ekstatik, Dämonie, die in romantischer Lyrik aufklingt und deren Gefährlichkeit auch E. bekannt ist: »Du sollst mich doch nicht fangen, duftschwere Zaubernacht.«

Schlicht, sangbar, die Linie Claudius, Goethe, *Wunderhorn* fortsetzend, meist selbständig; manches zum Volkslied geworden. Enthält *Dämmrung will die Flügel spreiten; O Täler weit, o Höhen; Wer hat dich, du schöner Wald;* ferner die von Schumann vertonten Gedichte *In einem kühlen Grunde; Wem Gott will rechte Gunst erweisen; Es war, als hätt' der Himmel,* sowie die von Hugo Wolf komponierten Gedichte *Über Wipfel und Saaten; Wer in die Fremde will wandern* u. a.

1838   **Clemens Brentano**
              (Biogr. S. 304):
              Gockel, Hinkel und Gackeleia

»Ein Märchen«. Auf der Titellithographie: *Gockel, Hinkel, Gackeleja.*

Quelle: Giovanni Battista Basile: *La Petra* (= Pietra) *de lo Gallo,* in *Pentamerone* (1634–1636); Gesch. vom alten Aniello, der in einem Hahnenkampf den Stein der Weisen findet.
Erste Fassung etwa 1811/16; Überarbeitung Mitte der 30er Jahre, die ursprüngliche Schlichtheit von »Krämerei in Seltenheiten und scharfsinniger Ungelehrsamkeit« (Jakob Grimm) überwuchert.

Der Rauhgraf Gockel von Hanau, seine Frau Hinkel und sein Töchterchen Gackeleja leben verarmt auf dem verfallenen Stammschloß nahe Gelnhausen. Wie der Tierfreund Gockel mit Hilfe treuer Tiere den Ring Salomons gewinnt, durch die Spielsucht Gackelejas verliert und durch die Dankbarkeit der Tiere erneut zurückerhält, ist der Inhalt des Tier- und Waldmärchens.
Neu gegenüber der Erstfassung die vorangestellte *Herzliche Zueignung* an Marianne v. Willemer und die angehängten *Blätter aus dem Tagebuch der Ahnfrau* (des Grafen Gockel), in die zahlreiche persönlich-biographische Details verarbeitet sind.

Die erste Fassung erschien, nach der Abschrift Johann Friedrich Böhmers von 1827, in *Märchen* (hgg. Guido Görres 1846), nach B.s wiedergefundenen Hs. als *Gockel und Hinkel* (hgg. Karl Viëtor 1923).

1839   **Ludwig Tieck**
            (Biogr. S. 306):
            Des Lebens Überfluß

Nov. – In der Zs. *Urania.*

Entst. 1837.

Die realistische Idylle »macht auf innig ergötzliche Weise anschaulich,
daß der reine Mensch dem Schicksal gegenüber immer seine Selbständigkeit zu behaupten vermag, wenn er Kraft und Mut genug besitzt, mit der
ihm aufgebürdeten Last zu spielen, sie als ein nur zufällig ihm nahege-
rücktes Objektives zu betrachten« (Hebbel, Tagebuch). Charakteristisch
für T.s 1820 einsetzende neue realistische Schaffensperiode unter dem
Einfluß Karl Wilhelm Ferdinand Solgers (Würde und Schönheit der Le-
benswirklichkeit) und Friedrich Raumers (gesch. Objektivität). Zugang
zur Welt des Bürgertums. Beherrschende Stimmung: freiwillige Resignation

Von T. 1829 formulierte Theorie der Nov. definierte, »daß sie einen großen oder
kleinen Vorfall ins hellste Licht stelle, der, so leicht er sich ereignen kann, doch
wunderbar, vielleicht einzig ist).

1840   **Ludwig Tieck**
            (Biogr. S. 306):
            Vittoria Accorombona

Hist. R. »in fünf Büchern«.

Das merkwürdige Schicksal der einem Morde zum Opfer gefallenen Dichterin erregte T.s Interesse erstmalig 1792 bei der Lektüre der Tr. *The white Devil, or Vittoria
Corombona* von John Webster (1612). Entst. 1836–1840.

Die Heldin ist das freigeistige Weib der Jungdeutschen, das in seiner
Liebe über alles hinwegsieht, selbst darüber, daß der Geliebte seine erste
Frau umgebracht hat. Vittoria hat ihren ersten Mann, den schwachen,
sittenlosen Peretti, nur geheiratet, um ihre Familie vor dem Untergang zu
bewahren, und fühlt bei der Begegnung mit dem Herzog Paolo Orsini
Bracciano zum erstenmal wirkliche Liebe, deren Gesch. Inhalt des R. ist.
Der gefährliche Weg einer außergewöhnlichen Frau in einer wilden
Zeit.
Das Werk steht bereits unter der Einwirkung der Emanzipations-Rr.,
obwohl die Handlung noch mit schauerlich-romantischen Elementen
durchsetzt ist. Frührealistische Charakteristika in der psychologischen
Darstellung und in der eindringlichen, nuancenreichen Zeichnung des
hist. Hintergrundes. »Ein Gemälde der Zeit, des Verfalls der ital. Staa-
ten, sollte das Seelengemälde als Schattenseite erhellen und in das wahre
Licht erheben« (T.).
Regelmäßiger Aufbau, kontinuierliche Erz. Kontrast von heiterem Be-

ginn und düsterem Schluß. Planvoll verteiltes Gewebe von Motiven, Personen, Ereignissen.

Emil Schering vermutete, bei dem R. handele es sich um die Bearbg. eines nachgelassenen Werkes Kleists.

1840   **Bettina** (Elisabeth) **Brentano-von Arnim**
(1785–1859, aus Frankfurt/M., seit 1811 A. von Arnims Frau):
Die Günderode – Ein Briefwechsel

Caroline von Günderode (geb. 1780 in Karlsruhe), Stiftsdame, Verfn. romantischer Dgg., faßte 1798 in Frankfurt/M. eine tiefe Neigung zu dem Heidelberger Prof. Georg Friedrich Creuzer (1771–1858), der sich um ihretwillen scheiden lassen wollte, sich dann aber zurückzog. C. v. G. erdolchte sich daraufhin am 26. 8. 1806 zu Winkel/Rhein.

Der vor Herausgabe stark überarbeitete schwärmerische Briefwechsel, der auch Dgg. der Günderode enthält, hat keinen Bezug zu deren Liebesgesch., sondern dient einer Selbstdarstellung der Herausgeberin, während die Günderode die Rolle der maßvollen, um Bettinas Bildung bemühten reiferen Freundin einnimmt.

1841   **Joseph Freiherr von Eichendorff**
(Biogr. S. 304):
Kleinere Novellen

Die Slg. enthält außer *Aus dem Leben eines Taugenichts* (vgl. 1826) und *Das Marmorbild* (vgl. 1819):
Das Schloß Dürande (1837 in *Urania*). Ein in gräflichen Diensten stehender Jäger glaubt seine Schwester durch seinen jungen Herrn verführt, wird zum Parteigänger der gerade ausbrechenden Frz. Revolution und verursacht den Tod des Grafen und der eigenen Schwester. Ein anarchischer Rächer in der Nachfolge von Kleists Kohlhaas, seine Gewalttaten werden jedoch durch einen Irrtum ausgelöst.

Oper von Hermann Burte/Othmar Schoeck (1943).

Die Entführung (1839 in *Urania*). Motiv des Mannes zwischen zwei Frauen: Im Augenblick höchsten Einsatzes für die bestrickende Diana erkennt der Offizier ihre feindselige Kälte und wendet sich der sanften Leontine zu.
Die Glücksritter (entst. 1839, Druck 1841 in *Rheinisches Jahrbuch für Kunst und Poesie*). Abenteuerlicher Glückswandel unter Studenten, Gauklern, Zigeunern und abgedankten Soldaten nach Ende des Dreißigjährigen Krieges. Einarbeitung von E.s Eindrücken der Studentenzeit in Halle.
Viel Lärm um nichts (entst. 1832, Druck 1832 in *Der Gesellschafter*). Literarsatirische Erz. um die Hochzeit des Herrn Publikum mit der Pseu-

dopoesie Aurora. Gegen den spießbürgerlichen Publikumsgeschmack. Einarbeitung von Jugenderlebnissen in Halle, Verwendung von Figuren aus *Ahnung und Gegenwart.*

1846/47   Clemens Brentano
                        (Biogr. S. 304):
              Die Märchen

Zweibändige Slg., postum veröffentlicht von Guido Görres nach den von Johann Friedrich Böhmer 1827 hergestellten Abschriften.

Feste Märchenpläne seit 1805. Teils durch Bearbg. ital. Kindermärchen für dt. Kinder, teils (1811) durch selbst erfundene dt. Rhein-Märchen. Interesse daran trat seit 1817/18 zurück. Als Buch zu B.s Lebzeiten nur *Gockel, Hinkel und Gackeleia* erschienen. Teile des *Märchens vom Rhein* und des *Myrthenfräulein* durch Böhmer in der Frankfurter Zs. *Iris* 1826/27 gegen B.s Willen veröffentlicht. B.s Originalmss. der frühen Fassungen sind bis auf das von *Gockel, Hinkel und Gackeleia* verloren, die Texte nur in Böhmers Abschrift erhalten, die B. korrigiert hat.

Der Gruppe der originalen *Rheinmärchen,* die an lokale Rheinsagen, die Sage vom Rattenfänger von Hameln, die Melusine-Sage u. a. anknüpfen, lag laut Brief von 1816 als Gesamtplan und Rahmen die Liebe zum Rhein zugrunde. Mit Gedichten durchsetzt.

Die Gruppe der *Italienischen Märchen* bearbeitete B. frei nach Giovanni Battista Basiles *Pentamerone* (1634–1636). Verkindlichung, Reinigung der neapolitanischen derb sinnlichen, prallen Vorlagen.

Das *Märchen von Fanferlieschen Schönefüßchen* (nach Basile *Lo dragone)* gab Görres in einer Spätfassung B.s.

B.s Auffassung des Märchens in scharfem Gegensatz zu den Brüdern Grimm. Die z. T. lit. Quellen entnommenen Stoffe phantasievoll kombiniert, weitergebildet, satirisch-witzig bearbeitet. Zu individuellen Kunstmärchen umgestaltet.

1852/55   Clemens Brentano
                        (Biogr. S. 304):
              Gesammelte Schriften

9 Bdd., hgg. Christian Brentano.
Bd. 1 (geistliche Lieder) und Bd. 2 (weltliche Lieder) stellen die erste vollständige Slg. von B.s Lyrik dar. Früheste Gedichte entst. 1795, zunächst unter Einfluß von Tieck, dann von Goethe und dem Volkslied. Starker Eindruck des Todes von B.s Schwester Sophie und der Freundschaft zu Arnim, mit dem 1803 gemeinsam »Lieder der Liederbrüder« geplant wurden. Einzelne Beiträge in *Trösteinsamkeit.* Ein zweiter Veröffentlichungsplan betraf nach den Napoleonischen Kriegen patriotische Spiele und Lieder. B.s religiöse Krisis fand ebenfalls ihren Niederschlag. Wenig gedruckt, vieles eilig in Briefe geworfen. Gedicht als Brief. Persön-

liche Zwiesprache mit sich selbst. Mit starkem Gefühl und Musik gesättigt, von B. meist selber zur Laute gesungen.

Erstmalig (in Bd. 3): *Romanzen vom Rosenkranz.*

Unvollendet gebliebenes Versepos. Erste kurze Spuren 1803, besonders fruchtbare Arbeitszeit 1805–1811. Danach liegengelassen; von B. später (1825) verworfen. Quelle: Ghirardaccis *Istoria di Bologna* (1596).

Die ins Mystisch-Kosmische geweitete Familiengesch. eines Bologneser Geschlechts des Trecento. Mit tiefem persönlichem Fühlen durchsetzt. »Ein apokryphisch-religiöses Gedicht, in welchem sich eine unendliche Erbschuld, die durch mehrere Geschlechter geht und noch bei Jesu Leben entspringt, durch die Erfindung des katholischen Rosenkranzes löst« (B. an Runge).

Auf die spanische Romanzenform war B. wohl durch August Wilhelm Schlegel hingewiesen worden.

1820–1850 Biedermeier

In den 20er Jahren begann die Auseinandersetzung der dt. Lit. mit dem eigentlich Neuen des 19. Jh.: mit Realismus und Materialismus. Der vorangegangenen Epoche hatten politisch die Karlsbader Beschlüsse 1819 und die Wiener Schlußakte 1820 ein Ende gesetzt. Goethes Tod (1832), der Hegels (1831) und Schleiermachers (1834) kennzeichneten auch äußerlich den Abschluß des idealistischen klassisch-romantischen Zeitalters. Die junge Generation hat zu einem Teil versucht, an dem als Vorbild erkannten Erbe festzuhalten, aber mit der Aufnahme und Fruchtbarmachung realistischer Elemente wurde auch ihr Abstand immer deutlicher.

Die Vertreter dieser Gruppe hatten keinen Willen zur Kreisbildung, die ein Programm vorausgesetzt hätte. Lange hat man an ihnen nur das Außenseitertum und das Unzeitgemäße gesehen und sich von dem parteiischen Bild, das ihre zeitgenössischen Gegner entwarfen, beeinflussen lassen, ohne sie gemeinsam einzuordnen.

Aus der Kunst- und Kulturgesch. stammt der von Paul Kluckhohn, Wilhelm Bietack, Günther Weydt durchgesetzte Begriff Biedermeier, der Leistung wie Grenzen der damaligen Lebenshaltung und Kunstübung kennzeichnen möchte. Unter Biedermeier soll nicht Ausweichen vor der Wirklichkeit, sondern deren Erhöhung und Stilisierung verstanden werden.

Das Wort »Biedermeier« tauchte zuerst auf als parodierende Bezeichnung für die Schwächen der Zeit in Eichrodts *Gedichte des schwäbischen Schullehrers Gottlieb Biedermeier und seines Freundes Horatius Treuherz* (in *Fliegende Blätter,* 1850; unter dem Titel *Biedermeiers Liederlust* als Buch 1865). Die Bezeichnung streifte allmählich das Parodistische ab und wurde zum Kennzeichen einer schlichten, genügsamen, bürgerlichen Kultur. In den ersten Jahren des 20. Jh. wurde sie zunächst auf die Innenarchitektur und auf die bildende Kunst der Zeit übertragen. Zum kulturgesch. Begriff wurde sie durch Max von Boehns Buch *Biedermeier, Deutschland von 1815 bis 1847* (1911) und Georg Hermanns Dokumentenslg. *Das Biedermeier im Spiegel seiner Zeit* (1913).

In der Klassik war zum letztenmal der Hof kultureller Mittelpunkt, in der Romantik der Adel erneut schöpferische Kraft. Kultur und Lit. des Biedermeier sind bürgerlich. Die durch die Restauration getragenen adligen Schriftsteller fühlten den Zwiespalt ihres Standes mit der Zeit, den sie manchmal durch Annahme bürgerlicher Namen zu überbrücken suchten (Lenau, Halm, Grün).

Als bürgerliche Errungenschaften sind die Gründung des Börsenvereins des dt. Buchhandels 1825 und das Urheberschutzgesetz des Dt. Bundes 1845 zu werten.

Das Bürgertum des Biedermeiers war nach der Revolutions- und Kriegszeit enttäuscht und müde. In der Mehrheit nicht unzufrieden mit dem Ergebnis des Wiener Kongresses und der Wiener Schlußakte, obgleich sie ihm keine Sicherung individueller Rechte gewährte, genoß es das beruhigende Gefühl, wieder in einer festen Ordnung zu leben. Es sehnte sich nach Zurückgezogenheit und Privatleben, und es fügte sich willig Ganzheiten wie Religion, Staat, Heimat, Familie. Man glaubte, politisch einen Mittelweg zwischen reaktionären und revolutionären Tendenzen gehen zu können. Restauration in überpolitischem Sinn bildet »die quantitative und qualitative Dominante« (Friedrich Sengle).

Die Karlsbader Beschlüsse, die Wiener Schlußakte und die Demagogenverfolgungen gaben dieser Neigung des Bürgertums Nahrung. Die Möglichkeit einer Mitarbeit am Staate wurde verweigert, die Stein-Hardenbergschen Reformen waren annulliert, die absolutistische Regierungsform des 18. Jh. lebte wieder auf. Andererseits arbeitete der seit 1830 einsetzende wirtschaftlich-technische Aufschwung einer politisch konservativen Haltung vor.

Die biedermeierliche Haltung dem Staat gegenüber stützte sich vor allem auf die Philosophie Friedrich Hegels (1770–1831). Durch ihn wurde der romantische Volksbegriff vom Begriff des Staates abgelöst (*Grundlinien der Philosophie des Rechts oder Naturrecht und Staatswissenschaft im Grundrisse,* 1821; H.s Vorlesungen über *Die Philosophie der Gesch.,* erschienen in der Gesamtausg. 1832 ff.). Der von Hegel vorgestellte Staat ist der bestmögliche, also ein sittlicher, ein Rechtsstaat, dem sich zu beugen und für den zu arbeiten Verpflichtung sei. Diese konservative Interpretation geschah durch die biedermeierlichem Denken nahestehenden Rechtshegelianer, während die sog. Linkshegelianer den jungdt. Ideen vorarbeiteten.

Die auf Savigny fußende, wissenschaftlich maßgebende sog. Historische Schule, deren Hauptvertreter Leopold von Ranke (1795–1886) ist, unterstützte ihrerseits die Verehrung von hist. Gegebenheiten und Überlieferungen, erzog zu einem starken Traditionsbewußtsein und zu konservativer Haltung.

Immermann rückte 1836 den Begriff des Epigonentums ins Bewußtsein,

bot damit zugleich den Ansatz zur Überwindung spätromantischer Nach-
klänge. Die wachsende Kritik von liberaler Seite nötigte zu einer Klärung
und Straffung der biedermeierlichen Dg. (Spätwerk von Stifter, Grillparzer, Mörike).

Während die Romantik sich häufig den Realitäten des Lebens gegenüber
verschlossen oder sie im Fluge der Gedanken übersehen hatte, während
die Jungdeutschen den Idealismus ablehnten und sich den fortschrittlichen
Gedanken anvertrauten, versuchte das Biedermeier eine Synthese (Real-
idealismus), aber nur vorübergehend gelangte es jeweils zur Harmonisierung von Ideal und Realität. Der Künstler des Biedermeiers wehrte sich
dagegen, reiner Nachzeichner der Vorgänge zu sein, die das 19. Jh. immer
mehr als von rationalen, kausalen, mechanischen, psychologischen oder
politischen Gesetzen bestimmt entdeckte, obgleich das bürgerliche Element dieser »bürgerlich gewordenen dt. Bewegung« (Paul Kluckhohn),
wie schon in früheren Epochen, eine gewisse Rationalisierung und Realisierung förderte. Das Biedermeier beugte sich unter den Dualismus des
Lebens, den Klassik und Romantik hatten überwinden wollen. Wenn man
die Geisteshaltung weniger auf die unmittelbar vorangehende als auf die
vorklassische Epoche bezieht, erscheint sie als »der letzte konsequente
Versuch, die christlich-universalistische Kultur zu retten« (Friedrich Sengle). Die Ideale wurden bewahrt, aber der Gegensatz zur Wirklichkeit
stark empfunden und zugegeben. Die Anerkennung des sittlichen Ideals
führte zu Resignation und Entsagung im realen Bezirk: Bändigung der
Leidenschaften und dämonischen Kräfte (Stifter, Grillparzer, Droste,
Mörike), Verzicht auf das große Leben, das Sichausleben der Jungdeutschen; statt dessen Schätzung des inneren Friedens, der Ordnung, des
eingezogenen Glückes (vgl. den Schluß von Grillparzers *Traum ein Leben*, Mörikes »Holdes Bescheiden«, Stifters »Das, was die Dinge
fordern«, Raimunds *Hobellied*). Unter Männern der Gesch. wird der
Schwache, aber sittlich Reine bevorzugt (Grillparzers Bancbanus und Rudolf II.)

Hier lagen die Gefahren der biedermeierlichen Geisteshaltung: die Scheu
vor der Tat (vgl. Grillparzers *Bruderzwist*), die Neigung zum Quietismus,
zur Unterordnung, zum Weg des geringsten Widerstandes. Die Begegnung mit der Realität spielte sich nicht im Raum der großen Spannungen
ab, sondern in der Enge, im Alltag. Dort wurde sie als Kraftquelle bejaht,
es wurde ihr nicht ausgewichen (vgl. die Auseinandersetzung mit dem
Brotberuf bei Mörike, Stifter, Grillparzer). Erfüllung der Pflicht, Genüg-
samkeit, Fleiß und Hingabe an eine Arbeit, die um ihrer selbst und nicht
um des Gewinns willen getan wurde, galten als vorbildlich. Das Ideal
biedermeierlicher Lebenserfüllung war, im engen Bezirk fruchtbar zu wirken. Auf religiösem Gebiet ist dafür das Wiedererstehen des Pietismus
bezeichnend.

Stifters ästhetischem Ideal von der »Andacht zum Kleinen« entsprachen
auf geisteswissenschaftlichem Gebiet Jakob Grimms Ausspruch von der

»Andacht zum Unbedeutenden« und Rankes Methode, »aus dem Besonderen ins Allgemeine aufzusteigen«. Das Biedermeier war die Epoche des »Sammelns und Hegens«, der sachlich betonten Quellenslgg., die nicht nur hist. Dokumente, sondern auch die Gegenwart erfaßten (Eckermann).

Die starken Kämpfe, die es kostete, von der idealistischen Sicht aus mit den Realitäten der Zeit fertig zu werden, machten aus den Dichtern des Biedermeiers häufig Schwermütige, Fliehende, Verzweifelte, Hypochonder. Wenn auch nur bei Lenau die Lebensangst – das Biedermeier ist die Zeit, in der Kierkegaards Philosophie entstand – bis in sein Schaffen vorbrach, bildete sie den Untergrund auch bei den übrigen. Während die Jungdeutschen sich den Zeitproblemen verschrieben, wurde ihnen die Zeit selbst zum Problem. Lenau starb im Wahnsinn, Raimund und Stifter durch Selbstmord, Mörike und Grillparzer waren beherrscht von Hypochondrie und Verbitterung, die Droste ein Leben lang gequält von Krankheit und unerfüllten Lebenshoffnungen. Die Philosophen der neuen Zeit, Strauß, Feuerbach, Schopenhauer, bedeuteten ihnen Gefährdung ihrer Lebenshaltung. Eine Grenzerscheinung ist der Byronismus, in dem der Weltschmerz offen zum Ausdruck kam (Lenau).

Der Grundzug der biedermeierlichen Lit. ist als »Heiterkeit auf dem Grunde der Schwermut« bezeichnet worden (Paul Kluckhohn). Während in der Triviallit. die Heiterkeit überwiegt, ist der schwermütige Unterton bei den dichterischen Persönlichkeiten stark spürbar. Die Heiterkeit war nicht ursprüngliche Anlage, nicht Harmlosigkeit, sondern eine schwer erkämpfte Harmonisierung von Gegensätzen. Die Dichter waren übersensible Naturen, die vor jedem Anruf der Wirklichkeit mimosenhaft zurückschreckten und sich ihm doch immer wieder stellten.

Bei Stifter zeigt sich dieses Bemühen um Harmonisierung von Ideal und Realität in dem Ausspruch, Kunst sei »Arbeit an dem Himmlischen dieser Erde«, Grillparzer formulierte: »Was die Lebendigkeit der Natur erreicht und doch durch die begleitenden Ideen sich über die Natur hinaus erhebt, das und auch nur das ist Poesie.«

Alles, was die Harmonie sprengt, das Dämonische im Leben, die großen Leidenschaften, wurde nicht als schön und erhaben, sondern als schmerzlich und zerstörend empfunden (vgl. Mörikes *Maler Nolten,* Grillparzers *Sappho* und *Traum ein Leben*). Aus Stifters und Gotthelfs Werk scheinen die erotischen Leidenschaften verbannt, Mörike mied sie nach dem Peregrina-Erlebnis. Ähnliche Ablehnung fanden lautes Heroentum, Exzentrizität und Schwärmerei.

Gefühl und Phantasie waren stark ausgeprägt. Im Gegensatz zur Romantik sah man aber die künstlerische Aufgabe in der Bindung des Phantasiemäßigen an konkrete Lebenserscheinungen. »Der Detail-Realismus ist bei allen diesen Dichtern groß, aber das Ergebnis ist vorgegeben« (Friedrich Sengle); er charakterisiert in der Art des christlichen Naturalismus im wesentlichen die negativen Kräfte. Titanisches Bezwingen der Welt sowie das romantische Mittel der Wirklichkeitsüberwindung, die romantische Ironie, war den Dichtern des Biedermeiers fremd.

Dagegen hatten sie Humor, aus der Liebe zum Unscheinbaren. Tiefsinniger Humor war eins ihrer stärksten Mittel zur Wirklichkeitserfassung, bei Mörike und Raimund erhob er manche Dgg. zu schwereloser Anmut. Selbst in der Posse zeigte sich die melancholische Wurzel dieses Humors (Nestroy, Niebergall). In ihr kann die Aufhebung der grotesken Ordnungsstörung durch höhere Mächte unbedenklich durchgeführt (Raimund) und die Satire durch »Besserung« des Menschen gemildert werden (Nestroy).

In den Dingen und vor allem in der Natur gingen Ideal und Wirklichkeit in eins auf. Das Biedermeier brachte die stärksten Naturdgg., seine Dichter haben ein inniges und sehr reales Verhältnis zur Natur. »Die Betrachtung des Menschenlebens in seinen mannigfachen Erscheinungen ist mir der größte Reiz, nach dem Reiz, den die Natur für mich hat. Sie bleibt doch meine beste Freundin« (Lenau). Die dargestellten Landschaften sind viel spezifischer und realer als in der Romantik und haben ihre größte dichterische Stärke, wo sie vom Realen ins Mythische vorstoßen (vgl. Stifters *Bergkristall*, die Märchen und Balladen Mörikes, die Balladen der Droste, die Zaubergestalten Raimunds). Das Gefühl für Stimmungen, für das Ineinandergreifen von Sinneswahrnehmungen, von Klang, Duft, Vision verband das Biedermeier mit der Romantik und wies schon auf den Impressionismus (Droste).

Auch das Interesse für Gesch. ist gekennzeichnet durch das Gefühl für das atmosphärische Eigenleben einer Epoche, durch eine realistische Freude an der Vergangenheit, besonders der engeren Heimat. Konservativismus im Sinne eines Bewahrens des Überkommenen, das weiterwirken soll: Bewußtsein des Transitorischen der Erscheinungen und des notwendigen Verzichts.

Das Politische, das ihnen als Vordergründiges, Einmaliges, Lautes erschien, und die aufkommenden materialistischen Ideen lehnten die Dichter des Biedermeiers ab. Sie glaubten nicht mehr daran, die führende Stellung der Dg. des 18. Jh. aufrechterhalten zu können. Sie begnügten sich damit, Seismographen der Bewegungen und Gefährdungen ihrer Zeit zu sein. »Deutschland hat angefangen, sich auf das praktische Interesse zu werfen. Es ist mit der Kunst nichts mehr anzufangen, sie fängt an, nachdem sie theoretisch geworden, didaktisch werden zu wollen, und das war immer ihr, wenigstens momentaner, Untergang« (Grillparzer). Stifter lehnte die Jungdeutschen ab, weil sie »Tagesfragen und Tagesempfindungen in die schöne Lit. mischen«. Lenau wandte sich gegen sie in *Dichters Klagelied,* Immermann karikierte Entartungen des Zeitgeistes in *Münchhausen,* die Droste verurteilte die von den Jungdeutschen befürwortete Frauenemanzipation in *Die beschränkte Frau,* Gotthelf lehnte die politische Lösung der sozialen Frage ab. Immer wieder brach durch die harmonische Klarheit der Dgg. die melancholische Unterstimmung durch, der

Gedanke des Entsagens, der Vergänglichkeit, der unerfüllten Wünsche. Oft wurde die Dg. Flucht in Erinnerung, Bild alter Zeiten, Märchen, Idylle. Es herrschte die Blickrichtung »wehmütig aufs Vergangene« (Mörike). Rückerinnernde Erzz. (Stifter), Kindheitsgeschichten, Wunschträume (Mörikes Orplid-Mythus), Sehnsucht nach einfachem Leben (Immermann, Gotthelf, Stifter, Grillparzer), Vorliebe für Einsame, Käuze und Sonderlinge (vgl. Grillparzer, *Der arme Spielmann*) belegen das. Zur Wahrung der Harmonie begrenzt man das Blickfeld, Stifter z. B. auf Haus und Garten, Gotthelf auf das Berner Oberland. Die Familie als Abbild einer höheren Ordnung ist wesentlicher Handlungsraum.

Sprachlich baute das Biedermeier auf dem klassisch-romantischen Erbe auf, der Ausdruck bleibt noch stark typisierend, ist unartistisch, jedoch empfindungsreich und vielgestaltig. Es war die Zeit eines allgemein höchst gepflegten Schreibstils. Man erstrebte und erreichte Volkstümlichkeit, die einem ausgedehnteren Leserkreis, vor allem durch Vermittlung der Leihbüchereien, entgegenkam.

Besonders die bildende Kunst arbeitete mit der Dg. Hand in Hand (Richter, Schwind). Stifter und Mörike waren selbst bildkünstlerisch tätig. Die Lyrik gab der Musik besonders dankbare Liedervorlagen (Schumann, Silcher, Brahms, Hugo Wolf).

Das Biedermeier war eine Zeit der Kleinkunst, behielt die Zweckformen und didaktischen Formen des 18. Jh. bei. Die Vorliebe der Zeit für überlieferte Formen und den Vers bewirkte ein Aufblühen der Verserz. (Immermann, Lenau, Droste, Mörike). Diese Form barg die Gefahr der Verniedlichung, die man fälschlich für biedermeierlich gehalten hat. Am Ende der Epoche stehen die süßlichen Modewerke: Gottfried Kinkels *Otto der Schütz* (1846), Redwitz' *Amaranth* (1849), Roquettes *Waldmeisters Brautfahrt* (1851), Scheffels *Trompeter von Säckingen* (1854). Die Prosa war für die Epik noch immer nicht voll anerkannt. Unter den Erzählformen in Prosa zunächst Skizze, Kurzerz., Stimmungsbild, Märchen vorherrschend. Allmählich hob sich von diesen die Nov. als entwicklungsfähigste Gattung ab. Sie hatte zunächst noch eine unfeste Form, erstrebte Unmittelbarkeit, wollte dramatisch sein, gehörte der Unterhaltungslit. an, bildete den Hauptinhalt der Almanache. In Österreich wurde Josef Schreyvogel, Hrsg. des Almanachs *Aglaja* (1819–1832), auch durch eigene Beispiele schulebildend (Betty Paoli); er brachte einen gewissen Einfluß Weimars nach Wien (Entsagungsthema). Das Taschenbuch *Iris* (1840–1848, Mitarbeiter: Stifter, Grillparzer) bildete den Übergang zur Zs. Lesestoff waren auch Briefe, Tagebücher, Reiseberichte. Seit den vierziger Jahren gewann die Nov. eine geschlossenere Form (Stifters Umarbeitungen für die *Studien*).

Der R. war zunächst von der Nov. nicht deutlich geschieden. Mörike bezeichnete seinen in der Nachfolge des romantischen Künstler- und Entwicklungs-R. stehenden *Maler Nolten* als *Nov. in zwei Teilen*. Der R. Immermanns und Gotthelfs ist, wie der gleichzeitige R. der Jungdeutschen, z. T. bewußt formlos, mit Reflexionen und Didaktischem durchsetzt. Die geschlosseneren Rr. des späten Stifter haben schon die Erzählkunst des Realismus zur Voraussetzung. Stifter lieferte mit *Witiko* auch einen entscheidenden Beitrag für die Entwicklung des hist. dt. R., für den die *Waverley-Novels* Walter Scotts (1771–1832), deren Übss. seit 1815 in Dld. erschienen, die erste Anregung gaben. Die Wurzeln des hist. R. lagen in der Wendung der Romantik zum MA. (vgl. Arnims *Kronenwächter*). Scott stand unter dem Einfluß der dt. Romantik und wurde außerdem angeregt durch eine dt. Schriftstellerin des 18. Jh., Benedikte Naubert, sowie durch Goethes *Götz von Berlichingen*.

Eine bevorzugte Stellung genoß die Ballade, in der sich Lyrisch-Stimmungshaftes und knappe Erzählkunst vereinen (Droste, Mörike, Lenau). Die Balladen haben im Gegensatz zu der der klassischen Zeit heimische, meist nicht heroische Themen. Volkstümliche Balladen im Gefolge von Bürger, schwankhafte anekdotische und für Kinder verfaßten im Gefolge von Goethes *Hochzeitslied* August Kopisch (1799–1853), Robert Reinick (1805–1852) u. a.

Auch in der Lyrik machten sich epische Züge bemerkbar (Lenau). Im Zusammenhang damit steht die lyrische Zyklenbildung (Mörike, Rückert, Grillparzer, Droste, Lenau). Die Lyrik löste sich mit Ausnahme derjenigen Platens von antiken und ausländischen Vorbildern. Sie bezeugt ein Fortwirken der Lyrik Goethes und der Romantik, die bei späten Vertretern (Eichendorff, Fouqué, Uhland) selbst schon biedermeierliche Züge hatte. Neben den lyrischen Leistungen Mörikes und der Droste, die in ihrer Zeit kaum Echo fanden, steht die Fülle der beliebten Kleingedichte zum Einfangen einer Idylle, eines Naturbildes, einer Lebensweisheit (Rückert). Das Versemachen fiel dieser Epoche außerordentlich leicht, der Stammbuchvers blühte. Die lyrische Kleinkunst diente vielfach geselligen Zwecken. Die erste Publikation geschah häufig in Taschenbüchern, Almanachen, Familienzss. Die Liedtradition der Romantik wirkte fort, die Beziehung zur Musik war eng.

Dieselbe Neigung zum Kleinwerk herrschte auf dem Gebiete des Theaters, das artistische Blüte und breite Publikumswirkung hatte. Der einzig namhafte Dramatiker des Biedermeiers ist Grillparzer; er setzte vor allem durch die geschlossene Form das Dr. der Klassik fort, nahm aber auch österreichisch-barocke Elemente auf und schuf eine auf feinnervigen Charakteren beruhende Tr., die sich immer mehr von Harmonisierungsbestrebungen entfernte.

Als Verf. wirksamer – auch hist. – Schspp. war Ernst Raupach (1784–1852) Grillparzers Konkurrent. Außerdem sind die Schiller-Epigonen durch Uechtritz (1800 bis 1875) und Halm (1806–1871) vertreten. Die Neigung zur »dram. Kleinigkeit« machte sich schon stark bei den Vertretern des bürgerlichen Rührstücks und Lsp., bei Charlotte Birch-Pfeiffer (1800–1868) und Roderich Benedix (1811–1873), bemerkbar. Das Biedermeier war die Blütezeit des Vaudevilles (Karl von Holtei, 1798–1880), des Gesellschaftslsp. (Eduard von Bauernfeld, 1802–1890) und vor allem der Lokalposse, die in Wien (Nestroy, Kaiser), Berlin (Kalisch, Angely), Hamburg (Jakob Heinrich Jacob), Frankfurt (Malß), Darmstadt (Niebergall) beachtliche Vertreter aufwies. Adolf Bäuerles *Theaterzeitung* (1806–1859) zeugt für ein interessiertes Publikum.

Der nach 1815 einsetzende Zerfall Dlds. in Einzelstaaten, die Ablösung Österreichs unterstützten die stammes- und landschaftsmäßige Verkapselung der Dichter und beschränkten ihre Wirkung. Die Verwurzelung im Heimatlichen – vor allem im österreichischen und schwäbischen Raum – war jedoch Ausgangspunkt, nicht Ziel der Kunst, wie später in der sog. Heimatdg. Die Dichter lebten oft in ländlicher Zurückgezogenheit, während sich die Jungdeutschen von großen städtischen Zentren angezogen fühlten.

Es gibt kaum Gruppen biedermeierlicher Künstler, keine Kunstkreise, Zss. von Gruppen, keine Programme. Die Dichter lebten in der Vereinzelung und hatten keine Verbindung untereinander, der gesellige Kreis war oft kein künstlerischer. Während die heitere Oberfläche der biedermeierlichen Triviallit. breiten Widerhall fand, war die Wirkung der dichterischen Persönlichkeiten in ihrer Zeit gering. Auf Mörike hat erst Storm hingewiesen, und erst die Vertonungen Hugo Wolfs haben ihn in ganz Dld. bekannt gemacht. Ähnlich unerkannt blieb die Droste. Stifter und Grillparzer vereinsamten nach anfänglichen Erfolgen und setzten sich erst am Ausgang des Jh. durch. Gotthelf gelangte im 20. Jh. zu voller Würdigung.

Dagegen organisierten sich das aufstrebende Verlagswesen und der Buchhandel 1825 in Leipzig im *Börsenverein der Deutschen Buchhändler*.

Die wichtigsten Dichter des Biedermeier:

Droste-Hülshoff, Annette von, geb. 1797 auf Hülshoff bei Münster. Strenge, konservative Erziehung, vielseitige Bildung. Nach dem Tode des Vaters 1826 Übersiedlung in den mütterlichen Witwensitz Rüschhaus. Abgeschiedenheit des Landlebens, nur unterbrochen von Reisen nach Koblenz, Köln und Bonn, die A. v. D.-H. in Verbindung mit den dortigen lit. Kreisen brachten. Seit 1840 herzliches Verhältnis zu dem Schriftsteller Levin Schücking (1814–1883), der auch als Bibliothekar 1841–1842 auf Schloß Meersburg am Bodensee weilte, nachdem die Dichterin aus Gesundheitsgründen diesen Besitz ihres Schwagers, des Freiherrn von Laßberg, zum zeitweiligen Wohnsitz gewählt hatte. Entfremdung durch Schückings Heirat und seinen Anschluß an die Jungdeutschen. Gest. 1848 in Meersburg.

Grillparzer, Franz, geb. 1791 in Wien als Sohn eines Advokaten. Nach kurzer Tätigkeit als Hofmeister und Bibliothekar 1814 Beginn seiner Beamtenlaufbahn durch Eintritt in die Finanzhofkammer. 1818 nach dem Erfolg der *Sappho* vom Burgtheater als Hoftheaterdichter verpflichtet (bis 1823). Nach dem Selbstmord der Mutter, 1819 Reise nach Italien.

1821 Bekanntschaft mit Kathi Fröhlich, mit der er sein Leben lang verlobt blieb. 1823 Reise nach Dld., Begegnung mit Goethe in Weimar. 1832 Direktor des Hofkammerarchivs. 1838 nach dem Mißerfolg von *Weh dem, der lügt* zog G. sich aus dem lit. Leben zurück. 1856 mit dem Titel Hofrat in den Ruhestand. Gest. 1872 in Wien.

Immermann, Karl, geb. 1796 in Magdeburg. Seit 1813 stud. jur. in Halle, Teilnahme am Feldzug 1815. 1817 Eintritt in den preuß. Staatsdienst: Aschersleben, Münster, Magdeburg, 1829 Landgerichtsrat in Düsseldorf. 1832 Gründung eines Theatervereins, 1834–1837 Leitung des Stadttheaters. Gest. 1840 in Düsseldorf.

Lenau, Nikolaus, eigentlich Nikolaus Niembsch, Edler von Strehlenau, geb. 1802 in Csatád/Ungarn. Stud. jur. und med., 1831 durch Herausgabe seiner Gedichte Beziehung zum schwäbischen Dichterkreis. 1832 enttäuschende Reise nach Amerika. Zwischen 1833 und 1843 abwechselnd in Wien und Schwaben. Immer stärkeres Hervortreten nervöser Reizbarkeit, seit 1844 geistig umnachtet. Gest. 1850 im Irrenhaus Oberdöbling bei Wien.

Mörike, Eduard, geb. 1804 in Ludwigsburg. Jugendfreundschaften mit Friedrich Theodor Vischer, David Friedrich Strauß, Wilhelm Waiblinger. 1822–1826 stud. theol. im Tübinger Stift, Freundschaft mit Ludwig Bauer. 1823 Liebe zu Maria Meyer (»Peregrina«). 1826–1834 Vikariatszeit in kleinen württembergischen Flecken, vergebliche Bemühungen um Lösung aus dem Pfarrberuf. 1829–1833 Liebe zu Luise Rau. 1834–1843 Pfarrer in Cleversulzbach, 1844–1851 in Mergentheim. 1851 Heirat mit Margarethe von Speeth, Trennung von ihr 1873. 1851–1867 in Stuttgart. Engere Beziehungen zu Moritz von Schwind, Paul Heyse, Theodor Storm. 1867 Pensionierung. Altersjahre in Lorch, Nürtingen, Stuttgart. Gest. 1875 in Stuttgart.

Raimund, Ferdinand, geb. 1790 in Wien. Ging 1808 in Preßburg zum Theater, seit 1813 Schauspieler in Wien: 1813–1817 am Theater in der Josephstadt, seit 1817 am Theater in der Leopoldstadt. 1823 Beginn seiner schriftstellerischen Tätigkeit. 1830 löste R. den Vertrag mit dem Leopoldstädtischen Theater und gastierte an verschiedenen Bühnen. Gest. 1836 in Pottenstein durch Selbstmord.

Stifter, Adalbert, geb. 1805 in Oberplan/Böhmerwald als Sohn eines Leinewebers, von Großeltern erzogen. Seit 1818 Schulbesuch in der Benediktinerabtei Kremsmünster. Begann 1826 in Wien ein Studium der Rechte, wandte sich dann der Mathematik, Naturwissenschaft, Gesch. sowie der Malerei zu. Hauslehrer bei Fürst Metternich u. a. Heiratete nach unglücklicher Liebe 1837 die Wiener Modistin Amalie Mohaupt. Ab 1848 in Linz, seit 1850 Inspektor der Volksschulen in Oberösterreich, seit 1865 verbittert und schwer krank im Ruhestand. Gest. 1868 in Linz durch Selbstmord.

1817   **Franz Grillparzer**
               (Biogr. S. 354/355):
               Die Ahnfrau

Tr. 5, in Trochäen. Auff. 31. 1. in Wien, Theater an der Wien. Buchausg. im gleichen Jahr.

Entst. August 1816 innerhalb von drei Wochen.
Quelle: Gesch. des frz. Räubers Louis Madrin, der 1755 auf dem Schafott endete, verflochten mit dem R. des Engländers Matthew Gregory Lewis *Ambrosio or the Monk* (1796), dt. Bearbg. als *Die blutige Gestalt mit Dolch und Lampe* (1799). Vorbilder: Schiller, E. T. A. Hoffmann, Zacharias Werner, Adolf Müllner, Calderon (Trochäus).

Selbstzerstörung einer dem Fluch der Erbschuld und der eigenen Willensschwäche erliegenden Familie. Schon hier ein Grundthema G.s: Zwiespalt zwischen Erlebnisdrang und der Wahrung des inneren Friedens. »Haßt sie die vergangne Sünde, / liebt sie die vergangne Glut.«
Schließt die Gattung der Schicksalstr. ab. Die Schicksalselemente wurden auf Anregung des Burgtheaterleiters Schreyvogel noch vergröbert. Einheit des Ortes und der Zeit. Ganz vom Theater her geschrieben, grobe Effekte. Großer Publikumserfolg, doch von der Kritik als Schicksalstr. heftig abgelehnt.

1818   **Franz Grillparzer**
               (Biogr. S. 354/355):
               Sappho

Tr. 5, in Jamben. Auff. 21. 4. in Wien, Burgtheater.

Ursprünglich konzipiert als Operntext für den Kapellmeister Weigl. Niederschrift 1817 innerhalb von drei Wochen.
Quelle: Fragmente von Sapphos Gedichten, von denen G. das an die Liebesgöttin übersetzte und in sein Dr. aufnahm. Beziehung zu Frau von Staëls R. *Corinne* (1807), der auch den Zwiespalt zwischen Leben und Kunst zum Thema hat.

Sappho muß erkennen, daß der von ihr geliebte Jüngling Phaon in ihr nur die Dichterin verehrt und seine Neigung ihrer Sklavin Melitta zuwendet. Sie ist schon bereit, ein Verbrechen zu begehen, um sich Phaon zu erhalten, als sie erkennt, daß sie ihr Lebensgesetz, den Dienst an der Kunst, verletzt hat. Sie stürzt sich ins Meer.
Die Unvereinbarkeit von Erlebnisdrang und künstlerischer Verpflichtung ähnlich bereits in dem Frühwerk *Scylla*.
Eröffnet die Reihe von G.s klassizistischen Drr. Wechsel von realistischer Sparsamkeit und Überschwang der Rede. Großer Erfolg.

Buchausg. 1819.

1821   **Franz Grillparzer**
                (Biogr. S. 354/355):
                Das Goldene Vlies

Dram. Gedicht in drei Abteilungen: *Der Gastfreund, Die Argonauten,
Medea.* Auff. 26. und 27. 3. in Wien, Burgtheater.

Herbst 1818 entstanden *Der Gastfreund* und 3 Akte von *Die Argonauten,* Unterbre-
chung durch den Tod der Mutter und Italienreise, Abschluß 1819/20. Anregung
durch den Medea-Artikel in Hederichs Mythologischem Lexikon; ausführliche Studien antiker Schriftsteller.

Die Trilogie behandelt die Rückeroberung des Goldenen Vlieses durch
Jason, der die Kolcherin Medea mit sich nimmt, sie aber in Griechenland
um der Kreusa willen verläßt. Aus Rache tötet Medea die Nebenbuhlerin
und die eigenen Kinder. Entscheidend ist der dritte Teil. Medeas Entwicklung von der liebenden Frau zur Rächerin. Tr. zweier Menschen,
bedingt durch die Verschiedenheit ihrer Herkunft und Kultur; bis in den
Unterschied der Sprache hinein durchgeführt: für die Rollen des Jason
und der Griechin ist der Blankvers, für Medea und die Kolcher sind freie
Rhythmen verwendet.

Buchausg. 1822.

1824   **Ferdinand Raimund**
                (Biogr. S. 355):
                Der Diamant des Geisterkönigs

Zaubersp. 2. Auff. 17. 12. in Wien, Theater in der Leopoldstadt. Musik:
Josef Drechsler. Raimund in der Rolle des Florian.

Quelle: Gesch. des Prinzen Sein el-Asnam und Gesch. der beiden Schwestern, die
ihre jüngste Schwester beneideten, aus *Tausend und eine Nacht.* R.s Werke stehen in
der Tradition des Wiener Volkstheaters, das durch Josef Stranitzky, Kurz-Bernar-
don, Philipp Hafner, Emanuel Schikaneder, Joachim Perinet, Karl Friedrich Hens-
ler, Josef Alois Gleich, Karl Meisl entwickelt wurde.

Ein Diamant soll Eduard zuteil werden, wenn er dem Geisterkönig ein
schönes Mädchen zuführt, ohne sich ihr zu nähern. Für seine Selbstüber-
windung erhält er statt des Diamanten das Mädchen. Hebung der Wiener
Posse: die Frau, die bisher nur als böses Weib auftrat, hat veredelnden
Einfluß, der Diener, bislang nur eine dumme oder böse Figur, ist hier der
treue Florian Waschblau, ein Vorgänger des Valentin im *Verschwender.*
Mischung von realistischen Wiener Szenen und phantastischer Geister-
welt.
Nach R.s gleichfalls erfolgreichem, aber zeitgebundenem Erstling *Der
Barometermacher auf der Zauberinsel* das erste Stück von lit. Format.

Buchausg. 1837 in *Sämtliche Werke.*

1825   Franz Grillparzer
        (Biogr. S. 354/355):
        König Ottokars Glück und Ende

Tr. 5, in Jamben. Buchausg.; Auff. 19. 2. in Wien, Burgtheater.

Das 1822–1823 entstandene Werk hatte zwei Jahre bei der Zensur gelegen.
Plan zu einem Epos. *Die Schlacht auf dem Marchfelde* schon 1818, etwa 50 vierzeilige Strophen erhalten. Dr.-Plan 1819, ursprünglicher Titel *Eines Gewaltigen Glück
und Ende*. Quelle: *Österreichische Reimchronik* (um 1320) des Ottokar von Steiermark.

Das Dr. umfaßt den Zeitraum von der Scheidung des Königs von Margarethe (1261) bis zu seinem Tod (1278). Der selbstherrliche Tatmensch
Ottokar, der für G. Napoleon ähnelte, wird von Rudolf von Habsburg,
dem Vertreter des Rechts und der Ordnung, überwunden. Ottokars
Schicksal Sinnbild der Vanitas.
G.s erstes hist. Dr. Anlehnung an Shakespeare. Charakterdarstellung,
knappe Diktion, straffe Handlung im Gegensatz zu den früheren See-
lendrr. Der Einfluß der Staatstr. des Barocks ist schon am Titel ersichtlich.

1825   August Graf von Platen-Hallermünde
        (1796–1835, Ansbach, München, Italien):
        Sonette aus Venedig

Entst. bei einem Herbstaufenthalt in Venedig 1824.

17 Sonette, in denen diese romantische Kunstform auf ihre sprachliche
Höhe geführt wird. P. betrachtete sich später, als er sich klassischen Formen (Ode) zuwandte, als Überwinder der Romantik. In der Tradition
elegischer Venedig-Dg.; Magie der dem Untergang geweihten Schönheit.

1826   Wilhelm Hauff
        (1802–1827, Stuttgart):
        Lichtenstein

Ritter-R. um die Ermordung Hans von Huttens durch Herzog Ulrich von
Württemberg (1515). Erster im engeren Sinne hist. R.; Studium und
Bewußtmachung der schwäbischen Heimatgesch., Einfluß Walter Scotts
(erste dt. Übss. seit 1815).

1826   Ferdinand Raimund
        (Biogr. S. 355):
        **Das Mädchen aus der Feenwelt
        oder Der Bauer als Millionär**

»Romantisches Originalzaubermärchen mit Gesang« 3. Auff. 10. 11. in
Wien, Theater in der Leopoldstadt. Raimund als Wurzel.

Ein armes Mädchen soll sich bis zu seinem 18. Jahre mit einem armen braven Manne verbinden, um ihre Mutter zu erlösen. Im Gegeneinander versuchen gute und böse Geister ihr den passenden Liebhaber zuzuführen bzw. zu entfremden.
Frei erfundener Stoff von ernstem Grundcharakter, in den R. jedoch »viele täppische Kleinigkeiten« hineinbrachte, aus Furcht, »das Publikum möchte ihn zu ernsthaft finden« (R.). Im Mittelpunkt einer wirren traditionell-allegorischen Rahmenhandlung die Charakterstudie des reich gewordenen Bauern Fortunatus Wurzel, der zum Schluß ein armer »Aschenmann« ist. Kritik an der sozialen Umschichtung und den Parvenüs. *Brüderlein fein* und das *Aschenlied* wurden Volkslieder.

Buchausg. 1837 in *Sämtliche Werke.*

1826   August Graf von Platen-Hallermünde
         (1796–1835, Ansbach, München, Italien):
         Die verhängnisvolle Gabel

Lsp. 5, in Versen. Buchausg.
Lit.-Satire in der Nachfolge Tiecks. Gegen die Verflachung der Auffassung des Tragischen bei den Schicksalsdramatikern und bei Kotzebue, Clauren, Friedrich Kind, Theodor Hell u. a. Stellte der romantischen Mischung Shakespeare-Calderon die Klarheit des Sophokles gegenüber. Strenge metrische Form des Aristophanes, antike Parabasen (Chor in der Kom.) wieder eingeführt.

1828   Franz Grillparzer
         (Biogr. S. 354/355):
         Ein treuer Diener seines Herrn

Tr. 5, in Jamben. Auff. 28. 2. in Wien, Burgtheater.

Geplant 1825 für die Krönung der Kaiserin Karoline Augusta zur Königin von Ungarn. Studium der ungar. Gesch. Niederschrift 1826–1827.

Der König setzt für die Zeit seiner Abwesenheit Bancbanus als Reichsverweser ein. Bancbanus' Treue und Großmut dem Herrscherhaus gegenüber wird auf eine harte Probe gestellt. Er verliert seine Frau durch die Nachstellungen Ottos von Meran, eines Verwandten des Königs. Dennoch steht er zu seiner Aufgabe, ist ihr aber in den Wirren eines Aufstandes nicht gewachsen und kann nur den Königssohn für die Zukunft retten. Verwandtschaft von Bancbanus' Bewährungsprobe mit dem geistlichen Barockdr. »Man hat dem Stücke vorgeworfen, daß es eine Apologie der knechtischen Unterwürfigkeit sei; ich hatte dabei den Heroismus der Pflichttreue im Sinn, der ein Heroismus ist, so gut als jeder andere« (G.).

Das Werk wurde auf Befehl des Kaisers vom Spielplan abgesetzt.
Buchausg. 1830.

1828   Ferdinand Raimund
            (Biogr. S. 355):
            Der Alpenkönig und der Menschenfeind

Originalzaubersp. 2. Auff. 17. 10. in Wien, Theater in der Leopoldstadt.
Musik: Wenzel Müller. Raimund als Rappelkopf.

Vorbilder: Molières *Misanthrop,* Josef Alois Gleichs *Der Berggeist.*

Der Menschenfeind wird dadurch geheilt, daß der Alpenkönig zuerst seinen Verfolgungswahn durch Wassersnot und Feuersbrunst sowie die Erscheinung der drei früheren Frauen zum Äußersten steigert, dann in Rap-
pelkopfs Gestalt ihm dessen tobendes, menschenfeindliches Wesen vor-
spielt. Selbstzeichnung R.s.
Zauberhafte Rahmenhandlung und realistische Kernhandlung zu einem
Ganzen verwachsen. Höhepunkt realistischer Milieudarstellung: Elend
und Verkommenheit der Leute in der Köhlerhütte. Bekanntes Lied *So leb
denn wohl, du stilles Haus.*

Größter Erfolg R.s zu seinen Lebzeiten.
Buchausg. 1837 in *Sämtliche Werke.*

1829   August Graf von Platen-Hallermünde
            (1796–1835, Ansbach, München, Italien):
            Der romantische Ödipus

Lsp. 5, in Versen. Buchausg.
Lit.-Satire im Gefolge Tiecks. Angriff gegen Heine und gegen Immermanns *Trauerspiel in Tirol* und *Cardenio und Celinde,* Immermann erscheint als »Schlimmermann«.

Immermann hatte Heine auf dessen Wunsch 36 Xenien als Beitrag für den 2. Teil
der *Reisebilder* geschickt; 5 der Xenien, die Heine am Abschluß von *Norderney*
veröffentlichte, hatten sich unter dem Titel *Östliche Poeten* gegen P., besonders
gegen dessen Spezialform und *Ghaselen* (1821–1824, 4 Slgg.) gerichtet: »Von den
Früchten, die sie aus dem Gartenhain von Schiras stehlen, / essen sie zu viel, die
Armen, und vomieren dann Ghaselen.«
Auff. 4. 6. 1855 in München, Augsburger Hof, durch Studenten.

1831   Franz Grillparzer
            (Biogr. S. 354/355):
            Des Meeres und der Liebe Wellen

Tr. 5, in Jamben. Auff. 5. 4. in Wien, Burgtheater.

Die griech. Sage von Hero und Leander beschäftigte G. seit 1819. Entwurf 1825,
Beginn der Arbeit 1827, Abschluß 1829.

Der Fischerjüngling Leander durchschwimmt aus Liebe zu der jungen
Priesterin Hero des Nachts das Meer und erklettert ihr Turmgemach. Ihre
Lampe soll ihm auch in der nächsten Nacht den Weg erhellen. Der Ober-

priester, der das Vergehen ahnt, sorgt dafür, daß die Lampe erlischt. An der Leiche des ertrunkenen Leander bricht Hero zusammen.
Seelendr. Im Mittelpunkt steht das Erwachen der Gefühle Heros. »Der etwas preziös klingende Titel . . . sollte im voraus auf die romantische oder vielmehr menschlich allgemeine Behandlung der antiken Fabel hindeuten« (G.). Die Gestalt des Priesters ist das personifizierte Schicksal: »ebenso verhüllt, kurz, kalt« (G.).
Buchausg. 1840.

1832   Nikolaus Lenau
             (Biogr. S. 355):
             Gedichte

Früheste Gedichte, angeregt durch den Tod der Mutter (1829). Die eigene Note pathetischer Melancholie fand L. durch die enttäuschende Liebe zu Lotte Gmelin (1831) und die Begegnung mit dem Werk Byrons.
Führendes Motiv: Natursymbolik, »poetische Durchdringung und Abspiegelung der Natur und ihres Verhältnisses zur Menschheit, ihres Ringens nach dem Geist« (L.). Einheit von Landschaftsbild und Seelenzustand (Schilflieder, Heidebilder). Starkes musikalisches Element, Formenreichtum von der Melodik bestimmt.
Balladen und Romanzen, entst. aus der zunächst statistenhaften Belebung seiner Naturbilder. *Drei Zigeuner, Werbung, Heideschenke.* Episch-lyrischer Grundzug.

1832   Karl Leberecht Immermann
             (Biogr. S. 355):
             Merlin. Eine Mythe

Dr., eingeteilt in Zueignung, Vorspiel, Der Gral, Merlin der Dulder.
Quelle: *Gesch. des Zauberers Merlin* (1804), hgg. Dorothea Schlegel unter dem Namen von Friedrich Schlegel.
Der Zauberer Merlin ist nach keltischer Sage der Sohn eines Inkubus und einer bretonischen Königstochter; schon in afrz. Dg. erscheint Merlin als Artus' Erzieher.
Merlin sucht mit den Rittern der Tafelrunde den Gral. Satan tötet ihn, da er ihn nicht von Gott abtrünnig machen und die Weltherrschaft durch ihn nicht gewinnen kann. Eine Synthese von Sinnenwelt und göttlicher Welt scheint unmöglich.
Unter dem Einfluß der Romantik stehendes Weltanschauungsdr. über den Zwiespalt von Satanischem und Göttlichem im Menschen. Auseinandersetzung mit Hegel und Goethes *Faust* (Goethe in der Gestalt des nur an die Natur glaubenden Klingsor). Gedankenüberladen, theaterfern.
Auff. 4. 9. 1918 in Berlin, Volksbühne.

1832   Eduard Mörike
             (Biogr. S. 355):
             Maler Nolten

Nov. in 2 Teilen, Fragment.

Entst. zum größten Teil 1828–1830 in Owen, dann 1831–1832 in Eltingen und Ochsenwang. M. hat bis zum Tode an diesem Werk gefeilt und geändert, die geplante 2. Fassung erschien 1877 aus dem Nachlaß, bearbeitet und veröffentlicht von M.s Freund Julius Klaiber.

Der junge Maler Theobald Nolten löst die Verlobung mit der scheinbar untreuen Agnes und verfällt der Liebe zur Gräfin Constanze. In Wahrheit hat die Zigeunerin Elsbeth (M.s Peregrina-Erlebnis!), die selbst Nolten liebt, Agnes verdächtigt. Noltens Freund, der Schauspieler Larkens, setzt an Noltens Stelle den Briefwechsel mit Agnes fort, um sie ihm zu erhalten. Das bringt Nolten zwar zu Agnes, aber auch zu den dunklen Mächten seiner Jugend zurück. Agnes wird über seiner Untreue irrsinnig und stirbt, Larkens hat sich aus Lebensüberdruß umgebracht, auch Nolten stirbt nach einer geheimnisvollen Begegnung mit der Zigeunerin.
Ähnliche Stellung im Leben M.s wie *Werther* in dem Goethes: Überwindung der romantischen Wollust zum Tode, der Faszinierung durch die Dämonen, des »Subjektiven«. Wenig später, in *Lucie Gelmeroth* (als *Miss Jenny Harrower* im *Taschenbuch Urania*, 1834, dann im Sammelband *Iris*, 1839), wird die Heldin vor ähnlicher Selbstzerstörung gerettet.

Die 2. Fassung milderte die Unwahrscheinlichkeiten in Psychologie und Handlung, besonders des Charakters der Constanze und der von Larkens ersonnenen Intrige.

Stofflich und stilistisch ganz unter dem Einfluß des *Wilhelm Meister* und der maßgebenden Romantiker. Ungefähr 30 eingestreute Gedichte, darunter die *Peregrina-Lieder* (entst. 1824, in Überarbg.) und die Sonette an Luise Rau (entst. 1829–1830). Ein eingeschobenes, von Larkens aufgeführtes Schattensp. *Der letzte König von Orplid* gehört den Orplid-Phantasien der Tübinger Zeit an. Rückblicke, Kunstgespräche, Gemäldebeschreibungen. Romantische Motive: Doppelgängertum, Somnambulismus, Magie, Zigeuner.
Über die Romantik hinaus weist die psychologische Durchführung der Gestalten, die der magischen Verknüpfung, auf deren schicksalhafte Bedeutung M. Wert legte, eigentlich nicht bedürfen. Einfluß von Schelling und von Schuberts *Ansichten von der Nachtseite der Naturwissenschaft.* M.s Personen haben lebende Vorbilder gehabt; die verschiedenen sozialen Sphären sind lebenswahr gezeichnet.

Das Werk hatte zunächst nur geringe Wirkung.

1833   Johann Nestroy
              (1801–1862, seit 1831 Schauspieler in Wien):
              **Der böse Geist Lumpazivagabundus
              oder Das liederliche Kleeblatt**

Zauberp. mit Gesang 3. Auff. 10. 4. in Wien, Theater an der Wien. N. als
Knieriem.

Quelle: Erz. aus der Novv.-Slg. *Das große Los* von Weisflog.

Aus seiner Quelle übernahm N. die Handlung von den drei leichtsinnigen
Handwerksburschen, die zusammen das Große Los gewinnen. Aber nur
einer von ihnen wird »solid«, es gelingt ihm nicht, die andern in bürgerliche Bahnen zu lenken. Diese realistische, fast sozialkritische Fabel gemäß
der Wiener Tradition des Besserungsstücks in den Rahmen einer Wette
zwischen der Fee Fortuna und dem bösen Geist Lumpazivagabundus ein-
gespannt. Der Schlußausblick auf eine künftige »Besserung« wirkt impli-
zit parodistisch.

Buchausg. 1835.
Forts.: *Die Familien Zwirn, Knieriem und Leim oder Der Weltuntergangstag*
(1834).

1834   Ferdinand Raimund
              (Biogr. S. 355):
              Der Verschwender

Originalzaubermärchen 3. Auff. 20. 2. in Wien, Theater in der Josephstadt. Musik: Konradin Kreutzer. Raimund als Valentin.

Ursprünglicher Titel: *Bilder aus dem Leben eines Verschwenders.* Vorbild: Destouches *Le Dissipateur;* häufiges Vorkommen des Verschwendertyps im Wiener Volks-
stuck.

Die Fee Cheristane will ihren Schützling, den Verschwender Flottwell,
vor den Folgen seines Leichtsinns schützen. Ihr Diener Azur naht sich
Flottwell in Bettlergestalt und zugleich als dessen 50. Lebensjahr und
bewahrt alle Gaben, die er dem in Not Geratenen dann an seinem 50. Geburtstag wiedergibt. Gegenfigur zu Flottwell der treue Diener Valentin,
der als einziger seinen ehemaligen Herrn aufnimmt, Muster biedermeierlicher Bescheidung *(Hobellied).* Gelungene Ineinanderarbeitung von
Feen- und Menschenwelt.
R.s Meisterwerk. Durch Nestroys wachsende Erfolge überschattet.

Buchausg. 1837 in *Sämtliche Werke.*

1834   Franz Grillparzer
              (Biogr. S. 354/355):
              Der Traum, ein Leben

Dram. Märchen 4, in Trochäen. Auff. 4. 10. in Wien, Burgtheater.

Quelle: Voltaires Nov. *Le blanc et le noir,* nach deren Lektüre G. das Dr. 1817 begann. Ursprünglicher Titel: *Traum und Wahrheit.* Wiederaufnahme der Arbeit 1829, Abschluß 1831. Stilistisches Vorbild: Calderons *Das Leben ein Traum* und *Alles ist Wahrheit und alles ist Lüge.*

Der Jäger Rustan erfährt im Traum, wie ihn seine Ruhm- und Abenteuersucht in Schuld verstrickt, und erkennt das wahre Glück: »Des Innern stiller Frieden und die schuldbefreite Brust.«
In der Tradition des Wiener Volks- und Zauberstückes, durch das G. mit dem Barocktheater verbunden ist; Besserungsstück.

Buchausg. 1840.

1835   **Nikolaus Lenau**
            (Biogr. S. 355):
            Faust. Ein Gedicht

Teildruck in L.s *Frühlingsalmanach.*

Beginn der Arbeit 1833.

Gegenbild zum Goetheschen *Faust,* Absage an den Idealismus, an transzendentale Bindungen und soziale Einordnung. Faust wird durch Mephisto von Gott und Natur abgezogen und ganz zum Vertreter einer individualistisch-nihilistischen Weltanschauung.
Weltanschaulicher und formaler Einfluß von Lord Byrons *Kain* und *Manfred.*
Lose Bilderfolge in episch-dramatischer Mischform: dramatische Partien (mit Rollenangabe und szenischen Anweisungen) durch lyrisch-epische Beschreibungen verbunden. Keine Akteinteilung, epische Überschriften.

Vollständige Buchausg. 1836. 2., um *Waldgespräch* und *Verschreibung* vermehrte Aufl. 1846.

1835   **Johann Nestroy**
            (1801–1862, seit 1831 Schauspieler in Wien):
            Zu ebener Erde und erster Stock
            oder Die Launen des Glückes

Lokalp. mit Gesang 3. Auff. 24. 9. in Wien, Theater an der Wien. N. als spitzbübischer Diener Johann.
Auf einer horizontal geteilten Bühne wird dem Publikum das Übereinander vom armen Leben im Erdgeschoß und dem prächtigen Leben in der Beletage vor Augen geführt. Durch äußere Fügungen trifft oben das Unglück, unten das Glück ein, so daß zuletzt die Familien die Stockwerke tauschen. Dramaturgischer Parallelismus.
Realistische Gesellschaftsschilderung, Vorwegnahme des naturalistischen Vorderhaus-Hinterhaus-Motivs, aber ohne einseitig gewichtende oder aggressive Tendenz. Lösung von den traditionellen Zaubermotiven. Cha-

rakterisierende Nuancierung von Hochdt. und Wiener Dialekt. Zweiter
großer Erfolg N.s.

Buchausg. 1838.

1836   **Karl Leberecht Immermann**
               (Biogr. S. 355):
               Die Epigonen

R. ›Familienmemoiren in neun Büchern aus den Jahren 1823–35‹.

Entst. seit 1824.

Entwicklungs-R. eines bürgerlichen jungen Mannes (Hermann), der nach
mancherlei romantischen, galanten, politischen Abenteuern in Adelskrei-
sen (denen er selbst durch illegitime Abkunft angehört) zum bürgerlichen
Leben zurückfindet. Gebildetes Bürgertum, revolutionäre Studenten-
schaft, Kaufmannsstand und der Adel werden gegeneinander abgesetzt.
Nicht nur die Stände, auch die Individuen sind durch Epigonentum gekennzeichnet. Diagnose der Zeit: »Wir sind, um mit einem Wort das
Elend auszusprechen, Epigonen.« Trotz Erkenntnis des Epigonentums
noch Ablehnung des Kommenden: »Mit Sturmesschnelligkeit eilt die Gegenwart einem trockenen Mechanismus zu. Wir können ihren Lauf nicht
hemmen, sind aber nicht zu schelten, wenn wir für uns und die Unsrigen
ein grünes Plätzchen abzäunen und diese Insel so lange als möglich gegen
den Sturz der vorbeirauschenden industriellen Wogen befestigen.« Hermann wendet sich schließlich dem Ackerbau zu.
Inhaltlich erster dt. Zeit-R., formal und in der Handlungsführung abhängig von *Wilhelm Meister* und dem romantischen R.: eingeschobene Erzz.,
Tagebuchblätter, Briefe. Sogar parallele Gestalten: Mignon-Flämmchen,
Natalie-Kornelie.

1836/39   **Friedrich Rückert**
               (1788–1866, Erlangen, Berlin):
               Die Weisheit des Brahmanen

In Sprüche, Gleichnisse und Erzz. gekleidete Lebensweisheit orientali-
schen Stils. Nicht Übs., sondern Original-Dg.
Einfluß des Wiener Orientalisten Hammer-Purgstall und von Goethes
Divan. Vorarbeiten Übss.: *Die Makamen des Hariri* (1826). Schmeidi-
gung der dt. Sprache durch die komplizierten und vielfältigen Formen und
Metren der arabischen, persischen und ind. Sprache.
Wirkung auf *Die Lieder des Mirza Schaffy* (1851) von Bodenstedt.

1838   **Annette von Droste-Hülshoff**
                (Biogr. S. 354):
                Des Arztes Vermächtnis

Versepos. In der ersten Slg. der *Gedichte,* die im wesentlichen geistliche
Gedichte und die drei Versepen *Das Hospiz auf dem großen St. Bernhard*
(entst. 1828–1834), *Des Arztes Vermächtnis* (entst. 1834), *Die Schlacht
im Loener Bruch* (entst. 1837–1838) enthielt. Von den Freunden Christof
Bernhard Schlüter und Wilhelm Junkmann zusammengestellt.

Anregung wahrscheinlich ein motivverwandtes Gedicht Schellings: *Die letzten Worte
des Pfarrers zu Drottning auf Seeland* (1802). Eine erste Fassung *Theodora,* die
stärker autobiographische Züge getragen haben soll, ist als verloren anzusehen.

Nach Erprobung der Form in der rührend-beschaulichen Verserz. *Das
Hospiz auf dem großen St. Bernhard* Durchbruch zu einer balladesk-
sprunghaften, visionären Darbietungsweise. Rahmenerz. Ein Arzt, der
nachts zu dem sterbenden Anführer einer im Böhmerwald lebenden Räu-
berbande geholt wird, verirrt sich auf dem Rückweg und erlebt zwischen
Traum und Wachen die Ermordung der Geliebten des Toten, Theodora.
Die ausgestandene Angst und die Mitwisserschaft bewirken in ihm eine
Verwischung der Grenzen zwischen Traum und Wirklichkeit sowie allmähliche seelische Verdüsterung. Die Sprache der fünftaktigen Reimverse schwankt zwischen Klischees, visionären Stimmungsbildern und Detail-
realismus.

Die im 30jährigen Krieg spielende *Schlacht im Loener Bruch* gehört zur Westfalen-
Dg. der Verfn.

1838   **Eduard Mörike**
                (Biogr. S. 355):
                Gedichte

Slg. der von der Tübinger Stiftszeit bis zur Cleversulzbacher Zeit entstandenen Gedichte.
In die früheste Zeit gehören 5 Lieder an Peregrina (entst. 1824, zurückgehend auf M.s Liebe zu Maria Meyer). In ihnen fand M. den eigenen
lyrischen Ton. Ein zweiter Zyklus Liebesgedichte sind die Sonette an
Luise Rau (entst. 1829–1830 in Owen).
Den stärksten Anteil haben die Naturgedichte wie *Gesang zu zweien in
der Nacht* (Tübinger Zeit); *An einem Wintermorgen vor Sonnenaufgang*
(Tübinger Zeit); *Er ist's; Besuch in Urach* (1827); *Um Mitternacht; Sep-
tembermorgen; Im Frühling; Mein Fluß* (1828). Hierher gehört auch *Ge-
sang Weylas,* der sich auf die von M. zus. mit seinem Tübinger Freunde
Ludwig Bauer erträumte Fabelinsel Orplid bezieht.
Weltanschauliche Gedichte: *An eine Äolsharfe; Auf eine Christblume;
Zum neuen Jahre; Neue Liebe; Verborgenheit; Gebet.*
Antikisierende Gedichte: *Erinna an Sappho; Auf eine schöne Lampe; Auf
eine Uhr mit den drei Horen.* Beruhend auf unmittelbarer Kenntnis der

römischen Elegiker und griech. Idyllendichter, deren Übss. M. sammelte und später bearbeitet herausgab *(Klassische Blumenlese*, 1840; *Theokritos, Bion und Moschos*, 1855; *Anakreon und die sogenannten Anakreontischen Lieder*, 1864).

Volkstümliche Lieder und Balladen, bei denen der Einfluß der Romantik und des *Wunderhorn* deutlich ist: *Die Geister am Mummelsee; Die traurige Krönung; Schön-Rohtraut; Agnes; Das verlassene Mägdlein.*

Idyllen und humoristische Gedichte (entst. meist in Cleversulzbach; in späteren Aufll. vermehrt): *Scherz; An meinen Vetter; Märchen vom sicheren Mann; Erbauliche Betrachtung; Häusliche Szene; Der alte Turmhahn.*

Vereinigung der besten Elemente Goethes und der Romantik. Naturmystik, die über das zerfließende Naturbild der Romantik hinausgeht. Starkes Betonen nächtlicher, dämmriger, zwiegesichtiger Stimmungen. Auch in der Aussage verschleiernd, andeutend, sich eindeutiger Analyse entziehend.

Häufige Umarbeitung der Gedichte, einige der besten in mehreren Fassungen enthalten.

Geringe zeitgenössische Wirkung. 2. Aufl. 1848, 3. Aufl. 1856, 4. Aufl. 1867.

1838   **Franz Grillparzer**
         (Biogr. S. 354/355):
         Weh dem, der lügt

Lsp. 5, in Jamben. Auff. 6. 3. in Wien, Burgtheater.

Quelle: *Historia Francorum* (6. Jh.) des Gregor von Tours, die G. seit 1818 wiederholt las. Beginn der Niederschrift 1834, abgeschlossen 1837. G. trieb dazu germanistische Studien.

Grundfabel von der Quelle übernommen: der Küchenjunge Leon befreit den Neffen seines Herrn, eines fränkischen Bischofs, aus der Gefangenschaft bei den heidnischen Germanen. In den Mittelpunkt stellte G. die Forderung des Bischofs, die Befreiung ohne jede Lüge durchzuführen. Leon erfüllt sie zunächst rein äußerlich; er sagt die Wahrheit, weil er weiß, daß man sie als Lüge auffaßt. Er lernt erst in der Liebe zu dem Heidenkind Editha den Wert der Wahrhaftigkeit kennen. Der Bischof nähert bei Leons Rückkehr seine absolute Forderung dem Maß menschlicher Schwäche an.

Tradition des Wiener Volkstheaters, Leon eine Fortführung des Hanswurst. Der moralisierende Titel weist auf Zusammenhang mit dem Barocktheater.

Die Auff. war ein Mißerfolg, G. zog sich von dieser Zeit an völlig von der Bühne zurück.

Buchausg. 1840.

1838/39   Karl Leberecht Immermann
         (Biogr. S. 355):
         Münchhausen

R., 4 Teile, ›Eine Gesch. in Arabesken‹.

Entst. November 1837 – April 1839. Widmung an Tieck zu Beginn des 4. Teiles. Quelle: Bürgers dt. Übers. des *Münchhausen* von Rudolf Erich Raspe (1786).

Münchhausen – der Enkel des bekannten Freiherrn oder dieser selbst, »nach Maßgabe der Zeiten metamorphosiert« – erscheint auf dem Schloß Schnick-Schnack-Schnurr und unterhält den alten Baron Schnuck, dessen Tochter Emerentia und den Lehrer Agesel, die jeder einer fixen Idee nachhängen, mit Lügengeschichten. Repräsentant des bindungs-, gefühls- und illusionslosen modernen Menschen, löst er sich schließlich in nichts auf. Zahllose Anspielungen auf Zeitgenossen.

Als Gegenstück zu dieser Scheinwelt ist die Gesch. vom *Oberhof* eingelassen, in der die bäuerliche Welt als Hort der Sitte und des Herkommens gepriesen wird (vgl. *Die Epigonen*). Realismus im Detail, romantische Idee. Lisbeth, das Findelkind, verborgene Frucht einer früheren Beziehung zwischen Münchhausen und Emerentia, heiratet einen schwäbischen Grafen; Symbol einer besseren Zukunft.

Formal abhängig von der Romantik und von Jean Paul: der R. beginnt mit dem 11. Kapitel, was dann durch einen Briefwechsel mit dem Setzer geklärt wird. Im 6. Buch tritt der Dichter selbst unter die den Gang der Handlung kritisierenden Personen. Ironie nicht mehr schöpferische Freiheit, sondern kritisches Regulativ. Romantische Ironie als Herrschaft des denaturierten Geistes bekämpft, die von der Romantik geschätzten exzentrischen Menschen als krankhaft, die normalen als außerordentlich angesehen.

1840   Johann Nestroy
         (1801–1862, seit 1831 Schauspieler in Wien):
         Der Talisman

P. mit Gesang 3. Auff. 16. 12. in Wien, Theater an der Wien. N. als Titus Feuerfuchs.

Quelle: Charles-Désiré Dupeuty/Frédéric de Courcy *Bonaventure,* Comédie-Vaudeville 1840.

Der durch rote Haare zum Außenseiter gestempelte Titus Feuerfuchs nutzt skrupellos die ihm durch eine Perücke gebotene Chance zu gesellschaftlicher Karriere. Als ihn die Aufdeckung des Betruges ins Nichts gestürzt hat, verschmäht er einen durch Geld möglichen neuen Aufstieg und bekennt sich zu der rothaarigen Gänsemagd Salome Pockerl.

Kom. der Selbsterhöhung als satirische Entlarvung der Gesellschaft.

Buchausg. 1843. Oper *Titus Feuerfuchs* von Heinrich Sutermeister 1958.

1841   **Ernst Elias Niebergall**
                  (1815–1843, Darmstadt):
                  Datterich

Lokal-P., 6 Bilder. Buchausg.

Tragikom. des Aufschneiders, der sich und seine Umwelt mit der Pose
von Vornehmheit, Tapferkeit und Bildung zu belügen sucht und in Wirklichkeit nichts ist als ein armseliger Spieler und Trinker, in dessen pathe-
tisch-sentimentaler Geste aber noch der Schein einer höheren Welt wirkt,
von der seine kleinbürgerliche Umgebung nichts ahnt.
Charakterkom. Zeit- und Lokalkolorit, Darmstädter Mundart. Volkstümlich, aber von lokal begrenzter Wirkung.

Auff. 1862 in Darmstadt, Sommertheater im Chausseehaus.

1841   **Jeremias Gotthelf**
                  (eigentlich Albert Bitzius,
                  1797–1854, Pfarrer im Kanton Bern):
                  Wie Uli der Knecht glücklich wird

Erz.

Entst. 1840, ursprünglich als Abhandlung geplant. Vorbild: Pestalozzis *Lienhard
und Gertrud* (1781–1787).

Uli wird durch Anleitung seines Dienstherrn aus einem faulen und lieder-
lichen ein tüchtiger Knecht. Statt der reichen, verstädterten Elisi heiratet
er Vreneli – eine der für G. typischen rechtschaffenen, selbstlosen Frauengestalten. »Bauernstand zum ersten Male nicht von außen, sondern von
innen gesehen« (Werner Kohlschmidt). Zusammenhang mit Volks-R.
und Erbauungslit., Predigteinlagen.

Forts.: *Uli der Pächter* (1849). Der gute Knecht ist nicht gleich ein guter Herr.
Freude am Besitz wird zu Geiz und unsozialem Verhalten gegenüber dem Gesinde.
Der Einfluß Vrenelis und das Gottesgericht eines Hagels führen zur Umkehr.

Fortsetzung der in *Der Bauernspiegel oder Lebensgesch. des Jeremias
Gotthelf* (1837) umrissenen volkserzieherischen Tätigkeit mit dichterischen Mitteln: Idealbild des bäuerlichen Lebens, die Charaktere durch
Unterdrückung bzw. Hervorhebung bestimmter Züge ins Typische gesteigert, »Weltverklärung« (Walter Muschg). Daneben Realismus als Mittel
zur Sichtbarmachung des Schlechten. Wirtschaftliche Lage in Beziehung
zum moralischen Verhalten gesetzt. Für patriarchalische Ordnung und
christliche, nicht politisch-revolutionäre Lösung der sozialen Frage.

1841/42   **Adalbert Stifter**
                  (Biogr. S. 355):
                  Die Mappe meines Urgroßvaters

Erz. In der Wiener *Zs. für Kunst, Lit., Theater und Mode.*

Diese erste Fassung neu hgg. 1923.
Hervorgegangen aus dem Plan einer Reihe von Lebensläufen aus dem Geschlecht der Scharnast (so noch der Name des Obristen in dieser Fassung). In der Entstehung mit *Die Narrenburg* (1841) und *Prokopus* (1848) verbunden. An dem Stoff hat St. sein ganzes Leben lang gearbeitet.

Die 1. Fassung (1841) erzählt in drei Kapiteln die Gesch. der unglücklichen Liebe des wilden Studenten Augustinus, die beispielgebende Jugendgesch. der Eltern der Geliebten (*Nachsommer*-Motiv), das übermütige Leben Augustinus' in Prag, im letzten Kapitel die Vereinigung des gereiften, besonnenen Mannes mit der Geliebten. Die drei Kapitel sind nur notdürftig verbunden, die Entwicklung Augustinus' wird nicht dargestellt.

In der sog. *Studien*-Fassung (in *Studien*, Bd. 3, 1847) fehlt das zweite Kapitel (Prager Aufenthalt) ganz; Straffung im Sinne des Novellistischen, Entscheidung zum klassischen Stil.

Die 3., nachgelassene Fassung, geändert hgg. Johann Aprent 1870; vollständig und originalgetreu erst 1939 als Bd. 12 der Prager Gesamtausg. Fragment. Als R. angelegt. Nimmt das zweite Kapitel der Urfassung geändert wieder auf, zeigt Augustinus' menschliches und berufliches Reifen in Pirling, bringt als letzten alten Baustein die Jugenderz. des Obristen, schließt mit einem neuen klagenden Kapitel. Vom 2. Buch nur das erste Kapitel teilweise ausgeführt. Gegenüber der *Studien*-Fassung Verknappung, Abrücken vom Stimmungshaften, psychologische Verfeinerung, Ordnung der Ereignisse in zeitlicher Reihenfolge.

Grundidee: Erziehung des Menschen zu Mäßigung und Einordnung. Darstellung des Menschen in seiner beruflichen Wirklichkeit: »Wie ein Mensch neben dem andern bestehe und seine menschliche Bahn gehen könne.« Die Vorbildlichkeit und Sinnbildlichkeit auf jeder Stufe des sozialen Seins, die jede ihren Wert in sich hat, sollte gezeigt werden (Einfluß Leibniz'). Im Gegensatz zum Schicksal des alten Paares im *Nachsommer* Vereinigung der Liebenden. Das Ganze fingiert als nachgelassene Papiere von St.s Vorfahren Augustinus Fundator. Entwicklung des Stoffes zu sachlicher Verhaltenheit, Abstraktion von allem Zufälligen und Individuellen.

1842   Jeremias Gotthelf
            (eigentlich Albert Bitzius,
            1797–1854, Pfarrer im Kanton Bern):
            Die schwarze Spinne

Erz. Zus. mit drei weiteren Erzz. G.s als *Bilder und Sagen aus der Schweiz*, Bd. 1.

Bauern sichern dem Teufel als Lohn für seine Hilfe beim Frondienst ein ungetauftes Kind zu. Der um seinen Lohn Betrogene schickt eine Spinnenplage, der Mensch und Vieh zum Opfer fallen, bis die mutige Tat einer

Mutter Befreiung bringt. Jahrhunderte später bricht die Spinnenplage durch die Gottlosigkeit der Menschen noch einmal aus. Rahmenerz. Stimmungsmäßiger Gegensatz von Haupt- und Rahmenhandlung, die durch das Motiv der Kindtaufe verbunden sind.

Oper von Heinrich Sutermeister. Auff. 16. 2. 1949 in St. Gallen, Stadttheater.

1842   **Annette von Droste-Hülshoff**
            (Biogr. S. 354):
            Die Judenbuche

Nov. in Cottas *Morgenblatt.* Titelgebung durch den Redakteur Wilhelm Hauff.

Stoff: Ein Mordfall, den A. v. D.-H. aus Erzählungen und der *Gesch. eines Algierersklaven* (1818) ihres Onkels August von Haxthausen kannte. Entst. 1837–1842.

Aus Anlage und sozialen Umständen heraus wird ein schwacher Mensch zum Mörder an einem Juden. Die Judenschaft ritzt ein bannendes Zeichen in den Mordbaum; nach Jahren zieht es den Mörder zum Tatort zurück; von magischer Gewalt getrieben, erhängt er sich an der Buche. Die breit erzählte Vorgesch. zeigt, wie das Böse Macht über den Mörder Friedrich Mergel gewinnt; im Augenblick der Entscheidung zum Negativen erwächst ihm ein Doppelgänger, Johannes Niemand, der sich erst nach dem Mord von ihm löst und den man zunächst für den Selbstmörder hält.
Realismus, der dem Unerklärbaren und Geheimnisvollen weiten Raum läßt. Sparsamste Mittel. Stilistische Nähe zu Kleists Novv.

Buchausg. 1860 in *Letzte Gaben,* hgg. Levin Schücking.

1842   **Johann Nestroy**
            (1801–1862, seit 1931 Schauspieler in Wien):
            Einen Jux will er sich machen

P. mit Gesang 4. Auff. 10. 3. in Wien, Theater an der Wien. N. als Commis Weinberl.

Angeregt durch die einaktige Farce *A Day Well Spent* (1834) von John Oxenford (1812–1877).

Ein Commis will aus Freude über seine Ernennung zum Associé noch einmal einen Jugendstreich begehen und zieht mit dem Lehrbuben nach Wien ins große Abenteuer, das ihm alsbald über den Kopf wächst. Damit verquickt die alte Harlekinaden-Fabel vom Vormund, der die Heirat seines Mündels nicht erlaubt und selbst auf Freiersfüßen geht.
Reine P., ohne Zauberelemente und ohne Satire, versöhnlich-humoristisch. Lokalgebunden. Situations- und Charakterkomik mit vielen Elementen des Stegreiftheaters. N.s meistgespieltes Stück.

Buchausg. 1844.

1843   **Jeremias Gotthelf**
               (eigentlich Albert Bitzius,
               1797–1854, Pfarrer im Kanton Bern):
               Geld und Geist oder Die Versöhnung

R., 1. Teil. Als *Bilder und Sagen aus der Schweiz*, Bd. 2.
Die aus Gutgläubigkeit entstandenen Schulden des reichen Bauern Christen führen zu Zwistigkeiten zwischen ihm und seiner Frau Änneli und
zum Unfrieden der ganzen Familie, bis Änneli durch eine Predigt zur
Umkehr und zum ersten guten Wort bewegt wird.

Das ursprünglich als Erz. geplante Werk erhielt erst nach seinem Erscheinen eine
kontrapunktische Forts.: 2. und 3. Teil, ebenfalls als *Bilder und Sagen aus der
Schweiz*, Bd. 4 (1844) bzw. 5 (1844). Der Hoferbe Resli weigert sich, um seiner
Liebe willen einen Ehevertrag zu unterschreiben, der Eltern und Geschwister enteig-
nen würde. Aber der bessere Geist des Liebiwylhofes zieht schließlich die gekränkte
Braut aus der habgierigen Familie des Dorngrüthofes zu Reslis Familie hinüber, und
Änneli kann das junge Paar noch sterbend segnen.

Zusammenhang mit der Erbauungslit., dem christl. Volks-R. und der
alem. Moralsatire.

1844   **Annette von Droste-Hülshoff**
               (Biogr. S. 354):
               Gedichte

Unter Mithilfe Levin Schückings zusammengestellte Slg.

Hauptfülle der Gedichte entst. in der Zeit des Zusammenseins mit Levin Schücking
1841–1842, als der Durchbruch zur Lyrik erfolgte.

Die Slg. enthält: *Zeitbilder; Heidebilder; Fels, Wald und See; Gedichte
vermischten Inhalts; Scherz und Ernst; Balladen und erzählende Gedichte*.
Im wesentlichen Naturlyrik. Nicht gefühlsmäßige, sondern aus Versen-
kung und Hingabe an die Landschaft und vor allem an die einzelnen
Dinge entstandene Naturdarstellung (durch A. v. D.-H.s Kurzsichtigkeit
physiologisch gefördert). Nicht realistische Schilderung, sondern impres-
sionistisches Erfassen des Atmosphärischen, von Farbe, Hauch, Geräusch
und Seelenregung. »Physiologischer Impressionismus.« Einbeziehung des
Übernatürlichen in die natürliche Welt. Die verhaltene Liebeslyrik (*Die
Taxuswand; Brennende Liebe*) und die wenigen persönlichen Gedichte
der Meersburger Zeit 1841/42 und 1844 zeigen die Dichterin auf der
Höhe ihres lyrischen Schaffens. In den Balladen (*Geierpfiff; Der Knabe
im Moor; Der Fundator*) besonders stark das Übersinnliche, Visionäre,
das Dämonische der Natur. Einfluß Bürgers. Höhepunkt die mehrteilige,
epos-nahe Ballade *Der Spiritus familiaris des Roßtäuschers* (entst. 1842),
anknüpfend an die *Dt. Sagen* der Brüder Grimm. Teufelsbündner-Motiv:
der Roßtäuscher befreit sich durch Opferung seines Lebens von dem höllischen Helfer.

Die Slg. wurde 1860 aus dem Nachlaß ergänzt durch *Letzte Gaben* (entst. seit 1844), hgg. Levin Schücking.

1844/50　　**Adalbert Stifter**
　　　　　　　(Biogr. S. 355):
　　　　　　　Studien

Slg. in 6 Bd. Die Erzz., einzeln seit 1840 in Zss. und Almanachen erschienen, wurden für die *Studien* überarbeitet.

Die *Studien* enthalten: *Der Kondor* (zuerst erschienen 1840); *Feldblumen* (1841); *Das Heidedorf* (1840); *Der Hochwald* (1842); *Die Mappe meines Urgroßvaters* (1841/42); *Die Narrenburg* (1843); *Abdias* (1843); *Das alte Siegel* (1844); *Brigitta* (1844); *Der Hagestolz* (1845); *Der Waldsteig* (1845); *Zwei Schwestern* (1846); *Der beschriebene Tännling* (1846).
Die ältesten *Studien, Der Kondor* und *Feldblumen,* unter dem stilistischen Einfluß Jean Pauls und seines Gefühlskultes. Dazu trat für die Naturschilderungen das Vorbild James Fenimore Coopers (1789–1851), für die hist. Erzz. das Scotts.
Zu den einzelnen Erzz. oft kurze Einleitungen; stimmungsmäßige Einführung des Lesers in sachlichem, fast aufklärerischem Ton.
Die Grundthemen St.s angeschlagen. Junge, edle und zurückhaltende Menschen in zarten Beziehungen zueinander, die leicht durch ein Zuviel an Stolz, Eigensinn, Leidenschaft und Eifersucht zerstört werden *(Das Heidedorf, Der Kondor, Das alte Siegel)*. Der um das Glück betrogene Mensch vereinsamt *(Der Hagestolz, Der Hochwald, Der beschriebene Tännling)*. Wiederholt taucht das von St. erlebte Schicksal der Kinderlosigkeit auf. Das Problem der geistig und künstlerisch interessierten Frau wird angeschnitten *(Der Kondor, Feldblumen, Zwei Schwestern)*. Der Mensch vor allem in seiner Bindung an die Familie; Eltern- und Geschwisterliebe *(Der Hochwald, Zwei Schwestern, Abdias, Die Mappe meines Urgroßvaters)*. Als Aufgabe und Erfüllung des Menschen die gute Ehe *(Der Waldsteig, Die Narrenburg)*. Glaube an Reifen und Bändigung des Gefühls *(Feldblumen, Die Mappe meines Urgroßvaters, Brigitta, Zwei Schwestern)*. Die gerühmten Naturschilderungen St.s sind vom Standpunkt des Beobachters aus geschrieben, die Natur hat das Dämonische der Romantik eingebüßt, sie steht in Beziehung zu menschlichem Leben und menschlicher Arbeit, ist Offenbarung von Gottes Ordnung.

An äußerer und innerer Form läßt sich bei der Entwicklung von den Erstfassungen zu den *Studien*-Fassungen eine Bewegung »in Richtung auf das Maß« (Hermann Kunisch) feststellen.

1846　　　**Eduard Mörike**
　　　　　　　(Biogr. S. 355):
　　　　　　　Idylle vom Bodensee

Idyllisches Epos in 7 Gesängen, Hexameter.

Ursprünglich geplant als idyllisches Einschiebsel in die schwankhafte Erz. *Fischer Martin und die Glockendiebe,* die in der endgültigen Fassung, der sie den Untertitel gab, zur Rahmenerz. zusammenschmolz.

Fischer Martin erinnert sich anläßlich eines Schabernacks, den er einem habgierigen Schneider spielt, eines Jugendstreichs: er rächte seinen Freund Tone an der untreuen Liebsten, indem er ihr in der Hochzeitsnacht den Brautwagen entführte. Tone wird in einer neuen Liebe zur Schäferin Margarethe (Name von M.s Frau) geheilt.

In der Tradition von Goethes *Hermann und Dorothea.*

1848   **Moritz Graf von Strachwitz**
(Auslfg.   (1822–1847, Peterwitz/Schlesien, Breslau, Berlin, Wien):
1847)   **Neue Gedichte**

Slg. der reifen Gedichte; schon 1842 Jugendgedichte *Lieder eines Erwachenden.*

Stilistisch unter dem Einfluß von Eichendorff, Platen, Heine, Freiligrath, Herwegh, Grün, in den Balladen und Romanzen jedoch an Bürger, engl.-schottische (Chevy-Chase-Strophe) und nordische Vorbilder anknüpfend. In *Den Männern* gewidmeten Gedichten stellte sich St., obwohl selbst unter der Mattigkeit der allgemeinen Verhältnisse leidend, gegen die »Tyrannenvertreiber«, die der Kunst nicht dienen, sondern sie in ihren Dienst stellen. *Den Frauen* gelten Liebesgedichte in romanischen, orientalischen und antiken Formen. Bedeutender als diese Lyrik sind die Balladen: phantasievoll, bilderreich, rhetorisch, formsicher; Neigung zur Pointe wie auch die Jungdeutschen. Bekannteste: *Das Herz von Douglas, Frau Hilde, Helges Treue, Hie Welf!* Subjektivismus. Sehnsucht nach einer abenteuerlicheren Welt, einem romantisch gesehenen MA. Unmittelbare Wirkung auf die Mitglieder des »Tunnels über der Spree«, später auf die Balladendg. von Theodor Fontane, Liliencron, Münchhausen, Agnes Miegel, Lulu von Strauß und Torney.

In späteren Gesamtausgaben aus dem Nachlaß vermehrt, besonders um den im Bewußtsein nahen Todes entstandenen Zyklus *Venedig.*

1848   **Franz Grillparzer**
                (Biogr. S. 354/355):
                Der arme Spielmann

Nov. Im Taschenbuch *Iris* für 1848 neben *Prokopus* von Stifter, zu dem G. in dieser Zeit Beziehungen hatte.

Begonnen 1831, abgeschlossen um 1844. Abwandlung eines geplanten Ich-R. Angeregt durch einen armen Geiger, den G. jahrelang in einem Gasthaus traf.

Gesch. eines armen Musikanten, der durch Unbeholfenheit und Mißschick jede Beziehung zur Außenwelt verloren und sich auf eine durch musikalische Illusion gestützte Innenwelt zurückgezogen hat. Symbol der

Kontaktlosigkeit: das nach eigenen Gesetzen durchgeführte, für die Außenwelt unverständliche, stümperhafte Geigenspiel. Der Spielmann endet sein Leben im Opfertod für die Mitmenschen. Die mimosenhafte Gestalt hat viel von G. selbst, verkörpert sein Gefühl der Unzulänglichkeit gegenüber den Vorbildern.
Ich-Erz. des Spielmanns, innerhalb einer gleichfalls als Ich-Erz. (des Erzählers) gebotenen Rahmen-Erz.

1851   **Annette von Droste-Hülshoff**
               (Biogr. S. 354):
               Das geistliche Jahr

Zyklus geistlicher Gedichte, aus dem Nachlaß. Religiöse Betrachtungen, die an die Evangelien der einzelnen Sonntage anknüpfen.

Die frühesten schon 1819 für die Großmutter geschrieben. 1. Teil, 25 Gedichte für die Zeit vom Neujahrstag bis Ostermontag, 1820 beendet. Wegen Mißbilligung durch die Mutter nicht fortgeführt; 1839 wiederaufgenommen und, wenn auch nicht druckfertig, abgeschlossen. 2. Teil umfaßt 47 Gedichte, schließend mit einem Gedicht für Silvester. Nach dem korrigierten Ms. hgg. Christof Bernhard Schlüter.

Ursprünglich in der Art geistlicher Volkslieder, aber 1820 unter dem Eindruck einer unglücklichen Jugendliebe zu religiösen Beichten ausgeweitet: »Ich habe ihm (dem *Geistlichen Jahr*) die Spuren eines vielfach gepreßten und geteilten Gemütes mitgeben müssen, und ein kindliches, in Einfalt frommes wird es nicht einmal verstehen.« Das Religiöse als Zentrum von A. v. D. H.s dichterischem Schaffen. Bis zu pathologischen Zuständen geht das Ringen um Gott, um der Vereinsamung des »trockenen Herzens« zu entgehen. Ästhetische Gesichtspunkte dem religiösen Gehalt nachgeordnet. Bekenntnissprüche, Eindringlichkeit und Überzeugungscharakter

1853   **Eduard Mörike**
               (Biogr. S. 355):
               Das Stuttgarter Hutzelmännlein

Märchen.
Zur Zeit Eberhards des Greiners schenkt das Hutzelmännlein einem Schuhmachergesellen für seine Wanderung ein stets nachwachsendes Hutzelbrot und zwei Paar Glücksschuhe. Das eine Paar soll er anziehen, das andere an den Weg stellen. Die schöne Vrone, die die Schuhe findet, wird schließlich des Gesellen Lebensgefährtin.
Eingeschoben die *Historie von der schönen Lau,* einer Nixe, die im Blautopf bei Blaubeuren haust und ein lebendes Kind erst gebären kann, wenn sie fünfmal gelacht hat. Sie lernt es im Umgang mit der Landbevölkerung.
M.s Märchen setzen die Bemühungen der Romantik um Erneuerung des Märchens fort. Sie kommen dem Volksmärchen näher, weil sie »naiver«,

weniger gewollt, theorie- und philosophiebeladen sind als die romantischen Märchen.

1853   **Adalbert Stifter**
(Biogr. S. 355):
Bunte Steine

Slg. von Erzz., ursprünglich als Kinderbuch geplant.

Die Erzz. erschienen vorher einzeln unter anderen Titeln in Zss.; St. glich die Titel metaphorisch an den Sammeltitel an.

Enthält: *Granit* (als *Die Pechbrenner* 1849 erschienen), angeregt durch Kindheitserinnerungen und »eine wirkliche Begebenheit aus der Zeit der letzten Pest im südl. Böhmen«; *Kalkstein* (als *Der arme Wohltäter*, 1848); *Turmalin* (als *Der Pförtner im Herrenhause* erschienen 1852); *Bergkristall* (ursprünglich *Der Heilige Abend*, 1845; angeregt durch den Alpenforscher Friedrich Simony); *Katzensilber* (entst. 1852); *Bergmilch* (ursprünglich *Die Wirkung eines weißen Mantels*, 1843). Die programmatische Vorrede eine Antwort auf Hebbels Verse »Die alten Naturdichter und die neuen« (in *Europa*, 1849): »Wißt ihr, warum euch die Käfer, die Butterblumen so glücken?/Weil ihr die Menschen nicht kennt, weil ihr die Sterne nicht seht!.../Aber das mußte so sein; damit ihr das Kleine vortrefflich / liefertet, hat die Natur klug euch das Große entrückt.«
»Andacht zum Kleinen«: »Ein ganzes Leben voll Gerechtigkeit, Einfachheit, Bezwingung seiner selbst, Verstandesgemäßheit, Wirksamkeit in seinem Kreise, Bewunderung des Schönen, verbunden mit einem heiteren gelassenen Streben, halte ich für groß ... Wir wollen das sanfte Gesetz zu erblicken suchen, wodurch das menschliche Geschlecht geleitet wird« (St.).

1855   **Eduard Mörike**
(Biogr. S. 355):
Mozart auf der Reise nach Prag

Nov. Im *Morgenblatt für gebildete Stände*.
Ein Tag aus dem Leben Mozarts. Der Komponist des *Don Juan* fährt zur Erstauff. seiner Oper nach Prag und gerät unterwegs auf einem Schloß in eine adlige Gesellschaft, die ihm huldigt. Er erscheint auf dem Gipfel des Ruhmes und der Lebensfreude, hinter der immer wieder die Schatten des frühen Todes spürbar werden, besonders in der Szene, in der sein Vortrag des Chorals *Dein Leben endet vor der Morgenröte* eine unheimlich erschütternde Wirkung hervorbringt. Die Nov. klingt aus in dem Gedicht: *Ein Tännlein grünet wo, wer weiß, im Walde* ... M.s Nov. erwuchs unter dem lebenslangen starken Eindruck von Mozarts als wesensverwandt empfundener Kunst, besonders des *Don Juan:* »Was wäre denn der Unterschied / O bester, zwischen dir und jenen? / Sie singen froh ein traurig Lied / Und du ein fröhlichs unter Tränen.«

In Motiven und Handlung deutlich von der romantischen Künstlernov. herkommend, doch ist mit der Festlegung des Helden und der Zeit auf eine hist. Person und ein hist. Ereignis die Überwindung des nur Romantischen vollzogen.

Buchausg. 1856.

1857   **Adalbert Stifter**
           (Biogr. S. 355):
           Der Nachsommer

R., 3 Bdd.

Keime des R.: das von St. 1848 an den Verleger Heckenast gesandte Bruchstück *Der alte Hofmeister* (veröffentlicht 1937) und das Bruchstück *Der Vogelfreund* von 1848 (veröffentlicht 1942). Sie enthalten den »Rückblick« – die Erzählung der Jugendliebe des alten Mannes (Baron Risach) – und die Einkehr des jungen Mannes im Rosenhaus. Plan eines ein- bis zweibändigen R. 1852, Beginn der Arbeit 1853.

Zwei Menschen, die in ihrer Jugend den Irrtum begingen, ihrer Liebe nicht die Erfüllung zu geben, kommen im Alter wieder zusammen und finden in der Liebe der jungen Generation ein verwandeltes Glück. Der auf dem Lande lebende Risach lenkt die Seelenbildung des jungen Wieners Heinrich Drendorf durch Familiengeist, Naturanschauung und geistig-künstlerische Bildung.
Bildungs-R., Vorbild Goethes *Wilhelm Meister*. Versuch, den Zwiespalt des 19. Jh. auf der Ebene hoher Bildung aufzuheben. Beschränkung auf den Raum reiner Humanität. Das Böse und die Leidenschaften fehlen. Sittlich untadelige Welt. Das Alltägliche ist zugleich das Erhabene, das Kleine ist das Große, das Einfache in der Kunst ist das Bedeutende. Daher der von Hebbel empfundene Eindruck der »Enge« des St.schen Weltbildes. So kommen auch St.s plastisch-minuziöse Schilderungen der Natur und der Dinge aus einem anderen Geist als bei den Realisten. Hinwendung zum Gegenständlichen, zu den »Dingen«, deren »Angesicht zu erkennen« St.s Ziel war. Erst die in sich vollkommen ausgebildete Persönlichkeit hat auch Wert für die Allgemeinheit.
Einfluß Leibniz-Wolffscher Aufklärungsgedanken, die St. durch seine Erziehung bei den Benediktinern, die im Zeichen des Josephinismus stand, kennengelernt hatte. Die Vorstellung von der bestmöglichen der Welten, der prästabilierten Harmonie, der Monade als Teil Gottes im Menschen. St. spricht häufig vom »Licht der Vernunft«. Erst nach 1848 wurde St. bewußt Darsteller dessen, was sein soll, nicht dessen, was ist. Vorbildlichkeit und Typik der Figuren; Zeitlosigkeit an Stelle des Gegenwärtigen; rückwärtsgewandtes, antiquarisches Interesse.
Ich-Erz.; Heinrich Drendorf ein ernstes, naturwissenschaftlich registrierendes, pedantisches und unpersönliches Erzähler-Ich. Form des epischen Erinnerns, Rückblick auf einen Lebensabschnitt, ohne Spannung.

1865/67   Adalbert Stifter
            (Biogr. S. 355):
            Witiko

R., 3 Bdd.

Geplant 1855 als Trilogie aus der ma.-böhmischen Gesch.: Wok – Witiko – Ze-
wisch. Bd. 1 abgeschlossen 1862, Bd. 2 April 1867.
Anregung: Scott und die hist. Rr. der Caroline Pichler (1769–1843). Auf das MA.
wurde St. durch Anton Ritter von Spaun verwiesen. Quellenstudium im Staatsar-
chiv.

Kampf um die Thronfolge in Böhmen. Bürgerkrieg, in dem Witiko zum
Führer der Ordnungspartei wird. Witiko Typ der selbstlosen Treue und
Redlichkeit. Im Gegensatz zum früheren *Nachsommer* bezog hier St. alle
Stände, nicht nur die oberen, in sein menschliches und ethisches Ideal ein.
Eine Familie, ein Land und das Reich selbst werden schrittweise einer
reineren Existenzform zugeführt.
St. stellte den Ergebnissen des Jahres 1848, die er als unheilvoll betrachtete, sein eigenes christliches Ideal des ständischen, föderalistischen ma.
Staates entgegen, dessen Reste er in der Habsburgermonarchie sah. Einfluß der Gesch.-Philosophie Herders und der romantischen Staatsauffassung Adam Müllers. In der Gesch. soll das göttliche Weltgesetz sichtbar
gemacht werden.
Gegenständliche Schilderung, betont epische Breite. Verzicht auf alle
starken Akzente. Formelhafte, sich wiederholende Wendungen. Erzählform des reihenden Berichts. Verwandtschaft mit den romantischen
Theorien über epischen Stil, Schulung an *Bibel*, Homer, *Nibelungen*.

1869   Adalbert Stifter
            (Biogr. S. 355):
            Erzählungen

Aus dem Nachlaß hgg. Johann Aprent.
Enthält: *Prokopus* (zus. mit Grillparzers *Armem Spielmann* bereits in *Iris*,
1848); *Die drei Schmiede ihres Schicksals* (bereits in *Wiener Zs.*, 1844);
Der Waldbrunnen (bereits 1866, entst. seit 1857); *Nachkommenschaften*
(bereits in *Heimgarten*, 1864); *Der Waldgänger* (bereits 1848); *Der fromme Spruch; Der Kuß von Sentze* (erschienen bereits 1866).
Am wichtigsten *Prokopus,* zu den Scharnast-Erzz. gehörig (vgl. *Mappe
meines Urgroßvaters*). Ehenov., die die Einordnung des Menschen in das
»sanfte Gesetz« des Naturnotwendigen fordert: »Die natürlichen Dinge
gehen ihren Lauf, wir mögen noch so großen Schmerz darüber empfinden. Es ist aber in unsere Macht gegeben, die Wesenheit dieser Dinge zu
ergründen und sie nach derselben zu gebrauchen. Dann gehorchen uns die
Dinge.«

1872   Franz Grillparzer
            (Biogr. S. 354/355):
            Ein Bruderzwist in Habsburg

Tr. 5, in Jamben. Aus dem Nachlaß in der Gesamtausg. der Werke. Auff. 24. 9. in Wien, Stadttheater.

Ursprünglich geplant als Teil eines Zyklus von Habsburgerdrr. Festlegung des 1. Aktes 1825. 1826 Lokalstudien in Prag. Gesamtplan 1827, Abschluß 1848, Verbesserungen noch in den 60er Jahren.

G.s Hauptanliegen wie auch im *Ottokar* nicht Darstellung der Gesch., sondern das Charakterbild Kaiser Rudolfs. Am Vorabend des Dreißigjährigen Krieges erahnt Rudolf das Anbrechen einer neuen, chaotischen, gewaltsamen Epoche. Er ist zu rein, zu tatenscheu und zu pessimistisch, um der Gewalt zu begegnen. Antinomie von Erkennen und Handeln. Rudolf ist der Vertreter der geordneten Welt, sein Sohn Don Cäsar vertritt das zerstörende Element.
G.s Grundthema: Entscheidung für den Frieden des Innern gegen Handeln, das in Schuld stürzt; Rudolf trägt viele Züge G.s. Entscheidung auch für die Dynastie gegen die revolutionären Kräfte.

1872   Franz Grillparzer
            (Biogr. S. 354/355):
            Die Jüdin von Toledo

Tr. 5, in Jamben. Aus dem Nachlaß in der Gesamtausgabe von G.s Werken. Auff. 22. 11. in Prag.

Tagebucheintragung über den Stoff im Winter 1815/16. 1824 Lektüre von Lope de Vega *La Judía de Toledo,* danach die ersten beiden Szenen in Trochäen, Forts. in Jamben 1839. Neue Anregung durch das dem Thema verwandte Verhältnis Ludwigs von Bayern zu der span. Tänzerin Lola Montez. Fortgeführt 1848, in den 50er Jahren vollendet.

Alfonso von Spanien verfällt der Liebe zu der schönen Jüdin Rahel und vergißt darüber seine Herrscherpflichten. Seine Granden lassen das Mädchen ermorden, an der Leiche findet Alfonso zu seiner Pflicht zurück: »Besiegter Fehl ist all der Menschen Tugend.«
Staatstr., im Mittelpunkt die Charakterentwicklung Alfonsos, der durch das Erlebnis zum Herrscher und zum Manne reift. Das Dr. wurde zunächst als Tr. Rahels aufgefaßt und ist erst durch die Darstellung Josef Kainz' in der Auff. des Deutschen Theaters in Berlin 1888 entsprechend seiner eigentlichen Idee erkannt worden.

1872   Franz Grillparzer
            (Biogr. S. 354/355):
            Libussa

Tr. 5, in Jamben. Aus dem Nachlaß in der Gesamtausg. der Werke.

Anregung: Musäus' *Volksmärchen,* Brentanos *Die Gründung Prags,* G.s Beschäftigung mit der böhmischen Gesch. anläßlich des *Ottokar.* Erste Tagebuchnotiz 1822, Gesamtplan 1825/26, entst. 1837 bis vor 1848. Auff. von Akt 1 schon 1840, Druck 1841.

Libussa, die von Überirdischen stammt, regiert das böhmische Volk mit Güte, ist aber den Streitigkeiten der Männer nicht gewachsen und entschließt sich, einen Mann zu wählen. Mit Primislaus kommt Gerechtigkeit und Strenge zur Herrschaft, sie gipfelt in der Gründung Prags. Libussa löst sich von der Tat- und Machtwelt, warnt sterbend vor Selbstsucht, Utilitarismus, Nivellierung und erhofft für die ferne Zukunft eine Synthese.

Ideendr., Entwicklung des Menschengeschlechtes aus dem goldenen Zeitalter heraus in eine neue Ordnung, vom Matriarchat zum Patriarchat. Unter Libussas Herrschaft bildete das Volk eine große Familie, Primislaus macht aus der Familie einen Staat. Als Beweis der neuen staatsbürgerlichen Ordnung, die jetzt auf Recht und Macht gegründet ist, entsteht die Stadt.

Einfluß der Matriarchatsideen Johann Jakob Bachofens (1815–1887) und von Platos Ideenlehre, nach der aus den beiden Hälften Mann und Weib die Ganzheit entsteht.

Auff. 21. 1. 1874 in Wien, Burgtheater.

1830–1850   Das Junge Deutschland
und die politische Dichtung des Vormärz

Ende der 20er Jahre setzte sich bei einem Teil der jungen Generation das Gefühl durch, daß die Lit. stagniere und daß ein Kontakt mit dem Leben, und zwar mit dem politischen und gesellschaftlichen, hergestellt werden müsse. »Jetzt gilt es die höchsten Interessen des Lebens selbst, die Revolution tritt in die Literatur!« (Heinrich Heine) Diese Tendenzen und die Gruppierung ihrer Vertreter wurden ausgelöst durch die frz. Julirevolution 1830 und fanden ihr Ende mit dem Scheitern der dt. Revolution 1848.

Auf Vorstellungen des preußischen Gesandten auf dem Bundestag in Frankfurt/Main stellte der österreichische Gesandte am 10. 12. 1835 den Antrag auf gemeinsames Vorgehen gegen eine Gruppe von Schriftstellern Junges Deutschland. Sie sei »antichristlich, gotteslästerlich und alle Sitte, Scham und Ehrbarkeit mit Füßen tretend«. Das gleiche hatte kurz zuvor der Schriftsteller Wolfgang Menzel anläßlich des Erscheinens von Gutzkows *Wally* in seinem *Lit.-Blatt* unter der Überschrift *Unmoralische Lit.* ausgesprochen. Die Bundesversammlung beschloß, die Verbreitung der Schriften von Heine, Gutzkow, Wienbarg, Mundt und Laube zu unterbinden, nachdem in Preußen schon seit 1833 Schriften dieser Autoren, schließlich 1835 *Wally* und eine von Gutzkow und Wienbarg geplante Zs. *Dt. Revue* verboten worden waren. Seitdem wurde »Junges Deutschland«·

die Bezeichnung für eine Gruppe von Schriftstellern, die nur in losem Kontakt miteinander gestanden hatten.

Vorher tauchte die Bezeichnung auf im Zusammenhang mit Giuseppe Mazzini, der die dt. Emigranten in der Schweiz zu einem Verband »Junges Deutschland« sammelte, einer Sektion des von ihm geplanten revolutionären Geheimbundes »Das Junge Europa«. In Gutzkows und Laubes Briefen taucht die Bezeichnung 1833 in frz. Form »La jeune Allemagne«, 1834 in dt. Form auf. Wienbarg begann seine *Ästhetischen Feldzüge* 1834: »Dem jungen Dld. widme ich diese Reden und nicht dem alten«; er verstand unter dem jungen Dld. die akademische Jugend. Schließlich hatte Gutzkow 1835 in seiner *Wally* Wienbarg, Laube und Mundt geradezu Vertreter des jungen Dld. genannt.

Als Junges Dld. im engeren Sinne bezeichnet man heute die Gruppe Börne, Heine, Wienbarg, Mundt, Laube, Gutzkow. Von ihnen unterscheiden sich, obwohl häufig auch als »jungdt.« bezeichnet, die meist als Lyriker hervorgetretenen politischen Dichter des Vormärz durch eine unter dem Einfluß des Junghegelianismus und der eigenen Exilsituation hervorgerufene politische Radikalisierung (Grün, Herwegh, Freiligrath u. a.).

Die Julirevolution, »welche unsere Zeit gleichsam in zwei Hälften auseinandersprengte« (Heinrich Heine), hatte bei den fortschrittlich Gesinnten die Hoffnung erweckt, daß die Ära der Reaktion vorüber sein werde. Besonders im Südwesten Dlds., der noch kurz vorher durch den Rheinbund in enger Fühlung mit Frankreich gestanden hatte, fanden die sozialen, politischen und philosophischen Gedanken des frz. Liberalismus Boden. Die Vermittlung geschah vor allem durch Börnes *Briefe aus Paris* (1831–1834).

Die Ideen des Vormärz zielten auf politische Machtergreifung des Bürgertums. Das Programm des Liberalismus hieß – bei verschieden starker Betonung der beiden Punkte – territoriale Einheit und verfassungsmäßige Freiheit; abgelehnt wurden der bisherige Staat und die bisherige Gesellschaft, der Adel und die Kirche, die sozialen und nationalen Schranken. Die Liberalen glaubten jedoch an Evolution und an die Erreichung ihrer Ziele durch geistige Beeinflussung. Daher war ihnen Breitenwirkung ihrer Publikationen wichtig und Pressefreiheit eine grundlegende Forderung.

Die Presse, die einen enormen Aufschwung nahm, wandelte sich aus einem berichterstattenden Organ zu einem meinungsbildenden und verschmolz politische mit künstlerischen Zielen. Der anonyme Berichterstatter wurde zum Schriftsteller mit künstlerischem Ehrgeiz. Bekannte Publizisten: Börne *(Wage)*, Menzel *(Morgenblatt)*, Laube *(Zeitung für die elegante Welt)*, Müllner *(Mitternachtsblatt)*, Saphir *(Berliner Schnellpost* und *Berliner Courier)*, Gutzkow *(Telegraph für Deutschland)*, Duller *(Phönix)*, Hell *(Abendzeitung)*, der Berliner Humorist Glaßbrenner.

Kenntnis und Verständnis der Philosophie Hegels war bei den Jungdeutschen oberflächlich und zwiespältig. Hegels »System« stieß bei ihrem Subjektivismus auf Abwehr. Erst die sich seit etwa 1838 formierenden Junghegelianer betonten im Gegensatz zu den konservativen Rechtshegelianern, die biedermeierlichem Denken nahestanden, Hegels rationalistischen Gedankenbau, seine Dialektik. H.s Staatslehre (*Grundlinien der Philosophie des Rechts,* 1820) »Was vernünftig ist, das ist wirklich, und was wirklich ist, das ist auch vernünftig« wurde von ihnen als revolutionäres Postulat formuliert: da die derzeit bestehende Gesellschaftsordnung unvernünftig sei, müsse sie aus der Wirklichkeit verschwinden und durch eine vernünftige ersetzt werden, die durch den Liberalismus zu schaffen sei (Wilhelm Weitling: *Die Menschheit, wie sie ist und wie sie sein soll,* 1839). Indem man an die rationalistischen Elemente Hegels anknüpfte, schloß man sich der rationalistischen Ausrichtung des 18. Jh. an, die für das 19. Jh., vor allem über erneute frz. Einflüsse, bestimmend blieb. Claude-Henri comte de Saint-Simon (1760–1825) hatte Ideen Voltaires und Rousseaus fortgeführt sowie Individual- und Sozialethik auf Vernunft und Natur gegründet: Emanzipation des Individuums, Emanzipation des Weibes, Emanzipation des Fleisches. S.-S. formulierte schon den Gegensatz von Arbeitgeber und Arbeitnehmer und wandte sich gegen die Ausnutzung des Menschen durch den Menschen: Überwindung dieses Gegensatzes durch die Bruderliebe des Christentums. S.-S. verwarf jedoch die Lehre von der Erbsünde und die Trennung von Geist und Fleisch. Seine verstreuten Gedanken wurden erst von seinen Schülern zu einem System ausgebaut; unter ihnen Armand Bazard (1791–1832) und Barthélemy Prosper Enfantin (1796–1864), von dem der Ruf nach Emanzipation der Frau ausging. Unter dem Einfluß dieser frz. Richtung interpretierte und erweiterte Ludwig Feuerbach (1804–1872), die damals einflußreichste Persönlichkeit der Junghegelianer, die Hegelsche Philosophie. Für Hegel war die Natur noch »das Anderssein des Geistes«, für F. wurde sie »der Grund des Geistes«. F. rückte die Natur an die Stelle Gottes, er setzte das Wissen und die Vernunft an die Stelle des Glaubens. Für ihn war es »eine welthistorische Heuchelei«, am kirchlichen Dogma festzuhalten, das den wissenschaftlichen und politischen Überzeugungen widerspreche. Gott und die Religion seien nur Wunschbilder, Hypostasen des Besten in uns. Homo homini deus. (*Das Wesen des Christentums,* 1841.)

Ging Feuerbach vom psychologischen Gesichtspunkt gegen das Christentum vor, so David Friedrich Strauß (1808–1874) vom kritisch-hist. Standpunkt (*Das Leben Jesu,* 1835/36). Einen großen Teil des christlichen Dogmas bezeichnete er als Mythus und Allegorie.

In die gleiche Zeit fallen auch die ersten Wirkungen von Karl Marx (1818–1883), der, zuerst den Junghegelianern angehörend, sich bald von diesen und dem bürgerlichen Liberalismus trennte und 1848 die Proletarier aller Länder zur Vereinigung aufrief (*Manifest der kommunistischen Partei,* zus. mit Friedrich Engels).

Im Gefolge der politischen Ideen übte auch die schöne Lit. Frankreichs einen großen Einfluß aus. Der offizielle Boykott der einheimischen modernen Lit. in Dld. trug dazu bei, daß ein großer Teil des lit. Bedürfnisses aus dem Ausland gedeckt wurde. So kehrten die von der dt. Romantik auf Frankreich übergegangenen geheimnisvollen, bizarren und grausigen Elemente – teilweise als Schauerromantik – nach Dld. zurück. Victor Hugo (1802–1885) wirkte vor allem durch seine Rr. und hist. Drr., vereinzelt durch seine farbenprächtige Lyrik, Honoré de Balzac durch die Technik des Nebeneinander im R. (*Comédie humaine*, 1829/50). Stärker noch ist der Einfluß der weit weniger künstlerischen, spannenden Rr. von Eugène Sue (1804–1857) *Die Geheimnisse von Paris* (1842/43) und *Der Ewige Jude* (1844/45), die ein Sittenbild der Zeit gaben und von denen der erste viele Übss. und Nachahmungen fand, die die Geheimnisse der Hauptstädte Europas ans Licht bringen wollten. Für frauenrechtlerische Ideen wirkte George Sand (d. i. Aurore Dupin, 1804–1876), die das Recht des Herzens gegenüber staatlichem und patriarchalischem Zwang verkündete.

Der Weltschmerz Lord Byrons (1788–1824) verschmolz in der jungdt. Lit. mit der romantischen Ironie zu einem weltverachtenden Zynismus. Byrons Verachtung des Philistertums, sein genialisches Gebaren lebten weiter in der Kampfstellung des Jungen Dld. gegen Reaktion und moralische Enge.

Die künstlerischen Ziele der Jungdeutschen, die in vielen programmatischen Aufsätzen und Bemerkungen niedergelegt sind, traten zuerst in den kritischen Abhandlungen Ludwig Börnes hervor (zunächst in eigenen Zss. *Die Waage*, 1818/21 und *Zeitschwingen*, 1819, später in Cottas *Morgenblatt*). Doch war ihm die Kunstkritik vor allem ein Mittel, politische Kritik zu üben, so daß man aus seinen Arbeiten kein geschlossenes Kunstprogramm entwickeln kann. Als Theoretiker des Jungen Dld. gilt im allgemeinen Ludolf Wienbarg (1802–1872) mit *Ästhetische Feldzüge* (1834; ursprünglich ein Kolleg über Ästhetik an der Universität Kiel 1833), *Zur neuesten Lit.* (1835) und *Menzel und die junge Lit.* (1835). Auch W. bot keine systematische Ästhetik, sondern nur »flüchtige Ergüsse wechselnder Aufregungen«, beeinflußt von Jean Pauls *Vorschule der Ästhetik*. Für W. war die politische Freiheit Voraussetzung für eine dt. Nationallit. Von der liberalistischen zur konsequent materialistischen Lit.-Theorie hinüber führte Friedrich Engels (1820–1895), der nach anfänglichem Zusammengehen bald die Jungdeutschen als Idealisten und Liberale ablehnte. Diesen Standpunkt nahm auch die spätere marxistische Literaturkritik (Franz Mehring) ein.

Die Jungdeutschen traten mit dem Anspruch auf, eine neue Epoche einzuleiten und in ihrem Schaffen den »Zeitgeist« zu repräsentieren. Schon aus Gegensatz zur sog. »Hist. Schule« ahistorisch gesinnt, verurteilten sie alles Vorhergegangene, besonders die von Heine als »Kunstperiode« bezeichnete Goethezeit, als abgelebt. Allen Fortschrittlichen gemeinsam war die Gegnerschaft zu der als weltanschaulich und künstlerisch rückschrittlich empfundenen Romantik (vor allem Heine: *Die romantische Schule*, 1836). Schon Georg Gottfried Gervinus (1805–1871) und Julian

Schmidt (1818–1886) sahen in dem durch die Julirevolution hervorgerufenen geistigen Umbruch die Überwindung der romantischen Geisteshaltung und Lit. Auch Goethe wurde von einem Teil der Jungdeutschen (Börne, Menzel, Heine, Engels, Gervinus) aus politischen wie aus ästhetischen Gründen abgelehnt.

Schön ist, was »den nationalen Formen der jedesmal herausgetretenen Weltanschauung einer Zeit und eines Volkes gemäß und harmonisch ist« (Mundt). Schönheit sei nur in der Einheit von Geist und Körper. Die christlich-bürgerliche Scham vor dem Körperlichen und Natürlichen müsse überwunden werden. Das Leben wurde von transzendentalen Zwecken gelöst und erhielt Eigenwert: »Das Leben ist des Lebens höchster Zweck.« Der Individualismus wandte sich »in Fragen der Moral gegen jede Form des Idealisch-Postulierten, dem nicht das Prinzip der persönlichen Freiheit zugrunde liegt« (Jost Hermand).

Wienbarg sah die Aufgabe der Dg. in der Darstellung des Schönen im wirklichen Leben an dem besonderen Einzelfall. Für die Darstellung des Wirklichen waren politische, soziale und naturwissenschaftliche Kenntnisse Voraussetzung, sie ergab aber keinen Realismus, keine objektive Wiedergabe des Bestehenden, sondern aus Kritik entstandene rationalistische, oft sogar utopische Konstruktion. Die jungdt. und junghegelianische Revolutionierung der Ästhetik half jedoch den Realismus vorbereiten.

Für die meisten Jungdeutschen waren das Politische und die Sozialkritik Ausgangspunkt ihrer lit. Tätigkeit. »Auf dem Wege politischer Exaltation wurde ich mit der schönen Lit. bekannt« (Gutzkow). »Bewegungslit.« erschien Mundt, »Littérature engagée« Börne das Charakteristische der jungdt. Bestrebungen. B. wollte die Lit. als Propaganda- und Agitationsmittel, sie habe der Verbreitung politischer, weltanschaulicher, sozialer und wirtschaftlicher Gedanken zu dienen. Kritik wurde als Teilgebiet der Lit. verstanden.

Nicht mehr das Innere des Menschen mit seinen Problemen, nicht mehr Seelenleben, Stimmung, Entwicklung, sondern revolutionäre Taten und Gedanken behandelte der jungdt. Schriftsteller. Nicht Charaktere schuf die jungdt. Dg., sondern Träger und Vorkämpfer von Ideen. »Der Zweck unserer Zeit ist der Bürger, nicht der Mensch« (Gutzkow). Nationalgefühl und Weltbürgertum, Christentum und rationalistische Kritik, Individualismus und Sozialismus, Tradition und Fortschritt, bürgerliche Moral und Emanzipation des Fleisches waren die Gegensätze, mit denen sich die Lit. auseinandersetzte. Wienbarg, der von der Ästhetik her an die Lit. herangetreten war, führte sie aus dem Bezirk des Ästhetischen hinaus: »Die Dichter stehen nicht mehr ... allein im Dienst der Musen, sondern auch im Dienst des Vaterlandes, und allen mächtigen Zeitbestrebungen sind sie Verwandte. Ja, sie finden sich nicht selten im Streit mit jenem schönen Dienst, dem ihre Vorgänger huldigten, sie können die Natur nicht über der Kunst vergessen machen.« Die Schriftsteller betrachteten sich als engagierte Publizisten und ihre Literaturepoche insofern als republikanisch, als in ihr außerordentliche Leistungen seltener hervorträten. »Hier nach Dichtung zu suchen, wäre von vornherein verfehlt« (Jost Hermand). Die Jungdeutschen waren optimistisch, gegenwartsfroh. Sie hofften, mit reformatorischen und aufklärerischen Mitteln die Gesellschaftsordnung, das Leben, den Menschen zu bessern. Die Lebensangst, die Weltflucht, der Zug in die Einsamkeit des Biedermeiers fehlte ihnen. Die von Byron herrührenden menschenverachtenden Züge waren jetzt eher Überlegenheit über den spießerhaften Mitbürger, der in der alten Ordnung, Moral und Kunstanschauung verharrt und die größere Zukunft nicht sieht. »Du hast ja den Schiller und Goethe / Schlafe, was willst du mehr?« (Herwegh) Man betonte die Gegenwart, drängte aufs Zukünftige, man wollte neu sein und modern (Gutzkow: *Über Goethe im Wendepunkte zweier Jahrhunderte,* 1836). Jedoch »objektiv spielen die Jungdeutschen öfter die Rolle von Epigonen, ... als sie sich selbst eingestehen wollen« (Walter Dietze).

Börne und Heine kamen noch von der romantischen Fragmentendg. her, die nun nicht mehr entgrenzenden Charakter hat, sondern mit der Neigung zur Pointe zusammenhängt. Mit aphoristischer Prägung von Ideen ließ sich am ehesten auch der Einschnürung durch die Zensur begegnen, Meinungen wurden nur angedeutet, nur halb ausgesprochen. Diese Tendenz trug dazu bei, die Lit. zu feuilletonisieren und das Feuilleton zu literarisieren. Die Jüngeren, besonders Mundt, wandten sich gegen die aphoristische Manier. Gutzkow klagte über die »erschrecken machende Formlosigkeit«, alles sei »scherbenartig aufgelesen«. Man strebte nach einer geschlosseneren Form. Und so führte die Entwicklung von den tagebuchblattartigen Skizzen Heines zu den dickleibigen Rr. Gutzkows. Als gemäßeste Form für den modernen wirklichkeitsnahen Gehalt wurde die Prosa empfunden, die sich zur künstlerischen Sprache des 19. Jh. entwickelte. Als Muster galt hier zunächst Jean Paul (für Wienbarg auch Goethe), dann vor allem Heines beweglichere, brillante Prosa (Theodor Mundt: *Die Kunst der deutschen Prosa,* 1837).

Die erzählende Lit. hatte bei den Jungdeutschen das Übergewicht. Der Reisebrief, angewandt zunächst von Heine, Pückler-Muskau, Börne, erschien besonders für die Publikation in Zss. und Ztgg. geeignet. Er kam der Beweglichkeit der Zeit entgegen und spiegelte das Interesse für nahe und ferne gesellschaftliche Zustände. Auch die Möglichkeiten von »Skizze«, »Bild«, »Zeitgemälde« reichten vom poetischen Einfall bis zur sachlichen Studie.

Beliebteste Erzählform des Vormärz war die Nov. »Die Nov. ist ein herrliches Ährenfeld für politische Allegorie ... man muß große Lebensgebilde erträumen und sie in Nov.-Form den Deutschen aufs Zimmer schikken« (Mundt). Der jungdt. Nov. haftete etwas Skizzenhaftes an, Laubes *Junges Europa* und Mundts *Madonna* sind noch der Brief-Nov. nahe. Bevorzugter Typ war die von Ludwig Tieck geschaffene Diskussions-Nov.

Stärker vorwärtsgetrieben haben die Jungdeutschen die Entwicklung des
R., für dessen aus Frankreich kommende Form des Fortsetzungs-R. die
Zeitungen immer mehr als Abnehmer auftraten. Der von der Romantik
bevorzugte hist. R. trat zurück, das Junge Dld. schuf (neben Immermann)
den Zeit-R. Gutzkow, sein wichtigster Vertreter, gab im Vorwort zu den
Rittern vom Geist eine R.-Theorie: der R. solle »Panorama der Zeit« sein.
Dem Nacheinander miteinander verbundener Handlungen und auf einen
Zielpunkt gesammelter Effekte wurde das Nebeneinander, die Korrela-
tion, des modernen R. gegenübergestellt: »wechselseitige Befruchtung
eines Menschenzustandes durch den andern«. Der Dichter »sieht aus der
Perspektive des in den Lüften schwebenden Adlers herab und hat eine
Weltanschauung, neu, eigentümlich«. Es entstand eine schwer zu verfol-
gende Verknüpfung der einzelnen Schichten. Einfluß von Jean Pauls zwischen Realismus und Phantastik schwankendem Stil. Geringes Formbe-
mühen und Formvermögen. In der Praxis blieben die Leistungen in der
neu etablierten Gattung weit hinter dem Anspruch der Theorie zurück.
Das Drama hatte seine großen Vertreter in Grabbe und Büchner, die von
den Jungdeutschen durch ihre Illusionslosigkeit geschieden waren und in
ihren Stilelementen über sie hinaus zum Naturalismus und Expressionismus wiesen. Grabbe, Realist in seinen Milieuszenen, übersteigerte seine
nihilistischen Kraftmenschen ins Triviale und Groteske. Auch Büchner
schwankte zwischen pathetischer und ironischer Sprache. Er war konse-
quenter Materialist und Realist: unerbittliche Darstellung der Wirklichkeit im sozialen Leben der Gegenwart und auch der Gesch.; für ihn war –
im Gegensatz zu Lessing – der Dramatiker »nichts als ein Geschichtsschreiber«. Die Dramatik Gutzkows und Laubes, die schon in die Zeit
ihrer Anpassung an die bestehende Ordnung fiel, erhob sich nicht über
die Sphäre des wirksamen Theaterstückes und unterlag dem Einfluß des
frz. Gesellschaftsstückes und hist. Lsp.
In der Lyrik stand Heine mit seinen frühen, noch durch die Romantik
bestimmten subjektiven Gedichten vereinzelt. Um so einflußreicher wurden die in seiner späten Lyrik und in seinen Verserzz. hervortretenden
politischen Züge. Er ersetzte das ältere Epigramm durch neue Kleinfor-
men der Lyrik. Die von ihm beeinflußten Lyriker des Vormärz waren –
nach Ansätzen bei Schubart, Bürger, Klopstock und Kleist – die Schöpfer
der politischen dt. Lyrik. Sie setzte mit Anastasius Grün ein und hatte
ihren Höhepunkt in Herwegh und Freiligrath. In der politischen Lyrik ist
stärker als in anderen Gattungen der mitreißende Schwung des Liberalismus von 1848 zu erkennen. In ihr kam auch erstmals die Zukunftsbedeu-
tung der Technik zum Ausdruck; es wurde eine »geradezu spezifische
Poetik der Eisenbahnen und Dampfmaschinen« (Walter Dietze) ausgebil-
det. Ihr Formenreichtum umgriff Klassik und Romantik (auch die frz.),
bei Anastasius Grün tauchte sogar die Nibelungenstrophe auf (*Nibelungen im Frack,* 1843).

Neben den bekannten Autoren trat eine Anzahl weiterer wie Follen, Gaudy, Pfau, Sallet, Weerth mit politischer Lyrik hervor. Sie erschien in Sammelbdd. der einzelnen Autoren und Anthologien, die bekannteste: *Politische Gedichte aus Dlds. neuerer Zeit,* hgg. Hermann Margraff 1847.

1835 planten Wienbarg und Gutzkow die Zusammenfassung der fortschrittlichen Kräfte in der Zs. *Dt. Revue* (verboten, nur die Korrekturbogen des 1. Heftes erhalten), an der Varnhagen van Ense, Börne, Heine, Büchner, Bettina von Arnim u. a. mitarbeiten sollten. Als Gruppe Junges Dld. wurden die im Bundesratsbeschluß genannten Autoren erst durch diesen vereinigt. Ähnlich verbindend wirkte bei den politischen Dichtern des Vormärz die gemeinsame Verfolgung und Landflüchtigkeit. Als der Druck des Staates nachließ und einige Autoren ihrer Opposition müde wurden, brachen die Gegensätze auf. Entzweit wurden die fortschrittlichen Autoren auch durch die Stellungnahme für oder gegen Heine bzw. Börne, die Heine durch sein Buch *Über Ludwig Börne* (1840) ausgelöst hatte. Laube, Mundt, Dingelstedt u. a. lenkten politisch ein.

Die lit. Ereignisse spielten sich in den Großstädten Berlin, Frankfurt, Bremen, Hamburg ab. Die Träger der Lit. entstammten hauptsächlich dem Kleinbürgertum. Fortschrittliche Verleger waren besonders Löwenthal in Mannheim und Hoffmann und Campe in Hamburg. Eine Fülle von Zss. mit durch die Zensur erschwerten Schicksalen diente den jungdt. Tendenzen.

Das Lit.-Blatt, Beilage des *Morgenblatt für gebildete Stände,* red. Wolfgang Menzel 1825–1849, Stuttgart. Vertrat bis zu Menzels Aufsatz über Gutzkows *Wally* (1835) die fortschrittliche Richtung. Mitarbeit vor allem Gutzkows.

Gutzkow redigierte 1835 das Lit.-Blatt der Frankfurter Ztg. *Phönix* (fortgesetzt von Eduard Duller 1835–1838) und von 1835–1842 den *Telegraph für Dld.* (Frankfurt, später Hamburg).

Die einflußreiche *Ztg. für die elegante Welt,* Leipzig, die das Organ der Berliner Gruppe der Jungdeutschen (Laube, Kühne, Mundt) war, wurde 1832–1834 und wieder ab 1843 von Heinrich Laube, 1835–1842 von Gustav Kühne redigiert.

Unter den zahlreichen Zs.-Plänen und -Gründungen Theodor Mundts ist am wichtigsten: *Lit. Zodiakus, Journal für Zeit und Leben, Wissenschaft und Kunst* (1835), seit 1836 als *Dioskuren* (bis 1837).

Gemäßigt war die verbreitete Zs. *Europa,* hgg. August Lewald 1835–1846, Gustav Kühne 1846–1859. Mitarbeiter: Heine, Laube, Auerbach, Dingelstedt, Geibel.

Organ der radikalen Junghegelianer, die sich von der älteren Hegelschen Schule und den *Jahrbüchern für wissenschaftliche Kritik* (1826ff.) absetzten, war *Hallische Jahrbücher für dt. Wissenschaft und Kunst* (1838–1841), hgg. Arnold Ruge und Theodor Echtermeyer. Fortgesetzt 1843 als *Deutsche Jahrbücher für Wissenschaft und Kunst.*

Die wichtigsten Autoren des Jungen Dld. und der politischen Dichtung des Vormärz:

Büchner, Georg, geb. 1813 in Goddelau/Hessen als Sohn eines Arztes. Schulbesuch in Darmstadt, seit 1831 Stud. Med. und Naturwiss. in Straß-

burg, ab 1833 in Gießen. Durch Friedrich Ludwig Weidig in revolutionäre Kreise gezogen, gründete B. eine *Gesellschaft für Menschenrechte* und
schrieb 1834 heimlich die politische Flugschrift *Der Hessische Landbote*,
nach deren Entdeckung B. sich 1835 durch Flucht der Verhaftung entzog.
Erneutes Studium in Straßburg, Erwerb des Dr.-Grades der Universität
Zürich, Habilitation geplant. Herbst 1836 Probevorlesung in Zürich.
Gest. 1837 in Zürich an Typhus.

Freiligrath, Ferdinand, geb. 1810 in Detmold als Sohn eines Kaufmanns.
Wurde Kaufmann, daneben Studium der engl. und frz. Lit. Hielt sich
zunächst revolutionären Strömungen fern, bezog eine Pension von Fried-
rich Wilhelm IV. Politische Wandlung 1843/44. Nach Veröffentlichung
von *Ein Glaubensbekenntnis* 1844 Flucht ins Ausland: Brüssel, Schweiz,
London, 1848 Rückkehr nach Düsseldorf, 1851 wegen staatsfeindlicher
Umtriebe verhaftet; ging nach bald erfolgter Freilassung wieder nach
London. Rückkehr 1866. Gest. 1876 in Cannstatt.

Grabbe, Christian Dietrich, geb. 1801 in Detmold als Sohn eines Zucht-
hausverwalters. 1820 stud. jur. in Leipzig, seit 1822 in Berlin. 1823 Abbruch des Studiums, Reise nach Leipzig und Dresden zu Tieck, um Schauspieler zu werden. Nach Scheitern des Planes Rückkehr nach Detmold.
1824 Nachholung des Staatsexamens, Advokat und Militär-Auditeur.
Nach dem Erscheinen von G.s Werken im Verlag seines Freundes Kettembeil 1827 Höhepunkt des dichterischen Schaffens. Zerrüttung durch
die 1833 geschlossene Ehe mit der Schriftstellerin Luise Klostermeyer
und durch Trunksucht; erhielt 1834 den Abschied. 1834–1836 in Frankfurt und in Düsseldorf bei Immermann. 1836 Rückkehr des an Rücken-
marksschwindsucht Erkrankten nach Detmold. Gest. 1836 in Detmold.

Gutzkow, Karl, geb. 1811 in Berlin als Sohn eines prinzlichen Bereiters.
Stud. theol. in Berlin. Seit 1831 in Stuttgart Mitarbeiter Menzels am *Lit.-
Blatt.* Nach Erwerbung des Doktorgrades der Universität Jena 1833 endgültig zum Schriftstellerberuf entschlossen. Wegen seines R. *Wally* 1835
zu einem Monat Gefängnis verurteilt. Nach Entlassung Redakteur des
Telegraph in Frankfurt/M., dann in Hamburg. 1842 wieder in Frankfurt,
1846–1861 in Dresden, bis zur Revolution als Dramaturg des Hoftheaters. In den letzten Jahren Wanderleben. Gest. 1878 in Sachsenhausen.

Heine, Heinrich, geb. 1797 in Düsseldorf als Sohn eines Kaufmanns.
Wurde Kaufmann, seit 1816 in Hamburg im Bankhaus seines Onkels
Salomon H. tätig. Seit 1819 stud. jur. in Bonn und Göttingen, 1821 in
Berlin, Verkehr im Kreis Rahel Varnhagens. 1825 Promotion in Göttingen. 1831 als Korrespondent für Cottas *Augsburger Allgemeine Zeitung*
nach Paris, durch eine Jahresrente des Onkels, später auch eine Pension
der frz. Regierung unterstützt. Anschluß an die emanzipatorische und
frühsozialistische Doktrin des Saint-Simonismus, dessen »Père« Enfantin
H. 1835 sein Buch *De l'Allemagne* widmete. 1843–45 Verkehr mit Karl
Marx. Mehrere Reisen nach Dld. In den letzten Jahren durch ein Rücken-
marksleiden an die »Matratzengruft« gefesselt. Gest. 1856 in Paris.

Herwegh, Georg, geb. 1817 in Stuttgart. Gab sein Theol.-Stud. um der Schriftstellerlaufbahn willen auf. 1839 Übersiedlung nach der Schweiz. Nach den *Gedichten eines Lebendigen* (1841) triumphale Reise durch Dld., Empfang bei Friedrich Wilhelm IV. Infolge eines Briefes an den König aus Preußen ausgewiesen, Übersiedlung nach Paris. Verkehr mit Marx und Arnold Ruge. 1848 Führer des Republikanischen Komitees der Deutschen in Paris, das in den badischen Aufstand eingriff. Bis 1856 in Genf, Zürich, Verbindung mit Lassalle. 1866 Rückkehr nach Baden. Gest. 1875 in Baden-Baden.

Laube, Heinrich, geb. 1806 in Sprottau als Sohn eines Maurers. Stud. theol. in Halle, Burschenschaftsführer. 1832 Leitung der *Ztg. für die elegante Welt* in Leipzig. 1834 in Berlin verhaftet, verbüßte 2½jährige Festungsstrafe auf den Besitzungen des Fürsten Pückler-Muskau. Seit 1840 theaterkritische Tätigkeit in Leipzig; Teilnahme am Frankfurter Parlament. 1849–1867 artistischer Leiter des Burgtheaters in Wien, 1869 Leiter des Leipziger, 1871–1874 des Wiener Stadttheaters. Gest. 1884 in Wien.

1826	**Heinrich Heine** (Biogr. S. 388): **Die Harzreise**

Reiseschilderung.

Entst. 1824 unter dem Eindruck einer vierwöchigen Fußreise durch den Harz. Vorbilder: Thümmels Reise-Rr., der romantische R., Washington Irving (1783 bis 1859).

Frühestes von H.s Reisebildern in Prosa. »Im subjektivsten Stile« geschrieben, »eine Mischung von Naturschilderung, Witz, Poesie, Washington Irvingscher Beobachtung« (H.). Nicht objektive Berichte, sondern aneinandergereihte Impressionen; eingestreut sind Gedichte, gedankliche Exkurse, politische und gesellschaftskritische Betrachtungen. Zusammengehalten von gemeinsamer Grundstimmung.

Im gleichen Jahre noch einmal zus. mit mehreren Gedichtzyklen (*Die Heimkehr; Die Nordsee,* 1. Abt.) unter dem Titel *Reisebilder* erschienen. Weitere Reisebilder: *Das Buch Legrand* (1827); *Reise nach München und Genua, die Bäder von Lucca* (1830); *Stadt Lucca, Englische Fragmente* (1831). Dt., frz., engl., ital. Verhältnisse unter dem Gesichtspunkt des liberalen Fortschritts beleuchtet.

1827	**Heinrich Heine** (Biogr. S. 388): **Buch der Lieder**

Gedichte.

Die Slg. faßte den wesentlichen Ertrag früherer Lyrikslgg. H.s zusammen: *Junge Leiden* (entst. 1816–1821, Druck 1821); *Lyrisches Intermezzo* (entst. 1822, Druck 1823); *Die Heimkehr* (entst. 1823, Druck 1826 im 1.

Bd. der *Reisebilder*); *Aus der Harzreise; Die Nordsee* (1. Abt. in Bd. 1 der *Reisebilder* 1826, 2. Abt. in Bd. 2 der *Reisebilder* 1827). Die drei ersten Teile enthalten biographisch nur bedingt präzisierbare Liebesgedichte sowie die besonders bekannten Balladen H.s *(Junge Leiden: Die beiden Grenadiere, Belsazar, Don Ramiro; Lyrisches Intermezzo: Sie saßen und tranken am Teetisch, Lehn deine Wang, Auf Flügeln des Gesanges, Aus meinen Tränen sprießen, Ein Jüngling liebt ein Mädchen; Heimkehr: Du bist wie eine Blume, Ich weiß nicht, was soll es bedeuten, Das Meer erglänzte weit hinaus, Ratcliff, Almansor, Die Wallfahrt nach Kevlaar).*

Beherrschung der romantischen Stimmungs- und Stilmittel. Die Natur durchdrungen von den subjektiven Gefühlen des Dichters. Motiv der Traumbilder: die Gefühle sind in Bilder, Visionen verwandelt. Verwendung wirksamer Antithesen. Einfluß des Volksliedes: unreine Reime als bewußtes Stilmittel.

Weltschmerzliche Grundhaltung: Einfluß Lord Byrons. Der häufig durchbrechende stimmungauflösende Witz Weiterführung der romantischen Ironie. Entst. aus der Aufgeschlossenheit für die Wirklichkeit und aus Abwehr gegen das eigene Gefühl, auch aus der Situation des zwischen »Übersouveränität« (Ernst Simon) und Scham schwankenden getauften Juden.

Häufig Gedichte ohne Überschriften, die auf diese Weise fragmentarisch oder als Teil eines Größeren wirken, z. T. zu Zyklen geordnet.

1827   Christian Dietrich Grabbe
          (Biogr. S. 388):
          Herzog Theodor von Gotland

Tr. 5. In Bd. 1 der *Dramatischen Dgg.*, eingeleitet durch den kritisch fördernden Brief Tiecks von 1822.

Begonnen 1818 in Detmold, fortgesetzt in Leipzig, vollendet 1822 in Berlin. Auf die nordischen Sagas durch Lektüre der Drr. Oehlenschlägers hingewiesen; stoffliche Grundlage die Sage von Harald Harfagr.

Herzog Theodor von Gotland wird aus Gerechtigkeitsfanatismus zum Brudermörder. Statt Reue beherrscht ihn verzweifelter Trotz, fortschreitende Desillusionierung, Destruktivität, er wird zum Verbrecher.

Literarisch gespeistes Jugendwerk unter dem Vorzeichen von Shakespeare *(Titus Andronicus)*, Schiller *(Räuber)*, Kleist *(Familie Schroffenstein)*, Klingemann *(Faust)*, der Schicksalstr., der Dramatik des Sturm und Drangs, Lord Byrons und der frz. Romantik (Hugo).

Gegen die geschichtsphilosophischen, anthropologischen und ästhetischen Anschauungen von Aufklärung und Idealismus. Häufung von Lastern und Untaten. Vorliebe für amoralische Kraftgenies. Entlarvung des Bestialischen im Menschen: »Allmächtige Bosheit regiert die Welt«, die eine unveränderliche ist. Niederschlag persönlicher Erfahrungen, die als objektive Erkenntnis dargestellt werden. Psychologisch gewaltsam.

Verse, gemischt aus Blankversen, Reimpaaren, strophischen Partien.

Von Heine und Tieck als genial angesehen. »Ich möchte Sie warnen, diesem Zerstö-
rungsprozesse des Lebens (dem Zynismus) nachzugeben, der sich Ihnen in der Maske seiner geborenen Feindin, der Poesie, aufdrängen will« (Tieck).
Auff. 7. 2. 1892 in Wien.

1827   **Christian Dietrich Grabbe**
(Biogr. S. 388):
Scherz, Satire, Ironie und tiefere Bedeutung

Lsp. 3, Prosa. In *Dramatische Dgg.*

Entst. 1822. Einfluß E. T. A. Hoffmanns.

Der Teufel ist auf die Erde gekommen, wird halb erfroren in das Schloß
eines Barons gebracht und genießt dort Gastfreundschaft, wird zum
Schluß von seiner Großmutter in die Hölle zurückgeholt.
Diese Handlung nach Art der romantischen Lit.-Satire benutzt, um das
Leben im allgemeinen, die Fortschrittsgläubigkeit und im besonderen die
zeitgenössische Lit. zu verspotten. Die Gesellschaft des Schlosses spiegelt
G.s Berliner Kreis, der Dichter Rattengift ist der Typ des modischen
Literaten, der für Calderon schwärmt und Sonette macht. Auch hier wie-
der Entlarvung der Gemeinheit der Menschen in der Trinkszene des 3.
Aktes; ins Groteske verzerrtes Bürgertum. Folgerichtig erscheint der
Dichter am Schluß selbst karikiert und damit seine eigene Weltanschau-
ung karikierend. Skepsis auch gegenüber der eigenen Skepsis ist die tiefere Bedeutung. Verneinung aller Sinnhaftigkeit.

Auff. 1876 in Wien, Akademietheater (Privatvorstellung); 1. öffentliche Auff.
27. 5. 1907 in München (Bearbg. von Max Halbe).

1827   **Christian Dietrich Grabbe**
(Biogr. S. 388):
Marius und Sulla

Tr. 5, Fragment. In *Dramatische Dgg.*

Begonnen 1823 in Dresden, die ersten 3 Akte Tieck vorgelegt, in Hannover bis zur
Hälfte umgearbeitet, 1827 die Skizze des fehlenden Teils hinzugefügt. Quelle: Plutarchs Biographie des Marius, Sulla und Sertorius.

Das Fragment setzt ein mit der Rückkehr des Marius nach Rom und endet
mit dem endgültigen Sieg Sullas nach seinem Feldzug gegen Mithridates.
G. raffte die historischen Fakten, indem Sulla noch zu Lebzeiten des
Marius zurückkehrt. Die beiden Gegner, in denen sich Demokratie und
Aristokratie verkörpern – Marius ein Usurpator aus politischem Ressenti-
ment, Sulla ein glaubensloser Machtpolitiker –, treten sich nie gegenüber.
Auf der Höhe der Macht tritt Sulla ab, ist »sich selbst genug«, er kennt
keine höhere Zielsetzung.
Neben den beiden Helden zeigte G. das Rom der Revolution, das Schei-

tern kollektiven Handelns, die hist. notwendige Entwicklung zur Dikta-
tur. Über das triebhaft agierende, manipulierbare Volk und die korrupten
Patrizier siegt das nach Art Shakespeares stilisierte Ausnahmeindividu-
um.
Unausgeglichen, phantastische Reflexion neben realistischer Darstellung.
Entwurf in Jamben, das Fragment halb Vers, halb Prosa.

Den in *Dramatische Dichtungen* enthaltenen Dramen angehängt wurde G.s 1827
entstandener Aufsatz *Über die Shakespearo-Manie,* dessen Entstehung er auf 1822
zurückdatierte, um vorzutäuschen, daß er seine Jugendwerke damals schon theoretisch überwunden hatte. Die Argumente für eine Loslösung des dt. Dr. von Shakespeare waren nicht neu, mußten aber G.s Gönner Tieck verletzen. Der Aufsatz
zielte im wesentlichen auf Selbstrechtfertigung und Selbstdarstellung.

1829   **Christian Dietrich Grabbe**
                  (Biogr. S. 388):
                  Don Juan und Faust

Tr. 4, in Jamben. Auff. 29. 3. in Detmold durch die Pichlersche Truppe.
Buchausg. im gleichen Jahr.

Konzipiert 1823, nach der Veröffentlichung der *Dramatischen Dgg.* und der Be-
kanntschaft mit dem Verleger Kettembeil wiederaufgenommen, 1828 vollendet.
Einfluß von Byrons *Manfred,* Klingemanns *Faust* und *Don Juan,* Spohrs Oper
Faust.

Die zwei Seelen in Goethes Faust auf zwei Personen verteilt. Die beiden
Charaktere dem eigenen Ich verfallen, der eine im Sinnlichen, der andere
im Gedanklichen befangen, beide bleiben im Grunde unerlöst. Erneut
Darstellung zweier Ausnahmemenschen. Der gescheiterte Idealist Faust
reagiert, wie schon Theodor von Gotland, mit Destruktivität, Don Juan,
von Beginn Zyniker und Materialist, lebt dem Augenblick und dem
Wechsel. Eigentlich zwei Drr., die Inbeziehungsetzung der beiden Helden
nicht gelöst.

1829/30   **Christian Dietrich Grabbe**
                  (Biogr. S. 388):
                  Die Hohenstaufen

Doppeldr.: *Kaiser Friedrich Barbarossa,* Tr. 5, und *Kaiser Heinrich VI.,*
Tr. 5, in Jamben, einzelne Szenen in Prosa.

Entst. 1827–1829. Quelle: Friedrich Raumers *Gesch. der Hohenstaufen und ihrer
Zeit* (1824–1826).

Versuch einer Abkehr vom Subjektivismus und eines Anschlusses an nationalhist. Tendenzen. Die Staufer ein Mode-Stoff.
Grundthema der Werke sollte der Konflikt Kaiser–Papst sein. Das Bar-
barossa-Dr. setzt ein mit der Schlacht bei Legnano und endet mit einem
erfundenen Zweikampf zwischen Barbarossa und Heinrich dem Löwen,

für die in Dld. zu gleicher Zeit kein Raum ist. Dieser innerdt. Konflikt schiebt sich in den Vordergrund. Der Abfall Heinrichs des Löwen, der zum gleichwertigen Gegenspieler Barbarossas wird, ist, entgegen Raumer, nicht als Verrat, sondern als Ergebnis einer nördlich orientierten Politik Heinrichs dargestellt.

Das Drama um Heinrich VI. zeigt kein deutliches Hauptproblem. Heinrich, wieder ein skrupelloser Machtmensch, dessen Eigenschaften, entgegen Raumer, positiv gewertet werden, geht am Übermaß des Wollens, der Kraftentfaltung zugrunde.

Die Kaiserfiguren entsprechen der personalistischen Geschichtsauffassung G.s. Nicht mehr romantische Sicht des MA. Das Charakteristische der dt. Stämme und Landschaften herausgearbeitet. Stoff stark zusammengedrängt; für den Zeitraum von G.s zwei Drr. brauchte der Historien-Dramatiker Ernst Raupach sechs fünfaktige Drr. Nähert sich im Formalen der Aneinanderreihung dialogisierter hist. Szenen ohne innere Einheit.

Von dem ursprünglichen Plan einer Reihe von sechs bis acht Staufen-Drr. nur zwei ausgeführt. Das allgemeine Interesse und das G.s an dem Stoff erlosch nach der Juli-Revolution. Die 1831 in Opposition gegen Freiligraths Gedicht *Barbarossas erstes Erwachen* (entst. 1829) geschriebene Dialogszene *Friedrich der Rothbart* (Druck 1838 als *Barbarossa*) bedeutete eine Absage an den Stoff und die von den Jungdeutschen wiederholt formulierte Erneuerung der nationalen Größe im Zeichen Barbarossas. G. läßt den Kaiser auf jede Ermahnung der Nachgeborenen, erwachend in die Geschicke einzugreifen, pessimistisch-gleichgültig erwidern: »Laßt mich schlummern,«

Auff. 8. und 10. 12. 1875 in Schwerin.

1830/31   Hermann Fürst von Pückler-Muskau
(1785–1871, aus Muskau, ausgedehnte Reisen):
Briefe eines Verstorbenen

Entst. aus Tagebuchaufzeichnungen, die P.-M. zunächst als Briefe an seine geschiedene Frau gedient hatten, der er von seinen Reisen durch die britischen Inseln Bericht erstatten wollte. Nach der Heimkehr wurden die Berichte für die – anonyme – Veröffentlichung erneut stilisiert.

Drei sich ergänzende Schichten der Darbietung: Chronik, Briefe, Reisejournal, in denen Handeln und Reflexion verschmelzen. Unbestechliche Registrierung der Außen- und Innenwelt. Das offene Eingeständnis der eigenen Schwächen von den Zeitgenossen oft als Charakterlosigkeit aufgefaßt. Exzentrischer, faszinierender Erzähler, dem die Autobiographie Mittel der Selbststilisierung, der Selbstbewahrung und Selbstbezweiflung war: ein »Verstorbener«. Trotz aristokratischer Grundhaltung Neigung zum Liberalismus.

Die *Briefe* von Goethe gelobt; P.-M. zu seiner Zeit beliebtester Vertreter des Reiseschrifttums. Von Börne, Immermann *(Münchhausen),* Herwegh

(Gedichte eines Lebendigen) und dem Freiherrn von Ungern-Sternberg *(Tutu,* 1849) als snobistisch angegriffen.

Weitere Reisebeschreibungen: *Vorletzter Weltgang von Semilasso* (1835), *Semilasso in Afrika* (1836) u. a.

1831   Anastasius Grün
          (d. i. Anton Alexander Graf Auersperg, 1806–1876, Wien):
          Spaziergänge eines Wiener Poeten

Anonym, im Gegensatz zu den früheren unpolitischen und den späteren meist politischen Gedichten, die unter dem Pseudonym Anastasius Grün erschienen.

Schon 1832 unerlaubter Nachdruck bei Hoffmann und Campe.

Erste politische Lyrik neuerer Zeit. Gegen Klerikalismus und Reaktion (Metternich), für Pressefreiheit, großdt. Zum Schluß direkte Wendung an den Kaiser.
Vierzeilige Strophen in trochäischen achthebigen Langzeilen.

Weiterführung der Gedanken in *Schutt* (1835). Gegen die Weltverneinung des Christentums. Ursprünglicher Titel: *Vier Ostern;* »Vier poetisch aufgefaßte Momente aus den Schicksalen Jerusalems nach seiner Zerstörung« (G.).

1831   Christian Dietrich Grabbe
          (Biogr. S. 388):
          Napoleon oder Die hundert Tage

Dr. 5, Prosa.

1829 konzipiert, 1830 und 1831 unter dem Eindruck der Julirevolution umgeschrieben. Im Vorwort gab G. vor, daß er das Dr. bereits vor der Juli-Revolution vollendet habe. Studium von Quellenwerken.

G. wollte in dem Werk »alle Ideen, die ich je über Revolution gehabt« unterbringen, seine Absicht ist Entindividualisierung der Gesch., Darstellung der Determiniertheit des Helden. Napoleon ist nur insofern groß, als er gegen eine kleine Zeit gestellt erscheint. »Er ist kleiner wie die Revolution, nicht er, die Revolution lebt noch in Europa.« Das Zeitkolorit, die realistischen Details werden hervorgehoben, das Volk, die Masse wird zum Träger der von einem politischen Schauplatz zum andern hinüberwechselnden Handlung. Jedoch ab Akt IV, 4 Rückkehr zur Mythifizierung, Napoleon wird wieder als große Einzelpersönlichkeit und genialer Feldherr gezeichnet, der durch Schuld anderer stürzt. Skeptische Haltung gegenüber den Resultaten der Juli-Revolution.
Die Schlachtendarstellungen, besonders in der zweiten Hälfte des Dr., lassen den epischen Grundzug in G.s Schaffen deutlich werden (eine Armee auf dem Marsch). »Das jetzige Theater taugt nichts, meines sei die Welt.«

Auff. 12. 8. 1869 mit verstümmeltem Text in Wien, Theater an der Wien, originalgetreu 2. 9. 1895 in Frankfurt/M.

1832/34   Ludwig Börne
　　　　　　(1786–1837, Frankfurt/M., Paris):
　　　　　　Briefe aus Paris

In 3 Slgg. 1832 (48 Briefe), 1833 (31 Briefe), 1834 (36 Briefe).
Berichte aus Paris, wo B. nach seiner endgültigen Übersiedlung (1830)
geistiger Mittelpunkt der dt. politischen Flüchtlinge war. Zugrunde lag ein
Briefwechsel mit seiner Freundin Jeannette Wohl.
Im Mittelpunkt der Betrachtungen stehen die frz. Julirevolution und ihre
Folgen. Vergleiche mit den rückständigen dt. Zuständen. Die Berichte
wollen die Notwendigkeit einer dt. Revolution beweisen.
Stilistisches Vorbild Jean Paul. Scheinbar zwanglose, treffsichere Form.

1833/37   Heinrich Laube
　　　　　　(Biogr. S. 389):
　　　　　　Das junge Europa

R. in 3 Teilen.

Ursprünglich gedacht als Nov. mit dem Titel *Notre jeune Allemagne* (Brief vom
28. 4. 1833). Titel anklingend an die damaligen Bestrebungen politischer Verbände
»Giovine Italia«, »Das junge Deutschland«.

Teil I, *Die Poeten*, stellte in lockerer Form die Vorbereitung einer sozialen
Revolution dar: »Improvisierung eines neuen gesellschaftlichen und religiösen Verbandes«, gegen alle »Auctoritätsrichtungen«. Jungdt. Gedanken über Liebe und Ehe, Einfluß des Saint-Simonismus. Personen des
Breslauer Studentenkreises als Vorbilder.
Teil II, *Die Krieger* (1837), der nach Laubes Haftzeit und seinem Entschluß, sich »in die Gleise des Bestehenden einzuordnen«, liegt, schildert
die Teilnahme des R.-Helden an der polnischen Revolution und seine
Enttäuschung.
Teil III, *Die Bürger* (1837), bringt die resignierende Einordnung in das
bürgerliche Leben in Dld. und Hoffnung auf eine bessere Zukunft.

1835   Christian Dietrich Grabbe
　　　　　　(Biogr. S. 388):
　　　　　　Hannibal

Tr. in 5 Abschnitten mit Überschriften (»Hannibal ante portas« u. a.).

1834 begonnen. Quellen: Polybios, Plutarchs Lebensbeschreibung der Scipionen,
Livius und einige zeitgenössische Darstellungen.

Hannibal, der geniale Einzelne, unterliegt der Masse. Seinem Werk bleibt
der Erfolg versagt, er geht unter nicht durch eigene Schuld, sondern durch
die Macht der Verhältnisse (wie G. sein eigenes Scheitern der Umwelt zur

Last legte), die Korruptheit der karthagischen Führung und den Egoismus des Volkes. Positive Zeichnung des Gegners Rom. In Thematik und Akzentsetzung dem Napoleon-Drama verwandt. Pessimistisch, häufig satirisch. Das Pompöse, Effekthascherei gemieden, nüchtern. Raffung der hist. Ereignisse, Karthagos Fall noch vor Hannibals Tod verlegt. Kein straffer Aufbau, dialogisierte Szenen, nach äußeren Gesichtspunkten geordnet.

G. brachte das fast fertige Ms. mit nach Düsseldorf. Auf Immermanns Rat aus lockeren Jamben in Prosa umgearbeitet, dadurch Entstehung des G. gemäßen realistischen Stils.

Auff. 20. 12. 1918 in München, Nationaltheater.

1835   Theodor Mundt
(1808–1861, Berlin, Hamburg):
Madonna. Unterhaltungen mit einer Heiligen

R. »Ein Buch der Bewegung«.

Der Untertitel hindeutend auf »Partei der Bewegung«, die demokratische Partei des Jahres 1832. Vorabdrucke im *Literarischen Zodiakus* 1835. Angeregt durch ein Erlebnis auf der Reise nach Böhmen 1834.

Ein Schriftsteller lernt auf einer Reise in Böhmen ein einfaches Mädchen kennen, dem er nach einer Abendunterhaltung so viel Vertrauen einflößt, daß sie ihm brieflich ihre Lebensgeschichte beichtet, während er ihr seine Reisebriefe schickt.

Der reisende Schriftsteller tritt in die enge Welt des böhmischen Mädchens als Prediger gegen »die Legitimen, Katholischen, Mittelalterlichen, Absolutisten, die Retter des Bestehenden, die Poeten der Vergangenheit und die Feinde der Zukunft«. Er tritt ein für die Emanzipation des Weibes und der Sinne. »Die Welt und das Fleisch müssen wieder in ihre Rechte eingesetzt werden.« Einfluß des Saint-Simonismus und von Heines heidnisch-weltfreudigem »Hellenismus«. M.s »Weltheilige« trug Züge seiner Freundin Charlotte Stieglitz. Den Erfolg des Buches steigerte das von M. im gleichen Jahre hgg. Werk *Charlotte Stieglitz, ein Denkmal*, in dem er auszugsweise Briefe der inzwischen durch sensationellen Selbstmord geendeten Ch. St. mitteilte. Mit ihrem Selbstmord hatte sie das vermeintliche dichterische Talent ihres Mannes Heinrich St. anfeuern wollen.

M.s *Madonna* wurde, ebenso wie seine *Charlotte Stieglitz,* im Sommer 1835 durch die preußische Zensur verboten.

1835   Karl Gutzkow
(Biogr. S. 388):
Wally, die Zweiflerin
R.

Hervorgegangen aus dem Plan, durch Neuherausgabe der freigeistigen *Reimarus-Fragmente* (1774) für David Friedrich Strauß einzutreten. Da sich für den Druck kein Verleger fand, wurden die beabsichtigten Tendenzen unter Verwertung des Schicksals der Charlotte Stieglitz in dreiwöchiger Arbeit in eine R.-Handlung gekleidet, die schon entworfene Vorrede zu den *Fragmenten* ging als Cäsars *Geständnisse über Religion und Christentum* in den R. ein.

Wally, ein junges dt. Mädchen aus vornehmer Familie, heiratet auf Wunsch ihres Vaters den sardinischen Gesandten, vermählt sich aber an ihrem Hochzeitstage »geistig« mit dem geliebten Cäsar, indem sie sich ihm auf seinen Wunsch nackt zeigt – ein ausdrücklich an den *Jüngeren Titurel* anknüpfendes Motiv. Als Wally erfährt, daß ihr Mann ihre Anziehungskraft dazu benutzt, seinen Bruder um sein Vermögen zu bringen, und dieser sich erschießt, flieht sie mit Cäsar aus Paris. Cäsar verläßt sie jedoch und heiratet eine aufgeklärt erzogene Jüdin. Wally erschießt sich; ihr Tagebuch erklärt ihren Zusammenbruch mit religiösen Zweifeln.
G. bezeichnete den R. als »die Frucht eines total mit der Welt zerfallenen und namentlich seine Entwicklung hassenden« Gemüts. Proklamierung des Rechts auf Sinnlichkeit. Die Verschmelzung von erotischer und religiöser Problematik ist nicht gelungen, Wallys innere Entwicklung erscheint unglaubwürdig. Wienbarg, Laube und Mundt werden als Vertreter des Jungen Deutschland genannt (1. Buch, 3. Abschnitt).

Das Buch wurde im Sommer 1835 durch die preußische Zensur verboten und gab den Anlaß zum Eingreifen des Bundestages gegen die Jungdeutschen.

1835   **Georg Büchner**
        (Biogr. S. 387/388).
        Dantons Tod

Dr. 4, Prosa. Teildruck in einer von Gutzkow mit Rücksicht auf die Zensur geänderten Form in der Zs. *Phönix*. Von Gutzkow und Duller redigierte Buchausg. Im gleichen Jahr.

Erste Anregungen Ende 1833 durch die Beschäftigung mit der Frz. Revolution. Quellen: hist. Darstellungen von Mignet, Thiers, Mercier, Riouffe, J. Vilate, Strahlheim. 1834 wahrscheinlich hinsichtlich Motiv und Stil Beeinflussung durch Mussets *Lorenzaccio*. Während der Vorbereitungen zum Examen, in Furcht vor Verhaftung und vor dem Vater verborgen am Seziertisch niedergeschrieben in etwa 5 Wochen Januar-Februar 1835 in Darmstadt.

Studium der Gesch. der Frz. Revolution: »Ich fühle mich wie zernichtet unter dem Fatalismus der Geschichte ... Der Einzelne nur Schaum auf der Welle, die Größe ein bloßer Zufall, die Herrschaft des Genies ein Puppenspiel, ein lächerliches Ringen gegen ein ehernes Gesetz, es zu erkennen das Höchste, es zu beherrschen unmöglich.« Die Grundstimmung solcher brieflichen Äußerungen wörtlich im Dr. wiederkehrend. Die fatalistische, desillusionierte Haltung bewahrt, obgleich B. zur Zeit der endgültigen Niederschrift sich selbst revolutionär einsetzte.
B.s Danton glaubt nicht mehr an die Revolution, in seinen Augen kann sie die materielle und ethische Frage nicht lösen, denn alles Handeln ist

sinnlos, verstrickt den Menschen in Schuld: »Es muß ja Ärgernis kommen, aber wehe dem, durch den es kommt.« Er leidet unter seiner Schuld am Blutvergießen und will ihm ein Ende machen; stoisch erträgt er seine Verurteilung. Die Bejahung von Schuld, Leid und Tod ist durch das Volkslied vom »Schnitter«, der »Gewalt vom höchsten Gott« hat, angedeutet. Synthese von politischer und existentieller Tragik.

Erstes bewußt realistisches dt. Dr. Naturwissenschaftlich-materialistische Grundhaltung im Sinne von B.s Bruder Ludwig B. (*Kraft und Stoff,* 1855). Bewußte Abkehr vom dt. Idealismus. Gegen die freiheitlichen Helden in der Art Schillers stellt B. den passiven Helden, jedoch zeigt der Freitod der Frauen, daß die Determination durch Liebe überwunden werden kann. Relativierende Ironie.

Neben Fetzentechnik Shakespeares, der Stimmungswelt der Romantik (die Liebesszenen Desmoulins – Lucile) und der Einfärbung durch den sarkastischen Nihilismus Mussets realistischer Dokumentarstil. Übernahme ganzer Partien aus Reden vor dem frz. Nationalkonvent nach den hist. Darstellungen. Freie Erfindung der Nebenfiguren und der Pariser Volksszenen. »Offene Form« des Dr.

Auff. 5. 1. 1902 in Berlin, Belle-Alliance-Theater, durch den Verein Freie Volksbühne. Oper von Gottfried von Einem; Auff. 6. 8. 1947 in Salzburg.

1838   **Christian Dietrich Grabbe**
         (Biogr. S. 388):
         Die Hermannsschlacht

Dr., eingeteilt in »Eingang«, 3 »Tage« und »Nächte«, »Schluß«. Prosa. Postum, mit Änderungen von G.s Frau.

Begonnen 1835 in Düsseldorf, beendet 1836 in Detmold. Quellen: Tacitus' *Annalen,* Heinrich Luden *Geschichte des deutschen Volkes* (1825) und die Schrift von G.s Schwiegervater Klostermeyer: *Wo Hermann den Varus schlug.* Einfluß auch von Justus Möser.

»Der Gedanke an die Heimat hat mich auf etwas aufmerksam gemacht, was mir so nahe lag: Nämlich ein großes Dr. aus der Hermannsschlacht zu machen; alle Täler, all das Grün, alle Bäche des lippischen Landes, das Beste der Erinnerungen aus meiner... Kindheit und Jugend soll darin grünen, rauschen und sich bewegen.«

Erneuter Versuch mit einem nationalhist. Stoff. Gegenbild zur Gegenwart: Harmonie von Heros und Volk, patriarchalische Verhältnisse. Bauerntum als die den hist. Wandel überdauernde Lebensform gesehen. Stärke im Episodischen und Zuständlichen, im Landschaftlichen und der Wesensart des nddt. Menschen. Im Mittelpunkt das Volk, Hermann und Thusnelda sind nur seine Wortführer.

Dennoch Ziel, zu »versöhnen«, Ausschaltung der personalistischen Geschichtsauffassung nicht voll gelungen; der römisch erzogene Hermann ist seinen Landsleuten an politischer Weitsicht überlegen und erreicht, wie

Napoleon, seine Selbstverwirklichung als Befehlshaber in der Schlacht.
Das Dr. schließt mit der Todesstunde des Augustus, der eine neue christ-
lich-germ. Welt heraufkommen sieht.
Größte Bühnenferne (Schlachtenszenen!).

Auff. 12. 9. 1936 in Düsseldorf.

1839   **Georg Büchner**
            (Biogr. S. 387/388):
            Lenz

Erz. Im *Telegraph für Dld.* mit einem Vorwort und einem Nachwort hgg.
Karl Gutzkow.

Begonnen 1835 für die Gutzkow-Wienbargsche Zs. *Dt. Revue,* für die Gutzkow B.
um Mitarbeit gebeten hatte, aber wegen Verbots der Zs. durch die Zensur abgebrochen. Entwurf-, aber nicht unbedingt Fragment-Charakter.
Quelle für die Erz., die das Leiden des vom Wahnsinn bedrohten Sturm-und-Drang-
Dichters Jakob Michael Reinhold Lenz behandelt, waren Briefe von Lenz und das
Tagebuch des Pfarrers Oberlin im Steintal, bei dem Lenz sich 1778 aufhielt. Der
detaillierte Tatsachenbericht über Lenz' äußeren und psychischen Zustand veranlaß-
ten B.s Freund August Stöber zu Auszügen aus Oberlins Manuskript, die 1831 in
Cottas *Morgenblatt* erschienen. Einfluß von Goethes Darstellung in *Dichtung und
Wahrheit.* Eine weitere Quelle wahrscheinlich das Gutachten des Mediziners Clarus
über den Psychopathen Woyzeck, das später entscheidend für die Konzeption von
B.s *Woyzeck* wurde.

Wurzel von Lenz' Wahnsinn ist bei B. das Leiden am Leid der Welt, das
zum Atheismus führt. Mischung von exaktem Krankheitsbericht und dichterischer Vision, große Teile des Erzählberichts als inneres Erlebnis des
Helden aufzufassen. Unterbauung dichterischer Arbeit durch Medizin
und Psychologie, Montage-Technik. Der fortschreitende Zustand einer
Welt- und Selbstentfremdung (Schizophrenie) genau protokolliert.
Die Erz. enthält in den Unterhaltungen mit dem Freunde Kaufmann ein
Bekenntnis B.s zur naturalistischen Kunstauffassung: »Der liebe Gott hat
die Welt wohl gemacht, wie sie sein soll, und wir können wohl nicht was
besseres klecksen ... Dieser Idealismus ist die schmählichste Verachtung
der menschlichen Natur. Man versuche es einmal und senke sich in das
Leben des Geringsten und gebe es wieder in den Zuckungen, den Andeu-
tungen ...«

Buchausg. 1842 in *Mosaik, Novv. und Skizzen,* hgg. Karl Gutzkow; leicht abweichende Fassung 1850 in *Nachgelassene Schriften,* hgg. Ludwig Büchner.

1840   **Heinrich Heine**
            (Biogr. S. 388):
            Der Rabbi von Bacharach

R., Fragment. In *Der Salon,* Bd. 4.

Begonnen schon vor 1824. 1827 vermutlich fast fertig, 1832 von H. zum großen Teil
vernichtet. 1840 wieder notdürftig ergänzt dem Verleger übergeben.

Langes eingehendes Quellenstudium. Stoff von aktueller Bedeutung: Unterdrückung der Juden. Das Problem jedoch in die Vergangenheit verlegt, belebt durch Einflechtung von Beobachtungen aus dem gegenwärtigen Leben. Unter Zurückdrängung der sonst betonten Subjektivität gebändigte historisch-gedämpfte Schilderung.

1840/41   August Heinrich Hoffmann von Fallersleben
(1798–1874, Hannover, Breslau, Corvey):
Unpolitische Lieder

Gedichtslg. in 2 Bdd.
In den *Unpolitischen Liedern,* die in Wirklichkeit politische Lieder waren, vertrat H. seine nationalen und liberalen Anschauungen. Sie wandten sich gleichzeitig gegen die reaktionäre Haltung der Regierungen wie gegen den Mangel an politischem Interesse im Volke. Motive um den Grundgedanken der Einheit und Freiheit werden wiederholt und variiert. Obgleich die Gedichte ohne besondere Schärfe geschrieben waren, kosteten sie H. seinen germanistischen Lehrstuhl in Breslau.
In Bd. 2 das zunächst als Flugblatt veröffentlichte *Deutschlandlied.* Am 26. 8. 1841 auf Helgoland verfaßt und in H.s tagebuchartig geführte Gedichtslg. eingetragen. Anklänge an Walther von der Vogelweide.

Auf Haydns Melodie der österreichischen Kaiserhymne oft gesungen, wurde das Lied durch Reichspräsident Friedrich Ebert am 11. 8. 1922 zur dt. Nationalhymne erklärt, auf Anregung Adenauers seit 1952 nur deren dritte Strophe.

1841   Franz Dingelstedt
(1814–1881, Kassel, Stuttgart, München, Weimar, Wien):
Lieder eines kosmopolitischen Nachtwächters

Politisch-satirische Gedichte, Titel anklingend an Chamissos nach Béranger gestaltetes *Nachtwächterlied.* Eigentlich politisch nur der mittlere Teil *Nachtwächters Weltfahrt,* eine kritische Reise durch Dld. in 7 »Stationen«.

1841   Georg Herwegh
(Biogr. S. 389):
Gedichte eines Lebendigen

Titel nach *Briefe eines Verstorbenen* von Pückler-Muskau, den H. als Aristokraten verabscheute. Formaler Einfluß von Platen, Alphonse de Lamartine (1790–1869) und Pierre-Jean de Béranger (1780–1857), dem Lyriker der frz. Demokratie.

Politische Lyrik, die nicht so sehr kritisch-satirisch als unmittelbar aggressiv-revolutionär sein wollte. Wirkliche Barrikadenlyrik von leidenschaftlichem Pathos. Zentralbegriff die Freiheit. Volkstümliche Wirkungsmittel: Bildersprache, Kehrreim. Besonders bekannt sind: *Der Freiheit eine Gasse; Das Lied vom Hasse.* Großer Erfolg, der sogar bis zu einer Audienz bei Friedrich Wilhelm IV. führte, in der das bekannte Wort von der »gesinnungsvollen Opposition« fiel. H. ließ anschließend *Posa-Worte* drukken.

1843 *Gedichte eines Lebendigen,* 2. Teil. Weit geringere Wirkung, von mehr satirischem Charakter.

1841   Charles Sealsfield
(eigentlich Carl Postl, 1793–1864, geb. in Mähren, 1823 als Ordensgeistlicher aus Prag entflohen, bis 1831 im Süden Nordamerikas, gest. in Solothurn):
Das Kajütenbuch oder Nationale Charakteristiken

Die »Kajüte« ist der Landsitz eines ehemaligen Kapitäns und Treffpunkt einer Tischrunde wohlhabender Südstaatler, aus deren Diskussionen und Erzz. ein Bild dieses subtropischen Teils der Neuen Welt, seiner Landschaft, Menschen und politischen Entwicklung erwächst. Zeitpunkt: Loslösung Texas' von Mexiko (1836). Glanzstück: *Die Prärie am Jacinto.* Stoffliche Bevorzugung des Elementaren sowie der ungebrochenen Kraft bei Mensch und Natur, im Gegensatz zu Kultur und Tradition. Im Kampf um die Freiheit ist selbst der Verbrecher willkommen, der seine Mordtaten durch soldatischen Einsatz und Tod abbüßt. Exotismus, Einfluß von Cooper. Begeisterung für Freiheit und Demokratie erzeugt das Bild eines erträumten, nicht des erlebten wirklichen Amerika.
Stärke in der Wiedergabe des Atmosphärischen, in der Charakterzeichnung, im Sprechstil der Personen. Die Fiktion von Realität durch Quellenangaben, Augenzeugenberichte, Detailschilderung erreicht. Für die vorrealistische Erz. typische Formverwilderung: Mischung von Anekdotischem, Novellistischem, Romanhaftem; die Verteilung auf mehrere Erzähler im letzten Drittel zugunsten der Rahmenerz. aufgegeben, die in eine triviale Liebesgesch. mündet.

S., dessen Ziel in politisch-publizistischem Wirken lag und der als Publizist (*Austria as it is,* 1828) und Dichter (*Tokeah or the White Rose, an Indian Tale,* 1829) in engl. Sprache begann, gilt als bedeutendster Vertreter der dt. ethnographischen Belletristik des 19. Jh. und als erster Repräsentant der Abenteuerlit.

1842   Georg Büchner
(Biogr. S. 387/388):
Leonce und Lena

Lsp. 3, Prosa. In *Mosaik, Novv. und Skizzen,* hgg. Karl Gutzkow. Auszugsweise schon 1838 von Karl Gutzkow im *Telegraph für Dld.* abgedruckt.

Entst. für ein Preisausschreiben des Verlages Cotta vom 3. 2. 1836; ungeöffnet zurückgeschickt, da die Einsendefrist überschritten war.

Romantisches Märchendr. Einfluß Shakespeares (Figur des Narren), von Brentanos *Ponce de Leon* und Alfred de Mussets *Fantasio* (1833).

Die beiden Königskinder sind von ihren Eltern füreinander bestimmt, fliehen vor der ihnen angekündigten unromantischen Ehe und finden einander auf der Flucht. Der melancholische, sich langweilende Prinz ist von der Art Dantons und Desmoulins'; das gleiche Grundgefühl von Unfreiheit und Marionettenhaftigkeit.
Stimmungsvoll, spielerisch, witzig, stark vom Literarischen geprägt. Satirische Züge: König Peter und sein Hof, die Bauernszene. Die Figuren sind denen der Commedia dell'arte verwandt.
Das Motto: »Alfieri: E la fama? Gozzi: E la fame?« stellt mit dem Hinweis auf die Bedeutung des Hungers der idealistischen Haltung die materialistische gegenüber.

1850 in *Nachgelassene Schriften,* hgg. Ludwig Büchner.
Auff. 31. 5. 1895 durch die Münchener Liebhabertruppe »Intimes Theater« im Park des Redakteurs Emil Holz bei München auf Anregung Max Halbes, der den Leonce spielte, und unter der Regie Ernst von Wolzogens. Erste öffentliche Auff. 30. 12. 1911 in Wien, Residenztheater.

1843   **Heinrich Heine**
             (Biogr. S. 388):
             Atta Troll. Ein Sommernachtstraum

Lit.-satirisches Epos, vierzeilige Strophen in reimlosen Trochäen. In Laubes *Ztg. für die elegante Welt.*

Entst. 1842, angeregt durch den Aufenthalt Freiligraths in der Hütte eines Bärenjägers in den Pyrenäen. Parodiert Herders *Cid*-Romanzenform, zugleich das biedermeierliche Versepos.

Geschichte des Tanzbären, der seinem Führer entläuft, in die Pyrenäenheimat zurückkehrt, dort politische Vorträge hält und zuletzt erschossen wird. Der Tanzbär ist der »Tendenzbär«, seine Kunststücke sind die plumpe politische Tendenzpoesie, gegen die *Atta Troll* sich vorwiegend richtet. Des Bären Erlebnisse geben Anlaß zur Verspottung nahezu aller zeitgenössischen politischen und lit. Richtungen. Reimlose trochäische vierzeilige Strophen, gegen Freiligraths reimklingende »Janitscharenmusik«.
»Das letzte freie Waldlied der Romantik«, – »nur, daß oft moderne Triller gaukeln durch den alten Grundton« (H.).

Umgearbeitete und erweiterte Buchausg. 1847.

1844   **Heinrich Heine**
             (Biogr. S. 388):
             Neue Gedichte

Geplant 1837 als Anhang zum *Buch der Lieder,* dann 1839 als *Buch der Lieder, 2. Bd.* H. hielt das Buch auf Anraten Gutzkows, der an dem Zyklus *Verschiedene* moralischen Anstoß nahm, zurück, auch machte die Zensur Schwierigkeiten.

Inhalt der Slg. großenteils schon vorher in anderen Werken veröffentlicht: *Neuer Frühling* (in *Reisebilder*, 1831); *Verschiedene* (in *Der Salon,* Bd. 1, 1834); *Romanzen* (z. T. in *Der Salon,* Bd. 4, 1840); *Zeitgedichte* (z. T. in den revolutionärcn Pariser Zss. *Vorwärts* und *Dt.-frz. Jahrbücher*).
Neuer Frühling setzt den Ton des *Buches der Lieder* fort. In *Verschiedene* besingt H. Schönheiten des Pariser Boulevards, »abgesetzte Königinnen«. Saint-Simonistische »Rehabilitation des Fleisches«, »Hellenentum« gegen den »nazarenischen« Begriff der Fleischessünde (*Auf diesem Felsen bauen wir*). Die Zeitgedichte, scharfe Satiren, vor allem gegen verschiedene dt. Fürsten (*Der Kaiser von China* u. a.), mußten zum Teil wegen der Zensur zurückgenommen werden und wurden erst in der *Nachlese* aus dem Nachlaß veröffentlicht (*Die schlesischen Weber; Jammertal; Schloßlegende*). Friedrich Engels kündigte damals einem Freunde einen »Band politischer Dgg.« von H. an, »worin manche Stücke enthalten sind, die den Kommunismus predigen«. Neben Kritik Töne enttäuschter Liebe zu Dld.: *Ich hatte einst ein schönes Vaterland; Denk ich an Deutschland in der Nacht.*

1844   **Karl Gutzkow**
(Biogr. S. 388):
Zopf und Schwert

Lsp. 5, Prosa. Auff. 1. 1. in Dresden. Buchausg. im gleichen Jahr.

Entst. 1843. Quelle: *Denkwürdigkeiten* der Markgräfin Wilhelmine von Bayreuth (1810).

Behandelt die Heirat der Prinzessin Wilhelmine, der Schwester Friedrichs II., mit dem Markgrafen von Bayreuth, die gegen den Willen Österreichs und Englands von den Geschwistern durchgesetzt wird. Intrigenlsp.; Ablehnung des preußischen Militarismus. Einfluß des in Frankreich mit der Julirevolution aufkommenden hist. Lsp. (Eugène Scribe: *Das Glas Wasser,* 1840, u. a.), das dem hist. Stoff politische Elemente der Gegenwart zusetzt. Nach frz. Manier auf Wirkung der Szene und »Stelle« berechnet.

1844   **Heinrich Heine**
(Biogr. S. 388):
Deutschland. Ein Wintermärchen

Politisch-satirisches Versepos. Verschiedenes von der Zensur gestrichen; im selben Jahr auch ungekürzt in der Pariser revolutionären Zs. *Vorwärts.*

Entst. 1844 in der Emigration in Paris. Angeregt durch H.s Reise nach Dld. 1843.

Reise über Aachen nach Hamburg; Kritik vor allem an Preußen. In *Vorwort* und *Caput I* sozialutopische Ideen des Saint-Simonismus und Religionskritik Feuerbachs, wohl durch Marx vermittelt (Dolf Sternberger).

»Da das Opus nicht bloß radikal, revolutionär, sondern auch antinational ist, habe ich die ganze Presse natürlich gegen mich« (H.).
Umfaßt 20 Gedichte und einen Schlußhymnus; vierzeilige Strophen in gereimtem jambischem Versmaß.

1844   **Ferdinand Freiligrath**
            (Biogr. S. 388):
            Ein Glaubensbekenntnis

Politische Lyrik, mit der F. seine Abwendung von der unpolitischen exotischen Bilderdg. seiner ersten Slg. *Gedichte* (1838) dokumentierte.

Ursprünglicher Titelplan in Anlehnung an Möser: *Patriotische Phantasien* (1774); infolge der sich 1843–1844 vollziehenden politischen Wandlung F.s Wahl des neuen Titels.

Noch 1841 hatte F. in dem Gedicht *Aus Spanien* betont: »Der Dichter steht auf einer höhern Warte als auf den Zinnen der Partei.« Die Gedichte der Slg. entstanden, weil F. die Hoffnung aufgegeben hatte, daß eine Änderung der Zustände von der Regierung ausgehen werde. Sie sind gerichtet gegen Persönlichkeiten der preußischen Verwaltung und Regierung, Zensur und preußische Justiz und das auf reaktionärem Geiste beruhende preußisch-russische Bündnis: *Am Baum der Menschheit; Die weiße Frau; Aus dem schlesischen Gebirge* (Weber-Motiv); *Studenten; Der Adler auf dem Mäuseturm.*
Die Slg. gab Anlaß zu F.s Emigration.

1844   **Karl Gutzkow**
            (Biogr. S. 388):
            Das Urbild des Tartüffe

Lsp. 5, Prosa. Auff. 15. 12. in Oldenburg.
Molière im Kampf gegen Rückschrittlichkeit und kirchliche Engherzigkeit, die eine Auff. seines *Tartuffe* verhindern wollen. Schließlich erlangt Molières Geliebte vom König die Erlaubnis.
Einfluß des in Frankreich seit der Julirevolution aufkommenden hist. Lsp.

Buchausg. 1847.

1846   **Ferdinand Freiligrath**
            (Biogr. S. 388):
            Ça ira

Sechs Gedichte unter dem Einfluß von Karl Marx, mit dem F. in der Emigration in Brüssel 1844/45 zusammentraf.

Entst. in Zürich 1845/46.

Für Revolution und Klassenkampf. »Wir hämmern jung das alte morsche Ding, den Staat, / die wir von Gottes Zorne sind bis jetzt das Proletariat« (*Von unten auf*). Zum Proletariat gehört auch der geistige Arbeiter (*Requiescat*).

Die nach dem 1848 erlebten Scheitern der liberalen Ideale entstandene Slg. *Neuere politische und soziale Gedichte* (1849 und 1851) zeigte ein noch verstärktes Bekenntnis F.s zur Revolution.

1846   **Heinrich Laube**
             (Biogr. S. 389):
             Die Karlsschüler

Schsp. 5, Prosa. Auff. 11. 11. in Dresden, Mannheim, München, Schwerin. Buchausg. im gleichen Jahr.
Kampf des jungen Schiller gegen die Widerstände, die Herzog Karl Eugen seinem Schaffen und seinen Plänen entgegensetzte. Gemäßigter Liberalismus: der Herzog kein Tyrann, sondern überzeugter Vertreter des konservativen Prinzips. Schauplatz: das Schloß zu Stuttgart am 16. und 17. September 1782.
An zeitgenössischen Franzosen geschulte Kunst des Dialogs.

1846   **Karl Gutzkow**
             (Biogr. S. 388):
             Uriel Acosta

Tr. 5, in Jamben. Auff. 13. 12. in Dresden, Hoftheater.

Entst. 1846. Thema schon 1834 in der Nov. *Der Sadduzäer von Amsterdam* behandelt. Erlebnisgrundlage die Auflösung der Verlobung mit Rosalie Scheidemantel, verursacht durch G.s Freigeisterei.

Uriel Acosta, der Lehrer Baruch Spinozas, tritt für eine liberale, unorthodoxe Religiosität ein. Er widerruft aus Rücksicht auf die Familie, wird aber dennoch um sein Lebensglück betrogen und stirbt von eigener Hand.
Toleranzdr. im Gefolge von Lessings *Nathan*. Stilistisch Schillernachfolge. Dankbare rhetorische Rollen. Großer Bühnenerfolg. »In Dld. wurde *Uriel Acosta* ein Witterungsbarometer für die öffentlichen Zustände« (G.).

Buchausg. 1847.

1848/49 **Georg Weerth**
             (1822–1856, Köln, London, Westindien):
             Leben und Taten des berühmten Ritters Schnapphahnski

Satirischer R. In der *Neuen Rheinischen Ztg.*, hgg. Karl Marx. Buchausg. mit Kürzungen und Zusätzen 1849.
Behandelt die Abenteuer des von Heinrich Heine in *Atta Troll* »Schnapp-

hahnski« genannten konservativen Fürsten Lichnowsky, der 1848 von revolutionären Bauern erschlagen wurde. Abrechnung mit dem preußischen Junkertum.

Lockere Form, Handlung von zahlreichen witzigen Einfällen und gesellschaftskritischen Betrachtungen durchsetzt. Stilistisch angelehnt an Heinrich Heine.

Der R. trug W. eine Gefängnisstrafe wegen Beleidigung ein.

Außerdem trat W. zwischen 1843 und 1848 mit politischen und satirischen Gedichten hervor (erschienen in fortschrittlichen Zss. und Ztgg.), in denen er sich vor allem gegen die Ausbeutung der Arbeiter wandte. »Der erste und bedeutendste Dichter des dt. Proletariats« (Friedrich Engels).

1850/51   **Karl Gutzkow**
         (Biogr. S. 388):
         Die Ritter vom Geiste

R., 9 Bdd.

Buch 1 und Buch 2 zunächst 1850 als Fortsetzungs-R. in der *Dt. Allgemeinen Ztg.*, nach dem Muster von Eugène Sues Fortsetzungs-Rr. (*Die Geheimnisse von Paris,* 1842/43; *Der Ewige Jude,* 1844/45). Diese neue Publikationsform des Zeitungs-R. zeigt die enge Verbindung des Jungen Dld. mit dem Journalismus.

Die Erben eines von Tempelrittern stammenden Vermögens wollen eine Gesellschaftsreform zur Verwirklichung des neuen Zeitgeistes durchführen. Der Bund greift rettend und lenkend – der R. spielt hauptsächlich in Berlin und nach 1848 – in die realen Geschehnisse der Welt ein.

128 Kapitel, 40 Personen. Seit der 5. Aufl. (1868) sehr gekürzt. Einfluß von Immermanns *Epigonen* und der Tendenz-Rr. Sues. Realistische Schilderung der Berliner Gesellschaft und der Verderbtheit der oberen Schichten. Verteidigung des Sozialismus, »Heiligung der Arbeit«, Erörterung der Proletarierfrage. Zum Teil Schlüssel-R. Neben Realismus jedoch noch die über Frankreich zurückströmenden romantischen Mystifikationen und grellen Unmöglichkeiten.

Vorrede wesentlich für die R.-Theorie des Jungen Dld.: Darstellung des Nebeneinanders verschiedener Schichten; Panoramaroman. Die dargestellten Menschen sind Typen, nicht Charaktere.

Einfluß auf Friedrich Spielhagen.

1851   **Heinrich Heine**
       (Biogr. S. 388):
       Romanzero

Gedichtslg. in 3 Büchern: *Historien* (Über die Vergänglichkeit des Schönen), *Lamentationen* und *Lazarus* (Klagen über die eigene Krankheit und das Elend der Welt, Todesgedanken), *Hebräische Melodien* (Gestalten und Werte aus der jüdischen Gesch.).

Meist auf dem Krankenbett geschrieben, Ausdruck einer schmerzlich-pessimistischen Weltanschauung. Rückwendung zum Glauben: »Alles, was aus der früheren blasphematorischen Periode noch vorhanden war, die schönsten Giftblumen habe ich mit entschlossener Hand ausgerissen« (H.). Neigung zum Schauerlich-Grotesken (*Maria Antoinette; Pfalzgräfin Jutta; Vitzliputzli*).

Innerhalb von zwei Monaten 4 Aufll. von je etwa 6000 Exemplaren.

1858/61   Karl Gutzkow
(Biogr. S. 388):
Der Zauberer von Rom

R., 9 Bdd.

Plan 1851, entst. 1857–1861, Lokalstudien in Westfalen.

Vom freisinnigen Standpunkt aus geschriebene Darstellung der Machtpolitik des Katholizismus. Die Heldin des Buches, die abenteuernde Lucinde, tritt in den Dienst der katholischen Kirche, wird römische Gräfin. Der einzige, an dem ihre Verführungskunst versagt, der Priester Bonaventura, ein gläubiger und reiner Mensch, entdeckt auf der Höhe seiner Laufbahn, daß er ungetauft ist. Er verhilft der Liberalität zum Siege, indem er als neugewählter Papst ein Konzil zur Durchsetzung von Reformen einberuft. Realistische Gesellschaftsschilderung. In Teilen Schlüssel-R. Tendenz gegen den Ultramontanismus, gegen die Jesuiten.

1877   Georg Büchner
(Biogr. S. 387/388):
Woyzeck

Dr. ohne Akteinteilung. Nach einem Teilabdruck in der *Neuen Freien Presse* 1875 ließ Karl Emil Franzos das gesamte (fehlerhaft entzifferte) Fragment in der Berliner Zs. *Mehr Licht* erscheinen; durch Lesefehler »Wozzeck« statt Woyzeck.

Das Werk ist in drei sich überschneidenden Bruchstücken vorhanden. Drei Lösungsversuche denkbar: Ertrinken Woyzecks, gerichtliche Aburteilung, Weiterleben als Isolierter. Eine vermutete letzte kurz vor B.s Tod fertiggestellte Fassung ebenso wie ein Dr. *Aretino* verloren.

Quelle: das in der Zs. *für Arzneikunde* 1824 und 1826 erschienene Gutachten des Hofrats Clarus über den Fall des Barbiers Woyzeck, der am 21. 6. 1821 in Leipzig seine Geliebte aus Eifersucht erstach und dafür zum Tode verurteilt wurde. Entst. 1836/37.

Der Barbier und Soldat Woyzeck liebt Marie mit der ganzen Kraft seines einfachen Herzens. Als er merkt, daß sie ihn mit dem Tambourmajor betrügt, ersticht er sie und ertrinkt, als er das Mordmesser in den Teich wirft.

Soziales Dr., das zurückweist auf Werke von J. M. R. Lenzi, zugleich aber auch solche Hauptmanns sowie Wedekinds vorwegnimmt. Szenentechnik Shakespeares und des Sturm und Drang. Der Mensch als Leidender, Unterdrückter, von Herkunft und Milieu abhängig im Sinne des späteren naturalistischen passiven Helden. Materialistisch-fatalistische Weltanschauung. Problem der Gebundenheit menschlichen Handelns. »Es liegt in niemands Gewalt, kein Dummkopf oder kein Verbrecher zu werden.« Ausweglose Einsamkeit, die zum Verbrechen führt. Der Druck durch die soziale Lage und Woyzecks zunehmend psychopathologische Züge bedingen sich gegenseitig. Der realistisch gesehenen Welt des Volkes gegenüber der bequeme Moralismus des karikaturistisch gezeichneten Bürgertums, den B. in dem Ausspruch des Hauptmanns ironisiert: »Woyzeck, Er ist ein guter Mensch, aber Er hat keine Moral.«

1879 Buchausg. in *Sämtliche Werke und handschriftlicher Nachlaß,* hgg. Karl Emil Franzos.

Auff. 8. 11. 1913 in München, Residenztheater.

Die kritisch geordnete Ausg. der Bruchstücke durch Fritz Bergemann (1922) angefochten. Neue Gesamtausg. der Werke B.s 1967 ff.

Oper von Alban Berg. Auff. 14. 12. 1925 in Berlin, Staatsoper.

DIETER WELLERSHOFF
DER ROMAN UND DIE
ERFAHRBARKEIT DER WELT

Gebunden

»Dieses Buch will eine Überredung zum Lesen sein«, sagt Dieter Wellershoff zu seinem Buch über den Roman, »Lesen verstanden als etwas Schöpferisches wie das Spielen einer Partitur«.

Die Form- und Inhaltsgeschichte des Romans, dargestellt und analysiert an herausragenden, innovativen Werken, zeigt sich in der Perspektive dieses Buches als ein bedeutsames Stück der menschlichen Bewußtseinsgeschichte und Welterfahrung, als ständig fortschreitende Entdeckung der Außen- und Innenwelt.

KIEPENHEUER & WITSCH

Geschichte
der deutschen Literatur
im Mittelalter

Dieter Kartschoke:
Geschichte
der deutschen
Literatur
im frühen Mittelalter

dtv

Joachim Bumke:
Geschichte
der deutschen
Literatur
im hohen Mittelalter

dtv

Thomas Cramer:
Geschichte
der deutschen
Literatur
im späten Mittelalter

dtv

Dieter Kartschoke:
Geschichte der
deutschen Literatur
im frühen Mittelalter
Originalausgabe
dtv 4551

Joachim Bumke:
Geschichte der
deutschen Literatur
im hohen Mittelalter
Originalausgabe
dtv 4552

Thomas Cramer:
Geschichte der
deutschen Literatur
im späten Mittelalter
Originalausgabe
dtv 4553

Das reichhaltige moderne Studienwerk für alle,
die an der Literatur- und Kulturgeschichte des
deutschen Mittelalters interessiert sind. Vor dem
Hintergrund der politischen, sozialen und kulturellen Verhältnisse werden die literarischen
Strömungen, Formen und Gattungen sowie die
Dichter und Schriftsteller mit ihren Werken und
ihrem Publikum ausgiebig geschildert.

Der Begriff Literatur ist sehr weit gefaßt – er reicht
von Zaubersprüchen und einfachen Liedern über
die reiche Lyrik und die großen Epen, Bibelüber-
setzungen, Predigten und Mysterienspielen bis zu
Legenden und Viten und zu Städtechroniken,
Rechts- und Naturbüchern. Es ist die Literatur
aus acht Jahrhunderten, von den ersten, oft
fragmentarisch überlieferten althochdeutschen
Zeugnissen bis zu den Schriften der Humanisten
Erasmus und Melanchthon.

dtv-Atlas zur deutschen Literatur

Tafeln und Texte

dtv-Atlas zur deutschen Literatur

von Horst Dieter Schlosser
Tafeln und Texte
Originalausgabe

116 Farbtafeln und ausführliche
Texte zeigen die Entwicklung der
deutschen Literatur von den
Anfängen bis zur Gegenwart.

Aus dem Inhalt:
Anfänge. Epos- und
Verstradition. Nibelungenlied.
Artusroman. Minnesang. Mystik.
Volksbuch. Volkslied.
Meistersang. Humanisten.
Reformation. Sprachgesell-
schaften. Opitz. Grimmels-
hausen. Gottsched. Aufklärung.
Lessing. Empfindsamkeit. Sturm
und Drang. Goethe. Schiller.
Weimarer Klassik. Hölderlin.
Romantik. Kleist. Heine. Mörike.
Stifter. Büchner. Grabbe.
Realismus. Hebbel. Fontane.

Naturalismus. G. Hauptmann.
Hofmannsthal. Rilke. H. und
Th. Mann. Expressionismus.
Brecht. Feuchtwanger. Döblin.
Exilliteratur. Literatur in
Österreich 1933-38. Nach-
kriegsliteratur. Literatur in der
DDR. Literarische Tendenzen
nach 1970.
Auswahlbibliographie.
Register.

dtv 3219